Vahlens Handbücher
der Wirtschafts- und Sozialwissenschaften

Allgemeine Volkswirtschaftslehre

von

Dr. Artur Woll
ord. Professor für Volkswirtschaftslehre
an der Universität Gießen

Dritte, revidierte Auflage

Verlag Franz Vahlen GmbH München

ISBN 3 8006 0382 9

Druck: Pera-Druck Hanns Haug, München-Gräfelfing

Vorwort (Auszug)

Der Leser hat ein verständliches Interesse zu erfahren, was mit der Lektüre des vorliegenden Buches auf ihn wartet. Einige Hinweise auf Charakteristika der Schrift scheinen schon deshalb geboten, weil es in der Methodik und Stoffauswahl von gängigen deutschsprachigen Lehrbüchern zur Volkswirtschaftslehre abweicht. Dafür sind im wesentlichen drei Gründe bestimmend gewesen.

Erstens soll mit dem Buch eine Arbeitsgrundlage für ein reformiertes Studium der Wirtschaftswissenschaft zur Verfügung gestellt werden. An den meisten Universitäten unterscheidet man heute nach Grund- und Hauptstudium. Das Buch wendet sich vor allem an Studierende der Wirtschaftswissenschaft in den ersten Semestern, die während des Grundstudiums in die Volkswirtschaftslehre eindringen wollen. In Kürze wird ein Übungsbuch (workbook) als Begleittext erscheinen, um eine aktive Erarbeitung des Stoffes – vor allem in kleinen Gruppen – zu ermöglichen. Auch für Studierende anderer Fachrichtungen, die Volkswirtschaftslehre als Nebenfach haben, dürfte sich das Buch eignen. Es wird versucht, einen raschen Gesamtüberblick über die wichtigsten Bereiche der Wirtschaftstheorie und einige Ansatzpunkte der Wirtschaftspolitik zu bieten, woran den Studierenden überwiegend gelegen ist. Am Schluß jedes Kapitels finden sich Hinweise mit weiterführender, oft kurz kommentierter Literatur für eine Vertiefung des Studiums. Ein analytisches Inhaltsverzeichnis, ein Personen- und ein Sachregister sollen die Erschließung des Buches erleichtern.

Zweitens werden zum ersten Mal im deutschen Sprachbereich die Ergebnisse der methodologischen Diskussion der letzten Jahre auf ein wirtschaftstheoretisches Lehrbuch übertragen. Wissenschaft, wie sie hier verstanden wird, bedeutet systematische Konfrontation der Theorie mit Fakten. Einer so verstandenen Wissenschaft kann es nur dienen, wenn der erkenntnistheoretische Stand des Faches markiert und die Lückenhaftigkeit unseres empirischen Wissens immer wieder betont wird. Mehr als ein Schritt in diese Richtung soll und kann freilich nicht getan werden. Es kommt eher darauf an, das methodologische Gewissen zu schärfen als eine – bisher nicht vorhandene – geschlossene Theorie darzubieten, die dem gewählten Wissenschaftsbegriff bereits voll entspricht. Diesem Ziel sollen insbesondere die Kapitel am Ende der theoretischen Teile dienen. Der Fachmann dürfte auch sonst das Bemühen nach neuen, gewiß nicht immer problemfreien Wegen erkennen. Aus eigenen Erfahrungen und Diskussionen mit Kollegen, Mitarbeitern und Studierenden habe ich den Eindruck gewonnen, daß diese

Konzeption den Anforderungen in Theorie und Praxis sehr entgegenkommt.

Drittens wird versucht, Anschluß an die maßgeblichen angelsächsischen Textbooks zu finden. Ein deutschsprachiger Studierender hat es bei der Lektüre ausländischen Schrifttums einerseits schwer, sich auf einigen Gebieten zurechtzufinden; andererseits wird er manche Betonungen deutscher Lehrbücher vermissen. Besonderheiten deutscher Literatur, die in der Terminologie, Stoffgewichtung und -auswahl erkennbar sind, sollten vermieden werden. In einem Lehrbuch geht es darum, eine didaktische Aufgabe zu lösen und nicht, Forschungsarbeit zu leisten. Es versteht sich gleichwohl, daß persönliche Ansichten – insbesondere bei der Erörterung der Grundlagen der Wirtschaftstheorie und den Ansatzpunkten der Wirtschaftspolitik – und eigene Forschungsarbeiten zur Geldtheorie in gewissem Umfang ihren Niederschlag im Text gefunden haben.

Zu danken habe ich meinen wissenschaftlichen Mitarbeitern, Frau Dipl.-Kfm. K. Mathenz und den Herren Dr. A. Beißel, Dr. D. Cassel, Dr. H. Müller, Dipl.-Volksw. A. Roth, Dr. H. J. Thieme, Dipl.-Ökon. G. Vogl und cand. rer. oec. D. Wendler, die sich mit großer Aufopferung der Korrektur und einer kritischen Lektüre widmeten. Sie deckten manchen Irrtum in meinem Manuskript auf. Verbleibende Fehler gehen – um eine geläufige Wendung abzuwandeln – voll zu ihren Lasten. Nicht zuletzt habe ich meiner Frau zu danken, die – wie mein Hund, der auf manche Spaziergänge verzichten mußte – einen großen Teil der sozialen Kosten dieses Buches getragen hat.

Gießen, im September 1969 Artur Woll

Vorwort zur zweiten Auflage

Da die erste Auflage schnell vergriffen war, beschränkt sich die Überarbeitung der zweiten Auflage auf Druckfehlerberichtigungen sowie sprachliche und sachliche Verbesserungen. Hierbei waren mir zahlreiche Zuschriften, für die ich mich an dieser Stelle nochmals bedanke, sehr hilfreich. Vom angekündigten Übungsbuch ist inzwischen der Teil zur Makroökonomik und Außenwirtschaftstheorie erschienen; der zweite Band (Grundlagen der Volkswirtschaftslehre und Mikroökonomik) erscheint im Herbst 1970, so daß das Gesamtwerk zum Jahresende 1970 vollständig vorliegen wird.

Gießen, im Mai 1970 Artur Woll

Vorwort zur dritten Auflage

In der dritten Auflage sind einige Korrekturen und Ergänzungen vorgenommen worden; der Gesamtumfang ist unverändert geblieben.

Gießen, im Februar 1971 Artur Woll

Kurzes Inhaltsverzeichnis

Analytisches Inhaltsverzeichnis

6. Angebot: Verkaufsplan des Unternehmens

7. Konsumgüterpreisbildung

Dritter Teil: Makroökonomik

13. Geld

14. Konjunktur

15. Beschäftigung

16. Wachstum

17. Einige Vorhersagen zur Makrotheorie und empirische Tests

Erster Teil

Grundlagen der Volkswirtschaftslehre

1. Volkswirtschaftslehre als Wissenschaft

I. Gegenstand und Probleme

Was heißt Volkswirtschaftslehre?

Die Volkswirtschaftslehre ist ein Teilgebiet der Wirtschaftswissenschaft, deren Erkenntnisgegenstand (Objekt) Erscheinungen des Wirtschaftslebens sind. Die Abgrenzung der Volkswirtschaftslehre und ihr Verhältnis zu anderen Wissenschaftsgebieten hängen davon ab, welcher **Wissenschaftssystematik** und Methodologie man folgt. Es ist möglich, die Wissenschaften insgesamt in Real- und Formalwissenschaften einzuteilen. Die Realwissenschaften (Naturwissenschaft, Sozialwissenschaft, Geschichte u. a.) liefern Informationen über die Realität (empirische Wissenschaften). Die Formalwissenschaften (Logik, Mathematik, Methodologie u. a.) stellen Denkformen und Verfahrensregeln bereit, die der Erkenntnisgewinnung in den Realwissenschaften dienen (instrumentale Wissenschaften). Die Wirtschaftswissenschaft gehört – zusammen mit der Soziologie, Sozialpsychologie, Rechtswissenschaft und Politikwissenschaft – zur Sozialwissenschaft (Objekt: soziale Wirklichkeit) und ist damit ein Teil der Realwissenschaften.

Bei der **Systematik der Wirtschaftswissenschaft (economics)** unterscheidet man, vor allem im deutschen Sprachbereich, nach Volks- und Betriebswirtschaftslehre. Diese Aufteilung ist mehr historisch bedingt als wissenschaftssystematisch geboten. Der Bedarf an gut geschulten Kaufleuten führte in Deutschland um die Jahrhundertwende zur Entwicklung von höheren Handelsschulen und Handelshochschulen, aus denen in einigen Fällen Universitäten entstanden (Frankfurt, Köln, Mannheim); andere Universitäten richteten später ebenfalls Studiengänge für Kaufleute ein. Das Objekt der Betriebswirtschaftslehre, die wirtschaftliche Seite von Betrieb und Unternehmen, ist – ebenso wie das wirtschaftliche Geschehen im Haushalt – ein traditioneller Erkenntnisgegenstand auch der Volkswirtschaftslehre. Die Bemühungen der Volkswirtschaftslehre um Durchdringung dieses Objekts waren jedoch nicht von einer Intensität, wie sie angesichts der raschen Entwicklung von großen Betriebs- und Unternehmenseinheiten wünschenswert gewesen wäre, so daß sich eine relativ eigenständige betriebswirtschaftliche Richtung der Wirtschaftswissenschaft herausbilden konnte. Demgegenüber wird die Finanzwissenschaft, deren Objekt die Wirtschaft der Gebietskörperschaften (Bund, Länder, Gemeinden), öffentlich-rechtlichen Körperschaften (Universitäten, Kirchen, Kammern) und internationalen Organisationen (Montanunion, EWG) ist, im allgemeinen als Teil der Volkswirtschaftslehre angesehen.

Wissenschaftssystematische Probleme sollten nach Erwägungen der Zweckmäßigkeit gelöst werden. Beim gegenwärtigen Stand wirtschaftswissenschaftlicher Erkenntnis und der methodologischen Ausrichtung einer großen Zahl von Arbeiten scheint es angezeigt, die **Wirtschaftswissenschaft** – also Volkswirtschaftslehre (einschließlich Finanzwissenschaft) und Betriebswirtschaftslehre – als **einheitliche Disziplin** aufzufassen. Sozialpsychologie, Soziologie, Rechts- und Politikwissenschaft sind Nachbarwissenschaften, deren Ergebnisse die Wirtschaftswissenschaft zu beachten und gegebenenfalls zu übernehmen hat. Statistik, Mathematik, Logik und Methodologie leisten als instrumentale Wissenschaften Hilfe bei der Gewinnung wirtschaftswissenschaftlicher Erkenntnisse (Hilfswissenschaften).

Wer eine unbekannte Sache erforschen will, wird in der Regel Fragen stellen. Es lassen sich drei mögliche Grundfragen über die Wirtschaft unterscheiden. Einmal kann man die Entstehungsgeschichte erforschen: Was war? Antworten auf diese Frage gibt die Wirtschaftsgeschichte. Zweitens möchte man oft wissen: Was ist und weshalb ist es so? Diese Frage versucht die Wirtschaftstheorie zu klären. Drittens ist man an der Beantwortung der Frage interessiert: Was kann sein und wie lassen sich bestimmte Ziele erreichen? Das ist Gegenstand der Theorie der Wirtschaftspolitik. Alle drei Grundfragen heben bestimmte Seiten der Wirtschaft hervor.

Die Wirtschaftsgeschichte – Teil der Geschichtswissenschaft – formuliert raum- und zeitbezogene (singuläre) Aussagen, die aus der Analyse vergangener Ereignisse hervorgehen und diese beschreiben. Informationen über historische Vorgänge sind für das Verständnis gegenwärtigen Geschehens nützlich. Diese Feststellung gilt auch für die Geschichte der Volkswirtschaftslehre (Dogmengeschichte); ihr Objekt sind die wirtschaftswissenschaftlichen Ansichten und Erkenntnisse früherer Autoren. Da die Begründung wissenschaftlicher Auffassungen in Beziehung zu Raum und Zeit steht, existiert zwischen Wirtschafts- und Dogmengeschichte ein Zusammenhang: Oft haben Ansichten ihren Ursprung in aktuellen Anlässen und sind nur bei Kenntnis der historischen Ereignisse verständlich.

Die Wirtschaftstheorie bildet Systeme nicht an Raum und Zeit gebundener (genereller) Aussagen, die man als Gesetze oder nomologische Hypothesen bezeichnet. Wie sie entstehen und zu rechtfertigen sind, wird noch erläutert. Allgemeine Volkswirtschaftslehre und Wirtschaftstheorie sind in diesem Buch synonym gebrauchte Bezeichnungen.

Die Theorie der Wirtschaftspolitik, die Ziele und Mittel der Wirtschaftspolitik analysiert, unterscheidet sich von der Wirtschaftstheorie nur in der Art der Fragestellung. Sie fragt nach den Gestaltungsmöglichkeiten wirtschaftlichen Geschehens im Rahmen der von der Wirtschaftstheorie formulierten Gesetzmäßigkeiten. Insofern ist sie ein Teil der Wirtschaftstheorie, wird jedoch im folgenden nur am Rande behandelt. Viele sehen die

Suche nach ökonomischen Gestaltungsmöglichkeiten als entscheidendes Motiv für ihre wissenschaftliche Arbeit an. Geschichte und Theorie hätten danach für die Theorie der Wirtschaftspolitik instrumentale Bedeutung. Dieser Ansicht steht ein Wissenschaftsverständnis gegenüber, für das die Anwendung wissenschaftlicher Ergebnisse als Forschungsmotiv nur von untergeordneter Bedeutung ist (l'art pour l'art). Dem gegenwärtigen Selbstverständnis der Wirtschaftswissenschaft entspricht jedoch im allgemeinen eine instrumentale Funktion der in der Wirtschaftstheorie erlangten Erkenntnisse.

Die Aussage, Objekt der Wirtschaftswissenschaft sei das Wirtschaftsleben, ist vage. Man hat deshalb versucht, gehaltvollere Formulierungen zu finden, mit denen sich eine präzisere Abgrenzung der Wirtschaftswissenschaft gewinnen läßt. Aus dem englischen Schrifttum seien einige **Definitionsversuche** genannt:

> "Political Economy or Economics is a study of mankind in the ordinary business of life; it examines that part of individual and social action which is most closely connected with the attainment and with the use of the material requisites of wellbeing" (Marshall).

> "Economics is a social science . . . it is concerned with human activities . . ." (Nevin).

> "Economics is the science which studies human behaviour as a relationship between ends and scarce means which have alternative uses" (Robbins).

Solchen Definitionen haftet der Nachteil an, daß sie entweder zu eng oder zu weit sind. Manche Ökonomen würden vermutlich die Definition, Wirtschaftswissenschaft sei eine Analyse der Menschheit in geschäftlichen Dingen, für zu weit halten, ebenso wie die, sie sei eine Untersuchung der menschlichen Wahlhandlungen. Dagegen dürfte die Definition, Wirtschaftswissenschaft untersuche die Überlegungen zur menschlichen Aktivität, soweit sie sich in Geld ausdrücken lasse, als zu eng gelten. Genauer gewählte Definitionen werden leicht umfangreich, ohne dem Anfänger klarmachen zu können, was tatsächlich gemeint ist. Dafür ein Beispiel:

> "Economics is the study of how men and society choose, with or without the use of money, to employ scarce productive resources, which could have alternative uses, to produce various commodities over time and distribute them for consumption, now and in the future, among various people and groups in society" (Samuelson).

Aus solchen Definitionsversuchen ist die resignierende Schlußfolgerung gezogen worden: "Economics is what economists do" (Viner). Es empfiehlt sich in der Tat, Definitionsprobleme so diffiziler Art nicht am Beginn lösen zu wollen, sondern allenfalls an das Ende der Überlegungen zu stellen und statt dessen durch eine Aufzählung typischer Fragestellungen zu verdeutlichen, worin die wissenschaftliche Beschäftigung des Ökonomen besteht. Sonst entsteht die Gefahr, daß die Analyse durch ein System von Begriffen (Begriffsnationalökonomie) verdrängt wird.

Systematische Grundfragen

Ein beliebiger **Fragenkatalog**, durch den die volkswirtschaftlichen Probleme umschrieben werden, könnte wie folgt aussehen: Warum werden bestimmte Güter erzeugt, andere dagegen nicht? Sind die Produzenten gezwungen, sich nach den Wünschen der Verbraucher zu richten? Wie ändert sich das Verhalten der Verbraucher, wenn sich ihr Einkommen erhöht? Warum wird aus einer Anzahl technisch möglicher Produktionsverfahren ein bestimmtes ausgewählt? In welchen Mengen werden welche Güter produziert? Warum wird die Herstellung von Gütern eingestellt, obwohl einige Verbraucher sie weiterhin kaufen möchten? Warum verändern sich die Preise auf einzelnen Märkten? Wie entsteht Einkommen? Welchen Einfluß haben Gewerkschaften auf die Höhe der Löhne? Warum verdienen einige Leute sehr viel mehr als andere, deren Arbeit mühseliger ist? Wieso werfen Kapital- und Grundbesitz Einkommen ab? Wer produziert Geld und wie kommt es in Umlauf? Warum steigen fortwährend die Preise in den meisten Ländern? Aus welchem Grund ist ein Land mit viel Geld nicht unbedingt reicher als ein anderes mit weniger Geld? Wie kommt es, daß – wie in der Weltwirtschaftskrise Anfang der dreißiger Jahre – Millionen Menschen arbeitslos werden können? Wieso wechseln die Zeiten guter und schlechter Geschäftslage? Warum werden die Verbraucher von der Regierung in einem Jahr zum Maßhalten, im nächsten zum Geldausgeben aufgefordert? Wie entwickelt sich langfristig die Produktionskapazität eines Landes und was bestimmt das wirtschaftliche Wachstum? Wieso gibt es reiche und arme Länder? Warum werden manche Güter nur in einigen, andere dagegen in allen Ländern produziert? Welche Regeln bestimmen den Warenverkehr zwischen In- und Ausland? Wie vollziehen sich die Zahlungen im wirtschaftlichen Verkehr mit dem Ausland in Anbetracht der Tatsache, daß es unterschiedliche Währungseinheiten und -systeme gibt?

Dieser Katalog von Fragen recht unterschiedlichen Inhalts ließe sich leicht vergrößern. Es ist aber auch möglich, das Gemeinsame einiger Fragen hervorzuheben, so daß sich ihre Zahl reduzieren läßt. Der deutsche Nationalökonom Walter Eucken (1891–1950) hat angesichts des komplexen Wirtschaftsgeschehens die Grundfrage gestellt: Wie erfolgt die Lenkung dieses gewaltigen arbeitsteiligen Gesamtzusammenhanges, von dem die Versorgung der Menschen mit Gütern, also jedes einzelnen Existenz abhängt? Er löst diese umfassende Fragestellung in fünf Einzelfragen auf: Was, wofür, wann, wie und wo wird produziert? Diese Fragen lassen sich dahingehend variieren, daß sie zu **Ausgangsfragen** werden, die **Teilgebiete der Wirtschaftstheorie** kennzeichnen. Sie werden zweckmäßig wie folgt zusammengefaßt (Übers. 1–1).

Fragestellungen	Theoriegebiete
1. Warum und in welcher Menge werden bestimmte Güter nachgefragt?	Haushalts- oder Nachfragetheorie
2. Nach welchen Kriterien werden Güter erzeugt und wovon hängt die Wahl des Produktionsverfahrens ab?	Produktions- oder Angebotstheorie
3. In welchen Mengen werden Güter verkauft und wovon hängt die Zusammensetzung der gesamtwirtschaftlichen Produktion ab?	(Güter-) Preis- und Allokationstheorie
4. Was bestimmt die Verteilung des Produktionsergebnisses auf die Anbieter produktiver Leistungen (Arbeit, Kapital, Boden)?	(Faktor-) Preis- oder Verteilungstheorie
5. Welche Aufgaben kann das Geld übernehmen und welche Wirkungen gehen von ihm aus?	Geld- und Kredittheorie
6. Wodurch ist die Beschäftigung der Anbieter produktiver Leistungen bestimmt?	Konjunktur- und Beschäftigungstheorie
7. Welches sind die Gründe und Bedingungen für das Wachstum reicher und die Entwicklung armer Volkswirtschaften?	Wachstums- und Entwicklungstheorie
8. Zu welchen Besonderheiten führt die Existenz autonomer Wirtschaftsräume und Währungseinheiten und was bestimmt die Verteilung der Produktivkräfte im Raum?	Außenhandels- und Raumwirtschaftstheorie

Übers. 1-1: Fragestellungen und Gebiete der Volkswirtschaftslehre

Der Aufbau des Buches folgt dieser Systematik. Im angelsächsischen Schrifttum werden häufig die Oberbegriffe **Mikroökonomik** (Theoriegebiete 1–4) und **Makroökonomik** (5–7) gebraucht. Die Zurechnung der Außenhandels- und Raumwirtschaftstheorie bleibt umstritten, weil sie mikro- und makroökonomische Elemente enthält. Mit diesen Oberbegriffen versucht man der Tatsache Rechnung zu tragen, daß es einzelwirtschaftliche (mikroökonomische) und gesamtwirtschaftliche (makroökonomische) Sachverhalte gibt, die eine entsprechende Betrachtungsweise erfordern. Mikroökonomische Sachverhalte sind das wirtschaftliche Geschehen in den Haushalten und Betrieben sowie die Preisbildung, makroökonomische die Geldversorgung, der Wirtschaftskreislauf und seine Störungen sowie Wachstum und Entwicklung der Wirtschaft als Ganzes. Die Fragestellungen einiger Theoriebereiche beziehen sich traditionell auf eine Marktwirtschaft. Das gilt insbesondere für die Nachfrage-, Preis- und Geldtheorie. Dieser Aspekt wird im 3. Kapitel erörtert. Der folgende Abschnitt über Werturteile und Methoden dürfte verständlicher sein, wenn er nach der Lektüre dieses Buches noch einmal gelesen wird.

II. Werturteile und Methoden

Werturteile und Wissenschaft

Die Wahl der Methode und die Festlegung dessen, was Wissenschaft ist, stellt ein Problem dar, das sich verschieden lösen läßt, und bei dessen Lösung individuelle Überzeugungen von großem Gewicht sind. Die Entscheidung für einen bestimmten Wissenschaftsbegriff ist deshalb Ausdruck der persönlichen Ansicht darüber, was Aufgabe der Wissenschaft sein soll. Persönliche Einstellungen, ganz gleich worauf sie sich richten, bezeichnet man als **Werturteile**.

In Übereinstimmung mit der herrschenden methodologischen Auffassung soll ein Wissenschaftsbegriff verwendet werden, der es nicht in das persönliche Belieben des einzelnen stellt, ob eine Aussage akzeptiert wird oder nicht. Das aber bedeutet, daß Werturteile, über die man verschiedener Ansicht sein kann, nicht als wissenschaftliche Aussagen gelten können. Diese Abgrenzung des Wissenschaftsbegriffs sei an einigen Beispielen erläutert: Ob Kauf und Verbrauch eines Gutes – z. B. eines bestimmten Sportwagens oder Whiskys – einen Luxus darstellt, darüber wird es vermutlich verschiedene Ansichten geben. Der Ausdruck Luxus ist also ein wertbezogener und deshalb unwissenschaftlicher Begriff, und die Begründung einer Luxussteuer kann sich nicht auf wissenschaftliche Aussagen stützen. Verschiedener Ansicht wird man auch darüber sein, ob ein Einkommen im Hinblick auf die erbrachte Leistung angemessen oder die Verteilung der Einkommen gerecht ist. Wer von gerechten Löhnen oder von ungerechter Einkommensverteilung spricht, bedient sich einer unwissenschaftlichen Ausdrucksweise. Aus denselben Gründen ist eine so allgemein gehaltene und daher verschieden interpretierbare Aussage, wie: „Eine progressive Einkommensteuer ist besser als eine proportionale“, ein Werturteil. Werturteile stehen zu wissenschaftlichen Aussagen in demselben Verhältnis wie Glauben zu Wissen. Sie haben die Form von imperativen (es soll sein) oder normativen (es sollte sein, etwas ist gut oder schlecht) Aussagen. Wissenschaftliche Feststellungen sind dagegen Existenzaussagen (etwas ist so oder so). Das Merkmal zur Unterscheidung von Werturteilen und wissenschaftlichen Aussagen ist demnach die Möglichkeit der intersubjektiven Kritik. Die Aussage: „Das Wetter ist schön“, stellt ein Werturteil dar, sofern „schön“ nicht durch intersubjektiv überprüfbare Angaben (wie Temperatur, Luftfeuchte, Bewölkung) näher definiert ist.

Werturteile sind außerstande, etwas zur allgemeingültigen Erkenntnis der Wirklichkeit beizutragen. Sie geben lediglich Informationen über die Ansicht, Stellungnahme oder Haltung einer Person zu einem Vorkommnis oder einer Verhaltensweise. Aussagen, die ein Wissen über die Wirklichkeit vermitteln, müssen dagegen unabhängig von unseren individuellen Ansichten und Bekenntnissen, also allgemeingültig sein. Soll unser Wissen von den realen Sachverhalten vergrößert werden, muß sich der Wissenschaftler in seinen wissenschaftlichen Äußerungen auf solche Aussagen beschränken, die das zu leisten vermögen. Läßt man darüber hinaus Werturteile zu, entsteht ein unentwirrbares Gemisch von Aussagen, das weder der sachlichen Information noch der Klärung persönlicher Standpunkte nützt. Wird – wie in einigen neuerdings wieder auflebenden Richtungen der Sozialwissenschaft (Neo-Normativismus) – die von Werturteilen freie Wirtschaftswissenschaft überhaupt geleugnet oder für unerwünscht gehalten, ist wissenschaftliche Erkenntnis der bestehenden wirtschaftlichen Zusammenhänge unmöglich. Eine aus Werturteilen bestehende „Wissenschaft“ wäre geeignet, verschiedenen Zielen zu dienen. Sie könnte die Menschen stimulieren (was auch Romane und Märchen tun) oder zur Begründung einer Revolution herhalten (wie Ideologien). Nur eine Erweiterung der Erkenntnis darf man von ihr nicht erwarten. Wer sich gegen eine in ihren Aussagen wertfreie Wissenschaft wendet, spricht ein Verdikt gegen die Ausweitung überprüfbarer Informationen aus.

Die Entscheidung für eine in ihren Aussagen werturteilsfreie Wissenschaft bedeutet keineswegs, daß es eine in jeder Hinsicht **wertfreie Wissenschaft** gibt oder auch nur geben könnte. Erstens sei wiederholt, daß die Wahl des Wissenschaftsbegriffs selbst ein Werturteil ist. Ob Aussagen der allgemeinen Wissensvermehrung dienen sollen, darüber kann man verschiedener Ansicht sein, und tatsächlich hat es zu allen Zeiten Menschen gegeben, die der Wissenschaft eine andere Aufgabe gestellt haben. Zweitens ist nach aller Erfahrung die Zahl der zu lösenden Probleme größer als die Forschungskapazität. Eine Auswahl ist unvermeidlich (Selektionsproblem). In der Problemwahl werden sich die persönlichen Neigungen des Forschers niederschlagen. Vermutlich hegen die meisten Menschen die Hoffnung, daß der Wissenschaftler einerseits Probleme aufgreift, von deren Lösung für alle ein Nutzen ausgeht, und andererseits keine Aufgaben übernimmt, aus denen allgemeiner Schaden erwächst (DÜRRENMATT, „Die Physiker“). Da wissenschaftliche Ergebnisse in ihren Konsequenzen meistens nicht abzuschätzen sind (Verwertungsproblem), ist diese Maxime, der sicherlich fast alle Wissenschaftler entsprechen möchten, tatsächlich nicht leicht zu befolgen. Drittens können Werturteile selbst Gegenstand wissenschaftlicher Aussagen sein. Die Behauptung: „Diese Einkommensverteilung ist ungerecht“, ist ein Werturteil. Es kann jedoch wissenschaftlich untersucht werden, wieso die meisten Menschen dazu kommen, eine bestimmte Einkommensverteilung als ungerecht zu bezeichnen. Insbesondere ist die Entstehung oder Vereinbarkeit von Werturteilen in wissenschaftlichen Untersuchungen grundsätzlich klärbar. Die genannten Wertbezüge lassen jedoch die Forderung nach wertfreien Aussagen unberührt. Es dürfte einleuchten, daß sie den Forscher nicht daran hindert, persönlich Stellung zu beziehen und Werturteile abzugeben. Nur kann er sich dabei nicht auf die Wissenschaft berufen und deren Autorität in Anspruch nehmen – eine einfache Regel, deren Befolgung in der Praxis schwer zu sein scheint.

Eine besondere Schwierigkeit ergibt sich aus dem für wirtschaftliche Zusammenhänge typischen **Ziel-Mittel-Verhältnis**. Die Aussage: „Die Anbieter produktiver Leistungen (Arbeit, Boden, Kapital) sollen vollbeschäftigt sein", stellt – isoliert gesehen – ein Werturteil dar; ob Vollbeschäftigung herrschen soll, darüber kann man verschiedener Ansicht sein. Die weitaus meisten Menschen dürften Vollbeschäftigung als dringend erwünscht betrachten. Das ändert nichts an der Qualität der Aussage, die sich nicht nach irgendwelchen Mehrheiten richtet. Wird jedoch die Vollbeschäftigung nicht als ein letztes Ziel, sondern als Mittel angesehen – etwa zur Erhöhung des Wirtschaftswachstums –, stellt dieselbe Aussage in diesem Kontext eine wissenschaftliche Feststellung dar, sofern zwingend nachgewiesen werden kann, daß das Wachstum bei Vollbeschäftigung größer ist als bei Unterbeschäftigung. Das wissenschaftlich nicht ableitbare Werturteil hieße dann

Sachverhalt	**Werturteil**	**Mögliche wissenschaftliche Aussage**
1. Bauarbeiter essen Kaviar zum Frühstück.	Das Essen von Kaviar ist ein Luxus für Bauarbeiter.	Die Kaviarnachfrage der Bauarbeiter wird aus Lohnerhöhungen finanziert.
2. Ein Unternehmer verdient im Durchschnitt zehnmal soviel wie ein Arbeiter.	Die Einkommensverteilung ist ungerecht.	Die Einkommensverteilung ist ungleichmäßig.
3. Die deutsche Landwirtschaft erhält jährlich 4 Mrd. DM Subventionen.	Die Subventionen sind zu hoch (oder zu gering).	Die öffentliche Hilfe für die Landwirtschaft bindet etwa 1/2 Million Beschäftigte in der Landwirtschaft.
4. Die Zahl der Unbeschäftigten – ausgedrückt in Prozenten der Arbeitswilligen (Arbeitslosenquote) – beträgt 0,8 % im Jahresmittel.	Eine Arbeitslosenquote von 0,8 % ist erwünscht (richtig, optimal).	Bei einer Arbeitslosenquote von 0,8 % steigen die Preise durchschnittlich um 3 %.
5. Das gesamtwirtschaftliche Einkommen zu konstanten Preisen steigt um 4 % pro Jahr.	Das Wachstum ist angemessen.	Das Wachstum reicht aus, die Pro-Kopf-Einkommen um 3 % und den Staatsanteil um 8 % zu erhöhen.

Übers. 1–2: Werturteile und wissenschaftliche Aussagen

Wachstum; Vollbeschäftigung wäre ein wissenschaftlich begründbares Mittel zur Förderung des Wachstums. Ob der Einsatz eines Mittels bestimmte Wirkungen hat, ist ein der wissenschaftlichen Analyse grundsätzlich zugängliches Problem.

In Grenzfällen lassen sich Werturteile und wissenschaftliche Aussagen nicht scharf trennen, wenn man bedenkt, daß viele Ausdrücke, die Eingang in den wirtschaftswissenschaftlichen Sprachgebrauch gefunden haben, in der Alltagssprache emotionell aufgeladen sind. Doch in der Regel dürfte eine klare Scheidung von Werturteilen und wissenschaftlichen Aussagen möglich sein und die hier getroffene Sprachregelung eine nützliche Hilfe bieten. Die Fähigkeit, **Werturteile und wissenschaftliche Aussagen** zu unterscheiden, läßt sich durch sorgfältigen Sprachgebrauch erhöhen. Einige Beispiele sollen das Gesagte noch einmal verdeutlichen (Übers. 1–2).

Entstehung und Überprüfung von Theorien

Die Ergebnisse wirtschaftswissenschaftlicher Forschung werden in Form von **Theorien** vorgelegt. Theorien sind Aussagensysteme, genauer: eine Anzahl wissenschaftlicher Aussagen, die in logischer (deduktiver) Beziehung zueinander stehen. Nach Klärung der Werturteilsfrage bleibt näher zu bestimmen, welche Form solche Aussagen nach dem hier vertretenen Wissenschaftsbegriff haben, wie aus ihnen Theorien entstehen und wie die Geltung der gewonnenen Theorien zu begründen ist.

Wissenschaftliche Aussagen und Theorien geben in der Regel eine Antwort auf die **Frage nach den Ursachen von Ereignissen**. Wird eine Folge von Ereignissen beobachtet, die unter immer wiederkehrenden Umständen (Bedingungen) in derselben Weise eintreten, kann man über die vermutete invariante Beziehung zwischen dem sich wiederholenden Ereignis und seinen Bedingungen eine generelle Aussage machen, die als Gesetz, nomologische Hypothese oder theoretische Aussage bezeichnet wird. So soll beobachtet worden sein, daß Ausweitungen der Geldmenge unter bestimmten Bedingungen immer wieder zu Preiserhöhungen geführt haben. Eine entsprechende Hypothese lautet: „Wenn die Bedingungen $A_1, A_2, \ldots, A_m$ vorliegen und als weitere Bedingung A_n die Geldmenge erhöht wird, tritt als Ereignis B eine allgemeine Preiserhöhung ein.“ Solche Aussagen – oft vereinfachend, aber wenig adäquat „Theorien“ genannt – verbinden bestimmte Ereignisse mit Bedingungen, unter denen ihr Eintreten erwartet werden kann. Es erscheint deshalb berechtigt, von der das Ereignis eigentlich auslösenden Bedingung A_n als der „Ursache“ seines Eintretens zu sprechen.

Die grammatische Form der obigen Hypothese ist die einer Konditionalaussage („Wenn, dann-Aussage“). Konditionalaussagen werden in der Logik als Implikationen bezeichnet. Man unterscheidet zwei Arten von Implikationen, je nachdem ob B aus $A_1, A_2, \ldots, A_n$ logisch folgt (logische Implikation) oder nicht (gewöhnliche Implikation). Die logischen Implikationen informieren aus hier nicht näher darzulegenden Gründen nicht über die

Beschaffenheit der Wirklichkeit. Deshalb bezeichnet man sie als Leerformeln oder Tautologien. Nur die gewöhnlichen Implikationen können den Rang von erfahrungswissenschaftlichen Hypothesen haben. Das obige Beispiel ist dann eine Hypothese, wenn es die Bedingungen nicht zulassen, die Preiserhöhungen aus ihnen zu deduzieren. Allerdings gibt es auch Hypothesen, die nicht die Form von Implikationen haben. Dazu gehören z. B. die sogenannten „All-Aussagen" („Alle Industrienationen haben ein ständig steigendes Preisniveau") oder „Es gibt nicht-Aussagen" („Es gibt keine Industrienation mit andauernd stabilem Preisniveau"). Zu beachten ist, daß sich in der Wirtschaftswissenschaft nicht immer Hypothesen formulieren lassen, die – wie im obigen Beispiel – das universelle Gelten eines Sachverhalts behaupten (universelle Hypothesen); häufig läßt sich nur ein Wahrscheinlichkeitsgrad angeben, mit dem das Eintreten des Ereignisses unter bestimmten Bedingungen erwartet werden kann (statistische Hypothesen). Statistische Hypothesen haben die Form: „Wenn die Bedingungen A_1, A_2, . . . , A_n vorliegen, dann tritt das Ereignis B mit einer statistischen Wahrscheinlichkeit von P ein." Sie basieren auf der Ansicht, daß erst bei einer großen Zahl von Fällen abschätzbare und hinreichend stabile Tendenzen auftreten. Wird behauptet: „Wenn das Einkommen der Haushalte steigt, nimmt das Sparen mit einer Wahrscheinlichkeit von 0,8 überproportional zu", braucht keineswegs jeder Einkommenserhöhung in der betrachteten Periode eine überproportionale Steigerung des Sparens zu folgen; auch ist es nicht erforderlich, daß sich jeder einzelne Haushalt in derselben Weise verhält, wenn die Hypothese zutreffend sein soll. Gäbe es andererseits keine vorherrschende Verhaltensweise, ließe sich keine Hypothese über das Sparverhalten der Wirtschaftssubjekte aufstellen, sofern für sie empirische Geltung beansprucht wird.

Besteht eine Anzahl von Hypothesen über ein Sachgebiet, muß zum Zweck der weiteren Erkenntnisgewinnung versucht werden, sie in logische Beziehungen zu bringen, indem eine dieser Hypothesen aus den anderen deduziert wird. Noch wichtiger ist die Aufgabe, aus den vorhandenen Hypothesen gänzlich neue, bisher nicht bekannte Aussagen abzuleiten. Erst wenn die Hypothesen eines Sachgebiets in ein logisches Ableitbarkeitsverhältnis gebracht worden sind, kann man von einem Aussagen- (Hypothesen-) System und damit von einer Theorie sprechen.

Alle Aussagen, aus denen Hypothesen logisch abgeleitet werden, nennt man **Prämissen**, die abgeleiteten Hypothesen selbst **Konklusionen**. Es ist wichtig zu wissen, daß verschiedene Arten von Aussagen Prämissen einer Theorie sein können. Einmal fungieren Hypothesen als mögliche Prämissen. Dabei unterscheidet man nach ihrem Inhalt **Verhaltenshypothesen** als Aussagen über Verhaltensweisen (oder Beziehungen, die von Verhaltensweisen abhängen) und **technische Hypothesen** als Informationen über technisch-physikalische Zusammenhänge. Diese Unterscheidung tritt noch einmal bei den Funktionen auf, weil sich viele Hypothesen als Funktionsgleichung formulieren lassen. Zweitens enthalten Prämissen neben den Hypothesen meist noch **Definitionen**. Definitionen sind Sprachregelungen. Sie dienen dazu, entweder Aussagen zu verkürzen oder zu präzisieren. So wird das Streben der Unternehmer, die positive Differenz zwischen Umsatz und Kosten möglichst groß zu machen, als Gewinnmaximierungsprinzip definiert. Da Definitionen lediglich ein sprachliches Substitut für eine schon bekannte Aussage einführen, können sie nicht über die Beschaffenheit eines Sachverhalts informieren. Sie sind – ebenso wie logische Implikationen – bloße Tautologien (Tautologien kraft Festsetzung). Noch so zahlreiche Definitionen vergrößern unser Wissen nicht. Gleichwohl sind sie wegen ihrer Sprachregelungsfunktion wissenschaftlich unentbehrlich oder zweckmäßig. Oft setzen sich Definitionen im Laufe der Zeit durch. Die Fachsprache (Terminologie) verfestigt sich. Weil man in der Wortwahl grundsätzlich frei ist, können auch wertgeladene Ausdrücke zur Definition benutzt werden. Angenommen, es bestehe eine nach Einkommensgruppen sehr ungleiche, genau bestimmte Einkommensverteilung; es wäre möglich, diese Einkommensverteilung für die weitere Untersuchung als „ungerecht" oder „gerecht" zu definieren.

Ist eine Theorie gebildet worden, muß sie gewissen **Prüfverfahren** unterzogen werden, damit festgestellt werden kann, ob sie logisch richtig abgeleitet wurde und empirisch wahr ist. Ein Aussagensystem beschreibt nur dann die Wirklichkeit, wenn über seine logische und empirische Geltung keine begründeten Zweifel bestehen. Eine Theorieableitung ist logisch richtig, wenn die Deduktion der Konklusionen aus den Prämissen den Regeln der Logik entspricht. Sie wird zurückgewiesen, sofern Widersprüche auftreten oder die Konklusionen nicht durch die Prämissen gedeckt sind (logische Prüfung). Im letzten Fall läßt sich der Mangel oft durch Ergänzung, Ersatz oder Umformulierung der Prämissen beheben. Es besteht für theoretische Aussagen eine Richtigkeitsvermutung, wenn sie längere Zeit existieren und häufig überprüft worden sind.

Die Wahrheit einer Theorie wird an der Wirklichkeit gemessen (empirische Prüfung, empirischer Test). Eine Theorie, die sich empirisch immer wieder bewährt, kann dennoch nicht als definitiv wahr bezeichnet werden, weil die Möglichkeit einer zukünftigen Widerlegung durch Tatsachen nicht auszuschließen ist. Jede Theorie gilt deswegen nur als vorläufig bestätigt oder noch nicht widerlegt (falsifiziert). Dem Falsifizierungstest kommt besondere Bedeutung zu. Für eine Theorie lassen sich angesichts der großen Fülle empirischer Fakten fast immer Bestätigungen finden (law of observation). Der Umfang und die Sicherheit unseres Wissens wären deshalb ziemlich begrenzt. Unsere Kenntnis von der Realität wird vor allem dadurch gefördert, daß an die Stelle bisher unsicherer Theorien neue, empirisch hinreichend bestätigte Aussagensysteme treten. Dazu ist es nötig, die vorhandenen Theorien ständigen Falsifizierungsversuchen zu unterwerfen. Wird eine wissenschaftliche Aussage oder Theorie falsifiziert, gibt man sie entweder zugunsten einer überlegeneren auf oder ergänzt sie im Hinblick auf bekannt gewordene Tatsachen so, daß sie erneuten Falsifizierungsversuchen standhält.

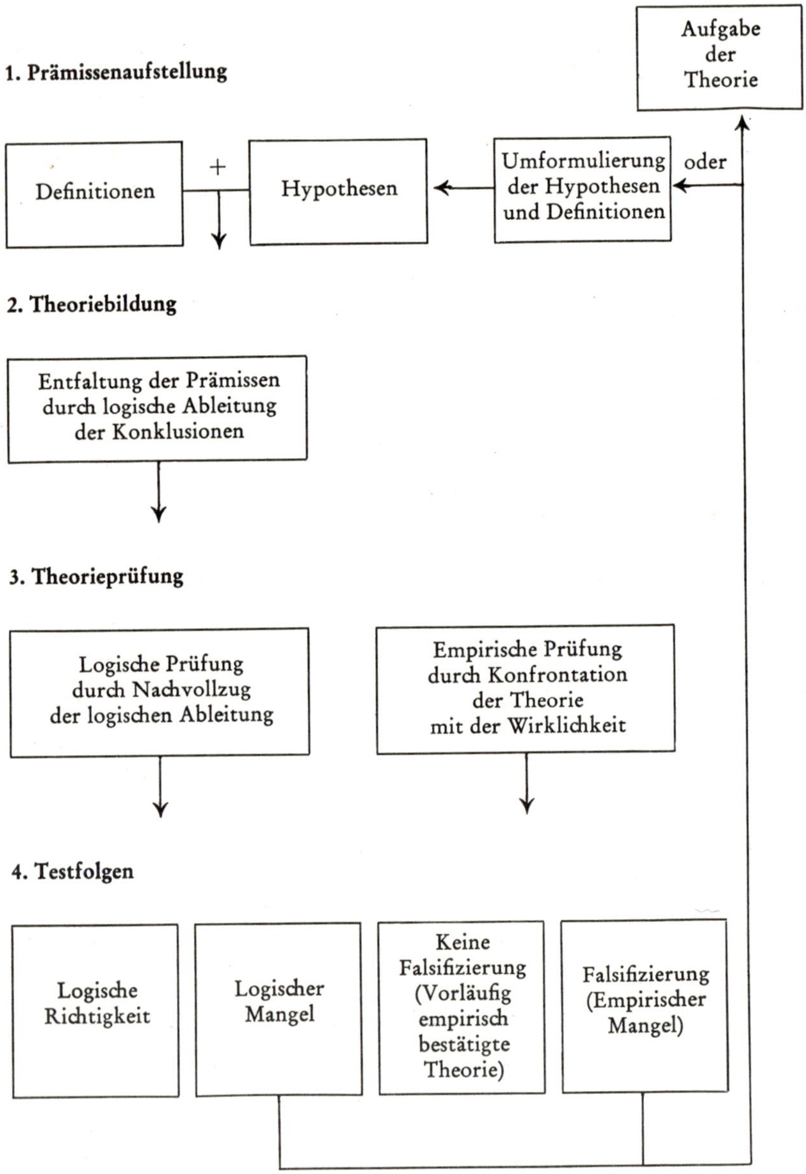

Übers. 1–3: Entstehung und Überprüfung von Theorien

Entstehung und Überprüfung von Theorien werden in einem Schema noch einmal verdeutlicht (Übers. 1–3).

Diese methodologische Konzeption kann – wie die Erfahrung zeigt – trotz ihrer Einfachheit zu möglichen **Mißverständnissen** Anlaß geben, wenn ihre Besonderheiten außer acht gelassen werden. Sie sei deswegen noch genauer beschrieben und erläutert.

Nicht selten kommt es zu Verwechslungen von Definitionen und Ableitungsergebnissen, zumal wenn sie sich in der Schreibweise gleichen. Ein bekanntes Beispiel, das auch dogmengeschichtlich zu Konfusionen geführt hat, bildet die Aussage „Sparen ist gleich Investieren". Bezeichnet man das Volkseinkommen eines Landes mit Y, die Ausgaben für Investitionsgüter mit I, die für Konsumgüter mit C und die nicht verausgabten (gesparten) Einkommen mit S, kann man definieren:

(1.1a) $Y_1 = C + I$ (Definitions-Gleichung) und

(1.1b) $Y_2 = C + S$ (Definitions-Gleichung).

In (1.1a) wird das Volkseinkommen unter dem Gesichtspunkt definiert, welche Ausgaben in einer Periode zur Entstehung des Volkseinkommens beitragen. (1.1b) stellt auf die Frage ab, wie ein entstandenes Volkseinkommen aufgeteilt werden kann. Da in (1.1a) und in (1.1b) offenbar ein und dasselbe Volkseinkommen nur von verschiedenen Seiten aus betrachtet wird, gilt die Identität

(1.2) $Y_1 \equiv Y_2$ (Identitäts-Gleichung).

Aus den drei Gleichungen folgt als weitere Identität

(1.3) $I \equiv S$ (Identitäts-Gleichung).

Gleichung (1.3) besagt, daß die Investitionsausgaben und Ersparnisse identisch, ihre Beträge also stets gleich groß sind. Damit ist weder eine Hypothese aufgestellt noch eine Theorie entwickelt worden. Die Identität (1.3) stellt lediglich eine Konklusion aus den Definitionen (1.1a) und (1.1b) dar. Man kommt nur dann zu einer Theorie, wenn mindestens eine Verhaltenshypothese als Prämisse fungiert.

Die Aussage „Sparen ist gleich Investieren" läßt sich noch in einer Weise ableiten, die zu keiner Identitätsgleichung, sondern zu einer Verhaltenshypothese führt. Dabei geht man von den Hypothesen aus, S sei eine Funktion von Y und I eine Funktion von Y und i (Zinssatz):

(1.4) $S = f(Y)$ (Verhaltens-Gleichung)

(1.5) $I = g(Y, i)$ (Verhaltens-Gleichung).

Ist man – wie in der klassischen Zinstheorie – der Auffassung, daß es einen Mechanismus (Anpassungsprozeß) gibt, der die von den Haushalten in Abhängigkeit vom Volkseinkommen beabsichtigten Ersparnisse gleich den von den Unternehmen in Abhängigkeit vom Zinssatz und vom Volkseinkommen beabsichtigten Investitionen werden läßt, würde sich das in der Hypothese

(1.6) $I = S$ (Verhaltens-Gleichung)

ausdrücken lassen. In (1.6) gilt wie in (1.3), daß Sparen gleich Investieren ist. Doch während (1.3) eine stets erfüllte Identität darstellt, ist (1.6) eine falsifizierbare Hypothese. Um Mißverständnisse zu vermeiden, werden I und S in (1.1) bis (1.3) häufig mit der Bezeichnung „ex post" und in (1.4) bis (1.6) mit „ex ante" versehen. Damit soll zum Ausdruck gebracht werden, daß hier eigentlich verschiedene Größen betrachtet werden, die streng unterschieden werden müssen, wenn es zu keinen Verwechslungen kommen soll.

Im Schrifttum findet man vielfach den Ausdruck „Annahme". „Annahme" und „Prämisse" können Synonyme sein und bezeichnen dann sowohl Hypothesen als auch Definitionen. In den meisten Fällen versteht man jedoch unter einer Annahme eine Unterstellung von der Form: „Ich nehme einmal an, es sei etwas so oder so." Eine solche Aussage ist weder eine Hypothese noch eine Definition. Während Hypothesen Existenzbehauptungen mit dem Anspruch sind, empirisch wahr zu sein, abstrahieren Annahmen von der Wirklichkeit. Aussagensysteme, die auf Annahmen als Prämissen basieren, nennt man **Modelle** oder – weniger adäquat – Modell-„Theorien". Der Unterschied zwischen Hypothesen und Annahmen läßt sich allerdings gedanklich klarer ziehen als bei der wissenschaftlichen Arbeit. Ein Forscher müßte stets mit empirischen Untersuchungen beginnen, bevor er eine Hypothese aufstellen kann. Man begnügt sich deshalb am Anfang der Theoriebildung häufig mit Hypothesen, die empirisch plausibel sind. Solche Hypothesen lassen sich tatsächlich nicht scharf von Annahmen unterscheiden, sofern diese nicht in offensichtlichem Gegensatz zur Realität stehen. Einige Nationalökonomen (wie MILTON FRIEDMAN, FRITZ MACHLUP und LIONEL ROBBINS) sind deshalb der Ansicht, daß die empirische Fundierung der Prämissen unbeachtlich sei, weil man theoretische Aussagen ohnehin dem Test unterwerfe. Dabei werde sich zeigen, was sie tatsächlich wert seien. Genausowenig, wie einerseits empirisch fundiert aussehende Verhaltenshypothesen ein Testverfahren nicht zu überstehen brauchten, könnten sich andererseits unwirklich scheinende Annahmen behaupten. Es habe deswegen kaum einen Sinn, schon vor dem Test die Betonung auf den empirischen Gehalt der Aussagen zu legen.

Will man die Implikationen bestimmter Prämissen ermitteln, ist man oft gezwungen, Sachverhalte unberücksichtigt zu lassen, die in Wirklichkeit von großer Bedeutung sein können. Wer die auf Preisschwankungen zurückzuführenden Änderungen der nachgefragten Menge eines Gutes erklären möchte, muß andere wichtige Einflußfaktoren, wie die Preise anderer Güter, die Einkommen der Haushalte oder deren Bedürfnisstruktur, eliminieren, indem er sie als gleichbleibend (ceteris paribus) unterstellt. Dadurch werden die empirisch beobachteten Bestimmungsgrößen gedanklich auf wenige oder eine einzige reduziert. Daraus lassen sich dann Konsequenzen logisch ableiten. Die Anwendung der **ceteris paribus-Klausel** ist angesichts der komplexen Wirklichkeit unvermeidlich. Andererseits sollten stets jene Einflußgrößen, die man konstant zu halten wünscht, ausdrücklich genannt werden (spezifizierte ceteris paribus-Klausel).

Die Bedeutung der Theorie liegt einmal in ihrer Fähigkeit, die komplizierte Struktur der Realität zu erklären, indem sie generelle Aussagen über die Wirklichkeit und damit über die Ursachen der realen Sachverhalte macht (Information). Zum anderen erlaubt sie Aussagen darüber, was unter bestimmten Bedingungen eintreten wird (Vorhersage und Prognose). Vorhersage und Prognose werden nicht als synonym angesehen. Nach der hier vertretenen Auffassung können Hypothesen, die aus einem System genereller Aussagen deduziert sind, als **Vorhersagen** bezeichnet werden. Sie sagen in allgemeiner Form aus, was unter allgemeinen Bedingungen zu erwarten ist. Sind die Prämissen $A'_1, A'_2, \ldots, A'_n$ gegeben und erlauben sie die Ableitung der Aussage B', wird B' als die Vorhersage eines allgemeinen Sachverhalts aufgefaßt, der unter den genannten Bedingungen eintreten wird. Die Vorhersage ist nichts weiter als eine aus bestimmten Prämissen abgeleitete Hypothese, also eine generelle Aussage nomologischen Charakters. Unter **Prognose** wird dagegen eine singuläre Aussage verstanden, die ein ganz bestimmtes Ereignis voraussagt, z. B. eine Preisniveausteigerung in der Bundesrepublik für 1970 in Höhe von 3 %. Prognosen werden ebenso wie Vorhersagen durch Deduktion aus Prämissen gewonnen. Während jedoch die Prämissen im Fall der Ableitung von Vorhersagen nur Hypothesen und Definitionen enthalten, treten bei den Prognosen noch singuläre Aussagen hinzu, die eine bestimmte Ausgangslage, für die die Theorie angewendet werden soll, beschreiben. So müßten etwa zur Ableitung der obigen Prognose die Prämissen um folgende singuläre Aussagen erweitert werden: „In der Bundesrepublik stiegen im Jahre 1968 die Löhne durchschnittlich um nominal 6 %; die Geldmenge nahm um 5 Mrd. DM zu und der Überschuß der Leistungsbilanz betrug 18 Mrd. DM." Sind die Prämissen insoweit ergänzt, läßt sich daraus die genannte Prognose deduzieren, sofern ein entsprechendes Hypothesensystem zur Verfügung steht. Die Möglichkeit, solche exakten Prognosen aus Prämissen abzuleiten, ist jedoch in der Volkswirtschaftslehre bisher selten gegeben. Die Ursache dürfte vor allen Dingen im Stand unserer Theoriebildung zu suchen sein, denn noch zu viele Aussagensysteme haben mehr Modell- als Hypothesencharakter.

„Positiven" Aussagen werden gelegentlich sogenannte „normative" Aussagen gegenübergestellt. Letztere geben die Bedingungen an, unter denen ein bestimmtes Ziel erreicht werden kann. Sie sind Antworten auf Fragen folgender Art: Welche Verhaltensweise führt unter gegebenen Umständen zu maximalem Gewinn? Unter welchen Bedingungen ist das Wirtschaftswachstum am größten? Wie kann das gesamtwirtschaftliche Gleichgewicht von Angebot und Nachfrage im Zeitablauf erhalten werden? Die Prüfung der logischen Struktur solcher Aussagen zeigt, daß sie mit den bereits diskutierten Werturteilen nichts gemein haben. Sie sind nichts anderes als Aussagen, bei denen entweder vom gewollten Ergebnis der zweiten Stufe wissenschaftlicher Arbeit zur ersten „zurückgefragt" wird (Übers. 1–3) oder unter mehreren Hypothesen der ersten Stufe jene herausgesucht werden, die bestimmten Nebenbedingungen (Gleichgewicht, Gewinnmaximum

u. a.) genügen. Die Theorie der Wirtschaftspolitik bedient sich grundsätzlich solcher Aussagen, wenn sie als **wirtschaftspolitische Empfehlung** gehalten ist. Sie gibt die Bedingungen an, unter denen die ihr vorgegebenen Ziele erreichbar scheinen. Der Wert der Empfehlung hängt entscheidend davon ab, inwieweit die Beurteilung historischer und künftiger Fakten realitätsbezogen ist. Für zahlreiche Fälle reicht es aus, die Richtung und ungefähre Größe der Mittelwirkung zu prognostizieren. Im sozialwissenschaftlichen Objektbereich dürfen übertriebene Ansprüche an die Exaktheit ohnehin nicht gestellt werden. Zu den wirtschaftspolitischen Empfehlungen zählt man mitunter auch Aussagen, die gar nicht theoretisch fundiert sind, sondern nur Ableitungen aus Definitionen oder Bedingungen fiktiver (Gleichgewichts-) Zustände darstellen. Es dürfte klar sein, daß mit solchen Aussagen wirtschaftspolitisch nichts anzufangen ist.

Es dient nicht der Klarheit, wenn die hier entwickelte methodologische Konzeption mit Etikettierungen versehen oder in eine nur für Eingeweihte verständliche (esoterische) Sprache gekleidet wird. Diese Konzeption geht in ihrem Kern auf eine lange Wissenschaftstradition zurück. Methodenfragen sollten, wie Probleme der Wissenschaftsabgrenzung, nach Zweckmäßigkeitserwägungen entschieden werden. Mit der vorgeschlagenen Verfahrensweise, die auf allgemein akzeptierbare Erkenntnisse abstellt, werden Neigung, Intuition und Phantasie des einzelnen Forschers nicht ausgeschaltet. Sie haben ihren Platz und eine nicht zu unterschätzende Bedeutung bei der Auswahl der zu untersuchenden Probleme und der sich daran anschließenden Fragestellung, bei der Entdeckung und Verbesserung von Hypothesen, Theorien und Theorientests sowie bei der Wahl von Darstellungsformen wissenschaftlicher Ergebnisse (subjektiver Bereich der Wissenschaft).

Sicher sind die eben skizzierten methodologischen Anforderungen an die wirtschaftswissenschaftliche Theoriebildung strenger als nach anderen Konzeptionen. Den meisten Lehrbüchern zur „Allgemeinen Volkswirtschaftslehre" (Wirtschaftstheorie) kann man unbeschadet ihrer Titel und Texte nicht ansehen, ob und inwieweit es sich um Darstellungen von Modellen, ungeprüften oder geprüften Theorien handelt. Häufig wird noch als Theorie bezeichnet, was tatsächlich Modellcharakter hat. Die Entwicklung von Modellen stand jedenfalls bisher im Vordergrund der wirtschaftswissenschaftlichen Forschung. Selbst die Zahl ungeprüfter Theorien dürfte nicht sehr groß sein, von geprüften und bestätigten ganz zu schweigen.

Eine rigorose Anwendung der hier vertretenen methodologischen Konzeption hat zur raschen Entwicklung der Naturwissenschaft, in der sie als selbstverständlich gilt, entscheidend beigetragen. Bei allen Problemen, denen auch die Naturwissenschaft und andere Disziplinen gegenüberstehen, treten in der Nationalökonomie **spezifische Schwierigkeiten** auf. Der Ökonom sieht sich zahlreichen, häufig unkontrollierbaren Einflußgrößen gegenüber. Sein Untersuchungsobjekt bilden die wirtschaftlichen Verhaltensweisen einer Vielzahl von Entscheidungsträgern mit äußerst komplexen Beziehungen untereinander. Außerdem sind in der Praxis nur bedingt Experimente möglich. Zwar ist auch der Astronom außerstande zu experimentieren; der Meteorologe beherrscht nicht alle Einflußgrößen seines Untersuchungsobjekts; und der Psychologe befaßt sich mit der Willensbildung. Die Schwierigkeiten der Wirtschaftswissenschaft liegen aber in der Kumulation spezifischer Probleme anderer Disziplinen. Hinzu kommt, daß im Testverfahren die Interpretation des empirischen Materials angesichts der komplexen Realität alles andere als eindeutig ist. Selten dürfte von der Statistik her der Beweis für nur eine der konkurrierenden Hypothesen möglich sein. Fakten sprechen kaum für sich selbst oder mit einer Stimme. Testverfahren sind meist ein schwieriges Unterfangen, bei dem sich Fehler allein bei größter Behutsamkeit vermeiden lassen.

In einem Lehrbuch kann nur vom gegenwärtigen Bestand an Modellen und Theorien ausgegangen werden. Das schmale Fundament überprüfter und bestätigter Theorien ist leicht zu übersehen. Für die Zukunft der Volkswirtschaftslehre dürfte entscheidend sein, ob und inwieweit auf eine Zeit der Modellkonstruktion eine Zeit der Theoriebildung und -überprüfung folgt. Diese dringend erforderliche Entwicklung des Faches kann allein die weitere Forschung bringen, jedoch nur, wenn sie sich methodologisch an den Ergebnissen der modernen Wissenschaftslehre orientiert. In diesem Lehrbuch soll schon der Anfänger den Blick für die Notwendigkeit einer methodologischen Neubesinnung gewinnen. Dabei ist es beim gegenwärtigen Stand volkswirtschaftlicher Erkenntnis durchaus möglich, auf Ansätze hinzuweisen, wie Theorien entstehen, aussehen und überprüft werden können. Aus diesem Grund ist jedem Teil dieses Buches ein kurzes Kapitel über Vorhersagen und Tests angefügt, die Beispielcharakter tragen.

III. Darstellungsformen und Funktionen

Formen der Sprache

Die wissenschaftliche Ausdrucksweise kann sich verschiedener Darstellungsformen bedienen. Es soll nach verbalen, geometrischen (graphischen) und mathematischen (algebraisch-analytischen) Formen unterschieden werden, obwohl die Geometrie ein Teilgebiet der Mathematik bildet. Jede Form hat im Vergleich mit einer anderen objektive Vor- und Nachteile. Das Ausmaß, in dem die einzelnen Autoren von ihnen Gebrauch machen, ist auch subjektiv bedingt.

Eine **verbale Darstellung** ist dem Verständnis leicht zugänglich. Das heißt nicht, alle Texte müßten einfach lesbar sein. Die Ausdrucksweise kann unklar und (oder) der dargestellte Sachverhalt schwierig sein. Die verbale Darstellung war in der Vergangenheit dominierend und ist auch heute noch unentbehrlich. Gerade dem Anfänger, dem die mathematische Sprache noch nicht so geläufig ist, werden einfachere Ableitungen verbal oder geometrisch meist am ehesten verständlich, obwohl manchmal eine gewisse

Umständlichkeit in Kauf genommen werden muß. Bei komplexen Hypothesensystemen ist es nicht oder nur mit beträchtlichen Schwierigkeiten möglich, sich noch verbal auszudrücken. Allerdings führen solche Aussagensysteme in Testverfahren oft zu dem Problem, daß es entweder für die einzelnen Größen keine empirischen Daten gibt oder die Zusammenhänge nicht testbar sind. Aus diesem Grund müssen sie in vielen Fällen vor dem Test umformuliert und vereinfacht werden; was dann noch übrigbleibt, ist oft wieder in verbalen Ausdrücken faßbar.

Die **geometrische Darstellung** hat sich in den letzten Jahren stärker durchgesetzt. Viele Menschen sind visuelle Typen; sie verstehen einen graphisch dargestellten Zusammenhang besser und behalten ihn leichter als eine mathematische Ableitung. Besondere Verständnisschwierigkeiten bereitet die Geometrie nicht. Der Nachteil dieser Darstellungsform liegt in der Beschränkung auf die Ebene, in der sich allgemein nur die Beziehungen zwischen zwei, allenfalls – unter Inanspruchnahme der projektiven Geometrie – drei Größen veranschaulichen lassen. Im letzteren Fall kann ein Teil der Vorteile der geometrischen Form verlorengehen, da projektive Darstellungen eines dreidimensionalen Systems nicht selten unübersichtlich werden. Vorzugsweise eignet sich die Geometrie deshalb zur Illustration des Zusammenhangs zwischen zwei Größen. Die Aussage: „Die Menge (q) eines Gutes hängt vom Preis (p) dieses Gutes in der Weise ab, daß mit sinkendem Preis eine steigende Menge nachgefragt wird", kann in einem Koordinatensystem leicht und für die meisten gut verständlich dargestellt werden. Die notwendige Beschränkung auf zwei oder allenfalls drei Größen hat dazu geführt, daß bei komplexeren Beziehungen die größeren Möglichkeiten der Algebra und Analysis in Anspruch genommen werden.

Die **mathematische Darstellung** hat in der letzten Zeit stark an Bedeutung gewonnen. Wer tiefer in die Theorie eindringen und die moderne nationalökonomische Literatur studieren möchte, wird die mathematische Sprache in einem gewissen Umfang erlernen müssen, wozu auf fast allen Hochschulen hinreichend Gelegenheit besteht. Es gibt auch wirtschaftsmathematische Bücher für das Selbststudium, auf die am Schluß des Kapitels hingewiesen wird. Bei einfachen Hypothesen ist die Mathematik in der Regel sogar simpler als die verbale oder geometrische Form. So läßt sich die Aussage: „Die nachgefragte Menge eines Gutes (q_n) hängt vom Preis dieses Gutes (p_n), den Preisen sämtlicher anderer Güter ($p_1, \ldots, p_{n-1}$), dem Einkommen des Haushalts (y) und der Bedürfnisstruktur (u) ab" als mathematische Funktionsgleichung schreiben:

$$(1.7) \qquad q_n = f(p_n, p_1, \ldots, p_{n-1}, y, u).$$

Die Substitutionsfähigkeit der mathematischen Ausdrucksweise durch die verbale oder geometrische nimmt mit der Komplexität des Hypothesensystems und dem Schwierigkeitsgrad der logischen Ableitungen (Deduktionen) ab. Allerdings sind dann nicht selten beträchtliche mathematische Kenntnisse erforderlich. Da im Hinblick auf das Testverfahren stets zu überlegen bleibt, welchen Grad der Komplexität ein testbares Hypothesensystem haben darf, wird das Ausmaß der mathematischen Ausdrucksweise aus objektiven wie subjektiven Gründen verschieden sein. Der große Vorzug der Mathematik liegt darin, daß sie die theoretische Aufgabe, die Implikationen der Prämissen aufzudecken, sicher löst und den Forscher zu präzisen Formulierungen zwingt. Auch werden die charakteristischen Eigenschaften der Modelle und Theorien, ihre Struktur, offengelegt. Wer die mathematischen Verfahrenstechniken beherrscht – vielleicht auch ästhetisches Gefallen an mathematischen Formen findet – und seine Hauptaufgabe in der Entwicklung eines hypothetisch-deduktiven Systems sieht, wird die mathematische Ausdrucksweise eher bevorzugen als jemand, der die mathematischen Techniken nur wenig meistert. Jenes Maß an Mathematik, das ein Ökonom für eine Vertiefung im Fache benötigt, ist nicht nur kein Hindernis, sondern nach kurzer Zeit eine Erleichterung für das Studium. Ob die Mathematisierung der Wirtschaftstheorie weitergehen wird, ist schwer zu sagen. Schon jetzt zeichnet sich eine gewisse Arbeitsteilung ab, die in der Herausbildung einer mathematischen Wirtschaftstheorie sichtbar wird. Hinsichtlich der Grenzen, die jedem Menschen gesteckt sind, kann sich schon beim Studium die Frage stellen, ob man sich der mathematisch formulierten Wirtschaftstheorie oder solchen Bereichen, für die eine rein verbale Ausdrucksweise ausreicht, zuwenden soll. Von einem bestimmten Punkt an wird auch der mathematisch vorgebildete Ökonom die Hilfe eines Mathematikers in Anspruch nehmen müssen.

Funktionen

Das wichtigste Instrument zur Erfassung der Zusammenhänge zwischen Größen ist der **Funktionsbegriff**. Eine Größe y heißt eine Funktion von x, wenn jedem Wert von x ein Wert von y eindeutig zugeordnet ist. Das Zuordnungsverhältnis wird in folgender Weise beschrieben:

(1.8) $y = f(x)$

(zu lesen: „y ist eine Funktion von x"). Geometrisch stellt diese Funktion allgemein eine Kurve dar. Man bezeichnet y als abhängige, x als unabhängige Variable (Veränderliche) und f als Funktionssymbol. Ist nur eine unabhängige Variable vorhanden, spricht man von einer Funktion mit einer, bei mehreren unabhängigen Variablen entsprechend von einer Funktion mit mehreren (zwei, drei usw.) Variablen. Häufig wird zur Darstellung von Funktionen als Funktionssymbol dasselbe Zeichen wie für die abhängige Variable verwendet. Wird angenommen, daß gesamtwirtschaftlich (makroökonomisch) die Konsumausgaben (C) vom Volkseinkommen (Y) abhängig sind, kann man schreiben:

(1.9) $C = f(Y)$ oder $C = C(Y)$.

Führt man noch den zeitlichen Aspekt ein, indem die Zeit in Perioden (t) unterteilt wird, so daß die Konsumausgaben (C_t) einer Periode t als abhängig vom Volkseinkommen (Y_{t-1}) der Vorperiode t-1 aufgefaßt werden können, würde diese Hypothese lauten:

(1.10) $C_t = C\,(Y_{t-1})$.

Tragen – wie in (1.10) – die Variablen unterschiedliche Zeitindices, sind sie also periodisiert, spricht man von dynamischen Beziehungen; Modelle und Theorien, die solche Beziehungen enthalten, bezeichnet man als dynamisch und deren analytische Behandlung als dynamische Analyse oder Periodenanalyse. Bei gleichen Zeitindices, die meistens fortgelassen werden, nennt man die Beziehungen statisch; dementsprechend kennt man auch statische Modelle und Theorien. Die Begriffe statisch und dynamisch kennzeichnen also eine bestimmte Art der Betrachtungsweise (Methode) nach dem Merkmal der zeitlichen Dimension wirtschaftlicher Vorgänge. Die Ausdrücke statisch und dynamisch stehen jedoch vielfach auch für Zustände, in denen sich die reale oder eine vorgestellte Volkswirtschaft bzw. deren Teile befinden. So spricht man von einer statischen Volkswirtschaft, wenn ein bestimmtes (vorher definiertes) Gleichgewicht herrscht, und von einer dynamischen Volkswirtschaft, wenn das Gleichgewicht gestört ist. Andere Begriffsinhalte haben die Bezeichnungen stationär und evolutorisch. Eine stationäre Volkswirtschaft kennt keine Vergrößerung des Kapitalbestandes und keinen technischen Fortschritt; sie ist eine Wirtschaft ohne Wachstum. Das Gegenteil gilt für eine evolutorische Volkswirtschaft. Die genannten Begriffspaare sollten nicht verwechselt werden.

Bei mehreren Variablen einer Funktion gelten für die Darstellungsform die bisher erläuterten Regeln. Könnte man annehmen, die Konsumausgaben einer bestimmten Periode seien nicht nur vom Volkseinkommen, sondern auch von der gesamtwirtschaftlichen Einkommensverteilung (D_{t-1}) der Vorperiode abhängig, erhielte man die folgende Funktion mit zwei Variablen:

(1.11) $C_t = C(Y_{t-1}, D_{t-1})$.

Ein weiteres Beispiel für eine Funktion mit mehreren Variablen ist die im vorigen Abschnitt erwähnte mikroökonomische Nachfragefunktion (1.7). Es dürfte für einen Anfänger nicht schwierig sein, weitere Hypothesen ausfindig zu machen, die sich in der Form einer Funktion darstellen lassen.

Entsprechend der Einteilung der Hypothesen unterscheidet man in der Wirtschaftswissenschaft zwei **Arten von Funktionen**: technische Funktionen und Verhaltensfunktionen. Beide müssen von Definitionsgleichungen separiert werden, für die bereits in (1.1a) und (1.1b) Beispiele genannt wurden. Funktionen sind Hypothesen, die sich nur in der Darstellungsform von anderen Hypothesen abheben, und keine Sprachregelungen. Der Unterschied zwischen den Funktionsarten ergibt sich schon aus der Wortbedeutung. Technische Funktionen sind Hypothesen, die ein Zuordnungsverhältnis ausdrücken, das technisch determiniert und von menschlichen Reaktionen unabhängig ist. Ein bekanntes Beispiel dafür sind Produktionsfunktionen. Sie drücken die Beziehungen zwischen Produktionsfaktoreinsatz- und Produktionsmengen aus. Verhaltensfunktionen stellen Beziehungen dar, die auf menschliches Verhalten – im weitesten Sinne – zurückgehen. Beispiele dafür sind (1.4) bis (1.6).

Bisher ist die Frage des Verlaufs von Funktionen offen geblieben. Mitunter läßt sich nur sagen, daß eine bestimmte Größe von einer anderen abhängt (das „Ob" der Abhängigkeit). Eine solche Abhängigkeit kann ohne weiteres in der Funktionsschreibweise ausgedrückt werden, wie das bereits in (1.9) und (1.10) geschehen ist. Um zu exakterem Wissen zu gelangen, ist es jedoch erforderlich, eine Funktionsgleichung aufzustellen, die die Art der Abhängigkeit präzisiert (das „Wie" der Abhängigkeit). So könnte aufgrund ökonometrischer Untersuchungen entdeckt worden sein, daß die in (1.9) oder (1.10) ausgedrückte Abhängigkeit der Konsumausgaben vom Volkseinkommen linear ist. In diesem Fall würden die Funktionsgleichungen

(1.12) $C = a + b\,Y$

(1.13) $C_t = a + b\,Y_{t-1}$

die genaue Abhängigkeit zwischen den Variablen wiedergeben. Hierbei sind a und b die Koeffizienten (Parameter); a wird als absolutes Glied, b als Steigungsmaß bezeichnet. Das Steigungsmaß gibt die Rate an, mit der sich die abhängige Variable ändert, wenn die unabhängige Variable eine Änderung erfährt. Die Funktionsgleichungen (1.12) und (1.13) haben einen größeren Informationswert als die Funktionen (1.9) und (1.10). Der Informationswert wäre noch größer, wenn die Koeffizienten numerisch bestimmt werden könnten. Für den Test der Hypothesen ist die Kenntnis der Funktionsgleichung und die numerische Bestimmung der Koeffizienten von großer Bedeutung.

Die in (1.9) und (1.10) ausgedrückte Abhängigkeit hätte auch quadratisch oder exponentiell sein können. Für diesen Fall müßten die Funktionsgleichungen entsprechend anders lauten. Je nach den in Funktionsgleichungen ausgedrückten Abhängigkeiten unterscheidet man in der Mathematik **Funktionstypen**. Die gebräuchlichsten sollen in mathematischer und geometrischer Form wiedergegeben werden (Fig. 1–1).

Ist eine bestimmte Funktionsgleichung, z. B. $C = a + b\,Y$ gegeben, lassen sich alternativen Werten der unabhängigen Variablen (hier: Y) zugeordnete Werte der abhängigen Variablen berechnen, wenn die Parameter numerisch bestimmt sind. Bei $a = 60$ und $b = 0{,}8$ erhält man

(1.14) $C = 60 + 0{,}8\,Y.$

Zu jedem beliebigen Y gibt es nun ein bestimmtes C. Die Werte der Variablen der Funktion können in einer Wertetafel dargestellt werden.

Unabhängige Variable:	Y	0	10	20	50	100	500
Abhängige Variable:	C	60	68	76	100	140	460

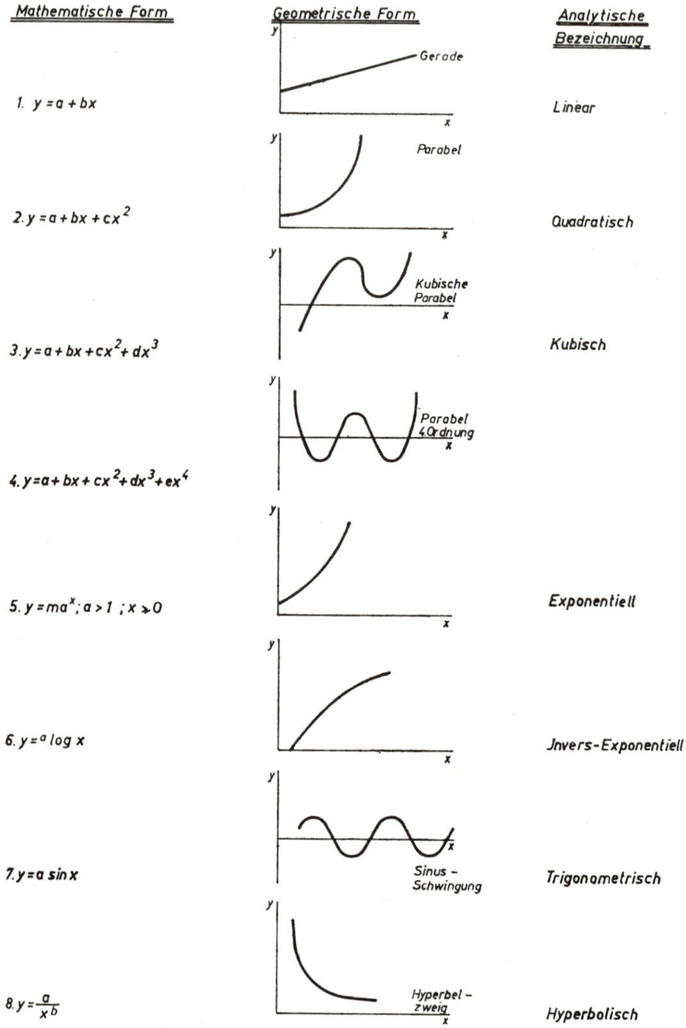

Fig. 1–1: Funktionstypen

Mit (1.14) ist die Änderungsrate von C in bezug auf eine Änderung von Y numerisch bestimmt. Eine Erhöhung des Volkseinkommens um 1 Mrd. DM würde zu einer Erhöhung der Konsumausgaben um 0,8 Mrd. DM führen. Man nennt die Rate der Änderung der Konsumausgaben bei einer (kleinen) Änderung des Volkseinkommens marginale Konsumquote (Grenzhang zum Konsum; marginal propensity to consume). Ähnliche Marginalausdrücke gibt es in anderen Gebieten der Wirtschaftstheorie.

Bei empirischen Untersuchungen von Funktionen bleibt zu berücksichtigen, daß gewisse Irrtumsmöglichkeiten oder Einflüsse vorhanden sein können, die in der Funktionsgleichung nicht enthalten sind. Sie werden als **Restgrößen** erfaßt. Einmal handelt es sich um Meßfehler, die auftreten können, aber häufig schwer abzuschätzen sind. Zum zweiten wird nicht selten von der statistischen Verteilung einer Teilmasse auf die einer Gesamtmasse geschlossen (Repräsentativstatistik). Wer von einer Herkunfts- und Konfessionsstruktur der Studenten (Teilmasse) auf eine entsprechende Struktur der Gesamtbevölkerung (Gesamtmasse) schließen würde, beginge einen Fehler, weil Arbeiterkinder und Katholiken derzeit unter den Studierenden der Bundesrepublik verhältnismäßig weniger stark vertreten sind als in der Bevölkerung insgesamt. Häufig sind jedoch – anders als im Beispiel – nur die Merkmale der Teilmasse bekannt. Die Zuverlässigkeit der Messung kann bei verschiedenen Massen stark divergieren. Wären die Fehler bekannt, ließe sich die Statistik berichtigen. Es ist deswegen wichtig, bei empirischen Untersuchungen solche Irrtümer numerisch als Restgrößen zu berücksichtigen. Es kann – mit anderen Worten – nicht erwartet werden, daß die empirischen Zusammenhänge immer die Strenge mathematischer Funktionen aufweisen. Nennt man die Irrtumsgröße e (e = erratum), würde (1.13) zu:

(1.15) $C_t = a + b\, Y_{t-1} + e.$

Wenn die Restgröße e quantitativ so stark zu Buche schlägt, daß der größte Teil der abhängigen Variablen durch Veränderungen der unabhängigen Variablen nicht erklärt wird, sind die Hypothesen revisionsbedürftig.

Häufig kommt es nicht so sehr darauf an, die absolute Größe der abhängigen Variablen zu berechnen, sondern die Rate ihrer Änderung. Zur Lösung dieser Aufgabe bedient man sich der **Grenz- oder Marginalanalyse.** Sie ist eine Verfahrensweise, die bei der Untersuchung der meisten ökonomischen Probleme angewendet werden kann. Typische Fragestellungen wären: Um wieviel Prozent sinkt die nachgefragte Menge eines Gutes, wenn sich sein Preis um ein Prozent erhöht? Wie ändern sich die Kosten eines Gutes bei der Mehrproduktion von einer Einheit? Um wieviel steigt der Konsum bei einer Einkommenserhöhung von zwei Prozent? Wie stark steigt das Sozialprodukt bei einer Erhöhung der gesamtwirtschaftlichen Investitionsausgaben um 1 Mrd. DM? Oder generell: Wie ändert sich eine abhängige Variable des ökonomischen Systems, wenn eine unabhängige Variable geringfügig variiert wird? Die Antwort auf solche Fragen muß Auskunft über die Beziehungen zwischen der unabhängigen und den abhängigen Variablen einer Funktion geben. Genau das leistet die Marginalanalyse. Der in ihr verwendete Grenzwertbegriff stammt aus der Mathematik. Seine mathematische Handhabung besteht darin, daß man das Verhältnis ($\Delta y/\Delta x$) der Veränderung (Δy) der abhängigen Variablen y zur Veränderung (Δx) der unabhängigen Variablen x bildet. Wenn dieses Verhältnis gegen einen festen Wert strebt, sobald man die Veränderung der unabhängigen Variablen Δx gegen Null gehen läßt, bezeichnet man es als Grenzwert oder erste Ableitung der Funktion. Diese Operation läßt sich in der bekannten Form

$$(1.16) \qquad \lim_{\Delta x \to 0} \frac{\Delta y}{\Delta x} = \frac{dy}{dx} = y'$$

darstellen, wobei $\Delta y/\Delta x$ als Differenzenquotient und dy/dx als Differentialquotient bezeichnet werden. Die Gleichung (1.16) besagt, der Differenzenquotient geht in den Differentialquotienten über, wenn Δx gegen Null strebt. Nach den entsprechenden Ableitungsregeln ist die erste Ableitung der Funktion

$$(1.17) \qquad y = f(x) = ax^n$$

– unter Verwendung synonymer Symbole für die erste Ableitung – gleich dem Ausdruck

$$(1.18) \qquad y' = \frac{dy}{dx} = \frac{d}{dx} f(x) = f'(x) = nax^{n-1}.$$

Entsprechend würde Funktion (1.14) zu:

$$(1.19) \qquad C' = \frac{dC}{dY} = \frac{d}{dY} C(Y) = 0{,}8.$$

Wie bereits gesagt wurde, ist dC/dY die marginale Konsumneigung. Besteht eine Funktion aus mehreren Summanden, gelten die entsprechenden Ableitungsregeln für jeden einzelnen Summanden. So wird die Ableitung von

$$(1.20) \qquad y = g(x) = ax^n + bx^m$$

zu:

$$(1.21) \qquad y' = g'(x) = nax^{n-1} + mbx^{m-1}.$$

Bei der Bildung der zweiten Ableitung geht man so vor, als sei die bereits gebildete erste Ableitung die Ausgangsfunktion. Die zweite Ableitung von (1.17) – oder die erste Ableitung von (1.18) – lautet dann:

$$(1.22) \qquad y'' = \frac{d^2y}{dx^2} = \frac{d^2}{dx^2} f(x) = f''(x) = n(n-1)\, ax^{n-2}.$$

Einzelne Ableitungsregeln (wie Produktenregel, Quotientenregel, Kettenregel, Regeln zur Ableitung logarithmischer Funktionen) müssen bei Bedarf einem Lehrbuch der Mathematik für Wirtschaftswissenschaftler entnommen werden.

Etwas komplizierter gestaltet sich die Bildung der Ableitungen von **Funktionen mit mehreren Variablen**, wie z. B. der Funktion

$$(1.23) \qquad z = F(x,y) = ax^n + by^m.$$

Die Schwierigkeit besteht darin, daß eine Rate der Änderung der abhängigen Variablen für beliebige Änderungen der beiden unabhängigen Variablen nicht ausgedrückt werden kann. So berechnet die Mathematik die zwar kleine, aber absolute Änderung (dz) von z für beliebige Änderungen (dx, dy) von x und y näherungsweise mittels des sogenannten totalen (vollständigen) Differentials:

$$(1.24) \qquad dz = \frac{\partial z}{\partial x} dx + \frac{\partial z}{\partial y} dy = \frac{\partial}{\partial x} F(x,y)\, dx + \frac{\partial}{\partial y} F(x,y)\, dy$$
$$= F_x(x,y)\, dx + F_y(x,y) dy = nax^{n-1}\, dx + mby^{m-1}\, dy,$$

wobei wiederum drei mögliche synonyme Schreibweisen angeführt sind. Die Größen $\partial z/\partial x$ und $\partial z/\partial y$ sind die partiellen Ableitungen der Funktion (1.23). Eine Funktion partiell ableiten heißt, die anderen unabhängigen Variablen bei der Bildung der Ableitung als Konstanten zu betrachten. Aus diesem Grund fällt bei der partiellen Ableitung von (1.23) nach x und y jeweils ein Summand als Konstante fort. Die Ableitungsregeln sind – unter Berücksichtigung der Konstanz der jeweils anderen Variablen – dieselben wie bei der Ableitung von (1.17). Das Symbol ∂ und das Suffix am Funktionssymbol bilden ein sicheres Indiz für eine partielle Ableitung.

Die beiden Summanden des totalen Differentials bezeichnet man als partielle Differentiale, die wie folgt symbolisiert werden:

$$(1.25a) \quad dz_x = \frac{\partial z}{\partial x} dx \quad \text{und} \quad (1.25b) \quad dz_y = \frac{\partial z}{\partial y} dy,$$

so daß (1.24) übergeht in

$$(1.26) \qquad dz = dz_x + dz_y.$$

Die partiellen Differentiale geben den Beitrag an, den jede Veränderung der beiden Variablen zur Veränderung von z leistet. Würde y nicht verändert, wäre also $dy = O$, nähme das partielle Differential dz_y ebenfalls den Wert Null an und (1.24) ginge über in

$$(1.27) \qquad dz = \frac{\partial z}{\partial x} dx \quad (\text{für } dy = O \quad \text{bzw. } y = \text{const.}).$$

Da man mit den absoluten Änderungen (dx, dy) der Variablen rechnen darf, erhält man aus (1.27) nach Division durch dx den Ausdruck

$$(1.28) \qquad \frac{\partial z}{\partial x} = nax^{n-1},$$

womit die partielle Ableitung gleich der direkten Ableitung aus (1.18), dem Differentialquotienten, geworden ist, was schon in (1.24) zum Ausdruck kam. Auch läßt sich ohne weiteres eine partielle Ableitung zweiter Ordnung bilden, die der zweiten Ableitung von (1.17) entspricht:

$$(1.29) \qquad \frac{\partial^2 z}{\partial x^2} = n(n-1)\, ax^{n-2}.$$

Für eine Konstanz von x gilt mutatis mutandis dasselbe. Schließlich kann man bei einer Funktion mit mehreren Variablen sogenannte Kreuzableitungen durchführen. Sie entstehen, wenn die partielle Ableitung erster Ordnung noch einmal partiell abgeleitet wird, aber nun nicht nach derselben Variablen wie bei der ersten partiellen Ableitung, also wie in (1.29), sondern nach der zweiten unabhängigen Variablen. Da dann in unserem Beispiel x konstant gehalten werden muß, aber kein Glied mehr existiert, in dem y enthalten ist, dürfte klar sein, daß die Kreuzableitung Null wird:

$$\frac{\partial^2 z}{\partial x \, \partial y} = 0. \tag{1.30}$$

Der Anfänger sollte versuchen, das Gesagte einmal mit einer Produktionsfunktion vom folgenden Typ (COBB-DOUGLAS-Funktion) nachzuvollziehen:

$$O/_t = a \cdot v_1^{\alpha} \cdot v_2^{1-\alpha} \quad \text{für } a > 0 \text{ und } 0 < \alpha < 1, \tag{1.31}$$

wobei $O/_t$ der Ertrag, v_1 und v_2 die Einsatzmengen der beiden Faktoren sind.

Um den Marginalbegriff mit Zahlenbeispielen veranschaulichen zu können wie auch zum Zweck des empirischen Tests, empfiehlt es sich häufig, statt des Differential- den Differenzenquotienten zu verwenden. Die Differenzen sollten als Approximation des Differentials möglichst klein gehalten werden. Für kleine Änderungen (Δx) von x kann man näherungsweise zu (1.16) schreiben:

$$\frac{\Delta y}{\Delta x} \approx \frac{dy}{dx} = y'. \tag{1.32}$$

Löst man (1.32) nach Δy auf, läßt sich für kleine Änderungen der unabhängigen Variablen der Näherungswert der Änderung der abhängigen Variablen aus dem Produkt von erster Ableitung der Funktion und Änderung der unabhängigen Variablen berechnen:

$$\Delta y \approx \frac{dy}{dx} \Delta x = y' \Delta x. \tag{1.33}$$

Entsprechendes gilt für die partiellen Differentiale. So geht für kleine Änderungen von x (1.25a) näherungsweise über in

$$\Delta z_x \approx \frac{\partial z}{\partial x} \Delta x. \tag{1.34}$$

Wegen der Möglichkeit, auch mit Differenzen arbeiten zu können, findet man in Textbüchern oft statt der marginalen Konsumquote dC/dY den Differenzenquotienten $\Delta C/\Delta Y$. Das Arbeiten mit Differenzen ist aber nur zulässig, wenn die Änderungen sehr klein sind, weil sonst der Informationswert bei nichtlinearen Funktionen mit der Größe der Änderungen abnimmt. Die unabhängige Variable wird deshalb meist nur um eine absolute Einheit oder um ein Prozent variiert.

Bibliographische Hinweise

A. Allgemeine Literatur zur Volkswirtschaftslehre

1. In der Lehrbuchliteratur lassen sich Gattungen unterscheiden: Einführungs- und Vertiefungswerke. Im folgenden findet der Interessierte einen Überblick über Einführungswerke, die sowohl leicht greifbar sind als auch dem Anfänger empfohlen werden können. Wer des Englischen einigermaßen mächtig ist – conditio sine qua non für jeden Studierenden der Volkswirtschaft –, sollte auch zu den vorzüglichen Titeln in englischer Sprache greifen, selbst wenn sie anfangs etwas Mehrarbeit erfordern. Um dem Anfänger die Auswahl zu erleichtern, werden – entsprechend dem Verfahren in angelsächsischen Schriften – zu einzelnen Titeln Bemerkungen gemacht. Vorweg seien einige Schriften genannt, die den Anfänger in die Technik des wissenschaftlichen Arbeitens einführen.

U. Diederichsen, Einführung in das wissenschaftliche Denken, Düsseldorf 1970.

H. Gross-G. Savelsberg-J. Meier, Wirtschafts- und sozialwissenschaftliches Arbeiten. Eine Einführung in Wesen, Methoden und Bibliographie, München-Wien 1969. Diese Schrift ist besonders wegen der in ihr enthaltenen Aufstellung der wichtigsten in- und ausländischen Nachschlagewerke, Periodika und Materialien empfehlenswert.

A. Kyrer, Das Werkzeug der Nationalökonomie, Wien-Stuttgart 1964.

K. Poenicke, Das wissenschaftliche Manuskript. Materialsammlung und Gestaltung von Manuskripten für Universität und Verlag, 3. A., Berlin-München-Zürich 1966.

J. L. Simon, Basic Research Methods in Social Science. The Art of Empirical Investigation, New York 1969.

Einführungsbücher:

L. Abbott, Economics and the Modern World, 2. e., New York 1967. Auf amerikanische Verhältnisse abgestimmtes Buch, das wegen seiner guten Didaktik Beachtung verdient.

A. Amonn, Grundzüge der theoretischen Nationalökonomie, Bern 1948.

G. L. Bach, Economics. An Introduction to Analysis and Policy, 6. e., Englewood Cliffs 1968. Einer der gängigsten, journalistisch geschriebenen Texte in den USA – mit Recht. In der Anschaulichkeit wie Druckgestaltung vorbildlich; die Entwicklung der Forschung wird berücksichtigt.

E. Böhler, Nationalökonomie. Grundlagen und Grundlehren, 5. A., Zürich 1964. Ein gut lesbarer Überblick, dessen Stärke in der Diskussion philosophischer Grundlagen sowie in der Kreislaufdarstellung liegt.

K. Brandt, Einführung in die Volkswirtschaftslehre. Eine Vorlesung zum Verständnis wirtschaftlicher Zusammenhänge, Freiburg i. Br. 1970.

C. Brinkmann, Wirtschaftstheorie, 2. A., Göttingen 1953.

F. Bülow, Volkswirtschaftslehre, Berlin und Frankfurt am Main 1957.

A. Cairncross, Introduction to Economics, 4. e., London 1966.

E. Carell, Allgemeine Volkswirtschaftslehre, 12. A., Heidelberg 1966. Bewährtes Lehrbuch ohne mathematische Anforderungen.

D. Dahl, Volkswirtschaftstheorie und Volkswirtschaftspolitik, Wiesbaden 1968.

K. Häuser, Volkswirtschaftslehre, Frankfurt am Main und Hamburg 1967.

K. P. Hensel, Marktwirtschaft. Wirtschaftsordnungen bürgerlicher Planung, Hannover 1965.

A. Hesse, Lehrbuch der Nationalökonomie, 2 Bde., 4. A., Offenburg 1949/50.

E. Heuss, Grundelemente der Wirtschaftstheorie. Eine Einführung in das wirtschaftstheoretische Denken, Göttingen 1970.

J. R. Hicks, Einführung in die Volkswirtschaftslehre, Hamburg 1962

R. Kerschagl, Volkswirtschaftslehre, 4. A., Wien 1947.
O. Klug, Die Grundlagen der Wirtschaftswissenschaft, Frankfurt am Main 1950.
F. Korenjak, Nationalökonomie. Grundlagen für eine exakte Theorie, Wien 1960.
B. Külp, Grundfragen der Wirtschaft. Eine Einführung in die Sozialökonomie, Köln 1967.
E. Liefmann-Keil, Einführung in die politische Ökonomie. Private Planung – Öffentliche Lenkung. Freiburg 1964.
R. G. Lipsey, An Introduction to Positive Economics, 2. e., London 1966. Das derzeit wohl beste einführende englische Lehrbuch, methodisch und didaktisch hervorragend. Allen Studierenden dringend zu empfehlen, zumal es ins Deutsche übertragen wurde. Es gibt eine auf amerikanische Verhältnisse abgestimmte Version des Buches: R. G. Lipsey – P. O. Steiner, Economics, 2. e., New York-Evanston-London 1969.
A. Mahr, Volkswirtschaftslehre, 2. A., Wien 1959.
W. Meinhold, Grundzüge der allgemeinen Volkswirtschaftslehre, 3. A., München 1967. Für Studenten verschiedener Fachrichtungen nützliches Werk.
K. Muhs, Allgemeine Volkswirtschaftslehre, Wiesbaden 1951.
E. Nevin, Textbook of Economic Analysis, London 1966.
F. W. Paish, Benham's Economics. A General Introduction, 8. e., London 1967. Eine Arbeit voll von common sense. Ein bewährtes Lehrbuch in einfachem Englisch – zugleich ein sprachlicher Prüfstein.
W. Paschke, Allgemeine Volkswirtschaftslehre, Stuttgart 1962.
A. Paulsen, Allgemeine Volkswirtschaftslehre, Bde. I – IV, 6. A., Berlin 1965 ff. Handliches Gesamtwerk mit konzisem Überblick und „gesundem" Mittelmaß der Darstellungsformen.
H. Peter, Einführung in die politische Ökonomie, Stuttgart und Köln 1950.
H. Peter, Probleme der Volkswirtschaft. Eine allgemeinverständliche Einführung, Frankfurt am Main 1959.
E. Preiser, Nationalökonomie heute. Eine Einführung in die Volkswirtschaftslehre, 5. A., München 1965. Knappe Übersicht, auch für den Praktiker geeignet.
L. G. Reynolds, Economics. A General Introduction, 3. e., Homewood (Ill.) 1969.
H. Ritschl, Theoretische Volkswirtschaftslehre, 2 Bde., Tübingen 1947/48.
W. Röpke, Die Lehre von der Wirtschaft, 10. A., Erlenbach-Zürich und Stuttgart 1965. Einer der wenigen deutschsprachigen Titel in kurzweiligem Stil, ohne übertriebene theoretische Strenge, von grundlegendem Verständnis für wirtschaftliche Zusammenhänge.
P. A. Samuelson, Volkswirtschaftslehre, 3. A., 2 Bde., Köln 1964. Für das Verständnis elementarer Fragen hervorragendes, flott geschriebenes Buch von epischer Breite. Mit einer Auflage von mehr als zwei Millionen das verbreitetste wirtschaftswissenschaftliche Buch aller Zeiten. In achtzig Sprachen übersetzt.
D. B. Suits, Principles of Economics, New York-Evanston-London 1970.
Schaeffers Grundriß des Rechts und der Wirtschaft, Abt. III: Wirtschaftswissenschaften, Hg. H. G. Schachtschabel, Bde. 61–64.
H. Schneider und F. Kopp, Wirtschaftsleben und Wirtschaftsordnung, Würzburg 1960. Für Anfänger, denen „Einführungsbücher" Schwierigkeiten bereiten.
H. Speight, Economics, 2. e., London 1968.
A. Weber, Kurzgefaßte Volkswirtschaftslehre, 7. A., Berlin und München 1956.
A. Weber, Allgemeine Volkswirtschaftslehre, 7. A., Berlin 1958.
W. Weddigen, Theoretische Volkswirtschaftslehre als System der Wirtschaftstheorie, 3. A., Berlin 1964.

O. WEINBERGER, Grundriß der Volkswirtschaftslehre, Wien 1949.
E. WEISSEL, Die Wirtschaft – theoretisch betrachtet, Wien-Frankfurt am Main – Zürich 1965.
A. WOLL, Grundprobleme der Wirtschaft, Stuttgart 1964.
Handbuch der Wirtschaftswissenschaften, Band II; Volkswirtschaft, Hg. K. HAX und T. WESSELS, 2. A., Köln und Opladen 1966. Konzentrierte Darstellung von hervorragenden Sachkennern; gehört in die Handbibliothek des „Professionalen".

2. Wer über Vorkenntnisse verfügt, sollte zu einem weiterführenden Werk greifen, von denen einige, die einen Gesamtüberblick geben oder zu geben beabsichtigen, genannt seien.

Lehrbücher zur Vertiefung:

K. E. BOULDING, Economic Analysis, 4. e., Vol. I: Microeconomics, Vol. II: Macroeconomics, New York-Evanston-London 1966. Der beste Text für gehobene Ansprüche in englischer Sprache.
W. EUCKEN, Die Grundlagen der Nationalökonomie, 7. A., Berlin-Göttingen-Heidelberg 1959. Grundlegendes Werk, auch für die Theorie der Wirtschaftspolitik.
J. A. GUTHRIE and R. F. WALLACE, Economics, 4. e., Homewood (Ill.) 1969.
J. E. MEADE, Principles of Political Economy: The Stationary Economy, London 1965; The Growing Economy, London 1968. Noch unvollständiges, in den bisher erschienenen Teilen teilweise bis an die neuere Forschung heranführendes Werk.
H. SAUERMANN, Einführung in die Volkswirtschaftslehre, Bde. I–II, Wiesbaden 1960 ff. Mehr als eine „Einführung", voll tiefer Einsichten in die Struktur der Modelle; Bd. III fehlt noch.
E. SCHNEIDER, Einführung in die Wirtschaftstheorie, Bde. I–III, letzte Auflagen Tübingen 1964 ff. Vielbenutztes, oft aufgelegtes Lehrbuch in Deutschland; in der Stoffauswahl und Methodik weicht es von den derzeit führenden angelsächsischen Textbüchern nicht unbeträchtlich ab. Den Titel „Einführung" empfinden Anfänger oft als understatement.
H. v. STACKELBERG, Grundlagen der theoretischen Volkswirtschaftslehre, 2. A., Tübingen-Zürich 1951. Epochemachendes Werk der Wirtschaftstheorie; als Gesamtdarstellung leider ein Torso geblieben.
A. W. STONIER and D. C. HAGUE, A Textbook of Economic Theory, 3. e., London 1964. Im Charakter dem Buch von SCHNEIDER ähnlich – nur knapper und als Anfängerbuch auch wirklich geeignet.
W. C. WAFFENSCHMIDT, Graphisch-anschauliche Einführung in die Volkswirtschaftslehre, 2. A., Meisenheim 1963. Für den Liebhaber graphischer Darstellungen, in der Themenwahl eigenwillig.
O. v. ZWIEDINECK-SÜDENHORST, Allgemeine Volkswirtschaftslehre, 2. A., Berlin-Göttingen-Heidelberg 1948. Theoretisch nicht mehr modern genug, jedoch für Grundproblembehandlung auch heute noch vorbildlich.
Kompendium der Volkswirtschaftslehre, Hg. W. EHRLICHER, I. ESENWEIN-ROTHE, H. JÜRGENSEN und K. ROSE, 2. Bde., Göttingen 1967/68. Modernstes deutsches Lehrbuch aus der Feder zahlreicher Spezialisten; sollte ständiger Begleiter jedes Studierenden sein.

3. Nicht alle neueren Lehrbücher sind besser als die alten. Unter den älteren Lehrbüchern gibt es einige, die auch heute noch zu empfehlen sind. Einmal können sie für das Verständnis der modernen Theorie grundlegend sein, zum zweiten sind sie zumindest in einzelnen Passagen klarer als manche modernen Werke. Da überdies die Gegenwart mehr von Modellen und Theorien bestimmt zu sein scheint, die eine Generation und mehr alt sind, ist es zweckmäßig, sich mit ihnen vertraut zu machen. Das gilt insbesondere für Studie-

rende mit dem Hauptfach Volkswirtschaftslehre. Von den besonders einflußreichen Schriften seien folgende erwähnt.

Empfehlenswerte ältere Lehrbücher:

E. BARONE, Grundzüge der theoretischen Nationalökonomie, 2. A., Bonn 1935. Vorläufer zahlreicher moderner Darstellungen; zumindest partienweise (z. B. zum Monopolproblem) noch ansprechend.

E. CANNAN, A Review of Economic Theory, 3. e., London o. J. In Deutschland wenig bekannter und selbst in breit angelegten Handwörterbüchern der Staats- und Sozialwissenschaften deutscher Zunge nicht einmal erwähnter Nationalökonom, der durch diese Schrift großen Einfluß in der englischen Welt ausgeübt hat – ohne jede theoretische Technik, doch voll von common sense-Ökonomie, unübertroffener Interpret der Klassiker.

G. CASSEL, Theoretische Sozialökonomie, 5. A., Leipzig 1932. „Das" theoretische Lehrbuch der deutschen Studentengeneration in den zwanziger Jahren, für einen breiteren Leserkreis geeignet.

A. MARSHALL, Principles of Economics, 8. e., Repr., London 1962; dt. Ü.: Handbuch der Volkswirtschaftslehre, Stuttgart und Köln 1905. Vielleicht das wichtigste Lehrbuch aller Zeiten, heute wohl mehr zitiert als wirklich gelesen.

A. C. PIGOU, The Economics of Welfare, 4. e., Repr., London 1960. PIGOU – neben MARSHALL und KEYNES zum Dreigestirn der Cambridger Schule gehörend – bietet in seinem Hauptwerk wesentlich mehr als das, was neuerdings als „Wohlfahrtstheorie" bezeichnet wird. Für das Verständnis der heutigen Wirtschaftstheorie und ihrer Probleme fast so wichtig wie MARSHALL's „Principles".

J. A. SCHUMPETER, Das Wesen und der Hauptinhalt der theoretischen Nationalökonomie, Leipzig 1908. Vielleicht das beste, was SCHUMPETER als Theoretiker geschrieben hat. Seine späteren Werke haben zwar in bestimmten Kreisen mehr von sich reden gemacht, gehören jedoch teilweise in die Soziologie, Geschichte, Sozialphilosophie und Belletristik.

K. WICKSELL, Vorlesungen über Nationalökonomie auf Grundlage des Marginalprinzips, 2. A., 2 Bde., Jena 1922/28. Hauptwerk und zugleich weitgehende Zusammenfassung früherer Schriften eines der bedeutendsten theoretischen Köpfe in der Geschichte der Nationalökonomie, der auch in der angelsächsischen Welt immer mehr Beachtung findet. Keine ausgesprochene Anfangslektüre – obwohl unmathematisch geschrieben.

4. Von den Nachschlage- und Sammelwerken seien nur diejenigen genannt, die jeder kennen sollte, schon um sich die Arbeit zu erleichtern.

Nachschlage- und Sammelwerke:

Handwörterbuch der Staatswissenschaften, 4. A., 9 Bde., Jena 1923/29.

Handwörterbuch der Sozialwissenschaften, 13 Bde., Stuttgart-Tübingen-Göttingen 1956–68. Zusammen mit dem artikelweise noch lesenswerten älteren Handwörterbuch der Staatswissenschaften das wichtigste und ausführlichste deutschsprachige Nachschlagewerk.

Staatslexikon, 6. A., 8 Bde., Freiburg i. Br., 1957–63. In der Neuauflage in der Wirtschaftsteorie so ausgebaut, daß es in Konkurrenz tritt zu den Handwörterbüchern. Drei Ergänzungsbände erscheinen demnächst.

Encyclopaedia of the Social Sciences, 15 Bde., New York 1930–35.

International Encyclopedia of the Social Sciences, 17 Bde., London-New York 1968. Zusammen mit der Encyclopaedia of the Social Sciences das wichtigste englischsprachige Nachschlagewerk.

A Survey of Contemporary Economics, 2 Bde., Hg. H. S. ELLIS und B. F. HALEY, Homewood 1948/52.

Surveys of Economic Theory, 3 Bde., Prepared for the American Economic

Association and the Royal Economic Society, London und New York 1965/66. Eine Sammlung von Zeitschriftenbeiträgen über die einzelnen Gebiete der Theorie; schließen im allgemeinen an die von H. S. Ellis und B. F. Haley herausgegebenen Artikel an und reichen bis in die frühen sechziger Jahre; einige Artikel (Geldtheorie, Wachstumstheorie) sind vorbildliche Arbeiten. Neue Wissenschaftliche Bibliothek, Abt. Wirtschaftswissenschaften, Hg. G. Gäfgen, Köln-Berlin 1965 ff. Eine nach Gebieten gegliederte Aufsatzsammlung in mehreren Bänden mit wertvollen Einleitungen der jeweiligen Herausgeber.

Ferner sei auf Überblickartikel hingewiesen, die in den Zeitschriften Jahrbuch für Sozialwissenschaft (ab 1959) und Econometrica (ab 1961) erschienen sind.

B. Literatur zum 1. Kapitel

1. Zum Gegenstand und den Problemen der Volkswirtschaftslehre finden sich in zahlreichen Lehrbüchern mehr oder weniger ausführliche Abhandlungen. Wer die angeschnittenen Fragen vertiefen möchte, sei vor allem auf die Bücher von Eucken und Lipsey sowie auf den Beitrag von H. K. Schneider in Bd. 1 des Kompendiums der Volkswirtschaftslehre verwiesen. Des weiteren seien genannt: A. Amonn, Volkswirtschaftliche Grundbegriffe, 2. A., Bern 1941. T. W. Hutchison, Positive Economics and Policy Objectives, London 1964. Zur Unterscheidung von Mikro- und Makrotheorie: F. Machlup, Der Wettstreit zwischen Mikro- und Makrotheorien in der Nationalökonomie, Tübingen 1960.

2. Die Diskussion über Werturteile und Methodenfragen scheint unerschöpflich. Nennenswerte Aspekte sind seit der Stellungnahme von Max Weber kurz nach der Jahrhundertwende bis heute wohl kaum aufgetaucht. Allerdings hat die permanente, seit einigen Jahren wieder lebhafter gewordene Erörterung sowohl die Anhänger werturteilsfreier Aussagen als auch die Gegner einer Trennung von Glauben und Wissen genötigt, ihre Argumente neu und immer wieder anders zu formulieren. Die umfangreiche, stark emotionsgeladene Debatte hat ein enormes Schrifttum induziert, dessen Bewältigung selbst den Spezialisten vor fast unlösbare Aufgaben stellt. Wer an methodologischen Fragen näher interessiert ist, sei auf folgende Publikationen aufmerksam gemacht, von denen er leicht weiterfindet: L. Robbins, An Essay on the Nature and Significance of Economic Science, 2. e., London 1935. M. Friedman, Essays in Positive Economics, Chicago 1953. G. Kade, Die Grundannahmen der Preistheorie. Eine Kritik an den Ausgangssätzen der mikroökonomischen Modellbildung, Berlin und Frankfurt am Main 1962. H. Albert, Einleitung zu Theorie und Realität. Ausgewählte Aufsätze zur Wissenschaftslehre der Sozialwissenschaften, Hg. H. Albert, Tübingen 1964. W. Stegmüller, Glauben, Wissen und Erkennen, Darmstadt 1965. Logik der Sozialwissenschaften, Hg. E. Topitsch, Köln-Berlin 1965. K. R. Popper, Logik der Forschung, 3. A., Tübingen 1969. H. Albert, Probleme der Wissenschaftslehre in der Sozialforschung, Handbuch der empirischen Sozialforschung, Bd. I, Hg. R. König, 2. A., Stuttgart 1967. D. Cassel, Methodologische Systeme der Wirtschaftswissenschaft, Diss. Marburg 1968. Th. W. Adorno u. a., Der Positivismusstreit in der deutschen Soziologie, 2. A., Neuwied und Berlin 1970.

3. Darstellungsformen und theoretische Werkzeuge werden ebenfalls in zahlreichen der genannten Lehrbücher behandelt, wobei am zweckmäßigsten auf Publikationen der letzten Jahre, etwa auf das „Kompendium der Volkswirtschaftslehre I" oder H.-D. Heike und G. Kade, Methodologische Probleme makroökonomischer Theorien, Konjunkturpolitik, 14 (1968), 291–374, zurückgegriffen wird. Die knappsten Überblicke zu den wichtigsten in der Wirtschaftstheorie verwendeten Begriffen der Mathematik dürften folgende sein:

W. J. BAUMOL, Economic Theory and Operations Analysis, 2. e., Englewood Cliffs 1965, Part 1. J. M. HENDERSON – R. E. QUANDT, Mikroökonomische Theorie. Ein mathematische Darstellung; dt. Ü. von W. MEISSNER, Berlin und Frankfurt 1967, Mathematischer Anhang. R. G. LIPSEY, An Introduction ..., a. a. O., Appendix to Chap. 2.

Wem solche Überblicke mangels entsprechender Voraussetzungen nicht ausreichen, sollte zu einem der folgenden Werke greifen, die auch im Selbststudium bewältigt werden können: R. G. D. ALLEN, Mathematik für Volks- und Betriebswirte. Eine Einführung in die mathematische Behandlung der Wirtschaftstheorie; dt. Ü. von E. KOSIOL, Berlin 1956. K. LÖFFELBEIN, Kompendium der mathematischen Wirtschaftstheorie, Bd. I, Wiesbaden 1959. J. P. LEWIS, An Introduction to Mathematics for Students of Economics, London-New York 1959. T. YAMANE, Mathematics for Economists. An Elementary Survey, Englewood Cliffs 1962. H. BADER – S. FRÖHLICH, Einführung in die Mathematik für Volks- und Betriebswirte, München-Wien 1968. J. G. KEMANY – A. SCHLEIFER – J. L. SNELL – G. L. THOMPSON, Mathematik für die Wirtschaftspraxis, Berlin 1966. G. C. ARCHIBALD – R. G. LIPSEY, An Introduction to a Mathematical Treatment of Economics, London 1967. F. SOMMER, Einführung in die Mathematik für Studenten der Wirtschaftswissenschaften, 2. A., Berlin-Heidelberg-New York 1967. W. HOFMANN, Lehrbuch der Mathematik für Volks- und Betriebswirte, Frankfurt am Main-Berlin 1967. H. STÖWE – E. HÄRTTER, Lehrbuch der Mathematik für Volks- und Betriebswirte. Die mathematischen Grundlagen der Wirtschaftstheorie und Betriebswirtschaftslehre, Göttingen 1967; dazu wird eine Aufgabensammlung erscheinen. M. J. BECKMANN – H. P. KÜNZI, Mathematik für Ökonomen I, Berlin-Heidelberg-New York 1969.

Nicht auf die Wirtschaftsmathematik allein, jedoch auf die Bedürfnisse des Nichtmathematikers abgestellt, ist das mit zahlreichen Beispielen versehene Werk: Mathematik für die Praxis. Ein Handbuch, 3 Bde., Hg. K. SCHRÖDER, Frankfurt am Main-Zürich 1964.

Es sei noch auf Werke aufmerksam gemacht, die es sich primär zur Aufgabe setzen, die Wirtschaftstheorie (oder Teile von ihr) geometrisch oder mathematisch darzustellen. Die mathematisch geschriebenen Bücher dürften sich in der Regel nur für Studenten mit ökonomischen und guten mathematischen Vorkenntnissen eignen: R. G. D. ALLEN, Mathematical Economics, 2. e., London 1965. H. BREMS, Quantitative Economic Theory. A Synthetic Approach, New York-London-Sydney 1968. K. LANCASTER, Mathematical Economics, London-New York 1968. J. K. EASTHAM, Graphical Economics, London 1960.

Im Hinblick auf die Testprobleme ist eine frühzeitige Beschäftigung mit der ökonometrischen Literatur ratsam. Aus dem umfangreichen Schrifttum seien genannt: H. GOLLNICK, Einführung in die Ökonometrie, Stuttgart 1968. G. MENGES, Ökonometrie, Wiesbaden 1961. P. SCHÖNFELD, Methoden der Ökonometrie, Bd. I, Berlin-Frankfurt 1969. Es empfiehlt sich, auch die angelsächsische Literatur zur Ökonometrie heranzuziehen.

2. Ausgangstatsachen der Wirtschaft

I. Knappheit und Wahlhandlung

Warum muß man wirtschaften?

Jeder Mensch hat Wünsche, die mit dem Streben einhergehen, sie zu befriedigen. Solche Empfindungen der Menschen nennt man **Bedürfnisse**. Sie sind – das ist der praktisch wichtigste Fall – Empfindungen des Mangels. Mittel der Bedürfnisbefriedigung können materielle Gegenstände sein, die man Waren, Sachgüter oder Güter (i. e. S.) nennt, sowie Arbeitsakte, die als Dienstleistungen bezeichnet werden. Allgemein faßt man Waren und Dienstleistungen unter dem Oberbegriff **Güter** (i. w. S.) zusammen. Der Gutscharakter haftet den materiellen Gegenständen und Arbeitsakten nicht an. Güter werden sie erst, wenn Menschen sie nachfragen, um damit Bedürfnisse zu befriedigen. Seltenheit allein macht eine Sache noch nicht zu einem Gut. Faule Eier mögen selten sein; Bedürfnisse befriedigen sie im allgemeinen nicht. Die vom Güterkonsum ausgehende Befriedigung wird als Nutzenstiftung (oft nur: Nutzen) bezeichnet.

Die Ursache der Entstehung von Bedürfnissen ist eine Frage, die außerhalb des Gebiets der Wirtschaftswissenschaft liegt. Bei ihrer Analyse ist auf Erkenntnisse der Psychologie zurückzugreifen. Es kann in der Wirtschaftswissenschaft zweckmäßig sein, nach Arten oder Dringlichkeitsgruppen der Bedürfnisse zu unterscheiden. Will der Mensch seine Existenz erhalten, ist er offensichtlich genötigt, in jedem Fall bestimmte Bedürfnisse – vor allem der Nahrung und Kleidung – zu befriedigen. Daneben gibt es auch weniger dringliche Bedürfnisse, denen besonderes Gewicht im Konjunkturverlauf zukommt. Sind Menschen in Zeiten des Konjunkturrückgangs zu Einsparungen gezwungen, werden sie zuerst auf Güter des zusätzlichen Bedarfs verzichten. Ist andererseits die Wirtschaftslage günstig, dürften Branchen besonders profitieren, die nicht unbedingt lebensnotwendige Güter produzieren. Großen Erfolgschancen der Unternehmer steht deshalb häufig ein beträchtliches Risiko gegenüber – eine Konsequenz konjunkturabhängiger Ausgabeneigungen der Verbraucher.

Wenn Güter unbeschränkt zur Verfügung stünden, also die Verhältnisse eines Schlaraffenlandes herrschten, brauchte man sich nicht mit Wirtschaftsfragen zu befassen. In der wirklichen Welt besteht jedoch **Güterknappheit**. Knappheit ist ein relativer Begriff. Er bedeutet nicht absolute Seltenheit (wie die von Erdbeben), sondern eine anhaltende Differenz zwischen der Menge von Gütern, die man zur Befriedigung von Bedürfnissen wünscht, und derjenigen, die vorhanden oder erreichbar ist. Diese fundamentale Definition wird nicht selten mißverstanden.

Nicht alle Güter sind knapp. Wenn sich der Vorrat an Gütern nicht erschöpft und für ihre Gewinnung keinerlei Anstrengungen erforderlich sind (wie in der Regel für die Inanspruchnahme der Luft), kann von Knappheit keine Rede sein. In diesem Fall handelt es sich um freie Güter. Ihre Zahl ist offenbar nicht sehr groß. Ob ein Gut frei, das heißt im Verhältnis zu den Bedürfnissen reichlich vorhanden ist und deshalb nicht bewirtschaftet zu werden braucht, ist eine Tatfrage, die an verschiedenen Orten und zu verschiedenen Zeiten unterschiedlich beantwortet werden kann. Luft ist für den Bergmann unter Tage kein freies Gut, weil für die Bereitstellung der Luft Aufwendungen gemacht werden müssen. Wasser, das man in der ländlichen Gegend vielleicht noch der Natur entnehmen kann, ist in der Stadt kein freies Gut. Güter, die nicht frei sind, nennt man wirtschaftliche Güter. Nur die Tatsache, daß die Bereitstellung von Gütern Kosten verursacht, zwingt uns zur Bewirtschaftung, zu wirtschaftlichem Handeln. Deshalb kann man auch sagen, die Wirtschaftswissenschaft beschäftigt sich mit Dingen, die einen Preis haben, die Kosten verursachen. Die Begriffe Preis und Kosten sind weit zu fassen. Ein einzelner braucht für die Nutzung eines Gutes oft nichts zu zahlen; dennoch können beträchtliche Kosten entstehen, wie bei der vermeintlich „kostenlosen" Inanspruchnahme der Universität.

Für das Vorliegen der Güterknappheit ist es nicht erforderlich, daß die Bedürfnisse des Menschen unendlich groß, unersättlich sind. Es genügt, wenn ihre Wünsche generell die verfügbaren Mittel übersteigen. Diese Feststellung schließt weder aus, daß trotz steigender Kaufkraft (Einkommen im Verhältnis zu den Güterpreisen = Kaufkraft) einige Güter nicht vermehrt nachgefragt werden (partielle Sättigung), noch, daß Güter nicht in dem Umfang Käufer finden, wie es sich die Anbieter vorgestellt haben (partielle Überproduktion). Der Test der Hypothese, nach der die Menge der begehrten Güter die der verfügbaren übersteigt, kann zwar nicht in der Form eines naturwissenschaftlichen Experiments erfolgen; aber es spricht manches dafür, in der Wirtschaftswissenschaft vom Sachverhalt der generellen Knappheit auszugehen. Eine Befragung aller Konsumenten hinsichtlich ihrer Wünsche würde sicherlich zur Feststellung von Bedürfnissen führen, die weit über das vorhandene Angebot an Gütern hinausgingen. Auch spezielle Einkommens- und Preissituationen können diese Feststellung nicht einschränken, da nach empirisch bestätigter Hypothese die Wünsche der Menschen mit steigendem Wohlstand keineswegs geringer werden. Man kann sich keinen Zustand vorstellen, in dem die Knappheit generell verschwindet.

Seit den fünfziger Jahren wird von einigen Autoren eine Sozialkritik vorgetragen (Kenneth Galbraith, Vance Packard), deren Kern in der Behauptung liegt, die **Gesellschaft** einiger Länder – wie die der Vereinigten

Staaten – lebe bereits **im Überfluß** und allenthalben herrsche große Verschwendung. Hunderte Millionen Menschen auf der Welt vegetierten in bitterer Armut, und die öffentlichen Aufgaben selbst in reichen Ländern kämen zu kurz, weil zu viele, oft unnütze Dinge dem privaten Konsum zugeführt würden. Häufiger Modewechsel, suggestive Werbung und raffinierte Absatzmethoden nötigten dem Verbraucher Dinge auf, die er sonst nicht kaufen würde.

Was immer die Verdienste dieser Kritik sein mögen, die meisten von ihr aufgeworfenen Fragen entziehen sich wissenschaftlicher Betrachtung. Es kann keine wissenschaftliche Aussage darüber gemacht werden, ob die Nachfrage nach bestimmten Gütern einen Luxus darstellt, überflüssig oder unberechtigt ist. Grundlage der Kritik bildet ein bestimmtes Werturteil darüber, was der Verbraucher tun und was man ihm zukommen lassen sollte. Die Wirtschaftswissenschaft beschäftigt sich jedoch vor allem mit Bedürfnissen, wie sie sind, nicht wie sie sein sollten. Ob und inwieweit Bedürfnisse geweckt oder gar „produziert“ und in eine bestimmte Richtung gelenkt werden können, läßt sich schwer sagen, da es kaum empirisch erhärtete Theorien zu diesem Problem gibt. Der englische Nationalökonom Alfred Marshall (1842–1924) hat bereits darauf aufmerksam gemacht, daß die Bedürfnisse mehr das Ergebnis als die Ursache ökonomischer Aktivität seien. Bedürfnisse werden in der herrschenden Theorie als gegeben angenommen (Datum). Die Wechselbeziehungen zwischen Bedürfnissen und Kaufkraft verdienten tatsächlich verstärkte Beachtung. Die Einkommensverteilung könnte national und international sicherlich anders als gegenwärtig erfolgen. Doch schon die bloße Forderung einer Umverteilung, würden sie auch noch so viele Menschen für berechtigt halten, liegt außerhalb wissenschaftlicher Aussagemöglichkeiten. Was die Sozialkritiker bemängeln, ist ein Lenkungsproblem der Kaufkraft und keine Frage der Knappheit, es sei denn, die von ihnen kritisierten Methoden der Weckung von Bedürfnissen seien notwendig, um in reichen Ländern generelle Güterknappheit zu erhalten, was man sich kaum vorstellen kann. Die Existenz des Knappheitsproblems ist eine Frage, die nach verschiedenen Knappheitsgraden wirtschaftlicher Güter eine zweite; beide Fragen müssen scharf getrennt werden. Es bleibt festzuhalten, daß von einem ständigen Defizit an Gütern im Vergleich zu den vorhandenen Bedürfnissen auszugehen ist.

Grundsätze des Wirtschaftens

Wirtschaften heißt, nach bestimmten Kriterien **Wahlentscheidungen** zu treffen. Der wirtschaftende Mensch kann im allgemeinen nicht alle Bedürfnisse befriedigen, sondern muß zwischen Alternativen wählen. Da seine Mittel begrenzt sind, verzichtet er mit der Entscheidung für die Befriedigung eines Bedürfnisses X durch ein Gut A auf die Befriedigung eines Bedürfnisses Y durch ein Gut B. Wer wirtschaftet, muß sich entscheiden, worauf er verzichtet. Ein Student, der über 10 DM verfügt und das Bedürfnis nach einem bestimmten Buch und nach einem opulenten Essen hat – beides soll 10 DM kosten –, wird sich für eines von beiden entscheiden müssen. Wählt er das Buch, muß er auf das Essen verzichten oder umgekehrt. Das Buch kostet ihn den Verzicht auf das Essen. Diesen Verzicht, genauer: den Nutzenentgang, nennt man **opportunity cost**; eine passende Übersetzung gibt es nicht (meist: Opportunitätskosten). Würde das Buch 30 DM kosten, wären die opportunity cost 3 Mahlzeiten. Ein Millionär steht prinzipiell vor dem gleichen Problem wie der Student. Er wird überlegen, ob er sein Geld für den Kauf einer Luxusvilla oder eines Rembrandtgemäldes verwenden soll. Entscheidet er sich für das Rembrandtgemälde, kostet ihn dieses die Luxusvilla. Die Konzeption der opportunity cost gilt nicht nur für Individuen, sondern auch für Volkswirtschaften. Sind alle Produktionsmittel vollbeschäftigt, so daß die Gesamtproduktion kurzfristig nicht gesteigert werden kann, muß eine Entscheidung zwischen den zu produzierenden Gütern, z. B. zwischen Konsum- und Verteidigungsgütern, getroffen werden.

Beschränkt man sich auf zwei Güter, läßt sich das Entscheidungsproblem graphisch erläutern. Angenommen, es sei eine gesamtwirtschaftliche Entscheidung zwischen Gütern des privaten Konsums und der Verteidigung zu treffen, so sind folgende Alternativen möglich (Fig. 2–1).

Entscheidet man sich für die Mengenkombination B (b, c) statt A (a, d), kostet der Mengenzuwachs der Verteidigungsgüter b-a den Verlust der Konsumgüter d-c. Man kann zur gleichen Zeit – bei Vollbeschäftigung aller Produktivkräfte – nicht die Konsumgütermenge in A und die Verteidigungsgütermenge in B haben. Alle Mengenkombinationen auf der Kurve oder unterhalb – wie C – sind möglich, alle jenseits der Kurve – wie D – unmöglich. Deshalb wird die Verbindung solcher Punkte, die äußerstenfalls möglich sind, als **Produktionsmöglichkeitenkurve** (auch: Transformationskurve) bezeichnet. Liegt die tatsächliche Produktion unterhalb dieser Kurve (C), sind nicht sämtliche Produktionsmöglichkeiten genutzt. Das kann daran liegen, daß Produktivkräfte brachliegen, ein Problem, das

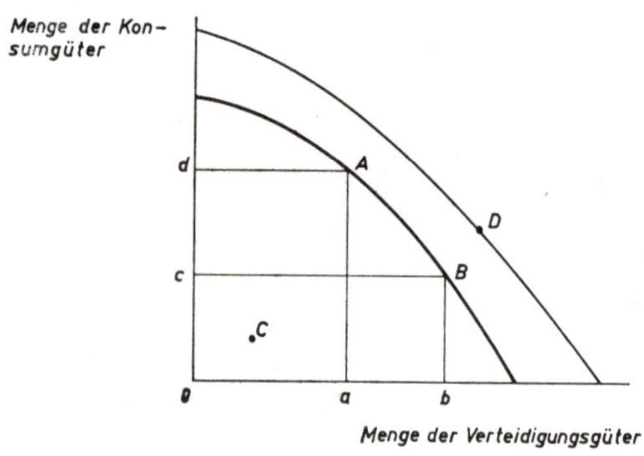

Fig. 2–1: Produktionsmöglichkeitenkurve

Gegenstand der Konjunktur- und Beschäftigungstheorie ist. Oder es werden die Anbieter produktiver Leistungen nicht so beschäftigt, wie es beim gegebenen Stand des Wissens möglich wäre (Ineffizienz). Dieses Problem steht im Zentrum der Preis- und Allokationstheorie. Punkt D ist kurzfristig bei gegebenem Stand des technischen Wissens und gegebener Faktorausstattung zwar unerreichbar, doch da langfristig technisches Wissen und Faktorausstattung wachsen, wird sich die durch A und B laufende Kurve insgesamt nach rechts verschieben. Die damit zusammenhängenden Fragen versucht die Wachstums- und Entwicklungstheorie zu klären.

Fig. 2–1 veranschaulicht nicht nur Beispiele aus dem Bereich der Produktion. Faßt man die Zeit als wirtschaftliches Gut auf, kann dieselbe Darstellung benutzt werden, um Entscheidungsprobleme zu illustrieren, die bei der Wahl zwischen Freizeit und Arbeitszeit entstehen. Mit der Transformationskurve lassen sich generell Probleme verdeutlichen, die sich bei der Aufteilung von knappen Mitteln auf verschiedene Bedürfnisse, bei der Auslastung und Effizienz produktiver Faktoren und beim Wirtschaftswachstum stellen. Fraglich ist nur, welchen Verlauf die Kurve hat, also wieviel Einheiten aufgegeben werden müssen, wenn die Menge des alternativen Gutes um eine Einheit steigen soll. In Fig. 2–1 nimmt mit der um jeweils eine Einheit wachsenden Menge des vermehrt gewünschten Gutes die dafür aufzugebende Menge des anderen Gutes zu (zunehmende Grenzrate der Transformation). Darin kommt das Gesetz vom abnehmenden Grenzertrag (Ertragsgesetz) zum Ausdruck, auf das später eingegangen wird.

Die Transformationskurve impliziert Entscheidungsfreiheit bei der Wahl der produktionstechnisch bestimmten Mengenkombinationen. Wird dabei so verfahren, daß die Erreichung vorgegebener Ziele mit dem geringstmöglichen Mitteleinsatz erfolgt, ist das ein Handeln nach dem **ökonomischen Prinzip**. Entscheidungen nach diesem Prinzip seien als rational definiert. Das Ziel-Mittel-Verhältnis läßt sich umkehren. Rational handelt auch, wer mit gegebenen Mitteln ein Ziel bestmöglich erreicht, wobei Ziele und Mittel jeweils ökonomische Größen (Werte) darstellen. Diese beiden Aspekte des ökonomischen Prinzips gelten individuell und gesamtwirtschaftlich, bei Verbrauchern und Produzenten. Rational handeln würde bedeuten, unter verschiedenen Produktionsmethoden zur Herstellung eines bestimmten Autos jene zu wählen, bei der die Stückkosten am geringsten sind. Komplizierter sind die Fälle individueller Rationalität bei der Bedürfnisbefriedigung. Warum trinkt ein Durstiger nicht nur Wasser, sondern Bier? Am kostengünstigsten wäre der Wasserkonsum; Biertrinken wäre „irrational", wenn es nur um den Durst ginge. Tatsächlich hat der Biertrinker nicht bloß Durst, sondern auch das Bedürfnis nach geschmacklichem Genuß. Sieht man Bier als ein Genußmittel an, kann es dennoch rational sein, gerade dieses Getränk gegen den Durst zu wählen. Ähnliches gilt für viele andere Güter. Ein Auto wird häufig nicht nur als Beförderungsmittel angesehen, eine Universität nicht nur als Ausbildungs- und Forschungseinrichtung. Solange es keinen objektivierten Maßstab der Bedürfnisbefriedigung gibt, handelt es sich beim ökonomischen Prinzip als Aussage zum Konsumentenverhalten um eine nicht falsifizierbare Hypothese (Leerformel).

In der Modellanalyse wird als Verhaltensannahme in der Regel ein Handeln nach dem ökonomischen Prinzip (homo oeconomicus) unterstellt. Einige andere Verhaltensmuster, die mitunter als Argument gegen die Annahme des Handelns nach dem ökonomischen Prinzip vorgetragen werden, sind tatsächlich mit diesem vereinbar. Wer als Unternehmer einen größeren oder konstanten Marktanteil anstrebt, braucht ebensowenig gegen das ökonomische Prinzip zu verstoßen wie jemand, der sein Ansehen steigern möchte. Man hat über die Vorstellung des homo oeconomicus viel gespottet. Das ihm zugrundeliegende Prinzip ist jedoch eine sinnvolle Maxime des Handelns. Für viele Menschen ist der Erwerb von Gütern mit Arbeitsmühe verbunden. Soweit sie Arbeitsmühe gegen das erlangte Einkommen oder die dafür erhältlichen Güter abwägen, verhalten sie sich nach dem ökonomischen Prinzip. Deshalb ist es gerechtfertigt, bei der wirtschaftswissenschaftlichen Theoriebildung von entsprechenden Hypothesen auszugehen.

II. Quellen der Produktion und des Wohlstands

Produktionsfaktoren

Könnten alle Güter, die wir in der Natur vorfinden, unmittelbar verwendet werden, stünden sie damit noch nicht für den Konsum bereit. Die Beeren im Wald müßten gepflückt, die Fische im Fluß gefangen werden. Das erfordert den Einsatz von Arbeit und Geräten. In der Regel durchlaufen die Güter einen Umformungsprozeß bis sie konsumreif sind. Die Umwandlung (Produktion i. e. S.) und Bereitstellung (Handel, Verkehr u. a.) von Gütern nennt man Produktion (i. w. S.; Gütererstellung). Bis auf wenige Ausnahmen sind zur Produktion eines jeden Gutes alle drei Produktionsfaktoren (Ressourcen) Arbeit, Raum (Boden) und sonstige materielle Gegenstände (Kapital) erforderlich. Die Gütererstellung ist ein Prozeß der Faktorkombination, an dessen Ende das konsumreife Gut steht. Aus dem Einsatz an Produktionsfaktormengen (input) geht einzel- und gesamtwirtschaftlich ein Ausstoß (output) hervor. Die wertmäßige Differenz zwischen input und output bildet die Wertschöpfung der Produktionsfaktoren.

Die Begriffe Arbeit, Boden und Kapital sind weit gefaßt. Unter **Arbeit** (Arbeitsleistung) wird jede Art manueller und geistiger Beschäftigung verstanden. Die leitende Tätigkeit des Unternehmers, das Treffen von Dispositionen, sieht man gelegentlich als einen eigenständigen Produktionsfaktor an. Diese Differenzierung ist eine Frage der Zweckmäßigkeit. Als **Boden** bezeichnet man alle natürlichen Hilfsquellen, Felder und Bodenschätze, Wälder und Gewässer. Der Gütererstellung dient er in der Form des Standort-, Anbau- oder Abbaubodens. Unter **Kapital** werden alle bei der Erzeugung beteiligten Produktionsmittel verstanden – wie Werkzeuge, Maschinen und Anlagen. Das Kapital besteht also aus Gütern, die in früheren Produktionsprozessen erzeugt wurden. Es sind in den Prozeß zurückversetzte, nicht unmittelbar konsumierte Güter (produzierte Produktionsmittel, Kapitalgüter), die als solche durch Leistungsabgabe in die Konsumgüter eingehen. Ist auch Geld Kapital? Das „Geldkapital" bildet keinen Produktionsfaktor in diesem Wortsinn. Da Geld jedoch Verfügungsmacht über Realkapital (Tauschwertsummen in Geldform) verschafft, wird der Ausdruck Kapital häufig – wie auch in diesem Buch – sowohl für produzierte Produktionsmittel als auch für Geld verwendet.

Es ist zu beachten, daß **Menge und Qualität der Faktorleistungen** von Bedeutung sind. Mengenkomponenten der Arbeitsleistung sind das Bevölkerungswachstum (genauer: der Anteil der Erwerbstätigen an der Gesamtbevölkerung), die Dauer der Berufstätigkeit und die Arbeitszeit. Die Arbeitsqualität wird durch angeborene Begabungen, Erziehung und Ausbildung entscheidend bestimmt. Aus diesem Grund weichen die Qualitäten der für den Produktionsprozeß wichtigen Arbeitsleistungen beträchtlich voneinander ab. Arbeitsleistungen sind heterogen.

Die Menge des insgesamt vorhandenen Bodens ist weitgehend fixiert. Bezüglich seiner ökonomischen Nutzung läßt sich historisch ein Trend feststellen, nach dem ein größer werdender Anteil des vorhandenen Bodens in die Produktion eingegliedert wird. Böden sind nur noch selten ein freies Gut. Wichtigste Ursache dafür ist das rapide Bevölkerungswachstum. Die Qualitäten des Bodens divergieren ebenfalls stark (Heterogenität). Wichtige Merkmale hierfür stellen die mineralische Substanz des Bodens, die Lage und das Klima dar.

Wieviel Kapital zur Verfügung steht, hängt davon ab, in welchem Umfang früher nicht konsumiert, güterwirtschaftlich also gespart worden ist. Die Qualität der Kapitalgüter wird vor allem vom Stand des angewandten technischen Wissens beeinflußt, das sich nicht nur auf die Produktionsmethode, sondern auch auf die Produktqualität auswirkt. Bei einem Wandel der Technik kann sich die Durchführung der Produktion ändern, weil bessere Kapitalgüter oder Verfahrensweisen zur Verfügung stehen. Es ist wiederum eine Definitionsfrage, ob man das angewandte technische Wissen und seine Änderung, den technischen Fortschritt, als ein Qualitätsmerkmal des Kapitals oder als eigenständigen Produktionsfaktor ansieht. Unter technischem Fortschritt wird die technische Entwicklung nur insoweit verstanden, als sie eine ökonomisch vorteilhaftere Produktion gestattet. Ob und inwieweit eine neue Technik ökonomische Vorteile gegenüber dem bisherigen Stand des Wissens bietet, ist eine grundsätzlich offene Frage. Vom ökonomischen Standpunkt aus gesehen wird bei der Produktion eines Gutes nicht die Produktionsanlage verwendet, deren output mit dem geringsten mengenmäßigen input möglich ist, sondern deren output am wenigsten kostet (ökonomisches Prinzip).

Arbeitsteilung

Mit der Feststellung, der Einsatz von Produktionsfaktoren führt zu einem Ausstoß, ist noch nichts über die Höhe der Ausbringung gesagt. Eine Möglichkeit, dieser Frage nachzugehen, besteht darin, die gesamtwirtschaftlichen Veränderungen der Faktormengen und -qualitäten zu analysieren. Damit beschäftigt sich – soweit es das Bevölkerungswachstum, die Kapitalakkumulation und den technischen Fortschritt betrifft – die Wachstums- und Entwicklungstheorie. Eine andere Möglichkeit besteht darin, nach einem generellen Prinzip für die Wohlstandsmehrung zu suchen. Es ist die Lehre von der Arbeitsteilung (Spezialisierung), deren Bedeutung heute eher noch höher zu veranschlagen sein dürfte als zur Zeit von ADAM SMITH (1723–1790), jenes schottischen Moralphilosophen, der mit seiner Schrift über die Ursachen des Wohlstands die Eigentümlichkeiten und Konsequenzen dieses für die moderne Wirtschaft konstitutionellen Prinzips offengelegt hat. Sein **Erklärungsansatz** ist folgender: Müßte jeder alles erzeugen, was er für die Lebensführung braucht – wie Robinson Crusoe –, könnten sich die meisten Menschen nur mühselig und schlecht versorgen. In einer arbeitsteiligen Wirtschaft wird hingegen grundsätzlich darauf verzichtet, ausschließlich für den eigenen Bedarf zu produzieren.

Die **Wirkungen** der Arbeitsteilung bestehen darin, daß Arbeitskräfte sowohl ökonomisch besser genutzt als auch – unabhängig davon – eingespart werden. Bei wiederholender Tätigkeit entfallen Umstellungszeiten, die bei wechselnden Arbeitsakten unvermeidlich sind. Angesichts stark heterogener Arbeitsqualitäten läßt sich die Produktion schon dann erhöhen, wenn man die Menschen nach ihren Fähigkeiten beschäftigt. Durch die Aufgliederung des Arbeitsprozesses in einzelne Akte (Arbeitszerlegung) werden Arbeitsleistungen, die der einzelne zu erbringen hat, relativ homogen, so daß er meist eine besondere Geschicklichkeit erlangt. Durch die Beschränkung auf verhältnismäßig einfache Arbeitsakte wird die Ausbildungszeit häufig wesentlich verkürzt. Technischer Fortschritt hat sich unter dem Blickwinkel der Arbeitsteilung weithin in der Form vollzogen, daß Maschinen entwickelt wurden, die eine immer weitergehende Arbeitsteilung und (oder) die Übernahme zahlreicher Arbeitsakte gestatteten. Generell bewirkt zunehmender Kapitaleinsatz eine relative Verminderung der manuellen Arbeit. Bei der Produktion materieller Güter läßt sich Arbeit durch Kapital leichter ersetzen als bei Dienstleistungen. Deshalb werden mit fortschreitender Arbeitsteilung zunehmend relativ mehr Menschen im Dienstleistungsbereich (Handel, Banken, Versicherungen, öffentlicher Dienst) beschäftigt. Die Arbeitsteilung zwingt schließlich zu einer straffen Arbeitsdisziplin, insbesondere dann, wenn von der Maschinengeschwindigkeit ein bestimmter Materialfluß oder Arbeitsrhythmus diktiert wird. Diese Wirkungen können nur eintreten, wenn die Arbeitsteilung mit einer Verlagerung der Produktion aus den Haushalten in die Betriebe einhergeht. Arbeitsteilige Wirtschaft bedeutet deshalb: der größte Teil der Erzeugung wird in besonderen Produktionsstätten durchgeführt.

Die Steigerung der Produktion und des Lebensstandards hängen davon ab, in welchem Ausmaß es gelingt, die eben skizzierten möglichen Wirkungen der Arbeitsteilung zu realisieren. SMITH hat darauf hingewiesen, daß die Wirkungen der Arbeitsteilung wegen der heterogenen Qualitäten der Arbeit und des Bodens mit der Größe des Raums, in dem sie sich vollzieht, zunehmen. Insbesondere eine weltweite Arbeitsteilung – ermöglicht durch einen von Zöllen und anderen Beschränkungen freien internationalen Handel (Freihandel) – könne Grundlage des „Reichtums der Nationen" werden, während eine außenhandelspolitische Isolierung der einzelnen Länder (Autarkie) einen geringeren Lebensstandard bewirke. Mit der Entfernung steigende Transportkosten setzen dem Freihandel Grenzen. Neben der Größe des Raums ist die Mobilität der Arbeitskräfte von Bedeutung. Wie kann man erreichen, daß die Arbeitskräfte immer gerade dort eingesetzt werden, wo sie am meisten leisten können? In der Wettbewerbs- oder Marktwirtschaft wird dieses Problem durch ein System von materiellen Anreizen und Verlusten gelöst, die von der Preisbildung der Faktoren ausgehen. Man nennt dieses System Allokationsmechanismus.

Die Aussage, daß man es in der Wirtschaft mit Gütern zu tun hat, die etwas kosten, gilt im übertragenen Sinn auch für die Arbeitsteilung, deren Vorteile oft mit **Nachteilen** erkauft werden müssen. Probleme treten vor allem im sozialen Bereich auf, das um so stärker, je fortgeschrittener die Arbeitsteilung ist (Fließbandsystem). Die am Produktionsprozeß beteiligten Arbeitskräfte werden mitunter nur einseitig beansprucht, was bei meist erhöhtem Arbeitstempo zu rascher Ermüdung führt (Akkordarbeit). Monotone Arbeitsakte vermindern die Arbeitslust. Psychologische Rückwirkungen sind nicht auszuschließen. Da im arbeitsteiligen Prozeß jeder nur einzelne Güterteile fertigt, fehlt die Beziehung zum Arbeitsprodukt. Die Tätigkeitsfelder werden enger, die Arbeitsqualitäten heterogener, traditionelle Berufsbilder lösen sich auf: man spricht nur noch von Beschäftigung. Neue Risiken entstehen für den einzelnen, soweit berufliche Umstellungen erforderlich werden. Die Arbeitsteilung „produziert" andererseits neue, mitunter interessante Tätigkeiten, die vor allem von der technischen Entwicklung geprägt sind. Zu wenig beachtet wird der Zusammenhang zwischen der Entwicklung der Arbeitsteilung und der Bildung von Interessengruppen. Die Spezialisierung läßt eng umgrenzte gemeinsame Interessengebiete entstehen, die in Demokratien am besten in Gruppen vertreten werden können. Die Nachteile der Arbeitsteilung sind von der Sozial- und Kulturkritik häufig übertrieben worden. Erst die Abwägung der Vor- und Nachteile erlaubt ein zutreffendes Urteil. Die Vorteile der Arbeitsteilung sind jedoch so gewaltig, daß vermutlich nur wenige Menschen bereit wären, auf sie zu verzichten. Auch lassen sich manche Nachteile der Spezialisierung durchaus mildern.

Arbeitsteilung schafft eine Abhängigkeit der Menschen voneinander. Robinson Crusoe lebte unabhängig. In einer arbeitsteiligen Wirtschaft ist jeder auf andere angewiesen. An der Versorgung des einzelnen sind im modernen arbeitsteiligen Prozeß einige Tausend oder Millionen Menschen irgendwo auf der Welt beteiligt. Dieses Netz gegenseitiger Abhängigkeit in der Wirtschaft nennt man **Interdependenz.** Jeder ist mehr oder weniger von jedem abhängig – ein Umstand, der offenbar nur dann nicht zu einem Chaos oder einer Katastrophe für die Existenz der Menschen führt, wenn es ein Koordinationssystem der wirtschaftlichen Prozesse gibt, das die Wünsche und Leistungen aller aufeinander abstimmt. Die Lenkung des Wirtschaftsprozesses wird damit zu einer fundamentalen Aufgabe.

III. Tausch und Kreislauf

Naturaltausch- und Geldwirtschaft

Ein unmittelbarer Tausch „Gut gegen Gut", ein Naturaltausch, ist mit einigen Schwierigkeiten verbunden. Der Anbieter eines Gutes müßte erst einen zweiten Anbieter finden, der genau das Gut anbietet, das der erste Anbieter haben möchte, und der darüber hinaus das Gut haben möchte, das der erste Anbieter bereit ist hinzugeben. Zudem müßten sich die beiden Tauschpartner über die zu tauschenden Mengen und die Tauschrelationen einig werden. Voraussetzung des Naturaltausches ist eine doppelte **Koinzidenz der Wünsche**, die herbeizuführen viel Zeit erfordern würde oder gar unmöglich wäre. Zusätzliche Probleme können sich aus dem Transport des Gutes, seiner Unteilbarkeit und mangelnden Lagerfähigkeit sowie aus der Ortsgebundenheit einiger Dienstleistungen ergeben. Eine arbeitsteilige Wirtschaft mit hohem Niveau ist somit bei Naturaltausch nicht vorstellbar. Die Probleme unmittelbarer Tauschakte werden durch Einführung des Geldes als generelles Tauschgut vermieden. Das gilt schon dann, wenn die Tauschmittelfunktion von einem Gut übernommen wird, das nicht nur als Tauschmittel fungieren, sondern auch einen Nutzen in der Konsumtion oder Produktion stiften könnte. Dafür gibt es Beispiele in Vergangenheit und Gegenwart (Muscheln, Zigaretten, Gold, Silber). Durch die Verwendung eines allgemeinen Tauschmittels entstehen aus dem unmittelbaren Tausch zwei (Tausch-) Akte: Kauf (Geld gegen Gut) und Verkauf (Gut gegen Geld). Statt einer doppelten Koinzidenz genügt nun eine einfache. Der Anbieter ist bereit, Geld anstelle von Gütern als Gegenleistung zu akzeptieren, weil er in einem funktionierenden Geldsystem darauf vertraut, das Geld jederzeit wieder in gewünschte Güter umtauschen zu können (Übers. 2–1).

Der Versuch einer Qualifizierung der Rolle des Geldes im Tauschprozeß hat sich in der Lehre von den **Geldfunktionen** niedergeschlagen. Wird ein Gut so ausgestattet, daß es allgemeine Annahmebereitschaft findet, bezeich-

	Tauschvorgang	Tauschart	Voraussetzung des Tausches
Naturaltauschwirtschaft	Gut ⇄ Gut	Direkter Tausch	Doppelte Koinzidenz
Geldwirtschaft	Geld ⇄ Gut ⇄ Geld	Indirekter Tausch	Einfache Koinzidenz

Übers. 2–1: Naturaltausch- und Geldwirtschaft

net man es als Geld. Es übt Zahlungs- oder Tauschmittelfunktion aus und ist damit gleichzeitig Recheneinheit für Transaktionen. Damit verbunden stellt ein Geldbestand eine Vermögenssumme dar. Geld hat somit auch die Funktion der Wertaufbewahrung, der Wertlagerung. Es befriedigt jedoch über diese Funktionsausübung hinaus keine letzten Bedürfnisse, hat deshalb auch keinen originären Gutscharakter. Wird z. B. Gold nicht als Münze verwendet, sondern zu Schmuck verarbeitet, verliert es den Geldcharakter. Es ist dann ein gewöhnliches Wirtschaftsgut. Der dingliche Wert des Geldes, der Stoffwert eines Zahlungsmittels, kann deshalb keineswegs als repräsentativ für die Geldeigenschaft angesehen werden. Die Geldeigenschaft besteht insoweit, wie eine definierte minimale Funktionsausübung gewährleistet ist. Daraus entsteht ein abgeleiteter Gutscharakter des Geldes in seiner spezifischen Nutzenstiftung für den Eigentümer.

Den Vorteilen des mittelbaren Tausches, der durch das Geld ermöglicht wird, stehen Nachteile, **Risiken des Geldes**, gegenüber. Modernes Geld kann relativ leicht produziert und in Umlauf gebracht werden. Selbst bei den heute vorherrschenden staatlichen Geldproduktionsmonopolen läßt sich nach aller Erfahrung nur schwer verhindern, daß der Monopolinhaber seine Stellung zum eigenen Vorteil nutzt, indem er sich selbst mit Geld versorgt und damit in den Besitz von Tauschmitteln gelangt, für die er keine Gegenleistung erbracht hat. Geldfunktionen haben nicht nur das durch den Staat geschaffene Geld (Notenbankgeld; Primärgeld), sondern auch die Zahlungsmittel der Privatbanken (Sekundärgeld), die auf eine später noch zu erläuternde Weise (13. Kap.) entstehen, und Werttitel (Geldsubstitute) sogenannter intermediärer Institute (wie Versicherungen, Bausparkassen, Makler). Es gibt nicht nur das Problem der Kontrolle der staatlichen Geldproduktion, sondern auch das der Steuerung von Sekundärgeld und Geldsubstituten. Risiken und Kosten der Geldwirtschaft stehen im umgekehrten Verhältnis zueinander – eine oft belegte Erfahrungstatsache. Als Risiko der Geldwirtschaft kann man die Gefahr ansehen, daß jemand ohne entsprechende Gegenleistung in den Besitz von Geld kommt. Ihre Kosten resultieren aus der Herstellung des Geldes, insbesondere aus dem Wert des Stoffes, aus dem es besteht. Ist die Spanne zwischen dem Stoffwert und dem, was man an Gütern für die Geldeinheit erhält (Tauschwert), groß, läßt sich mit der Geldproduktion ein enormer Gewinn erzielen. Je geringer die Produktionskosten des Geldes sind, um so größer ist die Gefahr einer Geldproduktion ohne entsprechende Tauschleistung. Das gilt auch dann, wenn es ein Produktionsmonopol gibt. Will man dieses Risiko vermindern oder ausschalten, indem man den Stoffwert des Geldes dem Tauschwert annähert oder gleichmacht, steigen die Produktionskosten des Geldes. Dann werden aber verstärkt Produktionsfaktoren für die Produktion eines Gutes benötigt, das keine letzten Bedürfnisse befriedigt.

Kreislauf

Durch Tauschvorgänge bilden sich Tauschrelationen, die man Preise nennt. Werden die Tauschvorgänge unter Verwendung von Geld abgewikkelt, lassen sich die Tauschrelationen in Geld ausdrücken (Geldpreise). Bei freiem Tauschverkehr ist der Preis das Ergebnis der Vorstellungen beider Marktparteien. Anbieter und Nachfrager begegnen sich als Marktparteien auf den verschiedenen Stufen der arbeitsteiligen Gütererstellung, beim Kauf und Verkauf von Halbfabrikaten ebenso wie von Konsumgütern. Es gibt – sieht man zunächst vom Staat ab – zwei Marktparteien, die als bedeutsame Entscheidungseinheiten anzusehen sind: **Haushalte und Unternehmen.** Haushalte sind Anbieter der Faktorleistungen und Nachfrager der Konsumgüter. Unternehmen benötigen für die Gütererstellung Produktionsfaktoren, die sie von den Haushalten nachfragen, und bieten Konsumgüter an. Auf diese Weise fließt ein Strom von Gütern zwischen Haushalten und Unternehmen, der **Güterkreislauf**, dem ein entgegengesetzt verlaufender Geldstrom, der **Geldkreislauf**, gegenübersteht (Fig. 2–2). Haushalte und Unternehmen können also sowohl Anbieter als auch Nachfrager

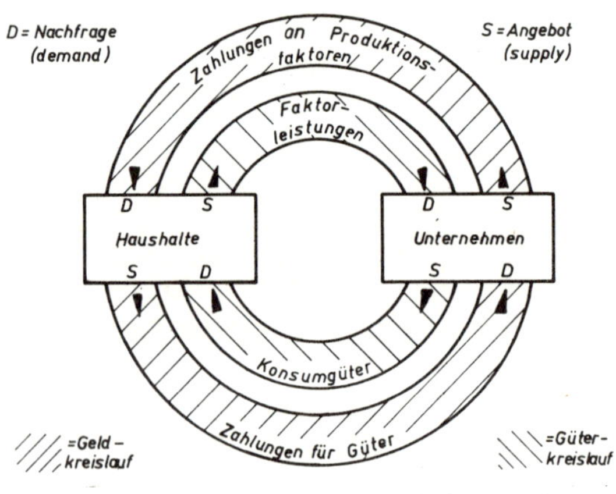

Fig. 2–2: Güter- und Geldkreislauf

sein. Für diese Eigenschaft kommt es auf das jeweilige Gut an. Zweckmäßig ist es, die Begriffe Angebot und Nachfrage auch auf den Geldkreislauf anzuwenden. Ein Anbieter von Arbeitsleistungen wäre dann ein Nachfrager von in Geld ausgedrücktem Lohn.

Das Kreislaufschema könnte zu dem Schluß führen, Haushalte und Unternehmen seien koordinative Einheiten, da sie beide Angebot und Nachfrage entfalten. In einem formalen Sinn stimmt das. Es darf jedoch nicht übersehen werden, daß **Unternehmen Stätten ausgegliederter Haushaltsproduktion** sind. Sofern die Haushalte der Ansicht sind, sie könnten besser und billiger produzieren als die Unternehmen, kommt es zu einer Rückverlagerung der Gütererstellung in die Haushalte (do it yourself). Ein nicht unbeträchtlicher Teil der Produktion hat sich stets in Haushalten vollzogen, wie die Zubereitung von Mahlzeiten. Es sind Gründe ökonomischer Zweckmäßigkeit, die zur Auslagerung führen, wie sich am Beispiel des Wäschewaschens (erst nur Haushaltsproduktion, dann häufig Wäscherei, mit Aufkommen moderner Waschmaschinen wieder vorwiegend Haushaltsproduktion) zeigen läßt. Unternehmen sind nicht unbedingt notwendig zur Sicherung der menschlichen Existenz. Da sie aber eine Form der Arbeitsteilung repräsentieren und die technische Entwicklung in den meisten Fällen keine Haushaltsproduktion mehr zuläßt, sind sie ökonomisch nützlich. Folglich ist das, was sie ihrerseits nachfragen, abgeleitet von den letzten Bedürfnissen der Haushalte, mag es auch so aussehen, als würden sie ein Eigenleben führen. Auf die Dauer hängt der Fortbestand der Unternehmen davon ab, ob sie solche Güter bereitstellen, die von den Haushalten nachgefragt werden. „Consumption is the sole end and purpose of all production" (Adam Smith). Das bedeutet jedoch nicht, daß die Haushalte die Tauschbedingungen (wie Mengen und Preise) diktieren können. Diese Aussagen gelten auch dann, wenn die Nachfrageseite den Konsum der öffentlichen Haushalte (Bund, Länder, Gemeinden) mit einschließt. Sie gelten unabhängig vom sozialen Rahmenwerk (3. Kap.). Im Kreislaufschema lassen sich Differenzierungen leicht berücksichtigen, etwa die Unterscheidung nach Unternehmer- und Nichtunternehmerhaushalten, oder die Tatsache, daß ein Teil der Einkommen nicht für Konsumgüter und Dienste verausgabt, sondern gespart wird.

Da Güter- und Geldströme in einer arbeitsteiligen Geldwirtschaft nichts anderes als die gedankliche Zusammenfassung sämtlicher (Gut-Geld-) Tauschakte für eine bestimmte Periode sind, müssen sie sich ex post wertmäßig genau entsprechen, denn jeder einzelnen Güterbewegung ist ein wertgleicher Geldstrom entgegengerichtet. Das läßt sich in einfachen **Güter- und Geldstromgleichungen** darstellen. Bezeichnet man die in einer Periode umgesetzten Mengen der Güter mit $q_1, q_2, \ldots, q_n$, die dazugehörigen Preise mit $p_1, p_2, \ldots, p_n$, ist die Wertsumme der Güter, der Güterwert oder -umsatz U:

(2.1) $U = q_1 \cdot p_1 + q_2 \cdot p_2 + \ldots + q_n \cdot p_n$ (Definitions-Gleichung)

oder nach der Schreibregel für Summen:

$$U = \sum_{i=1}^{n} q_i \cdot p_i \qquad \text{(Definitions-Gleichung).} \tag{2.2}$$

Würde man statt der Einzelpreise mit einem Preisdurchschnitt P (P = prices) und statt der Einzelmengen mit einer Gesamtmenge Q (Q = quantity) operieren, ließe sich statt (2.2) schreiben:

$$U = Q \cdot P \qquad \text{(Definitions-Gleichung).} \tag{2.3}$$

Der Güterwert U wird mit einer Geldmenge M bezahlt. Wäre M gleich dem Wert der umgeschlagenen Güter, müßte die umgesetzte, zum Kauf verwendete Geldmenge Z genauso groß sein wie die vorhandene, also M. Dann wäre jede Geldeinheit durchschnittlich nur einmal zum Kauf eines Gutes in der Periode verwendet worden. Im allgemeinen wird die vorhandene Geldmenge während des Betrachtungszeitraums nicht nur einmal umgeschlagen. Die Häufigkeit, mit der das Geld zum Kauf von Gütern durchschnittlich verwendet wird, die Umlaufgeschwindigkeit V (V = velocity), bleibt demnach noch zu berücksichtigen. Betrüge sie 2 pro Jahr, würde jede Geldeinheit jährlich im Durchschnitt zweimal zum Kauf von Gütern verwendet werden. Man brauchte dann nur die Hälfte der Geldmenge wie bei V = 1, um denselben Jahresumsatz zu bewältigen. Die umgesetzte Geldmenge Z wird demnach zweckmäßigerweise als Produkt aus vorhandener Geldmenge M und Umlaufgeschwindigkeit V definiert:

$$Z = M \cdot V \qquad \text{(Definitions-Gleichung).} \tag{2.4}$$

Aus der Definition des Tauschs, der dann vorliegen soll, wenn Angebot und Nachfrage geldwertgleich sind, folgt für die Summe aller Tauschvorgänge die Identität

$$U \equiv Z. \tag{2.5}$$

Substituiert man U durch (2.3) und Z durch (2.4), erhält man

$$M \cdot V \equiv Q \cdot P. \tag{2.6}$$

Der Ausdruck (2.6) wird als Tausch- oder Verkehrsgleichung bezeichnet. Der Nationalökonom IRVING FISHER (1867–1947) hat sie als erster in dieser Form entwickelt. Sie gibt weder eine Kausalbeziehung an, noch stellt sie eine Hypothese dar. Sie bezeichnet aufgrund des Begriffs der Tauschgleichheit nichts anderes als die für einen beliebigen Zeitabschnitt geltende Identität des Geld- und Güterkreislaufs. Man nennt Q · P häufig das in Geld ausgedrückte gesamtwirtschaftliche Angebot, dem M · V als monetäre Nachfrage gegenübersteht. Vermeidet man irrige Interpretationen, kann die Verkehrsgleichung zweckmäßiger Ausgangspunkt einer Analyse elementarer Kreislaufgrößen sein. Die Warnung vor Fehlinterpretationen scheint deshalb angebracht, weil es geldtheoretische Hypothesen gibt – so vor allem in der Quantitätstheorie (13. Kap.) –, deren mathematische Formen der Verkehrsgleichung ähneln.

Bibliographische Hinweise

1. Die Ausgangstatsachen der Wirtschaft – Knappheit, Wahlhandlung, Arbeitsteilung, Tausch und Kreislauf – werden mehr oder weniger in fast allen Lehrbüchern behandelt. Besonders empfehlenswert sind folgende Darstellungen: E. BÖHLER, Nationalökonomie, a. a. O., Teil I (Einleitung) und III (Der volkswirtschaftliche Prozeß). K. P. HENSEL, Einführung in die Zentralverwaltungswirtschaft, 2. A., Stuttgart 1959, I. Teil. T. WESSELS, Einführung in die Volkswirtschaftslehre, Handbuch der Wirtschaftswissenschaften, a. a. O., Kap. I (Grundlagen der Wirtschaft) und II (Wirtschaftskreislauf und Sozialprodukt). A. CAIRNCROSS, Introduction to Economics, a. a. O., Part I und II. P. A. SAMUELSON, Economics, a. a. O., Chap. 2 und 3.

2. Ausführliche Darstellungen gibt es über Produktionsfaktoren und Arbeitsteilung. In der älteren Literatur werden die Probleme oft gründlicher als in den meisten der gegenwärtigen Schriften behandelt. Auch heute noch lesenswert sind: K. BÜCHER, Die Entstehung der Volkswirtschaft, 7. A., Tübingen 1910, Kap. Arbeitsteilung. G. CASSEL, Theoretische Sozialökonomie, a. a. O., 2. und 3. Kap. E. VON PHILIPPOVICH, Grundriß der politischen Ökonomie, Bd. I, 10. A., Tübingen 1913, § 37 und 1. Abschnitt des zweiten Buches. E. CANNAN, A Review of Economic Theory, a. a. O., Chap. V. A. MARSHALL, Principles of Economics, a. a. O., Book IV. Ein Studierender sollte — eingedenk der Regel, daß neuere Autoren nicht immer die besseren sein müssen – zumindest die ersten Kapitel der „Bibel“ der Nationalökonomen nachlesen: A. SMITH, An Inquiry into the Nature and Causes of the Wealth of Nations, 2 Vol., Repr., London 1961 (Ed. CANNAN), Chap. I–III. An neueren Darstellungen empfehlenswert: E. CARELL, Allgemeine Volkswirtschaftslehre, a. a. O., §§ 5–7. J. B. SOUTO, The Fundamental Principles of the Division of Labour, International Economic Papers, No. 12, Ed. by A. T. PEACOCK u. a., London 1967.

3. Zur berühmten Verkehrsgleichung sei auf den klassischen Text und zwei instruktive Darstellungen in der Lehrbuchliteratur hingewiesen: I. FISHER, The Purchasing Power of Money. Its Determination and Relation to Credit, Interest and Crises, 2. e., Repr., New York 1963, Chap. II. A. E. OTT, Grundzüge der Preistheorie, Göttingen 1968, Kap. I. H. VON STACKELBERG, Grundlagen . . . , a. a. O., 2. Kap., § 3.

3. Soziales Rahmenwerk

I. Staat und Wirtschaft

Beziehungen

Haushalte und Unternehmen sind Entscheidungsträger im privatwirtschaftlichen Bereich. Ein weiteres, ebenfalls wichtiges **Entscheidungsorgan** ist der **Staat** – Sammelbegriff für eine große Zahl öffentlicher Körperschaften. Tatsächlich handeln die zahlreichen staatlichen Stellen – Regierungen, Parlamente, Notenbank, Gemeindeverwaltungen – keineswegs einheitlich, obwohl es gewisse Entscheidungsregeln gibt. Im folgenden soll gleichwohl von „dem" Staat als einzigem Entscheidungsträger die Rede sein. Privater und öffentlicher Sektor der Wirtschaft sind in den modernen Volkswirtschaften eng miteinander verwoben. Sie beeinflussen sich gegenseitig in ihren Entscheidungen. Der Staat verfügt in der Regel über Machtmittel, die geeignet sind, seine Entscheidungen den Staatsbürgern aufzuzwingen. Während bei den Einzelwirtschaften die ökonomischen Aspekte im Vordergrund stehen, ist für den Staat die Wirtschaft ein zwar wichtiger, aber nicht der einzige Bereich seiner Aktivität. Häufig kollidieren wirtschaftliche Erwägungen mit solchen politischer, gesellschaftlicher oder kultureller Art. Soll eine dem Ausland unterlegene Landwirtschaft aus rein wirtschaftlichen Gründen aufgegeben werden oder aus Gründen der Landeskultur und Siedlungsstruktur erhalten bleiben? Fragen dieser Art stellen sich dem staatlichen Entscheidungsträger ständig. An ihnen wird deutlich, daß die Berücksichtigung außerökonomischer Forderungen etwas kostet; denn es muß auf die Realisierung wirtschaftlicher zugunsten anderer Ziele verzichtet werden. Die Ansicht, daß solche Kosten zu vermeiden seien und wirtschaftliche Vorstellungen Vorrang haben müßten, wird als Ökonomismus bezeichnet. Er stellt ein Werturteil über die Bedeutung nichtwirtschaftlicher Ziele dar. In einer pluralistischen Gesellschaft ist die Rangfolge verschiedener Ziele das Ergebnis politischer Kämpfe und deswegen von Kompromissen geprägt. Tendenziell werden nicht beliebige individuelle Wünsche berücksichtigt, sondern der Wille einer Mehrheit von Bürgern. Aus diesem Grund setzt der Staat seinen Willen mit Anordnungen (Verhaltensbefehlen) durch, während die Privatrechtsordnung eine individuelle Verhaltensabstimmung zwischen den Bürgern ermöglicht.

Versucht man, das Geflecht von Beziehungen zwischen privatem und öffentlichem Sektor zu systematisieren, scheint es zweckmäßig, die wirtschaftliche Aktivität der öffentlichen Hand unter folgenden Aspekten zu betrachten: der Staat als Unternehmer, als Haushalt und als Gestalter der Wirtschaftslenkung. Diese Unterscheidung ähnelt sehr der Einteilung nach Entscheidungsträgern im privatwirtschaftlichen Bereich. Die beiden erstgenannten Gebiete der Staatstätigkeit – Unternehmer und Haushalt – lassen sich leicht in das Kreislaufschema einfügen (Fig. 2–2), ohne daß es nennenswert verändert zu werden braucht. Für den **Staat als Unternehmer** gelten oft die gleichen Grundsätze wie für Privatunternehmer. Es gibt zwei wichtige Gründe für staatliche Unternehmertätigkeit. Einmal kann ein Mangel an befähigten Unternehmern bestehen. Dieser Fall dürfte in hochentwickelten Ländern kaum vorkommen. In früheren Entwicklungsstadien der Industrienationen, wie gegenwärtig auch in den Entwicklungsländern, war er dagegen gar nicht so selten. Zum zweiten können zwar genügend Unternehmer vorhanden sein, aber bestimmte Produktionen werden von ihnen nicht durchgeführt, weil sie unrentabel sind und es möglicherweise bleiben werden. Vor einigen Jahrzehnten war noch keine Rentabilität der Produktion von Aluminium zu erzielen. In vielen Ländern ist deshalb der Staat eingesprungen. Als die Produktion aufgrund steigender Nachfrage und technischer Fortschritte rentabel zu werden begann, konnte sich der Staat wieder zurückziehen. Die Unrentabilität kann dauerhaft sein, wenn ein Markt für bestimmte Güter fehlt. So gibt es für wissenschaftliche Leistungen häufig keinen Markt im engeren Sinn des Wortes. Oder man denke an landwirtschaftliche Versuchsgüter, für deren Hauptprodukt, die wissenschaftliche Erkenntnis, kein Markt besteht, wohl aber für die Nebenprodukte, wie Fleisch und Eier. Für den Staat besteht keine Notwendigkeit, solche Produkte bereitzustellen, die auch von privaten Betrieben rentabel erzeugt werden können. Wenn er dennoch auf solchen Gebieten tätig ist und – wie in der Bundesrepublik Deutschland – Werkzeuge, Schiffe, Benzin, Filme und Fertiggaragen produziert, kann das historisch bedingt sein oder mit Geschäftserweiterungen und -umstellungen staatlicher Betriebe zusammenhängen. Häufig wird deswegen gefordert, der Staat solle seine Beteiligung an solchen Unternehmen aufgeben (Privatisierung). Für die staatliche Unternehmertätigkeit werden jedoch auch wirtschaftspolitische Gründe angeführt. Der Staat müsse in bestimmten Branchen Einblick in die Unternehmen haben, bei entsprechender Größe der Unternehmen Einfluß auf den Absatz der Produkte ausüben können (Begründung für die Teilprivatisierung des Volkswagenwerks), die Bevölkerung vor monopolistischer Ausbeutung durch Versorgungs- (Elektrizität, Gas, Wasser) und Verkehrsunternehmen (Bahn, Post, Luftverkehr, städtische Verkehrsbetriebe) schützen und schließlich die Sicherheit bei der Versorgung mit militärischen Gütern (Waffen, Munition, Gerät) gewährleisten. Ob solche Begründungen immer die wahren Motive widerspiegeln, kann hier offen bleiben, da es um Fragen geht, die zur Theorie der Wirtschaftspolitik gehören.

Der zweite Bereich staatlicher Aktivität, der **Staat als Haushalt**, ist die

Finanzierung öffentlicher Aufgaben. Es handelt sich um einen traditionellen Sektor staatlicher Tätigkeit. Die grundsätzliche Notwendigkeit dieser Aktivität ist nie ernsthaft in Zweifel gezogen worden, wohl ihr Ausmaß. Sie wird hauptsächlich mit der Existenz sogenannter Kollektivbedürfnisse begründet. Genaugenommen sind es nicht Kollektive, die Bedürfnisse haben, sondern immer nur einzelne Menschen. „Kollektive" Bedürfnisse sind eine contradictio in adjecto. Es gibt aber eine Reihe von individuellen Bedürfnissen, die viele Menschen zugleich haben, ohne daß der einzelne in der Lage oder willens wäre, sie zu befriedigen. Man denke an die Bedürfnisse Ausbildung, Erziehung, Gesundheit und Rechtssicherheit. Die zur Befriedigung solcher Bedürfnisse erforderlichen Güter werden in den meisten Ländern auf Veranlassung des Staates bereitgestellt, der sich die Mittel dafür durch Besteuerung, Kreditaufnahme und Güterverkäufe verschafft. Umstritten bleibt, was zum Kollektivbedarf zu rechnen ist. In einem nicht unbeträchtlichen Maße hängt dies vom persönlichen Urteil ab, weil selbst dann, wenn solche Güter gewünscht werden, keineswegs die kollektive Methode der Bedürfnisbefriedigung kostengünstiger sein muß als die privatwirtschaftliche. So wird die Ansicht vertreten – sie kann sich auf entsprechende Beispiele in den angelsächsischen Ländern berufen –, privatwirtschaftlich geführte Universitäten arbeiteten kostengünstiger und hätten zugleich bessere Ergebnisse aufzuweisen als Staatsuniversitäten. Allerdings dürfte eine klare wirtschaftspolitische Entscheidung für die eine oder andere Methode der Güterbereitstellung schwierig sein, weil es bisher noch kein sicheres Verfahren zur Ermittlung der entstehenden Kosten und Vorteile gibt (cost benefit-Analyse).

Ein weiterer Grund für eine staatliche Haushaltsführung besteht darin, daß einige Bevölkerungsgruppen noch nicht (Kinder), nicht mehr (Rentner) oder niemals (Sieche) Markteinkommen beziehen. Auch in solchen Fällen besteht zu einem Teil eine private, eigene Versorgung. Doch gerade in Zeiten, in denen nicht zuletzt durch Inflationen und Kriege die Bildung von Vermögen erschwert oder unmöglich geworden ist, werden zunehmend die Bedürfnisse kollektiv geltend gemacht und teilweise auch gar nicht anders zu befriedigen sein. Durch staatliche Maßnahmen dieser Art lassen sich gesamtwirtschaftlich gesehen keine zusätzlichen Güter bereitstellen, wohl aber Bedürfnisse befriedigen. Das heißt, der Staat entzieht Teilen der Bevölkerung Einkommen, um sie an bestimmte Personen oder Gruppen weiterzuleiten. In dieser Funktion ist der Staat bloß Umverteiler von Einkommen, während er bei der Befriedigung der ersten Art von Kollektivbedürfnissen auch noch die Güterproduktion veranlaßt. Ob und inwieweit der Staat Einkommen entziehen, in welchem Maße er die Bereitstellung von Kollektivgütern finanzieren und Einkommen umverteilen soll, kann wissenschaftlich nicht beantwortet werden, sofern nicht einer der angeführten Bereiche Mittelfunktion für ein dem Wirtschaftswissenschaftler vorgegebenes Ziel besitzt.

Wirtschaftssysteme

Ein dritter Schwerpunkt staatlicher Aktivität ist die **Gestaltung der Wirtschaftslenkung.** Die zentrale Frage, die eine etwas eingehendere Behandlung erfordert, lautet: Wie kommt angesichts der Tatsache, daß es in einer größeren Volkswirtschaft Millionen von Haushalten und Unternehmen gibt, ein aufeinander abgestimmtes, ineinandergreifendes Handeln so zahlreicher Entscheidungsträger zustande? Oder: Wie läßt sich eine arbeitsteilige Wirtschaft lenken? Auf diese Fragen werden zwei grundsätzlich verschiedene Antworten erteilt:

- Man könne die arbeitsteiligen Prozesse von einer zentralen Stelle, gleichsam von oben her, lenken (zentrale Lenkung des Wirtschaftsprozesses).
- Es sei möglich, daß sich die arbeitsteiligen Prozesse durch Koordinationsmechanismen selbst steuern (dezentrale Lenkung des Wirtschaftsprozesses).

Dementsprechend unterscheidet man zwei Arten von Wirtschaftssystemen: die Zentralverwaltungswirtschaft (Zwangs-, Kommando-, Befehlswirtschaft) und die Marktwirtschaft (dezentral gelenkte Wirtschaft, kapitalistisches Wirtschaftssystem, Verkehrs-, Wettbewerbswirtschaft).

Die **Zentralverwaltungswirtschaft** bezeichnet man vielfach als Planwirtschaft. Diese Bezeichnung ist mißverständlich, da in jeder Wirtschaft geplant werden muß. Die Frage ist allein, wer plant und was geplant wird. In der Zentralverwaltungswirtschaft ist die gesamte Produktion und Verteilung der Güter den Dispositionen der Haushalte und Unternehmen entzogen. Statt dessen entscheidet eine zentrale staatliche Stelle darüber, welche Güter in welcher Menge und Qualität zu erzeugen und nach welcher Rangfolge sie an andere Unternehmen und Haushalte zu verteilen sind (Planauflagen). Artunterscheidendes Merkmal der Zentralverwaltungswirtschaft ist also, daß der arbeitsteilige Wirtschaftsprozeß zentral geplant und aufgrund dieses Planes gelenkt wird. Ein weiteres Kriterium der Zentralverwaltungswirtschaft, das im älteren Schrifttum stärker hervorgehoben wurde, ist die Form des Eigentums. Gemäß der marxistischen Doktrin wird an sachlichen Produktionsfaktoren (Boden, Kapital) kein privates Eigentum zugelassen. Es wird noch erörtert, inwieweit die Eigentumsordnung ein zweckmäßiges Merkmal zur Unterscheidung von Zentralverwaltungswirtschaft und Marktwirtschaft darstellt. Die zentrale Lenkung ist zwar eine ziemlich einfache Konzeption (Fig. 3–1), in der Praxis jedoch äußerst schwer zu handhaben.

In der **Marktwirtschaft** planen die Haushalte und Unternehmen selbständig Konsum und Produktion, und sie versuchen, ihre Planungen auch durchzusetzen. Beide lassen sich vom Eigeninteresse leiten. In Wahrnehmung ihrer Interessen entfalten die eigenverantwortlich handelnden Wirtschaftseinheiten aufgrund ihrer Pläne ein Angebot und (oder) eine Nachfrage nach Gütern. Anbieter und Nachfrager treffen sich an den Märkten, wo sie im Wettbewerb untereinander und mit der anderen Marktseite ihre

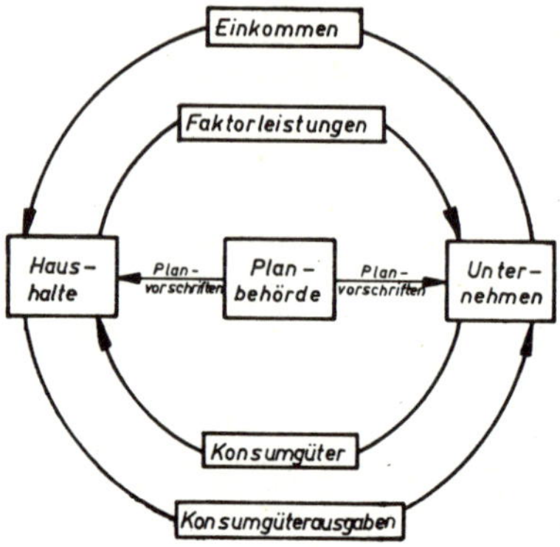

Fig. 3–1: Planabstimmung in der Zentralverwaltungswirtschaft

Pläne zur Abstimmung bringen. Der Markt läßt Wünsche zu Realitäten werden, indem er die Pläne der jeweiligen Marktteilnehmer koordiniert. Auf diese Weise manifestiert sich die dezentrale Lenkung der Gesamtwirtschaft als ein System interdependenter, über die Märkte miteinander verknüpfter Handlungen, die aus individuellen Plänen hervorgehen.

Vielfach wird die Marktwirtschaft als kapitalistisches oder liberales Wirtschaftssystem bezeichnet. Da Kapital, wie wir gesehen haben, in jedem Fall ein notwendiger Produktionsfaktor ist, kann die Bezeichnung „kapitalistisch" nicht besagen, nur in einer Marktwirtschaft werde Kapital eingesetzt. Gemeint ist lediglich, daß in der kapitalistischen Wirtschaft die Produktionsmittel überwiegend Privaten gehören. „Liberal" als Attribut eines Wirtschaftssystems wiederum deutet nicht – wie zu vermuten wäre – auf eine Weltanschauung hin. Es will nur zum Ausdruck bringen, daß die wirtschaftlichen Handlungen der Haushalte und Unternehmen zwar im Rahmen allgemeingültiger Gesetze, nicht jedoch auf eine Anweisung, ein Kommando hin erfolgen. Im Kreislaufschema der realen Leistungen, in dem die Produktionsfaktoren im einzelnen dargestellt werden, ergibt sich für die Marktwirtschaft folgendes Bild (Fig. 3–2).

In einer Marktwirtschaft gibt es zwei Gruppen von Märkten: Faktormärkte (für Arbeits-, Boden- und Kapitalleistungen) und Konsumgütermärkte (für Waren und Dienstleistungen A, B, C, D). Die Faktormärkte sind räumlich und sachlich gegliedert (Faktorheterogenitäten). Auf ihnen treten die Haushalte als Anbieter, die Unternehmen als Nachfrager auf, wobei zunächst offenbleiben kann, ob sie einzeln oder als Gruppen – z. B. als Gewerkschaften oder Arbeitgeberverbände – agieren. Die durch den Faktoreinsatz erstellten Kapitalgüter werden im Unternehmenssektor auf den verschiedenen Stufen der Arbeitsteilung zur Konsumreife geführt und erscheinen schließlich als Angebot auf den Konsumgütermärkten, auf denen die Haushalte nachfragen. Da die Unternehmen aus den Haushalten aus-

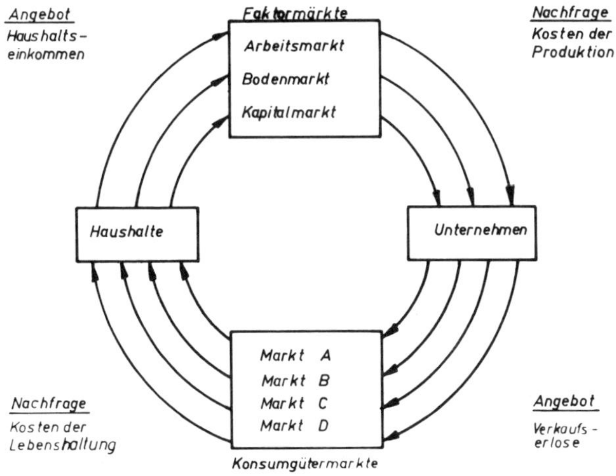

Fig. 3–2: Planabstimmung in der Marktwirtschaft

gegliederte Produktionsstätten sind, deren Aufgabe letztlich darin besteht, Konsumentenwünsche durch die Bereitstellung von Gütern zu erfüllen, kommt den Faktormärkten nur eine abgeleitete Funktion zu. Sie gibt es nur deswegen, weil Konsumgütermärkte existieren. Die Konsumgütermärkte sind also die „Schaltstelle“ des ganzen Kreislaufs. Auf die Entscheidungsträger bezogen heißt das: Haushalte bieten an (z. B. Arbeitsleistungen), um nachfragen zu können; Unternehmen fragen nach, um anbieten zu können. Die Prärogative des Letztnachfragers Haushalt darf nicht mißverstanden werden. Auf dem Konsumgütermarkt ist der Haushalt nur eine Partei, jedoch die, von deren Entscheidung abhängt, ob und inwieweit sich die Planung auf allen vorgelagerten Stufen als richtig erweist.

Was die Marktwirtschaft von der Zentralverwaltungswirtschaft abhebt, läßt sich wie folgt zusammenfassen: In der Marktwirtschaft gibt es keine zentrale Planung des Wirtschaftsprozesses. Es besteht individuelle, am Eigeninteresse ausgerichtete Planungsautonomie und deswegen keine Subordination. Privateigentum ist grundsätzlich an allen Produktionsmitteln möglich. Die Individualplanung wird am Markt koordiniert, wobei die Haushalte als Verbraucher die Lenkungsprärogative haben. Die Grenzen der individuellen Aktivität und der Verfügungsmacht über das Eigentum werden von allgemeingültigen Gesetzen gezogen und nicht nach Ermessensentscheidungen staatlicher Verwaltungen. Der Staat beschränkt sich vorwiegend darauf, den Ordnungsrahmen zu setzen, während der Prozeß weitgehend von staatlichen Eingriffen frei ist. In der Zentralverwaltungswirtschaft werden dagegen Ordnung und Prozeß vom Staat geplant und die Realisierung erzwungen.

Die genannten Lenkungssysteme treten als reale **Wirtschaftsordnungen** nicht in reiner, sondern abgewandelter Form in Erscheinung. Die Wirtschaftsordnung ist inhaltlich bestimmt durch das Verhältnis von Staat und Wirtschaft. Beschränkt sich die Staatstätigkeit in einer Marktwirtschaft auf das Anbieten kollektiver Güter und ist die wirtschaftliche Aktivität des einzelnen sonst völlig frei, spricht man von einer „laissez faire-Marktwirtschaft". Hinter diesem Begriff steht die Ansicht, daß eine vom Staat weitgehend unbeeinflußt und unbeschränkt gelassene private Initiative die sicherste Gewähr für ein reibungsloses Funktionieren der Wirtschaft und deren rasche Entwicklung sei. Es gehört zu den großen Leistungen einiger Autoren des 18. und 19. Jahrhunderts (allen voran das „klassische" Dreigestirn Adam Smith, David Ricardo, John Stuart Mill) gezeigt zu haben, daß der marktwirtschaftliche Abstimmungsprozeß letztlich nicht auf Rechtssetzungen, sondern auf „spontanen" Handlungen der wirtschaftenden Menschen beruht. Die einzelnen Entscheidungsträger sind es, die bei der Verfolgung ihrer Eigenziele ungewollt gesamtwirtschaftlich nützliche Entscheidungen treffen. So entstehe der Eindruck, sie seien von einer „unsichtbaren Hand" gelenkt (Adam Smith). Heute wird dagegen von den meisten Autoren – selbst von denen, die den Ansichten der Klassiker nahestehen – eine weitergehende Einflußnahme des Staates auf die Wirtschaft auch in der Marktwirtschaft für erforderlich gehalten, wenn die dezentralen Planabstimmungen auf die Dauer funktionieren oder unerwünschte Erscheinungen vermieden werden sollen. Für diese Auffassung werden vier Gründe genannt:

- Der Staat soll eine der gewünschten Wirtschaftsordnung adäquate Rechtsordnung schaffen. Erlaubt die Rechtsordnung in einer Marktwirtschaft den Zusammenschluß von einzelnen Teilnehmern des Marktes zur Bildung und zum Mißbrauch von Marktmacht oder zwingt sie den erfolglosen Anbieter nicht, aus dem Markt auszuscheiden, entstehen Wirkungen, die das Zusammenspiel der Marktparteien erheblich stören oder durch einseitige Willensakte außer Kraft setzen können.
- Die Funktionsfähigkeit der Marktabstimmung hängt von Bedingungen ab, die nicht vom Markt selbst geschaffen werden. So wird der Wirtschaftsprozeß nur bei einem funktionierenden Geldwesen zufriedenstellend ablaufen.
- Auf einigen Märkten brächte eine freie Entscheidung der Anbieter und Nachfrager Ergebnisse, die allgemein nicht gewollt sind. Würde man bei leitungsgebundenen Verkehrswegen in einem begrenzten Raum – etwa bei der Straßenbahn – jedem gestatten, ein Angebot auf den Markt zu bringen, wäre ein ziemliches Chaos die vermutliche Folge.
- Die Verteilungsergebnisse des Marktes brauchen nicht mit der vorherrschenden Ansicht über eine „gerechte" Verteilung übereinzustimmen. Es wurden bereits Bevölkerungsgruppen erwähnt, die kein Einkommen über den Markt beziehen. Aber auch die Bezieher von Markteinkommen werden wünschen, daß ihr „soziales Gepäck" (wie Kinderzahl), das

vom Markt nicht honoriert wird, Berücksichtigung bei der Einkommensverteilung findet.

Eine Gruppe von Nationalökonomen bestimmt die Funktion des Staates in einer Marktwirtschaft nach den ersten drei Gründen. Danach wird dem Staat die Aufgabe zugewiesen, eine Wirtschaftsordnung zu planen und zu realisieren, die einen von direkten staatlichen Einflußnahmen freien, reibungslosen Ablauf des Wirtschaftsprozesses gestattet. Nationalökonomen, die diese Auffassung vertreten, werden häufig als „Neoliberale" bezeichnet, weil sie am Kern der klassischen (liberalen) Ansicht festhalten, dem Staat aber eine stärkere Stellung gegenüber der Wirtschaft oder neue Aufgaben zuweisen. Darüberhinaus hat das Attribut „neoliberal" genauso wenig mit einer Weltanschauung zu tun wie das Prädikat „liberal" für die Marktwirtschaft.

Wird dem Staat noch zusätzlich eine Verteilungsaufgabe übertragen, spricht man von der Wirtschaftsordnung der „Sozialen Marktwirtschaft" (ALFRED MÜLLER-ARMACK), die als eine Variante der „neoliberalen" Vorstellungen verstanden werden kann. Die Vertreter der neoliberal-sozialen Konzeption einer Marktwirtschaft haben auf die Wirtschaftspolitik in der Bundesrepublik einen dominierenden Einfluß ausgeübt, obgleich ihre Vorstellungen nur teilweise realisiert wurden. Allerdings fehlen widerspruchsfreie Alternativkonzeptionen.

Das ist vor allem deswegen bemerkenswert, weil die „neoliberal-soziale" Marktwirtschaft erheblicher Kritik unterliegt. So einig sich die Kritiker auch in der Stoßrichtung sein mögen, in den von ihnen vorgeschlagenen Alternativen kann man sich kaum eine größere Streubreite vorstellen. Es seien nur beispielhaft einige dieser Alternativen erwähnt. Eine Gruppe von Nationalökonomen vertritt die Auffassung, eine grobe Prozeßlenkung (Globalsteuerung) habe durch den Staat zu erfolgen (Realisierung gesamtwirtschaftlicher, regionaler und sektoraler Wachstumsraten; Festsetzung von Investitionsausgaben, Kreditplafondierung u. a.), ohne daß das marktwirtschaftliche System aufgegeben wird, wie etwa bei der französischen Planifikation. Selbst ein Anfänger in der Wirtschaftswissenschaft wird keine Schwierigkeiten haben, den Widerspruch in dieser Konzeption zu entdekken. Die bei staatlicher Prozeßsteuerung verbleibenden Konkurrenzelemente dürften kaum ausreichen, das Bestehen einer marktwirtschaftlichen Ordnung auf die Dauer zu sichern. Marktwirtschaft nur auf der unteren Ebene der einzelwirtschaftlichen Beziehungen ist eine vom Ansatz her problematische Konzeption. Eng verwandt mit der eben erläuterten Ansicht ist die Vorstellung von einer Wirtschaftsordnung, die eine beliebige Mischung von markt- und zentralverwaltungswirtschaftlichen Elementen enthält. Sie schlägt sich in der Hypothese nieder, die Wirtschaftsordnungen des „Westens" und „Ostens" würden immer ähnlicher (Konvergenzhypothese). Methodologisch ist zwischen ordnungspolitischen Konzeptionen und Hypothesen scharf zu trennen. Eine konsistente Konzeption über die Vereinbarkeit dezentraler und zentraler Lenkung des Wirtschaftsprozesses gibt es bisher nicht. Die Konvergenzhypothese wurde durch politische Ereignisse der letzten Jahre widerlegt. Eine dritte Gruppe von Kritikern möchte die Wirtschaftslenkung nicht am Eigeninteresse, sondern am Altruismus orientieren. Der Interessenausgleich soll dann nicht durch Wettbewerb am Markt, sondern durch ständische Institutionen (berufsständische Ordnung), Delegiertenentscheidungen (Rätesystem) oder genossenschaftliche Verteilungsorgane (z. B. Kibuzzim) erreicht werden. Viele Menschen werden vielleicht dem Altruismus einen höheren ethischen Wert beimessen als dem Eigeninteresse, wenngleich letzteres nicht mit Egoismus verwechselt werden darf. Die Konzeption einer Wirtschaftsordnung hat jedoch, wenn sie sich am eingangs definierten Wissenschaftsbegriff ausrichtet, von einer menschlichen Verhaltensweise auszugehen, wie sie tatsächlich ist. Utopien haben in wissenschaftlich begründeten ordnungspolitischen Konzepten keinen Platz.

Berücksichtigt man, daß der Staat seine Tätigkeit vielfach nicht an marktwirtschaftlichen Grundsätzen orientiert und aus mancherlei Erwägungen zu Eingriffen (Interventionen) in den Wirtschaftsprozeß neigt (typische Interventionsbereiche in der Bundesrepublik: Landwirtschaft, Kohlenbergbau, Verkehrssektor, Energiewirtschaft, Kapitalmarkt), kann man meist in der Realität von einer pragmatischen Mischung dezentraler und zentraler Lenkungselemente ausgehen, die vielleicht historisch und wahltaktisch erklärbar, jedoch nicht wissenschaftlich begründbar ist. Bevor die Ansatzpunkte der Wirtschaftspolitik in einer Marktwirtschaft aufgezeigt werden, soll zuvor noch auf einige, bereits erwähnte Merkmale der marktwirtschaftlichen Ordnung näher eingegangen werden.

II. Charakteristika des marktwirtschaftlichen Systems

Freiheiten

Unter freier Betätigung der wirtschaftenden Einheiten in einer Marktwirtschaft versteht man die Möglichkeiten,

- zwischen den am Markt gegebenen Alternativen frei wählen,
- über privates Eigentum frei verfügen und
- sich als Beteiligter am Markt frei entfalten

zu können. Diese Freiheiten und die oben behandelte Wirkungsweise der Planabstimmung über den Markt konstituieren die marktwirtschaftliche Ordnung.

Die für die Lenkung des Wirtschaftsprozesses wichtigste Freiheit ist die des Konsumenten, sein Einkommen so zu verausgaben oder zu sparen, wie er es für richtig hält. Sie ist eine notwendige Bedingung dafür, daß der volkswirtschaftliche Produktionsapparat auf die Konsumentenwünsche ausgerichtet wird. Haben die Konsumenten freie Wahl zwischen den am

Markt gebotenen Alternativen, können sich auf lange Sicht nur solche Produzenten behaupten, die die Konsumentenwünsche zu erfüllen vermögen. Man hat die marktwirtschaftliche Ordnung deshalb auch als System der **Konsumentensouveränität** bezeichnet (EDWIN CANNAN).

Wird aber diese Freiheit nicht illusorisch bei den Möglichkeiten der modernen Absatzwerbung? Kauft der Konsument überhaupt, was er will? Sind die Güter, die er kauft, nicht selten „wertlos"? Es sind zwei Probleme, die hinter solchen und ähnlichen Fragen stehen. Einmal gibt es verschiedene Ansichten darüber, was der einzelne mit seinem Einkommen tun sollte. Man könnte es für wünschenswert halten, daß die Verbraucher mehr klassische Literatur als Groschenromane oder seriöse Zeitungen statt Boulevardblätter lesen. Konsumentensouveränität schließt jedoch eine Geschmacksdiktatur aus, die einzelnen das Urteil anderer aufnötigt – mögen die Ansichten über die Kriterien des Urteils auch von der Mehrheit geteilt werden. Eine in ihren Aussagen wertfreie Wirtschaftstheorie hat von den Dingen auszugehen, wie sie sind und nicht, wie sie sein sollen. Nichts anderes gilt für die Beurteilung des Sparens. Wieviel vom Einkommen nicht verausgabt wird, ist eine Frage der privaten Entscheidung. Unfreiwilliges, erzwungenes Sparen – auf welchem Weg auch immer – ist mit dieser Entscheidungssouveränität unvereinbar und setzt an die Stelle individueller Wünsche eine Art höhere Einsicht, letztlich eine Urteilsanmaßung.

Ein zweites Problem der Konsumentensouveränität wird darin gesehen, daß die Menschen eigentlich nicht das tun, was sie wollen, sondern was andere ihnen einreden oder aufnötigen (Manipulation individueller Entscheidungen). In einem formalen Sinne ist dieser Einwand unbeachtlich. Denn es kann nur das abgesetzt werden, wofür sich Käufer finden. Praktische Bedeutung erhielte das Argument, wenn nachgewiesen werden könnte, daß die Anbieter der Güter auch die „Produzenten" der Nachfrage sind. Eine empirische Bestätigung für die Hypothesen der Nachfragesteuerung durch die Produzenten fehlt bisher. Der Einfluß der Werbung – empirisch kaum greifbar – soll nicht geleugnet werden, wenn hier auf Beispiele hingewiesen wird, in denen die Konsumenten trotz hoher Werbeaufwendungen bestimmte Produkte ablehnten. So konnte die Ford Motor Company dem Verbraucher Ende der fünfziger Jahre nach einer Investition von einer Mrd. DM trotz „Hochdruckwerbung" ihren „Edsel"-Wagen nicht aufnötigen, und die Verleger von „Twenty Letters to a Friend" hatten trotz enormer Werbung Mühe, dieses Buch der Stalin-Tochter abzusetzen. Andererseits gibt es Produkte, die bei minimaler Werbung so reißenden Absatz finden, daß die Anbieter die Verbraucherwünsche erst nach Monaten oder Jahren erfüllen können. Es ist also einige Skepsis gegenüber der insbesondere bei Neomarxisten beliebten, für bestimmte Intentionen durchaus zweckmäßigen Behauptung von der Manipulierbarkeit der Verbraucher angezeigt. Sofern mit der Werbung die Marktinformation verbessert wird, ist gegen sie vom Standpunk einer unabhängigen Verbraucherentscheidung nichts einzuwenden.

Viele Nationalökonomen unterscheiden die Zentralverwaltungs- und Marktwirtschaft auch nach der in ihnen dominierenden Eigentumsform. Während die Zentralverwaltungswirtschaft Privateigentum allenfalls an Konsumgütern, nicht jedoch an Produktionsmitteln zuläßt, gibt es in der Marktwirtschaft keine solche Beschränkung. In ihr hat das **Privateigentum an Produktionsmitteln** konstitutionellen Charakter (Grundgesetz der Bundesrepublik Deutschland), wenngleich es durch Gesetz geregelte Beschränkungen des Verfügungsrechts über das private Eigentum geben kann. Die verschiedenen staatlichen Aktivitäten bedingen in allen Wirtschaftsordnungen aber auch Staatseigentum an Produktionsmitteln. Deshalb läßt sich der Unterschied zwischen zentral und dezentral gelenkten Wirtschaften nach dem Merkmal der Eigentumsform nur so bestimmen, daß die erstere im Prinzip nur Staatseigentum duldet, wo die letztere Privateigentum zuläßt. Untersucht man die bestehenden Volkswirtschaften nach den in ihnen realisierten Eigentumsformen, wird der Befund stets auf ein „mehr oder weniger" der einen oder anderen Eigentumsform lauten.

Es sprechen einige ökonomische Gründe dafür, die Möglichkeiten zur Privateigentumsbildung tunlichst offenzuhalten. Dadurch sollen der persönlichen Initiative Anreize zur Vermögens- und Einkommensbildung gegeben, die ökonomisch beste Kapitalnutzung angestrebt und die Freiheit zur Gründung von Produktionsstätten erhalten werden. Die private Verfügung über die Produktionsmittel hat diese Funktionen auch heute noch, wenngleich sich im Hinblick auf die Größe der Unternehmenseinheiten (Unternehmens- und Kapitalkonzentration) inzwischen die Form des Anteilseigentums mit einer häufig schwachen Eigentümerposition durchgesetzt hat.

Die verbreitete Kritik am „Kapitalismus" hat verkannt, daß die aus dem Privateigentum folgenden ökonomischen Wirkungen auch dann auftreten können, wenn die Eigentümer der Produktionsmittel selbst nicht damit produzieren, wenn also im juristischen Sinn nur Besitz vorliegt. Dieser oft übersehene Sachverhalt dient neuerdings dazu, die unpopuläre Forderung nach Verstaatlichung der Produktionsmittel durch die nach Mitbestimmung zu ersetzen. Darüberhinaus wird übersehen, daß ökonomisch kein Grund zu einer scharfen Trennung von sachlichen Produktionsmitteln und Arbeitsleistungen (human capital) besteht. Beide sind Einkommensquellen, zur Produktion notwendig und in ihrer Qualität von Investitionen abhängig. Eine qualifizierte Ausbildung kann sehr viel mehr kosten als die Kapitalausrüstung eines kleinen Unternehmens oder die Ausstattung eines Haushalts mit langlebigen Konsumgütern (Haushaltsinvestition). Unter den Verhältnissen einer dezentral gelenkten Volkswirtschaft dürfte es deshalb schwer sein, plausible gesellschaftliche oder gar ökonomische Gründe für ein Sondereigentum an Produktionsmitteln zu finden.

Freie privatwirtschaftliche Aktivität bedeutet, daß sich jedermann für jede Art von wirtschaftlicher Tätigkeit entscheiden kann. Die **freie Berufswahl** ist in der Bundesrepublik Deutschland durch das Grundgesetz garantiert. Auch hier sind gewisse Beschränkungen unvermeidlich. Man denke an Dienstleistungen, die mit der Gesundheit und Sicherheit des Menschen zu tun haben. Innerhalb gesetzlich verankerter Grenzen ist es in einer Marktwirtschaft jedem unbenommen, beliebige Tätigkeiten aufzunehmen. Gesetzlich garantierte Möglichkeiten besitzen, heißt jedoch nicht, Ansprüche auf die für ihre Realisierung notwendigen Mittel zu haben. Die Gründung eines Unternehmens mag in zahlreichen Fällen nicht durchführbar sein, da für den Produktionsbeginn Kapital erforderlich ist; und wer nicht bereits über Kapital verfügt, wird häufig keine Kredite bekommen. Jedermann hat zwar das Recht, sein Arbeitnehmerverhältnis aufzugeben und selbständig zu werden. Einen Anspruch auf das Gründungskapital besitzt er dagegen nicht. Freie Entscheidungsmöglichkeit setzt räumliche und berufliche Freizügigkeit voraus, mit der sich für viele Menschen im wesentlichen die Vorstellung von Freiheit verbindet. Ökonomisch gesehen verspricht die freie Berufswahl am ehesten diejenige Faktorallokation, bei der angesichts der unterschiedlichen Begabungen der Menschen das beste wirtschaftliche Ergebnis erzielt wird.

Wirkungen des Preismechanismus

In einer Marktwirtschaft erfolgt die Koordination wirtschaftlicher Interessen über eine Vielzahl von Märkten, auf denen sich im Zusammenspiel von Angebot und Nachfrage Preise bilden. Sie dienen den Marktbeteiligten als wichtiges Signal zur Ausrichtung ihrer Dispositionen. Ändern sich Angebot und (oder) Nachfrage, kann es zu Preisänderungen kommen, die ihrerseits wieder Anpassungs- und Preisänderungsreaktionen auslösen (Preismechanismus). Die Wirkungen des Preismechanismus sollen am Beispiel der Fahrzeugbranche erläutert werden. Nach dem letzten Krieg war die Zweiradindustrie zunächst vollbeschäftigt, weil sie ein Fortbewegungsmittel produzierte, das bei den damaligen Einkommensverhältnissen und dem enormen Nachholbedarf für breite Bevölkerungsschichten erschwinglich war. Die Preise blieben lange Zeit relativ stabil, und die angebotenen oder abgesetzten Mengen schwankten nur gering. Mit zunehmendem Einkommen einerseits und dem Nachlassen des Nachholbedarfs andererseits war die Möglichkeit gegeben, höherwertige Konsumgüter anzuschaffen. Das wirkte sich in der Fahrzeugbranche in der Weise aus, daß die Nachfrage auf dem Zweiradmarkt ab- und auf dem Markt für Kleinwagen zunahm. Die Kleinwagenanbieter sahen sich einer unerwarteten Nachfrage gegenüber, die ihnen Preiserhöhungen gestattete. Die Zweiradindustrie hatte Preissenkungen hinzunehmen und erlitt Erlöseinbußen. Die ertragswirksamen Preisänderungen zogen Produktionsänderungen nach sich. Die Produzenten von Fahrrädern und Motorrollern drosselten ihre Produktion, die von Kleinwagen weiteten sie aus. Da die Produktionsfaktoren in der Zweiradproduktion weniger gefragt waren, sanken die Faktorentgelte relativ ebenso wie die Preise des Produkts, während in der Kleinwagenherstellung eine steigende Faktornachfrage die Entgelte hinauftrieb. Änderungen in der Faktornachfrage und Entlohnung führten dazu, daß die Produktionsfaktoren aus der unrentablen Produktion abwanderten und in der Produktion mit der steigenden Produktnachfrage eingesetzt wurden. Dauerhafte Arbeitslosigkeit trat nicht auf. Ob sich solche Faktoreinsatzänderungen zwischen verschiedenen Unternehmen und Regionen vollzogen oder im gleichen Unternehmen möglich waren, hatte gesamtwirtschaftlich keine Bedeutung, war allerdings für manche Unternehmen eine Existenzfrage.

Die Nachfrageänderung der Verbraucher kann, wie das Beispiel illustriert, folgende Kettenwirkungen haben, die auf **Preisfunktionen** zurückgehen:

- Der Preis des weniger nachgefragten Gutes fällt, der des stärker nachgefragten steigt. Die Preisänderungen zeigen, wie sich die Knappheitsverhältnisse verschieben (Knappheitsmesser- oder Signalfunktion der Preise). Es kommt nicht auf die absolute Höhe eines Preises, sondern auf die Änderungen des Verhältnisses zwischen den relevanten Preisen an.
- Der Preismechanismus sorgt für die Abstimmung der Pläne sowohl auf einem Markt als auch auf allen dazu in Beziehung stehenden Märkten (Planabstimmungsfunktion).
- Die Produktionsfaktoren wechseln von der Produktion mit abnehmender zu der mit zunehmender Rentabilität (Allokationsfunktion).
- Mit der Marktabstimmung werden vergangene Entscheidungen nach dem Zeithorizont der Gegenwart korrigiert (Zeitüberbrückungsfunktion).
- Die Entgelte der Produktionsfaktoren spiegeln die durch die Nachfrageänderung ausgelöste Preisbewegung wider (Verteilungsfunktion).

Man wird in der Praxis immer wieder beobachten können, daß auf lange Sicht der Preismechanismus so wirkt, wie es am Beispiel dargestellt wurde. Allerdings ist unter Umständen auch das Gegenteil festzustellen, weil entweder der Preismechanismus aus irgendwelchen Gründen nicht funktionieren kann oder eine andere als die im Beispiel vorliegende Verhaltensweise der Marktteilnehmer eintritt.

Auch wenn es zweckmäßig scheint, von der Absicht der Gewinn- und Nutzenmaximierung bei Anbietern bzw. Nachfragern auszugehen, so ist damit ihre tatsächliche Verhaltensweise noch nicht eindeutig festgelegt. Viele Ökonomen vertreten die Ansicht, die beobachtbaren Verhaltensweisen seien durch die Zahl oder die relative Größe der Marktparteien, die **Marktformen**, determiniert (Marktformenlehre). Nach einer zweiten Auffassung brauchen aus einer genau definierten Marktform keineswegs eindeutige **Verhaltensweisen** zu folgen (behavioristische Theorie).

Die ältere Marktformenlehre stellt allein auf die Zahl der Marktteilnehmer ab. Gängig ist die Einteilung von H. von Stackelberg (1905–1946), der jede Marktseite dreifach gliedert, je nachdem, ob nur ein Marktteilnehmer, wenige oder viele auf der Angebots- oder Nachfrageseite vorhanden sind. Ist auf einer Marktseite nur ein Marktteilnehmer vorhanden, spricht man vom Monopol, bei wenigen vom Oligopol, bei vielen vom Polypol (Konkurrenz). Unter Berücksichtigung der Angebots- und Nachfrageseite gibt es nach den Regeln der Kombinatorik insgesamt neun Marktformen, wie das zweiseitige Monopol, das zweiseitige Oligopol oder das zweiseitige Polypol (beiderseitige oder vollständige Konkurrenz). Stellt man zusätzlich auf die relative Größe der Marktteilnehmer ab, lassen sich noch das Teilmonopol (ein Großer, mehrere Kleine) und das Teiloligopol (wenige Große, mehrere Kleine) unterscheiden. Die Zahl der denkmöglichen Marktformen erhöht sich dann auf 25 (W. Eucken).

Nach der behavioristischen Theorie gibt es unabhängig von der Marktform zwei Verhaltensweisen: Anpassung und Strategie. Von Anpassung wird gesprochen, wenn alle Größen, an denen sich ein Marktteilnehmer bei seinen Marktentscheidungen ausrichtet, nicht seinem Einfluß unterliegen. Diese Größen sind für ihn Daten. So ist ein Landwirt, der den Kartoffelpreis als Datum ansieht, ein Anpasser, da ihm meist nur die Möglichkeit bleibt, seine angebotene Menge in Abhängigkeit vom jeweiligen Marktpreis zu bestimmen. Die Menge ist sein Aktionsparameter (Mengenanpasser). Strategie liegt vor, wenn ein Marktteilnehmer mit der Erwartung agiert, daß durch sein Handeln die Marktgrößen (wie Preis, Menge, Produktqualität, Marktform) verändert werden und Reaktionen der Konkurrenten möglich sind. Ist ein Anbieter allein auf dem Markt, wird er sich vermutlich anders verhalten als einer, der ein gleichartiges Produkt zusammen mit vielen Konkurrenten anbietet. Es ist unwahrscheinlich, daß ein in scharfer Konkurrenz stehender Anbieter den Preis als eine durch seine Entscheidung beeinflußbare Größe ansieht. Würde er es dennoch tun, hätte er unangenehme Überraschungen zu befürchten. Mit den anderen Marktgrößen verhält es sich ähnlich. In den praktisch am häufigsten vorkommenden Fällen, in denen nur einige Anbieter und (oder) Nachfrager auf dem Markt sind (Oligopole), können – auch bei Berücksichtigung ihrer Größe – eindeutige Aussagen über das Verhalten oft nicht gemacht werden. Weder läßt sich von der Marktform des Oligopols ohne weiteres auf ein bestimmtes Verhalten der Oligopolisten schließen, noch läßt ein beobachtetes Verhalten Rückschlüsse auf die vorliegende Marktform zu.

Die Marktformen- und Verhaltenslehren sind methodologisch gesehen nichts weiter als Klassifikationsversuche. Es wird ein Begriffsapparat geliefert, mit dem sich Hypothesen formulieren lassen. Die bisherigen Erfahrungen mit solchen Hypothesen sind nicht besonders ermutigend. Beide Lehren sind von abnehmender Bedeutung. Unter empirischen Aspekten, das heißt vom Standpunkt einer brauchbaren Theorie, spricht manches dafür, weder die Marktform noch die individuellen Verhaltensweise, sondern die vorherrschende Verhaltensweise auf einem Markt als relevant zu betrachten. Nach dieser Konzeption des dominanten Marktverhaltens kann jedenfalls eine größere Zahl von Fällen des Marktverhaltens erklärt werden, als es mit den Begriffssystemen der beiden traditionellen Auffassungen möglich ist.

Der **Preismechanismus** – dessen Wirkungen von den Verhaltensweisen abhängen – funktioniert nur innerhalb bestimmter **Grenzen**. Er darf nicht zur Bewältigung von Aufgaben in Anspruch genommen werden, die zu lösen er außerstande ist. Die Preise sind zwar grundsätzlich in der Lage, Knappheitsverhältnisse anzuzeigen, die Produktionsfaktoren in die jeweils rentabelste Verwendungsrichtung zu lenken und die Pläne auf den Märkten abzustimmen. Man kann jedoch vom Preismechanismus nicht erwarten:

- eine Entlohnung nach dem, was gemeinhin als „Leistung" verstanden wird;
- eine Einkommensverteilung, die nach irgendwelchen Ansichten – und seien es die einer Mehrheit – „sozial gerecht" ist;
- eine „gleichmäßige" Faktorverteilung im Raum.

Die Faktorentgelte richten sich in einer Marktwirtschaft nach dem Dienst, den man einem anderen, einem Nachfrager, zu erweisen vermag. Sind die gewünschten Leistungen relativ knapp, ist das Entgelt höher als bei reichlicherem Angebot. Niemand zahlt nur deshalb einen Preis für eine Leistung, weil für deren Erstellung Aufwendungen gemacht wurden. Wer mit großer geistiger Mühe eine Erfindung macht, bei deren Verwertung ihm ein anderer, der einen plötzlichen Einfall hatte, zuvorgekommen ist, hat vielleicht die besten Jahre seines Lebens ohne ökonomischen Erfolg gearbeitet. Glück, Zufall oder intuitives Erkennen einer Chance spielen unter Umständen eine größere Rolle als physische oder geistige Anstrengungen.

Aus dem gleichen Grund ist in einer Marktwirtschaft in der Regel keine Einkommensverteilung zu erwarten, die nach Ansicht irgendwelcher Gruppen, Mehr- oder Minderheiten, das Prädikat „sozial gerecht" verdient. Vermutlich würden die meisten Menschen eine Verteilung dann als gerecht empfinden, wenn sie in etwa die – freilich schwer zu messenden – Arbeitsmühen widerspiegelt. Eine solche Einkommensverteilung könnte der Preismechanismus nicht bewirken. Er ist bei der Entlohnung „blind" für das physische und geistige Arbeitsleid. Sein Entlohnungsprinzip heißt relative Knappheit. Nicht nur die inhaltliche Bestimmung, sondern schon die Bildung des Begriffs „soziale Gerechtigkeit" ist problematisch. In der menschlichen Gesellschaft gibt es niemals völlige Übereinstimmung von persönlichen Werturteilen. „Soziale Gerechtigkeit" für eine Gruppe bedeutet Ungerechtigkeit und Zwang für eine andere. Diese Aussage gilt für alle Wirtschaftsordnungen. Der Vorteil der Marktwirtschaft ist, daß der Verteilungsprozeß nicht durch die herrschenden Gruppen gesteuert und nicht durch Unfreiheit erkauft werden muß.

Schließlich führt der Allokationsprozeß nicht zu einer gleichmäßigen Verteilung der Faktoren im Raum. Die ökonomische Eignung der Faktoren für Produktion und Angebot ist grundsätzlich regional unterschiedlich. Der Preismechanismus gibt nur Anreize, ohne die Faktoren zur Wanderung in

Verwendungen zu zwingen, in denen das höchste Entgelt zu erzielen wäre. Schafft der Staat zusätzlich künstliche Hemmnisse, die eine Wanderung der Faktoren zu unterbinden geeignet sind – Beispiele dafür lassen sich in der Landwirtschaft und im Bergbau leicht finden –, wird sich eine andere Raumstruktur bilden als bei freier Entfaltung des Marktmechanismus.

III. Ziele der Wirtschaftspolitik

Freiheitspostulat und Wirtschaftspolitik

Es ist für die theoretische Analyse nützlich, die Ziele der Wirtschaftspolitik im Auge zu behalten. Was will man in einem Lande wirtschaftlich erreichen, was wird angestrebt? Das nach einem verbreiteten Werturteil wichtigste Ziel ist die Erhaltung der Freiheit und des Friedens. Diese Grundanliegen sind in erster Linie Ziele der allgemeinen Politik, aber auch für die Wirtschaftspolitik bedeutsam. Offenkundig ist dieser Zusammenhang beim Ziel Freiheit. Einige Aspekte seien kurz angesprochen. Hat man sich für eine freiheitliche Gesellschaftsordnung entschieden, wäre es ein Widerspruch, ein Wirtschaftssystem zu wählen, das die freie Betätigung ausschließt oder nur unter Schwierigkeiten gestattet. Vom Ziel der Freiheit her gesehen ist deswegen die **Erhaltung der marktwirtschaftlichen Ordnung** die wichtigste Aufgabe der Wirtschaftspolitik.

Die Entscheidung für ein bestimmtes Lenkungssystem läßt immer noch einigen Spielraum für eine wirtschaftspolitische Gestaltung. Die tatsächlich anzutreffenden Ausprägungen der Wirtschaftssysteme, die Wirtschaftsordnungen, sind mannigfaltig. In konkreten Einzelfällen (Jugoslawien, Frankreich) kann es schwierig sein, das Gewicht der beiden Formen der Planung und Lenkung des Wirtschaftsprozesses (zentral oder dezentral) abzuschätzen. Da in der Wirtschaft und Wirtschaftspolitik ständige Veränderungen die Regel bilden, sollte bei wirtschaftspolitischen Maßnahmen bedacht werden, ob sie noch mit einer freiheitlichen Wirtschaftsordnung vereinbar sind, sofern diese ein Ziel bleibt (Prinzip der Systemkonformität von Maßnahmen). Sicherlich gibt es weder eine absolute Freiheit noch unabdingbare Ansprüche auf Erhaltung der bestehenden Freiheitsspielräume. Die **Gründe für Freiheitsbeschränkungen** können sehr verschieden sein. Eine generelle Tendenz ist unübersehbar: In einer enger gewordenen Welt sind gewisse Freiheitsbereiche und die freiheitliche Betätigung aller immer schwieriger zu erhalten oder zu erreichen. Nicht selten werden Freiheiten beschränkt oder beseitigt, weil man

- vom Einsatz wirtschaftspolitischer Mittel ökonomisch günstige Ergebnisse erwartet, deren Eintreten jedoch zweifelhaft ist;
- die unmittelbaren Folgen und Nebenwirkungen der Anwendung wirtschaftspolitischer Maßnahmen nicht bedenkt;

– wirtschaftspolitisch handelt, ohne nach den ordnungspolitischen Konsequenzen zu fragen (punktueller Interventionismus).

Es ist gewiß schwierig, den Inhalt und das Ausmaß der Freiheit zu bestimmen, die für das Funktionieren der Marktwirtschaft erforderlich ist. Im ständigen Bemühen um eine **Grenzziehung zwischen Freiheit und Zwang** vermittelt jedoch die Kenntnis der marktwirtschaftlichen Zusammenhänge Markierungspunkte, die in der Praxis von großem Nutzen sein können. Häufig zeigt sich, daß relativ leicht gesagt werden kann, was nicht mit den Funktionsprinzipien einer Marktwirtschaft vereinbar ist. Daß in Marktwirtschaften immer wieder systemfremde Eingriffe vorgenommen und überstanden werden, ist zwar ein Beweis für die Robustheit des marktwirtschaftlichen Lenkungssystems, doch auch Ursache fortgesetzter Schwierigkeiten. Die Beobachtung der Wirklichkeit liefert dafür ein ungewöhnlich reiches Anschauungsmaterial. Oftmals werden jedoch bei oberflächlicher Analyse die Schwierigkeiten nicht als Ergebnis früherer Eingriffe, sondern als Fehler der Marktwirtschaft betrachtet. Zu wenig wird die Interdependenz des Planabstimmungsprozesses beachtet. In der Wirtschaftspolitik ist man – vermutlich stärker als auf anderen Gebieten – beim ersten Schritt noch frei, beim zweiten Knecht (Interventionen als Folge von Interventionen). In der Bundesrepublik Deutschland hat der Gesetzgeber in zwei Fällen ausdrücklich erklärt (Gesetz über den Sachverständigenrat und Gesetz über Stabilität und Wachstum der Wirtschaft), Ziele der Wirtschaftspolitik dürften nur „im Rahmen der marktwirtschaftlichen Ordnung" verfolgt werden.

Gesamtwirtschaftliche Ziele

Gesamtwirtschaftliche Ziele sind – darüber besteht internationaler Konsensus – Vollbeschäftigung, Preisniveaustabilität, Zahlungsbilanzausgleich und stetiges Wachstum. Die ersten drei sind traditionell anerkannte, von der Wirtschaftspolitik direkt anzustrebende Ziele. Erst seit einigen Jahren taucht das Wirtschaftswachstum in Zielkatalogen auf. Die Frage: **„Ist Wirtschaftswachstum ein unmittelbares Ziel?"**, wird unterschiedlich beantwortet. Wer diese Frage bejaht, sieht sich mit der Tatsache konfrontiert, daß ein bestimmtes Wachstum in der Marktwirtschaft das Ergebnis sowohl der staatlichen Wirtschaftspolitik als auch der Entscheidungen von Millionen Haushalten und Unternehmen ist. Hieran wird die Auffassung geknüpft, die Rate des Wachstums sei in einer Marktwirtschaft nicht vorhersehbar. Wollte man trotzdem eine numerisch bestimmte Wachstumsrate durch wirtschaftspolitische Maßnahmen herbeiführen, würde das den einfachsten Grundsätzen einer rationalen Wirtschaftspolitik widersprechen. Die Kontroverse um einen adäquaten Inhalt des Wachstumszieles schließt Einigkeit darüber nicht aus, daß Wachstum wünschenswert sei – früher sagte man meist „Erhöhung des Lebensstandards" oder „Maximierung des Sozialprodukts". Auch über den Katalog möglicher wachstumsfördernder Maßnahmen ist man sich im wesentlichen einig. Man weiß, daß Vollbeschäftigung, Preisniveaustabilität und Zahlungsbilanzausgleich einen Einfluß auf das Wachstum einer Marktwirtschaft haben. Warum die genannten Ziele angestrebt werden, wird deutlich, wenn man bestimmte historische Ereignisse betrachtet. Generell läßt sich sagen: Vollbeschäftigung, Preisniveaustabilität und Zahlungsbilanzausgleich sind die positiven Folgerungen aus negativen Erfahrungen in der Vergangenheit. Man braucht dabei nicht sehr weit zurückzugehen.

Die wohl schlimmste wirtschaftliche Erfahrung für die meisten Menschen in der ersten Jahrhunderthälfte war die Massenarbeitslosigkeit während der Weltwirtschaftskrise in den dreißiger Jahren. Das Aufkommen des Faschismus in Europa dürfte ohne dieses Desaster kaum erklärt werden können. Die Forderung an den Staat, für **Vollbeschäftigung** zu sorgen, ist seitdem unüberhörbar.

Ein anderes, kaum weniger gravierendes Faktum war die Erschütterung von Währungen. Die Finanzierung der beiden Weltkriege hat in vielen Ländern Inflationen und Währungsneuordnungen zur Folge gehabt, bei denen die Gläubiger monetärer Forderungen, die Sparer, um die Früchte ihrer Arbeit gebracht und die Schuldner entlastet wurden. Starker Preisverfall (Deflation) – Begleiterscheinung andauernder Arbeitslosigkeit – ist mit nachteiligen Folgen für die Schuldner und mit Vorteilen für die Gläubiger monetärer Forderungen verbunden. Der Grund für die wechselweise Benachteiligung von Gläubigern und Schuldnern in Inflationen und Deflationen ist folgender: Da die monetären Titel auf eine feste Geldsumme lauten, ändert sich deren Realwert umgekehrt proportional zu den allgemeinen Preisbewegungen. Verdoppeln sich z. B. die Preise innerhalb einer bestimmten Zeitperiode, fällt der Realwert eines monetären Titels auf die Hälfte seines ursprünglichen Wertes. Der Gläubiger dieses Titels erleidet einen Verlust. Der Schuldner macht in gleicher Höhe einen Gewinn. In einer Deflation gilt das Gegenteil. Aus solchen und ähnlichen Folgen schwankender Preisniveaus erwuchs die Forderung nach **Preisniveaustabilität**. Sie richtet sich nicht nur an Regierung und Parlament, deren Ausgabenwirtschaft meist Ursache der Inflation war, sondern auch an die Zentralbank, der in einigen Ländern eine von beiden unabhängige Stellung gegeben wurde, damit sie ihre Aufgabe als „Hüterin der Währung“ erfüllen kann.

Eine ebenfalls noch junge Erfahrung sind die Entflechtung der Weltwirtschaft und die Lähmung der internationalen Arbeitsteilung durch Devisenzwangswirtschaft und binnenwirtschaftlich motivierte Abwertungen, hinter denen regelmäßig mangelnde internationale Solidarität, fehlende Einsicht in die Vorteile eines freien internationalen Handels- und Zahlungsverkehrs und ein von nationalen, militärpolitischen und sonstigen Erwägungen geleitetes Autarkiedenken stehen. Nach dem Zweiten Weltkrieg sind die meisten Länder außerhalb des Ostblocks in Verträgen übereingekommen, den freien Austausch von Gütern grundsätzlich zu wahren und sich gegenseitig Hilfe beim **Zahlungsbilanzausgleich** zu leisten.

Neben den genannten „klassischen“ Zielen der Wirtschaftspolitik gibt es andere, die sich (1.) entweder mit diesen überschneiden, (2.) nicht allgemein akzeptiert oder oft (3.) nicht ausdrücklich genannt werden. Ein Beispiel für den ersten Fall stellt das Ziel „soziale Sicherheit“ dar. Soweit damit an eine Arbeitsplatzgarantie gedacht ist, wäre es durch das Ziel Vollbeschäftigung abgedeckt. Häufig meint man aber die gesetzliche, nicht auf eigene Vorsorge zurückgehende Absicherung im Fall von Erkrankung und Invalidität. Als Beispiel für den zweiten Fall könnte man die „gerechte Einkommensverteilung“ nennen, unter der am häufigsten eine gleichmäßigere Verteilung verstanden wird. Dieses Ziel ist inhaltlich unbestimmt. Da auch eine vollständige (oder annähernd vollständige) Gleichverteilung als ungerecht empfunden würde, bleibt die Frage nach dem Ausmaß der noch zulässigen Ungleichmäßigkeit der Verteilung, zum anderen die der Verfügbarkeit über wirtschaftspolitisch operationale Größen, an denen die Einkommensverteilung adäquat gemessen werden kann. Abgesehen davon wissen wir über die Wirkungen verteilungspolitischer Maßnahmen empirisch ziemlich wenig. Ein Beispiel für den dritten Fall wäre das „nationale Prestige“. Dieses Ziel scheint in manchen Ländern populär zu sein, in anderen tritt es weniger deutlich hervor. In Europa und Nordamerika gehört – von Ausnahmen abgesehen – übertriebener Nationalismus vielleicht der Vergangenheit an. Das schließt nicht aus, daß man nationales Prestige unausgesprochen für erstrebenswert hält und es sich einiges kosten läßt. Man gewinnt den Eindruck, daß auf manchen Gebieten ökonomische Einsichten kaum eine Chance haben. Unrentabel arbeitende und mit offenen oder versteckten Subventionen am Leben erhaltene nationale Unternehmen sind im Luft- und Seeschiffverkehr oder im Flugzeugbau eher Regel als Ausnahme, obwohl es genügend andere leistungsfähige Anbieter auf dem Weltmarkt gibt.

Ein besonderes Problem von großer praktischer Tragweite bilden **Zielkonflikte**. In der Realität treten Konstellationen auf, bei denen einige oder alle gesamtwirtschaftlichen Ziele gleichzeitig nicht erreichbar sind. Besteht in den wichtigsten Welthandelsländern Inflation, wird bei festen Wechselkursen die Preissteigerung auch in solche Länder exportiert, in denen es vorher keine Inflation gab, weil die Länder mit zunächst stabilem Preisniveau wegen des internationalen Preisniveaugefälles mehr exportieren als importieren. Dadurch werden, wie noch dargestellt wird (18. Kap.), sowohl das Gleichgewicht der Zahlungsbilanz gestört als auch das Preisniveau nach oben gedrückt. Zahlungsbilanzausgleich und Preisniveaustabilität sind dann als Ziele unvereinbar (inkompatibel). Neben diesem Zielkonflikt ist vor allem die Unvereinbarkeit der Ziele Vollbeschäftigung und Preisniveaustabilität in den letzten Jahren diskutiert worden. Solche Konflikte stellen die wirtschaftspolitischen Instanzen vor die Aufgabe, entweder einen Kompromiß zwischen den Zielen zu suchen oder einfach einem Ziel unbedingten Vorrang zu geben. Überwiegend hat man sich für den Primat der Vollbeschäftigung entschieden.

Zielkonflikte bilden seit längerem einen beliebten Gegenstand wirtschaftswissenschaftlicher Analyse. In diesem Zusammenhang scheint der Hinweis nützlich, daß Zielkonflikte nichts Zwangsläufiges an sich haben. Sie entstehen oft, weil institutionelle Hemmnisse (wie feste Wechselkurse) vorhanden sind. Die Analyse der Konfliktfälle hat sich bisher wenig mit der Frage befaßt, was geschehen müßte, um eine Kompatibilität der Ziele zu ermöglichen. Die Konfliktursachen betrachtet man meist als Daten. Deshalb werden sogenannte zweit- und drittbeste Lösungen angeboten, die eine bequeme Ausflucht aus dem Konflikt verheißen. Da die vorgeschlagenen Mittel den eigentlichen Ursachen nicht angemessen (kausalinadäquat) sind, kommt eine wirkliche Konfliktlösung nicht zustande.

Bibliographische Hinweise

1. Darstellungen zum sozialen Rahmenwerk finden sich in der ordnungstheoretischen Literatur. Texte, von denen die Diskussion in der Bundesrepublik ihren Ausgang nahm, sind: W. Eucken, Grundlagen der Nationalökonomie, a. a. O.; ders., Grundsätze der Wirtschaftspolitik, Bern – Tübingen 1952. A. Müller-Armack, Wirtschaftslenkung und Marktwirtschaft, Hamburg 1947. An neueren Darstellungen, die auch weiterführende Literatur enthalten, seien empfohlen: H. Giersch, Allgemeine Wirtschaftspolitik – Grundlagen, Wiesbaden 1960. H. Ohm, Allgemeine Volkswirtschaftspolitik, Bd. 1: Systematisch-theoretische Grundlegung, 2. A., Berlin 1965. G. Gäfgen, Allgemeine Wirtschaftspolitik, in: Kompendium der Volkswirtschaftslehre, Bd. 2, a. a. O. Besonders aufmerksam gemacht sei auf „Ordo", ein Jahrbuch, das seit 1948 erscheint und in jedem Band Ordnungsfragen behandelt, und das „Hamburger Jahrbuch für Wirtschafts- und Gesellschaftspolitik" (seit 1956) sowie die „Wirtschaftspolitische Chronik" (seit 1952), hg. vom Institut für Wirtschaftspolitik an der Universität Köln. Konkretes Material zum Rahmenwerk in der Bundesrepublik Deutschland bieten: C. Mötteli, Licht und Schatten der sozialen Marktwirtschaft. Leitbild und Wirklichkeit der Bundesrepublik Deutschland, Erlenbach-Zürich und Stuttgart 1961. G. Gutmann, H. J. Hochstrate, R. Schlüter, Die Wirtschaftsverfassung der Bundesrepublik Deutschland, Stuttgart 1964. H. Lampert, Die Wirtschafts- und Sozialordnung der Bundesrepublik Deutschland, München-Wien 1965.

2. Über Aufbau und Wirkungsweise der Zentralverwaltungswirtschaft informieren: W. Eucken, Die Grundlagen der Nationalökonomie, a. a. O. K. P. Hensel, Einführung in die Theorie der Zentralverwaltungswirtschaft, a. a. O.; ders., Zentralverwaltungswirtschaft. Wirtschaftsordnungen staatlicher Planung, Hannover 1966. Gründliche Behandlungen der Charakteristika der Marktwirtschaft, insbesondere des Freiheitsproblems, sind im deutschen Schrifttum nicht allzu häufig. Es handelt sich in nuce um Fragen, die mehr philosophischer als ökonomischer Natur sind. Die Verbindung gründlicher philosophischer und ökonomischer Kenntnisse war und ist selten. Das beste findet sich bei einigen als „liberal" bekannten Nationalökonomen, deren Schriften auch dann, wenn man ihre Werturteile nicht akzeptiert, voll von Anregungen für jeden an grundlegenden Fragen Interessierten sind: F. A. von Hayek, The Constitution of Liberty, Chicago 1960 (dt. U. in Vorbereitung); ders., Individualismus und wirtschaftliche Ordnung, Erlenbach-Zürich 1952. F. H. Knight, On the History and Method of Economics. Selected Essays, Chicago 1956. M. Friedman, Capitalism and Freedom, Chicago 1962. F. Böhm, Die Ordnung

der Wirtschaft als geschichtliche Aufgabe und rechtsschöpferische Leistung, Berlin 1937. Zu den Preisbildungsformen sei vor allem hingewiesen auf: A. E. OTT, Marktform und Verhaltensweise, Stuttgart 1959.

3. Die Ziele der Wirtschaftspolitik werden in den Darstellungen zu 1. behandelt. Als weitere Literatur kämen in Frage: K. E. BOULDING, Principles of Economic Policy, Englewood Cliffs 1958. Die Gutachten des Wissenschaftlichen Beirats beim Bundeswirtschaftsministerium, Bd. 4 ff., Göttingen 1957 ff. Jahresgutachten 1967 des Sachverständigenrates zur Begutachtung der gesamtwirtschaftlichen Entwicklung, BTD V/2310. Wirtschaftspolitischer Zielkonflikt und katholische Soziallehre, Hg. Katholisch-Soziales Institut der Erzdiözese Köln, Köln 1968 (mit Beiträgen von G. GÄFGEN, C. WATRIN, A. E. OTT, G. ZWEIG, H. K. SCHNEIDER und T. MULDER). A. WOLL, Wachstum als Ziel der Wirtschaftspolitik, Tübingen 1968.

Zweiter Teil

Mikroökonomik

A. Gütermärkte

4. Fundamente der Analyse

I. Elementare Analyse der Nachfrage und des Angebots

Haushaltsnachfrage

Das Objekt der Mikroökonomik ist die Abstimmung der individuellen Pläne, insbesondere durch die Preisbildung, auf den Produkt- und Faktormärkten. Wegen ihrer Bedeutung für die Lenkung der gesamten Produktion verdient die Preisbildung auf den Konsumgütermärkten vorrangiges Interesse. Sie soll deswegen zuerst behandelt werden (4.–8. Kap.). Am Beginn steht eine Analyse der Entscheidungen von Haushalten und Unternehmen. Das Ergebnis der Individualanalyse sind Haushaltsnachfrage- und Unternehmensangebotsfunktionen, die zur Gesamtnachfrage eines Marktes (Marktnachfrage) oder zum Gesamtangebot (Marktangebot) zusammengefaßt werden können (Aggregation), ein Verfahren, das man auch bei der Analyse der Faktormärkte (9.–12. Kap.) anwendet. Da Nachfrage- und Angebotsmengen den Preis bestimmen, ist es Ziel der Individualanalyse, Kenntnisse über deren Bestimmungsgrößen zu erlangen.

Die Theorie der individuellen Nachfrage des Haushalts nach einem Gut basiert auf folgenden **Hypothesen**: Die nachgefragte Menge q^d (q = quantity; d = demand) eines beliebigen Gutes n pro Zeiteinheit t ist abhängig

- vom Preis dieses Gutes (p_n);
- vom Preis anderer Güter ($p_1, \ldots, p_{n-1}$);
- vom realen Einkommen des Haushalts (y);
- von der Nutzeneinschätzung der Güter, der Bedürfnisstruktur (u = utility);
- vom Vermögen des Haushalts (w = wealth).

In der Funktionsschreibweise kann man diese Hypothesen wie folgt zusammenfassen:

$$(4.1) \qquad q_n^d/t = f(p_n, p_1, \ldots, p_{n-1}, y, u, w).$$

Sowohl in der Analyse als auch im Test der einzelnen Hypothesen lassen sich Fehlschlüsse nur vermeiden, wenn die Wirkungen jeweils aller übrigen Einflußfaktoren ausgeschlossen werden (spezifizierte ceteris paribus-Klausel). Einflußfaktoren, die konstant bleiben sollen, werden im Funktionsausdruck mit einem Querstrich versehen. Die Nachfragefunktion, die die

Abhängigkeit der Menge eines Gutes ceteris paribus von seinem Preis angeben soll, kann in den Formen

(4.2a) $q_n^d/t = f(p_n, \bar{p}_1, \ldots, \bar{p}_{n-1}, \bar{y}, \bar{u}, \bar{w})$ oder
(4.2b) $q_n^d/t = f(p_n)$

geschrieben werden.

Die Funktion (4.2) steht für eine Anzahl von Funktionsgleichungen, die ganz unterschiedliche **Beziehungen zwischen Menge und Preis** eines Gutes enthalten. Die in ihr zum Ausdruck kommende Hypothese kann durch die Angabe spezifiziert werden, ob im untersuchten Objektbereich Preis und Menge in einer stetig fallenden oder stetig steigenden Funktion einander zugeordnet sind (Richtung der Beziehung). Der empirisch weitaus häufigere Fall ist der erste. Weil normalerweise die gewünschte Menge pro Zeiteinheit um so größer sein wird, je geringer der Preis ist (et vice versa), bezeichnet man ihn auch als normale Reaktion (Fig. 4–1.I.) und im Gegensatz dazu den zweiten Fall als anomale Reaktion (Fig. 4–1.II.).

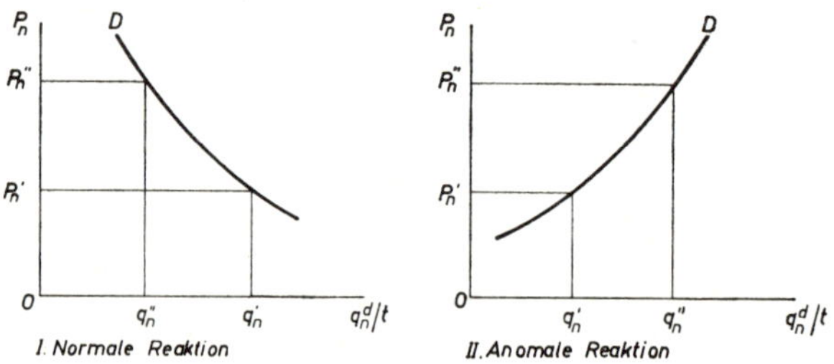

Fig. 4–1: Haushaltsnachfragekurven (D)

In Fig. 4–1 ist – entgegen dem üblichen Verfahren in der analytischen Geometrie – für die unabhängige Variable (p_n) die Ordinate, für die abhängige Variable (q_n^d) die Abszisse gewählt worden, weil seit MARSHALL in aggregierten Angebots- und Nachfragefunktionen des Marktes der Preis als unabhängige Variable fungiert. In Fig. 4–1.I. würde der Haushalt zum Preis p'_n die Menge q'_n, zum höheren Preis p''_n die geringere Menge q''_n pro Zeiteinheit nachfragen. Fig. 4–1.II. stellt jene Fälle dar, bei denen trotz eines höheren Preises eine größere Menge gewünscht wird, z. B. die Kartoffel- oder Brotnachfrage bei Haushalten mit sehr niedrigen Einkommen (GIFFEN-Fall) oder die Nachfrage nach solchen Gütern, mit denen man Wohlhabenheit demonstriert (VEBLEN-Effekt). Die Aussagen gelten nur unter der ceteris paribus-Klausel. Wenn entgegen den Annahmen die Einkommen steigen, können bei steigenden Preisen größere Mengen gewünscht werden; eine „anomale" Reaktionsweise braucht dann nicht vorzuliegen. Hierauf wird bei der Behandlung von Kurvenverschiebungen noch eingegangen.

Die in Fig. 4–1 dargestellten stetigen **Haushaltsnachfragekurven impli-**

zieren, daß der Bedarf der Haushalte kontinuierlich auftritt und Mengenvariationen zuläßt. Die Haushaltsnachfrage nach Waschmaschinen oder Kühlschränken dürfte wohl kaum einen dieser Verläufe haben. Denn von einem Haushalt werden solche Güter wegen ihrer langen Nutzungsdauer weder kontinuierlich noch zu alternativen Preisen in unterschiedlichen Mengen nachgefragt. Für langlebige Konsumgüter lassen sich zwar Markt-, aber keine Haushaltsnachfragekurven darstellen. Anders verhält es sich mit Gütern des täglichen Bedarfs, die zumeist eine Konsumtion unterschiedlicher Mengen pro Zeiteinheit zulassen (Brot, Fleisch, Bier).

Die Angabe von Mengen-Preis-Relationen der Haushalte kann nur für ein **Gut** erfolgen, das nach **Art und Qualität** während der Dauer der Zeitperiode bestimmt ist. Hiermit ist ein wichtiges und zugleich unlösbar scheinendes Problem der herkömmlichen Preisbildungstheorie angesprochen. Mit der Möglichkeit, den Gutsbegriff adäquat zu definieren, steht und fällt die Möglichkeit, den Markt in sachlicher (gütermäßiger) Hinsicht abzugrenzen und die Marktformenlehre (7. Kap.) zur Erklärung der Preisbildung heranzuziehen. Die Schwierigkeiten einer adäquaten Gutsdefinition zeigen sich darin, daß es für verschiedene Zwecke sinnvoll sein kann, einmal von der Energie (Kohle, Strom, Gas, Erdöl) als einem Gut und seiner Nachfrage (Energienachfrage) zu sprechen, zum anderen von der Kohle (der Kohlenachfrage) oder der Braunkohle (der Braunkohlenachfrage). Deshalb ist in der Praxis ebenso häufig von der Preisbildung am Energiemarkt die Rede, wie von der am Markt für Kohle oder Braunkohle. Noch schwieriger wird das Abgrenzungsproblem, wenn es sich um Produkte handelt, die in ihrer technisch-physikalischen Eigenschaft ähnlich sind und kaum Qualitätsunterschiede aufweisen, von den Verbrauchern aber infolge der Werbung als verschiedenartige Güter angesehen werden können, wie Zahnpasten, Waschmittel und Benzin. Im Schrifttum bezeichnet man sie als heterogene Güter, obwohl es Argumente gibt, die es zweckmäßig erscheinen lassen, von der Zahnpasta als einem einzigen Gut zu sprechen. Offensichtlich ist es schwierig, objektive Unterscheidungskriterien zu finden, die allen Ansprüchen genügen. Die bisherigen Versuche, den Gutsbegriff adäquat zu definieren, sind dementsprechend unbefriedigend. Man versucht deshalb, das Abgrenzungsproblem durch Weiterentwicklung der Preisbildungs- zur Wettbewerbstheorie zu umgehen.

Die Wahl der Zeitperiode ist für die in Fig. 4–1 dargestellten Zusammenhänge von nicht zu unterschätzender Bedeutung. Je länger eine Preisänderung zurückliegt, um so größer dürfte gewöhnlich die Änderung in der Mengennachfrage sein, weil der Konsument sein Verhalten stärker an dauerhaften Erscheinungen orientiert als an vorübergehenden. Es gibt eine **Reaktionszeit der Nachfrager** für Verhaltensanpassungen (Fig. 4–2).

Untersucht man ceteris paribus den Einfluß der Preise anderer Güter ($p_1, \ldots, p_{n-1}$) auf die nachgefragte Menge (q_n^d/t), also

$$(4.3) \qquad q_n^d/t = f(\bar{p}_n, p_1, \ldots, p_{n-1}, \bar{y}, \bar{u}, \bar{w}),$$

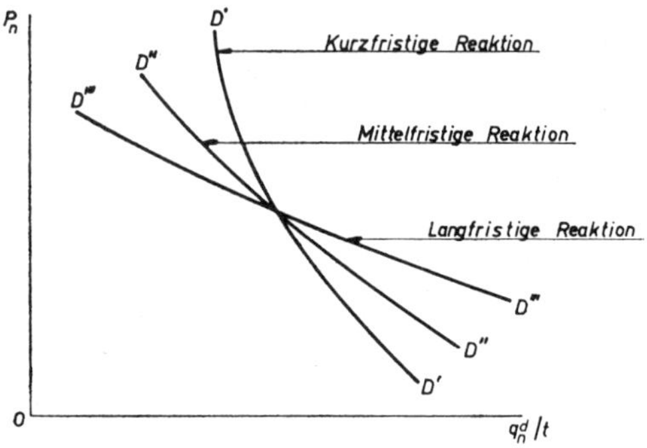

Fig. 4–2: Zeitliche Reaktion der Nachfrager

ist es naheliegend, zunächst nach den möglichen Beziehungen zwischen verschiedenen Gütern zu fragen. Drei Fälle lassen sich unterscheiden. In den Augen der Nachfrager können sich zwei Güter ergänzen (Pfeife und Tabak, Auto und Reifen), ersetzen (Butter und Margarine, Wein und Bier) oder überhaupt nicht beeinflussen (Pfeffer und Babywäsche). Im ersten Fall spricht man von komplementären, im zweiten von substitutiven oder konkurrierenden und im dritten Fall von indifferenten Gütern. **Komplementär- oder Substitutionsbeziehungen** ergeben sich aus der Art der Bedürfnisse und hängen überdies von der Gutsdefinition ab. Substitutionsbeziehungen bestehen nicht selten zwischen ähnlichen Gütern (Zigarillo und Zigarre) oder Gütern mit unterschiedlicher Qualität und Beschaffenheit (Strümpfe erster und zweiter Wahl, Brasil- und Sumatrazigarren, Omo und Persil). Sind die Güter nicht indifferent, wirken Änderungen des Preises p eines Gutes i (p_i) auf die nachgefragte Menge q^d des untersuchten Gutes n (q_n^d) ein. Die in (4.3) mit den Preisen $p_1, \ldots, p_{n-1}$ in Betracht gezogenen Güter stehen zum Gut n also entweder in substitutiver oder komplementärer Beziehung. Die Preiseinflüsse indifferenter Güter werden dagegen lediglich als Einkommenseffekt wirksam. Bei steigenden Preisen verringert sich die reale Kaufkraft eines gegebenen Nominaleinkommens, da nach der Preiserhöhung nur noch eine geringere Gütermenge als vorher gekauft werden kann. Wenn die Erhöhung von p_i auf die nachgefragte Menge indifferenter Güter wirkt, so nur über den Einkommenseffekt.

Welches sind die Preis-Mengen-Beziehungen zwischen komplementären und substitutiven Gütern? Steigt der Preis eines Gutes i, wird bei normaler Reaktion ceteris paribus dessen nachgefragte Menge q_i^d fallen, ebenso die gewünschte Menge eines dazu komplementären Gutes n (q_n^d). Stünden die beiden Güter n und i in substitutiver Beziehung, würde q_n^d steigen. Erhöht sich der Preis für Pfeifentabak, wird nicht nur die Nachfrage nach Tabak, sondern auch die nach Tabakpfeifen (Komplementärgut) zurückgehen, die nachgefragte Menge der Zigaretten (Substitutionsgut) dagegen steigen (Fig. 4–3).

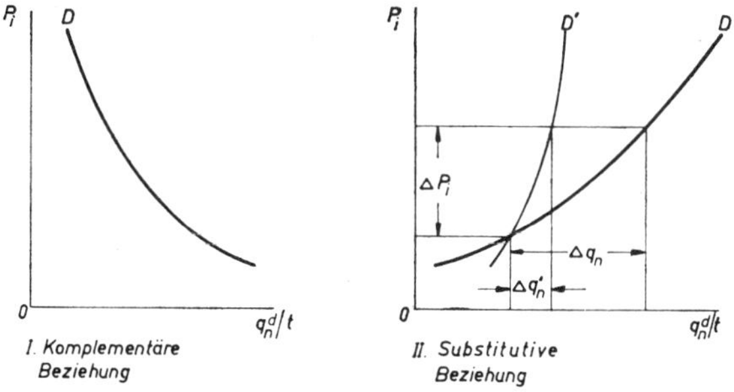

Fig. 4–3: Komplementäre und substitutive Mengen-Preis-Beziehungen

Der Verlauf der Nachfragekurven drückt die Bedürfnisstruktur der Haushalte aus. Er informiert über die Stärke der jeweiligen Beziehungen zwischen den Gütern in den Augen der Konsumenten. Je steiler die Nachfragekurven verlaufen, um so geringer ist die Beziehung der Güter untereinander. So würde sich bei einer Preiserhöhung von $\Delta\ p_i$ die Menge des Substitutionsgutes q_n im Fall D stärker ändern ($\Delta\ q_n$) als im Fall D' ($\Delta\ q'_n$). Für D ist also die Substitutionswirkung größer als für D' (Fig. 4–3.II.).

Betrachtet man in einer bestimmten Zeitperiode ceteris paribus die **Einkommensabhängigkeit der Nachfrage**, die Beziehungen zwischen Nachfragemenge (q_n^d/t) und realem Einkommen des Haushalts (y), also

(4.4) $$q_n^d/t = f(\bar{p}_n, \bar{p}_1, \ldots, \bar{p}_{n-1}, y, \bar{u}, \bar{w}),$$

wird man oft feststellen können, daß mit steigendem Einkommen die nachgefragte Menge zunimmt (Nichtsättigungsgut). Diese Mengenzunahme setzt sich jedoch nicht bei jedem Gut beliebig fort, weil in der Zeiteinheit eine Sättigung eintreten kann. Wer bei gestiegenem Einkommen in der

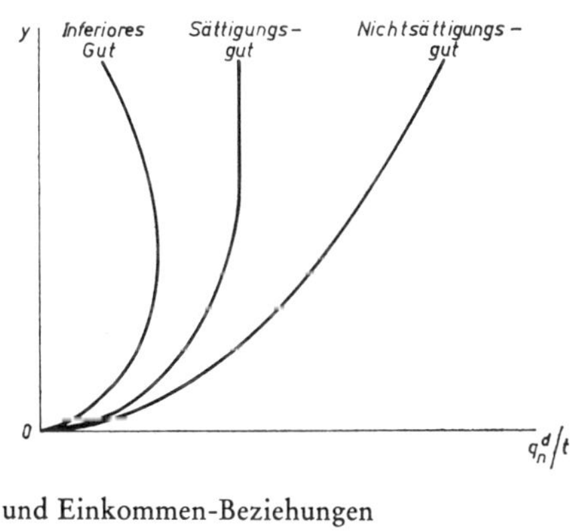

Fig. 4–4: Mengen- und Einkommen-Beziehungen

Lage ist, statt bisher 10 nunmehr 20 Zigaretten pro Tag zu rauchen, wird vielleicht auch dann nicht mehr Zigaretten rauchen, wenn sein Einkommen weiter steigt (Sättigungsgut). Zum zweiten kann mit steigendem Einkommen die nachgefragte Menge zurückgehen, wenn das bisher konsumierte Gut durch ein anderes substituiert wird. Güter, deren Nachfrage bei steigenden Einkommen absolut fällt, bezeichnet man als inferiore Güter. Ihre Substitute könnte man superiore Güter nennen. Ein Gut gilt erst von einer bestimmten Einkommenschwelle an als inferior (Fig. 4–4).

Alle Bedürfnisse sind individuell verschieden. Die Haushalte entfalten auch dann, wenn ihre objektiven Daten – wie Preise und Einkommen – gleich sein sollten, eine unterschiedliche Nachfrage nach einem bestimmten Gut. Ein Grund für diese Erscheinung sind abweichende Einschätzungen der Güter durch jeden einzelnen Konsumenten, seine **Präferenzen** (u). Unter sonst gleichen Umständen werden von einem Raucher A mehr Zigaretten pro Tag nachgefragt als von einem Raucher B, sofern A ein größeres Bedürfnis nach diesem Gut hat als B. Vom Standpunkt einer empirisch prüfbaren Theorie ist eine derartige Aussage voller Probleme, weil es keine brauchbaren Ansätze für Testverfahren über Präferenzen gibt.

Ein weiterer Grund für individuelle Unterschiede in der Nachfrage ist die Existenz von **Vermögen** (w). Wer über ein größeres Vermögen verfügt, wird in der Regel eine andere Bedürfnisstruktur haben als ein vermögensloser Nachfrager. Da Vermögen eine Einkommensquelle darstellt (z. B. Haus- und Aktienbesitz), ist ein gewisser Einfluß des Vermögens in der Größe y bereits erfaßt. Doch unabhängig davon sind die Reaktionen der Nachfrager deshalb verschieden, weil Art und Umfang ihres Vermögens – und damit die erwarteten Einkommen – voneinander abweichen.

Addiert man die jeweils zu alternativen Preisen von allen Haushalten nachgefragten Mengen eines Gutes, erhält man die zu diesen Preisen gewünschte Gesamtmenge, die **Marktnachfrage**. Man sagt, die individuellen Nachfragekurven (Fig. 4–1) werden zur Gesamtnachfragekurve horizontal aggregiert. Bei der geometrischen Konstruktion sind nur die unterschiedlichen Mengen (q_n^d), nicht die zu ihnen gehörenden Preise, zu addieren (Fig. 4–5).

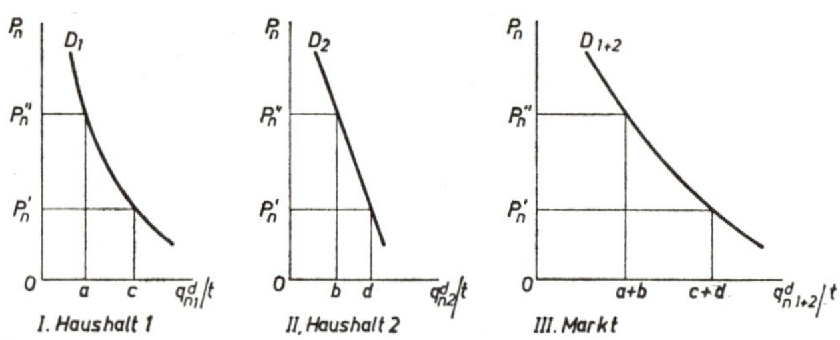

Fig. 4–5: Aggregation der Haushaltsnachfragekurven

Über die Determinanten der individuellen Nachfrage hinaus weist die Marktnachfrage noch zwei weitere Einflußfaktoren auf:

- die **Verteilung des Einkommens und Vermögens** auf die Haushalte (D = distribution) – bei einer ungleichmäßigen Verteilung dürfte die Marktnachfrage anders aussehen als bei ihrer Nivellierung; mit einer Änderung der Verteilung wird die Nachfrage nach einigen Gütern steigen, nach anderen fallen –;
- die Größe der kaufkräftigen **Bevölkerung**, genauer: die Anzahl der ein bestimmtes Gut nachfragenden Haushalte (B).

Nach den dargestellten Hypothesen wird also die individuelle Nachfrage eines Gutes von fünf, die Marktnachfrage von sieben Größen bestimmt. Symbolisiert man die Determinanten, die für alle Haushalte zusammengefaßt (aggregiert) werden und als unabhängige Variablen der Marktnachfragefunktion auftreten, durch Großbuchstaben, ergibt sich für die Marktnachfrage nach einem Gut pro Zeiteinheit in Abhängigkeit vom Preis dieses Gutes:

(4.5a) $q^d_{n\,1+2}/t = f\,(p_n, \bar{p}_1, \ldots, \bar{p}_{n-1}, \bar{Y}, \bar{U}, \bar{W}, \bar{D}, \bar{B})$ oder

(4.5b) $q^d_{n\,1+2}/t = f\,(p_n)$.

Wird untersucht, welche Wirkungen von Veränderungen der Einflußfaktoren auf die am Markt nachgefragte Menge ausgehen, müssen zwei Effekte scharf voneinander unterschieden werden:

- Bewegungen auf einer gegebenen Kurve. Sie liegen immer dann vor, wenn sich die unabhängige Variable ceteris paribus ändert (z. B. wenn in Fig. 4–1, bzw. Gleichung (4.2) oder (4.5) p_n steigt). Hier spricht man von **Änderungen der nachgefragten Menge**.
- Verschiebungen einer Kurve. Sie ergeben sich dann, wenn die Parameter einer Funktion, das sind die bis dahin konstant gehaltenen unabhän-

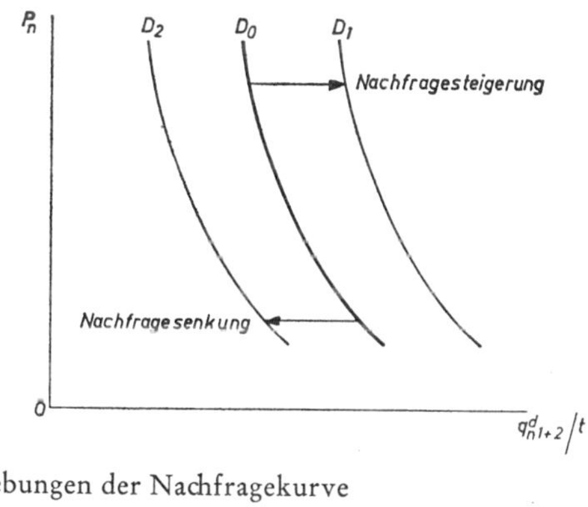

Fig. 4–6: Verschiebungen der Nachfragekurve

gigen Variablen, andere Werte annehmen. Die der Funktion (4.5) entsprechende Nachfragekurve wird sich in folgenden Fällen nach rechts verschieben: bei Preissteigerungen eines substitutiven Gutes (man weicht auf das Konkurrenzprodukt aus); bei Preissenkungen eines komplementären Gutes (man fragt mehr von diesem Gut und seinem Komplement nach); bei steigenden realen Einkommen (zu einem gegebenen Preis wird eine größere Menge nachgefragt); bei jenen Änderungen der Bevölkerungszahl (steigende Zahl der Nachfrager), der Gütereinschätzungen sowie der Einkommens- und Vermögensverteilung, die sich nachfragesteigernd auswirken. In solchen Fällen spricht man von **Änderungen (oder Verschiebungen) der Nachfragekurve** (Fig. 4–6).

Analoge Fälle gelten für Kurvenverschiebungen nach links. Beide Ursachengruppen sind in Übers. 4–1 zusammengefaßt.

Art der Kurvenverschiebung	
Steigerung ($D_0 \rightarrow D_1$)	Senkung ($D_0 \rightarrow D_2$)
Einkommen steigt	Einkommen fällt
Preissteigerung beim Substitutionsgut	Preissenkung beim Substitutionsgut
Preissenkung beim Komplementärgut	Preissteigerung beim Komplementärgut
Höherschätzung des Gutes	Minderschätzung des Gutes
Nachfragesteigernde Änderung der Einkommens- und Vermögensverteilung	Nachfragesenkende Änderung der Einkommens- und Vermögensverteilung
Steigende Zahl der Nachfrager	Sinkende Zahl der Nachfrager

Übers. 4–1: Ursachen einer Verschiebung der Nachfragekurve

Es lassen sich also die Wirkungen der verschiedenen Einflußfaktoren im Preis-Mengen-Diagramm darstellen: als Bewegung auf einer unveränderten Nachfragekurve, als Drehung oder als Verschiebung der Nachfragekurve.

Unternehmensangebot

Das Güterangebot eines Unternehmens kann analog zur Haushaltsnachfrage bestimmt werden. Auch dafür gibt es eine Anzahl von **Hypothesen** über die Abhängigkeit der angebotenen Menge q^s (s = supply) eines beliebigen Gutes n pro Zeiteinheit t von bestimmten Einflußgrößen. Danach wird die angebotene Menge bestimmt durch

– den Preis dieses Gutes (p_n);
– die Preise der übrigen Güter ($p_1, \ldots, p_{n-1}$);

- die Preise der Produktionsfaktoren ($l_1, \ldots, l_m$);
- die Ziele des Anbieters, insbesondere solche, die den Gewinn betreffen (P = profit);
- den Stand des angewandten technischen Wissens (T).

Daraus folgt die individuelle Angebotsfunktion

(4.6) $q_n^s/t = f(p_n, p_1, \ldots, p_{n-1}, l_1, \ldots, l_m, P, T).$

Werden die **Beziehungen zwischen Menge und Preis** des angebotenen Gutes ceteris paribus untersucht, nimmt (4.6) die Form

(4.7a) $q_n^s/t = f(p_n, \bar{p}_1, \ldots, \bar{p}_{n-1}, \bar{l}_1, \ldots, \bar{l}_m, \bar{P}, \bar{T})$ oder
(4.7b) $q_n^s/t = f(p_n)$

an. Die angebotene Menge des Gutes pro Zeiteinheit ist um so größer, je höher der Preis ist (Fig. 4–7.I.). Auch diese Hypothese gilt nicht für alle Bereiche. In einigen Fällen kann man empirisch einen anderen Verlauf der Angebotskurve feststellen. So kommt es in der Landwirtschaft oft vor, daß die Ernte eines nicht lagerfähigen Produkts (Erdbeeren, Pflaumen), also q_n^s/t = const., zu jedem Preis angeboten wird, der mindestens noch die Vermarktungskosten (Löhne der Pflücker, Transport- und Verpackungskosten) deckt. In solchen Fällen verläuft die Angebotskurve parallel zur Ordinate (Fig. 4–7.II.).

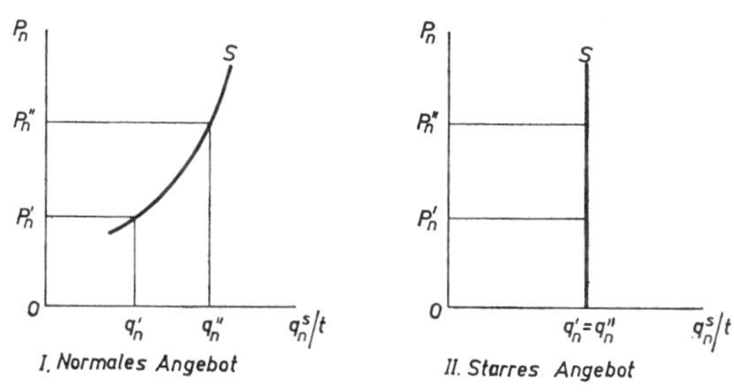

Fig. 4–7: Unternehmensangebotskurven (S)

Die Berücksichtigung der Periodenlänge führt zu den gleichen Schlüssen wie bei der Haushaltsnachfrage. Langfristig verläuft die Angebotskurve flacher als mittel- oder gar kurzfristig. Das hat seinen Grund in der oft mangelhaften Flexibilität des Produktionsapparates. Die Angebotskurve könnte bei kurzfristiger Betrachtung den in Fig. 4–7.II. dargestellten Verlauf haben, wenn im Betrachtungszeitraum weder eine Mehr- noch eine Minderproduktion als Reaktion auf sich ändernde Preise möglich ist.

Die **Wirkungen der übrigen Einflußfaktoren** seien nur kurz erwähnt.

Das Angebot hängt nach der zweiten Hypothese von den Preisen anderer Güter ab. Steigen die Preise anderer Güter, jedoch nicht der Preis des angebotenen Gutes, ist die Produktion des angebotenen Gutes relativ weniger profitabel als vorher. Ceteris paribus führt eine Preissteigerung anderer Güter zu einem Angebotsrückgang des nicht im Preis gestiegenen Gutes et vice versa.

Das Angebot wird nach der dritten Hypothese auch durch die Faktorpreise determiniert. Steigen die Preise der Faktoren, die bei der Produktion des angebotenen Gutes eingesetzt werden, geht die angebotene Menge ceteris paribus zurück, weil die Unternehmer sich verstärkt der Produktion von Gütern zuwenden, deren Faktorpreise nicht oder nicht so stark gestiegen sind oder bei deren Produktion relativ weniger Einsatzmengen teurer gewordener Faktoren benötigt werden.

Der Einfluß der unternehmerischen Zielsetzung kann komplexer Natur sein. In dieser Determinante kommen das Ausmaß des Gewinnstrebens, die Marktstrategie, die Risikobereitschaft und der Zeithorizont der Entscheidungen zur Geltung. Die Wirkung von Änderungen der unternehmerischen Zielsetzung auf die angebotene Menge bleibt offen.

Hinsichtlich des angewandten technischen Wissens mag der Hinweis genügen, daß technische Verbesserungen wie Faktorpreissenkungen wirken. Für einen gegebenen Faktorpreis erhält man einen qualitativ besseren Faktor oder einen qualitativ gleichen Faktor zu einem geringeren Preis.

Aus der Addition der von den Unternehmen zu alternativen Preisen angebotenen Mengen erhält man das **Marktangebot** (analog zu Fig. 4–5). Die linke Seite von (4.7a) wird zu q^s_{n1+2}/t, die rechte enthält wiederum einige aggregierte Größen. Dem Leser sollte klar sein, warum die Preise nicht aggregiert werden dürfen.

Wie bei der Nachfrage sind auch beim Angebot **Änderungen der angebotenen Menge** (Bewegung auf einer gegebenen Kurve) und **Änderungen (oder Verschiebungen) der Angebotskurve** (Fig. 4–8) streng zu unterscheiden (Übers. 4–2).

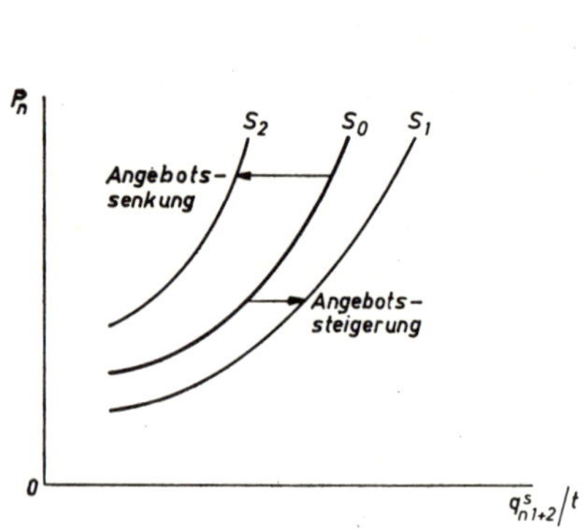

Fig. 4–8: Verschiebungen der Angebotskurve

Art der Kurvenverschiebung	
Steigerung ($S_0 \rightarrow S_1$)	Senkung ($S_0 \rightarrow S_2$)
Preissenkung bei anderen Gütern	Preissteigerung bei anderen Gütern
Preissenkung bei Einsatzfaktoren	Preissteigerung bei Einsatzfaktoren
Angebotssteigernde Änderung der Zielsetzung	Angebotssenkende Änderung der Zielsetzung
Verbesserung des angewandten technischen Wissens (technischer Fortschritt)	Verschlechterung des angewandten technischen Wissens (technischer Rückschritt)
Hinzutreten von Anbietern	Ausscheiden von Anbietern

Übers. 4–2: Ursachen einer Verschiebung der Angebotskurve

II. Gleichgewicht und Wirkungen der Verschiebungen von Nachfrage- und Angebotskurven

Gleichgewicht im Polypol und „Gesetze" der Nachfrage und des Angebots

Nach der getrennten Bestimmung von Nachfrage und Angebot ist es möglich, zu einer beide Marktseiten umfassenden Analyse überzugehen. Es soll zunächst der oft zu beobachtende Fall des Polypols unter den üblichen **Annahmen** untersucht werden: Von den zahlreichen Teilnehmern auf der Angebots- und Nachfrageseite eines Marktes glaubt keiner, den Preis durch eine entsprechende Mengenpolitik zu seinen Gunsten beeinflussen zu können. Die Anbieter werden (1.) keine Mengenrestriktionen in Erwartung steigender Preise vornehmen, die Nachfrager (2.) die Menge nicht in Erwartung von Preissenkungen einschränken. Außerdem wird unterstellt: (3.) Nachfrage und Angebot reagieren normal und zumindest die Pläne von einigen Nachfragern und Anbietern lassen sich zur Abstim-

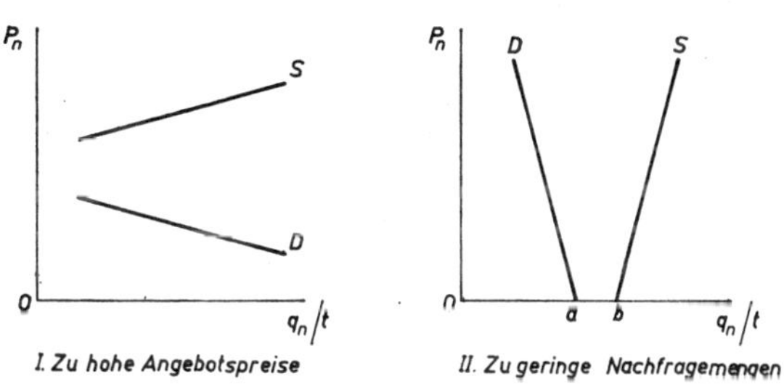

Fig. 4–9: Nachfrage und Angebot ohne Preisbildung

mung bringen. Würde die letzte Annahme nicht erfüllt sein, gäbe es keinen Preis, zu dem eine Transaktion zustande käme. Einmal kann es passieren, daß sich selbst zum niedrigsten Angebotspreis keine Käufer finden (Fig. 4–9.I.). Zweitens ist es möglich, daß die Nachfrager mit der Menge a gesättigt sind und erst größere Mengen als b einen Preis haben; bis zur Menge b kann es sich um ein freies Gut handeln (Fig. 4–9.II.).

Gelten alle drei Annahmen des Polypols, erhält man das Diagramm des Marktgleichgewichts (Fig. 4–10).

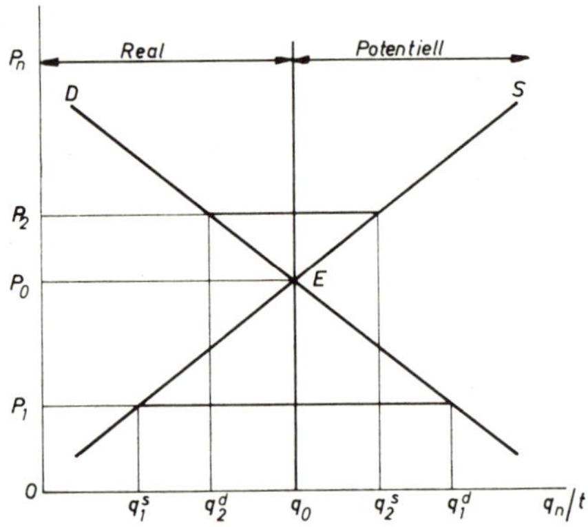

Fig. 4–10: Bestimmung des Marktgleichgewichts

Aus dem Marktdiagramm läßt sich ersehen: vor dem Schnittpunkt der Kurven (bei $q < q_0$) sind Anbieter vorhanden, die das Gut zu einem geringeren Preis anbieten, als Nachfrager zu zahlen bereit sind. Bei $q > q_0$ finden sich zu den Preisen der Anbieter nicht genügend Käufer (wie Fig. 4–9.I.). Also wird genau die Menge q_0 gekauft und verkauft. Das geschieht zum Preis p_0, bei dem die Pläne der Nachfrager und Anbieter realisiert werden können. Bei einer größeren Menge klaffen die Vorstellungen beider Marktseiten auseinander. Angebot und Nachfrage bestehen nur potentiell. Angenommen, der Preis auf dem Markt sei p_2. Die angebotene Menge (q_2^s) ist bei diesem Preis größer als die nachgefragte (q_2^d). Die Differenz ($q_2^s - q_2^d$) nennt man Angebotsüberschuß. Beim Preis p_1 ist umgekehrt die nachgefragte Menge (q_1^d) größer als die angebotene (q_1^s). Die Differenz ($q_1^d - q_1^s$) heißt Nachfrageüberschuß. Angebots- oder Nachfrageüberschüsse existieren nur zu bestimmten Preisen, zu anderen dagegen nicht. Können Anbieter und Nachfrager frei agieren und wird angenommen, der Anpassungsprozeß erfolge ohne zeitliche Verzögerung, induziert ein Angebotsüberschuß Preissenkungen, ein Nachfrageüberschuß Preiserhöhungen, die beide den jeweiligen Überschuß beseitigen. In jenem Punkt, in dem kein Überschuß vorhanden ist (p_0, q_0), besteht Gleichgewicht E (E = equilibrium).

Dieser Vorgang, die **Bestimmung des Gleichgewichts**, sei am Beispiel eines freien Buttermarktes illustriert. Die gegebene Nachfragekurve zeigt die Mengen, die die Käufer ceteris paribus – bei konstanten Preisen anderer Güter, Einkommen, Bedarfsstrukturen, Vermögen, konstanter Einkommens- und Vermögensverteilung und Nachfragerzahl – zu jedem Marktpreis erwerben möchten. Bei einem Butterpreis von 6,– DM pro Kilogramm (kg) sollen sie bereit sein, 300 kg zu kaufen, bei 5,50 DM 500 kg und bei 5,– DM 700 kg. Die gegebene Angebotskurve zeigt die Mengen, die die Verkäufer ceteris paribus – bei konstanten Preisen anderer Güter, Faktorpreisen, Unternehmenszielen und konstanter Technik – zu alternativen Marktpreisen anbieten möchten. Bei einem Butterpreis von 5,– DM sollen sie 250 kg, bei 5,50 DM 500 kg und bei 6,– DM 780 kg auf den Markt bringen. Würden die Anbieter versuchen, 6,– DM pro kg zu erlösen, blieben sie auf einem Teil ihrer Ware sitzen, weil die Käufer zu diesem Preis nur 300 kg kaufen, die Verkäufer jedoch 780 kg anbieten wollen (480 kg Angebotsüberschuß). Der Preis läßt sich bei den gegebenen Anbieter- und Nachfragerplänen nicht halten. Er wird durch die Anbieterkonkurrenz fallen. Würden andererseits die Nachfrager versuchen, Butter für 5,– DM zu kaufen, gäbe es nicht genug Ware, da die Verkäufer zu diesem Preis nur 250 kg anbieten, die Käufer jedoch 700 kg erwerben möchten (450 kg Nachfrageüberschuß). Der Preis ist ebenfalls nicht zu halten. Er wird durch die Nachfragekonkurrenz steigen. Deswegen kann nur ein Preis bestehen, bei dem weder ein Angebots- noch ein Nachfrageüberschuß existiert. Das ist bei 5,50 DM der Fall. Zu diesem Preis wollen Anbieter und Nachfrager gerade 500 kg verkaufen und kaufen. Dann sind keine Reaktionen zu erwarten, die vom Preis von 5,50 DM wegführen (Gleichgewicht). Ein einmal erreichtes Gleichgewicht wird nur verlassen, wenn sich Angebots- und (oder) Nachfragekurve verschieben. Das Gleichgewicht läßt sich also durch eine Mengen-Preis-Kombination definieren, bei der es keine Überschüsse gibt. Aus dem Gesagten folgt unter den gemachten Annahmen **(Charakteristika des Gleichgewichts):**

- **Es gibt nur einen Gleichgewichtspreis.**
- **Der Gleichgewichtspreis bleibt nach seinem Zustandekommen ceteris paribus konstant, weil beide Marktseiten ihre Wirtschaftspläne erfüllen können, und deswegen weder Anbieter- noch Nachfragerkonkurrenz auftreten.**

Was geschieht bei einer **Kurvenverschiebung**? Die Gründe für eine Kurvenverschiebung sind bekannt (Übers. 4–1 und 4–2). Ihre Wirkungen lassen sich nur unter einer ceteris paribus-Klausel eindeutig feststellen. Deshalb wird bei Verschiebungen der Nachfrage- die Angebotskurve, bei Verschiebungen der Angebots- die Nachfragekurve konstant gehalten. Es sei angenommen, Nachfrage- und Angebotskurve verschoben sich jeweils nach rechts, weil die Einkommen gestiegen sind (Fig. 4–11.I.) oder technische Fortschritte eingeführt wurden (Fig. 4–11.II.).

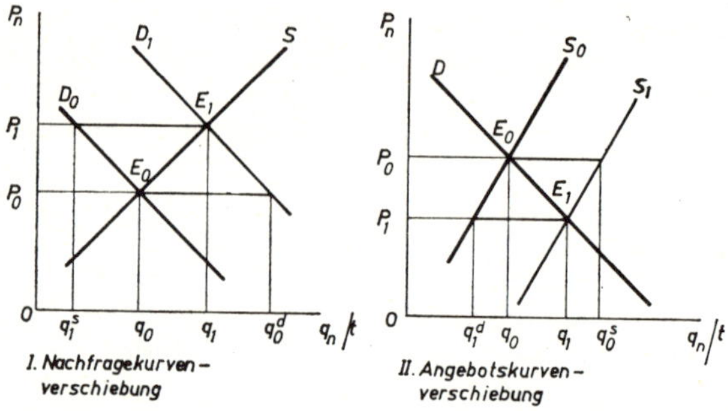

Fig. 4–11: Verschiebung der Nachfrage- und Angebotskurve

Bei einer Verschiebung der Nachfragekurve von D_0 nach D_1 (Fig. 4–11.I.) ist das alte Gleichgewicht E_0 (p_0, q_0) gestört. Unter der neuen Nachfragekonstellation hat sich ein Nachfrageüberschuß ($q_0^d - q_0$) gebildet. Die nun einsetzende Nachfragekonkurrenz treibt den Preis soweit hoch, bis ein neues Gleichgewicht E_1 (p_1, q_1) erreicht ist. Im neuen Gleichgewicht wird zu einem höheren Preis eine größere Menge umgesetzt. Wäre das ursprüngliche Gleichgewicht E_1 (p_1, q_1) gewesen und die Nachfragekurve von D_1 nach D_0 gefallen, hätte der Angebotsüberschuß ($q_1 - q_1^s$) den Preis von p_1 auf p_0 und die Menge von q_1 auf q_0 zurückgehen lassen. Im Fall einer Angebotssteigerung von S_0 nach S_1 (Fig. 4–11.II.) entsteht ein Angebotsüberschuß ($q_0^s - q_0$), bei dem der Preis bis zum neuen Gleichgewicht E_1 (p_1, q_1) fällt. Zu einem geringeren Preis wird eine größere Menge umgesetzt. Wäre hingegen das ursprüngliche Angebot S_1 auf S_0 gefallen, hätte der Nachfrageüberschuß ($q_1 - q_1^d$) den Preis p_1 auf p_0 heraufgetrieben, die Menge q_1 auf q_0 reduziert.

Die Reaktionen bei Kurvenverschiebungen werden als **„Gesetze" von Nachfrage und Angebot** bezeichnet. Es handelt sich jedoch nur um die Implikationen der gemachten Annahmen. Empirisch werden die behaupteten Zusammenhänge zumindest der Tendenz nach auftreten. Der Leser sollte sich die einfachen Beziehungen genau einprägen, weswegen sie zusammengefaßt wiederholt seien (Übers. 4–3).

Cobweb-Theorem und Eigenschaften des Gleichgewichts

Die Untersuchung eines Gleichgewichtszustandes wird als statische Analyse oder kurz Statik, der Vergleich von zwei Gleichgewichtspunkten als komparative Statik bezeichnet. Nach einer früher vorgenommenen Unterscheidung (1. Kap.) haben statische Größen gleiche, dynamische Größen verschiedene Zeitindices. Die obige Analyse beruht auf der Implikation, daß die Anpassungsprozesse ohne zeitliche Verzögerungen erfolgen. Diese Voraussetzung wird nunmehr aufgegeben. Die Analyse basiert auf folgenden **Annahmen:**

	Auslösender Überschuß	Richtung der Änderung von Preis und Menge		Verhältnis von Preis- und Mengenänderung
		Preis	Menge	
I. Nachfrageänderung				
1. Nachfrage steigt (Kurvenverschiebung nach rechts)	Nachfrageüberschuß	steigt	steigt	gleichgerichtet (parallel)
2. Nachfrage fällt	Angebotsüberschuß	fällt	fällt	gleichgerichtet (parallel)
II. Angebotsänderung				
1. Angebot steigt (Kurvenverschiebung nach rechts)	Angebotsüberschuß	fällt	steigt	entgegengesetzt (invers)
2. Angebot fällt	Nachfrageüberschuß	steigt	fällt	entgegengesetzt (invers)

Übers. 4–3: „Gesetze" von Nachfrage und Angebot

Das Angebot einer Zeitperiode soll nicht sofort, sondern zeitverzögert (mit einem time lag) auf den Markt kommen. Da annahmegemäß im Polypol weder die Anbieter noch die Nachfrager glauben, den Preis zu ihren Gunsten verändern zu können, kann man schreiben:

(4.8) $q^d/t = f(p_t)$
(4.9) $q^s/t = f(p_{t-1})$.

Die Nachfrage hängt vom Preis der gleichen Periode, das Angebot vom Preis der Vorperiode ab, weil Änderungen der angebotenen Menge Zeit benötigen. Erwartungen, die die Marktteilnehmer aufgrund von Erfahrungen in die Zukunft setzen könnten, sollen ausgeschlossen bleiben, eine Annahme, die in tiefergehenden Analysen aufgegeben wird. Wie bildet sich nun ein neues Gleichgewicht, wenn sich die Nachfrage erhöht, etwa weil man das Gut höher als bisher einschätzt?

Das Ergebnis der Nachfrageänderung ist bei Gültigkeit von (4.8) und (4.9) so lange offen, wie keine Funktionsgleichungen angegeben werden; denn je nach Lage der Angebots- und Nachfragekurve zueinander erhält man unterschiedliche Situationen (Fig. 4–12).

Eine Vergrößerung der Nachfrage von D_0 nach D_1, die zu einem Nachfrageüberschuß ($q_0^d - q_0$) führt, würde bei unverzögerter Anpassung eine Ausdehnung des Angebots bis q_1 bewirken (Fig. 4–12.I.). Reagiert das Angebot kurzfristig jedoch überhaupt nicht, steigt der Preis auf p'_1. Nach einer Periode kommt das Angebot auf den Markt, wobei nach (4.9) für die Größe der Angebotsausweitung bis q'_1 der Preis p'_1 bestimmend ist. Diese Menge nehmen die Nachfrager nur zum Preis p''_1 ab, der sich nach (4.8)

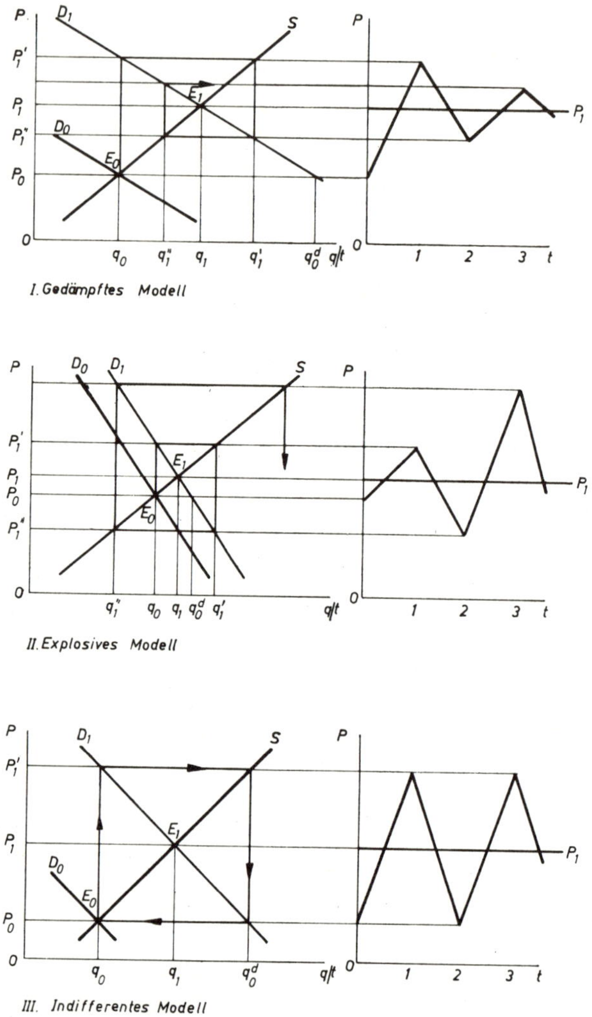

Fig. 4–12: Cobweb-Theorem

sofort einstellt. Der neue Preis veranlaßt die Anbieter, ihr Angebot bis q''_1 zu drosseln, wozu sie annahmegemäß eine Periode benötigen. Dieser Vorgang wiederholt sich immer wieder. Erst nach einem längeren Anpassungsprozeß wird das neue Gleichgewicht E_1 (p_1, q_1) erreicht. Da die Reaktionslinien wie ein Spinngewebe aussehen, bezeichnet man die Gleichgewichtsbestimmung bei verzögerter Angebotsanpassung als Cobweb-Theorem.

Dabei lassen sich **drei Fälle** unterscheiden. Der eben erläuterte ist ein gedämpftes oder stabiles Modell. Zweitens ist möglich, daß die Anbieter- und Nachfragerreaktionen nicht zu einem neuen Gleichgewicht, sondern immer weiter von ihm fortführen. Man spricht dann von einem explosiven oder instabilen Modell (Fig. 4–12.II.). Ein Grenzfall liegt vor, wenn sich die Reaktionen ständig wiederholen und es zu gleichbleibenden Schwankungen um den Schnittpunkt von alter Angebots- und neuer Nachfragekurve (E_1) kommt (Fig. 4–12.III.). In allen drei Fällen wurden die Anpassungsreaktionen durch einen Nachfrageüberschuß ($q_0^d - q_0$) ausgelöst, der zu Preissteigerungen führte. Doch nur beim gedämpften Modell wird ein neues Gleichgewicht erreicht.

Im Hinblick auf die **empirische Bedeutung** ist der instabile Fall nur innerhalb gewisser Grenzen möglich, weil man sich nur schwer negative Preise (also „Geschenke") – erst recht keine negativen Mengen – vorstellen kann, die im Modell nach einigen Anpassungsschritten auftreten. Eine gewisse praktische Relevanz besitzen die beiden anderen Fälle, wie empirische Untersuchungen bei einigen Gütern (Schweine, Weizen, Schiffsbau, Wohnungen) gezeigt haben. Solche Angebotsreaktionen sind vor allem bei Agrarprodukten beobachtet worden. Die Landwirte weiten ihre Produktion aus, weil sie sich an den augenblicklichen Marktpreisen orientieren. Wenn das Angebot nach einiger Zeit auf den Markt kommt, tritt ein starker Preisabfall ein. Sie schränken die Produktion wieder ein (Schweinezyklus). Es mag sein, daß sie aus solchen Erfahrungen lernen und in der Zukunft sowohl bei der Angebotsausweitung wie -drosselung etwas behutsamer vorgehen. Das Ausmaß der Preisüberraschung wird kleiner sein, sofern sich solche Erfahrungen durchsetzen.

Wird bei verzögerter Angebotsanpassung nach einer Verschiebung der Nachfragekurve ein neues Gleichgewicht erreicht, bezeichnet man es als stabil. Graphisch gesehen liegt eine Stabilität bei linearen Nachfrage- und Angebotskurven vor, wenn die Angebotskurve steiler verläuft als die Nachfragekurve. Andernfalls ist es instabil, im Grenzfall indifferent. Hierbei wird deutlich, daß ein Nachfrageüberschuß (Angebotsüberschuß) zwar die Preise in die Höhe (hinunter) treibt, unter dynamischen Bedingungen jedoch nicht sicher ist, ob wieder ein Gleichgewicht erreicht wird. Der Gleichgewichtsbegriff wird meist in einem weiten Sinn gebraucht. Generell kann man sagen: In der theoretischen Analyse ist der Gleichgewichtsbegriff durch die Normallage definiert, der Begriff des Ungleichgewichts durch Abweichungen davon. Die Begriffe Stabilität, Instabilität und Indifferenz dienen zur Bezeichnung der **Eigenschaften eines Gleichgewichtssystems**, das aus irgendeinem Grund „gestört" worden ist. Je nachdem, ob wieder ein neues Gleichgewicht erreicht wird oder nicht, spricht man von einem stabilen, instabilen oder indifferenten System. Auf die Eigenschaften des Gleichgewichts wird im späteren Textzusammenhang noch mehrfach eingegangen.

III. Elastizitäten

Direkte Preiselastizität

Die Nachfragefunktionen (4.2) und (4.5) geben an, welche Mengen eines Gutes von einem Haushalt (individuelle Nachfrage) oder allen Haushalten zusammen (Marktnachfrage) zu alternativen Preisen pro Zeiteinheit gewünscht werden. Für analytische Zwecke ist es wichtig zu wissen, um wieviel sich bei gegebener Nachfragefunktion die nachgefragte Menge ändert, wenn der Preis um einen bestimmten Betrag steigt oder fällt. Ein Ausdruck für diese Änderungen ist die **Nachfrageelastizität** (Preiselastizität der Nachfrage). Ihre **Begriffsdefinition** stammt von ALFRED MARSHALL: „The *elasticity* (or *responsiveness*) *of demand* in a market is great or small according as the amount demanded increases much or little for a given fall in price, and diminishes much or little for a given rise in price“ (Principles of Economics, a. a. O., 86). Die Nachfrageelastizität stellt ein Änderungsmaß für die nachgefragte Menge in bezug auf den Preis dar. „Änderung der nachgefragten Menge“ bedeutet graphisch gesehen eine Bewegung längs einer gegebenen Kurve, hier: der Nachfragekurve. Der Anlaß für die Messung der Nachfrageelastizität ist in der Regel eine Kurvenverschiebung auf der Angebotsseite (Fig. 4–13).

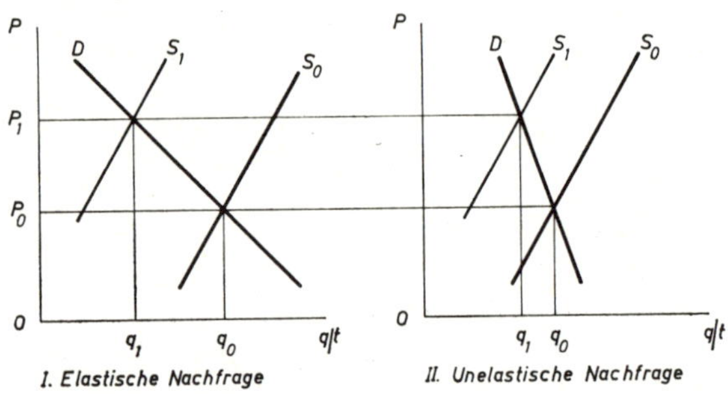

Fig. 4–13: Nachfrageelastizität

Bei einer Preiserhöhung von p_0 auf p_1 (in Fig. 4–13.I. und 4–13.II. gleich groß), für die eine Linksverschiebung der Angebotskurve die Ursache war, kann die nachgefragte Menge pro Zeiteinheit stark (elastische Reaktion) oder nur geringfügig zurückgehen (unelastische Reaktion). Dieses Ergebnis beruht offensichtlich auf unterschiedlichen Steigungen der Nachfragekurven, eine Aussage, die jedoch noch nicht zur Bestimmung der Elastizität ausreicht. Da die Lage einer Kurve im Koordinatensystem von der Wahl des absoluten Maßstabes abhängig ist, benutzt man ein relatives Maß für die Elastizität. Die Nachfrageelastizität (η) wird danach als das Verhältnis einer relativen Mengenänderung zu einer relativen Preisänderung definiert, was sich in der Schreibweise der Differentialrechnung wie folgt formulieren läßt:

(4.10a) $$\eta = -\frac{\frac{dq}{q}}{\frac{dp}{p}}$$ (Definitions-Gleichung) oder

(4.10b) $$\eta = -\frac{dq}{dp} \cdot \frac{p}{q}\,.$$

Etwas weniger streng und unter Berücksichtigung der Tatsache, daß die Preisänderung meist eine unabhängige Variable ist, lautet die Definition: Die Nachfrageelastizität ist das Verhältnis einer prozentualen Mengenänderung zu einer (gegebenen) ein-prozentigen Preisänderung, also

(4.11) $$\eta = \frac{\text{x-prozentige Mengenänderung}}{\text{ein-prozentige Preisänderung}}\,.$$

Bei normaler Reaktion der Nachfrage sind Preis- und Mengenänderungen gegenläufig; die Elastizität ist eine negative Größe. Durch Multiplikation mit –1 erhält man einen positiven Ausdruck, mit dem sich bequemer operieren läßt. Da sich aus dem Zusammenhang ergibt, wie der Ausdruck verstanden werden soll, ist es zweckmäßig, das Vorzeichen zu negieren und die Elastizität als absolute Größe zu fassen. Diesem Verfahren soll, sofern nicht ausdrücklich etwas anderes gesagt wird, gefolgt werden. Die Festlegung „elastisch" und „unelastisch" kann nun exakt erfolgen. Ist $\eta > 1$ (wegen $x > 1$), nennt man die Nachfrage elastisch, bei $\eta < 1$ (wegen $x < 1$) unelastisch; besondere Fälle sind $\eta = 1$ (für $x = 1$), $\eta = \infty$ (für $x = \infty$) und $\eta = 0$ (für $x = 0$). Im zweiten Fall spricht man von einer vollständig oder unendlich elastischen, im dritten von einer vollständig unelastischen oder starren Nachfrage.

Die **graphische Bestimmung** der Nachfrageelastizität sei an einer linearen Nachfragekurve demonstriert. Ist die Nachfragekurve keine Gerade, bereitet die Messung der nur für einen Punkt gültigen Elastizität keine besondere Schwierigkeit, da sich an jede Kurve eine Gerade als Tangente legen läßt, für die im Tangentialpunkt dasselbe wie für eine lineare Nachfragekurve gilt. Die nachgefragte Menge steigt um die Strecke HI = GC (die üblichen Strichbalken über den Buchstaben sind zur Vereinfachung weggelassen), wenn der Preis um EF = BG fällt (Fig. 4–14). Werden die Streckenabschnitte in (4.10b) eingesetzt, ist die Nachfrageelastizität in B: η = GC/BG · OE/OH. Da die Dreiecke BGC und BHD ähnlich sind, kann man schreiben: η = HD/HB · OE/OH oder wegen OE = HB: η = HD/OH = BD/AB = OE/AE (Strahlensatz). Verbal ausgedrückt: Die Nachfrageelastizität ist gleich dem Verhältnis des rechten Teils zum linken Teil einer linearen oder einer Tangente an eine nichtlineare Nachfragekurve, die durch den Meßpunkt in zwei Teile zerlegt wird. Die sich ergebenden Teilstücke können als relatives Teilungsmaß auf den Koordinaten zwischen Null und dem Kurven- oder Tangentenschnittpunkt dienen, so daß die Elastizität auch auf der Abszisse oder Ordinate gemessen werden kann.

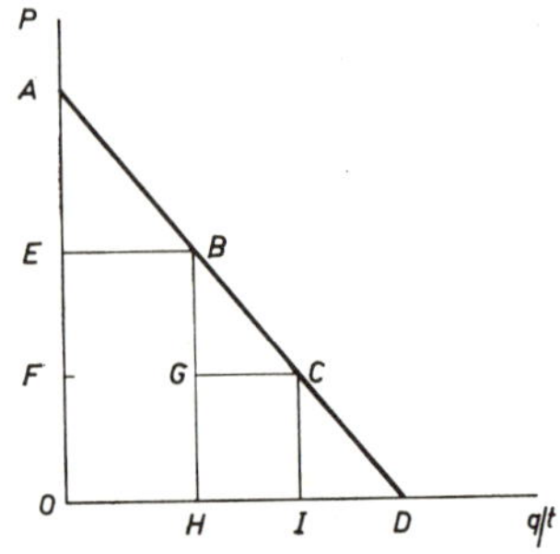

Fig. 4–14: Messung der Nachfrageelastizität

Die **Eigenschaften** der Nachfrageelastizität lassen sich veranschaulichen. Fig. 4–15.I. zeigt: Die Nachfrageelastizität nimmt Werte zwischen ∞ und 0 an. Im Schnittpunkt einer normal verlaufenden Nachfragekurve (D_0) mit der Ordinate (A) oder in allen Punkten einer Nachfragekurve, die zur Abszisse parallel verläuft (D_2), ist die Elastizität ∞. Vom Ordinatenschnittpunkt bis zum Halbierungspunkt B der Kurve reagiert die Nachfrage elastisch ($\eta > 1$), jenseits des Punktes B (in B selbst: $\eta = 1$) unelastisch ($\eta < 1$). Im Schnittpunkt der Nachfragekurve (D_0) mit der Abszisse (C) oder in allen Punkten einer Nachfragekurve, die parallel zur Ordinate verläuft (D_1), ist die Elastizität 0. Aus Fig. 4–15.II. wird ersichtlich: Bei einer Parallelverschiebung von D_0 nach D_1 liegen die Punkte gleicher Elastizität auf einem Strahl, der vom Nullpunkt ausgeht (A_0 und A_1); liegt der neue Punkt links von A_1, ist die Elastizität größer als in A_0 et vice versa. In Fig. 4–15.III. wird die Nachfragekurve in V oder T gedreht. Bei einer Drehung in V haben alle Schnittpunkte der sich drehenden Nachfragekurve mit einer beliebigen Parallelen zur Ordinate (A_0, A_1, A_2), bei einer Drehung in T alle Schnittpunkte mit einer beliebigen Parallelen zur Abszisse (B_0, B_1, B_2) dieselbe Elastizität.

Zwischen der **Nachfrageelastizität** und der Änderung der Gesamtausgaben bei einer bestimmten Preisänderung, den **Grenzausgaben**, besteht ein funktionaler Zusammenhang. Die Ausgaben (A) der Haushalte, die gleich den Einnahmen, dem Erlös oder dem Umsatz (R = revenue) der Unternehmen sind, werden als Produkt aus Preis und Menge definiert:

(4.12) $A = R = p \cdot q$ (Definitions-Gleichung).

Ist $p = f(q)$, wird für den Fall einer normal verlaufenden linearen Nachfragefunktion

(4.13) $p = a - bq$

der Ausdruck (4.12) zu

(4.14) $A = R = aq - bq^2$.

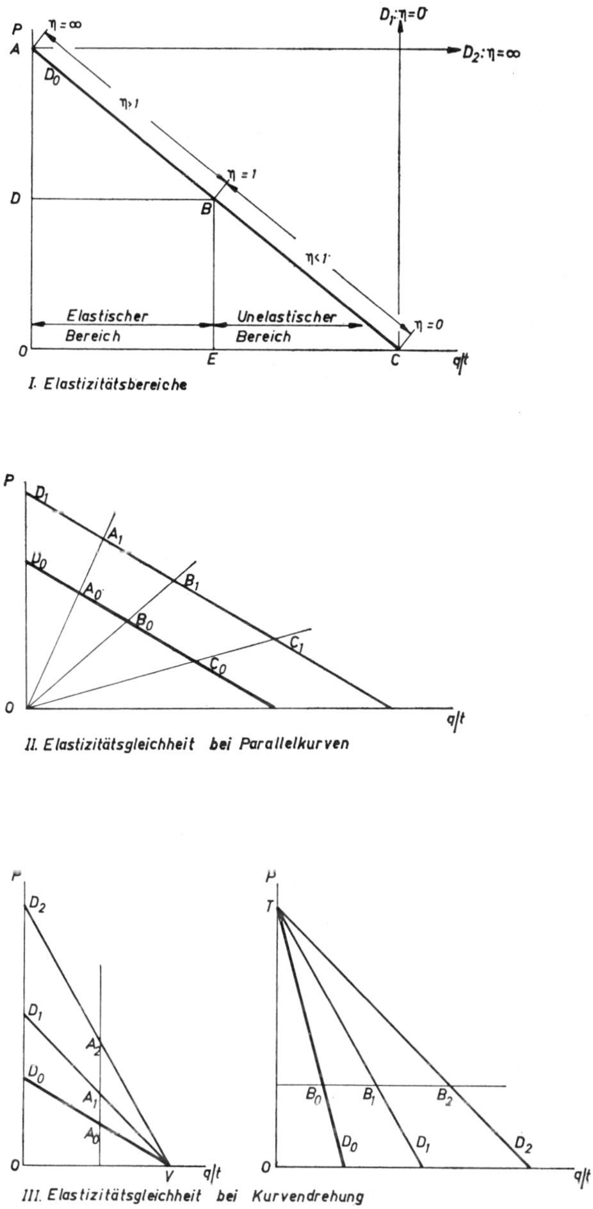

Fig. 4–15: Eigenschaften der Nachfrageelastizität

Die Grenzausgabe oder der Grenzerlös ist die erste Ableitung von (4.14) nach der Menge:

$$\frac{dA}{dq} = \frac{dR}{dq} = a - 2bq. \tag{4.15}$$

(4.15) kann auch durch den Preis und die Nachfrageelastizität ausgedrückt werden. Die erste Ableitung von (4.12) nach q ist – da p = f (q) – gemäß der Produktenregel:

$$\frac{dA}{dq} = \frac{dR}{dq} = p + q\frac{dp}{dq}. \tag{4.16}$$

Wegen (4.10b) erhält man für (4.16) unter Berücksichtigung des Elastizitätsvorzeichens bei normaler Reaktion sowie der Definitionsgleichungen dA/dq = A′ und dR/dq = R′

$$A' = R' = p - \frac{p}{\eta}. \tag{4.17}$$

Die Grenzausgabe (A′) und der Grenzerlös (R′) sind gleich dem Preis abzüglich dem Quotienten aus Preis und Nachfrageelastizität (Amoroso-Robinson-Gleichung). Die Zusammenhänge für den Fall einer linearen Nachfragefunktion – unter Fortlassung von R – veranschaulicht Fig. 4–16.

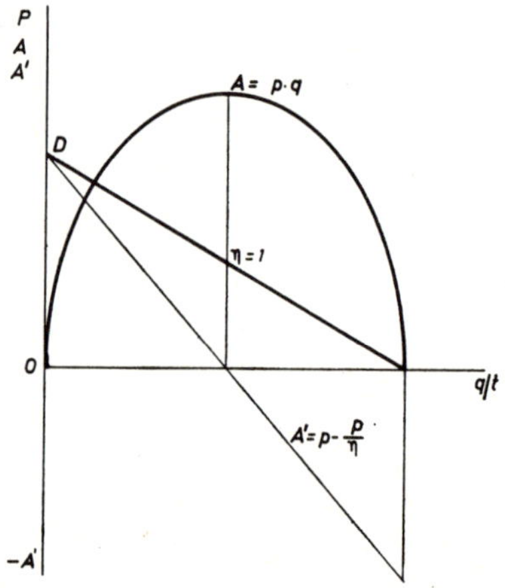

Fig. 4–16: Zusammenhang zwischen Nachfrage-, Ausgaben- und Grenzausgabenkurve

Im elastischen Bereich der Nachfragekurve steigen die Ausgaben (die Grenzausgaben sind positiv), im unleastischen fallen sie (die Grenzausgaben sind negativ). Im Schnittpunkt der Kurve mit der Ordinate ist $\eta = \infty$, so daß A′ = p wird. Sonst ist die Grenzausgabe stets kleiner als der Preis. Steigt die nachgefragte Menge um eine Einheit, wächst die Gesamtausgabe um den Preis dieser Einheit (p_1) abzüglich der Differenz zwischen altem und neuem Preis jeder bis dahin nachgefragten Einheit ($q_0 \cdot [p_0 - p_1] = p_0/\eta_0$). Der neue Preis p_1 ist also um diesen „Preisverfall" zu reduzieren. Die Reduktion ist im elastischen Absatzbereich kleiner ($p_0/\eta_0 < p_1$), im unelastischen Bereich dagegen größer als der Preis ($p_0/\eta_0 > p_1$). Bei einer Elastizität von 1 ist die Reduktion gleich dem Preis ($p_0/\eta_0 = p_1$). Das ist auch einleuchtend. Denn bei $\eta = 1$ nimmt bei einer Preissenkung der Erlös um einen Prozentsatz aus der Preisminderung ab, jedoch um den gleichen Prozentsatz aus der Mengensteigerung zu. Der Erlös bleibt konstant, der Grenzerlös ist Null. Ein besonderer Fall liegt vor, wenn die Gesamtausgabe bei jeder Änderung der Nachfragemenge, d. h. in jedem Punkt der Nachfragekurve, konstant bleibt (constant outlay-curve) und folglich die Grenzausgabe in jedem Punkt der Kurve Null ist. Die Nachfragekurve hat dann die Form einer gleichseitigen Hyperbel, deren Asymptoten die Koordinaten bilden (isoelastische Nachfragekurve).

Auch auf der Angebotsseite kann mit dem Elastizitätsausdruck gearbeitet werden. Das ist immer dann zweckmäßig, wenn sich ceteris paribus die Nachfragekurve verschiebt. Die **Angebotselastizität** wird – analog zur Nachfrageelastizität (4.10) – wie folgt definiert:

(4.18) $$\varepsilon = \frac{\frac{dq}{q}}{\frac{dp}{p}} = \frac{dq}{dp} \cdot \frac{p}{q}$$ (Definitions-Gleichung).

Das Vorzeichen ist bei normalem Verlauf des Angebots positiv. Die Angebotselastizität läßt sich als Verhältnis zweier Streckenabschnitte aus der geometrischen Darstellung der Angebotsfunktion ablesen (Fig. 4–17).

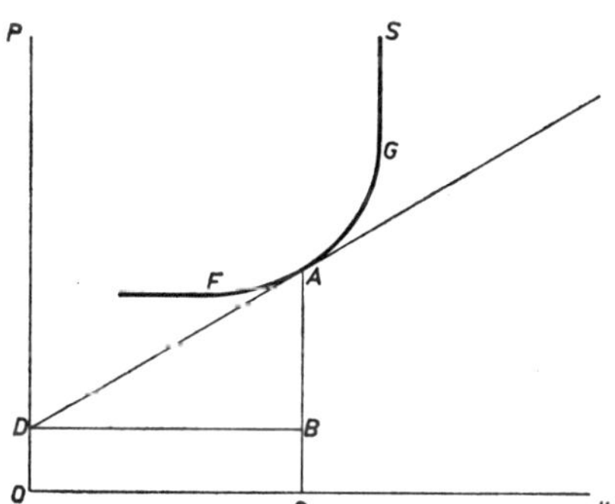

Fig. 4–17: Angebotselastizität

Setzt man die entsprechenden Streckenabschnitte in (4.18) ein, ergibt sich: $\varepsilon = DB/AB \cdot AC/DB = AC/AB$. Wie man sieht, ist ε stets größer als 1, wenn die Tangente an die Angebotskurve den positiven Ordinatenast schneidet. Geht sie durch den Koordinatenursprung, ist $\varepsilon = 1$. Schneidet sie die Ordinate im negativen Bereich, gilt $\varepsilon < 1$. Alle linearen Angebotskurven durch den Nullpunkt, die also unabhängig von der Steigung in jedem Punkt die Elastizität $\varepsilon = 1$ haben, nennt man isoelastisch. Das Angebot ist – in Übereinstimmung mit der Terminologie bei der Nachfrage – vollkommen elastisch ($\varepsilon = \infty$), wenn die Angebotskurve parallel zur Mengenachse (Fig. 4–17; bis F), vollkommen unelastisch ($\varepsilon = 0$), wenn sie parallel zur Preisachse (ab G) verläuft; zwischen diesen Extremfällen (F bis G) besitzt die Angebotselastizität endliche Werte.

Indirekte Nachfrage- und Einkommenselastizitäten

Die bisherigen Überlegungen lassen sich auf die Abhängigkeiten zwischen komplementären und substitutiven Gütern übertragen. Die unterschiedlichen Arten dieser Abhängigkeiten wurden bereits im Abschnitt über die Haushaltsnachfrage dargestellt (Fig. 4–3). Anstelle der soeben behandelten direkten Preiselastizität eines Gutes geht es nun um die indirekte oder **Kreuzelastizität.** Im deutschen Schrifttum liest man häufiger Kreuzpreiselastizität. Gefragt wird, wie groß bei einer relativen Preisänderung eines Gutes i die relative Änderung der nachgefragten Menge eines dazu komplementären oder substitutiven Gutes n ist:

$$(4.19) \qquad \eta_{i,n} = \frac{\frac{dq_n}{q_n}}{\frac{dp_i}{p_i}} = \frac{dq_n}{dp_i} \cdot \frac{p_i}{q_n} \qquad \text{(Definitions-Gleichung).}$$

Bei der Kreuzelastizität hat das Vorzeichen besondere Bedeutung, da es die Art der Beziehung anzeigt. Unter normalen Reaktionsbedingungen ist bei komplementären Beziehungen das Vorzeichen negativ – wie beim normalen Verlauf der direkten Nachfrage –, bei substitutiven positiv. Die Gründe dafür wurden bereits behandelt (Fig. 4–3). Die Beziehung gilt strikt nur unter Vernachlässigung des später behandelten Einkommenseffektes.

Da die Nachfragemenge nicht nur auf Änderungen des Preises, sondern auch auf Einkommensänderungen reagiert, läßt sich in gleicher Weise eine **Einkommenselastizität** definieren:

$$(4.20) \qquad \eta_y = \frac{\frac{dq}{q}}{\frac{dy}{y}} = \frac{dq}{dy} \cdot \frac{y}{q} \qquad \text{(Definitions-Gleichung).}$$

In der Regel hat der Quotient einen positiven Wert, der kleiner als 1, größer als 1 oder gleich 1 sein kann. Die wichtigsten Ausnahmen von der

Regel sind: bei einem inferioren Gut ist die Einkommenselastizität negativ, bei einem Sättigungsgut Null (Fig. 4–4).

Die verschiedenen Arten und Formen der Elastizität werden noch einmal in einer Übersicht zusammengefaßt (Übers. 4–4).

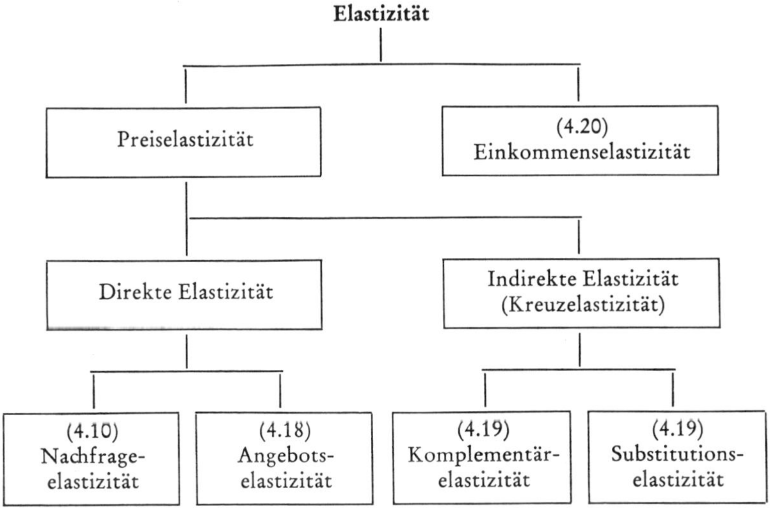

Übers. 4–4: Arten und Formen der Elastizität

Einflußfaktoren und Illustrationen

Für die Lösung praktischer Probleme ist es notwendig zu wissen, von welchen Faktoren die direkte Nachfrageelastizität beeinflußt wird. Da diese Elastizität immer nur für eine gegebene Nachfragefunktion q = f (p) definiert ist, läßt sich sagen, sie hänge von allen Faktoren ab, die die Gestalt und Lage der Nachfragekurve determinieren. Allerdings sind einige dieser Faktoren besonders bedeutsam. Zu den wichtigen **Determinanten der direkten Nachfrageelastizität** dürften die Zahl und die Art der Substitutionsgüter und die Länge der Zeitperiode gehören. Je enger die Substitutionsbeziehungen, je zahlreicher die Substitute und je länger die Zeitperiode sind, um so leichter werden die Nachfrager der Preiserhöhung eines Gutes ausweichen können. Das zeigt sich in einer vergleichsweise flach verlaufenden Nachfragekurve. Bei gleicher Preisänderung wird folglich die Elastizität bei einem Gut mit wenig Substituten geringer sein als bei einem Gut mit vielen. Fig. 4–13 läßt sich in diesem Sinn interpretieren. Werden in einem Angebotssortiment zehn eng verwandte Brotsorten offeriert, weichen die Hausfrauen bei der Erhöhung des Preises einer Brotsorte vermutlich in einem beträchtlichen Umfang auf Sorten aus, die im Preis gleichgeblieben sind. Bei einer Preissenkung würde die nachgefragte Menge stark zunehmen. Fehlen hingegen Substitute, wird die Menge bei Preiserhöhungen kaum reduziert, insbesondere dann nicht, wenn es sich um Güter handelt, auf welche die Nachfrager nur schwer verzichten können oder möchten. Historisch gesehen hat die Zahl der Substitute laufend zugenommen. In modernen Volkswirtschaften lassen sich nur wenige Güter finden, für die es keinen Ersatz gibt. Wie gezeigt wurde, hängt eine derartige Feststellung wesentlich vom Gutsbegriff ab. Unterscheidet man nach Brotsorten, wird sich leichter ein Substitut für die einzelne Sorte finden, als wenn man von einem einheitlichen Brotmarkt ausgeht und Substitute für Brot sucht. Wie die Grenzen zu ziehen sind, ist eine Frage der Zweckmäßigkeit. In empirisch-deskriptiven Arbeiten sind sie durch das Untersuchungsziel vorgezeichnet.

Für bestimmte Überlegungen ist es zweckmäßig, die Güter in zwei Klassen zu unterteilen: in „Luxusgüter" und „notwendige Güter". Von den Luxusgütern sagt man, sie hätten eine hohe Nachfrageelastizität. Die notwendigen Güter sollen dagegen eine geringe Elastizität aufweisen. Überraschend ist zunächst, daß Gütern einheitlich hohe oder niedrige Elastizitäten zugeschrieben werden, obwohl die Elastizität entlang der Nachfragekurve alle Werte von Null bis Unendlich annehmen kann. Tatsächlich streuen die bei verschiedenen Gütern ermittelten Elastizitäten nicht in dieser ganzen Breite, sondern meist in einem engeren Bereich. Es gibt

Güter	Elastizität	Quelle	Güter	Elastizität	Quelle
Agrarprodukte:			**Lebensmittel:**		
Getreide	0,77	Schultz	Rindfleisch	0,50	Wold-Jureen
Baumwolle	0,51	„	Schweinefleisch	0,45	„
Kartoffeln	0,68	„	Butter	0,70	„
Buchweizen	1,50	„	Milch	0,31	„
Diverses:			Geflügel	0,27	Stone
			Zucker	0,44	„
Juwelen	2,6	Hearings	Orangen	0,97	„
Ortsgespräche	1,0	„	Hammelfleisch (inl.)	1,47	„
Büromaschinen	0,5	„			
Autoreifen, Streichhölzer	0	„	Rindfleisch (inl.)	0,41	„

Übers. 4–5: Ausgewählte Preiselastizitäten der Nachfrage

Quellen: H. Schultz, The Theory and Measurement of Demand, Chicago 1938; Revenue Revisions of 1950. Hearings before the Committee on Ways and Means, House of Representatives, 81st Congress, 2nd Session, Vol. I; H. Wold – L. Jureen, Demand Analysis: A Study in Econometrics, New York 1953; J. R. Stone u. a., The Measurement of Consumers' Expenditure and Behaviour in the United Kingdom, 1920–38, Cambridge 1954, Vol. I.

„typische" Elastizitäten für bestimmte Güter, die selbstverständlich von Raum und Zeit abhängig sind. Die errechneten oder geschätzten Elastizitäten gehorchen jedoch nicht völlig der oben genannten Güterklassenregel, weil mitunter die Nachfrage nach Lebensmitteln elastisch und die nach Luxusgütern unelastisch reagiert. Einige, verschiedenen Quellen entstammende **Meßwerte** mögen das illustrieren (Übers. 4–5).

Ähnliche Berechnungen gibt es auch für andere Elastizitätsarten und -formen, insbesondere für die Einkommenselastizität. Doch sei dazu auf das Schrifttum verwiesen.

Bibliographische Hinweise

A. Literatur zur Mikroökonomik

1. Neben den Gesamtdarstellungen der Volkswirtschaftslehre, auf die schon hingewiesen wurde, gibt es eine Reihe von Lehrbüchern zur Mikroökonomik, ebenso wie später noch zu erwähnende zur Makroökonomik. In den mikroökonomischen Lehrbüchern, die zum Teil unter anderen Titeln, wie z. B. „Preistheorie", erscheinen, wird der Stoff im allgemeinen gründlicher und ausführlicher als in den Gesamtdarstellungen behandelt. Die Zahl der Titel ist groß. Es kann deshalb nur eine beschränkte Auswahl geboten werden, wobei das Augenmerk auf die hierzulande zu wenig beachtete angelsächsische Literatur gelenkt werden soll.

2. Aus dem deutschsprachigen Schrifttum seien empfehlend angeführt:
H. Arndt, Mikroökonomische Theorie, 2 Bde., Tübingen 1966. Eine ohne mathematische Vorkenntnisse gut lesbare Darstellung.
K. Brandt, Preistheorie, Ludwigshafen 1960. Kurzgefaßter und klarer Überblick über die grundlegenden Probleme.
W. Krelle, Preistheorie, Tübingen-Zürich 1961. Teils Lehrbuch, teils Monographie; nur partienweise für die ersten Semester zu empfehlen.
A. E. Ott, Grundzüge der Preistheorie, a. a. O. Didaktisch sehr empfehlenswertes Werk in moderner Darstellungsweise; die Mathematik hält sich im Rahmen dessen, was ein Studierender beherrschen sollte.
R. Richter, Preistheorie, Wiesbaden 1963. Präziser Text mit zahlreichen Figuren und Ableitungen, für deren Schwierigkeitsgrad ähnliches wie beim vorigen Titel gilt.
J. M. Henderson – R. E. Quandt, Mikroökonomische Theorie. Eine mathematische Darstellung, a. a. O. Wer mit der – nicht übermäßig schwierigen – Mathematik zurechtkommt, wird das Buch mit großem Gewinn lesen.
Aufsätze zur „Preistheorie" hat A. E. Ott, Köln 1965, herausgegeben.

3. Aus dem englischen Sprachbereich kann empfohlen werden:
W. J. Baumol, Economic Theory and Operations Analysis, 2. e., a. a. O. Mit Recht einer der meistbenutzten Texte im Ausland.
R. A. Bilas, Microeconomic Theory: A Graphical Analysis, New York 1967. Durch klare Textanordnung und reichliche, zweifarbige Graphik instruktiv.
C. E. Ferguson, Microeconomic Theory, Homewood 1966. Ausführlich und gründlich, fast schon ein Handbuch.
M. Friedman, Price Theory. A Provisional Text, Chicago 1962. Anregende und originelle Arbeit, die interessante Durchblicke bietet; für Anfänger und Kenner zugleich.

G. J. STIGLER, The Theory of Price, 3. e., New York 1966. Ein methodisch herausragendes Werk, seltene Verbindung von theoretischem Scharfsinn und praktischer Kenntnis.
H. H. LIEBHAFSKY, The Nature of Price Theory, Homewood 1963. Geschrieben für „Nichtmathematiker", mit zahlreichen Figuren und Beispielen.
D. S. WATSON, Price Theory and its Uses, Boston 1963. Gut lesbare Darstellung mit ständigem Bezug zum praktischen Problem; die Mathematik – nicht schwierig – ist in Anhänge verwiesen.
R. H. LEFTWICH, The Price System and Resource Allocation, 4. e., New York 1970. Eine didaktisch empfehlenswerte Darstellung ohne mathematische Anforderungen.
Aufmerksam gemacht sei auf die kleine, manchem sicher hilfreiche Schrift:
C. L. ALLEN, Elementary Mathematics of Price Theory, Belmont 1962.

B. Literatur zum 4. Kapitel

Da in den folgenden Kapiteln der Stoff vertieft wird, erübrigen sich an dieser Stelle weitere Angaben. Zur Elastizität sei über die bereits genannte allgemeine Literatur hinaus noch hingewiesen auf die Artikel von: W. KRELLE, Elastizität von Angebot und Nachfrage, Handwörterbuch der Sozialwissenschaften, 3. Bd., a. a. O. D. BODENHORN, Elasticity, International Encyclopedia of the Social Sciences, Vol. 4, a. a. O. Beide Artikel enthalten weiteres Material. Klassische Darstellung des Cobweb-Theorems: M. EZEKIEL, The Cobweb Theorem, The Quarterly Journal of Economics, 52 (1938).

5. Nachfrage: Einkaufsplan des Haushalts

I. Grenznutzen-Analyse

Gesamtnutzen und Grenznutzen

Die Analyse der Nachfrage des letzten Kapitels mag in vielen Fällen genügen. Wichtige Probleme bleiben jedoch offen. Warum fragen Haushalte gerade solche Mengen eines Gutes zu alternativen Preisen nach, wie sie durch eine bestimmte Nachfragekurve angegeben werden? Welchen Einfluß haben Änderungen des Nominaleinkommens auf die nachgefragten Mengen der Güter? Um solche und ähnliche Fragen beantworten zu können, muß die bisherige Analyse vertieft werden. Zwar kennen wir die Determinanten der Nachfrage aufgrund der oben erläuterten Hypothesen; nun interessiert jedoch, wie der einzelne Haushalt den Güternutzen maximieren kann, wenn sich die Preise einzelner oder sämtlicher Güter sowie das Einkommen ändern.

Das Aussagensystem, das diese Fragen zu beantworten sucht, ist die **Nutzentheorie.** Sie bildet einen traditionellen Teil der wirtschaftswissenschaftlichen Analyse, obwohl es bis heute nur wenige Ansätze gibt, die Aussagen in eine empirisch prüfbare Form zu bringen. Freilich läßt sich die subjektive Größe Nutzen nur schwer – wenn überhaupt – messen. In ihrem gegenwärtigen Zustand ist die Nutzentheorie typisch für das, was als Modell bezeichnet wird: ein System von Annahmen, deren Explikationen Grundlage „rationaler“ Konsumentscheidungen sein können (Entscheidungskalkül), von denen wir jedoch nicht wissen, ob sie es tatsächlich sind. Wenn die Nutzentheorie – trotz des im 1. Kap. erläuterten Wissenschaftsbegriffs – dennoch wiedergegeben wird, so aus folgenden Gründen: Es kann nicht ausgeschlossen werden, daß die Nutzentheorie im Zuge des wissenschaftlichen Fortschritts zu einem empirisch prüfbaren Hypothesensystem entwickelt wird. Auch für andere Bereiche der Theorie gelten ähnliche Einwände. Der Bestand empirisch überprüfbarer und überprüfter Theorien dürfte nur einen kleinen Teil dessen ausmachen, was man zur Theorie rechnet. Schließlich ist die Nutzentheorie und ihr begrifflicher Apparat typisch für bestimmte Kategorien des ökonomischen Denkens, ähnlich wie das Lateinische für die Struktur einiger moderner Sprachen.

Es gibt drei Richtungen der Nutzen- oder Haushaltstheorie: die Grenznutzen-, die Indifferenzkurven- und die revealed preference-Analyse. Die Grenznutzen-Analyse ist seit den siebziger Jahren des vergangenen Jahrhunderts üblich. Die Indifferenzkurven-Analyse, die in den meisten Lehrbüchern im Mittelpunkt steht, versucht Schwierigkeiten der Grenznutzen-Analyse zu vermeiden. Einige moderne Autoren bevorzugen die revealed preference-Konzeption, die innerhalb der Nutzentheorie erstmals auf die Testbarkeit besondere Rücksicht zu nehmen versucht. Die Erklärungsziele – die Verhaltensweisen des Haushalts unter dem Nutzenaspekt – sind bei allen drei Ansätzen dieselben, die Erklärungsweisen jedoch verschieden. Je nach Fragestellung wird man sich mal dieser oder jener Analyse oder einer Verbindung von ihnen bedienen. Sie werden im folgenden nacheinander dargestellt.

Unter Nutzen versteht man die Befriedigung, die ein Gut beim Konsum stiftet. Wichtig ist die **Definition von Gesamtnutzen und Grenznutzen**. Wie bereits im 2. Kap. gezeigt wurde, entstehen beim Konsum eines Gutes Kosten in Höhe des Nutzenentgangs (opportunity cost), da sich ein Haushalt mit gegebenem Einkommen in einer Zeitperiode nicht alles leisten kann und bei der Entscheidung für ein Gut auf ein anderes verzichten muß. Den in opportunity cost gemessenen Nutzen, den ein Gut oder die konsumierten Einheiten eines Gutes insgesamt in einer Zeitperiode zu stiften vermögen, nennt man Gesamtnutzen (Totalnutzen). Wird ein unteilbares Gut zum Zweck des Konsums angeschafft (Fernsehgerät, Eisschrank), entsteht pro Zeiteinheit ein Gesamtnutzen. Bei teilbaren Gütern (Mehl, Zukker) hat der Konsument dagegen die Alternative, mehr oder weniger zu konsumieren, so daß sich neben dem Gesamtnutzen – bezogen auf alle konsumierten Einheiten – auch ein Grenznutzen – bezogen auf die letzte noch konsumierte Einheit – feststellen läßt. Entscheidet sich der Konsument bei der Verwendung einer letzten, gerade noch verfügbaren Mark für ein zusätzliches Glas Bier, muß er auf eine Tafel Schokolade verzichten, die er sonst vielleicht gekauft hätte, oder umgekehrt. Das zusätzliche Glas Bier kostet die Tafel Schokolade, diese das Glas Bier. In einer Periode werden hier nicht Güter schlechthin, sondern nur Einheiten der Güter aufgegeben. Den in opportunity cost gemessenen Nutzen, den eine weitere (die jeweils letzte) Einheit eines Gutes pro Zeiteinheit stiftet, nennt man Grenznutzen (Marginalnutzen). Die analytische und praktische Bedeutung des Grenznutzens ist weitaus größer als die des Gesamtnutzens. Relativ selten stellt sich die Frage, ob man auf ein Gut überhaupt verzichten soll, was wiederum von der Länge der Zeitperiode abhängt. Typische Alternativentscheidungen sind diejenigen, die zu Änderungen von Grenzgrößen führen.

Gossensche Gesetze

Es soll folgende, für die Haushaltsanalyse grundlegende Annahme eingeführt werden: Mit steigenden Verbrauchsmengen eines Gutes nehme der Grenznutzen pro Zeiteinheit ab, wenn sich der Konsum der übrigen Güter nicht ändert. Diese Annahme wird als „Gesetz“ vom abnehmenden Grenznutzen oder auch – nach dem Vorschlag des Wiener Nationalökonomen Friedrich von Wieser (1851–1926) – als **erstes Gossensches Gesetz** bezeichnet. Der rheinische Beamte Hermann Heinrich Gossen (1810–1858) hat diese Aussage als erster formuliert und in seinem 1854 erschienenen Buch „Die Entwicklung der Gesetze des menschlichen Verkehrs und der daraus fließenden Regeln für menschliches Handeln" veröffentlicht, das kaum jemand gelesen hatte und in Vergessenheit geraten war, bis es der englische Nationalökonom William Stanley Jevons (1835–1882) in der Bibliothek des Britischen Museums entdeckte. Da der Grenznutzen die Änderung des Gesamtnutzens ausdrückt, ergibt sich bei abnehmendem Grenznutzen folgender Zusammenhang (Übers. 5–1).

Verbrauch pro Zeiteinheit (q/t)	**Gesamtnutzen** (u)	**Grenznutzen** (u')
0	0	
		4
1	4	
		3
2	7	
		2
3	9	
		1
4	10	
		0
5	10	
		–1
6	9	

Übers. 5–1: Gesetz vom abnehmenden Grenznutzen (erstes Gossensches Gesetz)

Der Gesamtnutzen ist die Summe der Grenznutzen. Eine graphische Darstellung der Beziehung führt zu folgendem Bild (Fig. 5–1). Der Leser möge vor allem darauf achten, daß die Aussage nur für eine bestimmte Zeitperiode t gilt. Das Steigungsmaß der Nutzenfunktion u = f (q/t), der Grenznutzen u', hängt von der Definition der Maßeinheiten ab. Offensichtlich erhält man unterschiedliche Verläufe der Nutzenfunktion, wenn die Konsumperiode bei gegebenen Gütermengen nicht einen Tag, sondern einen Monat beträgt, oder als Mengeneinheit nicht Liter oder Kilogramm, sondern Hektoliter oder Tonnen gewählt werden. Nicht unbedingt erforderlich ist, daß der Gesamtnutzen einer gegebenen Menge in einer Zeitperiode sinkt, der Grenznutzen also negativ wird. Beim Konsum einiger Güter kann die letzte Einheit einer großen Menge pro Zeiteinheit noch einen positiven Grenznutzen stiften. Wer als passionierter Sportler mehrere Stunden an einem Tag Tennis spielt, wird vielleicht die letzte Stunde noch „genießen", wenn auch nicht mehr in dem Maße wie die erste. Andere Güter können einen negativen Grenznutzen haben, also Schaden stiften, wenn sie in genügend großen Mengen konsumiert werden. Pro Zeiteinheit gibt es für jeden Menschen, der ißt, trinkt oder raucht, einen Sättigungspunkt, von dem an beim Konsum weiterer Einheiten Übelkeit auftritt. Schließlich gilt das erste

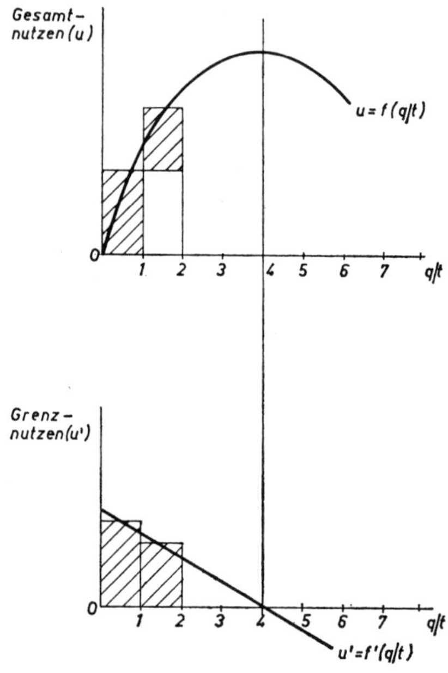

Fig. 5–1: Gesamt- und Grenznutzen

Gossensche Gesetz für wirtschaftliche und freie Güter. Für die Unterscheidung nach wirtschaftlichen und freien Gütern war die Frage maßgeblich, ob im Hinblick auf die Bedürfnisse Güter im Überfluß vorhanden sind oder nicht. Die Hypothese GOSSENS zeigt das Sättigungsverhalten bei fortschreitendem Konsum eines beliebigen Gutes. Da der Einfluß anderer Güter ausgeschaltet wurde, läßt sich das opportunity cost-Konzept nur auf Mengeneinheiten dieses Gutes anwenden.

Wenn die Einschätzung des Nutzens der Güter in Abhängigkeit von der Menge pro Zeiteinheit nach dem ersten Gossenschen Gesetz erfolgt, was ergibt sich dann für das Verhalten des Haushalts? Zur Beantwortung dieser Frage benötigt man eine weitere, allgemein übliche Annahme. Es wird unterstellt, der Haushalt handele rational in dem Sinne, daß der Gesamtnutzen der konsumierten Güter so groß wie möglich wird (Nutzenmaximierungsannahme). Ist ein Gut in unbeschränkter Menge verfügbar, konsumiert er gerade so viele Mengeneinheiten, bis der Grenznutzen den Wert Null annimmt. Der Gesamtnutzen wäre dann maximal. Jedes Abweichen von dieser Menge würde eine Nutzenminderung herbeiführen. Diese Menge nennt man die Sättigungsmenge eines Gutes. Sie ist derjenigen gleich, die durch den Schnittpunkt der individuellen Nachfragekurve mit der Abszisse angegeben wird. Der Sättigungspunkt wird erreicht, wenn das betreffende Gut keinen Preis hat, also ein freies Gut ist. Da jedoch die meisten Güter bewirtschaftet werden (Knappheitsproblem) und einen Preis erzielen, muß der Grenznutzen in der Regel positiv sein. Der Gesamtnutzen läßt sich durch Konsum weiterer Einheiten erhöhen.

Mit Hilfe der Nutzenmaximierungsannahme kann man leicht die individuelle Nachfragekurve ableiten. Die individuelle Nachfrage folgt der Grenznutzenkurve u' höchstens bis zum Sättigungspunkt. Von der Grenznutzenkurve (Fig. 5–1) kommt man zur normal verlaufenden Nachfragekurve (Fig. 4–1.I.), indem die jeweiligen Grenzeinheiten mit ihren Preisen bewertet werden. Diese Aussage gilt strikt nur, wenn eine Vergrößerung der individuell nachgefragten Menge den Marktpreis des Gutes nicht ändert.

Eine dritte Konsequenz der Maximierungsannahme ist: Der Nutzen eines Gutes, das verschiedene Bedürfnisse befriedigen kann, wird am größten, wenn man das Gut so auf alternative Verwendungsrichtungen verteilt (z. B. Wasser zum Kochen und Autowaschen), daß die Grenznutzen der Teilmengen gleich sind ($u'_1 = u'_2 = \ldots = u'_n$). Man nennt diese Konsequenz Equimarginalprinzip (Gesetz vom Ausgleich der Grenznutzen) oder **zweites Gossensches Gesetz**. Es läßt sich bei zwei Verwendungsrichtungen eines Gutes graphisch wie folgt veranschaulichen (Fig. 5–2).

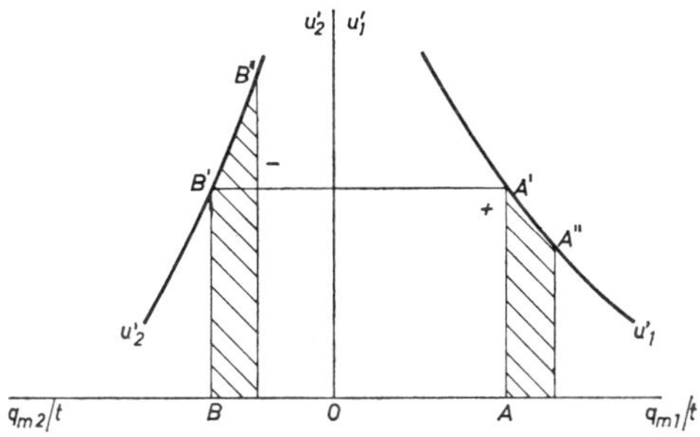

Fig. 5–2: Equimarginalprinzip (zweites Gossensches Gesetz)

Die für zwei unterschiedliche Verwendungen des Gutes m geltenden Grenznutzenkurven u'_1 und u'_2 zeigen, daß die Bedürfnisse eines Haushalts nach demselben Gut von verschiedener Intensität sein können. Die vom Gut m für die Verwendungsrichtung 1 pro Zeiteinheit gebrauchte Menge ist auf der rechten (q_{m1}/t), die für die Verwendungsrichtung 2 auf der linken Abszisse (q_{m2}/t) aufgetragen. Die insgesamt verfügbare Menge wird durch die Strecke AB, die jeweilige Teilmenge durch den Abstand von der Ordinate O – die die Grenznutzen mißt – angegeben. Der Nutzen des Gutes m ist am größten (Annahme), wenn für die Verwendungsrichtung 1 die Teilmenge OA = OA', für die Verwendungsrichtung 2 die Menge OB = OB' gebraucht wird. In diesem Fall ist der Grenznutzen der Teilmengen gleich groß (AA' = BB'). Würde die Gesamtmenge AB in OA" und OB" aufgeteilt, wäre der

Nutzenverlust bei Verwendungsrichtung 2 größer als der Nutzengewinn bei Richtung 1. Der Gesamtnutzen (die Grenznutzensumme) würde fallen, was der Nutzenmaximierungsannahme widerspricht.

Die Fälle, in denen ein Gut mehrere Bedürfnisse befriedigen kann, sind in der Realität vermutlich nicht sehr häufig. Ein „Gut" mit fast jeder denkbaren Verwendung ist das Geld, so daß es naheliegt, das zweite Gossensche Gesetz insbesondere bei der Analyse der Ausgaben des „Universalgutes" Geld heranzuziehen. Man geht davon aus, mit Geld würden verschiedene Güter gekauft – analog den unterschiedlichen Verwendungsrichtungen eines Gutes beim zweiten Gossenschen Gesetz. Da verschiedene Güter (1, 2, . . . , n) meist nicht denselben Preis haben, kommt es nun nicht auf die Gleichheit der Grenznutzen, sondern auf den mit Preisen gewogenen Grenznutzen (Grenznutzen des Geldes) an ($u'_1/p_1 = u'_2/p_2 = \ldots = u'_n/p_n$). Beschränkt man sich zur Vereinfachung auf zwei Güter, gilt:

(5.1a) $$\frac{u'_1}{p_1} = \frac{u'_2}{p_2}$$ oder (5.1b) $$\frac{u'_1}{u'_2} = \frac{p_1}{p_2}$$ (Verhaltens-Gleichung).

Kostet bei unveränderlichen Preisen das erste Gut pro Einheit 1,– DM, das zweite 0,50 DM – ist also $p_1/p_2 = 1/0{,}5 = 2$ –, müßte eine gegebene Geldsumme so auf beide Güter verteilt werden, daß der Grenznutzen einer Einheit des ersten Gutes doppelt so groß ist wie der des zweiten ($u'_1/u'_2 = 2$). Würde man statt dessen mehr vom ersten Gut erwerben und entsprechend weniger vom zweiten, wäre der Gesamtnutzen kleiner, da der Grenznutzen des ersten Gutes nicht so stark steigt wie der des zweiten Gutes fällt. Dasselbe gilt, wenn mehr vom zweiten und weniger vom ersten Gut gekauft wird. Der Grenznutzen der zuletzt ausgegebenen Geldeinheit ist in beiden Fällen kleiner. Die modifizierte generelle Formulierung des zweiten Gossenschen Gesetzes (5.1) bezeichnet man als **Gesetz vom Ausgleich der gewogenen Grenznutzen**.

Einige klassische Autoren, vor allem David Ricardo (1772—1823) und sein Epigone Karl Marx (1818—1883), vertraten die Ansicht, der Wert und damit der Preis eines Gutes werde durch die menschliche Arbeit bestimmt (Arbeitswertlehre), weil alle Produktionsfaktoren auf Arbeit zurückgingen und sich durch diese ausdrücken ließen. Immerhin sahen die Klassiker, daß der Marktpreis in vielen Fällen nicht dem Arbeitswert entspricht. Sie griffen deshalb zu ergänzenden Interpretationen für die Wertbildung. Neben „beliebig vermehrbaren" gäbe es „seltene" oder „einmalige" Güter. Darüberhinaus müsse einem Gut ein Gebrauchswert (Nutzen) zukommen, wenn es am Markt einen Tauschwert (Preis) haben soll. Mit solchen Konstruktionen (ad hoc-Aussagen) waren jedoch nicht alle Erscheinungen, insbesondere nicht die großen Divergenzen zwischen Gebrauchs- und Tauschwert, zu erklären. Wie kommt es, daß Güter von hohem Gebrauchswert, wie Brot und Wasser, einen relativ geringen Tauschwert haben? Wieso haben andererseits Diamanten einen hohen Tausch-, aber nur einen geringen Gebrauchswert? Zwischen beiden Werten gibt es eine Antinomie (Wertparadoxie), die von den Klassikern nicht hinreichend klargelegt werden konnte. Die Grenznutzen-Analyse ist insoweit ein nützliches Instrument zur Aufhellung der Paradoxie. Es gibt Güter mit einem hohen Gesamt-, jedoch niedrigen Grenznutzen, z. B. Wasser. Stehen von einem solchen Gut relativ große Mengen zur Verfügung (q_1^0), ist der Grenznutzen und damit der Preis, den ein Nachfrager zu zahlen bereit ist, entsprechend gering (Fig. 5–3.I.). Bei anderen Gütern, z. B. bei Diamanten, die es nur in relativ geringen Mengen (q_2^0) gibt, kann der Gesamtnutzen klein, der Grenznutzen jedoch hoch sein (Fig. 5–3.II.). In besonderen Fällen – wie bei der Bedürfnisbefriedigung eines Durstigen mit einer geringen Menge Wasser (q_1^1) – ist auch bei der Nachfrage nach anderswo reichlich vorhandenen Gütern ein kleiner Gesamt- und hoher Grenznutzen denkbar (Fig. 5–3.I.).

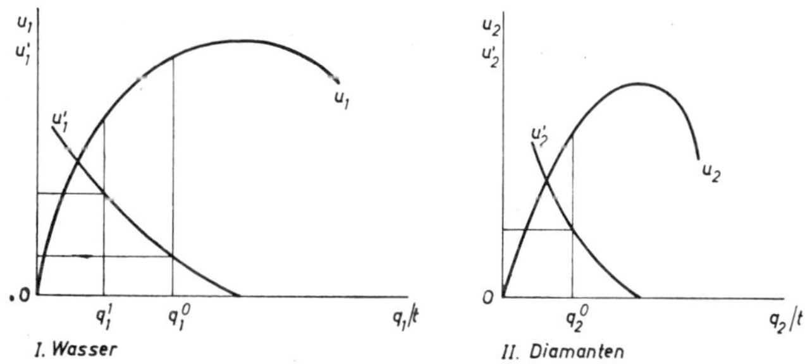

Fig. 5–3: Verhältnisse von Gesamt- und Grenznutzen

Eine **Schwäche der Grenznutzen-Analyse** liegt darin, daß beim ersten Gossenschen Gesetz nur die Beziehung zwischen Gesamt- und Grenznutzen eines einzigen Gutes untersucht wird, obwohl seine Nachfrage von mehreren Einflußfaktoren abhängt, etwa von der Befriedigung der Bedürfnisse durch andere Güter. Im zweiten Gossenschen Gesetz, vor allem im Gesetz vom Ausgleich der gewogenen Grenznutzen, findet zwar eine Erweiterung statt, indem von mehreren Bedürfnissen ausgegangen wird, deren Befriedigung insgesamt maximiert werden soll; aber nur mit Mühe lassen sich die Änderungen von Preisen und Einkommen analysieren. Die Interdependenz zwischen den Gütern bleibt weitgehend im Dunkeln.

Hauptansatzpunkt einer Kritik der Grenznutzen-Analyse ist das Problem der Nutzenmessung. Anfänglich ging man von der Erwartung aus, der Nutzen sei meßbar. Zum Messen braucht man jedoch eine Maßeinheit, die bisher nicht gefunden werden konnte und sich voraussichtlich nur schwer finden läßt. Selbst wenn es gelänge, die Nutzenintensität des Individuums zu bestimmen, bliebe immer noch das Problem des interpersonellen Nutzenvergleichs. Die individuellen Nutzengrößen müßten auf einen Nenner gebracht werden. Wenn jedoch ein absolutes (kardinales) Nutzenmaß nicht gefunden werden kann, und alle daran anknüpfenden Vorstellungen interpersoneller Nutzen- oder Wohlfahrtsmaximierung vom Standpunkt einer Wissenschaftskonzeption, die den Test für eine notwendige Bedingung der Theoriebildung ansieht, als problematisch oder gar irrelevant bezeichnet werden müssen, so bleibt dennoch erwägenswert, ob nicht mit einer Nutzenanalyse, die die Interdependenz zwischen den Gütern und die Wirkungen von Preis- und Einkommensänderungen aufdeckt, weiterzukommen ist. Aus dieser Fragestellung entstand die Indifferenzkurven-Konzeption.

II. Indifferenzkurven-Analyse

Gleichgewicht des Systems

In der Indifferenzkurven-Analyse wird das kardinale Meßkonzept durch das ordinale ersetzt. Anstelle des Versuchs, den Nutzen in absoluten Einheiten zu messen, wird gefragt, ob ein bestimmtes Nutzenniveau höher oder niedriger als ein anderes ist, wobei die Größe des Abstandes verschiedener Nutzenniveaus offenbleibt. Ferner geht man – anders als beim ersten Gossenschen Gesetz – von mehreren Gütern aus. Aus Gründen der Vereinfachung und im Hinblick auf die Möglichkeiten der geometrischen Darstellungsform wird eine Zwei-Güter-Welt zugrunde gelegt. Daraus ergeben sich keine Einschränkungen der Ergebnisse. Die Nutzenmaximierungsannahme soll weiter gelten.

Die Indifferenzkurven-Analyse untersucht den Einfluß von drei **Determinanten der Nachfrage:**

- der Bedürfnisse des Haushalts,
- der Einkommen des Haushalts und
- der Preise der Konsumgüter.

Der Einfluß der Bedürfnisse wird unter der Annahme analysiert, daß einem Haushalt von zwei Gütern verschiedene Mengen (q_1, q_2) zur Verfügung stehen. Die **Indifferenzkurve** ist die Verbindungslinie (der geometrische Ort) solcher Güterkombinationen, die nach Ansicht des Haushalts denselben Nutzen stiften, für ihn gleichwertig (indifferent) sind. Ihre **Gestalt** hängt von den im 4. Kap. diskutierten Beziehungen zwischen den Gütern ab. In Fig. 5–4 sind auf beiden Achsen Mengen abgetragen (Mengendiagramm). Können sich die beiden Güter vollkommen substituieren (praktisch identische Güter, z. B. 10er- und 20er-Packungen Zigaretten einer Marke), ist es gleichgültig, ob man das Gut 1 oder 2 besitzt. Die Indifferenzkurve ist eine Gerade (I_a), weil jede Mengenkombination (z. B. 4/0; 3/1; 0/4; die erste Ziffer symbolisiert die Menge q_1, die zweite die Menge q_2) denselben Nutzen

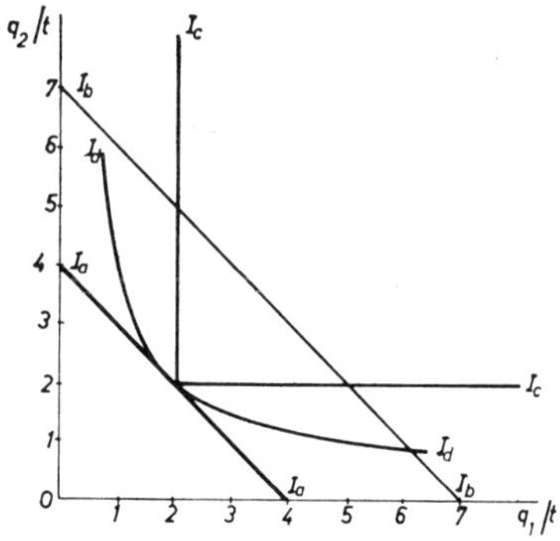

Fig. 5–4: Formen der Indifferenzkurven

stiftet. Die Gerade I_b unterscheidet sich von I_a durch den größeren Abstand vom Nullpunkt. Definitionsgemäß repräsentiert sie ein höheres Nutzenniveau, Nutzenindex genannt. Lassen sich beide Güter überhaupt nicht substituieren, sind sie vollständig komplementär (limitational; z. B. rechter und linker Schuh), erhält man eine Kurve von der Form I_c. Bei dem angenommenen Abstand vom Nullpunkt stiftet die Mengenkombination 2/2 denselben Nutzen wie die Kombination 2/5 oder 3/2, weil die überschüssigen Mengen nicht verwertet werden können. Die Mengen 2/2 sind also eine Minimalkombination, um das Niveau I_c zu erreichen. Zwischen den beiden Grenzfällen (I_a [I_b] und I_c), die künftig vernachlässigt werden, liegt der Bereich für beschränkt substitutive oder teilweise komplementäre Güter. Je stärker sich die Gestalt einer in diesem Bereich liegenden Indifferenzkurve I_a nähert, um so ausgeprägter ist die Substitutionsbeziehung der beiden Güter untereinander, wohingegen bei Annäherung an I_c die komplementäre Beziehung überwiegt. Bei der eingezeichneten Kurve I_d sind die Mengenkombinationen 5/1 und 1/4 indifferent. Solche Indifferenzkurven haben einen zum Nullpunkt konvexen Verlauf; die Steigung ist negativ.

Aus der Definition der Indifferenzkurven eines Haushalts folgt, daß sie sich nicht schneiden können. Eine Indifferenzkurve I_e, die der Leser selbst einzeichnen möge, soll die Kurve I_d in 2/2 schneiden. Sie habe die Mengenkombinationen 1/6 und 3/1. Die denselben Mengen des Gutes 1 entsprechenden Mengen des Gutes 2 auf der Kurve I_d sind 5 bzw. 1,5. Bei denselben Mengen q_1 ist demnach bei der ersten Mengenkombination von I_e die Menge q_2 größer, bei der zweiten dagegen kleiner als auf I_d. Das widerspricht der Definition, da die Mengenkombination 1/6 (I_e) ein höheres Nutzenniveau als die Kombination 1/5 (I_d), die zu 1/6 indifferente Kombination 3/1 (I_e) jedoch ein geringeres Niveau als die Kombination 3/1,5 (I_d) hat. Wenn die Kombinationen von I_d indifferent sind, können es die von I_e nicht sein. Zu einem höheren Nutzenniveau gehören bei allen Kombinationen größere vergleichbare Mengen.

In einem gegebenen Zeitraum mögen zwei Individuen oder zu zwei verschiedenen Zeiträumen ein Individuum folgende Nutzenempfindungen, Präferenz- oder **Bedürfnisstrukturen**, haben (Fig. 5–5).

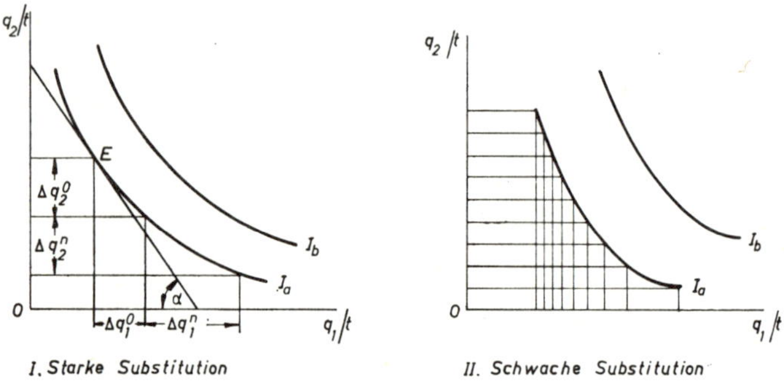

Fig. 5–5: Bedürfnisstrukturen

Die Unterschiede zwischen beiden Bedürfnisstrukturen lassen sich genauer fassen: Auf einer beliebigen Indifferenzkurve I_a (Fig. 5–5.I.) gibt es zahlreiche – exakt: unendlich viele – Mengenkombinationen, die denselben Nutzen stiften. Verlangt man vom Gut 1 eine Einheit mehr, muß man vom Gut 2 etwas aufgeben, um von der neuen Mengenkombination denselben Gesamtnutzen zu haben wie von der alten. Dem Nutzenzugang infolge Mehrkonsums von einer Einheit 1 ($\Delta\ q_1^o$) steht ein gleich großer (indifferenter) Nutzenentgang infolge Minderkonsums beim Gut 2 ($\Delta\ q_2^o$) gegenüber. Der Nutzen der Mengenänderung ist definitionsgemäß gleich groß. Verfügt ein Konsument in einem bestimmten Zeitraum über 10 Flaschen Wein (Gut 1) und 100 Flaschen Bier (Gut 2), wird er vielleicht das damit erreichte Nutzenniveau nicht verlassen, wenn er auf 6 Flaschen Bier verzichtet und statt dessen eine Flasche Wein mehr konsumiert ($\Delta\ q_2^o\ /\ \Delta\ q_1^o = 6\ /\ 1$). Läßt man $\Delta\ q_1^o$ gegen Null streben, geht der Differenzenquotient $\Delta\ q_2^o\ /\ \Delta\ q_1^o$ gemäß (1.16) in den Differentialquotienten $dq_2^o\ /\ dq_1^o$ über, den man als **Grenzrate der Substitution** bezeichnet, hier des Gutes 2 durch das Gut 1. Sie ist gleich der Steigung der Indifferenzkurve I_a in einem bestimmten Punkt E (ohne Berücksichtigung des Vorzeichens):

$$(5.2)\qquad \text{tg}\ \alpha = \frac{dq_2}{dq_1}\qquad \text{(Definitions-Gleichung).}$$

Wir wollen den Begriff auch bei Differenzen verwenden, bei denen es sich genaugenommen um eine Durchschnittsrate handelt. Ersetzt man das Gut 2 durch das Gut 1, wird die Grenzrate der Substitution (tg α) laufend kleiner („Gesetz“ fallender Grenzraten der Substitution; Fig. 5–5.I.):

$$(5.3) \qquad \frac{\Delta q_2^0}{\Delta q_1^0} > \frac{\Delta q_2^n}{\Delta q_1^n}.$$

Soll das Nutzenniveau gleichbleiben, muß ein Haushalt bei fortlaufender Verringerung eines Gutes um eine Einheit ($\Delta q_2 = 1$) eine ständig größer werdende Menge des anderen Gutes (Δq_1) zusätzlich konsumieren (Fig. 5–5.II.).

Eine Indifferenzkurve ist die geometrische Darstellung einer Nutzenfunktion, bei der – wegen des definitionsgemäß konstanten Nutzenniveaus entlang der Kurve – u eine Konstante ist, also:

$$(5.4a) \qquad \bar{u}/_t = f(q_1, q_2) \quad \text{oder (5.4b)} \quad q_{2/t} = f(q_1, \bar{u}).$$

Bildet man für (5.4a) gemäß (1.24) das totale Differential, ist dieses wegen der Bedingung u = const. gleich Null:

$$(5.5a) \qquad du = \frac{\partial u}{\partial q_1} \cdot dq_1 + \frac{\partial u}{\partial q_2} \cdot dq_2 = 0$$

oder wegen der Definitions-Gleichungen

$$\frac{\partial u}{\partial q_1} = u'_1 \quad \text{und} \quad \frac{\partial u}{\partial q_2} = u'_2$$

$$(5.5b) \qquad du = u'_1 \cdot dq_1 + u'_2 \cdot dq_2 = 0.$$

Nach entsprechender Umformung von (5.5b) erhält man – wenn das Vorzeichen außer acht bleibt – unter Berücksichtigung von (5.2)

$$(5.6) \qquad \text{tg}\,\alpha = \frac{dq_2}{dq_1} = \frac{u'_1}{u'_2}.$$

Die Grenzrate der Substitution ist gleich dem umgekehrten Verhältnis der Grenznutzen der Güter.

Ein Haushalt verfüge in einer bestimmten Zeitperiode über eine Geldsumme (c) für Konsumausgaben. Sofern er nicht spart oder entspart, sind Konsumsumme (c) und Einkommen (y) identisch. Die Konsumausgaben lassen sich als Summe aus den Produkten von Preis und Menge der gekauften Konsumgüter definieren. Für zwei Güter (1;2) mit gegebenen Preisen (p) würde also gelten:

$$(5.7) \qquad c = p_1 \cdot q_1 + p_2 \cdot q_2 \qquad \text{(Definitions-Gleichung).}$$

Ist in DM gerechnet $c = 1000$, $p_1 = 5$ und $p_2 = 10$, könnte der Haushalt z. B. 100 Mengeneinheiten von Gut 1 (q_1) und 50 Einheiten von Gut 2 (q_2) erwerben, denn $1000 = 5 \cdot 100 + 10 \cdot 50$. Bei gegebener Bedürfnisstruktur ist die nachgefragte Menge in der Indifferenzkurven-Analyse eine Funktion von Konsumsumme und Güterpreisen. Unter Verwendung von (5.7) ist die Nachfrage eines Gutes (q_2)

(5.8a) $$q_2/_t = -\frac{p_1}{p_2} \cdot q_1 + \frac{c}{p_2}$$ (Verhaltens-Gleichung),

die sich in einem Mengendiagramm mit den Koordinaten q_1 und q_2 (Fig. 5–6) darstellen läßt. Setzt man abwechselnd q_1 und q_2 gleich Null, unterstellt man also, der Haushalt würde seine gesamte Konsumsumme jeweils nur für ein Gut verausgaben, erhält man die Schnittpunkte der Geraden mit der q_1- und q_2-Achse (Fig. 5–6):

(5.8b) $$c/_t = p_1 \cdot q_1 \quad \text{oder} \quad q_1/_t = \frac{c}{p_1}, \quad \text{für } q_2 = 0 \text{ und}$$

(5.8c) $$c/_t = p_2 \cdot q_2 \quad \text{oder} \quad q_2/_t = \frac{c}{p_2}, \quad \text{für } q_1 = 0.$$

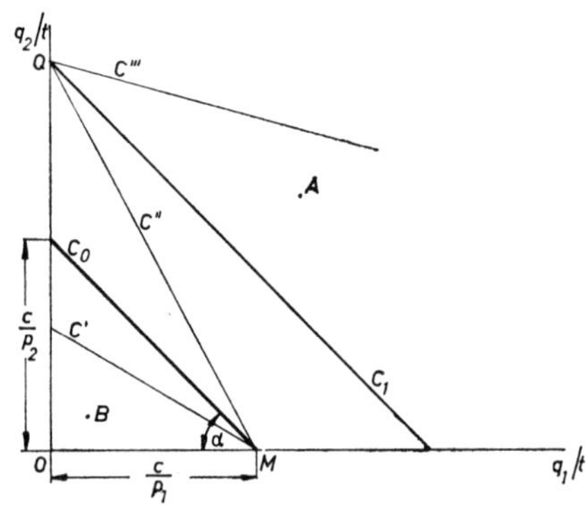

Fig. 5–6: Budgetlinie

Man bezeichnet (5.8a) als Bilanzgleichung, ihre geometrische Darstellung als **Budgetlinie** des Haushalts (auch: Haushaltsgerade). Das Steigungsmaß der Kurve ist absolut

(5.9) $$\text{tg}\,\alpha = \frac{c}{p_2} : \frac{c}{p_1} = \frac{p_1}{p_2}$$

gleich dem Preisverhältnis der beiden Güter, das heißt – wegen (5.2) – gleich den opportunity cost von Gut 1 ausgedrückt in Gut 2. Einen Quotienten von der Art p_1/p_2 nennt man relativen Preis im Gegensatz zum absoluten Preis, p_1 = 5,– DM pro Einheit. Die Budgetlinie ist der geometrische Ort für alle Mengenkombinationen, die der Haushalt mit seiner vorgesehenen Ausgabensumme bei gegebenen Preisen erreichen kann. In Analogie zur Transformations- oder Produktionsmöglichkeitenkurve (Fig. 1–1) kann man auch von einer Konsummöglichkeitenkurve sprechen. Für die Budgetlinie C_0 ist eine Mengenkombination A (Fig. 5–6) unter den gemachten Annahmen unmöglich, die von B zwar möglich; aber dann würde die verfügbare Ausgabensumme nicht vollständig ausgegeben. Die Budgetlinie verschiebt sich bei Änderungen der Konsumsumme oder des relativen Preises. Steigt die Konsumsumme, kommt es ceteris paribus – das heißt bei unveränderten relativen Preisen (tg α = const.) – zu einer parallelen Rechtsverschiebung (z. B. von C_0 nach C_1); derselbe Effekt würde eintreten, wenn das Einkommen unverändert bliebe, aber alle absoluten Preise um denselben Prozentsatz fielen (tg α = const.). Mutatis mutandis gilt das eben Ausgeführte auch für Einkommenssenkungen und Preiserhöhungen. Multipliziert man die Konsumsumme mit einer Konstanten m bei unveränderten Preisen, erhält man dasselbe Ergebnis wie bei einer Multiplikation sämtlicher Preise mit 1/m bei unveränderter Konsumsumme. Eine höhere reale Kaufkraft oder ein höheres Realeinkommen und damit ein höheres Nutzenniveau kann also sowohl durch steigende Geld- oder Nominaleinkommen bei konstanten absoluten Preisen als auch bei fallenden absoluten Preisen und konstanten Nominaleinkommen erreicht werden. Man nimmt vielfach an, das Konsumverhalten der Haushalte unterscheide sich in beiden Fällen nicht, weil die Haushalte ihre Dispositionen an den Realeinkommen ausrichteten. Dann wäre es für die Konsumentenentscheidungen bedeutungslos, wenn sich das Nominaleinkommen und sämtliche Preise um denselben Prozentsatz ändern würden:

(5.8d) $$q_2/_t = -\frac{m \cdot p_1}{m \cdot p_2} \cdot q_1 + \frac{m \cdot c}{m \cdot p_2}$$

(5.8a) $$= -\frac{p_1}{p_2} \cdot q_1 + \frac{c}{p_2} \, .$$

Das Konsumverhalten variiert gemäß dieser Annahme nur bei Änderungen des Realeinkommens (Realeinkommensannahme).

Ändert sich ceteris paribus der relative Preis, steigt oder fällt also bei einem gegebenen Nominaleinkommen ein Preis (z. B. p_2) bei Konstanz des anderen (p_1), dreht sich C_0 um M und nimmt die Lage C′ (p_2 steigt) oder C″ (p_2 fällt) ein (Fig. 5–6). Bei einer ceteris paribus Änderung von p_1 dreht sich C_1 um Q (C″, C‴). Mit den relativen Preisen ändert sich das Realeinkommen, weil zumindest ein Preis absolut gefallen oder gestiegen sein muß. Änderungen des relativen Preises werden den Haushalt veranlassen, seine Ausgaben umzuschichten, was die Unternehmer zu Anpassungen in der Produktion zwingt. Die Allokation der Produktionsfaktoren ist insbesondere von Verschiebungen der relativen Preise abhängig. Bleiben diese konstant, wird nach der Realeinkommensannahme trotz einer Änderung sämtlicher absoluter Preise kein Allokationseffekt auftreten.

Verbindet man die einzelwirtschaftliche Analyse der Bedürfnisstruktur mit der des Haushaltseinkommens, ergibt sich folgendes Bild (Fig. 5–7). Bei gegebener, durch die Indifferenzkurven repräsentierter Präferenzstruktur, gegebener Konsumsumme pro Zeiteinheit und gegebenen Preisen ist der Nutzen des Haushalts im Falle der Mengenkombination q_1^0, q_2^0 maximal. Unter den bestehenden Annahmen hat der **Haushalt** keinen Anlaß, eine andere Kombination zu wählen; er befindet sich im **Gleichgewicht** (E).

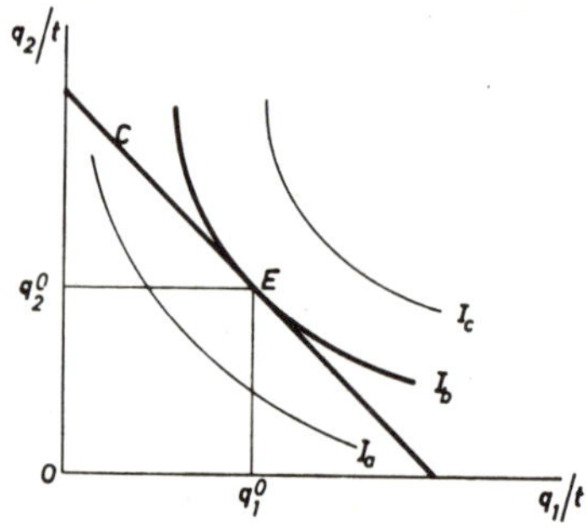

Fig. 5–7: Haushaltsgleichgewicht

Alle Punkte (Mengenkombinationen) rechts von der Budgetlinie sind unter den gegebenen Bedingungen unerreichbar, alle links von ihr von geringerem Nutzen. Das höchste Nutzenniveau verschafft eine Mengenkombination auf jener Kurve, die man gerade noch erreicht. Das ist diejenige, welche die Budgetlinie zur Tangente hat. Da die Steigung der Budgetlinie nach (5.9) gleich dem Preisverhältnis p_1/p_2 und die der Tangente in einem bestimmten Punkt der Indifferenzkurve nach (5.6) gleich dem Verhältnis der Grenznutzen u'_1/u'_2 oder gleich der Grenzrate der Substitution dq_2/dq_1 ist, kann man folgende Verhaltens-Gleichung schreiben, die hier als Gleichgewichts-Bedingung aufgefaßt wird:

(5.10) $$\frac{p_1}{p_2} = \frac{u'_1}{u'_2} = \frac{dq_2}{dq_1}$$ (Gleichgewichts-Bedingung).

(5.10) besagt: Im Haushaltsgleichgewicht ist der relative Preis gleich dem Grenznutzenverhältnis und beide sind umgekehrt proportional der Grenzrate der Substitution. Aus (5.10) ergibt sich

(5.11) $$\frac{u'_1}{p_1} = \frac{u'_2}{p_2}$$ (Gleichgewichts-Bedingung),

ein Ausdruck, der mit (5.1a) identisch ist. Damit wäre gezeigt, daß das Gesetz vom Ausgleich der gewogenen Grenznutzen auch durch die Indifferenzkurven-Analyse entwickelt werden kann.

Ableitung der Konsumfunktion

Bisher wurde die Entstehung des Haushaltsgleichgewichts untersucht. Was geschieht, wenn sich eine der drei Determinanten des Gleichgewichts, die Bedürfnisstruktur (u), das verausgabte Einkommen (c) oder der relative Preis (p_1/p_2) ändert? Bei der Beantwortung dieser Frage soll wiederum so vorgegangen werden, daß bei Variation einer Größe die übrigen konstant bleiben (spezifizierte ceteris paribus-Klausel). Sodann wird das neue Gleichgewicht mit dem früheren verglichen (komparative Statik).

Als erstes sei angenommen:

(5.12) $q_1, q_2 = f(\bar{c}, \bar{p}_1, \bar{p}_2, u)$.

Unter Konstanthaltung der übrigen Größen **ändert** sich also nur die **Bedürfnisstruktur**. Graphisch gesehen erhält man eine neue Indifferenzkurvenschar (I^1), die ansonsten dieselben Eigenschaften besitzt wie die alte (I^0). Das neue Gleichgewicht E_1 ist durch die Tangentenlage der konstant gebliebenen Budgetlinie C an eine Indifferenzkurve der neuen Kurvenschar (I_b^1) bestimmt (Fig. 5–8).

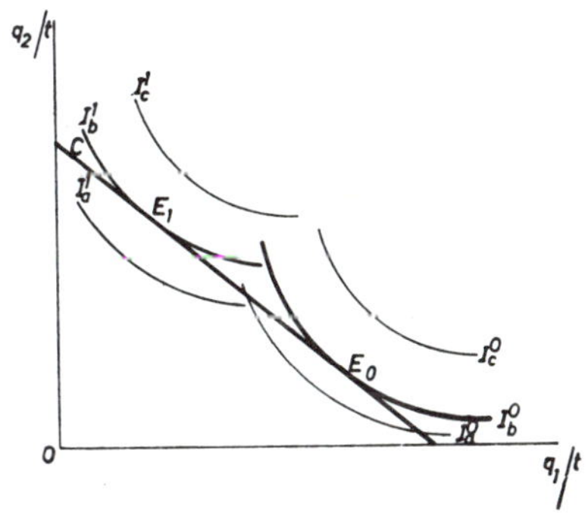

Fig. 5–8: Änderung der Bedürfnisstruktur

Wie sich das neue Gleichgewicht E_1 zu dem alten E_0 verhält, hängt vom Änderungsausmaß der Bedürfnisstruktur ab. Darüber läßt sich aber nur sehr wenig aussagen. Folgt die Bedürfnisänderung keiner bestimmten Tendenz, gilt das auch für die Gleichgewichtspunkte. Besondere Aspekte ergeben sich bei Variationen der Bedürfnisstruktur nicht. Im allgemeinen beschränkt man sich deswegen auf die Analyse der Einkommens- und Preisänderungen bei konstanten Bedürfnissen.

Zweitens sei angenommen:

(5.13) $q_1, q_2 = f(c, \bar{p}_1, \bar{p}_2, \bar{u})$.

Eine **Änderung des verausgabten Einkommens** (Konsumsumme) führt ceteris paribus zu Verschiebungen der Budgetlinie (Fig. 5–9). Der geometrische Ort aller Haushaltsgleichgewichte (Gleichgewichtspunkte E_0, E_1, E_2) heißt Einkommen-Konsum-Kurve (EKK). Dabei sind zwei Fälle zu unterscheiden. Bei normaler Reaktion führen steigende (fallende) Einkommen zu Gleichgewichtspunkten mit jeweils größeren (kleineren) Mengen beider Güter (Fig. 5–9.I.). Ist ein Gut inferior, wie das Gut 1 ab E_2 (Fig. 5–9.II.), wird bei steigendem (sinkendem) Einkommen eine kleinere (größere) Menge

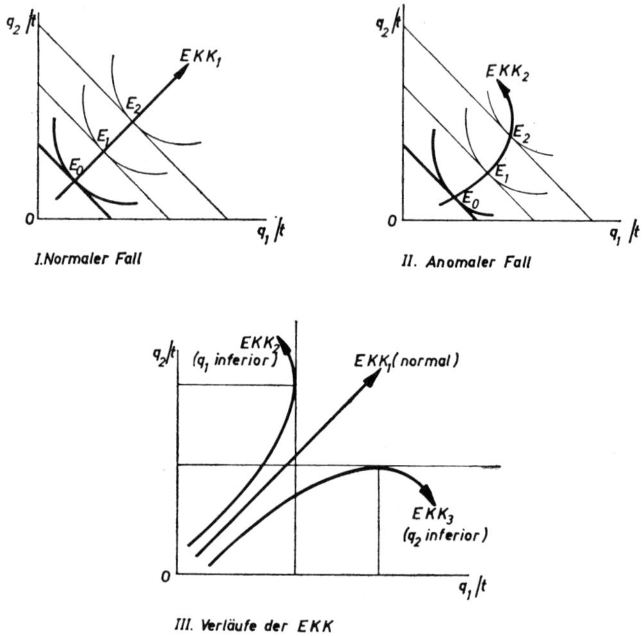

Fig. 5–9: Änderung des verausgabten Einkommens

nachgefragt. Verliefe die Einkommen-Konsum-Kurve von einem bestimmten Punkt an parallel zur q_2-Achse, würde es sich bei Gut 1 um ein Sättigungsgut handeln (Fig. 4–4). In einer Zwei-Güter-Welt kann bei einer Einkommensänderung nur ein Gut inferior sein, weil bei steigendem Einkommen und zum Nullpunkt konvexen Indifferenzkurven keine Gleichgewichtskombination möglich ist, bei der q_1 und q_2 kleiner sind als beim jeweils niedrigeren Einkommen. Statt Gut 1 könnte auch Gut 2 inferior sein. Die möglichen Verläufe der Einkommen-Konsum-Kurve zeigt Fig. 5–9.III.

Drittens soll sich der **relative Preis ändern**, indem eine Änderung von p_1 ceteris paribus angenommen wird:

$$(5.14) \qquad q_1, q_2 = f\,(\bar{c}, p_1, \bar{p}_2, \bar{u}).$$

Wir wissen (Fig. 5–6), daß sich die Budgetlinie in diesem Fall im Schnittpunkt mit der q_2-Achse dreht. Auch hier ist ein normaler und ein anomaler (GIFFEN-) Fall zu unterscheiden. Es wird zu zeigen sein, daß im anomalen Fall ein Gut inferior sein muß, im normalen Fall dagegen sein kann. Da der Preis eines Gutes variiert, werden in die Überlegungen die Beziehungen zwischen Preis- und Mengenänderungen dieses Gutes (Nachfragekurve) einbezogen. Die grundsätzlich möglichen Zusammenhänge veranschaulicht Fig.

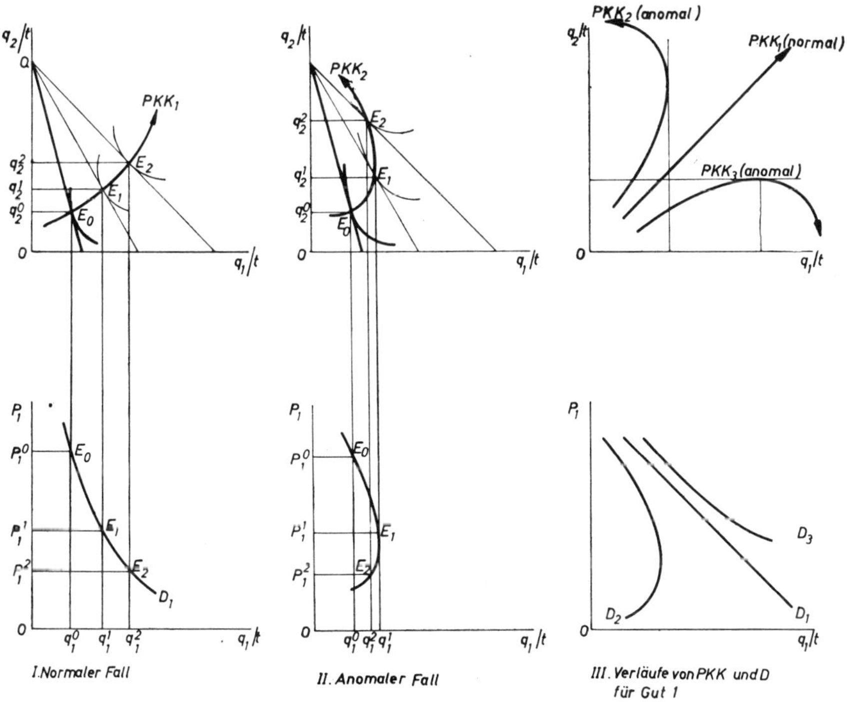

Fig. 5–10: Änderung des relativen Preises

5–10. Der geometrische Ort für alle Haushaltsgleichgewichte (Gleichgewichtspunkte E_0, E_1, E_2) heißt Preis-Konsum-Kurve (PKK). Bei normaler Reaktion führt ein fallender Preis p_1, der ceteris paribus zugleich auch das Realeinkommen erhöht, zu größeren nachgefragten Mengen für Gut 1 und Gut 2 (Fig. 5–10.I.). Da sich die Budgetlinie bei fallendem p_1 in Q dreht, kann man für eine bestimmte Konsumsumme die Mengen q_1^1, q_2^1 (E_1) und q_1^2, q_2^2 (E_2) kaufen, wobei $q_1^0 < q_1^1 < q_1^2$ und $q_2^0 < q_2^1 < q_2^2$ sind. Die Schnittpunkte der sich drehenden Budgetlinie mit der q_1-Achse erhält man nach (5.8b) durch Division von c durch p_1^1 und p_1^2, wenn $q_2 = 0$ gesetzt wird. Trägt man die Preise $p_1^0, \ldots, p_1^n$ auf einer Ordinate, die dazugehörigen Mengen $q_1^0, \ldots, q_1^n$ auf der Abszisse ab, erhält man für Gut 1 die Nachfragekurve D_1. Diese hat in Fig. 5–10.I. einen normalen Verlauf. Geht die Nachfrage nach Gut 1 von einem bestimmten Punkt an (E_1) zurück (Fig. 5–10.II.), verläuft die Nachfragekurve anomal. Entsprechendes würde für Gut 2 gelten. Die möglichen Verläufe der PKK- und D-Kurve zeigt Fig. 5–10.III.

Auf die Wirkungen einer Preisänderung soll noch etwas näher eingegangen werden. Es wurde bereits erwähnt, daß bei einer Änderung der Preisrelation eine Realeinkommenswirkung eintritt. Angenommen, jemand hat eine Dreizimmerwohnung in einem Haus gemietet, und der Vermieter erklärt, die Miete werde um die Hälfte niedriger. Der Mieter wird vielleicht versuchen, im Miethaus eine Vierzimmerwohnung zu bekommen. Er hat zwei Gründe, sein Verhalten zu motivieren. Einmal erhält er aufgrund der Preissenkung ein höheres Realeinkommen als vorher. Es handelt sich um den **Einkommenseffekt** einer Preissenkung. Zum zweiten ist die Wohneinheit (ein Zimmer) billiger geworden, so daß er dazu neigt, mehr Wohneinheiten anzumieten. Das ist der **Substitutionseffekt** (Preiseffekt). Die Wirkungen einer Preissenkung – dasselbe gilt entsprechend für eine Preiserhöhung – können demnach als das Ergebnis von zwei Komponenten verstanden werden. Dieser Zusammenhang läßt sich graphisch veranschaulichen (Fig. 5–11).

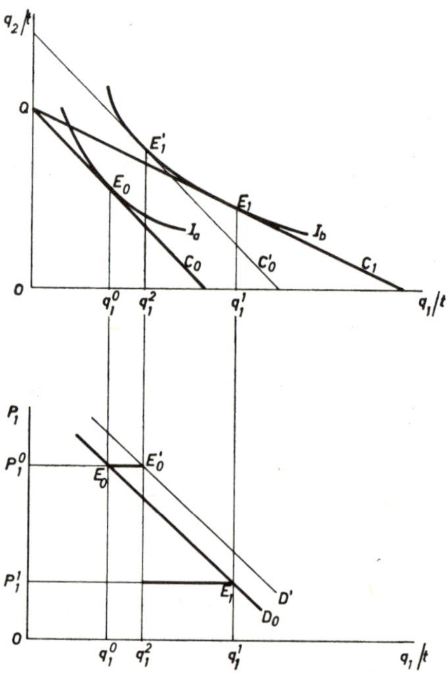

Fig. 5–11: Einkommens- und Substitutionseffekt

Fällt ceteris paribus der Preis p_1, dreht sich die Budgetlinie in ihrem Schnittpunkt Q mit der q_2-Achse. Das alte Haushaltsgleichgewicht ist E_0, das neue E_1. Die Preissenkung von p_1 führt zu einer Realeinkommenserhöhung bei konstantem Geld- oder Nominaleinkommen. Unterstellt man vorübergehend, der Preis p_1 hätte sich nicht geändert und das Geldeinkommen wäre genau in dem Maße erhöht worden, wie es der durch die Preissenkung verursachten Realeinkommenserhöhung entspricht, würde sich die Budgetlinie von C_0 nach C'_0 verschoben haben und das dazugehörige Gleichgewicht wäre E'_1. Tatsächlich ist das Geldeinkommen konstant geblieben. Die reale Einkommenserhöhung gestattet eine Mengenkombination auf I_b (Einkommenseffekt). Da nur E_1 nutzenmaximal ist, bewegt sich die Nachfrage des Haushalts auf I_b von E'_1 nach E_1. Dabei wird Gut 2 gegen Gut 1 substituiert (Substitutionseffekt). Bei der gedachten Bewegung von E_0 nach E_1 über E'_1 nimmt q_1 um die Differenz $q_1^1 - q_1^0$ zu, wobei $q_1^2 - q_1^0$ auf den Einkommens-, $q_1^1 - q_1^2$ auf den Substitutionseffekt zurückgehen. Beide Effekte haben in diesem Fall, der die Regel bildet, in dieselbe Richtung gewirkt und zu einer Erhöhung der nachgefragten Menge von Gut 1 beigetragen. Der untere Teil der Zeichnung übersetzt (wie in Fig. 5–10.I.) die Beziehungen in ein Preis-Mengen-Diagramm. Der ursprüngliche Preis ist p_1^0, der neue p_1^1. Die Nachfragekurve zeigt, daß die Preissenkung die nachgefragte Menge um die Differenz $q_1^1 - q_1^0$ erhöht hat. Die Kurve D' ist das Ergebnis der Wirkung einer angenommenen Nominaleinkommenserhöhung, die der Realeinkommenswirkung der Preissenkung entspricht.

Wie die Fig. 5–9 und 5–10 verdeutlichen, können unter den gemachten Annahmen EKK und PKK als jeweilige geometrische Orte aller Haushaltsgleichgewichte eine unterschiedliche Gestalt haben, weil von einem bestimmten Punkt an bei einer Einkommenserhöhung (-senkung) die nachgefragte Menge eines Gutes fallen (steigen) kann (inferiores Gut). Hingegen ist beim Substitutionseffekt die Richtung der Nachfrage eindeutig: Eine Preissenkung führt – bei konvexen Indifferenzkurven – notwendig zu größeren Mengen et vice versa. Nun bedeutet eine Preissenkung eine Realeinkommenserhöhung. Ist ein Gut nicht inferior, wirken Substitutions- und Einkommenseffekt in dieselbe Richtung, weil dann bei gestiegenen Einkommen die nachgefragte Menge steigt. Also ist auch das Gesamtergebnis einer Preissenkung auf die Mengennachfrage eindeutig. Bei einem inferioren Gut dagegen ist der Einkommenseffekt gegenläufig. Trotz gestiegenen Einkommens wird weniger als bisher nachgefragt. Das Gesamtergebnis ist offen. Es hängt nun von der Stärke der entgegengerichteten Substitutions- und Einkommenseffekte ab, wie eine Preissenkung die Mengennachfrage beeinflußt: Ist der Einkommenseffekt stärker (schwächer) als der Substitutionseffekt, fällt (steigt) die Menge; die Reaktion ist anomal (GIFFEN-Fall) oder normal.

Die bisherigen Ableitungen der Nachfragekurve in der Grenznutzen- (Fig. 5–1) und Indifferenzkurven-Analyse (Fig. 5–8 bis 5–11) gelten nur für ein Individuum oder einen Haushalt. Zu einer Marktkurve gelangt man durch **Aggregation** der individuellen Kurven. Hierzu ergeben sich zu den früheren Ausführungen (Fig. 4–5) keine neuen Aspekte. Zu beachten bleibt, unter welchen Annahmen man die individuelle Nachfragekurve gewonnen hat. Ist die individuelle Kurve unter der ceteris paribus-Klausel in der Grenznutzen- und Indifferenzkurven-Analyse abgeleitet worden, entstehen bei der Aggregation einige methodische Probleme, auf deren Erörterung verzichtet werden soll.

Die Indifferenzkurven-Analyse beruht auf stringenten Annahmen über das Verhalten der Haushalte, die häufig Gegenstand der **Kritik** gewesen sind:

- Explizit werden nur Preise und Einkommen berücksichtigt (instrumentale Nachfrage), obwohl andere Einflußfaktoren für die Menge der nachgefragten Güter Bedeutung haben; Geltungskonsum (snob value-Effekt) und Nachahmungstrieb (bandwagon-Effekt) – Beispiele solcher Einflußfaktoren – werden in den „Datenkranz" der Bedürfnisstruktur verwiesen.
- Die Entscheidungsträger haben eine genaue Kenntnis der Marktdaten (vollständige Information). Unsicherheit – Merkmal aller in die Zukunft gerichteter Entscheidungen – existiert nicht.
- Die Nachfrager verhalten sich rational, indem sie unter allen Umständen den Nutzen maximieren (Rationalverhalten), was bei der Konsumgüternachfrage als eine ziemlich restriktive Annahme gelten muß.
- Die Ableitung der Nachfragekurve setzt eine Kenntnis der Indifferenzkurven voraus, die man nicht besitzt; Indifferenzkurven lassen sich empirisch nicht nachweisen.

III. Revealed Preference-Analyse

Analytischer Ansatz

Die revealed preference- oder revealed choice-Analyse – man könnte übersetzen: Analyse der „offenbarten" oder „bekundeten" Präferenz (Wahl) – entstand aus dem Bestreben, die beiden zuletzt genannten Konsequenzen der Indifferenzkurven-Analyse zu vermeiden. Mit ihr wird beabsichtigt, die Nachfrage des Konsumenten nicht – wie bei Indifferenzkurven – aus seinen Nutzenvorstellungen zu allen möglichen Gütermengenkombinationen, sondern aus seinem beobachtbaren Verhalten abzuleiten. Indifferenzkurven sind ein psychologisches, introspektives Konzept, revealed preferences ein empirisches. Die Analyse des letzten geht zurück auf PAUL A. SAMUELSON, der u. a. in IAN M. D. LITTLE, WILLIAM J. BAUMOL, GEORGE J. STIGLER, RICHARD G. LIPSEY und RICHARD A. BILAS Nachfolger oder Interpreten gefunden hat.

Die im Detail bei einzelnen Autoren abweichende Theorie basiert auf folgender **Grundvorstellung**: Ein Konsument entscheidet sich für den Kauf einer bestimmten Gütermengenkombination Q_0 (Güterbündel), entweder weil er dieses Güterbündel einem anderen Bündel Q_1 vorzieht, das er mit seinem Einkommen auch hätte kaufen können, oder weil Q_0 billiger als Q_1 ist. Sind nun die Güterpreise von Q_0 und Q_1 bekannt und ist Q_0 nicht billiger als Q_1, dann bleibt als einzige plausible Erklärung: Q_0 wird gewählt, weil der Konsument diese Güter der Kombination Q_1 vorzieht.

Ein vollständiger Katalog der Güterkombinationen, die Q_0 unterlegen sind, kann mit Hilfe der Budgetlinie (5.8a) gefunden werden (Fig. 5–12).

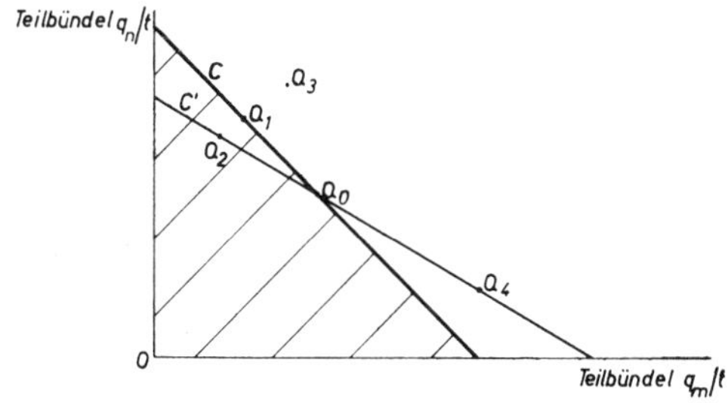

Fig. 5–12: Revealed Preference

Wie bei der Indifferenzkurven-Analyse stellt Fig. 5–12 ein Mengendiagramm für eine Zeitperiode dar. Allerdings sind nicht zwei einzelne Güter, sondern zwei Teilbündel (q_{m}, q_{n}) des Gesamtbündels Q auf den Koordinaten aufgetragen. Q_0 stelle jenes Bündel dar, das ein Konsument kauft, wenn die Budgetlinie C ist. Bei gegebenen Preisen und Einkommen hätte er auch das Bündel Q_1 kaufen können, nicht jedoch Q_3 und Q_4. Q_4 wäre nur erreichbar mit der Budgetlinie C'. Bei der Budgetlinie C hätte der Konsument auch Q_2 erwerben können, das billiger ist als jede Kombination auf C. Da der Konsument tatsächlich Q_0 kauft, muß er dieses Bündel höher schätzen als jedes andere erreichbare Bündel, das nicht teurer ist. Die revealed preference-Analyse beruht auf folgenden **Annahmen**:

- Der Konsument handelt konsistent: Er trifft unter den gleichen Umständen, d. h. bei unveränderter Bedürfnisstruktur, gegebenen Einkommen und Preisen, immer wieder dieselbe Wahl. Wenn er einmal ein Bündel Q_0 einem Bündel Q_1, das er auch hätte haben können, vorzieht, wird er in der gleichen Situation niemals Q_1 wählen (Grundannahme).
- Die Konsistenzannahme weist in dieser Festlegung zwei gravierende Implikationen auf: 1. Die Bedürfnisstruktur des Konsumenten darf sich nicht wandeln. 2. Anomale Wirkungen sind ausgeschlossen. Die Konsistenzannahme ist unvereinbar mit der Vorstellung, daß ein Konsument nur deshalb Güter erwirbt, weil sie im Preis gestiegen sind oder Ansehen verschaffen.
- Der Konsument zieht niemals eine kleinere Menge einer größeren vor. Er kann zum Kauf eines Güterbündels, das er bisher nicht hat erwerben können, veranlaßt werden, wenn Preisrückgänge eintreten.

Die dritte Annahme sei noch etwas erläutert. Bezogen auf die C-Kurve wird Q_0 dem Güterbündel Q_2 vorgezogen (Fig. 5–12). Angenommen, die vom

Konsumenten gekaufte Güterkombination Q_0 liege nicht auf der Budgetlinie C, sondern – wie Q_2 – auf der imaginären Linie C′. Dann könnte Q_2 gegenüber Q_0 vorgezogen werden et vice versa, weil Q_0 und Q_2 gleich teuer wären. Genau das wird durch die Annahmen der revealed preference-Analyse ausgeschlossen. Der Konsument wählt von zwei unterschiedlichen Teilbündeln das größere. Fallen die Preise des Teilbündels q_m und ist die neue Budgetlinie tatsächlich C′ – was ein unverändertes Realeinkommen impliziert –, kann eine andere Mengenkombination nur rechts von Q_0 liegen (z. B. Q_4). Diese Konsequenz der Annahme bedeutet zugleich, daß Preissenkungen zu größeren Mengen (hier: q_m) führen, die Nachfrage also normal reagiert.

Wie erfolgt in der revealed preference-Analyse – was Erklärungsziel aller Haushaltstheorien ist – die **Ableitung der Nachfragekurve**? Angenommen, man habe beobachtet, unter verschiedenen möglichen Gleichgewichten wählt der Haushalt das Gesamtgüterbündel Q_0, das auf der Budgetlinie C_1 liegt (Fig. 5–13). Diese Position wird entsprechend den Verhaltensannahmen jeder anderen Möglichkeit vorgezogen. Schlechter sind Kombinationen unter (Q_1) oder auf (Q_2) der Budgetlinie C_1. Der Einkommenseffekt wird ne-

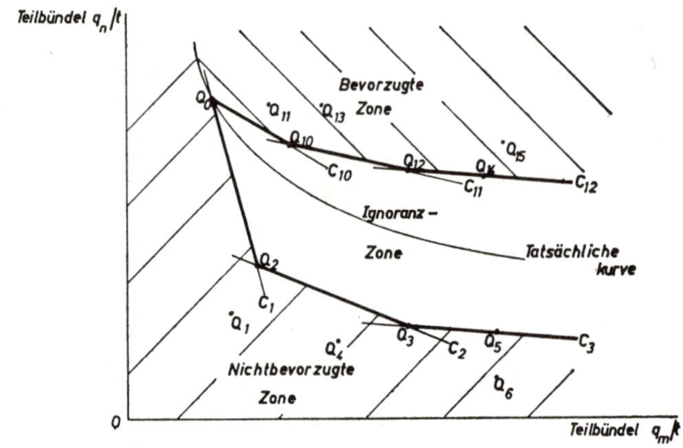

Fig. 5–13: Ableitung der Kurve bei Revealed Preferences

giert, um eine anomale Reaktion (inferiores Gut) auszuschließen (Annahme); die Budgetlinie dreht sich bei Preisänderungen dann nicht in einem Koordinatenpunkt.

Folgt aus Preissenkungen des Teilbündels q_m die Budgetlinie C_2 und wird das Güterbündel Q_2 konsumiert, so ist dieses zwar Q_0 unterlegen (beide konnten auf C_1 gewählt werden), jedoch anderen, bisher nicht erreichbaren Güterbündel (Q_3, Q_4) entsprechend den Annahmen überlegen (weil sie möglich sind, jedoch nicht gewählt werden). Auf ähnliche Weise wird Q_3 möglichen Punkten Q_5 und Q_6 vorgezogen. Die nicht bevorzugte

Zone liegt unterhalb der Budgetlinie C_1, C_2 und C_3. Analog dazu kann man – wiederum ausgehend von Q_0 – alle Kombinationen aufzeigen, die Q_0 überlegen sind. Wird auf der Budgetlinie C_{10} das Güterbündel Q_{10} der Kombination Q_0 vorgezogen, gilt das für alle übrigen Punkte auf oder oberhalb der Geraden (Q_{11}). Entsprechend wird Q_{13} dem Bündel Q_{12}, dieses Q_{10} vorgezogen. Mit kleiner werdenden Preisänderungen rücken die beiden Zonen immer näher zusammen. Der Raum zwischen beiden Zonen wird als Ignoranz-Zone bezeichnet. Innerhalb dieser Zone liegt die tatsächliche Indifferenzkurve, deren genaue Gestalt der Beobachter nicht kennt.

Die revealed preference-Analyse zeigt: Man kann zur Konstruktion von Nachfragekurven nicht nur auf dem eingangs beschriebenen Weg der Indifferenzkurven-Analyse gelangen. Ihr Kern ist die Untersuchung der Implikationen von Wahlentscheidungen. Ein relativer Vorzug liegt darin, daß die Empirie als Ausgangspunkt gewählt wird. Doch gibt es auch Formulierungen des traditionellen Indifferenzkurven-Systems, die auf die Testfähigkeit Rücksicht zu nehmen versuchen; die Unterschiede in diesem Punkt müssen nicht sehr groß sein. Auf eine Darstellung komplizierter Hypothesensysteme kann jedoch bei einem ersten Überblick verzichtet werden.

Die **Probleme** der revealed preference Analyse liegen in den Annahmen. Geht man von einer Bedürfnisstruktur aus, die einem ständigen Wandel unterliegt, steht die Konsistenzannahme empirisch auf schwachen Füßen. Entscheidend dürfte sein, welche Periodenlänge der Betrachtung zugrunde gelegt wird, da Bedürfnisstrukturen sich langfristig stärker wandeln als kurzfristig. Selbst bei unveränderter Bedürfnisstruktur müßten bei Preisänderungen die Realeinkommen konstant bleiben. Ein derartiger Test ist praktisch jedoch schwer durchführbar. Ähnlich kritisch ist der Ausschluß von einigen Effekten zu beurteilen, die mit zunehmenden Einkommen beobachtet werden können (snob value-Effekt u. a.). Insoweit sind die Annahmen für Länder mit niedrigen Durchschnittseinkommen (Entwicklungsländer) eher typisch als für reiche Nationen. Der Versuch der revealed preference-Analyse, an die Stelle psychologischer Theorien ein empirisches Konzept zu setzen, war im Ansatz richtig, aber im Ergebnis bisher wenig erfolgreich.

Indexzahlen

Die **Indexzahlen** sind ein **Ausdrucksmittel**, um die Grundannahme der revealed preference-Analyse zu formulieren. Angenommen, ein Haushalt gebe sein Einkommen für ein Güterbündel Q_0 aus, das aus den Gütermengen $q_0^1, q_0^2, \ldots, q_0^n$ besteht. In einer bestimmten Zeitperiode t_0 seien die Preise dieser Güter $p_0^1, p_0^2, \ldots, p_0^n$, die zu einem Durchschnittspreis P_0 zusammengefaßt werden können, so daß der Wert des gewählten Güterbündels – und damit des verfügbaren Einkommens – $P_0 \cdot Q_0 = \Sigma p_0^i \cdot q_0^i$ ist. Zu denselben Preisen p_0^i könnte der Konsument dann ein anderes Güterbündel

Q_1 kaufen, wenn dieses billiger oder höchstens genau so teuer wie Q_0 ist, wenn also gilt:

$$(5.15) \qquad P_0 \cdot Q_1 \leqq P_0 \cdot Q_0 .$$

Wählt der Konsument das Bündel Q_0, das mindestens so teuer ist wie Q_1, hat er „offenbart", er zieht Q_0 dem Bündel Q_1 vor. Er verhält sich konsistent, wenn er Q_1 unter den gleichen Umständen niemals Q_0 vorzieht. Es wäre inkonsistent oder mit dieser Wahl unvereinbar, wenn der Konsument in einer neuen Zeitperiode t_1 bei der Preissituation P_1, die ihm gestattet, sowohl Q_1 als auch Q_0 zu kaufen, Q_1 kaufen würde. Das inkonsistente Verhalten käme darin zum Ausdruck, daß der Konsument bei anderen Preisen Q_1 gegenüber Q_0 vorzieht, obwohl Q_1 teurer ist als Q_0. Folglich lautet die Inkonsistenzbedingung zu (5.15):

$$(5.16) \qquad P_1 \cdot Q_0 \leqq P_1 \cdot Q_1.$$

Soll konsistentes Handeln vorliegen, so darf niemals (5.16) erfüllt sein. Demzufolge schließt (5.15) die Bedingung (5.16) logisch aus oder anders ausgedrückt: (5.15) impliziert das Gegenteil von (5.16), also:

$$(5.15) \qquad P_0 \cdot Q_1 \leqq P_0 \cdot Q_0 \text{ impliziert } P_1 \cdot Q_0 > P_1 \cdot Q_1.$$

Man kann die Argumente auch umkehren, nur müssen sie wieder konsistent sein. Geht man von der Periode t_1 aus, wird für das annahmegemäß tatsächlich gekaufte Bündel Q_1 dann eine Präferenz offenbart, wenn Q_1 zu den Preisen der Periode t_1 teurer ist als Q_0. Die Ausgaben für das Bündel Q_0 in Preisen der Periode t_1 dürfen mit anderen Worten höchstens so groß sein wie die für das Bündel Q_1 in Preisen der Periode t_1. Für Q_1 bestünde dann eine Präferenz, wenn

$$(5.17) \qquad P_1 \cdot Q_0 \leqq P_1 \cdot Q_1$$

gelten würde, wobei (5.17) das Gegenteil der dazugehörigen Inkonsistenzbedingung voraussetzt, also:

$$(5.17) \qquad P_1 \cdot Q_0 \leqq P_1 \cdot Q_1 \text{ impliziert } P_0 \cdot Q_1 > P_0 \cdot Q_0.$$

Durch Operationen mit den Ungleichungen (5.15) oder (5.17) können weitere Implikationen aufgedeckt werden. So ließe sich mit Indexzahlen zeigen, daß ein konsistent handelnder Konsument sich gemäß einem Indifferenzkurven-System entscheidet.

Preis- und Mengenindices sind ein logisches Instrument, mit dessen Hilfe man versucht, die **Wohlfahrtswirkungen** (Verbesserungen des Lebensstandards) von Preis- und Mengenänderungen zu messen. Der Ansatz dieser Versuche soll kurz illustriert werden. Es sei von drei Definitionen ausgegangen. In einer gegebenen Zeitperiode t_n sind die Konsumausgaben $P_n \cdot Q_n$ gleich dem Einkommen, wenn nicht gespart wird. Der Index der Nominaleinkommensänderung (N) kann definiert werden:

Situation	Kennzeichen	Alternative Fälle Interpretation nach (5.21) (gesehen von Periode t_1)	 (5.22) (gesehen von Periode t_0)	Konsequenz
1	N > L und N > P	Lebensstandard steigt von Perio-de t_0 nach t_1; (5.21) ist erfüllt.	Lebensstandard fällt nicht; (5.22) ist nicht erfüllt.	Mit Sicherheit Besserstellung in Periode t_1 gegenüber t_0.
2	N < L und N < P	Lebensstandard hat sich in Perio-de t_1 nicht gebes-sert; (5.21) ist nicht erfüllt.	Lebensstandard war in Periode t_0 besser; (5.22) ist erfüllt.	Mit Sicherheit Schlechterstellung in Periode t_1 gegenüber t_0.
3	N < L und N > P	Nicht möglich, weil Alternativen nicht erfüllt werden. N > L würde be-bedeuten, daß sich Lebensstan-dard in Periode t_1 nicht gebessert hat.	N > P impliziert, daß Lebensstan-dard auch in Pe-riode t_0 nicht besser war.	–
4	N > L und N < P	Mögliche Situation, jedoch völlig inkonsistent, weil Lebensstandard nicht steigen und zugleich fallen kann. N > L würde be-deuten, daß Le-bensstandard ge-stiegen ist.	N < P würde bedeuten, daß Lebensstandard in Periode t_0 besser war.	–

Übers. 5–2: Indexzahlen als Maß von Wohlfahrtswirkungen

(5.18) $$N = \frac{P_1 \cdot Q_1}{P_0 \cdot Q_0}.$$

Eine Indexzahl, welche die Ausgabenänderungen in der Zeit aufgrund von Preisänderungen für das Güterbündel der Ausgabenperiode t_0 mißt, ist der Preisindex von LASPEYRES (L):

(5.19) $$L = \frac{P_1 \cdot Q_0}{P_0 \cdot Q_0}.$$

Demgegenüber geht der Preisindex von PAASCHE (P) vom Güterbündel der Zeitperiode t_1 aus; seine Definition lautet:

(5.20) $$P = \frac{P_1 \cdot Q_1}{P_0 \cdot Q_1}.$$

Der Konsument ist in der Periode t_1 in einer besseren Situation, wenn er Q_1 präferiert und P_1 gilt (5.17). Dividiert man beide Seiten durch $P_0 \cdot Q_0$, erhält man

(5.21) $$\frac{P_1 \cdot Q_1}{P_0 \cdot Q_0} > \frac{P_1 \cdot Q_0}{P_0 \cdot Q_0} \quad \text{oder} \quad N > L.$$

In der Basisperiode t_0 steht sich der Konsument nach (5.15) besser, wenn $P_0 \cdot Q_0 > P_0 \cdot Q_1$ gilt. Dividiert man beide Seiten durch $P_1 \cdot Q_1$, so folgt

(5.22) $$\frac{P_0 \cdot Q_0}{P_1 \cdot Q_1} > \frac{P_0 \cdot Q_1}{P_1 \cdot Q_1} \quad \text{oder} \quad \frac{1}{N} > \frac{1}{P} \quad \text{oder} \quad N < P.$$

Die Ungleichungen (5.21) und (5.22) gestatten die Unterscheidung von vier Situationen, die in einer Übersicht zusammengefaßt sind (Übers. 5–2). In bestimmten Fällen gestattet die Indexzahlenanalyse Aussagen über einen individuell steigenden oder fallenden Lebensstandard (Situation 1 und 2); in anderen Fällen ist die Analyse ergebnislos (Sit. 3) oder sie zeigt Widersprüche (Sit. 4).

Bibliographische Hinweise

1. Abhandlungen zur Grenznutzen-Analyse bieten zahlreiche Lehrbücher und Nachschlagewerke, wenngleich sie – ganz im Gegensatz zur angelsächsischen Literatur – in neueren Darstellungen deutscher Sprache oft fehlen. Aus dem deutschen Schrifttum ist nach wie vor der Artikel von P. N. ROSENSTEIN-RODAN, Grenznutzen, Handwörterbuch der Staatswissenschaften, 4. A., a. a. O., Bd. 4, empfehlenswert – zugleich ein Musterbeispiel stupender Gelehrtenarbeit. Einen konzisen modernen Überblick bieten: W. WEBER – E. STREISSLER, Nutzen, Handwörterbuch der Sozialwissenschaften, a. a. O., Bd. 8. Für die Zusammenhänge der Grenznutzen- und Indifferenzkurven-Analyse ist eine Lektüre des III. Teils von H. VON STACKELBERG, Grundlagen der theoretischen Volkswirtschaftslehre, a. a. O., und vor allem sein Aufsatz „Die Entwicklungsstufen der Werttheorie", Schweizerische Zeitschrift für Volkswirtschaft und Statistik, 83

(1947), von großem Nutzen. Im neueren Schrifttum gehen A. E. OTT, Grundzüge der Preistheorie, a. a. O., und W. KRELLE, Präferenz- und Entscheidungstheorie, Tübingen 1968, auf die Grenznutzen-Analyse ein. Im Rahmen der weiter gespannten Thematik ist für das gesamte 5. Kapitel auf den Titel von KRELLE und auf Einleitung und Aufsätze bei E. und M. STREISSLER, Konsum und Nachfrage, Köln-Berlin 1966, zu verweisen. Aus dem angelsächsischen Schrifttum seien empfohlen: R. G. LIPSEY, An Introduction to Positive Economics, a. a. O., Chap. 15. M. FRIEDMAN, Price Theory, a. a. O., Chap. 2. R. H. LEFTWICH, The Price System and Resource Allocation, 3. e., a. a. O., Chap. 4. A. M. LEVENSON – B. S. SOLON, Outline of Price Theory, New York 1964, Chap. 4. D. S. WATSON, Price Theory and its Uses, a. a. O., Chap. 4. Vor allem bei den beiden zuletzt genannten Autoren werden in anschließenden Kapiteln die Weiterentwicklungen der Grenznutzen-Analyse präsentiert. Im deutschen Schrifttum gewinnt man den Eindruck, als sei die Grenznutzen-Analyse nicht mehr als ein, wenn auch wichtiges Stück Dogmengeschichte – vermutlich Konsequenz des beeindruckenden, doch nicht unproblematischen Einflusses von v. STACKELBERG. Wer die moderne Nutzentheorie studieren möchte, in der Probleme wie „St. Petersburg-Paradoxon", „Wahlhandlung unter Risiko", „NEUMANN-MORGENSTERN-Methode der Nutzenmessung" und „FRIEDMAN-SAVAGE-Hypothese" behandelt werden, muß auf die genannten angelsächsischen Arbeiten verwiesen werden, die weitere Literatur und Primärquellen verzeichnen.

2. Im Gegensatz dazu kann die Indifferenzkurven-Analyse im deutschen Schrifttum nachgelesen und vertieft werden. Ausgezeichnete Darstellungen finden sich z. B. bei: E. SCHNEIDER, Einführung in die Wirtschaftstheorie, Bd. II, a. a. O. A. E. OTT, Grundzüge der Preistheorie, a. a. O. Klassische Texte des Indifferenzkurven-Systems sind: J. R. HICKS, Value and Capital, 2. e., Oxford 1946, sowie die Aufsätze von J. R. HICKS, R. G. D. ALLEN und E. E. SLUTSKY, die in deutscher Übersetzung von A. E. OTT, Preistheorie, a. a. O., herausgegeben wurden. Die vielleicht ausführlichste und zugleich klarste Lehrbuchdarstellung: W. A. KOIVISTO, Principles and Problems of Modern Economics, New York 1957, Chap. 14. Glänzend: R. E. KUENNE, Microeconomic Theory of the Market Mechanism. A General Equilibrium Approach, New York-London 1968, Chap. 2 und 3. Inwieweit Indifferenzkurven meßbar sind, erörtern u. a.: W. FELLNER, Emergence and Content of Modern Economic Analysis, New York 1960. Chap. 15, und M. FRIEDMAN, Price Theory, a. a. O., Chap. 2. Ein interessanter Nachfragekurvenvergleich (HICKS, SLUTSKY) kann bei R. A. BILAS, Microeconomic Theory, a. a. O., Chap. 4, nachgelesen werden. Den Versuch, die Existenz von Indifferenzkurven auf der Grundlage der modernen Konfliktpsychologie zu interpretieren, macht G. SCHMITT–RINK, Präferenz, Indifferenz und Ambivalenz, Jahrbücher für Nationalökonomie und Statistik, 182 (1968).

3. Darstellungen zur revealed preference-Analyse sind im deutschen Schrifttum so gut wie gar nicht vorhanden. Ausnahmen: Die Einleitung von E. und M. STREISSLER zur Aufsatzsammlung „Konsum und Nachfrage", a. a. O., die von der „behavioristischen" Nachfrageanalyse sprechen und „revealed" mit „bekundet" übersetzen. Eine knappe Darstellung findet sich in den genannten Titeln von KRELLE. In dem ins Deutsche übertragenen Buch von J. M. HENDERSON – R. E. QUANDT, Mikroökonomische Theorie, a. a. O., Kap. 2, werden die Annahmen der Analyse und der Substitutionseffekt mit Indexzahlen behandelt. Ansonsten ist auf die angelsächsische Literatur und deren Übersetzungen bei E. und M. STREISSLER zu verweisen. Die Analyse geht aus von: P. A. SAMUELSON, A Note on the Pure Theory of Consumer's Behaviour, Economica, 5 (1938); spätere Aufsätze desselben Verfassers zum gleichen Thema: Consumption Theory in Terms of Revealed Preference, Economica, 15 (1948); Consumption Theorems in Terms of Overcompensation rather than Indiffe-

rence Comparisons, Economica, 20 (1953). Konzise Darstellungen der Analyse: I. M. D. LITTLE, A Reformulation of the Theory of Consumer's Behaviour, Oxford Economic Papers, 1 (1949), dt. Ü. in: E. und M. STREISSLER, Konsum und Nachfrage, a. a. O., wo auch eine kritische Behandlung in der Einleitung und ein lesenswerter Aufsatz von E. J. MISHAN gebracht wird. Lektüre für mathematisch Versierte: H. S. HOUTHAKKER, Revealed Preference and the Utility Function, Economica, 17 (1950), mit dem Beweis, daß die Indifferenzkurven aus Indexzahlen abgeleitet werden können. Vergleiche ferner: W. J. CORLETT – P. K. NEWMAN, A Note on Revealed Preference and the Transitivity Condition, The Review of Economic Studies, 20 (1952/53). M. K. RICHTER, Revealed Preference Theory, Econometrica, 34 (1966). A. Y. C. KOO, An Empirical Test of Revealed Preference Theory, Econometrica, 31 (1963), 646–64. K. R. Mac CRIMMON –M. TODA, The Experimental Determination of Indifference Curves, The Review of Economic Studies, 36 (1969), 433 – 51. Von Lehrbuchdarstellungen der Analyse – oft mit Diskussion der Indexzahlen – seien genannt: W. J. Baumol, Economic Theory and Operations Analysis, a. a. O., Chap. 9. G. J. STIGLER, The Theory of Price, a. a. O., Chap. 4. R. G. LIPSEY, An Introduction to Positive Economics, a. a. O., Chap. 15. R. A. BILAS, Microeconomic Theory, a. a. O., Chap. 5. C. E. FERGUSON, Microeconomic Theory, a. a. O., Chap. 4. Ausschließlich Wohlfahrtswirkungen mit Hilfe der Indexzahlen behandelt: H. H. LIEBHAFSKY, The Nature of Price Theory, a. a. O., Appendix D.

6. Angebot: Verkaufsplan des Unternehmens

I. Produktionsanalyse

Charakteristika und Voraussetzungen

Es seien zunächst **charakteristische Merkmale** der Angebotsanalyse erläutert. Das Angebot der privatwirtschaftlich geführten Unternehmen, die auf Gewinnerzielung – nicht notwendig Gewinnmaximierung – ausgerichtet sind, wird von den technischen Produktionsmöglichkeiten und den von ihnen abhängigen Kosten bestimmt. Diese Angebotskomponenten werden zunächst im einzelnen, sodann in ihrem Zusammenwirken analysiert.

Die Untersuchung der Produktionsmöglichkeiten bezeichnet man meistens als Produktionstheorie, manchmal als Ertragstheorie. Ihr liegen technische Beziehungen zugrunde, die sich in Form von technischen Gleichungen ausdrücken lassen. Technische und ökonomische Analyse sind scharf zu trennen. Der Ökonom beurteilt ein Produktionsverfahren nicht danach, ob es unter technischen Gesichtspunkten modern, sondern ob es nach wirtschaftlichen Kriterien günstig ist. Technisch alte Anlagen können neuen wirtschaftlich überlegen sein. Für technische Aspekte interessiert sich der Ökonom insoweit, als wirtschaftliche Größen beeinflußt werden. In der Produktionstheorie untersucht man die technisch-physikalischen Zusammenhänge zwischen dem Einsatz von Faktoren und dem Ertrag an Gütern. Die daran anknüpfende Bestimmung der betrieblichen Kostenverläufe und des Angebots ist Gegenstand der Kosten- und Gewinntheorie.

Zur Produktion von Gütern (Ausbringung, Ertrag, Produktion, output) benötigt man Produktionsfaktoren (Einsatzmengen, Faktoreinsatz, input). Die Ausgangsfrage der Produktionstheorie lautet: Wie verändert sich die Ausbringung bei Variation der Einsatzmengen? Oder: Welche alternativen Einsatzmengen sind geeignet, denselben output hervorzubringen? Diese Fragen können auch für Änderungen der Faktorqualität und des Produktionsverfahrens gestellt werden. Antworten auf die Fragen nach den technischen Zusammenhängen sind nicht nur bedeutsam für die Kostenverläufe, sondern auch für die Faktornachfrage. Die Produktionstheorie ist deswegen als Teil der Unternehmenstheorie das Bindeglied zwischen der Analyse des Güterangebots und der Faktornachfrage. In diesem Kapitel wird das Unternehmensangebot — Gegenstück der Haushaltsnachfrage — untersucht.

Die traditionellen analytischen Instrumente der Produktionstheorie zeigen in formaler Hinsicht manche Verwandtschaft zur Analyse der Haushaltsnachfrage, insbesondere dann, wenn die Substituierbarkeit der Einsatzmengen verschiedener Faktoren in Betracht gezogen wird. Eine andere Form der Analyse ist die Technik des linearen Programmierens (linear programming), deren Behandlung freilich den Rahmen eines Einführungsbuches überschreitet. Unter linearem Programmieren versteht man eine Methode zur Optimierung einer linearen Zielfunktion, die einschränkenden, als lineare Ungleichungen formulierten Nebenbedingungen unterliegt. Möchte man sprachlich nicht auf formell-mathematische Beziehungen, sondern auf die ihnen zugrundeliegenden Entscheidungsprobleme abheben, spricht man von **Aktivitätsanalyse**. Die nach dem Zweiten Weltkrieg zunächst zur Lösung militärischer Aufgaben, vor allem von dem Amerikaner G. B. Dantzig, konzipierte Technik ist im raschen Vordringen begriffen, wozu die Entwicklung von Computern wesentlich beigetragen hat.

Schon vor Dantzig hat der Russe L. V. Kantorowicz erkannt, daß zahlreiche produktionstheoretische Fragen der Optimierungs-Technik zugänglich sind. Ein Beispiel mag die Art eines typischen Entscheidungsproblems verdeutlichen. Zeitungspapier werde von einem Papierfabrikanten an Druckereien in Rollen verschiedener Breiten geliefert, je nach dem Format der Zeitungen. Diese Rollen wiederum werden von verschiedenen größeren Rollen abgeschnitten. Wie muß man schneiden, um den Abfall zu minimieren? Das menschliche Gehirn besitzt eine bemerkenswerte Gabe, die besten Kombinationen unmittelbar ausfindig zu machen, wenn nur wenige Güter zu berücksichtigen sind. Es wäre jedoch überfordert, wenn der Fabrikant 120 Abmessungen liefern würde, die von 15 unterschiedlich großen Rollen abgeschnitten werden könnten – eine Aufgabe, die ein Computer, einmal entsprechend programmiert, schnell und sicher löst.

Die „klassische" Frage der linearen Programmierung war das Transportproblem. Angenommen, zwei Konservenfabriken eines Produzenten liegen in Hannover und Nürnberg. Sie können täglich 2000 und 4000, insgesamt also 6000 Dosen herstellen. Neben den Fabriklagern gibt es vier Auslieferungslager in Berlin, Hamburg, Essen und Frankfurt, von denen täglich je 1000 Dosen verkauft werden. Der Fabrikant möchte wissen, wieviel Dosen und welche Verkehrsbeziehungen zwischen Fabrik und Lager zu wählen sind, wenn die Transportwege, die sich proportional in seinen Kosten niederschlagen, minimal sein sollen. Wer sich im Denksport üben möchte, versuche diese Aufgabe zu lösen. Dann sollte die Zahl der Lager bis zu jenem Punkt gesteigert werden, bei dem alle Kombinationsversuche versagen.

Die mathematische Darstellungsform **produktionstheoretischer Beziehungen** zwischen input und output ist die Produktionsfunktion. Es wird für das gesamte Kapitel angenommen, daß aus der Kombination von Produktionsfaktoren nur ein einziges Gut (Einproduktunternehmen) mit der Menge O (O = output) hervorgeht. Die Zahl der Produktionsfaktoren oder Faktorgruppen sei – von einer Ausnahme abgesehen – auf zwei beschränkt. Werden die Mengen der beiden Produktionsfaktoren mit v_1 und v_2 bezeichnet, läßt sich die Produktionsfunktion in der allgemeinen Form schreiben:

(6.1) $O/t = f(v_1, v_2)$ (technische Gleichung).

Von (6.1) werden meist folgende spezielle Formen analysiert:

(6.1a) $\bar{O}/t = f(v_1, v_2)$ bzw. $v_2 = F(v_1, \bar{O}/t)$;
(6.1b) $O/t = f(v_1, \bar{v}_2)$ und $O/t = f(\bar{v}_1, v_2)$;
(6.1c) $O/t = f(\lambda\,\bar{v}_1, \lambda\,\bar{v}_2) = f(\lambda)$.

Funktion (6.1a) gibt Auskunft darüber, welche Faktoreinsatzmengen einen gegebenen (konstanten) output erzeugen können (substitutionale Faktorvariation). In (6.1b) wird der output in Abhängigkeit vom variierenden Einsatz eines Faktors betrachtet (partielle Faktorvariation), in (6.1c) von beiden Faktoren bei Konstanz des Faktoreinsatzverhältnisses v_1/v_2 (totale proportionale Faktorvariation).

Die Zahl der möglichen und in der Produktionstheorie gebräuchlichen Funktionstypen (1. Kap.) ist groß. Berühmt geworden ist in den letzten Jahren die nach zwei Forschern benannte Cobb-Douglas-**Funktion**. In ihrer ursprünglichen Form stellte sie eine makroökonomische Hypothese dar, nach der drei Viertel des Produktionsanstiegs in den Vereinigten Staaten auf Arbeitsleistungen und ein Viertel auf Kapitalbeiträge zurückzuführen sind. Ihre mikroökonomische Bedeutung ist relativ gering, ebenso wie die der constant elasticity of substitution-function, abgekürzt **CES-Funktion**, die von K. J. Arrow, H. B. Chenery, B. S. Minhas und R. M. Solow vor einigen Jahren entwickelt wurde, und die die Cobb-Douglas-Funktion als Spezialfall enthält.

Im Mittelpunkt der mikroökonomischen Analyse stehen homogene Produktionsfunktionen, unter denen die einer linearen Homogenität (Homogenität vom Grade $r = 1$) den einfachsten Fall bilden. Eine Funktion vom Typ (6.1) ist linear-homogen, wenn für alle Werte von λ, v_1 und v_2 gilt:

(6.2) $\lambda\, O/t = f(\lambda\, v_1, \lambda\, v_2)$.

Aus (6.2) geht hervor: Es liegt immer dann eine **linear-homogene Produktionsfunktion** (homogene Produktionsfunktion ersten Grades) vor, wenn der Ertrag O/t in einer solchen Abhängigkeit von den Faktoreinsatzmengen steht, daß bei einer Verdoppelung oder Verdreifachung ($\lambda = 2, 3 \ldots$) beider Faktoreinsatzmengen (v_1, v_2) der Ertrag sich ebenfalls verdoppelt oder verdreifacht. Die Cobb-Douglas-Funktion (1.31) ist ein Beispiel für eine linear-homogene Produktionsfunktion. Multipliziert man die einzelnen Faktoreinsatzmengen mit λ, gilt das bei linear-homogener Funktion auch für O/t. Aus

(1.31) $O/t = a \cdot v_1^{\alpha} \cdot v_2^{1-\alpha}$ für $0 < \alpha < 1$ und $a > 0$

wird also

$$(6.3) \qquad a \cdot (\lambda v_1)^\alpha \cdot (\lambda v_2)^{1-\alpha} = a \cdot \lambda^\alpha \cdot v_1^\alpha \cdot \lambda^{1-\alpha} \cdot v_2^{1-\alpha} = \lambda^1 \cdot a \cdot (v_1^\alpha \cdot v_2^{1-\alpha}) = \lambda\, O/t.$$

Man bevorzugt solche Funktionen vor allem deshalb, weil sie mathematisch leicht zu handhaben sind. Funktionen, die der Bedingung (6.2) nicht genügen, bezeichnet man als nichtlinear-homogen, wenn sie die Form

$$(6.4) \qquad \lambda^r\, O/t = f(\lambda v_1, \lambda v_2) \qquad \text{für } r \neq 1$$

haben. Im Fall von (6.4) vergrößert sich bei einer Faktormengenerhöhung um λ der output pro Zeitperiode über- oder unterproportional (nichtlinear). Unterscheidungsmerkmal für die Linearität ist die Größe r (r = 1 : linear; r ≠ 1 : nichtlinear). Beziehungen, die weder (6.2) noch (6.4) genügen, bei denen also die λ-fache Änderung der Faktoreinsatzmengen zu keiner durch λ^r bestimmbaren output-Variation führt, nennt man inhomogene Produktionsfunktionen. In der Produktionstheorie hat man bisher fast ausschließlich homogene Funktionen analysiert, obwohl in der Realität inhomogene Funktionen die Regel bilden. Die Zusammenhänge bei homogenen Produktionsfunktionen seien an einer Tabelle, die von K. E. BOULDING stammt, illustriert (Übers. 6–1).

9	0	7	23	36	41	45	48	50	52	54
8	0	8	24	34	40	42	44	46	48	49
7	0	9	26	32	36	39	41	42	43	44
6	0	10	24	30	32	35	36	37	38	39
5	0	11	22	26	28	30	31	32	33	34
4	0	12	20	22	24	25	26	27	28	29
3	0	12	16	18	19	20	21	22	23	24
2	0	10	12	13	14	15	16	16,5	16	15,5
1	0	6	7	8	8	7	6,5	6	5,5	5
0	0	0	0	0	0	0	0	0	0	0
v_2 / v_1	0	1	2	3	4	5	6	7	8	9

Übers. 6–1: Tabelle der physischen Produktionserträge

Liest man die Tabelle diagonal (z. B. längs der Geraden O_1, O_2 oder O_3), erhält man Erträge, die einer linear-homogenen Produktionsfunktion genügen. Bei O_1 führt die Faktorkombination $v_1 = 1$, $v_2 = 3$ zu 12 Ertragseinheiten. Ist λ gleich 2, so gilt – für $2 \cdot v_1 = 2$ und $2 \cdot v_2 = 6$ – entsprechend (6.3): $2 \cdot 0_1 = 24$; ebenso lassen sich alle anderen Ertragsmengen auf 0_1 berechnen, auch soweit sie nicht als diskrete Werte in der Übers. 6–1 enthalten sind. Der Leser dürfte selbst in der Lage sein, λ für die Werte auf 0_2 und 0_3 zu ermitteln. Liest man die Tabelle horizontal oder vertikal, ist also nur einer der beiden Faktoren variabel, erhält man Erträge, die einer nichtlinearhomogenen Produktionsfunktion genügen.

In der Produktionstheorie werden alle drei Aspekte der Produktionsfunktion (6.1) behandelt. Bevor auf sie näher eingegangen wird, seien noch einige **Voraussetzungen** genannt, die allgemein gemacht werden. Es wird angenommen, daß die Produktionsfaktoren sich gegenseitig in einem gewissen Umfang ersetzen können (periphere Substitution). Damit werden denkbare Grenzfälle – wie die vollständige Substituierbarkeit und die vollständige (starre) Komplementarität (Limitationalität) der Produktionsfaktoren – ausgeschlossen. Von beiden Grenzfällen hat nur der letzte empirische Bedeutung. Da er implizite mitbehandelt wird, soll auf eine gesonderte Darstellung verzichtet werden. Weiterhin unterstellt man in der Regel beliebige Teilbarkeit der Faktoren, was die Anwendung der Differentialrechnung ermöglicht. Schließlich ist eine bestimmte Produktionstechnik vorgegeben (angewandtes technisches Wissen, technischer Horizont); bei der Kostenanalyse werden dann die Wirkungen einer Änderung der Produktionstechnik (technischer Fortschritt) behandelt.

Zwei variable Einsatzfaktoren

In der Analyse der Produktion bei **substitutionaler Faktorvariation** bedient man sich – geometrisch gesehen – sogenannter Isoquanten, die das Analogon zu den Indifferenzkurven der Haushaltstheorie sind. So wie dort zwei Güter mit unterschiedlichen Mengenkombinationen einen konstanten Nutzen stiften, geht für (6.1a) aus den Kombinationen von unterschiedlichen Faktormengen definitionsgemäß ein konstanter output hervor. (Wichtig ist ein Unterschied: Nutzen ist eine nicht meßbare subjektive Kategorie (eine Empfindung), der output eine meßbare objektive Größe). Da sich die Faktoren gegenseitig ersetzen können, wird die Verminderung der Ausbringung wegen einer Verringerung der Faktormenge v_1 durch eine Vergrößerung von v_2 ausgeglichen et vice versa. Die Verbindungslinie (der geometrische Ort) aller Faktormengenkombinationen, die zu demselben output pro Zeiteinheit führen, nennt man **Isoquante** oder Isoprodukt-Kurve (0_a). Größere Einsatzmengen beider Faktoren ergeben eine höhere Ausbringung (0_b, 0_c, . . .), was sich im größeren Abstand der Isoquanten vom Nullpunkt zeigt (Fig. 6–1). Zu einer höheren Ausbringung kann man erstens gelangen, indem entweder lediglich ein Faktor vermehrt eingesetzt und der andere konstant gehalten wird (A nach C oder G) oder bei beiden die Einsatzmengen vergrößert werden (A nach D oder F). Bleibt

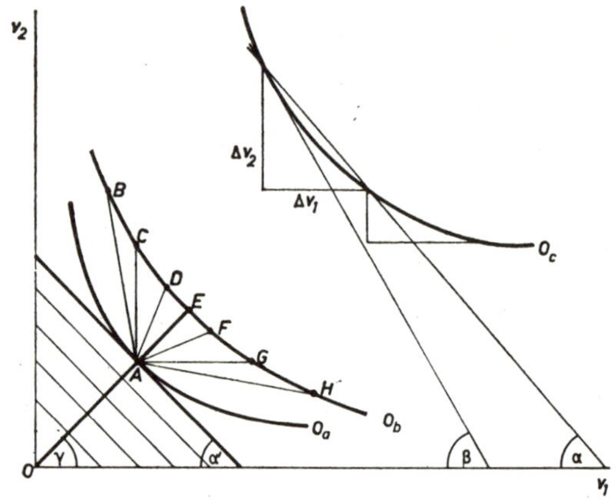

Fig. 6–1: Isoquanten

im letzteren Fall das Faktormengenverhältnis gleich (A nach E), spricht man von einer proportionalen Variation der Faktoren. Ist aus technischen Gründen lediglich eine proportionale Variation möglich, liegt der Grenzfall eines limitationalen Faktoreinsatzverhältnisses vor; es gibt dann keine Substitution und folglich auch keine Isoquanten, sondern bei steigendem Faktoreinsatz nur eine Gerade OAE mit der Steigung tg $\gamma = v_2/v_1 = \text{const.}$ (LEONTIEF-Funktion). Die Gerade wird als Prozeßgerade bezeichnet, ihre Steigung als Faktorintensität. Obwohl es bei Limitationalität außer den Punkten auf OAE keine technisch möglichen Faktorenmengenkombinationen gibt, wird in den meisten Lehrbüchern der Linienzug CAG als Isoquante angegeben. Soll die Ausbringung trotz des Rückgangs eines Faktors steigen, muß der zweite Faktor den Rückgang des ersten mehr als ausgleichen (A nach B oder H).

Die Steigung einer Isoquante (0_c) – das negative Vorzeichen bleibt außer Betracht – ist näherungsweise:

(6.5a) $\quad \text{tg}\,\alpha = \dfrac{\Delta v_2}{\Delta v_1}$, genau: (6.5b) $\quad \text{tg}\,\beta = \dfrac{dv_2}{dv_1}$.

Den Tangens des Winkels nennt man technische Grenzrate der Substitution oder **technische Substitutionsrate**. Bei einer Ersetzung von v_2 durch v_1 wird für eine zusätzliche Einheit (Δv_1) von v_1 zunehmend weniger von v_2 aufgegeben (Δv_2) – die Winkel α und β werden also immer kleiner —, wenn das Produktionsniveau erhalten bleiben soll („Gesetz" fallender technischer Substitutionsraten). Auf die wichtigsten Möglichkeiten, einen anderen output zu erreichen, sei anhand von Funktionen, bei denen **output und Faktoreinsatzmengen variabel** sind, noch etwas näher eingegangen.

Erstens können die Einsatzmengen beider Produktionsfaktoren variiert werden. Genügt die untersuchte Produktionsfunktion der Bedingung (6.2), steigt (fällt) der output proportional zur Änderung der Faktoreinsatzmengen, wenn diese in unveränderter Proportion (tg $\gamma = v_2/v_1 =$ const.) vermehrt (vermindert) eingesetzt werden. Mathematisch gesehen werden numerisch bestimmte Anfangswerte für v_1 und v_2 ($\bar{v}_1$, $\bar{v}_2$) mit dem Proportionalitätsfaktor λ multipliziert. Dabei bleibt das Einsatzverhältnis konstant ($\lambda\bar{v}_1/\lambda\bar{v}_2 = 1/\text{tg}\,\gamma =$ const.), und aus der gegebenen Funktionsgleichung läßt sich das jeweils λ-fache des mit den Faktoreinsätzen erzielten outputs berechnen. Geometrisch gesehen bewegt man sich entlang der Prozeßgeraden OAE (Fig. 6–1). Auf ihr sind für gleiche output-Differenzen die Isoquantenabstände gleich. Geht man z. B. von A nach E und ist die Änderung sehr klein, läßt sich dafür die Rate der Änderung des Ertrags in Abhängigkeit einer Änderung des proportional zu haltenden Faktoreinsatzes berechnen (O'_λ/t). Sie ist gleich der ersten Ableitung von (6.1c) nach λ und wegen des oben beschriebenen Zusammenhangs konstant:

(6.6) $$O'_\lambda/t = \frac{dO}{d\lambda} = \text{const.}$$

Man spricht in diesem Fall von einem konstanten Niveaugrenzertrag oder Skalenertrag (constant return to scale), wobei λ das jeweils erreichte Produktionsniveau angibt. Der Niveaugrenzertrag ist nur dann konstant, wenn die Produktionsfunktion linear homogen ist. Bei totaler proportionaler Faktorvariation sind dann die partiellen Abteilungen von (6.1), nämlich

(6.7a) $$O'_{v_1}/t = \frac{\partial O}{\partial v_1}$$ und (6.7b) $$O'_{v_2}/t = \frac{\partial O}{\partial v_2}$$

ebenfalls konstant (Fig. 6–2.I.). Man bezeichnet sie als partielle Grenzerträge oder als Grenzproduktivitäten.

Zweitens wäre eine Produktionsfunktion von der Form

(6.8a) $$O/t = f(v_1, v_2, \bar{v}_3)$$

denkbar, bei der neben zwei variablen Faktoren **zusätzlich ein Faktor** – oder eine Gruppe von Faktoren (Faktoraggregat) – **konstant** gehalten werden soll. Unterstellt man, die beiden variablen Faktoren änderten sich nur in einer konstanten Proportion, kann man statt (6.8a) schreiben:

(6.8b) $$O/t = f(\lambda\,\bar{v}_1, \lambda\,\bar{v}_2, \bar{v}_3).$$

Bei proportionaler Variation der ersten beiden Faktoren und Konstanz des dritten Faktors sind konstante Ertragsänderungen nur im Grenzfall zu erwarten. Bei kleinen Einsatzmengen der variablen Faktoren ist der Anteil des konstanten Faktors an der Ausbringung relativ groß. Werden die variablen Faktoren proportional vermehrt, geraten sie gegenüber dem konstanten Faktor mehr und mehr in eine Überschußposition. Solange der konstante Faktor einen relativ großen Anteil an der Produktion hat, wird die Änderung der Ausbringung vor allem von den variablen Faktoren, bei weiter steigender Ausbringung zunehmend vom konstanten Faktor limitiert. Die Ertragszuwächse können entlang der Prozeßgeraden zunächst steigen (increasing returns to scale), in einem bestimmten Bereich konstant bleiben (constant returns to scale) und schließlich fallen (decreasing returns to scale); der Niveaugrenzertrag in Bezug auf die beiden variablen Faktoren (O'/t) steigt bis zum Maximum und nimmt dann ab (Fig. 6–2.II.).

Drittens kann man von (6.1b) ausgehen. Es gibt nur einen variablen Faktor, der zweite oder alle übrigen bleiben konstant. Hier gelten grundsätzlich die gleichen Überlegungen wie zuvor. Wegen der unterschiedlichen relativen Bedeutung des konstanten Faktors (v_2) werden mit steigendem Faktoreinsatz (v_1) die Erträge zunächst zunehmen, dann von einem bestimmten Bereich an abnehmen. Die Kurve der partiellen Grenzerträge des ersten Faktors ($O'_{v1}/t = \partial O/\partial v_1$ oder wegen (6.1b):$O'_{v1}/t = dO/dv_1$) zeigt dieselbe Gestalt wie in Fig. 6–2.II. (Fig. 6–2.III.).

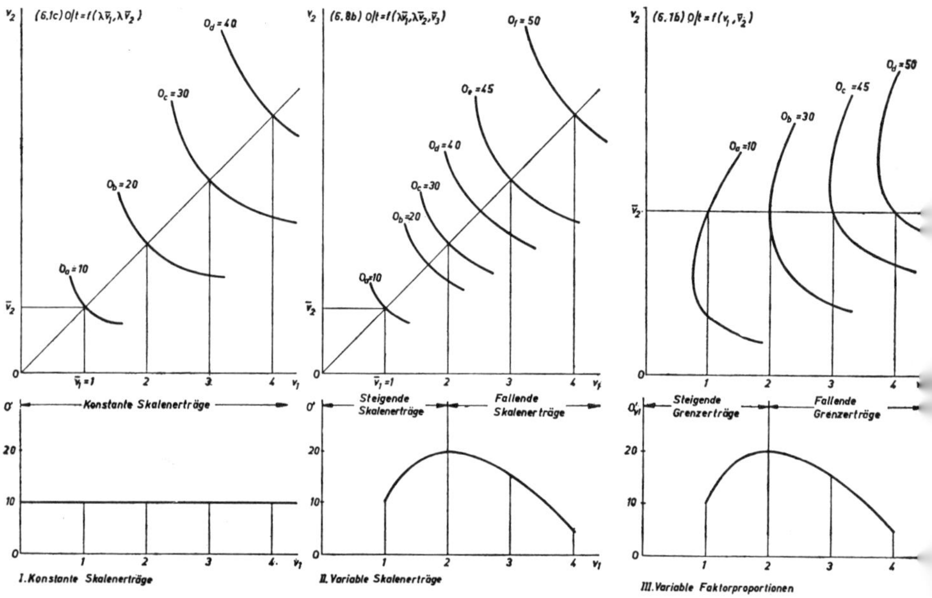

Fig. 6–2: Output und Faktoreinsatzmengen

Die eben erläuterten drei Fälle dürfen nicht konfundiert werden. Den in Fig. 6–2.I. und 6–2.II. dargestellten Funktionen ist gemeinsam, daß die Ertragsänderungen auf proportionale Änderungen von zwei variablen Produktionsfaktoren zurückgehen. Nur dann spricht man von Skalenerträgen (returns to scale). Was beide Funktionen unterscheidet ist lediglich das Änderungsmaß der Skalenerträge. Im ersten Fall sind die Skalenerträge konstant (linear-homogene Funktion: constant returns to scale), im zweiten variabel (nichthomogene Funktion: increasing und decreasing returns to scale). Variable Skalenerträge lassen sich unter empirischem Aspekt teilweise physikalisch-technisch erklären. Verdoppelt man den Querschnitt einer Wasserleitung und den Pumpendruck, wird sich der output mehr als verzweifachen. Verdoppelt man die Arbeitszeit eines Traktorfahrers und die zu bearbeitende Fläche, kann es sein, daß der output nicht im gleichen Maße steigt. Realistischer noch dürfte sein, von einer Funktion wie (6.8) auszugehen, in der es zwei variable Faktoren, aber auch einen fixen Faktor gibt. Dann sind die Ergebnisse in Fig. 6–2.II. und 6–2.III. nicht mehr grundverschieden. Die Erträge lassen sich in beiden Fällen aus der relativ unterschiedlichen Bedeutung des konstanten Faktors erklären. Fig. 6–2.II. und 6–2.III. differieren nur hinsichtlich der Zahl der variablen Faktoren. Ist – wie in Fig. 6–2.III. – ein Faktor fix, kann sich das Verhältnis des konstanten zum variablen Faktor ändern. Man bezeichnet den sich unter dieser Bedingung ergebenden Ertragsverlauf als „law of variable proportions“, im Deutschen meist als „Ertragsgesetz“. Fig. 6–2.I. und III. veranschaulichen den Unterschied zwischen Skalenerträgen und Erträgen aus variablen Proportionen. Angesichts der Begründung für den Verlauf von O'/t, und $O'v_1/t$ in Fig. 6 2.II. und III. sollte der Unterschied zwischen den partiellen und den Skalenerträgen nicht überbetont werden, denn er ist nur dann eindeutig, wenn man (6.1b) und (6.1c) vergleicht.

Zu wirtschaftlichen Überlegungen kommt man erst durch die Einführung von Preisen. Will ein Unternehmer einen Ertrag mit den Mengen zweier Faktoren erzielen, muß er sie zuvor an den Faktormärkten kaufen. Das soll zu konstanten Preisen (l) geschehen. Die Summe aus den Produkten von Preis und Menge der beiden Faktoren läßt sich als Kostensumme (K) definieren, die ebenfalls konstant sei:

(6.9) $$K/t = l_1 \cdot v_1 + l_2 \cdot v_2$$ (Definitions-Gleichung).

Durch Umformung erhält man

(6.10) $$v_2 = -\frac{l_1}{l_2} \cdot v_1 + \frac{K/t}{l_2}.$$

Die graphische Form von (6.10) wird als Isokostenlinie bezeichnet. Sie ist der geometrische Ort aller Faktorkombinationen, die für einen gegebenen Geldbetrag bei konstanten Faktorpreisen beschafft werden können. In Anlehnung an die formale Lösung des Maximumproblems im Haushalt (5. Kap.) kann man folgende Zusammenhänge herausstellen:

- Möchte der Unternehmer einen bestimmten Ertrag mit den geringsten Kosten erwirtschaften, wird er bei gegebener Produktionstechnik jene Faktorkombination wählen, bei der die Isokostenlinie zur Tangente an eine Isoquante wird. Man bezeichnet sie als **Minimalkostenkombination**

(Fig. 6–3.I.), weil sie die ökonomisch günstigste Faktorwahl für eine bestimmte Ertragsmenge darstellt.

- Geht er dagegen von einer gegebenen Kostensumme aus, mit der ein maximaler Ertrag erzielt werden soll, spricht man von der **Maximalertragskombination** (Fig. 6–3.II.).
- Die Verbindungslinie sämtlicher Optimalkombinationen soll als Output-Faktor-Kurve (OFK) oder scale line bezeichnet werden (Fig. 6–3.III.). Die Terminologie ist wenig gefestigt. Manche Ausdrücke, wie „Expansionspfad", führen leicht in die Irre. Es ist jene Linie, auf der das Unternehmen bei gegebener Technik und konstanten Faktorpreisen optimal operiert.
- Die „Kammlinie" ist der geometrische Ort aller Faktormengenkombinationen, die unter der Gewinnmaximierungsannahme eine Grenze für Optimalkombinationen bildet. Ober- und unterhalb der Kammlinien ist keine Faktorsubstitution möglich (Annahme der peripheren Substituierbarkeit). In diesen Bereichen sind für ein gegebenes Ertragsniveau von beiden Faktoren größere Einsatzmengen notwendig als im Substitutionsbereich, in dem größere Mengen eines Faktors zu Einsparungen beim anderen Faktor führen.

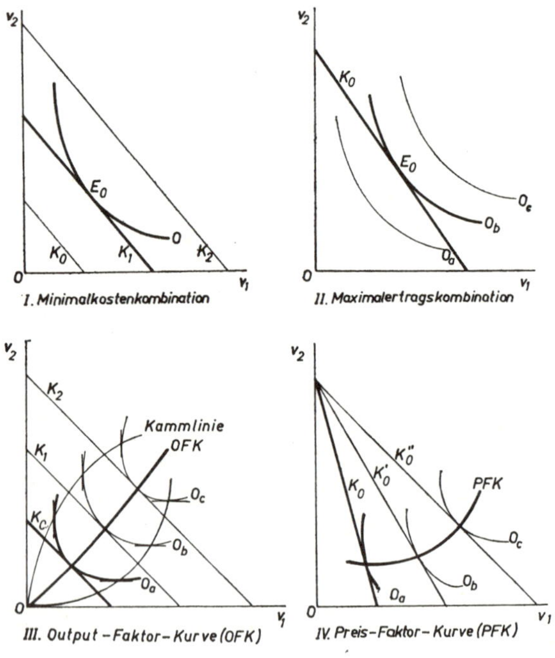

Fig. 6–3: Optimale Kosten- oder Ertragskombinationen

- Wird die Kostensumme konstant gehalten und ein Faktorpreis variiert (Änderung des relativen Preises), erhält man das in Fig. 6–3.IV. wiedergegebene Bild. Die Verbindungslinie der Gleichgewichtspunkte wird als Preis-Faktor-Kurve (PFK) bezeichnet.

Es kann darauf verzichtet werden, die einfachen Zusammenhänge zwischen Faktorpreisen und technischer Substitutionsrate abzuleiten. Dazu ist jeder, der das Kapitel über den Haushalt verstanden hat, selbst in der Lage. Wichtig sind folgende Aussagen: Die Faktorkombination wechselt, wenn bei gegebenem Stand angewandter Technik

- die Kostensummen (Fig. 6–3.III.) variieren (Ausgabeneffekt) oder
- bei gegebener Kostensumme sich der relative Preis ändert (Fig. 6–3.IV.), so daß der relativ billiger werdende Faktor dem relativ teurer werdenden Faktor vorgezogen wird (Substitutionseffekt).

Einige Gemeinsamkeiten der Indifferenzkurven- und Isoproduktkurven-Betrachtung in der Haushalts- bzw. Unternehmensanalyse sind noch eimal zusammengefaßt (Übers. 6–2).

Sachverhalte / Bereiche	Indifferente Mengen-kombinationen	Substitutions-verhältnis	Ausgabensumme	Gleichgewicht	Gleichgewichts-Verbindungslinie bei Variation der Ausgabensumme	Gleichgewichts-Verbindungslinie bei Variation der relativen Preise
Haushalt	Nutzenniveau	Grenzrate der Substitution	Budgetlinie	Haushalts-gleichgewicht	Einkommen-Konsum-Kurve	Preis-Konsum-Kurve
Unternehmen	Ertragsniveau (output-Niveau)	Technische Substitutionsrate	Isokostenlinie	Minimalkosten- oder Maximal-ertragskombi-nation	Output-Faktor-Kurve	Preis-Faktor-Kurve

Übers. 6–2: Indifferenzkurven-Analyse in Haushalt und Unternehmen

Ein variabler Einsatzfaktor

Wird – immer unter denselben Annahmen – von zwei Faktoren einer konstant gehalten (6.1b), erhält man die in Fig. 6–2.III. dargestellte Beziehung zwischen input und output. Die im Deutschen übliche Bezeichnung **Ertragsgesetz** ist irreführend, weil auch andere Kurvenverläufe einen „ertragsgesetzlichen“ Zusammenhang zwischen Faktoreinsatzmengen und Erträgen zeigen und darüberhinaus – wie ein Vergleich von Fig. 6–2.II. und 6–2.III. verdeutlicht – aus dem Verlauf der Grenzertragskurve nicht ohne weiteres auf die zugrundeliegende Produktionsfunktion geschlossen werden kann. Eine korrekte Bezeichnung wäre „Gesetz abnehmender Grenzerträge bei Einsatz eines variablen Faktors“, wenn nur der fallende Teil der Grenzertragskurve gemeint ist. Der Ausdruck „Ertragsgesetz“ wird im folgenden in diesem Sinn gebraucht.

Zur Darstellung des Ertragsgesetzes soll die in (6.1b) angegebene Schreibweise der Produktionsfunktion zugrunde gelegt werden. Ein Zahlenbeispiel aus der Landwirtschaft – traditioneller Bereich ertragsgesetzlicher Überlegungen – sei vorangestellt (Übers. 6–3).

Menge des variablen Faktors (Arbeitstage) v_1	**Ertrag** (Weizen) O/t	**Grenzertrag** $O'_{v_1}/t \approx \Delta\, O/t$	**Durchschnittsertrag** $\frac{O/t}{v_1}$
1	2		2
2	5	3	2,5
3	9	4	3
4 A	14	**5**	3,5
5 B	18	4	**3,6**
6	21	3	3,5
7	23	2	3,3
8 C	**24**	1	3
9	23,5	– 0,5	2,6

Übers. 6–3: Ausbringung von Weizen auf 1 ha Land in 100 kg

Aus dem Zahlenbeispiel lassen sich die wichtigsten Zusammenhänge zwischen dem variablen Einsatzfaktor und den Ertragsgrößen **Gesamt-, Grenz- und Durchschnittsertrag** ersehen. Der Ertrag steigt zunächst ständig, erst mit steigenden (bis $v_1 = 4$), dann mit fallenden Grenzerträgen. Schließlich fallen sogar die Gesamterträge (ab $v_1 = 8$); die Grenzerträge werden negativ.

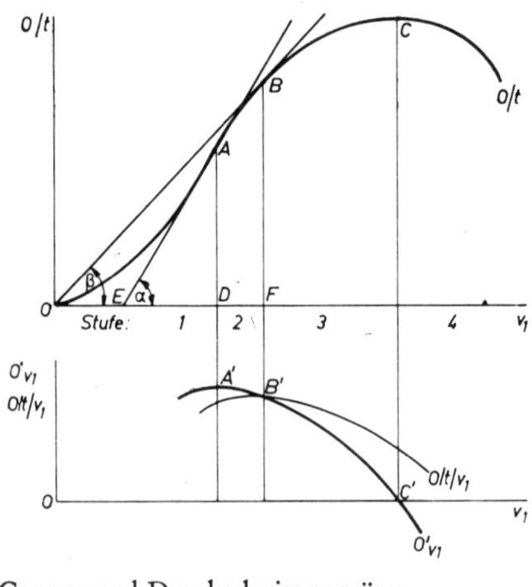

Fig. 6–4: Gesamt-, Grenz- und Durchschnittserträge

Der oben bereits angedeutete Grund für diesen Ertragsverlauf ist: Bei kleinem, aber zunehmendem Einsatz des variablen Faktors – im Beispiel Arbeitsleistungen – wird der konstante Faktor zunächst ein relativ großes Gewicht haben, das sich mehr und mehr vermindert. Den Ertrag bestimmt entscheidend jener Faktor, der relativ am wenigsten vorhanden ist. Das ist zunächst der variable Faktor, dann der konstante. Bei zunehmendem v_1 bestimmt also erst v_1, dann v_2 das Ertragsniveau. Der variable Faktor ist so reichlich eingesetzt worden, daß Schaden entsteht, indem z. B. durch übermäßigen Arbeitseinsatz das Wachsen des Weizens gestört wird.

Bei Stetigkeit der Gesamtertragskurve ergibt sich folgender **Ertragsverlauf**: Das Maximum der Grenzerträge liegt dort, wo die Gesamtertragskurve 0/t einen Wendepunkt hat (Fig. 6–4; Punkt A: tg α, der den Grenzertrag des variablen Faktors $0'_{v_1}/t$ = AD/ED mißt, ist maximal). Mit zunehmendem v_1 folgt das Maximum der Durchschnittserträge, da bei zunächst steigenden, dann fallenden Grenzerträgen die Durchschnittsgrößen „nachhinken" (Punkt B: tg β, der den Durchschnittsertrag $0/t/v_1$ = BF/OF mißt, ist maximal). Im Maximum des Gesamtertrags wird die Steigung der Gesamtertragskurve, also der Grenzertrag, Null (Punkt C). Die drei markanten Punkte (A, B, C) sind auch in Übers. 6–3 bezeichnet. Übers. 6–4 zeigt, daß sich der Ertragsverlauf in vier Abschnitte oder Stufen unterteilen läßt.

Ertragsgrößen	**Stufe 1**	**Stufe 2**	**Stufe 3**	**Stufe 4**
Gesamtertrag (0/t)	positiv, über-proportional steigend	positiv, unter-proportional steigend	positiv, unter-proportional steigend	positiv, über-proportional fallend
Grenzertrag ($0'_{v_1}/t$)	positiv, steigend	positiv, fallend	positiv, fallend	negativ, fallend
Durchschnittsertrag ($0/t/v_1$)	positiv, steigend	positiv, steigend	positiv, fallend	positiv, fallend

Übers. 6–4: Ertragsstufen

Die Wirksamkeit des Ertragsgesetzes beginnt ab Punkt A (Schwelle des Ertragsgesetzes), also mit der zweiten Stufe. Im Hinblick auf die methodische Bedeutung des Ertragsgesetzes sei festgehalten, daß es sich bei ihm um eine technisch-physische Relation handelt. Zu einer ökonomischen Betrachtungsweise gelangt man erst durch ihre Einbeziehung in die Kostenanalyse.

II. Kostenanalyse

Kostenbegriff und Zeithorizont

Kosten sind die zentrale ökonomische Kategorie. Was nichts kostet, liegt außerhalb des Bereichs wirtschaftlicher Überlegungen und Entscheidungen. Ihre Messung in der Volkswirtschaftslehre basiert auf dem Prinzip der opportunity cost. Die Kosten eines Faktors oder eines wirtschaftlichen Gutes sind gleich dem Verlust in der bestmöglichen anderen Verwendung. Ein Direktionsassistent, den sich ein Unternehmer leistet, kostet soviel wie ein Betriebsleiter, wenn dies die bestmögliche andere Verwendung des Direktionsassistenten wäre. Dieses Beispiel illustriert das bereits bekannte **opportunity cost-Prinzip.** Andere Kostenmessungsgrundsätze sind möglich oder kalkulatorisch geboten. Es kommt auf den Zweck der Kostenrechnung an. Ein Unternehmer wird bei seinen Wirtschaftlichkeitsüberlegungen in opportunity cost denken (ob er den Begriff kennt, spielt keine Rolle), doch in seiner Ist-Kostenrechnung oft von dem ausgehen, was ist, nicht was sein könnte. Das opportunity cost-Prinzip wird in der Praxis problematisch, wenn nicht volle Kontinuität der alternativen Verwendungen besteht. Wenn der Unternehmer dem Direktionsassistenten 3000 DM, dem Betriebsleiter 2500 DM Gehalt zahlt, legt er in seiner Kalkulation vermutlich den höheren Betrag zugrunde. Der Unternehmer geht hier also von tatsächlich anfallenden Kosten (money cost) aus, die an alternativen Kosten kontrolliert werden. Der volkswirtschaftliche Kostenbegriff (opportunity cost) ist durch alternative Gutsverwendung definiert. Betriebs- und volkswirtschaftlicher Kostenbegriff können sich decken, müssen es aber nicht. Kosten dürfen nicht mit Zahlungen oder Aufwand verwechselt werden. Wenn der Unternehmer seinen Sohn als Direktionsassistenten beschäftigt, dem er monatlich 1000 DM Taschengeld gibt, ist es aus preispolitischen Gründen geboten, 3000 DM als Kosten einzusetzen (1000 DM Kosten, die zugleich Aufwand und Zahlungen, und 2000 DM, die weder Aufwand noch Zahlungen, sondern kalkulatorische Kosten sind), denn er müßte sonst – würde der Sohn nicht im Unternehmen arbeiten – eine fremde Kraft bezahlen.

Bei der Erörterung der Kosten, die entstehen, wenn ein Angebot erfolgen soll, bleibt vor allem zu beachten, daß es Kosten gibt, die nicht in die Kalkulation des Unternehmers eingehen. Man unterscheidet zwischen **privaten und sozialen Kosten.** Private Kosten entstehen einem einzelnen Unternehmer und werden in dessen Kalkulation berücksichtigt. Soziale Kosten entstehen zwar der Volkswirtschaft insgesamt, werden aber von der unternehmerischen Kalkulation nicht erfaßt, da sie den Unternehmer nicht belasten. Wenn ein Unternehmer der Natur sauberes Wasser entnimmt (oder gegen Bezahlung kauft) und schmutziges Wasser entläßt, das vor weiterem Gebrauch auf Kosten anderer (etwa der Steuerzahler) gereinigt werden muß, entstehen soziale Kosten. Ebenso kann der umgekehrte Fall auftreten. Landwirte leisten mit der Bestellung ihrer Äcker einen Beitrag zur Landeskultur.

Bei einer Nichtbestellung müßte die Allgemeinheit gegebenenfalls Aufwendungen zur Erhaltung der Landschaft machen. Der Landwirt trägt private Kosten, die zu Einsparungen von sozialen Kosten führen.

Die Existenz sozialer Kosten hat einige Autoren zu Attacken auf die marktwirtschaftliche Ordnung und deren Kostenverteilung veranlaßt. Ein Vorwurf lautet: Die Unternehmen trügen mit den privaten nur einen Teil der gesamten Kosten; die Gesellschaft müsse Kosten übernehmen, die eigentlich den Unternehmen anzulasten seien. Die Kritiker übersehen oft verschiedene Punkte. Einmal treten Diskrepanzen zwischen privaten und sozialen Kosten in allen wirtschaftlichen Lenkungssystemen auf. Ordnungstheoretisch sind sie neutral. Zweitens entstehen aus dem Faktoreinsatz volkswirtschaftliche Erträge. Erst die Gegenüberstellung von input und output, Kosten und Erträgen, gestattet ein abschließendes Gesamturteil (cost benefit-Analyse). Drittens sind die empirischen Erfassungs- und Bewertungsprobleme bei den sozialen Kosten und Vorteilen enorm. Meist ist man auf ganz grobe Schätzungen angewiesen. Viertens kann man sich bei enger Definition der privaten und sozialen Kosten kaum einen Tauschvorgang denken, bei dem eine genaue Entsprechung zwischen sozialem Faktoreinsatz und -ertrag besteht.

Die Unterscheidung nach privaten und sozialen Kosten ist der nach „external economies“ und „external diseconomies“ sehr ähnlich. Von external economies spricht man z. B., wenn eine Produktionserhöhung beim Unternehmen A zu einer Kostensenkung beim Unternehmen B führt. Würden die Kosten des Unternehmens B steigen, lägen external diseconomies vor. In der Literatur taucht das Problem am Bienenbeispiel auf. Angenommen, ein Birnbaumbesitzer hat eine Ertragssteigerung durch das Bienenvolk des Nachbarn. Wieviel Birnenblüten sind durch die Bienen des Nachbarn und wieviel durch „freie“ Insekten bestäubt worden? Ist nicht auch die Honigproduktion des Bienenvolkbesitzers durch die Birnenblüten gesteigert worden, so daß offen bleibt, wer am meisten gewonnen hat?

Der Unternehmer steht bei dem Problem, die Produktion zu organisieren, vor einer Reihe von Entscheidungen. In zeitlicher Hinsicht, nach dem **Zeithorizont**, wird meist eine dreifache Einteilung nach dem Objekt der Entscheidung vorgenommen:

- Wie können in einer gegebenen Produktionsanlage die Faktoren so eingesetzt werden, daß die Kosten einer bestimmten Ausbringung (insgesamt oder pro Ausbringungseinheit) minimal werden? Diese Art der Entscheidung ist kurzfristiger Natur (short run time-horizon). Ihr Zeithorizont umfaßt den Zeitraum, in dem die Größe einer Produktionsanlage bei unveränderter Technik nicht variiert werden kann (operational time). Sie schwankt von Unternehmen zu Unternehmen und von Branche zu Branche. Die Hauptbedeutung der kurzen Periode liegt darin, daß dem Unternehmer für bestimmte Einsatzfaktoren Kosten entstehen, unabhängig davon, ob sie genutzt werden oder nicht (Anlagen, Maschinen

u. a.). Solche Kosten nennt man fixe Kosten. Sie sind im Gegensatz zu den variablen Kosten von der Ausbringung pro Zeiteinheit unabhängig.

- Welche Größe der Anlage ist im Hinblick auf die kostengünstigste Produktion bei einer gegebenen Technik zu wählen? Diese Entscheidung stellt sich in langer Sicht (long run time-horizon). Hier umfaßt der Zeithorizont die Dauer bis zur Einführung technischer Fortschritte. Da unter langfristigem Aspekt eine Anlage bei gegebenem Stand der Technik vergrößert oder verkleinert werden kann, gibt es keine fixen Kosten.
- Welches ist die kostengünstigste Ausbringung, wenn nicht nur die Anlage, sondern auch die Produktionstechnik als Variable in die Überlegungen einbezogen wird? Diese Entscheidung stellt sich in sehr langer Sicht (very long run time-horizon). Die Zeitperiode ist dadurch definiert, daß die angewandte Produktionstechnik veränderlich ist. Empirisch gesehen dürfte die Grenze zwischen der langen und sehr langen Periode nicht scharf zu ziehen sein, da die Nutzungsdauer von Anlagen oft so lang ist, daß im Zeitpunkt ihrer Ersetzung (Re-Investition) neue Verfahren oder technisch verbesserte Anlagen zur Verfügung stehen.

Diese dreifache Unterscheidung trägt der Tatsache Rechnung, daß es Größen gibt, die mit der Verlängerung des Zeithorizonts zu Variablen und damit zum Objekt unternehmerischer Entscheidungen werden. Sie ist eine theoretische Konstruktion, deren Adäquanz sich bei der Analyse empirischer Sachverhalte erweisen muß.

Kurzfristige Kostenverläufe

Es ist zweckmäßig, die kurzfristige Kostenanalyse als Umkehrung des produktionstheoretischen Ansatzes zu betrachten. Geht man vom Ertragsgesetz aus, bei dem nur ein variabler Einsatzfaktor bei begrenzter Substitutionsmöglichkeit unterstellt wurde (6.1b), lautet die Ausgangsfrage: Wie verändert sich der Ertrag mit der Variation der Faktoreinsatzmengen? Die Verläufe zeigt Fig. 6–4. (Es ist evident, daß ökonomisch die erste, zweite und vierte Ertragsstufe vernachlässigt werden können (ökonomisch nicht relevanter Bereich), sofern nicht die Erzielung von Verlusten zum Inhalt des ökonomischen Prinzips werden soll.) In der Kostenanalyse fragt man umgekehrt: Wie verändern sich die mit ihren Preisen bewerteten Faktoreinsatzmengen mit Variation des Ertrages? Wegen der mit (6.9) gegebenen Definition der Kosten läßt sich die Frage auch wie folgt stellen: Wie hoch sind die Kosten in Abhängigkeit von der ausgebrachten Menge? Unterstellt man, daß die variablen (v_1) und konstanten ($\bar{v}_2$) Einsatzmengen zu unveränderlichen Preisen (l_1, l_2) erworben werden können, läßt sich die Produktionsfunktion (6.1b) umformen zu

(6.11) $$O/t = F(v_1 \cdot l_1, \bar{v}_2 \cdot l_2)$$ (technische Gleichung).

Die Produkte $v_1 \cdot l_1$ und $\bar{v}_2 \cdot l_2$ sind nicht mehr physische, sondern mit

Preisen bewertete Faktoreinsatzmengen, die nach (6.9) als Kosten definiert wurden. Sie lassen sich in variable Kosten K_v und fixe Kosten K_f aufteilen:

(6.12a) $K_v = v_1 \cdot l_1$ (Definitions-Gleichung),
(6.12b) $K_f = \bar{v}_2 \cdot l_2$ (Definitions-Gleichung) und
(6.12c) $K = K_v + K_f$ (Definitions-Gleichung).

Somit ist es möglich, den Ertrag pro Zeitperiode als eine Funktion der Kosten aufzufassen:

(6.13a) $O/t = F(K_v, K_f)$ oder (6.13b) $O/t = F(K)$.

Mit dieser Abwandlung kann man die Gesamtertragsfunktion (6.13a) und Fig. 6–4 wie folgt darstellen (Fig. 6–5).

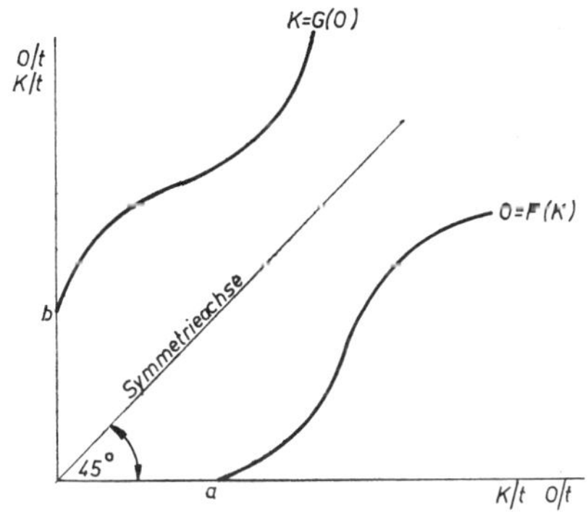

Fig. 6–5: Ertrags- und Kostenkurve

Auf der Abszisse werden statt der Einsatzmengen die Kosten (K/t), auf der Ordinate der vom Kosteneinsatz abhängige Ertrag (O/t) aufgetragen. Die Strecke vom Koordinatenursprung bis a entspricht den fixen Kosten. Ab a kommen die Kosten des variablen Faktors hinzu. Mit zunehmendem Einsatz der Kosten des variablen Faktors erhält man – wie in Fig. 6–4 – den ertragsgesetzlichen Verlauf der Ausbringung.

Löst man (6.13b) nach K/t auf, erhält man die **Kostenfunktion;** sie lautet:

(6.14) $K/t = G(O)$.

Auf der Abszisse werden dann der Ertrag (O/t), auf der Ordinate die Kosten (K/t) aufgetragen. Die Strecke vom Koordinatenursprung bis b ist gleich dem bewerteten Anteil des konstanten Faktors, den fixen Kosten. Ab b entstehen mit zunehmendem Ertrag zusätzlich variable Kosten. Man gewinnt die zu (6.14) gehörige Kostenkurve geometrisch durch Spiegelung der Ertragskurve an der 45°-Achse. Kosten- und Ertragstheorie lassen sich auf diese Weise zu einer Einheit verbinden. Andere Ertragsverläufe können ebenfalls in Kostenfunktionen transformiert werden. Doch soll auf weitere Umformungen verzichtet und im folgenden vom ertragsgesetzlichen Kostenverlauf ausgegangen werden. Erwähnt sei lediglich der Fall linearer Gesamtkostenverläufe. Sie ergeben sich z. B. unter der Annahme konstanter Faktorpreise bei limitationalen Faktoreinsatzverhältnissen, so daß für Ertragsänderungen proportionale Variationen beider Faktoren nötig sind.

Wie bei den Erträgen in Abhängigkeit vom input bestehen auch bei den Kosten in Abhängigkeit vom output bestimmte Zusammenhänge zwischen **Gesamt-, Grenz- und Durchschnittskosten**, die nach den allgemeinen Ausführungen in den Grundlagen dieses Buches keine Verständnisschwierigkeiten mehr bereiten sollten. Eine kleine Komplikation bereitet lediglich die Unterscheidung nach fixen und variablen Kosten. Ein Zahlenbeispiel (Übers. 6–5), in dem zur Vereinfachung die Zeitindices fortgelassen wurden, soll die Zusammenhänge verdeutlichen.

Die Gesamtkosten steigen wegen der Wirksamkeit des Ertragsgesetzes mit

output	**Gesamtkosten**			**Kosten pro Einheit**			
	Fixe Kosten	Variable Kosten	Totale Kosten	Grenzkosten	Durchschnittskosten Fixe Kosten	Variable Kosten	Totale Kosten
(0)	(K_f)	(K_v)	(K)	$\left(\frac{\Delta K}{\Delta 0}\right)$	($K_f/0$)	($K_v/0$)	(K/0)
	DM	DM	DM		DM	DM	DM
1	100	40	140	–	100,00	40,00	140,00
2	100	70	170	30	50,00	35,00	85,00
3	100	85	185	15	33,33	28,33	61,66
4	100	96	196	11	25,00	24,00	49,00
5	100	104	204	8	20,00	20,80	40,80
6	100	110	210	6	16,67	18,33	35,00
7	100	115	215	**5**	14,29	16,43	30,71
8	100	120	220	**5**	12,50	15,00	27,50
9	100	126	226	6	11,11	14,00	25,11
10	100	134	234	8	10,00	13,40	23,40
11	100	145	245	11	9,09	**13,18**	22,27
12	100	160	260	15	8,33	13,33	21,67
13	100	180	280	20	7,69	13,85	**21,54**
14	100	206	306	26	7,14	14,77	21,86
15	100	239	339	33	6,67	15,93	22,60
16	100	280	380	41	6,25	17,50	23,75
17	100	330	430	50	5,88	19,41	25,29
18	100	390	490	60	5,56	21,67	27,22
19	100	461	561	71	5,26	24,26	29,53
20	100	544	644	83	5,00	27,20	32,20

Übers. 6–5: Gesamt-, Grenz- und Durchschnittskosten

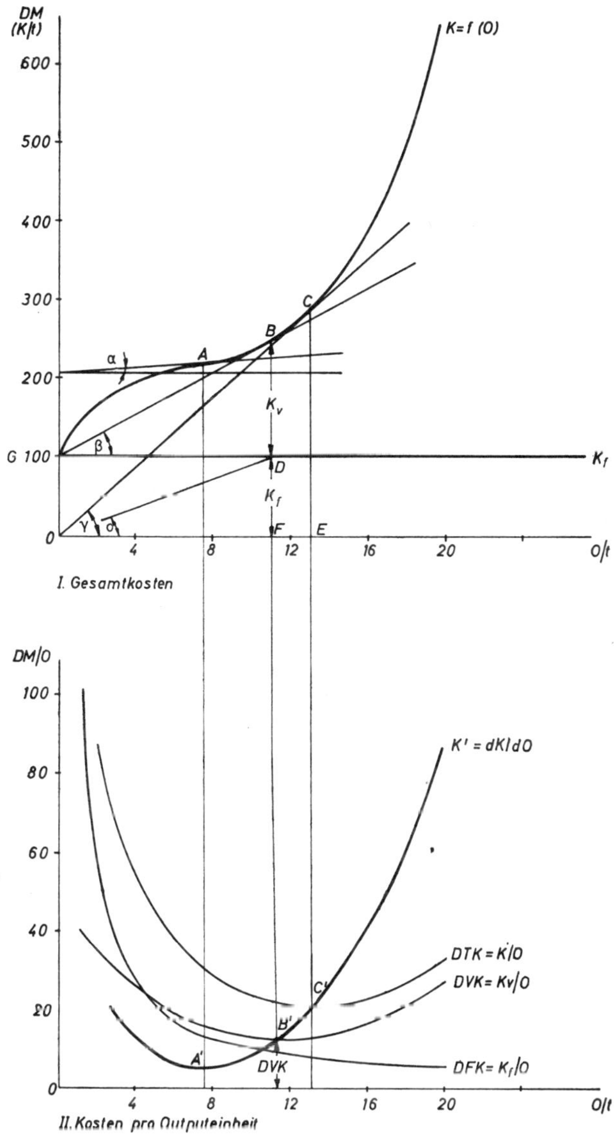

Fig. 6–6: Gesamt-, Grenz- und Durchschnittskosten

fallenden, dann mit zunehmenden Raten. Folglich sinken die Grenzkosten zunächst; vom Wendepunkt der Gesamtkostenkurve ab steigen sie an. Die Durchschnittskosten „hinken“ hinter den Grenzkosten her. Da die fixen Kosten Bestandteil der totalen Kosten sind, liegen die daraus berechneten Durchschnittskosten über den variablen Durchschnittskosten. Bei stetigem Kostenverlauf ergibt sich folgendes Bild (Fig. 6–6), das die Zahlen illustriert. Im Wendepunkt (A) der totalen Gesamtkosten (K), der zugleich auch der Wendepunkt der Kurve der variablen Gesamtkosten (K_v) ist, hat die Tangente an die Kurve die geringste Steigung. Da eine Tangente an die totale oder variable Gesamtkostenkurve einen Winkel mit der Abszisse bildet, dessen Tangens gleich den Grenzkosten ($tg\ \alpha = K'$) ist, erreicht die Grenzkostenkurve bei diesem output ihr Minimum (A'). Dieses Minimum wird als Schwelle des Ertragsgesetzes bezeichnet, dessen Wirksamkeit beim output von A' einsetzt (Fig. 6–4). Im Punkt B wird eine gerade Verbindung aus dem Nullpunkt der variablen Gesamtkosten ($K_f = 100$; $K_v = 0$) mit der Kostenkurve zur Tangente. Da der Tangens einer beliebigen Geraden aus dem Nullpunkt der variablen Gesamtkostenkurve gleich den durchschnittlichen variablen Kosten ist ($tg\ \beta = DVK$), haben beim output zu Punkt B die durchschnittlichen variablen Kosten ihr Minimum (B'); aus diesem Nullpunkt gibt es keine gerade Verbindung mit der Kostenkurve, deren Steigungswinkel kleiner sein könnte als β. Das Minimum der DVK-Kurve (B') wird als Betriebsminimum oder Produktionsschwelle bezeichnet. Aus den gleichen Gründen hat beim output zu Punkt C die Kurve der durchschnittlichen totalen Kosten ($tg\ \gamma = DTK$) ihr Minimum (C'), weil eine gerade Verbindung aus dem Koordinatenursprung zur Tangente der totalen Gesamtkostenkurve wird. Das Minimum der DTK-Kurve (C') wird als Betriebsoptimum bezeichnet. Bei ertragsgesetzlichem Verlauf der Kostenkurven liegt also das Minimum der Grenzkosten (A') bei einem kleineren output als das der durchschnittlichen variablen Kosten (B'), dieses bei kleineren Mengen als das Minimum der durchschnittlichen totalen Kosten (C'). Zum output der beiden letzten Minima hat die Grenzkostenkurve einen steigenden Verlauf. Da diese Minima durch Tangentialbedingungen ($tg\ \beta$, $tg\ \gamma$) und die Grenzkosten durch den Tangens des Winkels bestimmt sind, der durch eine Tangente an die K-Kurve mit der Abszisse gebildet wird, schneidet die steigende Grenzkostenkurve die DVK- und DTK-Kurve jeweils in ihrem Minimum. Der senkrechte Abstand zwischen der DTK- und DVK-Kurve ist durch die durchschnittlichen fixen Kosten ($tg\ \sigma = DFK$) definiert. Die fixen Kosten verteilen sich bei zunehmendem output auf immer mehr Einheiten. Die fixen Kosten pro Einheit fallen ständig; der senkrechte Abstand zwischen der DTK- und DVK-Kurve wird laufend kleiner.

Bisher wurden die Beziehungen zwischen output und Kosten bei konstanten Preisen der Produktionsfaktoren analysiert. Mit der **Variation der Faktorpreise** ändert sich auch die Lage der Kostenkurven. Es sollen aus einer Vielzahl von Möglichkeiten nur zwei Grenzfälle kurz behandelt werden: Variationen der absoluten und relativen Faktorpreise. Steigen (fallen) alle

Faktorpreise um den gleichen Prozentsatz (absolute Änderung), kommt es zu einer Verschiebung der Kostenkurven nach oben (unten). Wir nennen diese Verschiebung Kostenpreiseffekt. Die markanten Punkte (Schwelle des Ertragsgesetzes, Betriebsminimum und -optimum) verschieben sich – bezogen auf die Abszisse – nicht. Dieser Fall soll in Fig. 6–7 unter Annahme demonstriert werden, daß $l_2 = 0$ ist und deswegen Betriebsoptimum und -minimum zusammenfallen.

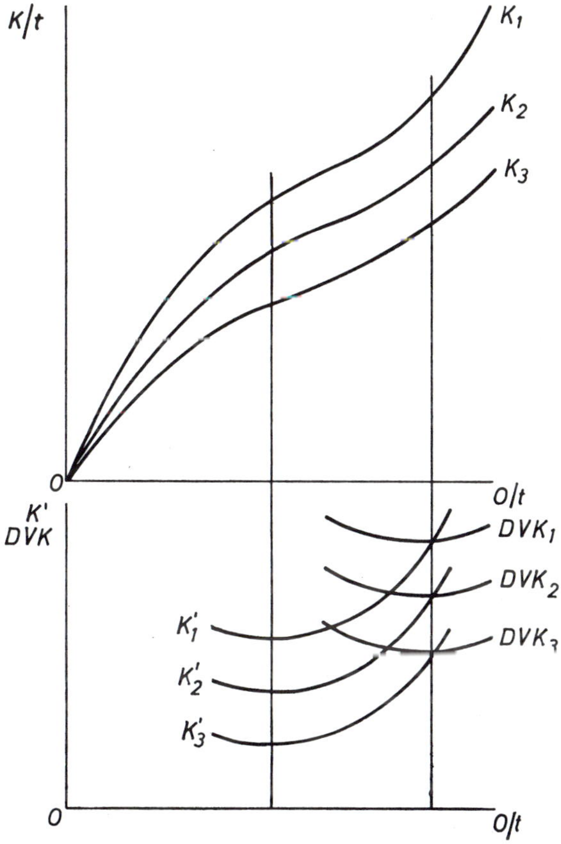

Fig. 6–7: Absolute Faktorpreisänderung

Bei Änderung der relativen Faktorpreise ergibt sich ein anderes Bild. Gilt das Ertragsgesetz, kann kurzfristig der Einsatz des fixen Faktors nicht variiert werden. Hat sich nur der Preis des variablen Faktors geändert, gelten für diesen die Überlegungen zu den absoluten Preisänderungen. Langfristig wird der ursprünglich fixe Faktor gegen den variablen substituiert oder umgekehrt, je nachdem, wie sich die Preisrelation ändert. Dabei ersetzt der relativ billige Faktor den teuren (Substitutionseffekt). Kurzfristig tritt dieser Effekt in allen Fällen ein, in denen nicht nur ein Faktor variabel ist und folglich ein Austausch der Faktoren stattfinden kann – eine in der Realität wohl vorherrschende Situation. In der Produktionstheorie ist gezeigt worden (Fig. 6–3), daß mit einer relativen Preisänderung die Faktorkombination wechselt. Der vergleichsweise billige Faktor wird dem teuren vorgezogen. Dementsprechend erhält man beim Substitutionseffekt eine andere Kostenfunktion, bei der die markanten Punkte mit denen der Kostenkurve vor der Preisänderung nicht mehr übereinstimmen.

Langfristige Kostenverläufe

Langfristig sind alle Einsatzfaktoren variabel. Das Änderungsausmaß kann von Unternehmen zu Unternehmen stark divergieren. Da fixe Kosten schon für die Produktionsbereitschaft entstehen, wird die lange Kostenperiode oft als jener Zeitraum definiert, in der die **Betriebsgröße** eine Variable der unternehmerischen Entscheidung darstellt. Man kann die Betriebsgröße entweder an der Menge des eingesetzten fixen Faktors oder an der Ausbringung im Minimum der kurzfristigen DTK-Kurve messen. Wird jener Zeitraum betrachtet, in dem sich die Betriebsgröße ändert, kann man sich vorstellen, daß es eine Reihe kurzfristiger DTK-Kurven gibt, die sich immer mehr dem langfristigen Ziel der Kapazitätsänderung anpassen. Sicher ist nur, daß die langfristige Kurve der totalen Kosten keine fixen Kosten enthält und deshalb – wie in Fig. 6–7 – im Nullpunkt beginnt. Ob zwischen der Abfolge der kurzfristigen und der langfristigen Kostenkurve ein enger Zusammenhang besteht, ist empirisch umstritten – ein Problem, das sich nur schwer lösen läßt, weil Kapazitätsänderungen oft mit Änderungen der Technik – Kriterium der sehr langen Betrachtung – einhergehen.

Häufig wird angenommen, daß das Minimum der langfristigen Durchschnittskosten bei einem relativ großen output liegt und die Unternehmer bei ihren Entscheidungen sich langfristig an ihm orientieren. Unternehmen, die ihre Kapazitäten ausweiten, können zunächst mit sinkenden Durchschnittskosten rechnen. Im Punkt des langfristigen Durchschnittskostenminimums, das von Branche zu Branche unterschiedlich ist und mit Änderungen der Produktionstechnik variieren kann, erreichen sie die „optimale“ Betriebsgröße (Betriebsgrößenoptimum), weil eine nochmalige Kapazitätserweiterung zu steigenden Durchschnittskosten führt. In Branchen, in denen es solche optimalen Betriebsgrößen gibt, kann die Produktionsfunktion nicht linear-homogen sein. Das folgt aus der Überlegung zur totalen proportionalen Faktorvariation (6.1c).

Fig. 6–8 zeigt die Kurve der kurzfristigen Durchschnittskosten (KDK) von verschieden großen Produktionsstätten; A ist die kleinste, D die größte. Solange das Unternehmen eine Menge produziert, die nicht größer ist als a, operiert es auf der Kurve KDK_A. Bei einer größeren Menge als a ist bis zum output b KDK_B, bei noch größerer Ausbringung KDK_C die günstigste

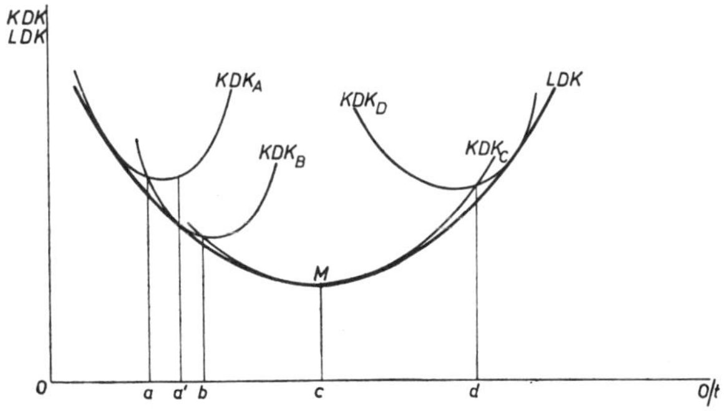

Fig. 6–8: Kurz- und langfristige Kosten

Kostenkurve. Würde a' zu Kosten der Kurve KDK_A erzeugt, wäre das ungünstiger als bei der Kurve KDK_B. Es gibt also einen Produktionsbereich, innerhalb dessen die Durchschnittskosten absolut kleiner sind als bei jeder anderen Betriebsgröße (KDK_C zwischen b und d). Stellt man sich eine sehr große Zahl kurzfristiger Kostenkurven vor, „umhüllt" die langfristige Kostenkurve gleichsam die kurzfristigen. Vor dem Minimum der langfristigen Kurve, dem **Betriebsgrößenoptimum** (M), berührt sie die kurzfristigen Kurven im degressiven (Größendegression), danach im progressiven Teil (Größenprogression). Die wichtigsten Ursachen für den Anstieg der langfristigen Kurve (ab M) werden in der begrenzten Kapazität des Managements und den steigenden Kosten des Kapitals gesehen. Der Zusammenhang zwischen kurzfristigen und langfristigen Kurven ist sowohl für die Gründung als auch für die Ausweitung eines bestehenden Unternehmens bedeutsam. In jedem Fall handelt es sich um eine reine Kostenanalyse, die keine Aussage darüber gestattet, ob und inwieweit die produzierte Menge auch günstig verkauft werden kann.

Sehr langfristige Kostenverläufe

Die traditionelle Unterscheidung nach kurzen und langen Perioden wird angesichts des raschen technischen Fortschritts von vielen Autoren als ergänzungsbedürftig angesehen. Man hat zu zeigen versucht, **wie technischer Fortschritt** auf die Kostenfunktion **wirkt**. Genau wie bei den langfristigen Kosten können allenfalls grobe Tendenzen festgestellt werden. In seinen Wirkungen läßt sich der technische Fortschritt formal wie eine absolute Preissenkung des variablen Faktors behandeln; die Verschiebung von K_1 nach K_3 in Fig. 6–7 kann ganz langfristig als Fortschrittseffekt interpretiert werden. Da die „operational time" des technischen Fortschritts größer als die von Betriebsgrößenänderungen ist, bedient man sich der Umhüllungskurventechnik. Die Kurve der sehr langfristigen Durchschnittskosten (TDK) würde die der langfristigen Durchschnittskosten (LDK), diese die der kurzfristigen Durchschnittskosten (KDK) umhüllen. Ob die TDK-

Kurve ein Minimum erreicht, von dem an sie wieder ansteigt, oder sich auf einem unteren Niveau stabilisiert, kann dahingestellt bleiben. In einer Welt mit knappen Gütern werden zumindest die TDK einiger Güter trotz technischen Fortschritts nicht auf Null absinken. Ebenso bleibt empirisch offen, ob technischer Fortschritt in jedem Fall zu Kapazitätserweiterungen führt (Fig. 6–9) oder ob ein gegebener output mit kleineren Betriebsgrößen erstellt wird.

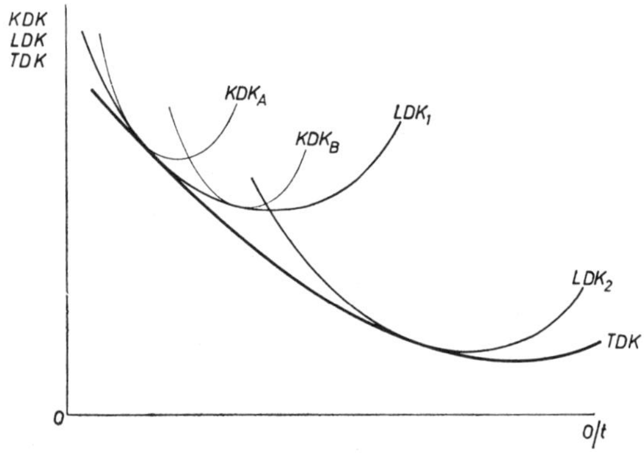

Fig. 6–9: Kurz-, lang- und sehr langfristige Kosten

Die Volkswirtschaftslehre hat sich in den letzten Jahren verstärkt mit den **Ursachen des technischen Fortschritts** beschäftigt. Dabei zeigte sich, daß der Begriff „technischer Fortschritt" einen Komplex recht unterschiedlicher Phänomene einschließt. Als zweckmäßig erwies sich die Unterscheidung nach Erfindungen (inventions) und Neuerungen (innovations). Bei Erfindungen werden neue technische Möglichkeiten entdeckt, bei Neuerungen diese wirtschaftlich genutzt. Der Erfindung folgt im Prozeßablauf die Neuerung. Für die wirtschaftliche Breitenwirkung ist bedeutsam, inwieweit Erfindungen und Neuerungen einzelner Unternehmen von anderen übernommen werden (imitations). Eine naheliegende Frage ist, in welchem Umfang dabei materielle Antriebe als ökonomische Kategorie von Bedeutung sind. Relativ einfach lautet die Antwort bei Neuerungen: Neue Techniken oder Produkte setzen sich gegenüber alten wirtschaftlich durch, wenn sie kostenmäßig überlegen sind. Sofern sie nicht monopolisiert werden (z. B. durch Patente), geschieht das meist sehr schnell, da sie zu einer Verbesserung der Gewinnsituation führen. Allerdings können einzelwirtschaftliche (meist nicht zugleich volkswirtschaftliche) Verluste, die sich aus der Stillegung alter Anlagen ergeben, ihre Durchsetzung hemmen.

Widersprechende Hypothesen gibt es zur Frage nach den Motiven, die Erfindungen induzieren. Eine erste lautet: Erfindungen seien eine Sache des Zufalls oder Glücks. Zahlreiche Erfindungen wären oft überraschend, unbeabsichtigt gemacht worden, wofür es genügend Beispiele gäbe. Nach einer zweiten, entgegengesetzten Ansicht seien Erfindungen mit Hilfe wissenschaftlicher Methoden produzierbar. Es komme vor allem auf die Höhe der Mittel und auf die Organisation der Forschung sowie auf rechtliche Bestimmungen (Patentgesetz, Besteuerung u. a.) an. Großunternehmen mit riesigen Forschungsabteilungen könnten viel erfinden, kleine kaum etwas. Nach einer dritten Hypothese sei äußerer Zwang, etwa ein Krieg, wichtigste Quelle von Erfindungen („Not macht erfinderisch"). Auch dafür gibt es empirische Belege, die allerdings noch keinen Autor veranlaßt haben, nach einem Krieg zu rufen. Viertens wird die Hypothese vertreten, letztlich sei – wie bei den Neuerungen – das Gewinnstreben entscheidend. Bestünden starke finanzielle Anreize (z. B. Erfinderprämien) – was wiederum von institutionellen Bedingungen abhängt –, würde mehr erfunden als ohne sie.

Historisch gesehen sind die letzten 100 Jahre reich an Erfindungen gewesen. Nicht nur die langfristigen Prophezeiungen eines Karl Marx, sondern auch einiger Autoren, die der damaligen Gesellschaftsordnung weniger kritisch gegenüberstanden, haben sich als grundfalsch erwiesen. Hinsichtlich der nächsten 100 Jahre ist das Spektrum der Prophezeiungen noch bedeutend weiter. Es reicht von der Vorhersage einer dauernden Krise oder säkularen Stagnation bis zu den Möglichkeiten eines Schlaraffenlandes.

III. Gewinnanalyse

Kurzfristige Gewinne

Das kurzfristige Gleichgewicht des Unternehmens kann unter den verschiedensten **Annahmen** untersucht werden. Zur Vereinfachung der Analyse sei unterstellt:

- Der Verkaufspreis (p) pro output-Einheit (O) sei in einer bestimmten Zeit für das einzelne Unternehmen gegeben (price taker). Der Erlös ist dann proportional zur verkauften Menge, der Erlös pro Einheit der verkauften Menge konstant.
- Die Angebotsmenge kann auf dem Markt untergebracht werden. Der Unternehmer soll sich entlang der Grenzkostenkurve kurzfristig anpassen können.
- Der Unternehmer möchte den Gewinn maximieren (Gewinnmaximierungsannahme).
- Der Markt sei vollkommen überschaubar (transparent).

Der Gewinn (G) eines Unternehmens läßt sich als positive Differenz zwischen dem Erlös (R = revenue) und den totalen Kosten (K) definieren (alle Größen beziehen sich auf einen bestimmten Zeitraum; der Zeitindex wird jedoch fortgelassen):

(6.15) $G = R - K; \quad R - K > \text{Null}$ (Definitions-Gleichung).

Der Erlös des Unternehmens ist definiert als das Produkt aus output und Preis des Gutes, der annahmegemäß gegeben sein soll:

(6.16a) $R = O \cdot p.$

Für p = const. ist R demnach eine Funktion von O, also:

(6.16b) $R = f(O).$

Da die Kosten als eine Funktion des output aufgefaßt werden können, läßt sich (6.15) unter Berücksichtigung von (6.14) und (6.16b) schreiben als

(6.17) $G = f(O) - G(O).$

Der Gewinn ist eine Funktion des output. Bildet man von (6.17) die erste Ableitung, ergibt sich

(6.18) $$\frac{dG}{dO} = f'(O) - G'(O) = \frac{dR}{dO} - \frac{dK}{dO}.$$

Definiert man die ersten Ableitungen wie folgt:

(6.19a) $G' = \frac{dG}{dO}$, (6.19b) $R' = \frac{dR}{dO}$, (6.19c) $K' = \frac{dK}{dO}$

und wird **Gewinnmaximum** angestrebt, folgt durch Nullsetzung von (6.18)

(6.20) $R' = K'$ (Verhaltens-Gleichung).

(6.20) wird als Gleichgewichtsbedingung des Unternehmens bezeichnet. Unter den obigen Annahmen ist der Grenzerlös R' = p = const., da der zusätzliche Erlös jeder weiteren Produktionseinheit gleich dem Preis dieser Einheit ist. (6.20) wird für diesen speziellen Fall zu

(6.21) $p = K'$ (Verhaltens-Gleichung).

Eine graphische Interpretation dieses Ergebnisses führt zu folgendem Bild (Fig. 6–10).

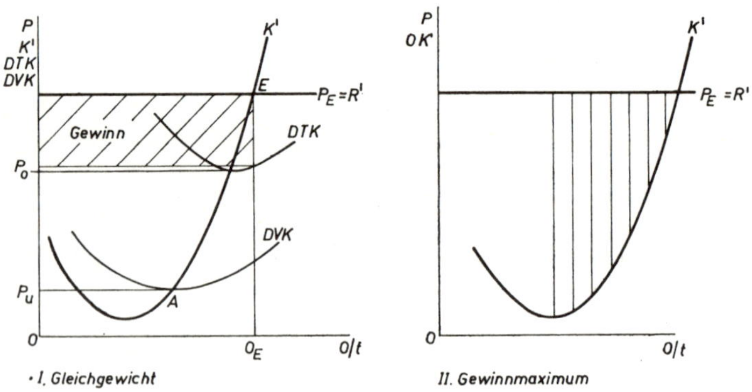

Fig. 6–10: Kurzfristiges Gewinnmaximum des Unternehmens

Der Unternehmer dehnt das Angebot bis zu dem Punkt aus, in dem sich die Grenzkostenkurve (K′) und die Preisgerade (p_E = const.) schneiden (Fig. 6–10.I.). Jede Menge, die größer oder kleiner als O_E ist, kann kein Gewinnmaximum sein. Vor dem Schnittpunkt ist $p > K'$, der Zuwachs zum Erlös durch die letzte verkaufte Einheit ist mithin noch größer als der Zuwachs zu den Kosten. Jede darüberhinaus ausgebrachte Menge würde den Gewinn noch erhöhen. Man kann deshalb die positive Differenz zwischen Erlös- und Kostenzuwachs ($p - K'$) auch als Gewinnzuwachs auffassen, der sich mit zunehmender Menge verringert, bis er in O_E zu Null wird. Über O_E hinaus ist die Differenz negativ, also wird ein Verlust eintreten (Fig. 6–10.II.).

Die absolute Größe des Gewinns läßt sich als Integral der Differenz zwischen p und K′ in den Grenzen von Null bis O_E errechnen, wobei die fixen Kosten als Integrations-Konstante einzusetzen sind. Bequemer ist die Ermittlung über die Differenz zwischen p_E und den totalen Durchschnittskosten DTK, die nur noch mit der verkauften Menge O_E multipliziert zu werden braucht [$G = R - K = O_E \cdot (p_E - DTK)$]. Bei Mengenvariationen operiert der Unternehmer auf der Grenzkostenkurve vom Betriebsminimum (A) an. Der Preis im Betriebsminimum (p_u) ist kurzfristig die Untergrenze seines Angebots, weil er die variablen Kosten gerade noch über den Preis ersetzt bekommt. Liegt der Preis höher als p_u, aber niedriger als p_0, versucht er stets $p = K'$ zu verwirklichen; dann macht er zwar einen Verlust, den er aber minimiert. p_0 ist der Preis im Betriebsoptimum, in dem der Unternehmer seine gesamten Kosten gerade decken kann. Bei einem höheren Preis erzielt er einen Gewinn.

Das **Marktangebot** (die Gesamtangebotskurve S) entsteht durch Aggregation des Angebots aller Unternehmen, die das gleiche Gut anbieten. Im allgemeinen werden die Kostenkurven der einzelnen Anbieter voneinander abweichen. Gibt es drei Anbieter – eine Zahl, die unter der price taker-Annahme problematisch ist –, erhält man folgendes Bild (Fig. 6–11).

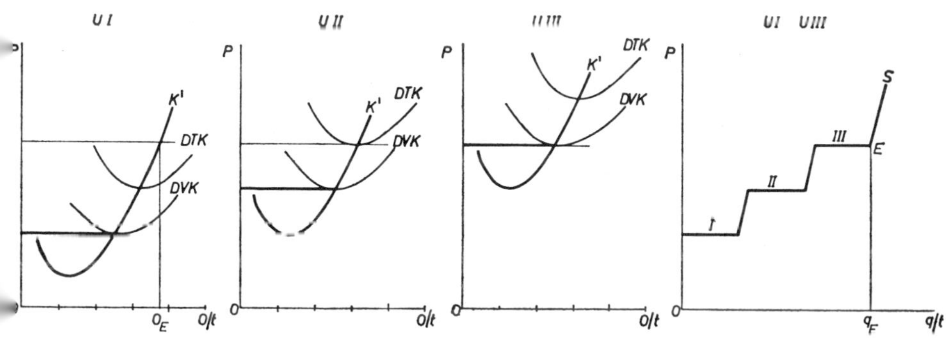

I. Unternehmensangebot II. Marktangebot

Fig. 6–11: Kurzfristiges Marktangebot

Jedes Unternehmen realisiert zum gegebenen Preis (p_E) die Menge, die seiner Grenzkostenkurve entspricht, sofern dieser Preis nicht unter dem Betriebsminimum liegt. Der letzte Anbieter, der zu einem gegebenen Preis kurzfristig gerade noch am Markt bleibt, ist der Grenz- oder Marginalanbieter (U III). Im dargestellten Fall erhält er über den Preis genau seine variablen, nicht jedoch die fixen Kosten ersetzt. Erzielen Unternehmen Gewinne, werden sie als Intramarginalanbieter, machen sie Verluste als Submarginalanbieter bezeichnet. Durch horizontale Aggregation der individuellen Angebotskurven entsteht das Marktangebot (Fig. 6–11.II.). Bei großer Anbieterzahl ist die Diskontinuität der Marktangebotskurve (S) nur noch geringfügig, weil der einzelne Anbieter die Gesamtmenge durch sein Hinzutreten (oder Ausscheiden) relativ wenig verändert. Die Probleme der Aggregation sind prinzipiell die gleichen wie auf der Nachfrageseite. Zu beachten bleibt: Unter den gemachten Annahmen ist für jeden einzelnen Anbieter der Preis ein Datum. Für die Unternehmen in ihrer Gesamtheit gilt das nicht, wie die Analyse des Marktgleichgewichts gezeigt hat (4. Kap.). Für sie ist die Situation eine andere als für den einzelnen. Zwischen Unternehmens- und Marktgleichgewicht muß deutlich unterschieden werden.

Langfristige Gewinne

Die Analyse des langfristigen Gleichgewichts hat bei den klassischen Nationalökonomen des 18. und 19. Jahrhunderts – z. B. bei Adam Smith und David Ricardo – eine größere Rolle gespielt als kurzfristige Untersuchungen, die seit der Zeit Alfred Marshalls („Neoklassik“) stark betont werden. Unter einfachsten **Annahmen** sollen einige langfristige Zusammenhänge erörtert werden:

- Es existiere ein Preis, der für den einzelnen Unternehmer ein Datum ist und den er zur Grundlage langfristiger Entscheidungen macht.
- Der Unternehmer glaubt, durch sein Angebot den Preis nicht zu ändern.
- Technischer Fortschritt sei ausgeschlossen.
- Der Markt sei vollkommen überschaubar.
- Der Eintritt in den Markt sei frei.
- Die Unternehmer versuchen, ihren Gewinn zu maximieren.

Das **Gewinnmaximum** wird – wie bei der kurzfristigen Betrachtungsweise (6.21) – durch die Gleichheit des langfristig geltenden Preises (p_E) mit den langfristigen Grenzkosten (LK′) bestimmt. Bei Preisen, die unter dem Schnittpunkt dieser Grenzkosten mit dem Minimum der Kurve der langfristigen Durchschnittskosten LDK liegen, wird das Unternehmen aufgelöst, bei darüberliegenden Preisen vergrößert. Die Angebotskurve ist ABE. Der langfristig maximale Gewinn errechnet sich aus der Differenz p_E - LDK, multipliziert mit der Ausbringungsmenge (Fig. 6–12).

Bietet das langfristige Gewinnmaximum formal nichts Neues, so kann das

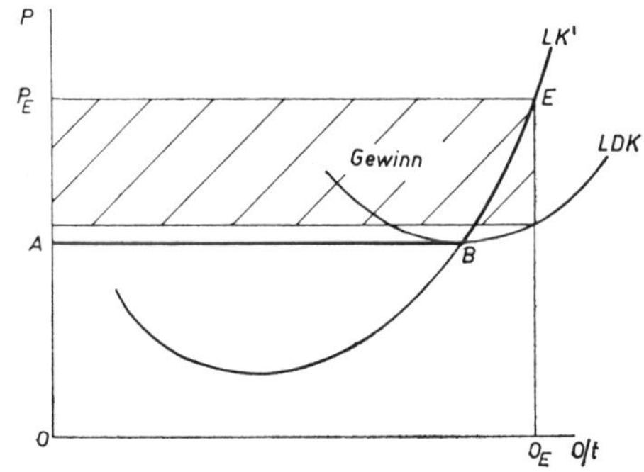

Fig. 6–12: Langfristiges Gewinnmaximum des Unternehmens

für das **Marktangebot** nicht behauptet werden. Es wurde angenommen, daß der Markt überschaubar, der Eintritt frei und der Preis eine langfristige Entscheidungsgrundlage sei. Sofern in einer Branche Gewinne gemacht werden, die über das übliche Maß hinausgehen, werden Unternehmer anderer Branchen angereizt, in diesen chancenreich erscheinenden Markt einzutreten. Es gibt langfristig gesehen stets eine Anzahl von Unternehmern, die als mögliche Konkurrenten der etablierten Anbieter infrage kommen, wenn die Gewinne oder die Gewinnaussichten in einer Branche überdurchschnittlich hoch sind. Die von potentiellen Wettbewerbern ausgehende Gefahr für die tatsächlichen Anbieter bezeichnet man vielfach als latente Konkurrenz (latenten oder potentiellen Wettbewerb). Kommen bisher potentielle Anbieter mit einem Angebot auf den Markt (newcomer), vergrößert sich die angebotene Menge und der Marktpreis sinkt (Fig. 6–13). Aus der latenten Konkurrenz ist eine tatsächliche geworden.

Aus der horizontalen Aggregation der individuellen Angebotskurven, von denen eine für ein repräsentatives Unternehmen mit langfristigen Gewinnen eingezeichnet wurde, ergibt sich das langfristige Marktangebot (S_0).

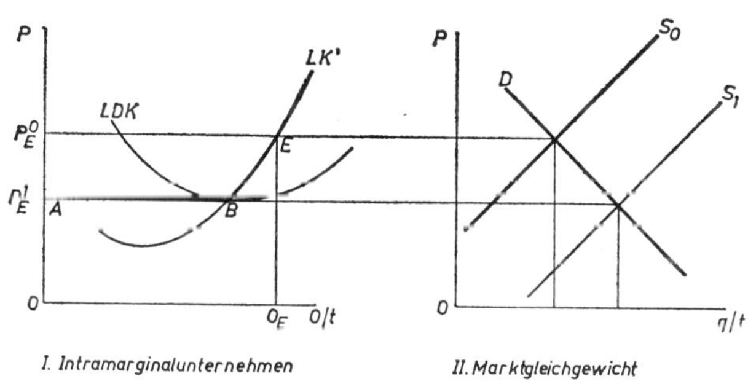

Fig. 6–13: Langfristiges Marktangebot

Solange es Unternehmen gibt, die Gewinne machen, also eine Menge rechts vom Betriebsoptimum produzieren, werden neue Anbieter angereizt, die das bisherige Marktangebot von S_0 auf S_1 vergrößern und damit eine Preissenkung von p_E^0 auf p_E^1 verursachen. Das Marktgleichgewicht wird erst erreicht, wenn kein Unternehmen mehr einen Gewinn macht, oder realistischer: wenn der Gewinn auf ein als normal angesehenes Maß sinkt. Das kurzfristige Betriebsgleichgewicht, bei dem Gewinne möglich sind, ist deshalb unter langfristigem Aspekt nicht notwendigerweise stabil. Langfristig werden nicht nur Preise und Mengen, sondern auch die Zahl der Unternehmen durch die Gewinne bestimmt.

Ist es nicht paradox, daß langfristig die Unternehmen keine oder geringere Gewinne als kurzfristig machen? Erstens ist zu beachten, daß dieses Ergebnis nur unter den gesetzten Annahmen gilt. Kurzfristige Gewinne, die langfristig nicht aufrechterhalten werden können, wären kein Widerspruch. Zweitens können innovations, die bisher nicht in die Überlegungen einbezogen wurden, ebenso wie eine wachsende Marktnachfrage bei einzelnen Unternehmen zu Gewinnen führen. Drittens sind die Annahmen ziemlich strikt: weder ist der Markt für Anbieter und Nachfrager völlig überschaubar, noch ist der Marktzutritt völlig frei oder leicht möglich. In der Realität lassen sich die aufgezeigten Ergebnisse nur der Tendenz nach bestätigen. Tatsächlich können bei Wettbewerb Marktpositionen, die sehr hohe Gewinne zulassen, nur selten langfristig verteidigt werden. Die Erwartungen an den Wettbewerb gehen deshalb dahin, daß er zumindest langfristig permanente Gewinnreduzierungen erzwingt. Dieser Vorgang kann durch neue Gewinne überdeckt werden, was seine empirische Erfassung schwierig macht.

Bibliographische Hinweise

1. In umfangreicheren Werken zur Mikroökonomik gibt es oft gute Darstellungen zur Produktionstheorie, die über den hier gebotenen Abriß zum Teil erheblich hinausgehen. Aus dem deutschen Schrifttum seien erwähnt: E. Gutenberg, Grundlagen der Betriebswirtschaftslehre, 1. Bd., Berlin-Göttingen-Heidelberg 1951, später in mehrfach verbesserten Auflagen. G. Wöhe, Einführung in die Allgemeine Betriebswirtschaftslehre, 9. A., Berlin und Frankfurt a. M. 1969. J. H. Müller, Produktionstheorie, Kompendium der Volkswirtschaftslehre, Bd. 1, a. a. O., der unter diesem Titel auch die Kostentheorie abhandelt. A. E. Ott, Grundzüge der Preistheorie, a. a. O. Knapp, doch empfehlenswert: J. M. Henderson – R. E. Quandt, Mikroökonomische Theorie, a. a. O., Kap. 3 (auch für Kostentheorie). Gute Zusammenfassungen: G. Krajewski, Das System der Produktionsfunktionen – Eine Analyse der Ansatzpunkte und Unterscheidungskriterien –, Diss. Braunschweig 1968. W. Lücke, Produktions- und Kostentheorie, Würzburg-Wien 1969. Sehr ausführlich und mathematisch anspruchsvoll ist das neuerdings als Teil I der 2. A. seiner Preistheorie erschienene Buch von W. Krelle, Produktionstheorie, Tübingen 1969. Aus dem angelsächsischen Schrifttum seien herausgegriffen: T. Scitovsky, Welfare and Competition, London 1966, Chap. 6. D. S. Watson, Price Theory and its Uses, a. a. O., 8–10. C. E. Ferguson, Microeconomic Theory, a. a. O., Chap. 6 und 7. Gründlich: S. Carlson, A Study on the Pure Theory of Production,

London 1939; Repr. New York 1956. Speziell zum Ertragsgesetz: J. M. CASSELS, On the Law of Variable Proportions, Explorations in Economics, New York 1936; wiederabgedruckt in: Readings in the Theory of Income Distribution, AEA-Series, London 1950. Wer sich mit der Aktivitätsanalyse oder dem linearen Programmieren vertraut machen möchte, sollte – vielleicht ausgehend von Handwörterbuchartikeln (Handwörterbuch der Sozialwissenschaften, Staatslexikon) – die entsprechenden Abschnitte in den Lehrbüchern von BAUMOL, HENDERSON-QUANDT und WATSON durcharbeiten. Zur weiteren Vertiefung: G. B. DANTZIG, Lineare Programmierung und Erweiterungen, Berlin-Heidelberg-New York 1966. W. KRELLE und H. P. KÜNZI, Lineare Programmierung, Zürich 1958. S. VAJDA, Lineare Programmierung, Zürich 1960. C. W. CHURCHMAN – R. L. ACKOFF – E. L. ARNOFF, Operations Research. Eine Einführung in die Unternehmensforschung, Wien und München 1961, und K. E. BOULDING – W. A. SPIVEY, Linear Programming and the Theory of the Firm, New York 1960.

2. Über die eben genannten oder ähnliche Arbeiten hinaus bleiben für die Kostenanalyse wenige Titel zu nennen. Zur Frage der privaten und sozialen Kosten sowie external economies und diseconomies gibt es freilich ganze Bibliotheken. Klassische Ausgangstexte sind die Werke von MARSHALL (Principles) und PIGOU (Economics of Welfare). Statt zahlreicher Arbeiten sei zur Frage der sozialen Kosten die exzellente Darstellung des Problems – in mancher Hinsicht dem Gehalt nach auch größeren Monographien überlegen – von R. H. COASE, The Problem of Social Cost, The Journal of Law and Economics, 3 (1960), konsultiert, wie überhaupt die eben genannte Zeitschrift mit einer gewissen Systematik den Problemkreis verfolgt. Zu den external economies und diseconomies sei besonders auf den jetzt in Deutsch vorliegenden, noch immer lesenswerten Aufsatz von J. VINER, Kosten- und Angebotskurven, in: Preistheorie, Hg. A. E. OTT, a. a. O., hingewiesen. VINERS Arbeit, in der zudem langfristige Kosten analysiert werden, ist ein bekanntes Beispiel dafür, daß auch berühmte Ökonomen Fehler machen können. VINER hat später – in netter Art – den Fehler zugegeben, der darin bestand, daß angenommen wurde, die langfristigen Durchschnittskosten „umhüllten" die kurzfristigen in ihrem Minimum. Zu den sehr langfristigen Überlegungen vgl.: R. G. LIPSEY, An Introduction . . ., a. a. O., Chap. 21, und H. GRAYSON, Price Theory in a Changing Economy, New York 1965, Chap. 6.

3. Die Gewinnanalyse läßt sich anhand der eben genannten Literatur leicht vertiefen, so daß sich, mit einer Ausnahme, weitere Bemerkungen erübrigen. Im deutschsprachigen Schrifttum wird die langfristige Analyse regelmäßig ausgelassen. Bei der Kostenanalyse werden noch häufiger langfristige Überlegungen angestellt. Es ist jedoch nicht ganz einfach, Untersuchungen zur langfristigen Gleichgewichtsbestimmung ausfindig zu machen. Besonders gelungene Darstellungen sind die von HENDERSON-QUANDT (präzise und knapp), FERGUSON, WATSON und W. J. L. RYAN, Price Theory, London 1959.

7. Konsumgüterpreisbildung

I. Marktstrukturen und Interdependenzen

Marktstrukturen

Bei der Analyse der Nachfrage und des Angebots, also jeweils einer Marktseite, war es nötig, Annahmen über den Marktpreis zu machen. Dabei wurde der Preis für die Pläne der einzelnen Haushalte und Unternehmen als Datum betrachtet, d. h. die Wirtschaftssubjekte glauben, auf seine Höhe keinen Einfluß zu haben. Veränderungen des Marktpreises kommen auf solchen Märkten dadurch zustande, daß die Nachfrager oder Anbieter in Wettbewerb treten, wenn die angebotene bzw. nachgefragte Menge von ihren Plänen abweicht. Dieser Anpassungsprozeß wurde bereits erläutert (4. Kap.).

Bei der Bestimmung des Gewinnmaximums ist deutlich geworden: Die Hypothese eines gegebenen Preises gilt nur unter bestimmten Bedingungen. Andere Hypothesen sind möglich. Auf beide Punkte soll nacheinander eingegangen werden. Da sich Hypothesen in der Praxis bestätigen müssen, ist es nicht erstaunlich, wenn angesichts der zahlreichen Formen, in denen sich das Marktgeschehen tatsächlich vollzieht, die moderne Analyse der Preisbestimmung beinahe unüberschaubar vielgestaltig ist.

Bis zu den dreißiger Jahren dieses Jahrhunderts wurden nur wenige Preisbildungsformen unterschieden: Wettbewerb, Monopol und einfache Fälle des Oligopols (Dyopole). In der Vergangenheit mag diese **traditionelle Marktformengliederung** zur Erfassung der realen Preisbildungsvorgänge hinreichend gewesen sein. Den heutigen Anforderungen entspricht sie nicht mehr. Andererseits bleibt offen, ob eine stark differenzierende, mehr auf mathematische Ästhetik als auf empirische Relevanz achtende Preistheorie sowohl empirisch-wissenschaftlichen Ansprüchen als auch den Anforderungen der Wirtschaftspolitik genügen kann. Tatsächlich entwickelt sich neuerdings eine an empirischen Kriterien orientierte Wettbewerbstheorie, die mit den verfeinerten Teilen der modernen Preistheorie in einer nur losen Verbindung steht. Das Dilemma der Preistheorie ist genereller Natur. Bei einer formenreichen Realität braucht man für eine empirisch gehaltvolle Theorie zahlreiche Hypothesensysteme, die immer mehr von ihrer allgemeinen Bedeutung und Brauchbarkeit einbüßen. Im folgenden werden einige Fälle behandelt, die in der Analyse im Vordergrund stehen. Zuvor sei auf die Kriterien der Preisbildung und das Interdependenzproblem eingegangen.

Die Theorie der Preisbildung basiert auf folgenden, zum Teil alternativen **Hypothesen:**

- Zielsetzung: Beide Marktparteien sollen nach dem ökonomischen Prinzip in der Weise handeln, daß auf einem Markt für Konsumgüter (und Dienstleistungen) die Konsumenten den Nutzen, die Produzenten die Gewinne maximieren.
- Güterart: Die auf einem Markt angebotenen und nachgefragten Güter sollen gleichartig oder indifferent sein (law of indifference). Solche Güter werden als homogen oder völlig substituierbar bezeichnet. Sind dagegen Güter ungleichartig, doch ähnlich, spricht man von heterogenen oder begrenzt (peripher) substituierbaren Gütern.
- Teilnehmerzahl: Die Zahl der Marktteilnehmer kann auf jeder Marktseite zwischen 1 und vielen schwanken. (Die häufige Annahme einer Schwankung zwischen 1 und ∞ ist ein typischer Tribut an die mathematische Eleganz.) Die Bedeutung der Teilnehmerzahl für das Verhalten soll darin liegen, daß mit zunehmender Zahl und abnehmendem Marktanteil die Wahrscheinlichkeit für einen verstärkten Wettbewerb steigt. Unter Wettbewerb wird eine Verhaltensweise verstanden, nach der sich ein Marktteilnehmer bemüht, an Stelle eines Mitbewerbers (Rivalen) mit dem am Markt Gegenüberstehenden zum Vertragsabschluß zu gelangen. Ob obige Hypothese große empirische Relevanz besitzt, ist umstritten, da empirische Untersuchungen zur Falsifizierung der Hypothese auf einzelnen Märkten geführt haben; Vorsicht bei allgemeinen Schlußfolgerungen für die Realität scheint angezeigt.
- Marktzugang: Ein Markt kann für den Zugang und (oder) Abgang von Marktteilnehmern offen sein, sofern es Anbieter oder Nachfrager gibt, die die Mittel und (oder) die Neigung dazu besitzen (vollkommenes Pleiopol). Unter dieser Voraussetzung erfolgt die Preisbildung offenbar anders, als wenn Zu- und Abgänge verboten oder behindert sind (unvollkommenes Pleiopol). Marktzugänge sind in der Realität mitunter nach dem Ursprungsland des Güterangebots differenziert. So gibt es für Anbieter von Radio- und Fernsehgeräten aus der Bundesrepublik in der EWG keine Beschränkungen, während die technisch führenden japanischen Produkte nur mit einem kleinen Kontingent hereingelassen werden.
- Markttransparenz: Ein Markt gilt in einem gegebenen Zeitpunkt als transparent (nicht völlig transparent oder intransparent), wenn für die Preisbildung wesentliche Daten der Gegenwart und Vergangenheit (wie Güterart, -qualität, Preise, Konditionen, Teilnehmerzahl und -größe) bekannt (nur zum Teil bekannt oder unbekannt) sind. Eine Kenntnis zukünftiger Daten anzunehmen, wie es in der älteren Preistheorie üblich war, würde jegliche Unsicherheit der Marktteilnehmer ausschalten und zu paradoxen Ergebnissen führen. Diese Annahme ist ein Paradebeispiel rein gedanklichen Spekulierens.

- Entscheidungsform: Entscheidungen können unabhängig oder in Zusammenarbeit mit anderen Marktteilnehmern getroffen werden. Schliessen sich Unternehmen zu einem Preiskartell zusammen, sind die Marktergebnisse andere als bei unabhängiger Entscheidung.
- Anpassungsdauer: Die Höhe des Preises kann je nach der Reaktionsgeschwindigkeit der Marktteilnehmer verschieden sein, wie bei der Kostenanalyse deutlich geworden ist. Die in der deutschen Literatur häufiger auftauchende Annahme einer unendlich großen Reaktionsgeschwindigkeit ist in der angelsächsischen Literatur kaum anzutreffen, weil die zeitlichen Einflüsse Bestandteil jeder gründlichen Analyse sind.

Gelegentlich werden noch andere Hypothesen genannt (z. B. über den Einfluß des Geldwesens), die übergangen werden können, jedoch ein Hinweis dafür sind, daß der Katalog nicht in jeder Hinsicht als vollständig gelten darf.

Die vorherrschende Klassifikation der Marktstrukturen und Preisbildungsformen ist einfach. Sie beruht auf zwei Vorstellungen: der Güterart und Teilnehmerzahl. Wenn die Güter homogen sind, bezeichnet man den **Markt** als **vollkommen**, sind sie heterogen, als **unvollkommen**. Einige, vor allem deutsche Autoren, wählen den Terminus „unvollkommener Markt" auch dann, wenn die Reaktionsgeschwindigkeit kleiner als unendlich oder die Marktransparenz nicht vollständig ist. Auf die empirischen Schwierigkeiten einer Guts- und Marktdefinition wurde schon aufmerksam gemacht (4. Kap.).

Ist in einem vollkommenen Markt die Teilnehmerzahl auf der Angebotsseite groß, liegt polypolistische Konkurrenz (auch perfect oder pure competition) vor. Die Terminologie ist jedoch weder im angelsächsischen noch im deutschen Schrifttum einheitlich. Statt polypolistische wird häufig vollständige, vollkommene oder atomistische Konkurrenz (Wettbewerb) gesagt. Bei nur einem Anbieter spricht man vom reinen Monopol (pure monopoly), bei einigen wenigen vom homogenen Oligopol (pure oligopoly). Ist der Markt unvollkommen, erhält man die entsprechenden Marktformen noch einmal. Die gleichen Überlegungen lassen sich für die Nachfrageseite anstellen; doch soll davon zur Vereinfachung abgesehen werden. Nach der hier getroffenen Auswahl – insbesondere bei der Teilnehmerzahl existieren andere Unterscheidungen – gibt es folgende **wichtige Marktformen** (Übers. 7–1).

Da bei der Analyse der Grundlagen der Preistheorie (4. Kap.) sowie der Nachfrage (5. Kap.) und des Angebots (6. Kap.) stets davon ausgegangen wurde, daß zahlreiche Marktteilnehmer vorhanden sind und der Marktpreis für Haushalte und Unternehmen ein Datum ist, sind die Implikationen der Annahmen für den Fall einer perfect competition für das Angebot bekannt:

- Der einzelne Anbieter realisiert sein Gleichgewicht (das Gewinnmaximum oder Verlustminimum) unter der Bedingung: $K' = p$. Kurzfristig ist das

Güterart / Zahl der Anbieter	Homogene Güter (Vollkommene Märkte)	Heterogene Güter (Unvollkommene Märkte)
viele	polypolistisch-homogene Konkurrenz (perfect oder pure competition)	polypolistisch-heterogene Konkurrenz (imperfect oder monopolistic competiton)
wenige	homogenes Oligopol (pure oligopoly)	heterogenes Oligopol (imperfect oligopoly)
einer	reines Monopol (pure monopoly)	monopolistische Preisdifferenzierung (pricc discrimination)

Übers. 7–1: Klassifikation der Marktformen

Gleichgewicht stabil, langfristig nicht, da bei Gewinnen neue Anbieter auftreten und bei Verlusten alte ausscheiden.

– Das Angebot des Marktes ergibt sich aus der Aggregation der individuellen Angebotskurven. Der Anbieter operiert auf der Grenzkostenkurve, deren Untergrenze kurzfristig das Betriebsminimum, langfristig das Betriebsoptimum bildet.

Vor der Analyse des Angebotsmonopols und -oligopols sollen die Zusammenhänge zwischen zwei Märkten kurz beleuchtet werden.

Interdependenz der Märkte

Bei der Untersuchung der Preisbildung auf isolierten Märkten schaltet man Rückwirkungen oder Einflüsse anderer Märkte durch die ceteris paribus-Klausel aus. Im Hinblick auf die Realität wird die Ausschaltung von Wechselbeziehungen, die unter dem **Begriff der Interdependenz** gefaßt werden, meist als schwere Restriktion anzusehen sein. Man kann sich nur wenige Fälle vorstellen, in denen nicht irgendwelche Interdependenzen vorliegen. Wer sich ein anschauliches Bild von möglichen Interdependenzen machen möchte, lese das 1. Kapitel in den „Grundlagen der Nationalökonomie“ von W. Eucken oder die ersten Seiten der „Theorie der wirtschaftlichen Entwicklung“ von J. A. Schumpeter.

Der Gebrauch der ceteris paribus-Klausel geht vor allem auf Alfred Marshall zurück. Der Lausanner Nationalökonom Léon Walras (1834–

1910), ein Zeitgenosse von MARSHALL, hat dagegen mit seiner Analyse des volkswirtschaftlichen (allgemeinen) Gleichgewichts den Weg zur Untersuchung der Interdependenzen gezeigt. Die Nachwelt folgte weitgehend MARSHALL – wie überhaupt für mehrere Generationen Methoden und Untersuchungsobjekte durch die Art der Betrachtungsweise im Mutterland der Nationalökonomie stark vorgeprägt wurden. Die Prämissen bei WALRAS sind so einschneidend, daß seine Totalmodelle keine empirische Relevanz haben. Die ceteris paribus-Klausel ist aus methodischen Gründen insofern zu verteidigen, als sich Zusammenhänge zwischen unabhängigen und abhängigen Variablen am besten bei Beschränkung auf wenige Variable analysieren lassen. Doch sollte man sich der Problematik dieses Vorgehens bewußt bleiben, sofern man das wissenschaftliche Ziel, eine empirisch gehaltvolle Theorie zu erarbeiten, nicht aus den Augen verlieren will.

Von großer Bedeutung ist die Interdependenz für die Theorie der Wirtschaftspolitik. Eingriffe auf bestimmten Märkten ziehen Rückwirkungen auf anderen Märkten nach sich. Vielleicht hat ein Mangel solcher Einsichten in marktwirtschaftliche Zusammenhänge dem punktuellen Interventionismus den Boden bereitet. Dieser beruht auf der widerlegbaren These, der Anpassungsprozeß des Marktes bringe Ergebnisse zustande, die von der Mehrheit der Marktteilnehmer nicht gewünscht würden und die man deswegen korrigieren müsse. Welche Funktionen der Preismechanismus ausüben kann, ist bereits erörtert worden (3. Kap.). Die interdependenten Wirkungen seien an einem stringenten Hypothesensystem etwas näher erläutert. Es sollen folgende **Annahmen** gemacht werden:

- In einer von der Außenwelt isolierten Volkswirtschaft gebe es zwei Konsumgütermärkte (Zwei-Güter-Modell). Die Konsumgüter (1 und 2) seien jeweils homogen.
- Die Konsumgüter werden von zwei Faktoren, Arbeit und Kapital, erzeugt. Die für die Produktion notwendigen Bodenleistungen sind im Begriff des Kapitals enthalten.
- Auf den Konsumgüter- und Faktormärkten bestehe vollständige Konkurrenz. Das Kapitalangebot erfolge aus gegebenen Beständen, aus denen in Abhängigkeit vom Preis für Kapitalnutzung unterschiedliche Mengen angeboten werden.
- Die Produktion des Gutes 1 sei kapitalintensiver als die des Gutes 2. Für eine Einheit des Gutes 1 wird relativ mehr Kapital (relativ weniger Arbeit) aufgewendet als für eine Einheit des Gutes 2.
- Die Haushalte lassen sich nach Anbietern von Arbeit und Kapital gliedern.
- Im Ausgangszustand herrsche allgemeines Gleichgewicht.
- Haushalte und Unternehmen maximieren den Nutzen bzw. Gewinn.
- Die Gesamtausgaben der Haushalte und Unternehmen seien konstant.

Es existieren also zwei Konsumgut- und zwei Produktionsfaktormärkte, die zunächst im Gleichgewicht sind. Gleichgewichtspreis und -menge auf jedem Markt sind ebenso wie der Umsatz bestimmt (Fig. 7–1).

Die innerhalb dieses Modells auftretenden Interdependenzen, **Konsequenzen der Annahmen**, lassen sich verdeutlichen, wenn das ursprüngliche Gleichgewicht (E_0) gestört wird. Das ist möglich durch Verschiebungen der gegebenen Angebots- und (oder) Nachfragekurven. Es sei angenommen, der Geschmack der Konsumenten habe sich geändert. Vom Gut 1 werde weniger, vom Gut 2 mehr verlangt. Beide Nachfragekurven verschieben sich, die von Gut 1 nach links, die von Gut 2 nach rechts (D_0 nach D_1; neues Gleichgewicht E_1). Da die Gesamtausgaben der Konsumenten konstant sind, muß der Rückgang der Gesamtausgaben bei Gut 1 genauso groß sein wie die Zunahme bei Gut 2 (jeweils schraffierte Fläche). Den Preisabfall bei Gut 1 und den Preisanstieg bei Gut 2 nehmen die Produzenten zum Anlaß

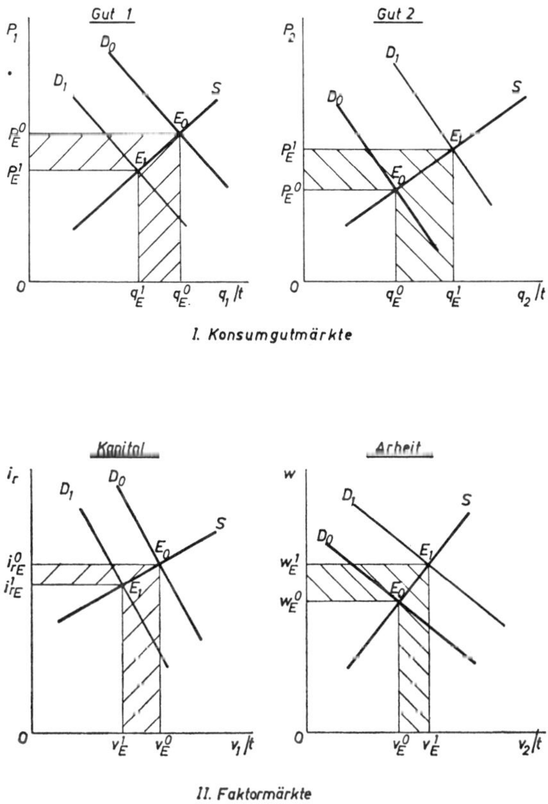

Fig. 7–1: Interdependenzen zwischen Märkten

von Produktionsumstellungen. Da für die Erzeugung von Gut 1 relativ viel Kapital und bei Gut 2 relativ viel Arbeit notwendig ist, wird – wegen der Geltung der Gewinnmaximierungshypothese (Grenzkosten = Preis) – die Nachfrage nach dem Faktor Kapital per Saldo fallen, die nach dem Faktor Arbeit steigen. Es findet eine Umlenkung der Faktoren statt (D_0 nach D_1; neues Gleichgewicht E_1). Mit der Veränderung des Faktoreinsatzes geht eine Umverteilung der Einkommen einher. Die Bezieher von Kapitaleinkommen erhalten absolut weniger Einkommen als vorher, die Bezieher von Arbeitseinkommen mehr (jeweils schraffierte Fläche). Sie werden die hieraus resultierende Verschiebung ihrer Budgetkurve zum Anlaß nehmen, die Ausgabenrichtungen zu ändern, um den jeweiligen Tangentenpunkt ihres Indifferenzkurvensystems zu realisieren (Sekundäreffekt). Das führt zu einer weiteren Verschiebung der Nachfrage (in Fig. 7–1 nicht eingezeichnet), als deren Folgewirkung erneut Änderungen der Preise, Ausbringung, Faktoreinsätze und Einkommen auftreten. Dieser Prozeß setzt sich bis zu einem neuen allgemeinen Gleichgewicht fort. In der Realität wird ein allgemeines Gleichgewicht niemals erreicht, es gibt lediglich Anpassungstendenzen in diese Richtung.

Die Überlegungen für zwei Güter- und Faktormärkte können auf eine größere Anzahl von Märkten übertragen werden. Dabei bedient man sich meist der mathematischen Ausdrucksweise, was notwendig ist, wenn eine gewisse Zahl der Variablen überschritten wird. Die allgemeine Lösung für m Konsumgüter und n Faktoren hat LÉON WALRAS entwickelt. Auf eine Darstellung dieses Modells sei verzichtet. In seiner mathematischen Form lassen sich die Gleichgewichtswerte der Variablen simultan bestimmen, ohne daß es möglich wäre, den dahinterstehenden Anpassungsprozeß sichtbar zu machen, wie es im obigen Beispiel geschehen ist. Allerdings wird an der **Struktur des allgemeinen Gleichgewichtsmodells** die gigantische Aufgabe deutlich, die der Preismechanismus zu lösen hat. Unter den sehr einschränkenden Annahmen des Walrasianischen Systems sind bei 1000 Konsumgütern und 100 Faktorleistungen über 100 000 Gleichungen und Unbekannte zur Bestimmung der Gleichgewichtslösung erforderlich. Mit einer solchen Berechnung wären nicht nur das menschliche Gehirn, sondern auch moderne Computer überfordert, vor allem, weil in Wirklichkeit die Zahl der Güter und Faktorleistungen um ein Vielfaches größer ist und Tag für Tag neue Lösungen gefunden werden müßten. Daneben stünde man vor der unüberwindbaren Schwierigkeit, in kurzen Abständen eine riesige Zahl von Daten zu beschaffen. Einige Forscher, so u. a. F. A. VON HAYEK (geb. 1899), betonen deshalb, daß die Informationsfunktion des Marktes durch nichts zu ersetzen sei.

Eine empirisch beachtliche Interdependenzbetrachtung ist die **input-output-Analyse**, die insbesondere auf Arbeiten des amerikanischen Wirtschaftswissenschaftlers WASSILY W. LEONTIEF (geb. 1906) zurückgeht. Sie bedient sich eines Systems von Gleichungen oder eines Tableaus. Was für einige

Verbraucher des output / Produzent des input	Agrargüter	Industriegüter	Transportleistungen	Endverbrauch der privaten Haushalte	Summe
Agrargüter	1	1	2	1	5
Industriegüter	2	1	1	3	7
Transportleistungen	2	1	1	2	6
Leistungen der privaten Haushalte (Arbeit u. a.)	3	2	3	5	13
Summe	8	5	7	11	31

Übers. 7–2: Drei-Sektoren-Modell für Input-Output

hundert Sektoren in den USA berechnet wurde, sei an einem stark vereinfachten Tableau dargestellt (Übers. 7–2).

Die Übersicht zeigt, welcher Sektor an welchen Sektor liefert und von wem er empfängt (output-input). Jeder Sektor wird deswegen zweimal erfaßt. Die für sich sprechenden Zahlen können sowohl in Mengen als auch in Werteinheiten ausgedrückt werden. Es kommt hier nur darauf an, eine analytische Möglichkeit zur Erfassung der Interdependenzen anzuführen. Für das genaue Studium und die kritische Bewertung des Tableaus finden sich am Schluß des Kapitels Literaturhinweise.

II. Angebotsmonopol

Reines Monopol mit einheitlichem Preis

Gibt es auf einem Markt nur einen Anbieter und viele Nachfrager, liegt ein Angebotsmonopol vor. In diesem Fall sind individuelles Angebot des Monopolisten und Angebot des Marktes identisch. Die ihm gegenüberstehende Nachfrage ist die gleiche wie die für einen Markt insgesamt. Die Nachfragekurve des Marktes entsteht auf bekannte Weise aus der Aggregation individueller Nachfragekurven. Wir wollen annehmen, die Nachfragekurve sei für den Anbieter ein Datum. Im Gegensatz zur polypolistischen Konkurrenz (perfect competition), bei der der einzelne Anbieter nicht damit rechnet, durch seine Ausbringung den Preis zu seinen Gunsten beeinflussen zu können, weiß der Monopolist: eine größere Menge ist nur zu geringerem Preis absetzbar. Der Monopolist befindet sich gegenüber dem Polypolisten in der günstigen Lage, entweder die Menge oder den Preis gemäß seinen Vorstellungen am Markt durchsetzen zu können. Wählt der Monopolist den Preis, muß er eine bestimmte Absatzmenge akzeptieren; wählt er die Menge, muß er den Preis hinnehmen. Die Größe, die der Monopolist festsetzt, nennt man Aktionsparameter, diejenige, die er akzeptieren muß, Erwartungsparameter.

Welche Preis-Mengen-Kombination ist für den Monopolisten gewinnmaximal? Um diese Frage beantworten zu können, muß man sich zunächst klar machen, daß bei einer Nachfragekurve, die nicht parallel zur Abszisse verläuft, Preis (p) und Grenzerlös (R′) nicht identisch sind; es gilt (6.20) und nicht (6.21). Beim Verkauf einer weiteren Einheit fällt der Preis nicht nur für diese, sondern für alle vorherigen Einheiten. Der Grenzerlös zu jeder Menge ist deshalb stets geringer als der Preis. Dieser Zusammenhang ist aus dem Abschnitt über die Nachfrageelastizitäten (4. Kap.) bereits bekannt. Unterstellt man mit zunehmendem output steigende Grenzkosten (K′), ergibt sich bei kurzfristiger Betrachtungsweise der Preis der gewinnmaximalen Preis-Mengen-Kombination [nach (6.20) R′ = K′] aus der vertikalen Projektion des Schnittpunkts der Grenzkosten- mit der Grenzerlöskurve (E) auf die Nachfragekurve. Dieser Punkt wird Cournotscher Punkt (C) genannt. Das **Gewinnmaximum** verdeutlicht Fig. 7–2.

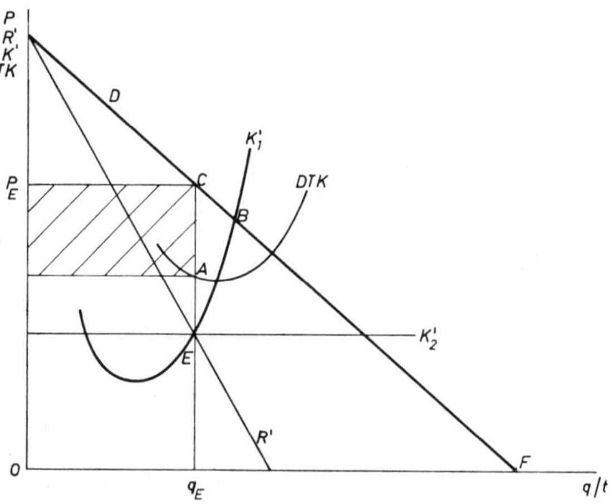

Fig. 7–2: Kurzfristiges Gleichgewicht im reinen Monopol

Jede Menge, die größer oder kleiner als q_E oder jeder Preis, der höher oder niedriger als p_E ist, kann nicht gewinnmaximal sein. Ist die Menge kleiner als q_E, wird auf möglichen Gewinn verzichtet, weil links von q_E die Grenzerlöse (R′) die Grenzkosten (K′) übersteigen. Jede Mengenzunahme bewirkt eine Gewinnsteigerung. Bei einer größeren Menge als q_E sind umgekehrt die Grenzkosten höher als die Grenzerlöse. Es gibt also keine Menge außer q_E, bei der der Gewinn größer sein könnte. Zu dieser Menge gehört der Preis p_E. Wählt der Monopolist p_E als Aktionsparameter, muß er q_E akzeptieren et vice versa. Die Gewinnhöhe läßt sich aus der Differenz zwischen Preis (p_E) und durchschnittlichen totalen Kosten (DTK) bestimmen (CA), die, multipliziert mit der Gleichgewichtsmenge (q_E), den Gesamtgewinn ergibt. Am Fall des Angebotsmonopols wird noch einmal deutlich, daß die Gleichgewichtsbedingung $K' = R'$ allgemeiner als die des Unternehmensgleichgewichts bei polypolistischer Konkurrenz $K' = p$ ist. Da bei einer linearen individuellen Nachfragekurve, die parallel zur q-Achse verläuft, $p = R'$ gilt (der Umsatz steigt jeweils um den Preis der Grenzeinheit, die vorherigen Einheiten bleiben im Preis unverändert), läßt sich das Unternehmensgleichgewicht bei polypolistischer Konkurrenz unmittelbar als Grenzfall aus dem Monopolgleichgewicht ableiten.

Es sei auf folgende **Besonderheiten des kurzfristigen Monopolgleichgewichts** im Vergleich zum Unternehmensgleichgewicht bei polypolistischer Konkurrenz hingewiesen:

- Unternehmens- und Marktgleichgewicht, die bei der perfect competition genau unterschieden werden müssen, fallen im Monopol zusammen.
- Im Gewinnmaximum des Monopolisten ist die Menge kleiner und der Preis höher als im Marktgleichgewicht der polypolistischen Konkurrenz. Wären zahlreiche Anbieter am Markt, läge ceteris paribus das Gleichgewicht zwischen Angebot und Nachfrage (Marktgleichgewicht) bei B. Für den Fall, daß die Nachfragekurve linear und die Grenzkosten konstant sind (K'_2 in Fig. 7–2), bringt der Monopolist genau die Hälfte der Menge auf den Markt, die bei vollständiger Konkurrenz auf den Markt kommen würde. Die R'-Kurve schneidet die Abszisse im Halbierungspunkt der Strecke OF. Wegen des Strahlensatzes gilt das für jede Parallele zur Abszisse.
- Das Gleichgewicht des Anbietermonopols liegt bei positiven Grenzkosten ($K' > 0$) stets im elastischen Bereich der Nachfragekurve, da ein positiver Grenzerlös ($K' = R' > 0$) nur bei einer Nachfrageelastizität von größer als 1 möglich ist (Fig. 4–16).
- Die Angebotsfunktion des Monopolisten ist indeterminiert. Es ist möglich, daß sich bei unterschiedlichen Nachfrage-, aber gleichen Grenzkostenkurven einmal verschiedene Preise mit einer bestimmten Menge (Fig. 7–3.I.) und zum anderen gleiche Preise mit verschiedenen Mengen (Fig. 7–3.II.) im Gleichgewicht ergeben. Im Angebotsmonopol gibt es also keinen eindeutig bestimmten Zusammenhang zwischen Marktpreis und Angebotsmenge, wenn sich die Nachfragekurve verschiebt. Dann sind zu einem bestimmten Marktpreis verschiedene Angebotsmengen im Monopol denkbar.

Bei der **Monopolbeurteilung** darf nicht vergessen werden, daß das Monopolgleichgewicht nichts anderes darstellt als eine deduktive Ableitung der

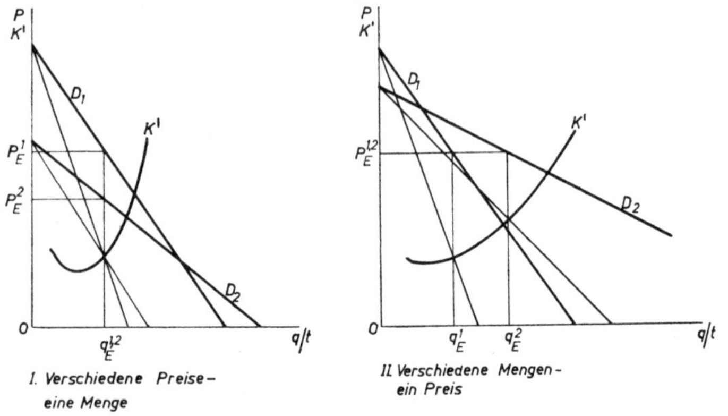

Fig. 7–3: Indeterminiertes Monopolangebot

Implikationen der eingangs genannten Annahmen. Weder bei der perfect competition noch beim pure monopoly ist es ohne weiteres möglich, die Modellkonsequenzen zur Grundlage praktischer Entscheidungen zu machen. Der Gleichgewichtszustand der perfect competition dürfte – da ex definitione niemand Veranlassung hat, sein Verhalten zu ändern – das Gegenteil dessen sein, was sich die meisten Menschen unter vollständiger Konkurrenz vorstellen. Tatsächlich ist das, was die Preistheorie unter perfect competition abhandelt, eine „Schlafmützenkonkurrenz" (F. A. Lutz) oder – noch drastischer – eine „Grabesruhe" (E. Böhler). Die Konkurrenz der Wirklichkeit sieht anders aus. Die perfect competition wird deshalb zur „Grabesruhe", weil durch die obigen Annahmen Antriebskräfte (wie technische Fortschritte, Produktverbesserungen, neue Produkte oder Absatzwege) ausgeschlossen werden, die die Konkurrenz in praxi am Leben halten.

Die Beurteilung des Monopols orientiert sich aus ähnlichen Gründen nicht so sehr an den Eigentümlichkeiten des kurzfristigen Gleichgewichts. Andere Gesichtspunkte, die sich einer eindeutigen Analyse entziehen, haben oft größeres Gewicht. Unter ihnen spielt der Beitrag des Monopols zum wirtschaftlichen Fortschritt eine große Rolle. Der österreichische Nationalökonom Joseph Alois Schumpeter (1883–1950) hat zeitweiligen (temporären) Monopolen entscheidende Bedeutung für die wirtschaftliche Entwicklung beigemessen. „Dynamische" Unternehmen verschafften sich gegenüber „statischen" immer wieder einen Vorsprung im Wettbewerb, der durch Nachahmer abgebaut werde. Das durch den Vorsprung geschaffene zeitweilige Monopol gehe so in ein Oligopol über.

Ist der Markteintritt – auch international gesehen – frei und genießen Monopole keinen staatlichen Schutz, kann man sich in hochentwickelten Volkswirtschaften tatsächlich schwer vorstellen, daß monopolistische Stellungen von langer Dauer sind. Die Marktstrategie der Monopole richtet sich aus diesem Grund oft darauf, anderen den Zugang zum Markt zu erschweren oder unmöglich zu machen. Vor allem durch Einfluß auf die wirtschaftspolitischen Entscheidungsträger wird versucht, monopolbegünstigende Gesetze durchzusetzen (Vertrags-, Urheber-, Patentrecht, Zugangsregelungen durch „Berufsordnungen", Schutzzölle, Wareneinfuhrverbote u. a.). Eine besondere Form des Monopols bildet das „Kollektivmonopol", das aus der Zusammenarbeit von rechtlich selbständigen Unternehmen entstehen kann (Kartell). Dabei wird durch Preisgabe der wirtschaftlichen Selbständigkeit auf einigen Gebieten die Beseitigung der Anbieterkonkurrenz erreicht.

Gelten dauerhafte Monopole als unerwünscht, sehen sich die politischen Instanzen nicht nur mit der Frage konfrontiert, wie bestehende Monopole dem Wettbewerb der „newcomer" unterworfen werden können, sondern auch, wie Schließungen von Märkten durch Marktteilnehmer zu verhindern oder rückgängig zu machen sind. Fragen wie diese sind Gegenstand der Theorie der Wirtschaftspolitik. Häufig hat sich gezeigt, daß allen Versuchen der Monopolisten, ihre Marktstellung auf die Dauer zu sichern, selbst dann nur ein Teilerfolg beschieden ist, wenn der Marktzugang erschwert oder unmöglich gemacht wurde. Der wichtigste Grund dafür liegt in der Existenz von Substitutionsgütern, deren Zahl im Zuge der wirtschaftlichen Entwicklung immer größer wird. Das Monopol der Eisenbahn ist in den meisten Ländern durch das Automobil und andere Verkehrsmittel, die ein ähnliches Gut – Verkehrsleistung – anbieten, beseitigt und durch ein Oligopol (oder Polypol) ersetzt worden. Da Substitutionsgüter Ausweichmöglichkeiten schaffen, wird eine Tendenz zur Erhöhung der Nachfrageelastizität ausgelöst. Die Nachfragekurven für die Monopolgüter werden immer flacher und nähern sich der bei vollständiger Konkurrenz. Man wird in einer entwickelten Volkswirtschaft nur noch wenige Güter ausfindig machen können, zu denen es überhaupt kein engeres Substitutionsgut gibt. Aus diesem Grund hat das Monopol viel von seinem Schrecken verloren, den es noch für Karl Marx und einige seiner Zeitgenossen hatte. Damit soll keineswegs gesagt werden, daß es heute kein gravierendes Monopolproblem mehr gibt. Es zeigt sich immer dann, wenn Monopole von der staatlichen Wirtschaftspolitik gewollt oder ungewollt gefördert werden. Durch den Willensbildungsprozeß in der Demokratie ist die Monopolbekämpfung zu einer schwierigen Aufgabe geworden, der nur wenige Regierungen gewachsen zu sein scheinen.

Preisdiskriminierung

Es gibt für einen Monopolisten verschiedene Möglichkeiten, seine Gewinnposition gegenüber der soeben besprochenen zu verbessern. Erstens würde eine Kostensenkung die Gewinne ceteris paribus erhöhen. Zweitens kann er durch absatzpolitische Maßnahmen versuchen, die Nachfragekurve nach rechts zu verschieben; solange die Grenzkosten der Absatzmaßnahmen niedriger sind als der zusätzliche Erlös, steigen die Gewinne. Drittens kann der Monopolist unter bestimmten Voraussetzungen für sein Produkt unterschiedliche Preise fordern.

Auf den letzten Fall sei näher eingegangen, zumal die analytische Behandlung der ersten beiden Fälle mit den bereits bekannten Instrumenten auch dem Anfänger keine Schwierigkeiten bereiten sollte. Unter Preisdiskriminierung oder -differenzierung versteht man – im wertfreien Sinn – den Verkauf des gleichen Gutes eines Anbieters zu unterschiedlichen Preisen. Vielleicht kommt diesem Fall in der Realität bisweilen eine größere Bedeutung zu als der einheitlichen Preisstellung. Die Preisdiskriminierung erlaubt eine Steigerung des Gewinns gegenüber der Situation, in der nur ein Preis existiert. Es ist naheliegend zu fragen, welche besonderen **Voraussetzungen** für die Preisdiskriminierung gegeben sein müssen, da sonst jeder Anbieter veranlaßt würde, seine Preise zu differenzieren.

Zur Vereinfachung der folgenden Überlegungen sei angenommen, die Grenzkosten (K′) blieben bei Änderung der Ausbringung konstant. In diesem Fall erhöht sich der Gewinn um die Erlössteigerung. Wenn der Anbieter in einem reinen Monopol seinen Gewinn vergrößern will, ohne daß der Preis P_E unterschritten wird, kann er das nur durch Ausschöpfung der „Konsumentenrente“. Darunter versteht man hier die positive Differenz zwischen der in der Nachfragekurve erkennbaren Höhe des Preises, den der einzelne zu zahlen bereit ist, und dem für alle Nachfrager einheitlichen Preis P_E (Fig. 7–4).

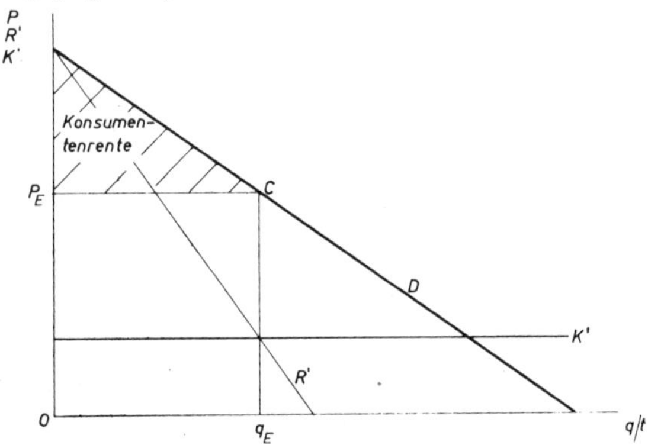

Fig. 7–4: Konsumentenrente

Wollte ein einzelner Anbieter bei vollständiger Konkurrenz die Konsumentenrente ausschöpfen, wäre er dazu nicht in der Lage. Für ihn ist der Preis ein Datum. Bei vollständiger Konkurrenz gibt es also für den einzelnen Anbieter keine Gewinnerhöhungsmöglichkeit durch Ausschöpfung der Konsumentenrente, wohl für den Markt als ganzes. Erste Voraussetzung für die Preisdiskriminierung ist, daß ein einzelner Anbieter den Preis als Absatzparameter wählen kann. Das ist beim Monopol, aber auch in anderen, später zu erörternden Marktformen – außer in der perfect competition – der Fall. Wenn gesagt wird, Voraussetzung der Preisdiskriminierung sei ein Monopol, so ist „Monopol“ hier weit zu verstehen. Es genügt zu sagen, daß für den einzelnen Anbieter der Preis nicht ein Datum, die für ihn maßgebliche Nachfragekurve also nicht eine Parallele zur Mengenachse sein darf.

Der Anbieter muß zweitens in der Lage sein, den Markt zu teilen. Stehen die Nachfrager in Verbindung miteinander, kann eine geplante Preisdiskriminierung scheitern, weil der Käufer mit dem niedrigsten Preis die Ware für andere Käufer, die höhere Preise zahlen sollen, mitkaufen könnte. Angenommen, der Autor eines Lehrbuches gibt an seine Hörer Scheine aus, die zum billigeren Bezug des Buches berechtigen. Interessenten des Buches, die nicht Hörer sind, könnten sich die Scheine vielleicht beschaffen, so daß an diesem Ort unter Umständen kein Käufer bereit ist, den höheren Preis zu zahlen. Da der Anbieter die Kommunikation nicht kontrollieren kann, wird er institutionelle Vorkehrungen zur Verhinderung des Austausches treffen müssen (Auflagen für Wiederverkauf). Bedingung für die Preisdifferenzierung ist also, daß Personen, die der Anbieter auswählt, das Gut auch zu dem von ihm bestimmten Preis kaufen. Dabei können Eigenschaften eines Gutes der Marktteilung entgegenstehen oder dienlich sein. Tendenziell eignen sich Dienstleistungen eher zur Preisdifferenzierung als physische Güter, schwer substituierbare physische Güter eher als leicht ersetzbare. Die Preisdifferenzierung ist um so leichter möglich, je geringer die Transparenz (Typenvielfalt, fehlende Fachkenntnisse) und je größer die räumliche (große Entfernungen, schlechte Verkehrsverbindungen) wie zeitliche (unterschiedliche Ladenöffnungszeiten) Differenziertheit des Marktes ist.

Mit der Marktteilung entstehen zusätzliche Kosten; die Annahme konstanter Grenzkosten ist problematisch. Schließt man in die konstanten Grenzkosten progressiv steigende Marktteilungskosten ein, müßten die Grenzkosten der Produktion fallen – eine wohl unrealistische Annahme, wenn sie über den ganzen Mengenbereich gelten soll. Ein zusätzlicher Gewinn entsteht nur, wenn die Marktteilungsgrenzkosten niedriger als die Zusatzerlöse aus der Ausschöpfung der Konsumentenrente sind. Doch soll von einer derartigen Vertiefung der Analyse abgesehen werden.

Die **Formen** der Preisdiskriminierung in der Wirklichkeit sind vielfältig. Ex definitione betrifft die Preisdiskriminierung gleiche Güter, die zu verschiedenen Preisen verkauft werden. Diese Definition schließt ein wichtiges Problem aus. Es gibt Fälle, in denen zu einem höheren Preis zwar ein qualitativ besseres Gut geliefert wird, in denen aber die Preisdifferenz höher ist als die Kostensteigerung der Qualitätsverbesserung. Wenn die Eisenbahn für die 1. gegenüber der 2. Wagenklasse einen um 50 % höheren Fahrpreis verlangt, können dafür nicht nur Kostenüberlegungen maßgebend sein, da sich die Kosten eines Sitzplatzes durch die Einrichtung der 1. Klasse nicht nennenswert ändern. Ähnlich verhält es sich bei Kino- und Theaterplätzen. Einige Ökonomen verwenden in solchen Fällen nicht den Begriff der Preisdiskriminierung. Wenn die Kosten der Qualitätsverbesserung geringer sind als die Preiserhöhung gegenüber dem Gut mit der schlechteren Qualität, soll hier von einer „versteckten" Preisdiskriminierung gesprochen werden, wobei die strengere Definition, daß es sich bei der Differenzierung um vollkommen gleiche Güter handeln muß, aufgegeben wird. Gegen diese Auffassung ließe sich vom Standpunkt der Nutzentheorie einwenden: Wenn der Abnehmer den höheren Preis als angemessen empfinde, sei das keine versteckte Preisdiskriminierung, weil das Gut auch einen höheren Nutzen stifte. Dieser Einwand impliziert, daß der objektive Wert des Gutes unbeachtlich ist. Er läßt die Angebotsseite außer Betracht. Weiß nämlich der Anbieter um dieses Verhalten des Nachfragers, ist er in der Lage, dem Preis einen über die Kosten der Qualitätssteigerung hinausgehenden Betrag zuzuschlagen. Er braucht dann unter Umständen den Markt nicht zu teilen, da die Käufer vielleicht meinen, entsprechend der Preissteigerung objektiv höherwertige Güter zu erwerben (Preis als Qualitätsmaßstab). Besteht jedoch objektiv keine Qualitätsdifferenz, liegt ex definitione keine versteckte Preisdiskriminierung, sondern eine Analogie zur Preisdiskriminierung durch bewußte Irreführung vor. Sollten einige Käufer den Tatbestand fehlender Qualitätsunterschiede kennen und den Preis aus Nutzenerwägungen bewußt in Kauf nehmen, könnte man von psychologischer Preisdiskriminierung sprechen. Das Problem der versteckten Preisdiskriminierung würde nur dann nicht bestehen, wenn alle Nachfrager das Gut qualitativ genau beurteilen könnten (Qualitätstransparenz). Die getroffenen Unterscheidungen sollen auf die vielen Formen der Preisdiskriminierung hinweisen, deren theoretische Durchdringung bisher noch unvolkommen ist (Übers. 7–3).

Die einzelnen Formen können sich überschneiden. Ebenso ist – wie die Überlegungen zur versteckten Preisdiskriminierung zeigen – die Grenze zwischen Diskriminierung und qualitätsbedingten Preisänderungen fließend. Mitunter rechnet man zeitliche Diskriminierung nicht dazu, weil sie sich von Angebots- und Nachfrageänderungen empirisch kaum abheben lassen. Neben den systematischen Formen der Preisdifferenzierung gibt es unsystematische, z. B. wenn ein Kunde aufgrund irgendwelcher Umstände – weil er sich mit einem sportbegeisterten Friseur über Fußball unterhält – einen Preisnachlaß beim Haarschneiden erhält. Es kann empirisch schwierig sein, zwischen Preisdiskriminierungen und -herabsetzungen zu unterscheiden. Im ersten Fall handelt es sich (geometrisch gesehen) um Bewegungen auf gegebenen Kurven, im anderen Fall um Kurvenverschiebungen.

Zur Bestimmung des **Gewinnmaximums** bei Preisdifferenzierung wird gemäß der dafür notwendigen Bedingung der Markt in Teilmärkte aufgespalten. Dabei kann zwischen einer horizontalen und vertikalen Aufspaltung des Marktes unterschieden werden (**deglomeratives und agglomeratives Verfahren**). Im Falle einer horizontalen Marktaufspaltung geht man von der Frage aus, welche Aufteilung des Gesamtmarktes gewinnmaximal wäre und welche Preise vom Anbieter gesetzt werden müßten, um dieses Ziel zu erreichen. Die Teilmärkte sollen erst in Verfolgung des Ziels Gewinnmaxi-

Arten der Diskriminierung	Mögliche Kriterien der Diskriminierung	Beispiele
Räumliche Diskriminierung	Räumliche Verteilung der Käufer	Dumping (Ausländer zahlen geringeren Preis als Inländer) Zonenpreise Frachtbasensystem
Zeitliche Diskriminierung	Zeitliche Inanspruchnahme durch Käufer	Tag- und Nachtstrom (soweit über Zusatzkosten oder -ersparnis hinausgehend) Sommerpreise für Kohlen (soweit über Zusatzkosten oder -ersparnis hinausgehend)
Sachliche Diskriminierung	Verwendungszweck des Gutes Verwendungsmenge des Gutes Qualität des Gutes Marke des Gutes	Haushalts- und Kraftstrom Mengenrabatt über Kostenersparnis Preisaufschlag für Luxusmodelle über Zusatzkosten Preisabschlag für unmarkierte Produkte
Persönliche Diskriminierung	Einkommen des Käufers Verbraucherstatus Gruppenzugehörigkeit Verbrauchsgewohnheiten Irreführung	Arztrechnungen Geringere Preise für neue Kunden Verwandtschaftspreise Niedrigere Eintrittspreise für Jugendliche, Studenten und Militär Verkehrstarife über Zusatzkosten hinaus Vortäuschung von Produktverschiedenheiten

Übers. 7–3: Formen der Preisdiskriminierung

mierung geschaffen werden. Man spricht deswegen von willkürlicher Teilung des Marktes (Fig. 7–5).

Ein Monopolist, dessen Cournotscher Punkt in C liege, vergrößert seinen Gewinn, wenn er die Menge q_B zum Preis P_B und die Menge $q_C - q_B$ zum Preis P_C verkauft (konstante Grenzkosten vorausgesetzt). Die Konsumentenrente ACP_C wird durch die Differenzierung zum Teil ausgeschöpft und

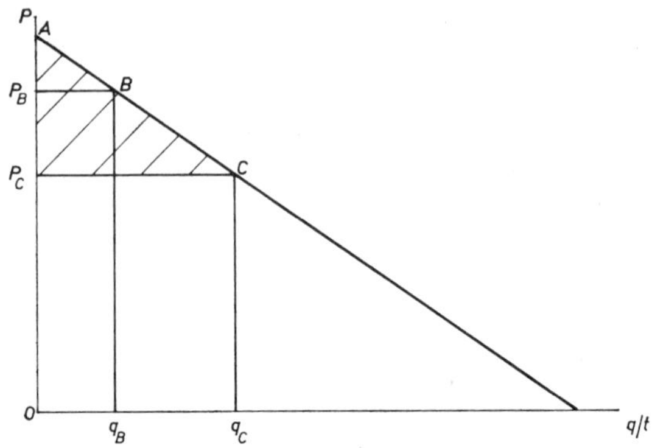

Fig. 7–5: Deglomerative Marktspaltung

in Gewinn verwandelt (Fig. 7–5). Es ist klar, daß der Gewinn ceteris paribus um so größer ist, je zahlreicher die Teilmärkte (Absatzschichten) sind. Zahlt jeder Nachfrager den Preis, den er gerade noch zu zahlen bereit ist, erreicht der Monopolgewinn ein absolutes Maximum und die Konsumentenrente wird völlig ausgeschöpft (perfect price discrimination).

Eine vertikale Marktspaltung liegt vor, wenn auf jedem Teilmarkt Käufer aller oder mehrerer Absatzschichten vorhanden sind. Die Teilmärkte sind hier bereits gegeben. Auf ihnen sollen aber verschiedene Preise so gesetzt werden, daß der insgesamt erzielbare Gewinn ein Maximum wird. Die Fragestellung ist anderer Art. Beim deglomerativen Verfahren ist der Teilmarkt im Ableitungszusammenhang eine zu erklärende Variable, bei der Agglomeration eine Prämisse. Geht man zur Vereinfachung von zwei regional getrennten Teilmärkten aus, läßt sich das agglomerative Verfahren wie folgt veranschaulichen (Fig. 7–6).

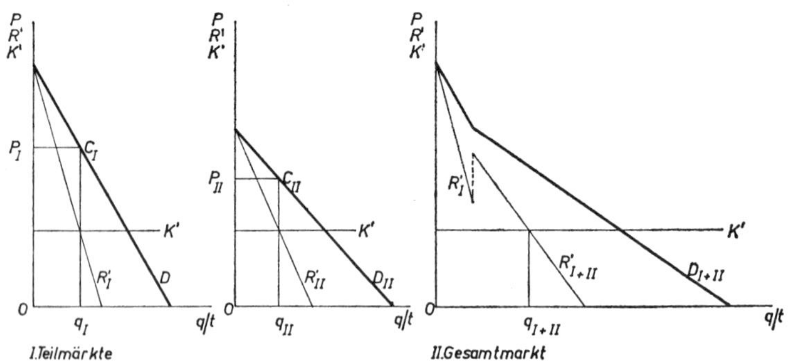

Fig. 7–6: Gewinnmaximierung bei Marktagglomeration

Das deglomerative Verfahren zur Bestimmung des Gewinnmaximums wird relativ selten behandelt. Es sei von einem reinen Monopol ausgegangen, das sich die Aufgabe setzt, den Markt einmal aufzuspalten, also in zwei Absatzschichten zu zerlegen (eine mehrmalige Teilung wäre in gleicher Weise möglich). Der Anbieter versucht, seine Kurve dann so aufzuspalten, daß – bei verschiedenen Preisen für jeden Teil der ursprünglichen Kurve, für jede sogenannte Absatzschicht – das Maximum des Erlöses erzielt wird. Das Ergebnis der Aufteilung sei verbal vorweggenommen, damit die mathematische Lösung verständlich wird: Der Gesamtgewinn (G) ist maximal, wenn die Menge jeder Schicht so gewählt wird, daß der Grenzerlös (R'_I) einer Absatzschicht gleich dem Preis (P_{II}) der folgenden Schicht und der Grenzerlös der letzten Schicht (R'_{II}) gleich den Grenzkosten (K') der Gesamtproduktion (q/t) wird (Fig. 7–7).

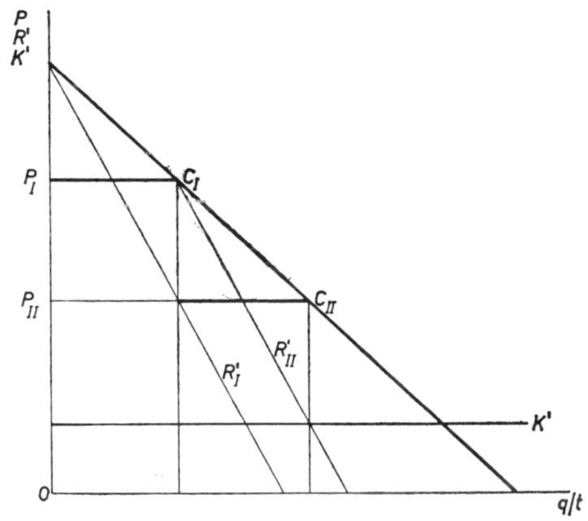

Fig. 7–7: Gewinnmaximierung bei Marktdeglomeration

Mathematische Ableitung

Zum Verständnis der folgenden mathematischen Beweise sollte der mathematische Exkurs (1. Kap.) und die Gewinnanalyse (6. Kap.) noch einmal studiert werden. Für das deglomerative Verfahren wird ausgegangen von der Gewinndefinition

(7.1) $$G = R - K$$ (Definitions-Gleichung).

Da der Erlös R als das Produkt aus Preis p und Menge q definiert ist und eine Nachfragefunktion von der Form

(7.2) $$p = f(q)$$ (Verhaltens-Gleichung)

als gegeben unterstellt wird, läßt sich für R schreiben:

(7.3) $$R = q \cdot f(q).$$

Diese Gleichung gilt für beide Nachfrageschichten, also

(7.4a) $R_I = q_I \cdot f(q_I)$ und (7.4b) $R_{II} = q_{II} \cdot f(q_I + q_{II})$.

Die Kostenfunktion sei wie folgt gegeben:

(7.5) $K = K(q_I + q_{II})$ (technische Gleichung).

Dementsprechend läßt sich (7.1) schreiben als

(7.6) $G(q_I, q_{II}) = q_I \cdot f(q_I) + q_{II} \cdot f(q_I + q_{II}) - K(q_I + q_{II})$.

Das Gewinnmaximum liegt dort, wo die beiden partiellen Ableitungen der Gewinnfunktion Null werden. Die partielle Ableitung nach q_{II} lautet

(7.7a) $$\frac{\partial G}{\partial q_{II}} = f(q_I + q_{II}) + q_{II} \cdot f_{q_{II}}(q_I + q_{II}) - K_{q_{II}}(q_I + q_{II}).$$

Da die ersten beiden Summanden der Grenzerlös der zweiten Absatzschicht ($\partial R_{II}/\partial q_{II}$) sind, geht (7.7a) über in

(7.7b) $$\frac{\partial G}{\partial q_{II}} = \frac{\partial R_{II}}{\partial q_{II}} - K_{q_{II}}(q_I + q_{II}).$$

Durch Nullsetzen ergibt sich die Gewinnmaximierungsbedingung für die zweite Absatzschicht, also

(7.8) $$\frac{\partial R_{II}}{\partial q_{II}} = K_{q_{II}}(q_I + q_{II}).$$

Da es für die Berechnung der Grenzkosten gleichgültig ist, welcher Absatzschicht die zusätzlich ausgebrachte Einheit angehört, sind die partiellen Ableitungen der Kostenfunktion (7.5) gleich, so daß gilt:

(7.9) $K_{q_{II}}(q_I + q_{II}) = K_{q_{II}}(q_I + q_{II})$.

Die Gewinnmaximierungsbedingung (7.8) besagt, daß der Grenzerlös der zweiten Absatzschicht gleich den Grenzkosten sein muß, wenn ein Gewinnmaximum erreicht werden soll.

Bedingung (7.8) ist zwar notwendig, aber nicht hinreichend. Wie muß der Monopolist im Hinblick auf die erste Absatzschicht verfahren? Eine Antwort darauf erhält man durch Nullsetzen der partiellen Ableitung der Gewinnfunktion (7.6) nach q_I:

(7.10a) $$\frac{\partial G}{\partial q_I} = f(q_I) + q_I \cdot f_{q_I}(q_I) + q_{II} \cdot f_{q_I}(q_I + q_{II}) - K_{q_I}(q_I + q_{II}) = 0.$$

Die ersten beiden Summanden sind der Grenzerlös der ersten Absatzschicht ($\partial R_I/\partial q_I$), so daß (7.10a) übergeht in

(7.10b) $$\frac{\partial G}{\partial q_I} = \frac{\partial R_I}{\partial q_I} + q_{II} \cdot f_{q_I}(q_I + q_{II}) - K_{q_I}(q_I + q_{II}) = 0.$$

Der Ausdruck $f_{q_I}(q_I + q_{II})$ ist die partielle Ableitung der Nachfragefunktion (7.2) nach q_I. Unterstellt man eine lineare Funktion, so ist die Steigung der Nachfragekurve in jedem Punkt gleich und es gilt

(7.11) $$f_{q_I}(q_I + q_{II}) = f_{q_{II}}(q_I + q_{II}).$$

Unter Berücksichtigung von (7.7a), (7.11), (7.9) und (7.2) folgt aus (7.10b) die Gewinnmaximierungsbedingung für die zweite Absatzschicht:

(7.12a) $$\frac{\partial R_I}{\partial q_I} = f(q_I + q_{II})$$ bzw. (7.12b) $$\frac{\partial R_I}{\partial q_I} = p_{II}.$$

Will also ein Monopolist bei Aufteilung seiner Nachfrage in zwei Absatzschichten den Gewinn maximieren, so muß der Grenzerlös der ersten Absatzschicht gleich dem Preis der zweiten Absatzschicht und der Grenzerlös der zweiten Absatzschicht gleich den Grenzkosten werden (Fig. 7–7).

Für das agglomerative Verfahren sei ebenfalls zunächst eine verbale Erklärung der Preisfestsetzung gegeben. Auf jedem Teilmarkt wird – wie beim reinen Monopol – R' mit K' zur Übereinstimmung gebracht. Wie im Fall des Cournotschen Theorems bringt jede Einschränkung oder Ausdehnung der Menge einen Gewinn, solange K' nicht mit R' übereinstimmt. Nun existiert für sämtliche Teilmärkte nur ein Grenzkostensatz, da es nur einen Anbieter gibt. Der Anbieter muß deshalb die Preis-Mengen-Kombination so wählen, daß R' auf allen Märkten mit den einheitlichen K' übereinstimmt, also $R'_I = R'_{II}$ wird. Solange das nicht der Fall ist, kann er durch Einschränkung der Menge auf einem Teilmarkt bei gleichzeitiger Ausdehnung der Menge auf einem anderen Teilmarkt den Gewinn steigern. Da jedoch die Elastizitäten auf den Teilmärkten verschieden sein werden, muß wegen der Bedingung R' = K' der Preis auf jedem Teilmarkt ein anderer sein. Das zeigt die Amoroso-Robinson-Relation (4.17) in Verbindung mit der Gleichsetzung der Grenzerlöse, also

(7.13) $$R' = p\left(1 - \frac{1}{\eta}\right)$$ und (7.14) $$R'_I = R'_{II};$$ oder

(7.15) $$p_I\left(1 - \frac{1}{\eta_I}\right) = p_{II}\left(1 - \frac{1}{\eta_{II}}\right).$$

(7.15) gibt auch zu erkennen, daß der Preis bei höherer Elastizität geringer ist – zugleich eine plausible Erklärung dafür, warum auf dem größeren und daher meist elastischeren Auslandsmarkt die Preise oft niedriger liegen als im Inland.

Für den mathematischen Beweis kann man von zwei separaten Gewinngleichungen für beide Teilmärkte ausgehen:

(7.16a) $$G_I = R_I - K_I$$ und (7.16b) $$G_{II} = R_{II} - K_{II}.$$

Durch Differenzieren von (7.16a) nach q_I und (7.16b) nach q_{II} ergibt sich

(7.17a) $$\frac{dG_I}{dq_I} = \frac{dR_I}{dq_I} - \frac{dK_I}{dq_I}$$ und (7.17b) $$\frac{dG_{II}}{dq_{II}} = \frac{dR_{II}}{dq_{II}} - \frac{dK_{II}}{dq_{II}}.$$

Weil auf den beiden Teilmärkten das gleiche Gut angeboten wird und dessen Einheiten in derselben Produktionsstätte und folglich mit denselben Kosten hergestellt werden, gilt

(7.18) $$\frac{dK_I}{dq_I} = \frac{dK_{II}}{dq_{II}} = \frac{dK}{dq}.$$

Setzt man nun (7.17a) und (7.17b) gleich Null, folgt daraus unter Berücksichtigung von (7.18) die Bedingung für das Gewinnmaximum im agglomerativen Verfahren:

(7.19) $$\frac{dR_I}{dq_I} = \frac{dR_{II}}{dq_{II}} = \frac{dK}{dq}.$$

III. Anbieterwettbewerb

Monopolistische Konkurrenz

Weder im Modell der vollständigen Konkurrenz noch in dem des reinen Monopols spielt sich auf der Angebotsseite das ab, was man Wettbewerb nennen könnte. Im Monopolfall ist Wettbewerb vom Begriff her ausgeschlossen, mag der Monopolist noch so viel leisten. Interpretiert man das System der vollständigen Konkurrenz empirisch, dürfte selbst im Anpassungsprozeß (Unterbietung der Anbieter, Überbietung der Nachfrager) bei den beteiligten Marktteilnehmern nicht unbedingt das Gefühl vorherrschen, untereinander im Wettbewerb zu stehen. Ein amerikanischer Farmer im Mittelwesten der Staaten wird seinen Nachbarn, der ebenfalls zum Silo fährt und zu einem Preis verkauft, auf den beide nicht den geringsten Einfluß haben, kaum als Konkurrenten betrachten. Wettbewerb ist in der wirklichen Welt vor allem dort anzutreffen, wo der einzelne einen gewissen Einfluß auf die Höhe des Preises oder andere Absatzbedingungen nehmen kann und sich nicht nur anpassen muß. Das ist der Fall bei monopolistischer und oligopolistischer Konkurrenz.

Die Abgrenzung des **Begriffs** „monopolistische Konkurrenz“ (imperfect competition) ist – nach der Terminologie der meisten Ökonomen – am Kriterium der Güterart orientiert. Die Konkurrenz gilt als „unvollkommen“ (imperfect), wenn Güter nicht völlig gleich, sondern mehr oder weniger unterschiedlich (heterogen) sind. Die Heterogenität kann auf objektiven Gütereigenschaften, Konsumenteneinschätzung oder Nutzenüberlegung beruhen. Die Kriterien für die Heterogenität von Gütern sind ähnlicher Art wie bei der Marktteilung im Monopol. Man unterscheidet räumliche, zeitliche, sachliche und persönliche Präferenzen, die ein Gut gegenüber anderen Gütern gleichen Verwendungszwecks auszeichnet. Solche Güter, die die Nachfrager vorziehen, haben einen relativ höheren Preis, der die bevorzugte Einschätzung ausdrückt. Bekannte Marken, feine Geschäfte oder nette Verkäuferinnen erlauben höhere Preise für das gleiche Produkt, als wenn es anonym, im Ramschladen oder unter wenig geschätzten Umständen gekauft werden muß. Anbieter heterogener Güter haben deshalb einen gewissen monopolistischen Spielraum, innerhalb dessen sie die Preise festsetzen können. Sie können etwas teurer sein, ohne sogleich eine Abwanderung der Kundschaft befürchten zu müssen. Oberhalb dieses Bereichs, dessen Ausdehnung durch die Substitutionsverhältnisse zwischen den heterogenen Gütern bestimmt wird, gehen die Nachfrager zunehmend auf die Produkte anderer Anbieter über, wie umgekehrt bei niedrigen Preisen mehr und mehr ehemalige Kunden von anderen Anbietern zuwandern. Der Kölner Betriebswirt Erich Gutenberg (geb. 1897) hat diese Zusammenhänge anschaulich in einer doppelt geknickten Nachfragekurve dargestellt (Fig. 7–8).

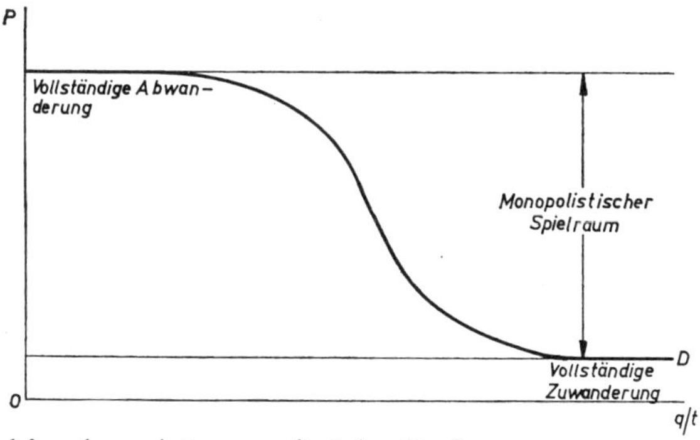

Fig. 7–8: Nachfragekurve bei monopolistischer Konkurrenz

Die Theorie der monopolistischen Konkurrenz läßt sich nach dieser Darstellung als eine Verbindung von Erklärungselementen der vollkommenen Konkurrenz und des reinen Monopols begreifen. Der mittlere Teil der für einen Anbieter relevanten Nachfragekurve verläuft wie beim Monopol, die oben und unten anschließenden Bereiche wie bei vollständiger Konkurrenz. Operiert der Anbieter im monopolistischen Bereich, gilt die allgemeine Gewinnmaximierungsregel K' = R'. Sofern die Kurve der Grenzkosten die des Grenzerlöses nur einmal schneidet, erhält man eine einfache Lösung, die mit der des Monopols formal identisch ist. Etwas komplizierter sind die Lösungen, wenn sich zwischen Grenzerlös- und Grenzkostenkurve mehr als ein oder gar kein Schnittpunkt ergibt.

Im angelsächsischen Schrifttum dominiert die **Tangentenlösung**, auch excess capacity-Theorem genannt, bei der man nach kurz- und langfristiger Betrachtungsweise unterscheidet. Unterstellt wird eine große Zahl von

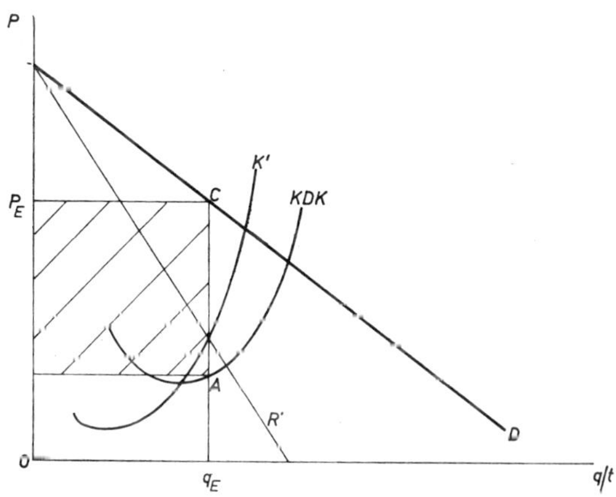

Fig. 7–9: Kurzfristiges Gleichgewicht bei monopolistischer Konkurrenz

Anbietern sowie freier Marktzugang und -abgang. Die Produkte der Anbieter werden als ähnlich, also nur wenig verschieden (heterogen) empfunden. Es gilt die Gewinnmaximierungsannahme. Der einzelne Anbieter befindet sich in der Position eines Monopolisten. Allerdings ist sein Spielraum relativ begrenzt und die Elastizität in einem beliebigen Punkt der Nachfrage wegen der leichten Substitutionsmöglichkeit vergleichsweise hoch (Fig. 7–9).

Das kurzfristige Gleichgewicht (Gewinnmaximum) eines Monopolisten ist durch den Kurvenschnittpunkt von K′ und R′, die Höhe des Gewinns durch die Differenz von Preis und kurzfristigen Durchschnittskosten (CA), multipliziert mit der Angebotsmenge im Gleichgewicht (q_E), bestimmt (schraffierte Fläche). Da der Marktzugang frei ist, werden andere Unternehmer auftreten, die ähnliche Güter anbieten. Die Nachfrage nach dem Produkt des etablierten Anbieters geht zurück, so daß die Kurve D sich für ihn nach unten verschiebt und wegen der nun gegebenen Substitutionsmöglichkeiten flacher verläuft. Solange noch Gewinne entstehen, hält dieser Prozeß an, bis schließlich nach längerer Anpassung die Nachfragekurve zur Tangente an die Kurve der langfristigen Durchschnittskosten (LDK) wird (Fig. 7–10).

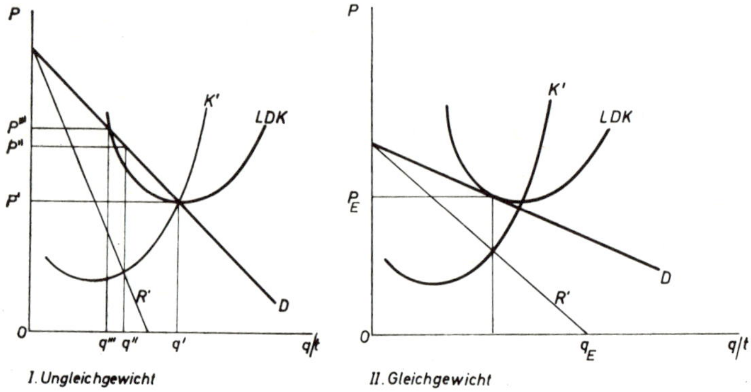

Fig. 7–10: Langfristige Anpassung bei monopolistischer Konkurrenz

Wird die Tangentenlage nicht erreicht, herrscht kein Gleichgewicht (Fig. 7–10.I.). Ob sie erreicht wird, hängt vom Verhalten potentieller Anbieter ab, die jeden langfristig erwarteten Gewinn zum Anlaß nehmen müßten, in den Markt einzutreten. Weder bei der Menge q′ noch bei q‴ wird vom einzelnen Anbieter ein Gewinn erzielt, doch bei jeder Ausbringung zwischen diesen Mengen. Das Maximum liegt – wie im reinen Monopol – bei q″. Das langfristige Gleichgewicht ist dadurch charakterisiert, daß eine Menge angeboten wird, die kleiner als die im Betriebsoptimum ist (Minimum von LDK in Fig. 7–10.II.). Der Anbieter wäre deshalb in der Lage, eine größere Menge anzubieten, bei der er jedoch Verluste machen würde. Er verfügt über freie Kapazitäten (excess capacity). In diese Position ist er durch die ständig fallende Nachfrage geraten. Darin zeigt sich ein Konkurrenzelement, das die monopolistic competition vom reinen Monopol unterscheidet.

Das langfristige Gleichgewicht der perfect competition besteht darin, daß sich ein typisches Unternehmen bei Erreichen des langfristigen Betriebsminimums im Gleichgewicht befindet. Es ist leicht zu sehen, daß die perfect competition den Grenzfall der monopolistic competition darstellt. Je flacher die Nachfragekurve verläuft, um so geringer wird der Abstand des Gleichgewichtspunktes vom Betriebsoptimum, um so geringer auch die freie Kapazität. Bei völliger Substituierbarkeit des Gutes (Güterhomogenität) geht die unvollkommene in die vollkommene Konkurrenz über. Die Tangentenlösung ist formal glänzend. Doch wie stets bleibt die Frage nach der empirischen Relevanz.

Eine **Bestätigung der Hypothesen** ist – schon angesichts der unterstellten großen Anbieterzahl – am ehesten für den Einzelhandel, für einige Bereiche des Dienstleistungssektors sowie für bestimmte Konsumgüterindustrien zu erwarten. Im Vergleich zur traditionellen Preistheorie wird man der Konzeption des unvollständigen Wettbewerbs nicht absprechen können, daß sie einen Fortschritt gegenüber der Dichotomie von Monopol und vollkommener Konkurrenz darstellt. Ihre Entwicklung fußt vor allem auf Arbeiten der beiden angelsächsischen Forscher EDWARD H. CHAMBERLIN (Harvard, USA) und JOAN ROBINSON (Cambridge, England), die in den frühen dreißiger Jahren unabhängig voneinander zu gleichen Ergebnissen kamen. Auch deutsche Nationalökonomen, so vor allem HEINRICH VON STAKKELBERG, hatten ganz ähnliche Überlegungen angestellt. Ein Vorzug der Analyse liegt darin, daß sie neben dem Preis andere „Aktionsparameter" des Wettbewerbs ins Blickfeld zu rücken vermochte. Wenn Präferenzen die ihnen zugemessene Rolle spielen, werden Produktgestaltung, Verkaufsorganisation und Werbung zu wichtigen Absatzmitteln. Diese Erkenntnisse sind nicht auf den Fall einer großen Zahl von Anbietern beschränkt. Sie gelten in gleicher Weise für das Oligopol.

Andererseits muß vor dem Glauben gewarnt werden, die Wirklichkeit lasse sich mit dem obigen Konzept zureichend beschreiben und analysieren. In vielen Fällen wird es nötig sein, andere oder modifizierte Erklärungselemente heranzuziehen. Die vielleicht gravierendste Einschränkung ist die Annahme von Einproduktanbietern, da empirisch Multiproduktunternehmen typisch sind. So bietet ein Einzelhändler eine Vielzahl von Diensten an, die überdies mit den verkauften Gütern ein gemeinsames Ganzes, ein „Kuppelprodukt" bilden. Auch stellt sich erneut das Problem der Abgrenzung des Gutsbegriffs. Die Homogenität läßt sich straff und die Heterogenität so weit fassen, daß jedes Gut ein „Monopol" besitzt („world of monopolies"). Es ist in praktischer Hinsicht jedoch ein großer Unterschied, ob ein Einzelhändler ein lokales „Monopol" mit einem Einzugsbereich von einigen hundert Metern hat (weil die nächsten Nachbarn des Händlers es am bequemsten finden oder sich verpflichtet fühlen, vor allem bei ihm zu kaufen) oder ob die Getreideeinfuhr eines Landes, in dem es kaum andere Grundnahrungsmittel gibt, in der Hand eines Anbieters liegt. Einige Weiterentwicklungen der imperfect competition sind für eine empirisch gehaltvolle Theorie ebenso wenig relevant wie die Ergebnisse des Modells der vollkommenen Konkurrenz.

Oligopolistische Konkurrenz

Wie verhalten sich Anbieter, wenn nur eine geringe Anzahl von ihnen auf dem Markt ist? Das ist die Ausgangsfrage zur Analyse der homogenen und heterogenen Oligopole, Marktformen, die insbesondere in hochentwickelten Marktwirtschaften anzutreffen sind. Man denke an die Automobilindustrie, Mineralölwirtschaft, Chemie-, Montan- oder Elektroindustrie. Es ist aber nicht so sehr die Zahl der Marktteilnehmer, die das Oligopol von anderen Marktformen unterscheidet, sondern die Tatsache, daß ein oligopolistischer Anbieter bei seinen Aktionen am Markt mit Gegenmaßnahmen der Konkurrenten rechnen muß. Ausschlaggebend hierfür ist die beachtliche Höhe der Marktanteile bei nur wenigen Anbietern. Absatzpolitische Entscheidungen eines Konkurrenten können die übrigen Anbieter beträchtlich in Mitleidenschaft ziehen. Reagieren diese zur Verteidigung ihrer Marktposition, kann es zu einer neuen Aktion des Anbieters kommen, von dem die Bewegung ausging. Eine treffende Bezeichnung für das Oligopol ist deshalb **„zirkulare" Konkurrenz.** Die Handlungen der Anbieter werden indessen nicht nur von dem bestimmt, was die Konkurrenten tun, sondern auch davon, was sie wider Erwarten unterlassen.

Man hat das Oligopolproblem analytisch auf verschiedene Weise behandelt. Ein Weg ist die Entwicklung von exakten, meist mathematisch formulierten Modellen. Es ist evident, daß die Gleichgewichtsbestimmung im Oligopol schwerer zu lösen ist als in anderen Marktformen. Meist müssen zusätzliche Annahmen über das Verhalten gemacht werden – vor allem über tatsächliche und mögliche Aktionen, Reaktionen, Gegenreaktionen usw. –, ohne daß man auch nur die geringste Gewißheit hätte, eine Aussage über die tatsächliche Preisbildung im Oligopol gewonnen zu haben. Die Zahl der Oligopolmodelle ist beträchtlich. „Klassische" Modelle entwickelten die Franzosen AUGUSTIN COURNOT (Veröffentlichungsjahr 1838), JOSEPH BERTRAND (1883) und der Brite FRANCIS Y. EDGEWORTH (1897). Empirisch haben diese Modelle ebensowenig Bedeutung, wie manche der komplizierteren Fortentwicklungen. Da die Situation im Oligopol der eines Spiels ähnelt, hatte man gehofft, die Entwicklung der Spieltheorie in den fünfziger Jahren dieses Jahrhunderts würde die Schwierigkeiten beseitigen. Diese Hoffnung hat sich nicht erfüllt. Die Spieltheorie ist eine Technik, um Entscheidungsprobleme unter Ungewißheit zu lösen (Entscheidungs-Kalkül). Zur Erklärung des tatsächlichen Oligopolverhaltens vermochte sie nur wenig beizutragen. Wer sich für Einzelheiten interessiert, sei auf die bibliographischen Hinweise am Ende des Kapitels aufmerksam gemacht.

Man hat deshalb bei der Untersuchung des Oligopols einen anderen als den üblichen Weg beschritten. Statt immer neue Modelle zu entwickeln, beobachtete man die Wirklichkeit und versuchte, gleichförmige oder an bestimmten Grundsätzen orientierte Verhaltensweisen zu ermitteln. Aus solchen Bruchstücken sollte dann allmählich eine abgerundete, einigermaßen geschlossene Oligopoltheorie entstehen. Diese Art des Vorgehens erinnert in gewisser Weise an die historische Schule der Nationalökonomie, die in Deutschland vor dem Ersten Weltkrieg dominierte (Hauptvertreter: GUSTAV VON SCHMOLLER). In ihr wollte man durch Beobachtungen zu theoretischen Aussagen gelangen. Es ist deswegen nicht verwunderlich, daß sich die Forschungen zum Oligopolproblem auf alles greifbare Beobachtungsmaterial – etwa auf Kartelluntersuchungen – stützen, um empirisch gehaltvolle Ansatzpunkte zu gewinnen. Diese Art des Vorgehens sei kurz an Beispielen illustriert.

Man hat beobachtet, daß auf oligopolistischen Märkten **Preisstarrheit** ein bemerkenswertes Phänomen ist. Angenommen, ein Anbieter habe die Preis-Mengen-Kombination C verwirklicht (Fig. 7–11).

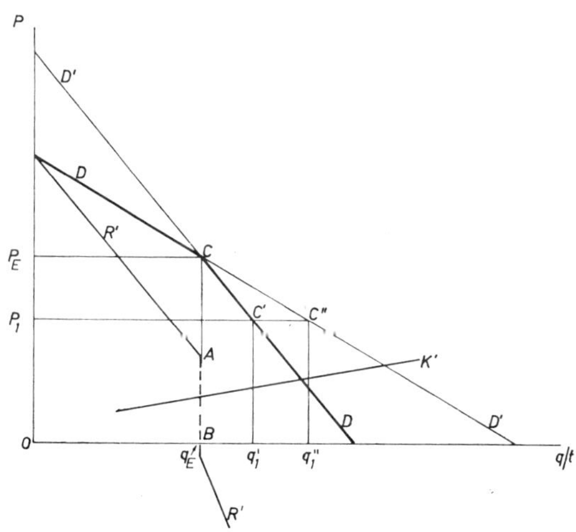

Fig. 7–11: Geknickte Nachfragekurve

Würde die Firma den Preis von p_E auf p_1 senken, muß sie damit rechnen, daß Konkurrenten mit einer Preissenkung folgen. Zögen die Konkurrenten nicht nach, wäre der Mengenzuwachs größer. Kommt bei nachziehender Konkurrenz der Anbieter etwa von C nach C′, so ohne konkurrierende Preissenkung vielleicht nach C″. Bei oligopolistischer Konkurrenz reagiert deshalb die Nachfrage bei einer Preissenkung unelastischer (C nach C'), als wenn der Anbieter allein auf dem Markt wäre oder ohne Rücksicht auf seine Konkurrenten handeln könnte (C nach C"). Bei einer Preiserhöhung hingegen werden die Konkurrenten nicht nachziehen, da ihnen diejenige Nachfrage zuwächst, die der preiserhöhende Anbieter verliert. Bei Preiserhöhungen operiert er als alleiniger Anbieter auf der Kurve CD', hat er dagegen Konkurrenten, auf einer flacher verlaufenden Kurve, etwa auf CD. Im Punkt C weist also die Nachfragekurve DD des Oligopolisten einen Knick auf (kinked demand curve). Wegen dieses Knicks hat der positive Teil der Grenzerlöskurve einen Unbestimmtheitsbereich AB, so daß selbst ein Kostenanstieg die gewinnmaximale Situation nicht ändert, solange K' durch AB verläuft.

Ein weiteres Beispiel einer von Beobachtungen ausgehenden Oligopoltheorie ist die Hypothese **gemeinsamer Gewinnmaximierung** (E. H. CHAMBERLIN). Nach ihr wissen die Anbieter, daß sie voneinander abhängig sind. Die Abhängigkeit zeigt sich darin, daß der Gesamtgewinn und seine Verteilung im Oligopol durch ihr Verhalten in erkennbarer Weise bestimmt wird. Würden der Preis und die Ausbringung im Oligopol insgesamt dieselben sein, die ein Angebotsmonopolist realisiert, hätten die Anbieter ihren gemeinsamen Profit maximiert. Weichen die Firmen vom Verhalten eines Monopolisten ab, verringert sich der gemeinsame Gewinn. Die Hypothese basiert auf der Vorstellung, daß bei einer gegebenen Nachfrage für die Angebotsseite verschiedene Gewinnmaxima existieren, unter denen das des Monopolisten am günstigsten ist. Für einen einzelnen Oligopolisten kann es sich auszahlen, wenn er auf Kosten anderer seinen Marktanteil vergrößert. Doch sein Verhalten reduziert zugleich den gemeinsamen Gewinn aller. Es gibt also aus der Sicht des einzelnen Anbieters Argumente für und gegen eine gemeinsame Gewinnmaximierung. Nun läßt sich beobachten, daß das Vorhandensein bestimmter objektiver Fakten für die gemeinsame Gewinnmaximierung spricht. Die Anbieter tendieren um so mehr zur gemeinsamen Gewinnmaximierung

- je stärker sie voneinander abhängen (kleine Anbieterzahl, fast identische Produkte, gleiche Marktanteile und Produktionsmethoden);
- je leichter es ist, geheime Abkommen zu treffen (Preisstarrheit, geringe Unsicherheit über die Entscheidungsgrundlagen);
- je größer die Marktzutrittsbeschränkungen sind (Massenproduktion, Patente, Ausmaß der Markenwerbung).

Die Hypothese über die gemeinsame Gewinnmaximierung im Oligopol (joint profit-Hypothese) stellt Kriterien heraus, die schon früher aus der Analyse von Kartellbildungen und Absprachen bekannt waren (etwa durch die Kartellenquete in Deutschland nach dem Ersten Weltkrieg). Zwei weitere Beispiele für Hypothesen dieser Art seien nur erwähnt. Vielfach stößt man auf die Ansicht, in Oligopolen seien der Gewinnmaximierung Grenzen gesetzt. Nach einer anderen Auffassung maximieren Oligopole nicht ihre Gewinne, sondern ihre Umsätze.

Trotz einer noch relativ großen Unsicherheit bei der Analyse von Oligopolen besteht begründete Hoffnung, daß die methodische Neuorientierung der Oligopolforschung zu empirisch bestätigten Ergebnissen führt. Es darf dann von der Oligopoltheorie nicht jene Geschlossenheit und Eleganz erwartet werden, die wir von anderen, einfacheren Marktformen kennen.

Bibliographische Hinweise

1. Für das Studium der Marktstrukturen ist zu empfehlen: A. E. OTT, Marktform und Verhaltensweise, a. a. O. Einen guten, aber etwas schwierigen Überblick über die Lehre vom unvollkommenen Markt und ihre Weiterentwicklung bietet: K. STEINBRÜCK, Vom unvollkommenen Markt zur heterogenen Konkurrenz, 2. A., Mainz 1954. Sehr straff: H. MÖLLER, Einführung zum Nachdruck seiner Schrift: Kalkulation, Absatzpolitik und Preisbildung, Tübingen 1962. Gute Einführung: K. BRANDT, Preistheorie, a. a. O. Empfehlenswerte Darstellungen zum Interdependenzproblem und allgemeinen Gleichgewicht: A. BILAS, Microeconomic Theory, a. a. O., Chap. 12. R. H. HAVEMAN – K. A. KNOPF, The Market System, New York 1966, Chap. 5. D. S. WATSON, Price Theory and its Uses a. a. O., Chap. 16.

2. Darstellungen zum Angebotsmonopol sind Bestandteil jedes Lehrbuches. Es seien deswegen zwei Monographien zur Vertiefung genannt, die Theorie und Praxis behandeln: E. A. G. ROBINSON, Monopoly, London 1941. F. MACHLUP, The Political Economy of Monopoly. Business, Labor, and Government Policies, Baltimore 1952. Zur Preisdiskriminierung gibt es ebenfalls ein umfangreiches Schrifttum. Der Interessierte kann sich im deutschen Schrifttum orientieren, etwa an: E. SCHNEIDER, Einführung . . ., Bd. II, a. a. O., oder E. GUTENBERG, Grundlagen . . ., Bd. II, a. a. O. Knappe, verbale Übersicht bei: K. BRANDT, Preistheorie, a. a. O. H. MÖLLER, Kalkulation, Absatzpolitik und Preisbildung, a. a. O. Ferner: K. WEBER, Zur Frage der Preisdifferenzierung bei Einproduktunternehmen, Schweizerische Zeitschrift für Volkswirtschaft und Statistik, 102 (1956). Klassische Gesamtanalyse: H. v. STACKELBERG, Preisdiskrimination bei willkürlicher Teilung des Marktes, Archiv für mathematische Wirtschafts- und Sozialforschung, 5 (1939). Theoretische Darstellung des Dumpings: G. v. HABERLER, Der internationale Handel, Berlin 1933. Aus der englischen und amerikanischen Literatur soll erwähnt werden: G. J. STIGLER, The Theory of Price, a. a. O.; ausführlich: J. S. BAIN, Price Theory, New York 1952. S. WEINTRAUB, Intermediate Price Theory, Philadelphia 1964. K. E. BOULDING, Economic Analysis, a. a. O. Zur Preisdiskriminierung bei der Eisenbahn: F. Y. EDGEWORTH, Papers Relating to Political Economy, Bd. I, London 1925.

3. Zur monopolistischen Konkurrenz sei vor allem auf die heute noch lesenswerten „klassischen" Texte hingewiesen: J. ROBINSON, The Economics of Imperfect Competition, London 1933 (auch zur Preisdiskriminierung lesenswert). E. H. CHAMBERLIN, The Theory of Monopolistic Competition, 7. e., Cambridge (Mass.) 1956. H. v. STACKELBERG, Marktform und Gleichgewicht, Wien und Berlin 1934. R. TRIFFIN, Monopolistic Competition and General Equilibrium Theory, Cambridge (Mass.) 1940. F. MACHLUP, The Economics of Sellers' Competition, Baltimore 1952; dt. Ü. Göttingen 1966. Zur oligopolistischen Konkurrenz sind außer den genannten Büchern von J. ROBINSON, E. H. CHAMBERLIN und F. MACHLUP noch zu empfehlen: H. H. LIEBHAFSKY, The Nature

of Price Theory, a.a.O., Chap. 11. W. FELLNER, Competition Among the Few. Oligopoly and Simular Market Structures, New York 1949. J. S. BAIN, Barriers to New Competition, Cambridge (Mass.) 1956. T. SEITZ, Preisführerschaft im Oligopol, Köln-Berlin-Bonn-München 1965, gibt einen guten Überblick über die Oligopolmodelle unter dem Aspekt der Preisführerschaft. Reine Modellbildung: W. KRELLE, Preistheorie, a. a. O. Versuch einer Wiederbelebung der Theorie von der unvollständigen Konkurrenz: D. DEWEY, The Theory of Imperfect Competition. A Radical Reconstruction, New York 1969. Richtungsweisend für den Übergang von der Preistheorie zur Wettbewerbstheorie: E. HEUSS, Allgemeine Markttheorie, Tübingen-Zürich 1965. Wichtige Aufsätze zur Preistheorie: Preistheorie, hg. v. A. E. OTT, a. a. O. Zur Spieltheorie: J. v. NEUMANN und O. MORGENSTERN, Theory of Games and Economic Behavior, 3. A., Princeton 1953, dt. Ü. Würzburg 1961. O. MORGENSTERN, Spieltheorie, in: Handwörterbuch der Sozialwissenschaften, Bd. 9 (1956).

8. Einige Vorhersagen zur Preistheorie und empirische Tests

I. Vorhersagen

Preisregelung

Wie bereits dargelegt wurde (1. Kap.), sind erfahrungswissenschaftliche Theorien ein System von Hypothesen, die durch empirische Tests nicht falsifiziert werden konnten. Bei den Aussagen in den vorangegangenen Kapiteln handelt es sich um Explikationen von Annahmen und Hypothesen, bei denen im allgemeinen offen geblieben ist, ob und inwieweit sie als Bestandteil empirisch geprüfter Theorien gelten können. Um das zu erfahren, müßten sie erst noch empirischen Tests unterworfen werden. Das ist zum Teil geschehen, ohne daß es im einzelnen vermerkt wurde. In zahlreichen Fällen jedoch fehlt bis heute eine empirische Überprüfung. In welcher Weise man dabei vorgeht und welcher Art die in diesem Zusammenhang entstehenden Probleme sind, wird in diesem Kapitel an einigen Beispielen aus der Preistheorie illustriert. Im folgenden sollen zunächst einige einfache Vorhersagen, die sich in der Realität oft bewährt haben, angeführt werden. Man kann sie schon „klassische" Fälle der Preistheorie nennen, die im angelsächsischen Schrifttum oft behandelt werden. In den vorausgegangenen Analysen wurden einige Aussagen gemacht, die sich leicht als Vorhersagen formulieren lassen.

Es wird vom Prämissensystem der vollständigen Konkurrenz ausgegangen. Unter diesen Annahmen gibt es ein Gleichgewicht auf dem Markt, bei dem zu einem bestimmten Preis die angebotene Menge gleich der nachgefragten ist. Bei Störungen wird nach einer gewissen Zeit der Anpassung ein neues Gleichgewicht erreicht (stabiles Gleichgewicht). Aus irgendwelchen wirtschaftspolitischen Gründen soll der Ausgleich von Angebot und Nachfrage zum Marktpreis verhindert werden. Hierbei kann beabsichtigt sein, entweder die Nachfrager oder die Anbieter besser zu stellen als bei einem frei beweglichen Marktpreis. Was wäre zu tun, wenn die Nachfrager besser gestellt werden sollen? Der von ihnen zu zahlende Preis müßte niedriger als der sich frei bildende sein. Einen solchen Preis nennt man **Höchstpreis**. Er wird meist durch staatliche Vorschriften erzwungen. Formal gesehen ist ein Höchstpreis eine Bezeichnung für eine Preisobergrenze. Der für ein Gut zu zahlende Preis kann wohl niedriger, soll jedoch nicht

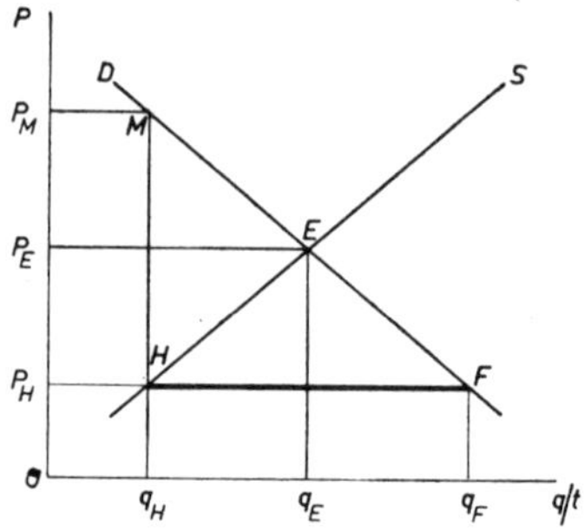

Fig. 8–1: Höchstpreis

höher liegen als der Höchstpreis (Fig. 8–1). Ein Festpreis ist im Gegensatz dazu ein Preis, der weder unter- noch überschritten werden darf.

Die Vorhersage lautet:

Bei Höchstpreisen wird zu einem geringeren Preis eine kleinere Menge als im Gleichgewicht gekauft und verkauft.

Ein bekanntes Beispiel sind Mieten, die einen bestimmten Betrag (pro qm Wohnfläche) nicht überschreiten dürfen. Zum Höchstpreis p_H kommt nur die Angebotsmenge q_H auf den Markt. Beide sind kleiner als Gleichgewichtspreis und -menge (p_E, q_E). Die Nachfrager würden zu p_H die Menge q_F kaufen wollen, während die Anbieter zur Menge q_H den Preis p_M erlösen könnten. Beides ist bei funktionierender Höchstpreisregelung unmöglich. Da nicht größere Mengen verkauft als angeboten werden können, bleibt die Nachfrage um die Menge $q_F - q_H$ unbefriedigt. Das Steigen des Preises von p_H nach p_M wird durch Höchstpreisvorschriften verhindert. Der Widerspruch zwischen Wunsch und Realität löst zwei Wirkungen aus und erlaubt die folgende Vorhersage:

Der Nachfrageüberschuß macht eine Verteilung durch staatliche Instanzen erforderlich (Rationierung), für die man sich irgendwelcher Zuteilungssysteme bedienen muß (Bezugsscheine, Wartelisten u. a.).
Die Allokation des Marktes wird durch eine lenkende Behörde ersetzt, deren Macht mit dem Ausmaß der Preisregulierungen und der Bedeutung der Güter, die der freien Preisbildung entzogen sind, wächst.
Die Unterschreitung des Gleichgewichtspreises induziert Versuche, das Verbot, einen höheren Preis zu verlangen oder zu zahlen, zu umgehen („schwarzer" Markt). Mit Ausnahme der Grenzkäufer sind die Nachfrager bereit, einen höheren Preis zu zahlen, sofern sie dadurch das Gut erhalten, von dessen Kauf sie sonst ausgeschlossen wären.

Rationierung und schwarze Märkte, auf denen sich die eigentlichen Wünsche der Anbieter und Nachfrager äußern, sind nach dieser Vorhersage Begleiterscheinungen von Höchstpreisen. Ihre Folge können sein: Korruption der Behörden, Bevorzugung von gewissen Gruppen der Bevölkerung bei der Zuteilung, drakonische Strafverfolgung von „Wirtschaftsverbrechern" – worunter man Verbraucher versteht, die ihren eigenen Wünschen und nicht staatlichen Vorschriften folgen – und schließlich zunehmende Beanspruchung von Produktionsfaktoren durch die Verteilung zu Lasten der Produktion von Gütern (immer mehr Leute verteilen immer weniger). In einem Testverfahren müßte nun gezeigt werden, ob die in die Form von Vorhersagen gebrachten theoretischen Aussagen Falsifizierungsversuchen standhalten. Es mag für dieses Beispiel der Hinweis auf das Ergebnis genügen, daß sich obige Vorhersagen in der Realität gegenüber Falsifizierungsversuchen behaupten konnten. Reiches empirisches Material boten insbesondere die Verhältnisse in der Bundesrepublik Deutschland vor 1948. Die Erfahrung zeigt überdies, daß die Absicht, eine Mehrheit der Nachfrager mittels Höchstpreisregelung besser zu stellen, langfristig nicht erreicht werden kann.

Sollen nicht die Nachfrager, sondern die Anbieter einen Vorteil erhalten, schlägt man die Festsetzung eines **Mindestpreises** vor, der über dem Gleichgewichtspreis liegt (Fig. 8–2).

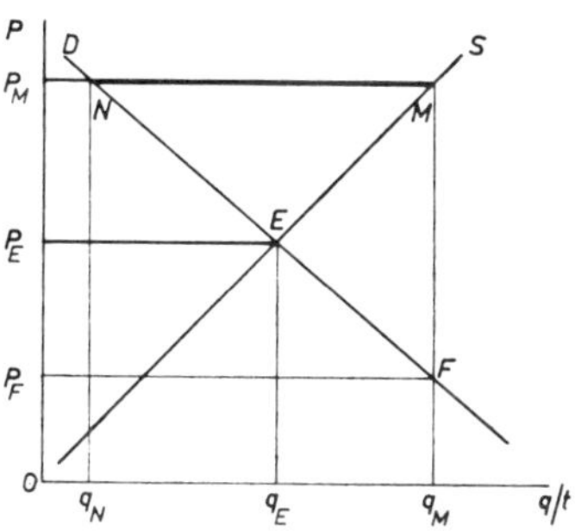

Fig. 8–2: Mindestpreis

Die Vorhersage lautet:

Bei Mindestpreisen wird zu einem höheren Preis eine größere Menge als im Gleichgewicht angeboten und nachgefragt.

Bekannte Beispiele sind Mindestpreisvorschriften im Verkehrswesen, in der Landwirtschaft und auf dem später noch zu behandelnden Arbeitsmarkt. Oft wirkt auch die vertikale Preisbindung (Festsetzung der Endverbraucherpreise durch den Hersteller bei Markenartikeln) wie eine Mindestpreisvorschrift.

Zum Mindestpreis p_M kommt die Angebotsmenge q_M auf den Markt. Beide sind größer als Gleichgewichtspreis und -menge (p_E, q_E). Die Nachfrager würden zu p_M die Menge q_N kaufen, während die Anbieter zur

Menge q_M nur den Preis p_F erlösen würden. Bleibt die Freiheit der Kaufentscheidung erhalten, sind weitere Vorhersagen möglich:

> **Bei einer Mindestpreisregelung entsteht ein Angebotsüberschuß, der Produktionsfaktoren bindet, die bei freier Preisbildung anderweitig beschäftigt würden.**
> **Die Überschreitung des Gleichgewichtspreises induziert Versuche, das Verbot, einen geringeren Preis zu verlangen oder zu zahlen, zu umgehen („grauer" Markt). Mit Ausnahme des Grenzproduzenten sind viele Anbieter bereit, einen geringeren Preis hinzunehmen, sofern sie dadurch das Gut absetzen können, von dessen Verkauf sie sonst ausgeschlossen wären.**

Lagerbildung bei stapelfähigen Gütern und graue Märkte, auf denen sich die eigentlichen Wünsche der Anbieter und Nachfrager äußern, sind nach dieser Vorhersage Begleiterscheinungen von Mindestpreisfixierungen. Als Folge davon können auftreten: Erschließung sogenannter zweiter Absatzwege zum Absatz des Angebotsüberschusses (ein Markenartikel, wie Benzin, wird auch als markenlose Ware an anderer Stelle angeboten), Bevorzugung von Gruppen beim Kauf (besondere Verkehrstarife nach Alter und Geschlecht, niedrige Butterpreise für Rentenempfänger) und Subventionen für Kapazitätseinschränkungen (Kohlenbergbau). Wer die Entwicklung in einigen Wirtschaftsbereichen in der Bundesrepublik Deutschland seit 1948 verfolgt, wird die Vorhersagen bestätigt finden. Es ist auch bei Mindestpreisregelungen fragwürdig, ob die Absicht, die Anbieter besser zu stellen als bei freier Preisbildung, langfristig erreichbar ist. Eine beliebte Formel, sowohl Höchst- als auch Mindestpreisvorschriften der Bevölkerung schmackhaft zu machen, ist das Gerechtigkeitspostulat, das sich fast immer als Begründung für die Durchsetzung von Gruppeninteressen eignet.

Steuerbelastung

Es seien die Prämissen der **vollständigen Konkurrenz** auf einem Markt bei kurzfristiger Betrachtungsweise unterstellt. Gefragt wird nach den kurzfristigen Wirkungen der Einführung oder Erhöhung einer Steuer (tax incidence). Die Besteuerung kann an verschiedene Kriterien anknüpfen. Es soll nur der Fall einer Steuer dargestellt werden, die mit einem konstanten Betrag pro Ausbringungseinheit erhoben wird. Eine derartige spezifische Belastung wird als **Mengensteuer** (auch Kostensteuer) bezeichnet. Eine gleichmäßige Besteuerung pro Ausbringungseinheit – in absoluten oder relativen Steuersätzen – führt ceteris paribus zu einer Verschiebung der Angebotskurve um den zu zahlenden Steuerbetrag nach oben. Je nachdem, wie die Nachfragekurve verläuft, erhält man bei gegebenem Angebot drei grundsätzliche Fälle (Fig. 8–3).

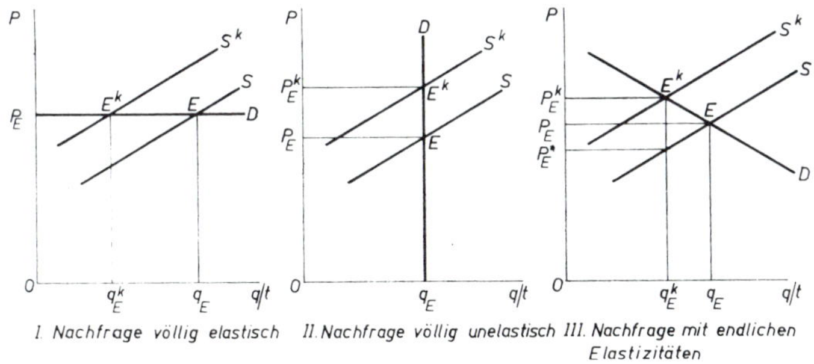

Fig. 8–3: Mengensteuer bei vollständiger Konkurrenz

Die Angebotskurve vor Einführung oder Erhöhung der Steuer ist gleich S. Sie verschiebt sich durch die Steuererhebung nach S^k. Die Höhe der Steuer entspricht dem vertikalen Abstand zwischen S^k und S ($p_E^k - p_E$ in Fig. 8–3.II.). Das neue Gleichgewicht stellt sich gemäß den Annahmen bei vollständiger Konkurrenz ohne Anpassungsschwierigkeiten kurzfristig ein. Es unterscheidet sich vom alten dadurch, daß der Preis im allgemeinen nicht um den ganzen Steuerbetrag steigt (Fig. 8–3.III.), mit Ausnahme folgender Grenzfälle: Ist die Nachfrage völlig elastisch, steigt der Preis überhaupt nicht (Fig. 8–3.I.), ist sie völlig unelastisch, steigt er genau um den Steuerbetrag (Fig. 8–3.II.). Sieht man von den Grenzfällen ab, sind folgende Vorhersagen möglich:

> **Durch eine Mengensteuer wird der Preis um weniger als den Steuerbetrag steigen; die Gleichgewichtsmenge geht zurück.**
> **Die Steuer wird von Nachfragern und Anbietern getragen. Die Steuerlast der Nachfrager ist um so größer, je unelastischer die Nachfrage und je elastischer das Angebot ist et vice versa.**

Bei unendlicher Nachfrageelastizität tragen die am Markt verbleibenden Anbieter (Fig. 8–3.I.), bei einer Elastizität von Null die Nachfrager die Steuern (oder die durch die Steuern erhöhten Kosten) voll (Fig. 8–3.II.). Bei endlichen Nachfrageelastizitäten (Fig. 8–3.III.) beträgt zum neuen Preis p_E^k der Steuerbetrag $p_E^k - p_E^*$, wovon die Nachfrager $p_E^k - p_E$, die Anbieter $p_E - p_E^*$ tragen. Verliefe die Nachfragekurve flacher (Drehung in E), würde die Differenz $p_E^k - p_E$ kleiner et vice versa.

Bei Einführung einer **Mengensteuer** verschieben sich im Fall eines **Angebotsmonopols** bei kurzfristiger Betrachtungsweise die Kurven der Durchschnitts- und Grenzkosten nach oben. Die Steuer sei FG = HD = BC (Fig. 8–4). Das neue Gleichgewicht E^k (p_E^k, q_E^k) ist der Schnittpunkt der nach oben verschobenen Grenzkosten- (K'^k) mit der gegebenen Grenzerlöskurve (R'). Zu einem höheren Preis wird eine geringere Menge angeboten. Wie bei der perfect competition wird ein Teil der Steuerbelastung von den

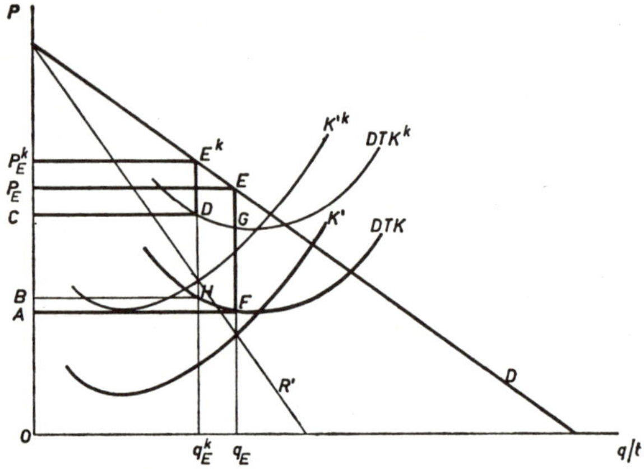

Fig. 8–4: Mengensteuer beim Angebotsmonopol

Nachfragern, ein anderer Teil vom Monopolisten getragen. Der ursprüngliche Gewinn – Rechteck $AFEp_E$ – ist auf $CDE^kp_E^k$ gesunken. Die Gewinnsituation hat sich ceteris paribus in doppelter Hinsicht verschlechtert, weil der Monopolist – bezogen auf seine Kosten vor der Steuererhebung – wegen der geringeren Menge auch einen geringeren Gewinn erzielt ($BHE^kp_E^k <$ $AFEp_E$) und vom verringerten Gewinn noch die Steuern abgezogen werden müssen ($CDE^kp_E^k < BHE^kp_E^k$). Das Rechteck BHDC ist der zu zahlende Gesamtsteuerbetrag. Das Ausmaß, in dem die Steuerbelastung von den Nachfragern getragen werden muß, hängt ceteris paribus wiederum von der Nachfrage- und Angebotselastizität ab. Folgende Vorhersagen sind möglich:

Bei einer Mengensteuer wird zu einem höheren Preis eine geringere Menge umgesetzt. Der Preis steigt weniger als die Steuer.
Die Steuer wird vom Angebotsmonopolisten und den Nachfragern getragen. Der von den Nachfragern zu tragende Anteil ist um so größer, je unelastischer die Nachfrage und je elastischer die Grenzkostenkurve ist et vice versa.

Die empirische Überprüfung der Vorhersagen zur kurzfristigen Steuerbelastung, von denen hier nur zwei einfache Fälle behandelt wurden, steht vor großen Schwierigkeiten. Der Hauptgrund dafür ist, daß in einer Marktwirtschaft Preise aus zahlreichen Gründen schwanken, unter denen Steueränderungen nicht der wichtigste zu sein brauchen. Mit der Einführung oder Änderung von Steuern werden überdies von den hier erörterten Steuerbelastungen (oder -entlastungen) weitere Effekte (Steuerwirkungen) ausgelöst, deren Ursache darin liegt, daß die Haushalte und Unternehmen ihre Ausgabenstruktur ändern.

II. Tests

Nachfragetheorie

Die statistische Untersuchung der Nachfragehypothesen – ein wichtiges Gebiet der Ökonometrie – fußt im wesentlichen auf zwei **Materialquellen**: den marktstatistischen Zeitreihen und den Haushaltsrechnungen. Beide Quellen haben für den Test Vor- und Nachteile. Marktstatistische Zeitreihen, die heute in den meisten Ländern von statistischen Ämtern und anderen Stellen ermittelt werden, lassen sich mit einigem Erfolg bei der Beantwortung der Frage verwenden, welche Mengen von einem bestimmten Gut während eines Zeitraums zu jeweiligen Preisen verbraucht werden. Über Änderungen der Nachfragemenge in Abhängigkeit von Einkommens- und Preisänderungen erlauben sie meist keine Aussagen. Genauere Einblicke bieten die Haushaltsrechnungen. Bei ihnen handelt es sich um die statistische Aufbereitung von Buchführungsergebnissen ausgewählter Haushalte, die ihre täglichen Einnahmen und Ausgaben aufzeichnen. Nachdem zwei Statistiker, der Dresdner ERNST ENGEL und der Berliner HERMANN SCHWABE, schon in den siebziger Jahren des vergangenen Jahrhunderts auf die große Bedeutung solcher Aufzeichnungen aufmerksam gemacht und eine „Gesetzmäßigkeit" der Beziehung zwischen Einkommenshöhe und Ausgaben für Ernährung bzw. Wohnung nachgewiesen hatten, verstärkte sich das amtliche Interesse an der Haushaltsbuchführung. Eine erste große Erhebung fand 1907 statt.

Die bisherige Haushaltsstatistik in der Bundesrepublik Deutschland geht auf laufende monatliche Erhebungen in verschiedenen Haushaltstypen zurück (4-Personen-Arbeitnehmerhaushalte mit mittlerem Einkommen; 2-Personen-Haushalte von Renten- und Sozialhilfeempfängern mit geringem Einkommen; Arbeitnehmerhaushalte mit höherem Einkommen). Außerdem werden in drei- bis fünfjährigen Abständen Erhebungen in Haushalten aller Bevölkerungskreise durchgeführt. Durch die Gliederung der Haushalte nach demographischen und sozialen Merkmalen (Alter, Größe, Standort und Zusammensetzung der Haushalte; Anzahl, Geschlecht und Beruf der Haushaltsmitglieder) gewinnt man Einblicke, in welcher Weise Einkommen, Preise und einige andere Faktoren auf die Nachfrage einwirken. Das Gewichtungsschema für die marktstatistische Zeitreihe der Preisindices für die Lebenshaltung wird mit Hilfe dieser Aufzeichnungen kontrolliert und in gewissen Zeitabständen – meist alle vier Jahre – korrigiert. Die einmaligen Erhebungen zur Haushaltsstatistik geben Auskunft über das Verbraucherverhalten in einem bestimmten Zeitpunkt. Änderungen der Einflußfaktoren lassen sich nur bei fortlaufend geführten Haushaltsrechnungen erfassen. Der gravierendste Nachteil der fortlaufenden Statistik für ausgewählte Haushaltsgruppen ist jedoch, daß wegen der erheblichen Aufwendungen für diese Statistik die Erhebung nur in einigen hundert Haushalten – gemessen an der Gesamtmasse der Haushalte eine sehr kleine Zahl – durchgeführt wird. Für die Gesamtmasse der Haushalte braucht sie deshalb keineswegs repräsentativ zu sein, und man darf die Zahlen nur mit größter Vorsicht benutzen. Für eine weitergehende Aufgliederung der Haushalte gilt das Argument in verstärktem Maße. Bei der einmaligen Erhebung in mehrjährigen Abständen wird zwar ein relativ großer Anteil der Haushalte erfaßt (bis zu 0,3 %, absolut ca. 40 000); doch handelt es sich um eine Momentaufnahme der Haushaltsstruktur, die für die preistheoretischen Fragestellungen wenig hergibt. Mit den verfügbaren Daten lassen sich noch am ehesten „ENGEL-Kurven" ermitteln, die den Zusammenhang zwischen Einkommen und Ausgaben für bestimmte Güter beschreiben.

Neben den Erhebungsschwierigkeiten gibt es beim empirischen Test verschiedene Methodenprobleme, die über die schon angedeuteten hinausgehen. Sie entstehen vor allem bei dem Versuch, eine **statistische Preis-Mengen-Kurve** zu finden. Die Schwierigkeiten haben ihre Ursache darin, daß mit der Nachfragefunktion auf eine Serie von hypothetischen Fragen – die im Zeitablauf wirksamen Einflüsse der Preise, des Einkommens, des Geschmacks u. a. – jeweils nur eine Antwort gegeben wird (ceteris paribus-Klausel), während die empirischen Informationen nur Auskunft über die Wirkungen nicht ohne weiteres identifizierbarer und isoliert auftretender

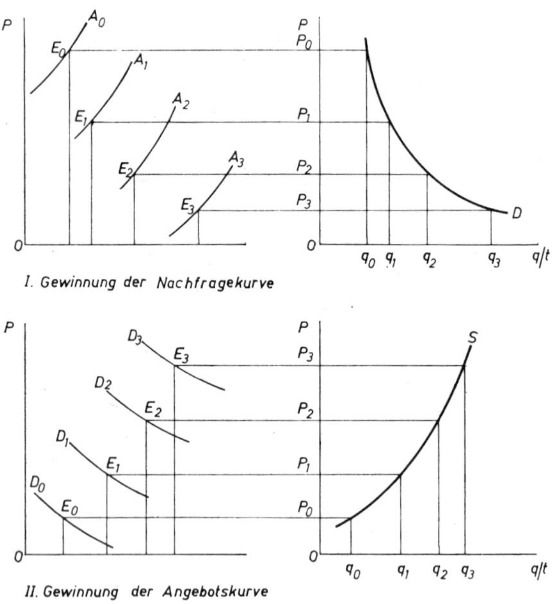

Fig. 8–5: Identifikationsproblem

Ursachen in einem Zeitraum geben. Es ist deswegen ziemlich schwierig, den Einfluß solcher Größen, die außer Betracht bleiben sollen, zu eliminieren oder das Maß ihrer Einwirkung festzustellen. Im Gegensatz zu den Naturwissenschaften fehlt es im sozialwissenschaftlichen Bereich an Experimentiermöglichkeiten. Wären Experimente in größerem Umfang durchführbar, würde auch der Hypothesentest einfacher sein. Obwohl ELMER J. WORKING vor mehr als vierzig Jahren diese Probleme offenlegte, zeichnet sich nach einer langen Diskussion noch keine Einigkeit über die zweckmäßigste Art des Vorgehens ab.

Im Mittelpunkt der Kontroverse steht das **Identifikationsproblem**, das sich in einfacher Weise wie folgt illustrieren läßt. Es soll von der Hypothese ausgegangen werden, alle auf einem Markt in einem bestimmten Zeitraum beobachteten Preis-Mengen-Kombinationen seien Schnittpunkte einer Angebots- mit einer Nachfragekurve, also Gleichgewichtspunkte. Eine Nachfragekurve erhält man aus einer Menge solcher beobachteten Punkte, wenn man annehmen kann, daß sich jeweils nur die Angebotskurve verschiebt (Fig. 8–5.I.); eine Angebotskurve, wenn unterstellt wird, daß sich jeweils nur die Nachfragekurve ändert (Fig. 8–5.II.).

Was man beobachtet, sind die jeweils im linken Teil der Fig. 8–5.I. und 8–5.II. eingezeichneten Punkte (F_0, F_1, . . .). Ihre Zuordnung im rechten Teil der Darstellung ist dagegen hypothetisch, wenngleich die rechts abgetragenen Punktfolgen die links angegebene Interpretation nahelegen. Das Beobachtungsmaterial ist allerdings selten so eindeutig. Typisch für Beobachtungen ist eine Punktwolke, bei der die Frage, auf welche Kurvenvariationen die einzelnen Punkte zurückgehen, offen bleiben muß (Fig. 8–6).

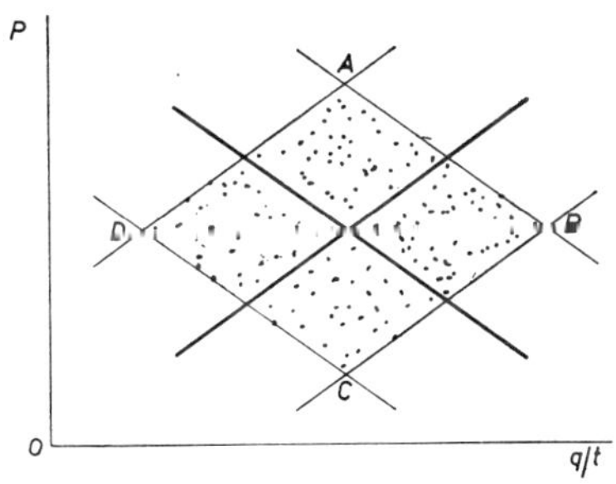

Fig. 8–6: Identifikationsbereich

Jeder der äußersten Punkte einer Punktwolke (A, B, C, D) ist bei Änderungen sowohl der Nachfrage- als auch der Angebotskurve möglich. Da sich in einer Zeitperiode Angebot und Nachfrage ändern, ist mit den beobachteten Preis-Mengen-Kombinationen allein nicht weiterzukommen. Verfügt man über zusätzliche Informationen, lassen sich die Punkte unter Umständen bestimmten Einflüssen zurechnen. So wirken die Kosten auf das Angebot, die Einkommen auf die Nachfrage ein. Berücksichtigt man solche Einflüsse, ist das Problem der Ermittlung von Nachfragekurven und -elastizitäten nicht unlösbar. Einzelheiten dieser Aufgabe sind Gegenstand der Ökonometrie.

Da bei der Elastizitätsanalyse (4. Kap.) bereits empirische Werte zur Illustration angeführt wurden, sei hier auf die langfristigen **Zusammenhänge zwischen Einkommen und Ausgaben** für bestimmte Güter (oder Gütergruppen) eingegangen (ENGEL-Kurven). Statistisches Material für Deutschland, das über ein halbes Jahrhundert reicht, zeigt folgende Tabelle (Übers. 8–1).

Gütergruppen / Jahr	1907	1927/28	1937	1950/51	1960
1. Nahrungsmittel, Getränke, Tabakwaren	55	53	52	52	41
2. Wohnung, Wohnungseinrichtung, Heizung, Beleuchtung	25	25	26	23	25
3. Körperpflege und Schmuck	8	9	10	14	14
4. Verkehr und Nachrichtenwesen	1	1	2	2	6
5. Erholung, Gesundheit, Erziehung	8	7	7	7	10
6. Sonstiges	2	4	4	3	5

Übers. 8–1: Ausgaben für Gütergruppen in v. H. der Gesamtausgaben

Quelle: HELGA SCHMUCKER, Die langfristigen Wandlungen des Verbrauchs der privaten Haushalte in ihrer Interdependenz mit den übrigen Bereichen einer wachsenden Wirtschaft, Schriften des Vereins für Socialpolitik, N. F. 30/I, Berlin 1964, 164–5.

Beim langfristigen Trend der Haushaltsausgaben lassen sich drei Fälle unterscheiden: Der Anteil der Ausgaben für Nahrungs- und Genußmittel fällt; der für Wohnung und Wohnungseinrichtungen ist konstant; der für nicht unbedingt benötigte Güter steigt. Im zweiten Fall dürfte eine Aufspaltung der Ausgaben zu dem Ergebnis führen, daß die Wohnungsausgaben relativ hinter denen für die Wohnungseinrichtung zurückbleiben. Da während des Beobachtungszeitraums (1907–1960) die Einkommen im Durchschnitt stark gestiegen sind, kann man die aus der Nachfrageanalyse bekannten Hypothesen (vgl. Fig. 4–4) als bestätigt ansehen, zumal die in Übers. 8–1 erkennbaren Tendenzen auch in zahlreichen Untersuchungen anderer Länder aufgedeckt wurden. Folgende Aussagen gelten deshalb als Beispiele von überprüften und bisher nicht falsifizierten Hypothesen:

Die langfristige Einkommenselastizität von Nahrungsmitteln ist in einer wachsenden Wirtschaft kleiner als 1.
Die langfristige Einkommenselastizität von Dienstleistungen ist in einer wachsenden Wirtschaft größer als 1.

Dieser Teil der Nachfragetheorie ist vor allem gesamtwirtschaftlich von großer Bedeutung, da sich in einer Marktwirtschaft – langfristig stärker als kurzfristig – die Allokation der Produktionsfaktoren den Verbraucherwünschen anpaßt.

Angebotstheorie

Die empirischen Tests auf der Angebotsseite richten sich einmal auf die Überprüfung der **Gewinnmaximierungshypothese**. Es wurde schon darauf aufmerksam gemacht: Einerseits ist die Gewinnmaximierung nur eine von vielen möglichen Zielen der Unternehmenspolitik; andererseits wird die freie Zielwahl in einer Marktwirtschaft dadurch eingeschränkt, daß Unternehmen ohne Gewinn langfristig ausscheiden müssen – es sei denn, sie werden durch vom Steuerzahler getragene Subventionen erhalten. Die Frage nach der Zielsetzung lautet deshalb eher: Welche Höhe des Gewinns streben die Unternehmer an? Zwischen Gewinnlosigkeit und -maximum gibt es unter Umständen zahlreiche Zielvarianten, die von der Stellung am Markt, der Organisationsform des Unternehmens, den Ansichten der Unternehmensleitung, der Einstellung der Öffentlichkeit, den wettbewerbsrechtlichen Möglichkeiten, von zeitlichen Aspekten und einigen anderen Faktoren abhängen.

Wenn die Zahl der beobachteten Zielsetzungen relativ klein bleibt, so nicht nur deswegen, weil der Wettbewerb die denkbaren Möglichkeiten beträchtlich einschränkt oder doch einschränken kann.

- Einige der empirisch untersuchten Zielsetzungen sind mit der Gewinnmaximierungshypothese kompatibel. Sie sind gleichsam nur in andere Worte gekleidet. Das gilt unter bestimmten Voraussetzungen für eine an der Nachfrageelastizität orientierte Bruttogewinnspanne (mark up-pricing), die Aufschlagskalkulation sowie für die Zielsetzungen „Erhaltung (oder Ausweitung) des Marktanteils" oder „Umsatzmaximierung", die im Oligopol beobachtet wurden.
- Ein Unternehmen, das am Markt bleiben möchte und wegen seiner Größe auf die Reaktionen der Öffentlichkeit und der Entscheidungsträger der Wirtschaftspolitik achten muß, wird oft die langfristige Gewinnmaximierung der kurzfristigen vorziehen. Es ist dann nur konsequent, bei steigender Nachfrage statt kurzfristiger Preiserhöhungen die Liefer-

zeiten zu verlängern, was auf zahlreichen Märkten (Automobile, Elektroindustrie u. a.) festgestellt werden konnte. In solchen Fällen sind die Unternehmer leicht in der Lage, ihren Verzicht auf kurzfristige Gewinnmaximierung altruistisch zu motivieren, obschon sie das Ziel einer langfristigen Gewinnmaximierung nicht aufgegeben haben. Es ist jedoch nicht einfach, eine Diskrepanz zwischen kurz- und langfristiger Gewinnmaximierung empirisch aufzudecken.

Ist also Vorsicht geboten, andere Ziele als kurz- oder langfristige Gewinnmaximierung zu unterstellen, so gilt die Gewinnmaximierungshypothese sicherlich nicht in jedem Fall. Traditionell geführte mittelständische Handels- oder Handwerksbetriebe geben sich eher mit einem „auskömmlichen", „normalen" Gewinn zufrieden als dynamisch geführte Unternehmen. Die Schwierigkeit des Tests der Gewinnmaximierungshypothese besteht vor allem darin, daß weder aus der tatsächlichen Höhe des Gewinns noch aus der Gewinnverwendung auf die Zielsetzung geschlossen werden kann, unter der er erwirtschaftet wurde. Zu viele sporadisch auftretende Einflußfaktoren (Konjunkturschwankungen, Wetter, Streiks, Außenhandelsbeschränkungen) lassen den tatsächlichen Gewinn in gewissen Grenzen zu einer Zufallsgröße werden, die keine eindeutigen Rückschlüsse erlaubt. Die letzten Motive, auf die es ankommt, entziehen sich – ähnlich wie die Nutzenvorstellungen der Verbraucher – einem Test fast vollständig. Welcher Unternehmer wäre so freimütig, zu erklären, daß es ihm nur darauf ankomme, möglichst viel Geld zu verdienen? Wer möchte mit diesem von vielen Menschen verachteten Ziel, dessen Verfolgung nach einer populären Gesellschaftskritik an ein Verbrechen zu grenzen scheint, seinem Ansehen und dem Unternehmen schaden? Statt dessen wird man lieber solche Ziele vorgeben, die als edel gelten. Dabei tritt die ökonomisch entscheidende Frage in den Hintergrund, ob nicht die Verfolgung maximaler Gewinne der Verwirklichung der wirtschaftlichen Ziele, die von den meisten Menschen angestrebt werden, besser nützt als eine andere Handlungsmaxime. Es ist deswegen nicht erstaunlich, wie sehr nach wie vor vage Vermutungen statt bestätigte Hypothesen das Feld beherrschen, weil die wirklichen Verhaltensmuster und ihre Motivationen nur schwer zu ergründen sind.

Neben den Überprüfungen zur Gewinnmaximierung spielen Tests der Hypothesen über Kostenverläufe eine bedeutsame Rolle. Untersuchungen zu sehr langfristigen Verläufen, bei denen Änderungen des technischen Horizonts erfaßt werden, waren allerdings bisher selten. Die Tests der Hypothesen über **kurzfristige Kostenverläufe** basieren auf Erhebungsmaterial, das in der Regel der Kostenrechnung der Firmen entstammt und somit für einen anderen Zweck bestimmt ist. Da die kurzfristige Kostenanalyse den Zusammenhang zwischen output und Kosten diskutiert, entstehen besondere Probleme, wenn sich die Produktionsrichtung ändert, weil der output nicht mehr als einheitliche Bezugsgröße über die Zeit gelten kann. Weiterhin sind die meisten Daten nicht aus Änderungen über den gesamten Ausbringungsbereich, sondern nur aus Zahlen innerhalb einer gewissen, unterhalb der vollständigen Kapazitätsausnutzung liegenden Variationsbreite gewonnen worden. Schließlich sind sowohl Einflüsse der Betriebsgröße als auch des technischen Fortschritts empirisch vorhanden, die bei den Hypothesen ausgeschaltet wurden.

Etwa seit 1940 sind zahlreiche Studien zum Verlauf der kurzfristigen Kosten vorgelegt worden. Die meisten dieser ökonometrischen Untersuchungen aus dem industriellen Bereich haben ergeben, daß über einen beträchtlichen Ausbringungsbereich die Gesamtkosten proportional zum output verlaufen. Ein unter- oder überproportionaler Kostenanstieg ist atypisch. Nur in wenigen Tests (z. B. bei Warenhäusern) konnte festgestellt werden, daß die Kosten in der Nähe der Kapazitätsgrenze (erkennbar bei Weihnachtsgeschäften) stark ansteigen. Auch wenn man die erwähnten Mängel des Erhebungsmaterials beachtet, bleibt bei den Ergebnissen die Tendenz zu linear steigenden Gesamtkosten, damit zu konstanten Grenzkosten, bemerkenswert. Weitere systematische Untersuchungen wären notwendig, um zu bestätigten Hypothesen zu kommen, die dann sicherlich nur für bestimmte Sektoren oder Branchen Gültigkeit beanspruchen könnten. Auf der anderen Seite ist daran zu erinnern, daß fast alle wichtigen Aussagen der Preistheorie nicht an die Existenz u-förmiger Grenz- oder Durchschnittskostenkurven gebunden sind. Das gilt vor allem dann, wenn man die Preistheorie so aufbaut, daß sie zur Realität nicht von vornherein im Gegensatz steht.

Die statistischen Probleme der Tests von Hypothesen über **langfristige Kostenverläufe**, die den Einfluß der Betriebsgröße auf die Ausbringung einschließen, technischen Fortschritt hingegen ausklammern, sind eher noch komplizierter als die bei kurzfristiger Betrachtungsweise. Es gibt auch nur vereinzelte Untersuchungen zu dieser Frage. Joe S. Bain ermittelte nach umfangreichen Fragebogenaktionen und Interviews eine optimale Betriebsgröße in neun von zwanzig Industrien bei einem Marktanteil von weniger als 2,5 %, in fünf Industrien bei mehr als 7,5 %. Seine Aussagen zur Gestalt der langfristigen Kostenkurven sind unergiebig, so daß man – wovon Bain auch abrät – keine allgemeinen Schlußfolgerungen ziehen kann. Frederick T. Moore hat in Abwandlung einer produktionstheoretischen Überlegung von Hollis B. Chenery, nach der der physische Ertrag in direkter Beziehung zu entsprechend ausgewählten Größen stehe (z. B. die Kapazität eines Behälters in Abhängigkeit vom Durchmesser), zu zeigen versucht, daß die Betriebsgröße aus solchen Komponenten, wie Flächengröße und Ausdehnung, abzulesen sei. Es handelt sich dabei um einen „Test", der kaum mehr als eine neue Hypothese darstellt. Tatsächlich besitzen wir so gut wie keine Kenntnis über die empirische Relevanz der Einflußfaktoren langfristiger Kostenverläufe, obwohl auf dieses Problem schon vor mehreren Jahrzehnten von John H. Clapham aufmerksam gemacht wurde.

Bibliographische Hinweise

1. Zu den Vorhersagen über die Preisregelungen oder -fixierungen vgl.: R. G. LIPSEY, An Introduction . . ., a. a. O., Chap. 11. D. S. WATSON, Price Theory . . ., a. a. O., Chap. 17. Steuerwirkungen werden von LIPSEY im gleichen Kapitel behandelt. Knappe, doch zureichende Abhandlungen für den Fall des Monopols: A. M. LEVENSON – B. S. SOLON, Outline of Price Theory, a. a. O., Chap. 10. Für die „perfect competition": W. J. L. RYAN, Price Theory, a. a. O., Chap. 4. Wer sich für theoretische Feinheiten interessiert, sollte zur finanzwissenschaftlichen Spezialliteratur greifen, z. B. zu: R. A. MUSGRAVE, The Theory of Public Finance, New York 1959; dt. Ü. v. L. KULLMER, Tübingen 1966, Kap. 9. H. C. RECKTENWALD, Steuerüberwälzungslehre, 2. A., Berlin 1966. G. HEDTKAMP, Lehrbuch der Finanzwissenschaft, Neuwied und Berlin 1968.

2. Zur empirischen Überprüfung der Nachfragehypothesen: E. J. WORKING, What Do Statistical „Demand Curves" Show?, The Quarterly Journal of Economics, 41 (1927); wiederabgedruckt in: Readings in Price Theory, London 1953. W. J. BAUMOL, Economic Theory and Operations Analysis, a. a. O., Chap. 10. R. FERBER, Research on Household Behaviour, Surveys of Economic Theory III, a. a. O. (mit Bibliogr.). H. SCHMUCKER, Der Aussagewert von haushaltsstatistischem Material für die Verbrauchsforschung und die ökonometrische Nachfrageanalyse, Schweizerische Zeitschrift für Volkswirtschaft und Statistik, 98 (1962); wiederabgedruckt in: Konsum und Nachfrage, Hg. E. und M. STREISSLER, a. a. O., in welchem auch das VII. Kap. der Einleitung (konsumstatistische Methoden) empfehlenswert ist. Knappe Überblicke: H. SCHMUCKER, Nachfrageanalyse, empirische, Handwörterbuch der Sozialwissenschaften, Bd. 7 (mit Bibliogr.). M. FRIEDMAN, Price Theory, a. a. O., Chap. 2. Die ökonometrischen Arbeiten zur Kostentheorie präsentieren im Überblick: J. JOHNSTON, Statistical Cost Analysis, New York 1960. A. A. WALTERS, Production and Cost Functions. An Econometric Survey, Econometrica 31 (1963). Zur Kritik an bloß hypothetischen Analysen: J. H. CLAPHAM, On Empty Economic Boxes, The Economic Journal, 32 (1922); wiederabgedruckt in: Readings in Price Theory, a. a. O., mit weiteren Artikeln zu diesem Thema. Von den zahlreichen Untersuchungen zu kurzfristigen Verläufen seien genannt: J. DEAN, Managerial Economics, New York 1951, Chap. 5. Knappe Überblicke: E. GUTENBERG, Grundlagen . . ., Bd. I., a. a. O., 4. Kap. W. LÜCKE, Produktions- und Kostentheorie, a. a. O., 4. Kap. H. H. LIEBHAFSKY, The Nature of Price Theory, a. a. O., Chap. 7. Empirische Studien zu den langfristigen Kosten: J. S. BAIN, Economies of Scale, Concentration, and the Condition of Entry in Twenty Manufacturing Industries, The American Economic Review, 44 (1954). H. B. CHENERY, Engineering Production Functions, The Quarterly Journal of Economics, 63 (1949). F. T. MOORE, Economies of Scale: Some Statistical Evidence, The Quarterly Journal of Economics, 73 (1959). G. J. STIGLER, The Economies of Scale, The Journal of Law and Economics, 1 (1958).

B. Faktormärkte

9. Nachfrage: Einkaufsplan des Unternehmens

I. Grundlagen der Faktormarktanalyse

Besonderheiten

Die bisherige Analyse bezog sich auf die Preisbildung bei Konsumgütern, worunter sowohl materielle Güter als auch konsumreife Dienstleistungen verstanden werden. Neben den Konsumgutmärkten gibt es als zweite bedeutsame Gruppe die Märkte für Produktionsfaktoren, die aufgeteilt werden können in die Märkte für Arbeit, Boden und Kapital. Auf den Faktormärkten sind die Unternehmen Nachfrager, die Haushalte Anbieter. Würde man auf einer hohen Stufe der Abstraktion argumentieren, bestünde keine Notwendigkeit, neben der Preistheorie für Konsumgüter eine solche für Produktionsfaktoren zu entwickeln. Eine detaillierte Analyse der Faktorpreisbildung stößt jedoch auf der Nachfrage- wie Angebotsseite auf Eigentümlichkeiten, die eine gesonderte Preistheorie erfordern.

Es besteht zunächst ein wichtiger Unterschied zwischen beiden Ausprägungen der Preistheorie: Auf Konsumgütermärkten ist die Nachfragestruktur für die Analyse ein Datum, auf Faktormärkten dagegen eine Variable. Die von den Unternehmen nachgefragten Mengen der Faktoren sind abhängig von ihrem Angebot; der **input** ist eine **abhängige Variable des output**. Die Faktornachfrage ist eine aus dem Produktangebot abgeleitete Größe. Die Größe des input richtet sich – wie aus der Produktionstheorie bekannt ist und noch genauer erklärt wird – nach dem Beitrag, den eine zusätzliche Mengeneinheit eines Einsatzfaktors zur Erstellung des fertigen Produkts leistet. Da man diesen Beitrag Grenzproduktivität nennt, bezeichnet man die Aussagen über die daran orientierte Nachfrage der Unternehmen nach Produktionsfaktoren als **Grenzproduktivitätstheorie**. Diese Theorie sagt nur etwas über die Nachfrage auf Faktormärkten aus, genaugenommen sogar nur über die Nachfrage eines einzelnen Unternehmens. Sie gilt also weder für die gesamte Faktornachfrage noch für das Faktorangebot. Die synonyme Verwendung der Ausdrücke „Faktorpreisbildungslehre" und „Grenzproduktivitätstheorie" führt leicht in die Irre. Andererseits ist die Grenzproduktivitätstheorie auf die Nachfrage eines jeden Faktors anwendbar.

Ein zweiter Unterschied zwischen Konsumgut- und Faktorpreistheorie liegt darin, daß es beim Konsumgüterangebot nicht erforderlich ist, einzelne Güterarten zu unterscheiden. Die tatsächlich vorhandenen Unterschiede werden mit Hilfe der Gutsbeziehungen (Substitution, Komplementarität, Indifferenz und Homogenität) erfaßt, die sich in der direkten und indirekten Preiselastizität niederschlagen. Bei den Faktoren dagegen sind die Unterschiede beträchtlich; spezifische Analysen der Preisbildung, vor allem bei dem Angebot von Arbeit, Boden und Kapital, sind zweckmäßig. Die Besonderheiten erkennt man auch in der Terminologie. Die Preise der Faktorleistungen heißen Lohn, Bodenrente und Zins.

Schließlich beruhen die Unterschiede zwischen Konsumgut- und Faktorpreistheorie zu einem beträchtlichen Teil auf der Tatsache, daß auf Faktormärkten nicht konsumreife, sondern **produktive Dienste** angeboten und bezahlt werden. Unter produktiven Diensten wird der Produktionsbeitrag von Faktoren verstanden, die man bei der Erzeugung einsetzt, in „Dienst" nimmt, ohne sie selbst besitzen zu müssen. Indienstnahme oder entgeltliche Überlassung gibt es auch bei Konsumgütern (Beispiel: Wohnung), doch ist sie dort atypisch. Die Faktoren werden letztlich von Haushalten angeboten. Soweit Unternehmen Faktoren anbieten, sei angenommen, die Unternehmen gehörten den Haushalten (Unternehmer-Haushalte). Haushalte können die Faktoren entweder auf dem Markt anbieten oder selbst verwenden; es muß zwischen Fremd- und Eigenverbrauch gewählt werden.

Der Preis eines Faktors (l), multipliziert mit der tatsächlich verkauften Menge (v), ist das **Geldeinkommen** ($y = l \cdot v$) des Faktoranbieters bei einer Fremdverwendung. Das Einkommen bei Eigenverwendung läßt sich nach dem opportunity cost-Prinzip durch das Geldeinkommen der bestmöglichen Fremdverwendung bestimmen (Fig. 9–1).

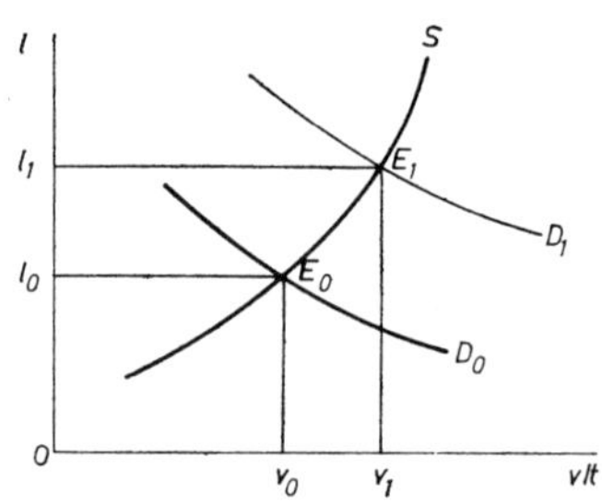

Fig. 9–1: Geldeinkommen eines Faktors

Zumindest ein Teil des Faktoreinkommens muß zur Erhaltung der produktiven Dienste des Faktors aufgewendet werden, wenn auch in Zukunft ein Angebot erfolgen soll. Aus diesem Grund kann das Verhalten der Haushalte als Anbieter stärkere Abweichungen von der „normalen" Reaktionsweise zeigen, bei der bekanntlich Mengen und Preise positiv korrelieren. Für die meisten Menschen ist der „Verkauf" von Arbeitsleistungen einzige oder wichtigste Quelle des Einkommens. Es ist verständlich, wenn sie am Faktormarkt einen möglichst hohen Preis erzielen wollen und eine organisierte Strategie betreiben (z. B. Zusammenschluß zu Gewerkschaften), um die Preisbildung zu ihren Gunsten zu beeinflussen. Hinter so dürren Worten wie „Faktoreinkommen" oder „Erhaltung der produktiven Dienste" stehen die Probleme der physischen Existenz und des Lebensstandards der gesamten Bevölkerung.

Die Preisbildung auf dem Faktormarkt ist nicht nur für die Höhe, sondern auch für die **Verteilung der Einkommen** auf die einzelnen Anbieter bestimmend. Im Preisbildungsprozeß wirken die Interdependenzen der Märkte dahin, daß sich im relativen Preis die Knappheitsrelationen zwischen den Faktoren widerspiegeln. Von der Höhe und Verteilung der Einkommen werden wiederum das Niveau der Beschäftigung und die Einsatzrichtung der Faktoren, die **Faktorallokation**, entscheidend beeinflußt. Die Nachfrage der Unternehmen nach einem Faktor richtet sich nämlich nach den absoluten und relativen Preisen der Produktionsfaktoren. Wenn die Analyse der Faktorpreisbildung oft als „Theorie der Distribution" bezeichnet wird, darf man darunter nicht nur – wie es häufig geschieht – eine Einkommensverteilungstheorie verstehen. Für die ökonomische Problemstellung, wie knappe Mittel bestmöglich gebraucht werden können, ist die Faktorallokation von nicht zu unterschätzender Bedeutung. Von ihrer Lösung hängt es ab, welches Einkommensniveau überhaupt erreicht wird, denn es kann nicht mehr verteilt werden als produziert worden ist – eine Binsenweisheit, die leicht in Vergessenheit gerät. Sieht man das Ziel des Wirtschaftens darin, die Menschen mit Gütern zu versorgen, kommt somit der Preisbildung auf den Faktormärkten eine zentrale Bedeutung zu, weil Niveau und Verteilung der Einkommen die faktischen Möglichkeiten der Konsumgüternachfrage bestimmen. Das ist der Grund, warum klassische Autoren, wie David Ricardo, die wichtigste Aufgabe der Volkswirtschaftslehre darin sahen, die „Gesetze" der Verteilung zu entdecken. Diese dominierende Stellung hat die Verteilungstheorie heute nicht mehr. Doch ist sie neben der Preistheorie für Konsumgüter ein Grundpfeiler der Mikroökonomik geblieben.

Eine selbständige, aus der Preistheorie herausgelöste Verteilungstheorie gibt es im angelsächsischen Schrifttum nicht. Was neuerdings als makroökonomische Verteilungstheorie bezeichnet wird, sind von einigen Cambridger Nationalökonomen (N. Kaldor, J. Robinson, L. Pasinetti) entwickelte Erklärungsansätze, die von gesamtwirtschaftlich unterschiedlichen Ausgabeentscheidungen der Lohn- und Gewinneinkommensbezieher ausgehen. Dabei geht es nicht um Probleme der Faktorpreisbildung, sondern um Fragen einer Verteilung des Volkseinkommens auf die Faktoren Arbeit und Kapital. Auf eine Darstellung der makroökonomischen Verteilungstheorie soll verzichtet werden, zumal sie in den gängigen angelsächsischen

Textbüchern in der Regel nicht erwähnt wird (Ausnahmen: letzte Auflagen der Lehrbücher von Lipsey und Samuelson).

Hypothesen

Entsprechend dem Vorgehen bei der Konsumgutpreisbildung behandelt die Faktormarktanalyse: 1. die Determinanten der Nachfrage (Inhalt der Grenzproduktivitätsanalyse; 9. Kap.); 2. die Bestimmungsfaktoren des Angebots (jeweils für die Individuen und den Markt; 10. Kap.); 3. das Zusammenspiel beider Komponenten bei der Preisbildung (unter verschiedenen Marktformen; 11. Kap.). Einige Folgerungen für die Einkommensverteilung und Faktorallokation schließen sich an. Abschließend werden Vorhersagen und Testprobleme behandelt (12. Kap.). Die gesamte Faktormarktanalyse beruht – sofern nichts anderes gesagt wird – auf folgendem **Katalog** von Annahmen:

- Die nachfragenden Unternehmer streben Gewinnmaximum an. Sie werden nur dann zusätzlich Faktoren nachfragen, wenn ihr Gewinn dadurch steigt.
- Die Ziele der Faktoranbieter sind grundsätzlich indeterminiert. Einkommensmaximierung ist ebenso möglich wie Maximierung der Freizeit oder Sicherheit. Andere Ziele oder Zielkombinationen sind denkbar.
- Die Produktionsfaktoren lassen sich begrenzt (peripher) substituieren. Starre (limitationale) Faktorverhältnisse und völlige Substituierbarkeit bilden unbeachtete Grenzfälle.
- Ein Produktionsfaktor ist kurzfristig jeweils variabel bei Konstanz der übrigen. Es gilt das Ertragsgesetz.
- Die Faktoren sind langfristig mobil.
- Sehr langfristige Veränderungen (technische Fortschritte) werden ausgeschlossen.

Die Annahmen sind überaus restriktiv. Für kompliziertere Modelle sei auf die Literatur am Schluß des Kapitels verwiesen.

Unter diesen Annahmen läßt sich ableiten, daß die **Preiselastizität der Nachfrage nach einem Faktor** um so größer ist

- je größer der Kostenanteil des Produktionsfaktors am Endprodukt,
- je elastischer die Nachfrage nach dem produzierten Gut und
- je leichter die Faktorsubstitution möglich ist.

Die Aussagen werden an folgenden Überlegungen deutlich. Beträgt der Anteil der Arbeitsleistungen an den Gesamtkosten 10 % (wie bei der Energiegewinnung durch Wasserkraft), wird bei einer zehnprozentigen Lohnerhöhung die Nachfrage nach Arbeitsleistungen nicht so stark abfallen (unelastisch reagieren) wie bei einem Lohnkostenanteil von 50 % (Teile der Verkehrswirtschaft). Im ersten Fall steigen die Gesamtkosten nur um 1 %, im zweiten dagegen um 5 %. Mit steigendem Kostenanteil eines Produktionsfaktors – gemessen an den Gesamtkosten – wird die Faktornachfrage „preisempfindlich“. Diese Empfindlichkeit hängt ceteris paribus einmal davon ab, ob die steigenden Faktorkosten „überwälzt“, d. h. dem Produktpreis zugeschlagen und damit an den Käufer weitergegeben werden können. Je leichter das möglich, je unelastischer also die Nachfrage nach dem produzierten Gut ist, um so weniger wird der Produzent auf Preiserhöhungen der Produktionsfaktoren reagieren, da er die zusätzlichen Kosten auf die Käufer seines Produkts abwälzen kann. Ist es zweitens möglich, den teurer gewordenen Faktor durch einen im Preis konstant gebliebenen oder nicht so stark gestiegenen Faktor zu ersetzen, wird ceteris paribus bei der Preiserhöhung eines Faktors die Nachfrage nach ihm „empfindlicher“ reagieren, als wenn eine Substitution schwierig wäre. Je leichter sich ein Faktor ersetzen läßt, um so elastischer ist folglich die Faktornachfrage et vice versa.

II. Faktornachfrage bei vollständiger Konkurrenz

Individuelle Nachfrage

Die Theorie der Faktornachfrage ist ein wenig diffizil. Das **Bindeglied** der Analyse von input und output bildet die **Produktionstheorie.** Bei Gültigkeit des Ertragsgesetzes, von dem ausgegangen wird (Annahme), fällt mit zunehmendem Einsatz des variablen Produktionsfaktors pro Zeiteinheit (v/t) der Grenzertrag (O′) von der Schwelle des Ertragsgesetzes an. Die Durchschnittserträge sind in ihrem Maximum gleich den fallenden Grenzerträgen. Beim Ertragsgesetz handelt es sich um eine physisch-technische Relation. Ökonomische Größen erhält man durch Einführung von Preisen. Bei der Analyse sind zwei Preise zu unterscheiden: der Preis des nachgefragten Produktionsfaktors (Faktorpreis auf dem Beschaffungsmarkt) und der des produzierten Gutes (Produktpreis auf dem Absatzmarkt). Beide Preise stehen in Beziehung zueinander, weil die Nachfrage nach dem Faktor vom Verkaufserlös des Produkts und damit vom Produktpreis abgeleitet werden kann. Die Höhe der Preise auf den Beschaffungs- und Absatzmärkten hängt vor allem von der realisierten Marktform ab. Wie in der Preisanalyse bei Konsumgütern muß generell nach Betriebs- und Marktvorgängen unterschieden werden. Welche Menge eines bestimmten Faktors wird ein Unternehmer nachfragen?

Es sei zunächst unterstellt, daß ein einzelner Unternehmer nicht glaubt, durch den Verkauf seines Produkts oder durch die Nachfrage nach Produktionsfaktoren einen Einfluß auf die Preise ausüben zu können. Das bedeutet, es wird von **vollständiger Konkurrenz auf den Absatz- und Beschaffungsmärkten** ausgegangen. Sowohl der Preis des variablen Produktionsfaktors V (l_v) als auch der Preis des Produkts (p_v), das aus dem Einsatz dieses Faktors entsteht – ein zweiter Faktor F bleibt gemäß den Annahmen (Ertragsgesetz) konstant –, verändern sich nicht mit der Faktornachfrage oder dem Produktangebot.

Möchte der Unternehmer seinen Gewinn maximieren, muß er – wie bekannt ist (7. Kap.) – eine Produktmenge (output) anbieten, bei der Grenzkosten ($K' = dK/dO$) und Grenzerlös ($R' = dR/dO$) gleich sind:

(9.1a) $K' = R'$ (Verhaltens-Gleichung).

Für den speziellen Fall vollständiger Konkurrenz auf dem Absatzmarkt ist $R' = p_v$, da die Erlösänderung bei einer Änderung der angebotenen Produktmenge genau dem Produktpreis dieser Mengeneinheit entspricht ($R' = \bar{p}_v$ = const.; Parallele zur Abszisse). Die Gewinnmaximierungsbedingung (9.1a) erhält dann die Form

(9.1b) $K' = \bar{p}_v$ (Verhaltens-Gleichung).

Die Grenzkosten K' sind die für die Herstellung einer zusätzlichen Produkteinheit erforderliche Geldsumme. Den für eine zusätzliche Einheit des variablen Produktionsfaktors auszugebenden Betrag bezeichnet man als Grenzausgabe ($A' = dA/dv$). Grenzkosten und Grenzausgaben unterscheiden sich durch die Bezugsbasis (O bzw. v). Wenn eine zusätzliche input-Einheit den output gerade um eine Einheit vergrößert, sind Grenzkosten und Grenzausgaben größengleich. Generell gilt:

(9.2a) $K' = \frac{A'}{O'}$ (Definitions-Gleichung).

Bei vollständiger Konkurrenz auf dem Beschaffungsmarkt (Annahme) ist $A' = l_v$, da die Ausgabenänderung bei einer Änderung der nachgefragten Faktormenge dem Preis der Mengeneinheit entspricht ($A' = \bar{l}_v$ = const.; Parallele zur Abszisse). Die Definitionsgleichung (9.2a) erhält dann die spezielle Form

(9.2b) $K' = \frac{\bar{l}_v}{O'}$ (Definitions-Gleichung).

Die **allgemeine Gewinnmaximierungsbedingung** (9.1a) läßt sich unter Berücksichtigung von (9.2a) als simultane Bedingung für Produktangebot (Absatzmarkt) und Faktornachfrage (Beschaffungsmarkt) formulieren:

(9.3a) $A' = O' \cdot R'$ (Verhaltens-Gleichung).

Bei vollständiger Konkurrenz auf den Märkten für den Absatz ($R' = \bar{p}_v$) und die Beschaffung ($K' = \bar{l}_v/O'$) erhält man statt (9.3a) wegen (9.1b) und (9.2b) die **spezielle Gewinnmaximierungsbedingung**

(9.3b) $\bar{l}_v = O' \cdot \bar{p}_v$ (Verhaltens-Gleichung).

Für die Ausdrücke auf der linken und rechten Seite von (9.3) gibt es keine einheitlichen Bezeichnungen. Die vorherrschende Terminologie im angelsächsischen Schrifttum ist folgende: In (9.3a) werden A' als Grenzausgabe (oder Grenzfaktorkosten), $0'$ als (physischer) Grenzertrag (oder physische Grenzproduktivität), R' als Grenzerlös (Nettogrenzwert), das Produkt $0' \cdot R'$ als Nettogrenzertragswert (net marginal revenue product) bezeichnet. In (9.3b) werden $\bar{I}_v$ als Faktorpreis (Faktorkosten oder Durchschnittsfaktorkosten) und das Produkt $0' \cdot \bar{p}_v$ als Grenzertragswert (Durchschnittsnettoprodukt oder Grenzertragsprodukt) bezeichnet. In Übereinstimmung mit den meisten Autoren wird auf jene Termini zurückgegriffen, die vor der Klammer stehen. Die Klammerausdrücke mögen zur Verdeutlichung dienen. Wichtig ist, daß Faktorpreis und Grenzertragswert als Spezialfälle von Grenzausgabe bzw. Nettogrenzertragswert verstanden und physische Erträge mit bewerteten nicht konfundiert werden.

Den Zusammenhang zwischen Grenzertrag und Grenzertragswert sowie den dazugehörenden Durchschnittskurven bei vollständiger Konkurrenz auf den Absatz- und Beschaffungsmärkten veranschaulicht Fig. 9–2.I., die Bestimmung des Gleichgewichts Fig. 9–2.II.

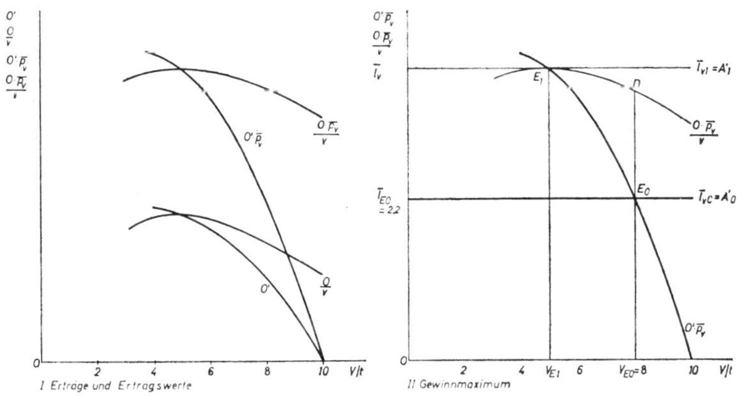

Fig. 9–2: Gewinnmaximierung bei vollständiger Konkurrenz auf den Absatz- und Beschaffungsmärkten

Aus der Multiplikation des Grenzertrags ($0'$) mit dem konstanten Produktpreis ($\bar{p}_v$) – für den im folgenden die Bedingung $\bar{p}_v > 1$ gelten soll – erhält man die Grenzertragswertkurve, aus der Division des Ertrags und Ertragswerts durch die Einsatzmenge des variablen Faktors (v) die Durchschnittsertrags- bzw. Durchschnittsertragswertkurve (Fig. 9–2.I.). Der Unternehmer maximiert bei vollständiger Konkurrenz auf Absatz- und Beschaffungsmärkten seinen Gewinn (9.3b), wenn er die Faktornachfrage bis zu jenem Punkt ausdehnt, bei dem der Faktorpreis ($\bar{I}_{v0} = \bar{I}_{E0}$) dem Grenzertragswert ($0' \cdot \bar{p}_v$) gleich wird ($E_0$ in Fig. 9–2.II.). Links vom Schnittpunkt der Faktorpreis- und Grenzertragswertkurve würden mögliche Gewinne (Differenz $0' \cdot \bar{p}_v - I_{v0}$ ist positiv) nicht realisiert, rechts von ihm Verluste entstehen (Differenz $0' \cdot \bar{p}_v - I_{v0}$ ist negativ). Ein Zahlenbeispiel soll die Zusammenhänge noch einmal illustrieren (Übers. 9–1).

Menge des variablen Faktors (v)	**Grenz-ertrag** (0′)	**Produkt-preis = Grenzerlös** ($\bar{p}_v = R'$)	**Grenzer-tragswert = Netto-grenzertrags-wert** ($0' \cdot \bar{p}_v = 0' \cdot R'$)	**Faktorpreis = Grenz-ausgabe** ($I_v = A'$)
4	2,1	2	4,2	2,2
5	2,0	2	4,0	2,2
6	1,8	2	3,6	2,2
7	1,5	2	3,0	2,2
$v_{E0} = 8$	1,1	2	2,2	$I_{E0} = 2,2$
9	0,6	2	1,2	2,2
10	0	2	0	2,2

Übers. 9–1: Gewinnmaximale Faktornachfrage bei vollständiger Konkurrenz auf Absatz- und Beschaffungsmärkten

Die gewinnmaximale Faktormenge sind 8 Einheiten, weil bei dieser Menge der Grenzertragswert (= Nettogrenzertragswert) und der Faktorpreis (= Grenzausgabe) gleich werden (9.3b). Bei jeder größeren oder kleineren Faktoreinsatzmenge entstehen im Vergleich dazu absolute oder relative Verluste.

Zu einem neuen Gleichgewicht, zu einer **Gleichgewichtsänderung**, und damit zu einer anderen Faktornachfrage kommt man in folgenden Fällen:

- bei Variationen des Grenzertrags und (oder) des Produktpreises (Grenzertragswerts);
- bei Variationen des Faktorpreises.

Änderungen des Grenzertragswerts würden sich bei vollständiger Konkurrenz auf den Absatz- und Beschaffungsmärkten – graphisch gesehen – in anders gelagerten (verschobenen) Grenz- und Durchschnittsertragswertkurven, Änderungen des Faktorpreises in Parallelverschiebungen der I_v-Kurve zeigen. Steigt I_{v0} auf I_{v1} (Fig. 9–2.II.), erhält man die neue Gleichgewichtsmenge v_{E1}. In diesem Fall haben im Gleichgewicht (E_1) Grenz- und Durchschnittsertragswertkurven einen Schnittpunkt. Bestand in E_0 noch ein Überschuß E_0D über den Grenzertragswert, aus dem die fixen Kosten pro Einheit des variablen Faktors zu decken sind – wobei möglicherweise noch ein Rest als Gewinn verbleibt –, ist das in E_1 nicht mehr der Fall. Entstehen fixe Kosten, ist ein Verlust unvermeidbar, da der Erlös aus dem

Einsatz des variablen Faktors vollständig zur Faktorbezahlung verwendet werden muß. Kostentheoretisch gesehen entspricht der Schnittpunkt der Grenz- und Durchschnittsertragswertkurve dem Betriebsminimum.

Marktnachfrage

Kurzfristig würde das Unternehmen zum Preis $\bar{l}_{v0}$ ($\bar{l}_{v1}$) keine Faktormenge nachfragen, die kleiner als v_{E0} (v_{E1}) ist. Langfristig müßten die Gesamteinnahmen auch die fixen Kosten decken, über deren Anteil an den Gesamtkosten die Ausgaben für den variablen Faktor nichts aussagen. Die individuelle kurzfristige Nachfrage nach Produktionsfaktoren bei vollständiger Konkurrenz auf Absatz- und Beschaffungsmärkten ist kurzfristig mithin durch den Verlauf der Grenzertragswertkurve bestimmt. Diese Überlegung gilt für jedes Unternehmen. Aus der **Aggregation der Einzelnachfragekurven** erhält man die Marktnachfrage für den variablen Faktor (Fig. 9–3).

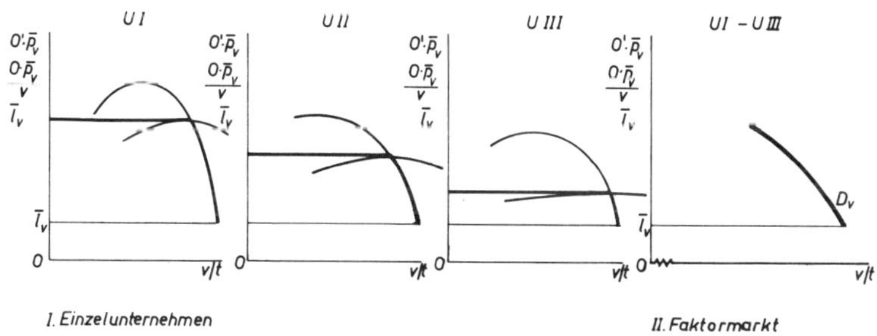

Fig. 9–3: Faktornachfrage der einzelnen Unternehmen und des Marktes

Bei einem gegebenen Faktorpreis $\bar{l}_v$ ist die Grenzertragswertkurve zwischen dem Betriebsminimum und dem Preis $\bar{l}_v$ die kurzfristige Nachfragekurve der einzelnen Unternehmen (UI, UII, UIII); die des Marktes erhält man durch horizontale Addition (Fig. 9–3.II., stilisiert). Die Kurve der Marktnachfrage verläuft flacher als die individuellen Nachfragekurven der Unternehmen.

Die früher schon erwähnten **Probleme einer Aggregation** von einzelwirtschaftlichen Nachfragekurven zu einer Marktnachfrage gelten hier in verstärktem Maße. Im Gegensatz zur Konsumgutpreisbildung, bei der es eine große Zahl von Einzelmärkten gibt, unterscheidet man nur wenige Faktormärkte. Der Ausschluß von Rückwirkungen durch die ceteris paribus-Klausel und die Bedingungen der vollständigen Konkurrenz müssen im Hinblick auf die Wirklichkeit als erhebliche Einschränkung betrachtet werden. Wenn – wie in zahlreichen Volkswirtschaften – die Einkommen des Faktors Arbeit 60–70 % des Gesamteinkommens ausmachen, wirken sich Änderungen der Lohnpreise zwangsläufig auf die Konsumgüternachfrage aus, so daß weder die Annahme konstanter Produktpreise noch die eines stabilen Gleichgewichts auf Faktormärkten als realistisch gelten kann. Die Einwendungen verlieren andererseits in dem Maße an Berechtigung, wie ein einheitlich gedachter Faktormarkt wegen der Faktorheterogenität in Partialmärkte aufgelöst werden muß und damit in seiner gesamtwirtschaftlichen Bedeutung zurückgeht.

III. Faktornachfrage bei Monopol und Monopson

Die bisherige Annahme der vollständigen Konkurrenz wird dahingehend variiert, daß ein Unternehmen am **Absatzmarkt** ein **Monopol** haben, bei der Beschaffung des Produktionsfaktors hingegen in vollständiger Konkurrenz stehen soll. Auf dem Absatzmarkt divergieren Grenzerlös und Produktpreis; auf dem Beschaffungsmarkt sind Grenzausgabe und Faktorpreis gleich. Die Gleichgewichtsbedingung (9.3a) lautet in diesem speziellen Fall:

(9.4) $A' = l_v = O' \cdot R'$ (Verhaltens-Gleichung).

Nunmehr muß zwischen Grenzertragswert und Nettogrenzertragswert genau unterschieden werden. Ein Zahlenbeispiel mag das verdeutlichen (Übers. 9–2).

Menge des variablen Faktors (v)	Grenzertrag (O′)	Grenzerlös (R′)	Nettogrenzertragswert (O′ · R′)	Faktorpreis = Grenzausgabe ($l_v = A'$)
4	2,1	1,62	3,4	2,2
5	2,0	1,42	2,8	2,2
v_E = 6	1,8	1,22	2,2	l_E = 2,2
7	1,5	1,02	1,5	2,2
8	1,1	0,82	0,9	2,2
9	0,6	0,62	0,4	2,2
10	0	0,42	0	2,2

Übers. 9–2: Faktornachfrage des Absatzmarktmonopolisten

Die gewinnmaximale Faktormenge sind 6 Einheiten, bei der der Nettogrenzertragswert und der Faktorpreis (= Grenzausgabe) gleich werden. Die Kurve des Nettogrenzertragswerts (O′ · R′) verläuft, da $p_v > R'$ ist, unterhalb der Grenzertragswertkurve (Fig. 9–4). Im Punkt E befindet sich der Monopolist im Gleichgewicht, die dazugehörige Menge des variablen Faktors beträgt v_E. Das an den Faktor gezahlte Einkommen ist das Produkt aus Faktorpreis (l_E) und -menge (v_E). Der Monopolist zahlt weniger

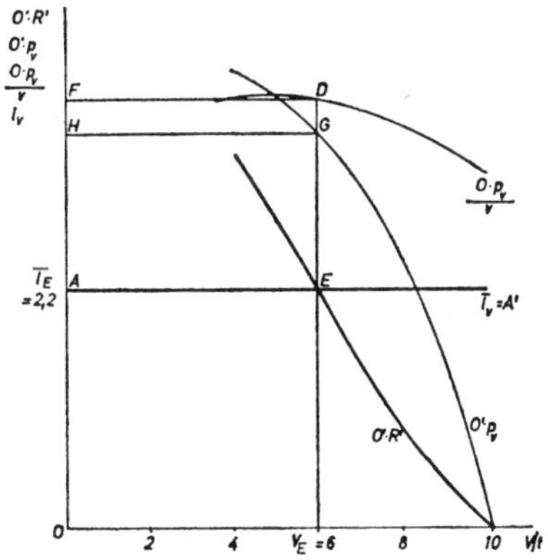

Fig. 9–4: Gewinnmaximum des Absatzmarktmonopolisten

als den Grenzertragswert, um den der Produktionswert der Wirtschaft aufgrund des Faktoreinsatzes wächst. Das Rechteck AEGH wird deswegen gelegentlich als „monopolistische Ausbeutung" interpretiert. Darauf wird später noch eingegangen.

Die Annahmen des letzten Abschnitts sollen umgekehrt werden. Das Unternehmen sei ein **Beschaffungsmarktmonopson**, d. h. einziger Faktornachfrager; auf dem Absatzmarkt befinde es sich in vollständiger Konkurrenz – ein Fall, dem in der Realität keine große Bedeutung zukommt. Wenn auf einem Markt nur ein einziger Nachfrager vorhanden ist, wird er größere Nachfragemengen nur zu höheren Preisen beschaffen können. Die

Menge des variablen Faktors (v)	Grenzertrag (0')	Produktpreis = Grenzerlös ($\bar{p}_v$ = R')	Grenzertragswert = Nettogrenzertragswert (0' · $\bar{p}_v$ = 0' · R')	Grenzausgabe (A')
4	2,1	2	4,2	1,4
5	2,0	2	4,0	1,6
6	1,8	2	3,6	1,8
7	1,5	2	3,0	2,0
v_E = 8	1,1	2	2,2	A'_E – 2,2
9	0,6	2	1,2	2,4
10	0	2	0	2,6

Übers. 9–3: Faktornachfrage des Beschaffungsmarktmonopsonisten

Grenzausgabe liegt dann über dem jeweiligen Faktorpreis. Weil auf dem Markt nur ein Preis bestehen kann, müssen neben der zusätzlichen Einheit auch alle vorhergehenden höher bezahlt werden. Die Maximierungsregel (9.3a) wird in diesem speziellen Fall zu

(9.5) $A' = 0' \cdot R' = 0' \cdot \bar{p}_v$ (Verhaltens-Gleichung).

Wieder sei der Zusammenhang an einem einfachen Zahlenbeispiel erläutert (Übers. 9–3). Die gewinnmaximale Faktormenge sind 8 Einheiten, bei der Grenzertragswert (= Nettogrenzertragswert) und Grenzausgabe gleich werden. Die Grenzausgabe ist größer als der Faktorpreis (Fig. 9–5).

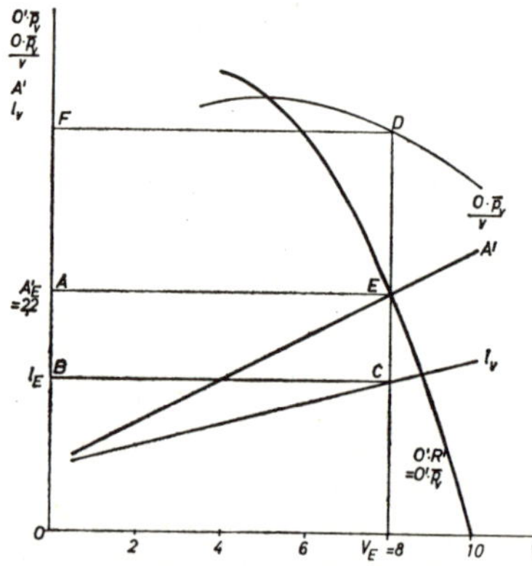

Fig. 9–5: Gewinnmaximum des Beschaffungsmarktmonopsonisten

Menge des variablen Faktors (v)	Grenzertrag (0′)	Grenzerlös (R′)	Nettogrenzertragswert (0′ · R′)	Grenzausgabe (A′)
4	2,1	1,62	3,4	1,8
5	2,0	1,42	2,8	2,0
$v_E = 6$	**1,8**	**1,22**	**2,2**	$A'_E = 2,2$
7	1,5	1,02	1,5	2,4
8	1,1	0,82	0,9	2,6
9	0,6	0,62	0,4	2,8
10	0	0,42	0	3,0

Übers. 9–4: Faktornachfrage des Absatzmarktmonopolisten und Beschaffungsmarktmonopsonisten

Im Punkt E ist die Gleichgewichtsbedingung erfüllt; die dazugehörige Menge beträgt v_E, die Grenzausgabe A'_E. Das an den variablen Faktor gezahlte Einkommen ist das Produkt aus Faktorpreis (l_E) und -menge (v_E). Der Unternehmer zahlt weniger als den Grenzertragswert $O' \cdot \bar{p}_v$ (= Nettogrenzertragswert $O' \cdot R'$), so daß der variable Faktor um den Betrag ABCE monopsonistisch „ausgebeutet" wird.

Beide vorhergehende Darstellungen werden verbunden, wenn man annimmt, ein Unternehmen habe ein **Absatzmarktmonopol** und ein **Beschaffungsmarktmonopson** inne. Es gilt dann die allgemeine Bedingung (9.3a), weil sowohl Grenzertragswert und Nettogrenzertragswert als auch Faktorpreis und Grenzausgabe verschieden sind (Übers. 9–4). Die gewinnmaximale Faktormenge, bei der Nettogrenzertragswert und Grenzausgabe gleich werden, sind 6 Einheiten. Die graphische Darstellung (Fig. 9–6) ist eine Kombination aus den beiden vorhergehenden Figuren.

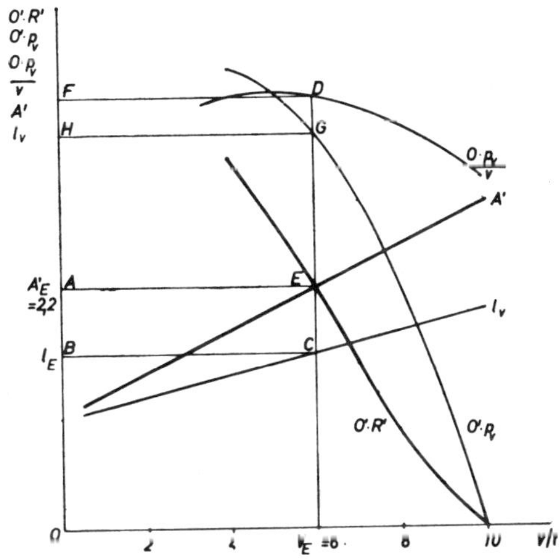

Fig. 9–6: Gewinnmaximum des Absatzmarktmonopolisten und Beschaffungsmarktmonopsonisten

In Punkt E – Schnittpunkt der Nettogrenzertragswert- und Grenzausgabenkurve – ist die Gleichgewichtsbedingung erfüllt; die dazugehörige Faktormenge beträgt v_E, die Grenzausgabe A'_E. Das an den Faktor gezahlte Einkommen ist das Produkt aus Faktorpreis und -menge (Rechteck $0v_ECB$). Der Unternehmer erhält aus dem Verkauf des produzierten Gutes das Produkt aus Durchschnittsertragswert und Faktormenge (Rechteck $0v_EDF$). Der „Ausbeutungsbetrag" ist BCGH, er geht auf die Monopol- (AEGH) und Monopsonstellung (BCEA) zurück.

Die in diesem Kapitel diskutierten **Gleichgewichtsbedingungen** seien in einer **Übersicht** zusammengefaßt (Übers. 9–5).

Marktstellung: Beschaffungsmarkt	Marktstellung: Absatzmarkt	Beschaffungsmarkt (Faktornachfrage): Faktorpreis		Beschaffungsmarkt (Faktornachfrage): Grenzausgabe		Absatzmarkt (Produktangebot): Nettogrenzertragswert		Absatzmarkt (Produktangebot): Grenzertragswert	Gleichung
		Allgemeine Bedingung							
		l_v	$<$	A'	$=$	$O' \cdot R'$	$<$	$O' \cdot p_v$	(9.3a)
		Spezielle Bedingungen							
Vollständige Konkurrenz	Vollständige Konkurrenz	$\bar{l}_v$	$=$	A'	$=$	$O' \cdot R'$	$=$	$O' \cdot \bar{p}_v$	(9.3b)
Vollständige Konkurrenz	Monopol	$\bar{l}_v$	$=$	A'	$=$	$O' \cdot R'$	$<$	$O' \cdot p_v$	(9.4)
Monopson	Vollständige Konkurrenz	l_v	$<$	A'	$=$	$O' \cdot R'$	$=$	$O' \cdot \bar{p}_v$	(9.5)
Monopson	Monopol	l_v	$<$	A'	$=$	$O' \cdot R'$	$<$	$O' \cdot p_v$	(9.3a)

Übers. 9–5: Übersicht der Gleichgewichtsbedingungen

Bibliographische Hinweise

1. Zu den Grundlagen der Faktorpreisbildung sei vor allem auf zwei klassische Werke aufmerksam gemacht: A. C. PIGOU, The Economics of Welfare, a. a. O., Part III, Chap. 9 und Part IV, Chap. 5. J. B. CLARK, The Distribution of Wealth, New York 1923, Chap. 19. Die im deutschen Schrifttum so gut wie gar nicht, auch im angelsächsischen nicht häufig behandelten Zusammenhänge zwischen Verteilung und Allokation erörtert: R. H. LEFTWICH, The Price System . . ., a. a. O., Chap. 15 und 16. Zur makroökonomischen Verteilungstheorie wird empfohlen: N. KALDOR, Alternative Theories of Distribution, Review of Economic Studios, Bd. 23 (1955/56), 83–100. E. SCHEELE, Theorie der Einkommensverteilung, in: Kompendium der Volkswirtschaftslehre, Bd. I, a. a. O.

2. Aus dem Schrifttum zu den Hypothesensystemen (Modellen) seien genannt: W. KRELLE, Verteilungstheorie, Wiesbaden 1962. Knapp, sehr zu empfehlen: K. ROSE, Theorie der Einkommensverteilung, Wiesbaden o. J. E. PREISER, Bildung und Verteilung des Volkseinkommens, 3. A., Göttingen 1963. E. HEUSS, Die Verbindung von mikroökonomischer und makroökonomischer Verteilungstheorie, Tübingen 1965. Aus der angelsächsischen Literatur wäre über die bereits zitierten Lehrbücher hinaus der Zeitschriftensammelband: Readings in the Theory of Income Distribution, London 1950, zu nennen.

10. Angebot: Verkaufsplan des Haushalts

I. Arbeitsangebot

Partielles Angebot

Die **Angebotsmenge an Arbeitsleistungen** in einer Volkswirtschaft hängt von der Zahl der Arbeiter und der Arbeitszeit ab, die Zahl der Arbeiter wiederum von der Bevölkerungsentwicklung und der Erwerbsdauer (Spanne zwischen Berufsbeginn und -austritt). Als Arbeiter wird in der Theorie jeder Anbieter von Arbeitsleistungen bezeichnet, unabhängig von seiner arbeitsrechtlichen Stellung (Arbeiter, Angestellter oder Beamter). Ein Eckpfeiler der klassischen Theorie war die im folgenden dargestellte Erklärung der Arbeiterzahl aus der Lohnentwicklung. Die Kritik an dieser Hypothese hat zu einer Ausklammerung der Bevölkerungslehre aus der Volkswirtschaftslehre geführt. Die meisten der heutigen Autoren gehen von einem gegebenen Bevölkerungsstand aus und untersuchen zwei Fragen: Wieviel Arbeitszeit wird angeboten? Welche Art von Arbeit wird offeriert?

Bei der ersten Frage beschränkt man sich meist auf die kurzfristige Analyse der Aufteilung von Arbeits- und Freizeit. Man nimmt an, die Entscheidung darüber werde vom einzelnen Haushalt als Anbieter von Arbeitskraft getroffen – gewiß eine erhebliche Vereinfachung der in der Realität herrschenden Verhältnisse. Der Haushalt bietet Arbeit an, um Einkommen zu erzielen. Somit ist der Verkauf von Arbeitsleistungen ein wesentlicher Teil des Einkommensplanes. Eine Zusammenfassung der Haushaltsangebote erscheint nur sinnvoll, soweit es sich um homogene Arbeitsleistungen (Arbeitsarten) handelt. Das individuelle Angebot und das für eine Arbeitsart (homogenes Angebot) werden als partielles Angebot bezeichnet. Dagegen stand im Mittelpunkt der klassischen Erklärungsversuche das totale Arbeitsangebot einer Volkswirtschaft. Da die klassische Problematik einer „Überbevölkerung“ in vielen Entwicklungsländern neue Aktualität erhalten hat, verstärkt sich wieder das wirtschaftswissenschaftliche Interesse an der Bevölkerungsentwicklung. Einige Aspekte des totalen Angebots werden nach der Analyse des kurzfristigen Partialangebots erörtert.

Die zweite Frage nach dem Arbeitsartenangebot wirft folgendes Problem auf: Hat sich ein Anbieter von Arbeitsleistungen für eine bestimmte Tätigkeit an einem Arbeitsplatz entschieden, ist er für eine gewisse Zeit an diese Entscheidung gebunden. Unter kurzfristigem Aspekt ist Arbeitsart und -ort ein Datum. Doch bestimmte Umstände können den Anbieter veranlassen, eine andere Wahl zu treffen. Es geht dabei offensichtlich um Fragen der Verteilung, der Allokation von Arbeitskräften auf verschiedene Tätigkeiten. Dieses Problem ist mittel- und langfristiger Natur, was mit dem Begriff „Angebotsstruktur" zum Ausdruck gebracht werden soll.

Für die kurzfristige Analyse des individuellen Angebots sei angenommen, daß für den Anbieter die Bedingungen der vollständigen Konkurrenz gelten. Der Marktpreis für Arbeit, der Lohn (auch Lohnsatz), ist dann für ihn ein Datum. Zweitens wird unterstellt, der einzelne könne die Arbeitsdauer frei wählen. Obwohl beide Annahmen häufig nicht erfüllt sind, helfen sie – wie sich zeigen wird – einige elementare Einsichten zu vermitteln. Darüber hinaus werden sie später aufgelöst.

Der Haushalt als Anbieter von Arbeitsleistungen kann eine fest vorgegebene Gesamtzeit pro Periode auf **Arbeits- und Freizeit** verteilen. Arbeit und Muße sind konkurrierende, substitutive „Güter". Man kann mit einer zusätzlichen Stunde Arbeit sein Einkommen vielleicht um 5 DM erhöhen oder statt dessen an einer Demonstration teilnehmen. Die opportunity cost für eine Stunde Demonstration wären 5 DM. Analytisch gesehen handelt es sich bei der Alternative „Arbeit – Freizeit" um eine ökonomische Entscheidung darüber, ob ein Anbieter sein monetäres Einkommen erhöhen will oder nicht. Freizeit bedeutet Verzicht auf Markteinkommen. Die Arbeitskraft ist – wie andere Produktionsfaktoren – ein Gut, bei dem Fremd- und Eigenverwendung in Konkurrenz stehen. Physisch und psychisch kann die Beschäftigung während der Freizeit anstrengender als Arbeit sein, worauf die Erfahrungstatsache, daß die Berufstätigen montags oft ziemlich erschöpft und ihre Leistungen entsprechend gering sind, hindeutet.

Die Beziehungen zwischen substitutiven Gütern können mit der bekannten Indifferenzkurven-Technik leicht veranschaulicht werden. Nimmt man einmal an, pro Tag würden 12 Stunden für Schlafen, Essen und dergleichen

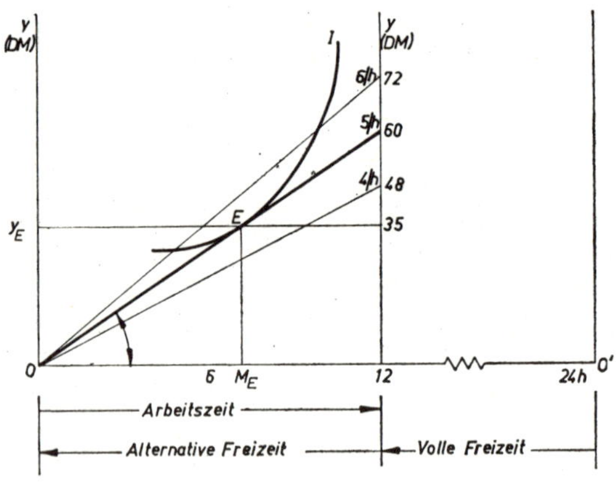

Fig. 10–1: Individuelles Einkommens-Freizeit-Gleichgewicht

benötigt, stellen die verbleibenden 12 Stunden mögliche Arbeitszeit dar. Bei einem Lohnsatz w (w = wage) von beispielsweise 5 DM pro Stunde, der sich unter der Annahme vollständiger Konkurrenz durch unterschiedliche Angebotsmengen eines einzelnen Anbieters nicht ändern soll, bestehen folgende Zusammenhänge (Fig. 10–1): Bei einer Arbeitszeit oder -menge (v = h) von 12 Stunden beläuft sich das individuelle Einkommen (y) auf 60 DM. Würde der Lohnsatz 4 (6) DM pro Stunde betragen, wäre das Einkommen 48 (72) DM. Es gelte

(10.1) $y = w \cdot v$ (Definitions-Gleichung),

wobei w das Steigungsmaß der Geraden aus dem Nullpunkt ist. In Analogie zur Budgetlinie könnte (10.1) als Lohneinkommens-Linie des Haushalts bezeichnet werden. Das Haushaltseinkommen stammt dann ausschließlich aus Arbeit. Wenn der Haushalt zwischen Arbeits- und Freizeit wählen kann, wird es eine Reihe von Einkommens-Freizeit-Kombinationen geben, die ihm gleiche Befriedigung verschaffen. Diese indifferenten Kombinationen sind durch die Kurve I dargestellt. Ihre Steigung ist gleich der Grenzrate der Substitution von Einkommen und Freizeit. Ein Anbieter wird sich für jene Kombination entscheiden, die er bei einer gegebenen Einkommensgeraden gerade noch erreichen kann. Der Punkt, in dem die Gerade $y = 5 \cdot v$ zur Tangente an I wird (E), ist der günstigste. Bei gegebenem Lohn und gegebener Präferenzstruktur ist in E die erwünschte Arbeitszeit $0M_E$ optimal. Es existiert ein Gleichgewicht, das bei einem gegebenen Lohn vom Haushalt als Arbeitskraftanbieter kurzfristig nicht verlassen wird.

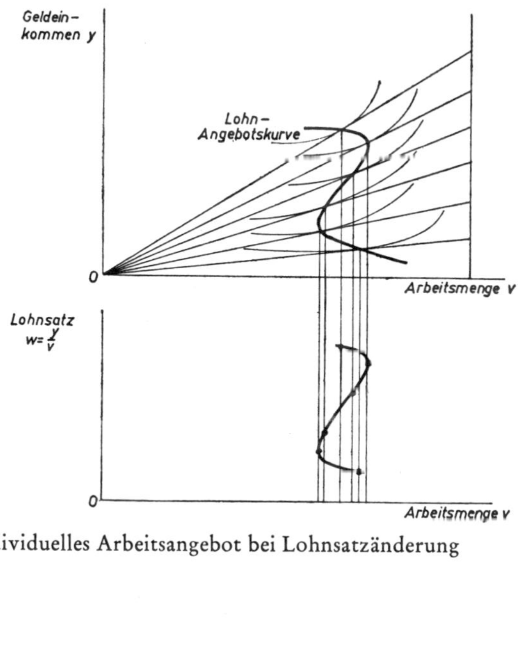

Fig. 10–2: Individuelles Arbeitsangebot bei Lohnsatzänderung

Es wird nun gefragt, wie der Anbieter unter der Annahme, daß sich seine Vorstellungen über die gewünschten Verhältnisse von Einkommen und Freizeit nicht ändern, auf eine **Lohnsatzänderung** reagiert. Die Lohnsatzänderung führt zur Drehung der Einkommensgeraden in 0 (Fig. 10–2). Die Verbindungslinie der Gleichgewichtspunkte bezeichnet man als Lohn-Angebotskurve. Wird der Lohnsatz w = y/v auf der Ordinate abgetragen, läßt sich die angebotene Arbeitszeit als Funktion des Lohnes direkt ableiten (untere Figur). Ob das hier angenommene Verhalten als typisch für individuelle Anbieter anzusehen ist, kann sich nur im Testverfahren zeigen. Manches spricht für eine anomale Reaktion bei niedrigen Lohnsätzen. Trotz steigender Lohnsätze würde die Angebotsmenge kleiner werden, weil der Anbieter bei niedrigen Löhnen unter Umständen bis an die Grenze seiner körperlichen Leistungsfähigkeit arbeiten muß, um elementare Bedürfnisse befriedigen zu können. In diesem Fall stehen Eigen- und Fremdverwendung nach Arbeitskraft in scharfer Konkurrenz. Eine Wirkung steigender Löhne kann die Verkürzung der Arbeitszeit sein. Ein Teil des steigenden Lohnsatzes dient zur Erhöhung des Einkommens (Einkommenseffekt), ein anderer Teil zur Reduzierung der Arbeitszeit (Substitutionseffekt). Diese Wirkungen sind aus der Haushaltsanalyse bekannt. Empirisch unsicher sind die Umschlagspunkte der Lohn-Angebotskurve. Bei höheren Löhnen kann das Angebot steigen und bei sehr hohen Löhnen vielleicht wieder fallen. Doch lassen sich auch andere plausible Verhaltenshypothesen finden; nur empirische Beobachtungen können weiterhelfen.

Für die Konstruktion der **Angebotskurve des Marktes** ist folgendes zu beachten: Aggregiert werden nur individuelle Kurven gleicher (homogener) Arbeitsqualität (Arbeitsart), weil es keinen Sinn hätte, z. B. das Arbeitsangebot eines Fernlastfahrers und das eines Kupferstechers zusammenzufassen. Aber selbst bei Beachtung dieser Regel ist angesichts des unbestimmten Verlaufs individueller Lohn-Angebotskurven das Aggregationsergebnis offen. Auf einem Arbeitsmarkt kann im gesamten empirisch relevanten Bereich eine normale Reaktion auftreten, auch wenn individuelle Angebote in bestimmten Grenzen anomal verlaufen sollten (Fig. 10–3).

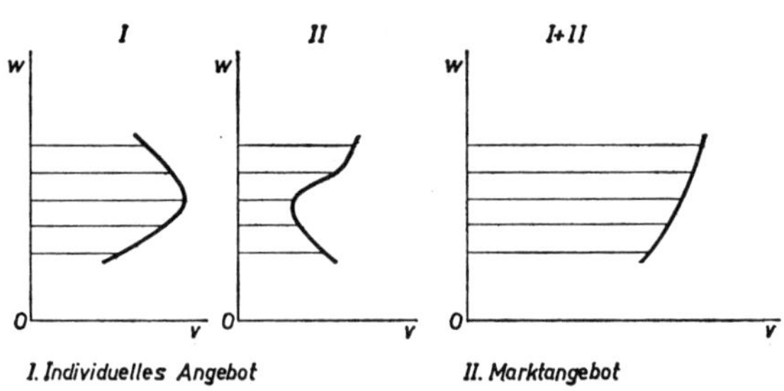

Fig. 10–3: Aggregation des individuellen Arbeitsangebots

Langfristige Änderungen des Arbeitsangebots (Arbeitsplatzwechsel) wurden in der Analyse ausgeschlossen. Bedenkt man, daß es stets – auch bei Vollbeschäftigung – Arbeitskraftreserven gibt (Frauen, Schüler und Studenten, Pensionäre), die kurzfristig als Anbieter auftreten können, erscheint die Hypothese plausibel, nach der das kurzfristige Marktangebot einen anderen Verlauf als das individuelle Angebot zeigt. Allerdings sind anomale Marktangebote nicht auszuschließen.

Totales Angebot

Es ist schon immer, früher stärker als heute, die Frage nach den Bestimmungsgründen des Bevölkerungswachstums untersucht worden. Hierbei geht es um gesamtwirtschaftliche Größen, die für die Partialbetrachtung ein Datum bilden. Das Bevölkerungswachstum einer Zeitperiode ist definiert durch den Überschuß der Geburten- über die Sterberate und der Differenz zwischen den Raten der Ein- und Auswanderung. Im Vordergrund stand traditionell die Überlegung, ob ein hoher (niedriger) Lohn das **Bevölkerungswachstum** anrege (dämpfe). THOMAS ROBERT MALTHUS (1766–1834) argumentierte, der Bevölkerungsanstieg habe eine so starke Erhöhung der Nachfrage nach Konsumgütern über das nicht nennenswert ausdehnbare Angebot zur Folge, daß durch die daraus erwachsende Preissteigerung die Reallöhne auf das Existenzminimum und zeitweilig sogar darunter zurückgingen. Es gebe nur einen begrenzten Vorrat an Gütern, der auf eine ständig steigende Zahl von Menschen aufgeteilt werden müsse. Die „Natur befehle“ den zuviel Geborenen, „sich wieder zu entfernen“ und zögere nicht, ihren Befehlen durch eine hohe Sterberate Nachdruck zu verleihen. In der striktesten Form läuft die Hypothese von MALTHUS auf eine Kostentheorie hinaus, in der die „Ausbringung“ zu einem konstanten Reallohnsatz erfolgt, bei dem gerade noch die Aufrechterhaltung der physischen Existenz der Arbeiter und ihrer Familien möglich ist.

Die Ansichten von MALTHUS stießen von Anfang an auf lebhaften Widerspruch. Es ist bemerkenswert, daß ein so einflußreicher Nationalökonom wie MARSHALL sie insoweit unterstützte, als nach seiner Ansicht steigende Löhne zwar keine eindeutige Wirkung auf die Geburtenrate hätten, jedoch die Sterberate verringerten und von einem Anstieg des Arbeitsangebots begleitet seien. Die Kritiker von MALTHUS und MARSHALL stützten sich weit weniger auf empirisches Material als diese beiden Autoren und verließen sich allzusehr auf die Plausibilität ihrer Einwände. Diese Tatsache ist ein lehrreiches Beispiel dafür, daß bestimmte Probleme nicht durch Spekulation, sondern nur empirisch-wissenschaftlich zu lösen sind. Im Testkapitel dieses Teils wird die Frage des Bevölkerungswachstums noch einmal aufgegriffen.

Enger als die eben erörterte Beziehung dürfte die zwischen Lohnhöhe und **Erwerbsbevölkerung** sein. Unter letzterer versteht man den im Arbeitsleben stehenden Bevölkerungsteil, der die Selbständigen einschließt.

Schon kurzfristig werden Arbeitskräfte auf Lohnänderungen reagieren. In sehr langer Sicht scheint vor allem eine Korrelation zwischen Lohnhöhe und Erwerbsdauer (Zeit zwischen Eintritt in den und Ausscheiden aus dem Erwerb) zu bestehen. Mit den bisher ständig angestiegenen Löhnen hat sich im Durchschnitt nicht nur die kurzfristige Arbeitszeit, sondern auch die Erwerbsdauer verringert, weil bei steigendem Eintrittsalter das Austrittsalter gesunken ist. Diese Entwicklung tritt in hochindustrialisierten Ländern besonders deutlich zutage. Da in zahlreichen Ländern die Bevölkerung steigt, Arbeitszeit und Erwerbsdauer jedoch sinken, ist das Gesamtergebnis, die Entwicklung des mengenmäßigen Arbeitsangebots einer Volkswirtschaft, grundsätzlich offen. Es gibt Länder mit steigendem und solche mit fallendem Arbeitsmengenangebot. In der Bundesrepublik ist in den frühen fünfziger Jahren durch einen positiven Wanderungssaldo (Flüchtlingsstrom) und den Übergang zur Vollbeschäftigung das Angebot sprunghaft gestiegen. In den letzten Jahren sind gegenläufige Tendenzen erkennbar geworden; das Mengenangebot beginnt trotz des Zugangs an ausländischen Arbeitskräften zu fallen, zunächst für die Männer, später vermutlich auch für die Frauen.

Seit einigen Jahren beschäftigt man sich zunehmend mit der **Arbeitsqualität**. Hier geht es ebenfalls um sehr langfristige Probleme. Der Arbeitsqualität wird deswegen eine wachsende Bedeutung zugemessen, weil in einigen Ländern das gesamte Arbeitsangebot mengenmäßig fällt und die technische Entwicklung in verschiedenen Tätigkeitsbereichen zu wachsenden Anforderungen an die Arbeiter führt. Ausgangspunkt der Analyse ist die Hypothese, daß sich durch bessere Ausbildung die Arbeitsqualität steigern lasse. Die privaten und sozialen Kosten der Ausbildung werden als Investitionen in den Menschen (human investment) bezeichnet, weil für ihre ökonomischen Aspekte weithin nichts anderes gilt als für Kapitalinvestitionen. Bei Sachgütern gibt es Investitionen, die einen quantifizierbaren Ertrag abwerfen (z. B. beim Bau einer Produktionsanlage) und solche, bei denen keine direkten Erträge in monetärer oder sonstwie meßbarer Form anfallen (z. B. beim Bau einer Grünanlage).

Diese Unterscheidung kann auch bei Bildungsinvestitionen getroffen werden. Ein erster Problemkomplex hat seine Ursache darin, daß bei ein und derselben Bildungsinvestition meßbare und unmeßbare Erträge typischerweise zugleich anfallen, wobei der meßbare Teil dem Individuum in Form höherer Einkommen zugute kommt, der unmeßbare als gesamtwirtschaftlicher Vorteil in Erscheinung tritt. Da die Bildungsinvestitionen zum überwiegenden Teil von der Gesamtheit (öffentliches Schul- und Hochschulsystem) finanziert werden, ist das Ergebnis eine Einkommensumverteilung. Die Leistungsempfänger werden in der Regel überhaupt nicht oder nicht entsprechend der empfangenen Leistung belastet. Eine von der Bevölkerung über öffentliche Haushalte finanzierte Ausbildung ist deshalb ein Subventionssystem, bei dem unter Umständen relativ arme Leute zur Leistung für reiche herangezogen werden. Die Frage nach der Verteilungswirkung gewinnt angesichts schnell steigender öffentlicher Bildungsausgaben wachsende Bedeutung.

Eine zweite Frage ist, wie lange es dauert, bis von human investments ökonomische Wirkungen ausgehen (Ausreifungszeit). Erste Untersuchungen, in denen noch weitgehend mit Schätzgrößen gearbeitet wurde, lassen erkennen, daß die Ausreifungszeit wahrscheinlich ziemlich lang ist. Obwohl größere Klarheit erst von weiteren empirischen Untersuchungen erwartet werden kann, dürfte im Hinblick auf die Länge der Ausreifungszeit und die Verteilungswirkungen eine gewisse Skepsis gegenüber Ansichten am Platze sein, nach denen von Bildungsinvestitionen eine schnelle Lösung zahlreicher Probleme, wie die Kompensation der zurückgehenden Arbeitsmenge durch Verbesserung der Arbeitsqualität, zu erwarten ist. Andererseits gibt es gerade bei Bildungsinvestitionen eine Reihe gesellschaftspolitischer Aspekte, die für den Entscheidungsträger stärkeres Gewicht besitzen können als die ökonomischen Wirkungen.

Lohnstruktur

Die Wahl zwischen verschiedenen Beschäftigungsmöglichkeiten stellt ein langfristiges Problem für den Anbieter von Arbeitsleistungen dar. Die Problematik ähnelt der, die ein Unternehmer mit der Wahl der Betriebsgröße zu lösen hat. Zentrales Thema der Lohnstrukturanalyse ist die Frage, warum sich in der Wirklichkeit **Lohndifferenzen** erhalten. Um diese Fragestellung zu erhellen, soll – im Widerspruch zur Realität – angenommen werden, daß für alle Arbeiten in einer Volkswirtschaft ein einziger Lohnsatz existiert. Das kann man sich nur vorstellen, wenn eine Serie von Bedingungen gegeben ist, von denen die wichtigsten genannt seien:

- alle Beschäftigungen, Industrien und Arbeitgeber haben für den Arbeiter gleiche Attraktivität,
- die Arbeitskräfte sind unbegrenzt beweglich (vollständige Mobilität),
- die Kosten der Mobilität sind Null,
- die Arbeitsleistungen sind homogen,
- auf dem Arbeitsmarkt besteht vollständige Konkurrenz und
- alle zum bestehenden Lohnsatz Arbeitswilligen finden Arbeit (Vollbeschäftigung).

Es läßt sich zeigen: Immer dann, wenn auch nur eine dieser Bedingungen nicht gegeben ist, können langfristig Lohndifferenzen auftreten. Da in der Realität niemals alle Bedingungen zugleich vorliegen, sind Lohndifferenzen ein ständig konstatierbares Faktum. Die tatsächlichen Lohndifferenzen schließen Tendenzen, die auf eine Lohnnivellierung hinwirken, nicht aus. Wovon wird die Stärke solcher Tendenzen bestimmt? Zur Beantwortung der Frage scheint es zweckmäßig, auf einige Implikationen des einheitlichen Lohnsatzes einzugehen.

Die Attraktivität der zur Wahl stehenden Beschäftigungen hängt von **monetären und nichtmonetären Einflußfaktoren** ab. Die monetäre Größe, der Lohn, ist nur ein Kriterium für die Entscheidung, ob eine bestimmte Tätigkeit aufgenommen, fortgesetzt oder aufgegeben wird. Für langfristige Erwägungen kann das auf Dauer erzielbare oder das sogenannte Lebenszeit-Einkommen wichtiger sein als das kurzfristig erzielbare. Ein Beamter wird vielleicht die Sicherheit des Einkommens und der Versorgung im Alter (Pension) so hoch einschätzen, daß er ein Angebot in der Privatwirtschaft mit besseren Bezügen ausschlägt. Andererseits kann eine stimmbegabte Sekretärin, die ihr Glück als Schlagersängerin versucht, im Showgeschäft erheblich mehr verdienen als der Präsident der Bundesbank; nur weiß sie, hundert andere nicht weniger begabte Schlagersängerinnen finden kaum ein Engagement oder können sich in ihrem Gewerbe nur wenige Jahre behaupten. Das zweite Entscheidungskriterium sind nichtmonetäre Vor- und Nachteile. Auf diesen Punkt hat schon ADAM SMITH aufmerksam gemacht. Wenig angesehene, gefährliche, schmutzige oder besonders lästige Tätigkeiten (wie Nacht- oder Untertagearbeit) muß ein Unternehmer höher bezahlen, um überhaupt jemanden zu finden. Umgekehrt sind viele bereit, zu einem geringen oder gar ohne Entgelt Arbeiten auszuführen, die als ehrenvoll oder angenehm gelten. Hochschullehrer arbeiten oft für einen Teil des Lohnes, den sie bei anderer Tätigkeit verdienen könnten, nur weil die Unabhängigkeit und Ungestörtheit der wissenschaftlichen und pädagogischen Arbeit die Nachteile eines geringeren Einkommens aufwiegen. Gehen solche nichtmonetären Vorteile auch nur teilweise verloren, muß langfristig entweder ein höheres Entgelt gezahlt oder Abwanderung und Arbeitsqualitätsverschlechterung in Kauf genommen werden. Monetäre Einkommen und nichtmonetäre Vor- und Nachteile sind eine bessere Richtgröße für die langfristige Entscheidung als der Lohn. Die Zusammenfassung monetärer und nichtmonetärer Einflußfaktoren bezeichnet man als Nettovorteil (oder -ertrag). Die übliche Hypothese für das langfristige Angebot von Arbeit lautet: Der Anbieter von Arbeitsleistungen strebt ein Maximum des Nettovorteils an. Nach ihr brauchen steigende Löhne in anderen Bereichen nicht zu einem Arbeitsplatzwechsel zu führen, wenn sie nichtmonetäre Nachteile ausgleichen.

Die nichtmonetären Vor- und Nachteile sind ein wichtiger Grund für die Beobachtung, daß die **Mobilität** mit Lohnänderungen nur wenig oder gar nicht korreliert. Aus dieser Beobachtung den Schluß zu ziehen, der Wettbewerb funktioniere auf Faktormärkten nicht, ist unzulässig. Man unterscheidet meist nach räumlicher und beruflicher Mobilität. Da die Mobilität ein wichtiges Kriterium für die Anpassungsfähigkeit der Wirtschaft an Veränderungen bildet, die von der Angebots- und Nachfrageseite eines Marktes ausgehen, kommt ihrer Analyse große praktische Bedeutung zu. Diese Feststellung gilt für alle Produktionsfaktoren, für die Arbeitskraft jedoch in besonderer Weise. Für den Faktor Boden, der räumlich festliegt, mag dies überraschen. Bei wirtschaftlicher Betrachtungsweise kommt es jedoch allein auf mögliche alternative Verwendungen an. Boden kann trotz seiner geographischen Unbeweglichkeit ökonomisch beweglicher sein als Kapital (Produktionsanlagen) oder Arbeit. Ein Stück Boden, das erst landwirtschaftlich genutzt und dann mit einem Kino bebaut wurde, nach dessen Konkurs ein Discounter einzog, ist mobil im Vergleich zu Bergarbeitern, die das Ruhrgebiet nicht verlassen wollen. Weil im Produktionsprozeß alle drei Faktoren benötigt werden, wird die Anpassungsfähigkeit der Produktion von jenem Faktor determiniert, der am wenigsten ökonomisch beweglich ist. Für die Mobilität gibt es eine Reihe von Hypothesen:

- Die Mobilität am Arbeitsort ist größer als zwischen verschiedenen Orten. Da es dabei vor allem auf die Entfernungen ankommt, läßt sich sagen, daß die Mobilität mit wachsenden Entfernungen abnimmt.
- Die nationale Mobilität ist größer als die internationale. Letztere ist um so kleiner, je größer ein Land ist.
- Die Mobilität in einem Sprachraum ist größer als zwischen verschiedenen Sprachräumen.
- Die Mobilität zwischen eng verwandten Berufen ist größer als die zwischen grundverschiedenen.

In diesen Hypothesen kommt eine langfristige Verhaltensweise der Arbeiter zum Ausdruck, die nicht nur von subjektiv bedingten nichtmonetären Vor- und Nachteilen und dem Lohn (Nettovorteilshypothese) bestimmt wird, sondern auch von Unterschieden in der menschlichen Begabung und dem Fleiß, in der Trägheit, Ort oder Beruf zu wechseln, und von den Kosten der Mobilität. Lohndifferenzen können dann durch die Nettovorteilshypothese nicht hinreichend erklärt werden. Ein solcher Versuch würde mitunter zu absurden Ergebnissen führen. Die Arbeit eines hervorragenden Chirurgen, der vielleicht tausendmal soviel verdient wie ein Straßenfeger, müßte so unangenehm sein, daß sie alle menschlichen Vorstellungen übersteigt. Der einfache Grund für solche Lohndifferenzen kann in der schlichten Tatsache liegen, daß exzellente Chirurgen äußerst knapp sind und durch noch so viel Fleiß nicht vermehrt werden können.

Unterschiede in der Entlohnung sind schon deswegen wahrscheinlich, weil die Annahme der vollständigen Konkurrenz, von der die kurzfristige Betrachtungsweise ausgeht, unrealistisch ist. In fast allen Ländern ist das Angebot an Arbeitskraft mehr oder weniger beschränkt, kontrolliert oder organisiert. Ein Taxifahrer mag – bezogen auf die Fahr- und nicht auf die Wartezeiten – im Vergleich zu einem anderen Kraftfahrer einen hohen Lohn erhalten, nur weil der Marktzugang beschränkt ist. Auf die Höhe des Lohnes wird insbesondere durch Arbeitsmarktorganisationen Einfluß zu nehmen versucht. Beim Arbeitsangebot sind Gewerkschaften die wichtigste Organisationsform. Es sei für die Analyse der Lohnstruktur nur die Frage gestreift, welche Zusammenhänge zwischen **Angebotsorganisation und Mobilität** bestehen.

Einflüsse des organisierten Arbeitsangebots auf die Mobilität sind besonders deutlich, wenn Gewerkschaften Umstellungsprozesse in der Produktion (wegen der Einführung technischer Fortschritte, der Veränderung der Kapazität oder des Produktionsprogramms) dem Grunde oder Tempo nach bekämpfen, vielleicht aus der Befürchtung, sie könnten durch berufliche Mobilität der Arbeiter Mitglieder verlieren. Sie versuchen mitunter, staatliche Instanzen zu Schutzmaßnahmen zu drängen, wobei sie mit den von der Umstellung betroffenen Unternehmern nicht selten an einem Strang ziehen. Beispiele dafür gibt es in der Landwirtschaft, im Steinkohlenbergbau und im Eisenbahnverkehr. Wo – wie in einigen Fällen in den USA – der Staat einem solchen Drängen nicht nachgibt, kann die Gewerkschaftsstrategie auf Vereinbarungen mit den Unternehmern gerichtet sein, nach denen freigesetzte Arbeiter für eine gewisse Zeit auch dann weiter zu beschäftigen sind, wenn keine Arbeit für sie vorhanden ist. Die Arbeit wird dann nur „symbolisch" ausgeführt (Lokheizer fährt auf Elektrolok mit; Sinfonieorchester ist anwesend bei Tonbandsendungen). Da der wissenschaftliche Ökonom nicht bewertet, sondern feststellt, werden die Wirkungen gewerkschaftlicher Aktivität auf die Mobilität politisch und ökonomisch oft verschieden beurteilt. Vom ökonomischen Standpunkt ist unbestreitbar, daß durch die Gewerkschaften die Mobilität der Arbeit eingeschränkt werden kann und vielfach eingeschränkt worden ist. Ebenso wie bei anderen Mobilitätshemmungen wird damit die Umstellung in der Produktion und letztlich das Wachstum beeinflußt. Einige Nationalökonomen nehmen für die Vereinigten Staaten an, die Mobilitätshemmung durch Gewerkschaften reduziere die Produktion so erkennbar, daß die auszahlbaren Löhne (Lohnsumme) niedriger seien als sie es ohne Gewerkschaften sein könnten – ein empirisch zwar nicht beweisbarer, aber möglicher Zusammenhang.

II. Kapitalangebot

Individuelles Angebot

Nur wenige volkswirtschaftliche Termini werden in so unterschiedlicher Bedeutung gebraucht wie der Ausdruck Kapital. Es ist wichtig, auf die jeweilige Begriffsabgrenzung zu achten. In diesem Buch wird unter Kapital einmal ein Produktionsfaktor verstanden, also ein Gut, das bei der Herstellung von anderen Gütern Verwendung findet und nicht dem Konsum zur Verfügung steht (Realkapital). Konkret besteht Realkapital in Produktionsanlagen, Werkzeugen, Maschinen, Rohstoffen, Halbfabrikaten, Konsumgütern während ihrer Reifungszeit (Whisky auf Fässern), Verkehrswegen usw. Man verwendet deshalb auch vielfach den Ausdruck Kapitalgüter, um den Gutscharakter des Realkapitals deutlicher zum Ausdruck zu bringen. Das Angebot von Realkapital erfolgt durch die Produzenten der Kapitalgüter. Nachgefragt wird es von denjenigen, die beabsichtigen, es zur Produktion heranzuziehen. Um aber Nachfrage entfalten zu können, müssen die Produzenten über Geld (Kaufkraft) verfügen. Die zum Zweck der Kapitalgüterbeschaffung bereitstehende Kaufkraft in Geldform wird als Geldkapital bezeichnet. Dieses Geldkapital stammt zum Teil aus nicht konsumierten Einkommen der Haushalte. Nicht konsumierte Einkommensteile nennt man (freiwilliges oder beabsichtigtes) **Sparen**. Alle Geldbeträge, die in einer Periode zum Ankauf von Kapitalgütern verwendet werden, sind (freiwillige oder beabsichtigte) Investitionen; die „Umwandlung" von Geldkapital in Realkapital heißt **Investieren**. Anbieter von Geldkapital sind die sparenden Haushalte sowie alle Institutionen einer Volkswirtschaft, die Kredite schöpfen können. Nachfrager sind die investitionswilligen Produzenten.

Der Leser achte genau auf die Formulierung: 1. Sparen und Investieren werden als geplante (ex ante), nicht als tatsächliche (ex post) Größen definiert; sie können also verschieden sein. 2. Die Definition des Sparens enthält keine Aussage über die Verwendung der nicht ausgegebenen (nicht konsumierten) Einkommensteile. Ob das nicht ausgegebene Einkommen für den Erwerb von Kapitalgütern verwendet wird oder im Sparstrumpf verschwindet, bleibt offen. 3. Verfügt ein Haushalt über Sparbeträge aus früheren Zeiten (Vermögen) oder Schenkungen, ist er in der Lage, mehr auszugeben als er laufend an Einkommen bezieht. Sparen kann also negativ sein („Entsparen").

Im folgenden werden einige Probleme des Geldkapitals untersucht. Die **Angebotsanalyse des Geldkapitals** beschäftigt sich vor allem mit den Ursachen des Sparangebots. Anbieter von Geldkapital sind Haushalte. Durch diese Annahme ergeben sich zwei Schwierigkeiten. Die eine besteht darin, daß in der Realität nicht nur Haushalte, sondern auch Unternehmen sparen. Um ihr aus dem Weg zu gehen, wird das Sparen der Unternehmen als Vermögensbildung von Haushalten aufgefaßt, denn die Unternehmen sind mittelbar oder unmittelbar Eigentum oder Teileigentum der Haushalte. Eine zweite Schwierigkeit ergibt sich aus der Definition des Sparens, die auf die Verwendung der gesparten Geldbeträge keine Rücksicht nimmt, sondern lediglich den Rahmen für die Investitionen aus Sparkapital fixiert. Sie läßt ungeklärt, welche Art von Kapitalgütern tatsächlich angeschafft werden. Geht man dieser Frage nach, zeigt sich, daß die Unterscheidung von Arbeit, Boden und Kapital in einem gewissen Umfang bedeutungslos wird. Für die meisten volkswirtschaftlichen Fragen ist es gleichgültig, ob man z. B. Bodenmeliorationen oder Produktionsstättenerweiterungen durchführt; im folgenden wird nicht nach Investitionen in die Faktoren Boden und Kapital unterschieden.

Bei der Analyse des Geldkapitalangebots ist zuerst folgende Frage zu klären: Wie groß ist die Menge des gesparten Geldkapitals, das individuelle und das gesamtwirtschaftliche (totale) Sparangebot? Da die nicht ausgegebenen Einkommensteile in verschiedenen Formen gehalten werden können

(Sparformen), lautet eine zweite Frage: Was bestimmt die Form (Struktur) des Sparens? Von entsprechenden Fragestellungen wurde bereits bei der Behandlung des Faktors Arbeit ausgegangen.

Die **Analyse der individuellen Sparmenge** basiert auf folgender Hypothese: Wer spart, somit gegenwärtig auf mögliche Ausgaben verzichtet, verschiebt Konsum in die Zukunft. Gegenwartssparen heißt beabsichtigter Zukunftskonsum. Diese Hypothese schließt weder die Behauptung ein, daß gegenwärtiges Sparen und zukünftiger Konsum (in monetären Einheiten gemessen) größengleich sind, noch, daß Personenidentität zwischen Sparern und künftigen Konsumenten bestehen muß. Man kann für andere (Kinder, Hinterbliebene) auf gegenwärtigen Konsum verzichten oder durch irgendwelche Umstände (Tod, Vertreibung) am künftigen Konsum verhindert sein. Der Markt, auf dem Zukunfts-„Güter" gehandelt werden, ist der Geldkapital- oder einfach: der Kapitalmarkt. Auf ihm wird als Preis für die zeitweise Überlassung von Kaufkraft in Geldform (Kredit) ein Zins (auch: Zinssatz) gezahlt. Der Haushalt hat zu entscheiden, wieviel vom gegenwärtigen Einkommen nicht ausgegeben oder welcher Teil des künftigen Einkommens schon in der Gegenwart konsumiert werden soll. Grundlage dieser Entscheidung ist eine Wertschätzung über Zukunftsgüter. Diese zeitliche Werteskala wird als Zeitpräferenz (time preference) bezeichnet. Dabei bleibt offen, ob Gegenwartsgüter höher als Zukunftsgüter geschätzt werden.

Der Zusammenhang zwischen Gegenwarts- und Zukunftsgütern läßt sich mit der Indifferenzkurven-Technik darstellen. Es sei vereinfachend angenommen, der Haushalt nehme die Aufteilung des in zwei aufeinander folgenden Perioden erwarteten Realeinkommens in Konsumausgaben und Sparen zu Beginn der ersten Periode vor. Der Zinssatz i soll einziges Entscheidungskriterium sein. Der Zeithorizont des Haushalts beträgt also zwei Perioden (Jahre). Die für t_1 und t_2 erwarteten Realeinkommen seien y_1 und y_2. Die Ausgangsfrage ist: Wie verteilt der Haushalt dieses Einkommen unter der Annahme der Nutzungsmaximierung auf beide Perioden (Fig. 10–4)? Es sei angenommen, ein Haushalt erwarte in beiden Perioden jeweils ein Realeinkommen in Höhe von 100 DM, also $y_1 = 100$ und $y_2 = 100$. Diese beiden Größen werden vom Ursprung aus auf den Koordinatenachsen (OB, OC) abgetragen, wodurch A im Koordinatensystem festgelegt ist. Würde der Haushalt beide Einkommen in der ersten Periode vollständig konsumieren wollen, müßte er einen Kredit aufnehmen, weil ihm in der ersten Periode nur y_1 zur Verfügung steht. Der Haushalt soll jedoch nur so viel Kredit aufnehmen können, wie er mit dem in der zweiten Periode anfallenden Einkommen y_2 an Kredit und Zinsen zurückzahlen kann. Der in der Gegenwart in Form eines Kredits zusätzlich zu y_1 für Konsumzwecke zur Verfügung stehende Geldbetrag ist $BD = y_2/(1+i)$. BD ist bei positiven Zinssätzen kleiner als y_2. Würde der Haushalt statt dessen sein gesamtes Einkommen der ersten Periode erst in der zweiten Periode ausgeben, könnte er y_1 zum Zinssatz i ein Jahr lang ausleihen. Der ihm außer y_2 zur

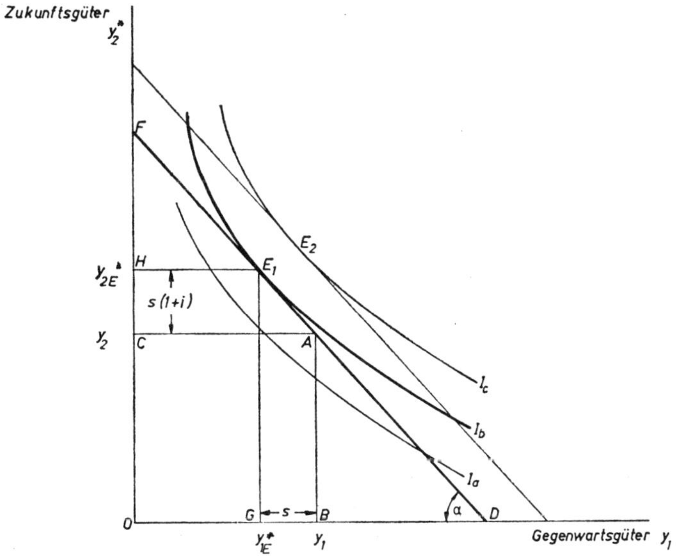

Fig. 10–4: Zeitpräferenz und Gleichgewicht

Verfügung stehende Betrag wäre CF = $y_1 \cdot (1+i)$. Die durch D, A und F verlaufende Kurve ist eine Gerade – analog der Budgetlinie – mit der Steigung

$$(10.2) \qquad \operatorname{tg}\alpha = -\frac{AB}{BD} = -\frac{y_2}{y_2/(1+i)} = -(1+i) \text{ (Definitions-Gleichung).}$$

Bei einem Zinssatz von i = 0,05 ist die Steigung der Geraden tg α = — 1,05. Die Gerade ist der geometrische Ort aller möglichen Verteilungen der erwarteten Einkommen auf ihre gegenwärtige und zukünftige Verwendung bei gegebenem Zinssatz i. Ihre Gleichung lautet:

$$(10.3) \qquad y_2^* = -(1+i) \cdot y_1^* + [\bar{y}_2 + \bar{y}_1 \cdot (1+i)] \qquad \text{(Verhaltens-Gleichung).}$$

Dabei bedeuten $\bar{y}_1$ und $\bar{y}_2$ die erwarteten und zugleich als gegeben betrachteten Einkommen, y_1^* der in der Gegenwart und y_2^* der in Abhängigkeit davon in der Zukunft für Konsumzwecke verfügbare Geldbetrag (Einkommensteil). Der Ausdruck in der eckigen Klammer entspricht der Strecke OF, die sich aus dem zukünftigen Einkommen $\bar{y}_2$ = OC und dem in t_2 konsumierbaren Einkommen der ersten Periode ($\bar{y}_1 \cdot (1+i)$ = CF) zusammensetzt. Punkt F kann realisiert werden, wenn $y_1^* = 0$ ist.

Die von dem Haushalt jeweils als indifferent betrachteten Kombinationen aus gegenwärtig und zukünftig für Konsumgüter ausgebbarem Einkommen (y_1^*, y_2^*) stellen Punkte auf einer Indifferenzkurve dar. Wie bei der

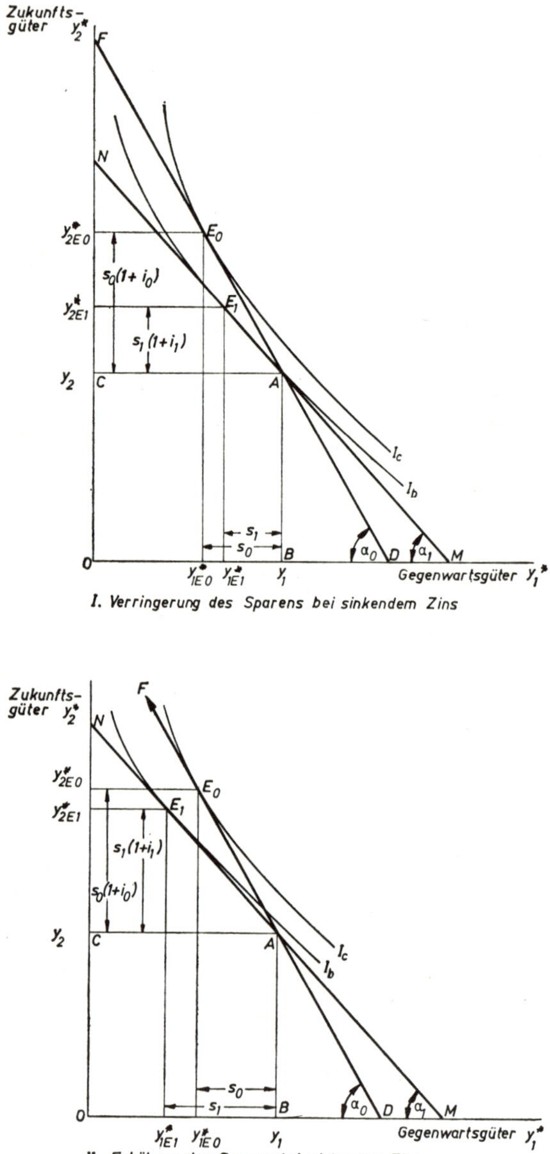

I. Verringerung des Sparens bei sinkendem Zins

II. Erhöhung des Sparens bei sinkendem Zins

Fig. 10–5: Zinsänderungen und individuelles Sparen

Konsumgüternachfrage liegt das Nutzenmaximum dort, wo die Gerade (10.3) zur Tangente an eine der Indifferenzkurven wird. Der **Haushalt** befindet sich in E_1 (Fig. 10–4) im **Gleichgewicht**. Die Grenzrate der Zeitpräferenz (Steigung der Indifferenzkurve I_b in E_1) ist gleich der Größe $-(1+i)$. Der Haushalt gibt dann $OG = y^*_{1E}$ Geldeinheiten für den Gegenwartskonsum und $OH = y^*_{2E}$ für den Zukunftskonsum aus. Von seinem Einkommen in der ersten Periode spart er $BG = s$ Geldeinheiten, die – zum Zinssatz i angelegt – in der zweiten Periode $CH = s \cdot (1+i)$ für den Konsum verfügbare Geldeinheiten ergeben. Der Haushalt gelangt dann auf ein höheres Nutzenniveau, wenn die erwarteten Periodeneinkommen y_1 und (oder) y_2 steigen, wodurch sich gemäß (10.3) ceteris paribus die „Budgetlinie" DF parallel nach rechts verschöbe. Bei normaler Lage der Indifferenzkurven könnte dann der Haushalt im Gleichgewicht sowohl in der Gegenwart als auch in der Zukunft mehr konsumieren (Punkt E_2 in Fig. 10–4). Würde sich das in der ersten Periode erwartete Einkommen (y_1) erhöhen, könnte der Haushalt sowohl mehr konsumieren als auch mehr sparen. Daraus ist zu ersehen, daß das Ergebnis – bei gegebenem Zinssatz i – von der Zeitpräferenz (der Lage der Indifferenzkurvenschar) und den Einkommen (y_1 und y_2) abhängt.

Die Nachfrage des Haushalts wird von einer Reihe weiterer Faktoren determiniert, die bereits erörtert wurden (5. Kap.). Versteht man Sparen als Nachfrage nach Zukunftsgütern, leuchtet ein, daß noch andere Faktoren auf das Sparangebot zu einem bestimmten Zeitpunkt einwirken. Eine vollständige Analyse hätte unter Inanspruchnahme der ceteris paribus-Klausel die Einflüsse der einzelnen Komponenten zu untersuchen. Hier soll nur die Wirkung einer **Zinssatzänderung** auf das Sparangebot näher betrachtet werden.

Wie aus (10.3) ersichtlich wird, muß sich die „Budgetlinie" in A drehen, wenn die erwarteten Realeinkommen für t_1 und t_2 konstant bleiben (Fig. 10–5). War sie ursprünglich DF, nimmt sie nach einer Zinssenkung die Lage MN ein. Infolge der Zinsänderung variieren sowohl die Steigung der „Budgetlinie" als auch ihre beiden Koordinatenabschnitte. Der Abszissenabschnitt wird größer, weil Kredite billiger werden ($BD < BM$), und der Ordinatenabschnitt kleiner, weil gespartes Geld weniger Zinsen bringt ($CF > CN$). In Fig. 10–5.I. entsteht aus E_0 nach einer Zinssenkung ein neues Gleichgewicht E_1, bei dem aus dem Gegenwartseinkommen y_1 statt s_0 nur noch s_1 gespart wird ($s_0 > s_1$). Diese verringerte Ersparnis in t_1 wächst wegen des verringerten Zinssatzes i_1 nur noch auf $s_1 \cdot (1+i_1)$. Dieser Betrag ist kleiner als $s_0 \cdot (1+i_0)$. Da ein sinkender Zins verringerte Sparbeträge zur Folge hat – worin eine Minderschätzung des Zukunftskonsums zum Ausdruck kommt –, liegt eine normale Reaktion vor. Demgegenüber wird im Gleichgewicht E_1 der Fig. 10–5.II. aus dem konstanten y_1 trotz sinkenden Zinses mehr gespart als im Ausgangsgleichgewicht E_0 ($s_0 < s_1$). Der Haushalt reagiert anomal. Allerdings ist die um den Zinsertrag vergrößerte Ersparnis in t_2 wegen des sinkenden Zinses immer noch kleiner als im Ausgangszustand

[$s_0 \cdot (1+i_0) > s_1 \cdot (1+i_1)$]. Beide Fälle unterscheiden sich nur durch die Lage der Indifferenzkurvenschar. Im zweiten Fall werden die Zukunftsgüter generell höher geschätzt als im ersten.

Aus der Bestimmung alternativer Gleichgewichtspunkte bei Zinsänderungen läßt sich die individuelle Sparfunktion ableiten:

(10.4) $s/_t = f(i)$ (Verhaltens-Gleichung).

Das Sparen pro Zeiteinheit $s/_t$ wird dabei als abhängig vom Zinssatz i betrachtet. Wie soeben gezeigt wurde, sind je nach Lage der Indifferenzkurvenschar zwei Fälle möglich (Fig. 10–6).

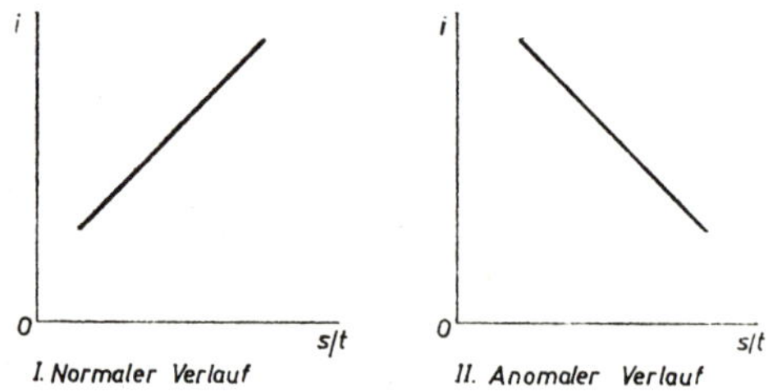

Fig. 10–6: Individuelle Sparkurven

Im ersten Fall, der sich aus Fig. 10–5.I. ergeben würde, reagiert das Angebot normal, im zweiten, ableitbar aus Fig. 10–5.II., anomal. Als Grenzfall ist eine Sparkurve parallel zur i-Achse denkbar.

Totales Angebot

Aus der horizontalen Aggregation der individuellen Angebotskurven (Addition der Ersparnisse zu alternativen Zinssätzen) erhält man die gesamtwirtschaftliche **Spar-Zins-Funktion.** Empirische Beobachtungen zeigen: gesamtwirtschaftlich kann fast immer mit einer normalen Reaktion gerechnet werden. Nur in außergewöhnlichen Situationen fällt (steigt) trotz steigender (fallender) Zinssätze das Angebot. Für die Aggregation bleibt jedoch – wie immer – zu beachten, daß die Funktion unter ceteris paribus-Bedingungen abgeleitet wurde und nur so abgeleitet werden konnte. Die ceteris paribus-Klausel ist auf einem Markt von so zentraler Bedeutung wie dem für Geldkapital gewiß besonders einschneidend. Einige Autoren lehnen deshalb die auf Irving Fisher (1867–1947) zurückgehende partialanalytische Betrachtungsweise ab. Das Feld wird jedoch nach wie vor von der traditionellen mikroökonomischen Faktoranalyse beherrscht, weil die bisherigen makroökonomischen Ansätze kaum über erste Anfänge hinausgekommen sind.

Der Zins auf dem Kapitalmarkt ist der Preis, zu dem Geldkapital angeboten und nachgefragt wird. Das gesamtwirtschaftliche Sparen (S) bildet aber nur eine Quelle des gesamtwirtschaftlichen Geldkapitalangebots. Da im allgemeinen davon auszugehen ist, daß Geld nicht nur aus dem gegenwärtigen Einkommen stammt, sondern auch aus nicht verausgabten Einkommen, die aus früheren Einkommensperioden vorhanden sind („Kassenbestände"), kann aus freigesetzter Kasse (Enthorten) Geld über das in einer gegenwärtigen Periode ersparte Einkommen hinaus angeboten werden. Andererseits braucht erspartes Einkommen nicht in den Kreislauf zurückzukehren (Horten). Der Nettoeffekt der Kassenhaltung (Enthorten minus Horten) soll als Δ K bezeichnet werden. Ähnliches gilt für die Geldschöpfung. Geld kann geschöpft, jedoch auch vernichtet werden. Wird der Nettoeffekt Δ M des Geldangebots (Geldschöpfung minus Geldvernichtung) ebenfalls berücksichtigt, ist das gesamtwirtschaftliche Angebot an Geldkapital $S + \Delta K + \Delta M$. Nur wenn beide Nettoeffekte (Δ K, Δ M) Null sind, wird das Angebot ausschließlich vom Sparen bestimmt.

Gesamtwirtschaftlich nicht weniger bedeutungsvoll als die Spar-Zins-Funktion ist die **Spar-Einkommens-Funktion**, die sich auf ähnliche Weise mit der Indifferenzkurven-Technik gewinnen läßt (Parallelverschiebungen der „Budgetlinie" bei Änderungen der erwarteten Gegenwarts- und Zukunftseinkommen, wie in Fig. 10–4). Während bei der Spar-Zins-Funktion gesamtwirtschaftlich mit normaler Reaktionsweise gerechnet werden kann, ist der Zusammenhang zwischen Sparen und Einkommen empirisch nicht eindeutig. Vor allem in unsicheren Zeiten ist zu beobachten, daß mit steigenden Realeinkommen (Y) das Sparen (S) nicht nur absolut zunimmt, sondern auch relativ (S/Y steigt). Doch auch das Gegenteil wurde schon festgestellt. In langer Sicht hat sich gezeigt, daß die Sparquote (S/Y) eine ziemlich konstante Größe ist. Da diese Fragen in der Makroökonomik Gegenstand der Beschäftigungs- und Geldanalyse sind, soll hier ein Hinweis genügen. Für das gesamtwirtschaftliche Sparangebot, das in den aufgezeigten Grenzen das Kapitalangebot determiniert, dürften neben dem Einkommen die Zeitpräferenz, der Zinssatz, die Nutzenvorstellungen („Geschmack") und die verfügbare Kasse die wichtigsten Einflußgrößen bilden, was durch Tests bestätigt wurde.

Sparstruktur

Die Analyse der Faktoren, von denen die Entscheidung über die Einkommensaufteilung in verausgabte und gesparte Beträge abhängt, ist ein Problem. Eine zweite Frage lautet: Was geschieht mit dem gesparten, nicht für den Konsum verausgabten Einkommen? Oder: In welchen Formen wird gespart, welches sind die **Bestimmungsgründe** für die Sparstruktur? In der Regel ist der individuell gesparte Betrag eine Geldsumme, für deren Verwendung es folgende Alternativen gibt. Erstens kann der Sparer den Betrag in Form von Geld halten, zweitens zum Kauf von Gütern verwenden. Da Sparen Einkommen ist, das ex definitione nicht für Konsumzwecke verausgabt wird, kann es sich im zweiten Fall nur um Güter handeln, die nicht oder nicht unmittelbar konsumierbar sind (nichtmonetäre Vermögensgüter). Nichtmonetäres Vermögen wirft im Gegensatz zum gehorteten Geld ein Einkommen ab oder stiftet unmittelbaren Nutzen. Es gibt eine Reihe von Gliederungen der Vermögensgüter. Häufig unterscheidet man Geldtitel (z. B. Wechsel), festverzinsliche Wertpapiere (z. B. Bundesanleihen), Dividendenpapiere (z. B. Aktien) und physische Güter (z. B. Gold, Häuser, Briefmarken). Eine Zweiteilung ist die nach Wertpapieren und physischen Gütern. Die Probleme, die sich dem Haushalt bei der Entscheidung über die Anlage des Sparkapitals stellen, sind formal die gleichen wie die beim Kauf von Konsumgütern. Geld, Wertpapiere und physische Güter sind teilweise substituierbar. Bei gegebenen Präferenzen teilt der Sparer die Mittel so auf Zahlungsmittel (Kasse), Wertpapiere und physische Güter auf, daß die gesetzten Ziele in bestmöglicher Weise erreicht werden. Aus diesem Grund kann man die Geldtheorie als Teil einer umfassenden Wahlhandlungs- oder Kapitaltheorie auffassen. Allerdings weist die Anlageentscheidung einige Unterschiede gegenüber der Konsumwahl auf. Die komplexen Probleme auf diesem in Bewegung befindlichen Gebiet (Portfolio-Analyse) wurden bisher noch nicht in akzeptabler Weise gelöst.

Es seien deswegen lediglich einige **Kriterien** angeführt, die für die Entscheidung der Haushalte bedeutsam sind und in verschiedenen Hypothesensystemen Berücksichtigung finden. Ein erstes Kriterium sind die Beschaffungskosten. Zu ihnen rechnen die beim Kauf von Wertpapieren anfallenden Provisionen oder Steuern, aber auch Unbequemlichkeiten oder sonstige mit dem Erwerb verbundene Schwierigkeiten. Ein zweites Kriterium bildet die Marktgängigkeit des Gutes. Je weniger spezifisch das Gut ist, um so größer ist die Marktgängigkeit und damit die Wiederverkäuflichkeit. Mit Geld als allgemeinem Tauschmittel hat man – von starken Inflationen abgesehen – keine „Absatzschwierigkeiten“, während Wertpapiere oder Grundstücke schwer verkäuflich sein können. Die Marktgängigkeit determiniert das dritte Kriterium, die Zahlungsfähigkeit (Liquidität) des Kapitalbesitzers. Die höchste Liquidität verschafft das Geld. Mit den beiden letztgenannten Kriterien steht das Risiko in enger Beziehung. Die Wertbeständigkeit der Vermögensgüter hängt von ihrer Lagerfähigkeit, Wiederverkäuflichkeit und der Preisentwicklung ab. Das Risiko kann – in Abhängigkeit von tatsächlichen Entwicklungen der Risikokomponenten – bei den einzelnen Vermögensgütern recht verschieden sein. Schließlich spielt der Nutzen oder Ertrag (Rentabilität) eines Gutes eine große Rolle.

Offensichtlich besitzt jedes Vermögensgut spezifische Vor- und Nachteile. Geld als Kasse braucht zum Teil nicht beschafft zu werden (nicht ausgegebenes Einkommen); es ist von höchster Marktgängigkeit und Liquidität, verliert nicht durch Lagerung, büßt jedoch bei steigenden Preisen an Realwert ein und bringt insbesondere keinen monetären Ertrag. Gegenteiliges kann für bestimmte physische Güter gelten. Oft schließen sich Vorteile gegenseitig aus, wie hohe Rentabilität und geringes Risiko. Im Hinblick auf die künftige Entwicklung wird deshalb eine Anlagekombination gewählt, bei der die Nachteile ein Minimum (oder die Vorteile ein Maximum) erreichen.

Bibliographische Hinweise

1. Eine knappe, ausgezeichnete Analyse des Haushaltsangebots mit Indifferenzkurven gibt: K. E. BOULDING, Economic Analysis, Vol. I, a. a. O., Chap. 27. Etwas ausführlicher: W. J. L. RYAN, Price Theory, a. a. O., Chap. 6. Zu den kurz- und langfristigen Aspekten des Arbeitsmarktes empfehlenswert: T. SCITOVSKY, Welfare and Competition, a. a. O., Chap. 5. K. W. ROTHSCHILD, Lohntheorie, Berlin und Frankfurt a. M. 1963.

2. Zum Kapitalangebot und zur Sparanalyse ist neben RYAN vor allem das klassische Werk von I. FISHER, The Theory of Interest, New York 1930, zu Rate zu ziehen. Eine konzise Darstellung der Gedankenführung FISHERS bei: F. A. LUTZ, Zinstheorie, 2. A., Tübingen-Zürich 1967, Kap. 7, ein Werk, das jeder an Kapitalproblemen Interessierte ganz studieren sollte. Kurze Behandlung der Zinstheorie mit Zeitpräferenzen: D. PATINKIN, Money, Interest, and Prices. An Integration of Monetary and Value Theory, 2. e., New York 1965.

11. Faktorpreisbildung

I. Vollständige Konkurrenz

Relative Faktorpreise und Einkommensarten

Nach der Untersuchung der Determinanten von Angebot und Nachfrage auf den Faktormärkten kann man in der üblichen Weise die Preise bestimmen. Aus Angebot und Nachfrage ergeben sich unter entsprechenden Annahmen Gleichgewichtspreise für die einzelnen Faktoren (Lohn, Bodenrente, Zins). Werden sie mit der Menge der gekauften Faktoren multipliziert, erhält man das Faktoreinkommen. Änderungen des Angebots oder der Nachfrage haben auf Preise, Mengen und somit auch auf Faktoreinkommen die aus der Preisanalyse bekannten Wirkungen (4. Kap.).

Änderungen eines Faktorpreises sagen jedoch noch nichts über die relative Bewertung eines Produktionsfaktors aus. Steigt von zwei Faktorpreisen nur einer, entstehen andere Wirkungen, als wenn beide um denselben Prozentsatz gestiegen wären, da im ersten Fall wahrscheinlich eine Faktorwanderung ausgelöst wird (Realeinkommens-Effekt), im zweiten Fall nicht. Man kann aus Faktorpreisvariationen nur dann eine Information über die Faktorallokation gewinnen, wenn auch die Änderungen der relativen Preise bekannt sind. Das gilt strikt nur unter der ceteris paribus-Klausel, insbesondere dann, wenn sich die Summe der Einkommen (Volkseinkommen) nicht ändert. Steigen bei einer Volkseinkommenserhöhung die Einkommen solcher Produktionsfaktoren, deren Preis absolut gestiegen, aber relativ gegenüber anderen Faktoren gefallen ist, geht der Anteil dieser Faktoreinkommen am Volkseinkommen relativ zurück, obwohl sie absolut größer geworden sind. Die Reaktion ist vermutlich anders, wenn das Faktoreinkommen absolut gefallen wäre und die Bezieher anderer Faktoreinkommen von einem konstanten Volkseinkommen einen größeren Teil erhielten.

Unter den Bedingungen, die für einen einheitlichen Preis eines Faktors gelten (10. Kap.), könnte es keine Unterschiede zwischen den Preisen verschiedener Faktoren geben. Stellt man sich einen Zustand vor, in dem die relativen Faktorpreise divergieren, würde mit der Verwirklichung der Bedingungen eines einheitlichen Faktorpreises eine **Tendenz zur Nivellierung** der Preisunterschiede ausgelöst. Da unter den gemachten Annahmen sämtliche Faktoren völlig substituierbar sind, es also letztlich nur einen Faktor gibt, wandern die Faktoren von Unternehmen und Branchen, die niedrige Preise zahlen, zu solchen mit hohen. Dieser Prozeß hält so lange an, bis alle Faktorpreisunterschiede ausgeglichen sind. Die Nachfrage nach Faktoren hätte auf die Höhe ihrer Preise keinen Einfluß, wohl aber auf ihre Verteilung. Nimmt man vereinfachend an, in einer Volkswirtschaft existierten nur zwei Unternehmen, läßt sich das Ergebnis des Anpassungsprozesses leicht illustrieren (Fig. 11–1).

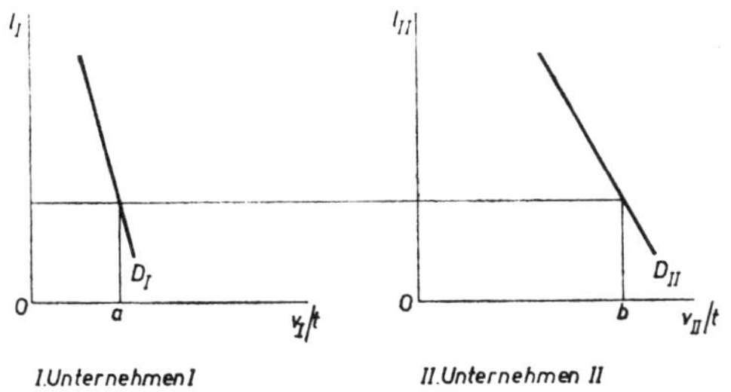

Fig. 11–1: Faktorpreis und -verteilung

Die insgesamt angebotene Faktormenge v in der Volkswirtschaft (a+b) wird sich entsprechend der Nachfrage auf Unternehmen I (a) und II (b) aufteilen. Unter den genannten Voraussetzungen besteht kein Grund anzunehmen, die Faktorpreise könnten unterschiedlich sein ($l_I = l_{II}$). Es sollte keiner Erklärung bedürfen, daß es sich bei solchen Analysen um „Gedankenexperimente" ohne jeden Wirklichkeitsanspruch handelt. Sie besitzen einen heuristischen Wert, wenn sie zur Formulierung von Fragen führen, die sich für die Aufdeckung tatsächlicher Bezüge als fruchtbar erweisen.

In der Realität sind Produktionsfaktoren heterogen. Nicht nur Arbeit, Boden und Kapital, sondern auch die einzelnen Leistungen eines Faktors lassen sich nicht vollständig substituieren. In einer Welt mit heterogenen Faktoren gibt es Faktorpreisunterschiede. Diese können dynamischer oder statischer Art sein. Dynamische Faktorpreisdifferenzen, **sogenannte dynamische Differentialeinkommen**, entstehen aus wechselnden, meist nicht vorhersehbaren Marktbedingungen (deswegen auch: windfall gains). Sie sind eine typische Begleiterscheinung von Ungleichgewichten. Hinsichtlich ihrer Entstehung werden oft drei Fälle unterschieden: 1. Die Nachfrage nach einigen Gütern kann bei unverändertem Volkseinkommen steigen, während sie bei anderen Gütern sinkt (Nachfrageänderungseinkommen). 2. Eine Erhöhung der Einkommen – etwa durch Geldschöpfung – führt zu einer generellen, auf den einzelnen Märkten meist unterschiedlichen Nachfrageerhöhung (Kreislaufeinkommen). 3. Ein Marktteilnehmer verschafft sich für eine gewisse Zeit eine Monopolstellung (temporäre Monopoleinkommen). Die Überlegungen gelten nicht nur für Faktor-, sondern mutatis mutandis auch für Konsumgutmärkte. Bei allen drei Enstehungsfällen geht man meist von der Hypothese aus, daß dynamische Einkommen nur Unternehmen zufließen, für die sie Gewinn darstellen. Die Analyse vereinfacht sich erheblich, wenn diese Hypothese übernommen wird, obwohl dynamische Differentialeinkommen auch Haushalten zufallen. Da die Einkommen, die in den Unternehmen entstehen, entweder den Produktionsfaktoren oder Unternehmern bzw. Kapitalgebern zufließen, führen dynamische Differentialeinkommen zu Faktorwanderungen. Relativ gut verdienende Industrien ziehen Faktoren durch Preisüberbietung aus anderen Verwendungen oder aus verfügbaren Reserven ab. Damit wird – wie im obigen „Gedankenexperiment" – eine Tendenz zum Abbau der dynamischen Faktorpreisunterschiede ausgelöst. Kriterium eines funktionierenden Wettbewerbs sind dynamische Differentialeinkommen, die über eine Angleichung der Faktorpreisdifferenzen verschwinden, mögen sie auch immer wieder an anderen Stellen auftreten und gesamtwirtschaftlich eine Dauererscheinung sein.

Statische Differentialeinkommen haben andere Ursachen. Sie basieren entweder auf differenzierten Faktorleistungen (unterschiedliche Grenzproduktivitäten) oder auf Diskrepanzen zwischen den gesamten (monetären und nichtmonetären) Vorteilen und dem Faktorpreis (10. Kap.). Statische Faktorpreisunterschiede existieren auch im Gleichgewicht des Monopols (dauerhaftes Monopol) und der vollständigen Konkurrenz. Sie tragen nicht das Merkmal des Flüchtigen. Selbst bei schärfster Konkurrenz werden Produktionsfaktoren mit hoher Grenzproduktivität besser bezahlt als solche mit niedriger. Man kann deswegen auch sagen: Der Wettbewerb vermag zu zeigen, in welchem Umfang Einkommen auf Zufälligkeiten (windfalls) oder Leistungen (Grenzproduktivität) zurückgehen. Bei monopolistischer Marktposition spiegeln statische Differentialeinkommen auch die Machtstellung am Markt wider. Die Grenze zwischen statischen und dynamischen Monopoleinkommen kann jedoch empirisch nicht scharf gezogen werden.

Die wichtige Frage nach den Wirkungen statischer Differentialeinkommen auf die Faktorallokation hat zu der Unterscheidung von **Transfereinkommen** und **ökonomischer Rente** geführt. Die Begriffe Transfereinkommen und Rente werden in der Literatur in mehrdeutigem Sinn gebraucht; der Leser sollte auf die hier verwendete Definition achten. Als Transfereinkommen wird jenes Faktoreinkommen bezeichnet, das den Faktor in seiner bisherigen Verwendung festhält, also an einem Transfer in eine andere Beschäftigung hindert. Es hat mit „Transferzahlungen" (= Einkommensübertragungen) öffentlicher Haushalte nichts zu tun. Das Transfereinkommen ist mit den opportunity cost identisch, jenem Einkommen, das der Produzent einem Faktor im Hinblick auf dessen nächstbeste Verwendung zahlen muß, um ihn in einer bestimmten Beschäftigung festhalten zu können. Die ökonomische Rente ist die Differenz zwischen dem tatsächlichen, auch im Gleichgewicht gezahlten Faktoreinkommen und dem Transfereinkommen. Sie ist deutlich von der „Bodenrente" – wie der Preis für den Faktor Boden auch genannt wird – oder der „Altersrente" zu unterscheiden. Eine Analogie besteht lediglich zur „Konsumentenrente", der Differenz zwischen subjektiven Wertvorstellungen und tatsächlich gezahltem Preis auf Konsumgutmärkten. Das Verhältnis von Transfereinkommen, ökonomischer Rente und Faktorpreis veranschaulicht folgende Darstellung (Fig. 11–2).

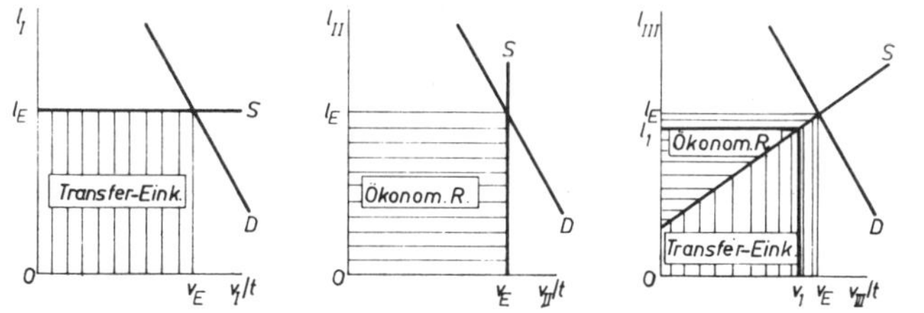

I. Transfer-Einkommen II. Ökonomische Rente III. Transfer-Einkommen u. Ökonomische Rente

Fig. 11–2: Transfereinkommen und ökonomische Rente

Wird in der Angebotskonstellation I einem Faktor ein Preis geboten, der kleiner als l_E ist, würde der Faktor definitionsgemäß nicht zum Angebot bereit sein. War der Preis für seine bisherige Beschäftigung l_E, wandert er in eine andere ab. Das „Festhalte-" oder Transfereinkommen – Produkt aus Preis und Menge eines Faktors – darf nicht kleiner sein als $l_E \cdot v_E$. Im Fall II würde die Angebotsmenge v_E auch zu jedem anderen Faktorpreis als l_E offeriert. Die völlig starre Angebotskurve zeigt an, daß ein niedrigerer Preis den Anbieter nicht veranlassen kann, abzuwandern. Das gesamte Einkommen $l_E \cdot v_E$ ist ökonomische Rente. Eine Kombination von I und II ist der Fall III. Ein Teil des gezahlten Einkommens ist Transfereinkommen, ein anderer ökonomische Rente. Bei einem geringeren Faktorpreis als l_E, z. B. bei l_1, würde eine um $v_E - v_1$ geringere Menge angeboten. Preissenkungen führen – anders als im Fall II – zu Abwanderungen, jedoch bleibt – anders als im Fall I – ein Teil des Faktorangebots in seiner bisherigen Beschäftigung; die ökonomische Rente verringert sich. Der Anteil der ökonomischen Rente nimmt mit zunehmender Angebotselastizität ab. Da die Angebotselastizität langfristig größer ist als kurzfristig, kann man – in Analogie zu dem bei Wettbewerb kurzfristig flüchtigen dynamischen Differentialeinkommen – sagen, daß langfristig bei vollständiger Konkurrenz eine Tendenz zur Reduzierung der ökonomischen Rente besteht.

Die Unterscheidung von dynamischen und statischen Differentialeinkommen gewinnt praktische Bedeutung, wenn man sich in der Wirtschaftspolitik die Aufgabe stellt, die Verteilung der Einkommen zu ändern, ohne daß die Faktorallokation beeinflußt werden soll. Insbesondere dynamische Differentialeinkommen und ökonomische Renten sind Gegenstand von Umverteilungsmaßnahmen. Will man diese Einkommensarten auf ein Minimum reduzieren, bleibt nur der Weg, ihre Entstehung so weit wie möglich zu vermeiden. Die Analyse der Faktorpreisbildung hat gezeigt, daß das um so eher gelingt, je intensiver der Wettbewerb ist. Sind nämlich solche Einkommen einmal entstanden, kann man sie empirisch nicht mehr oder nur schwer vom Transfereinkommen separieren. Bei einer Steuer auf den Gewinn ist deswegen ebensowenig wie beim Investivlohn, mit dem dynamische Gewinne der Unternehmer in die Hände der Arbeiter überführt werden sollen, zu vermeiden, daß Transfereinkommen erfaßt und damit die Faktorallokation beeinflußt wird. Schließlich hängt die Entscheidung der Frage, wie sich ein Faktoreinkommen auf Transfereinkommen und ökonomische Rente verteilt, auch davon ab, von welcher Art der Transfer ist. Dieser Punkt soll näher betrachtet werden.

Transfereinkommen und Produktionsfaktoren

Unter den Bedingungen vollständiger Konkurrenz wird eine **Arbeitskraft** von einer Beschäftigung in eine andere wechseln, wenn der Lohn, multipliziert mit der Menge der geleisteten Arbeit, nicht mindestens das Transfereinkommen ausmacht. Es soll angenommen werden, der Stundenlohn eines Autoschlossers müsse mindestens 3 DM betragen, wenn man ihn halten will. Fiele der Stundenlohn unter 3 DM, würde sich der Autoschlosser eine andere Stelle suchen. Das Transfereinkommen pro Stunde ist also 3 DM. Was passiert, wenn andere Werkstätten in seiner Nähe in Schwierigkeiten geraten, vielleicht weil sie die Expansion des Reparaturgewerbes überschätzt haben? Wäre der beste Lohn, den der Autoschlosser bei einem Wechsel dann noch erzielen könnte, 2,50 DM, würde er bei 3 DM eine ökonomische Rente von 0,50 DM pro Stunde beziehen. Das Transfereinkommen pro Stunde ist also 2,50 DM. Was geschieht, wenn die Nachfrage nach Autoschlossern auf allen Märkten fällt? Vielleicht ist der Autoschlosser dann noch bereit, für 2 DM in der alten Firma zu arbeiten, um überhaupt Autoschlosser bleiben zu können. Bei einem geringeren Stundenlohn wird er den Beruf aufgeben und vielleicht Kraftfahrer oder Hausmeister werden. Das Transfereinkommen für einen Berufswechsel beträgt dann 2 DM pro Stunde. Daraus muß gefolgert werden: Das individuell ohnedies unterschiedliche Transfereinkommen richtet sich nach der Konjunkturlage und hängt davon ab, ob ein Wechsel von Firma zu Firma oder von Beruf zu Beruf in Betracht gezogen wird.

Ähnliches gilt für das Transfereinkommen des Faktors **Boden**. Der Pächter eines zum Anbau von Weizen genutzten Bodens muß eine gewisse Pacht bezahlen, wenn er den Bodentransfer zu einem anderen Pächter verhindern will. Der den Wechsel hindernde Pachtbetrag ist das Transfereinkommen des Verpächters. In ähnlicher Lage ist ein Mieter, der einen bestimmten Mietpreis entrichten muß, um zu verhindern, daß der Hauseigentümer an einen anderen vermietet. Das Transfereinkommen ist in solchen Fällen offensichtlich ein anderes als jenes, das sich bei einer Industrieansiedlung auf dem landwirtschaftlich genutzten Boden oder bei einer gewerblichen Nutzung der bisherigen Mietwohnung ergeben würde. Will der Pächter die Industrieansiedlung verhindern, wird er eine höhere Mehrpacht bezahlen müssen als bei der Verhinderung einer Verpachtung an einen anderen Weizenproduzenten; ähnliches gilt für den Mieter. Die ökonomische Mobilität des Bodens und das Ausmaß seiner Knappheit kann bei den einzelnen Verwendungsrichtungen (Anbau-, Abbau- und Standortboden) recht unterschiedlich sein. Eine relativ große Mobilität besteht beim Anbauboden. Beim Abbauboden (je nachdem, was man abbaut, z. B. Gold oder „Mutterboden“) und Standortboden (für eine Kleinindustrie oder eine Großstadt) ist die Verwendung und Mobilität oft stark eingeschränkt. Sind nur wenige Verwendungsrichtungen des Faktors möglich, wird das Angebot sehr unelastisch; bei großer Nachfrage fällt eine hohe ökonomische Rente an. Das gilt nicht nur für den Boden, sondern auch für die übrigen Produktionsfaktoren. Hervorragende Sänger und Schauspieler sind knapp und auch durch hohe Gagen nicht leicht vermehrbar. Preiserhöhungen führen kaum zu einer Erhöhung des Angebots. Der größte Teil des Einkommens solcher Faktoren trägt Rentencharakter.

Kapital wird vielfach als ein relativ mobiler Faktor angesehen. Das gilt für Geldkapital gewiß in hohem Maße. Beim Realkapital, wie Maschinen und Anlagen, werden jedoch mit zunehmender Arbeitsteilung die alternativen Verwendungsmöglichkeiten ein und derselben Anlage immer geringer. Eine bestimmte Maschine, etwa eine Förderanlage in einem Kohlenbergwerk, soll bei der Errichtung jährlich einen Überschuß über die Amortisation in Höhe von 1000 DM erwarten lassen. Fällt nun die Nachfrage nach dem Produkt, an dessen Erzeugung die Maschine beteiligt ist, so daß der jährliche Überschuß nur noch 500 DM beträgt oder gar negativ wird, bleibt die Anlage in Betrieb. Gibt es keine alternative Verwendung für die Förderanlage, dann lohnt sich ihre Weiterverwendung kurzfristig so lange, wie der Gesamterlös der Produktion die Arbeits- und sonstigen variablen Kosten deckt. Die Förderanlage „verdient“ zwar bei negativem „Überschuß“ weder einen Kapitalzins noch die Amortisation; ihre produktionsgebundenen Eigenschaften verhindern jedoch den Übergang in eine andere Verwendung. Solche Situationen sind für manche Industrien typisch. Bei Ersatzinvestitionen wird der Unternehmer vor der Frage stehen, ob sich die Anschaffung der gleichen Anlage weiterhin rentiert. Eine Anlage kann in langer Sicht durchaus einen „Überschuß“ abwerfen, ohne es auch in jeder kürzeren Periode zu tun. Da eine Anlage kurzfristig nicht ersetzt wird, sind die Einkommen der Anlage kurzfristig eine ökonomische Rente; langfristig ist ein Teil davon Transfereinkommen. Faktoreinkommen, die kurzfristig ökonomische Rente, langfristig Transfereinkommen sind, werden als Quasi-Rente bezeichnet.

Zusammenfassend ist festzuhalten: Ob eine Faktorzahlung als ökonomische Rente oder Transfereinkommen zu bezeichnen ist, hängt von einer Reihe subjektiver und objektiver Einflußfaktoren ab, die es ausschließen, sowohl in Einzelfällen wie für ganze Märkte (oder gar für die Gesamtwirtschaft) eine Aufteilung a priori vorzunehmen. Eine exakte Abgrenzung beider Einkommenskomponenten scheitert schon daran, daß sie vom Zeithorizont abhängig ist. So plausibel die analytische Unterscheidung nach dynamischen und statischen Differentialeinkommen sein mag – insbesondere eignet sie sich zur Illustration der Unterschiede in der Einkommensverteilung –, so schwierig sind auch die Probleme einer empirischen Erfassung.

II. Monopolistische Elemente in der Lohnbildung

Theoretische Formen

Die Annahme der vollständigen Konkurrenz erlaubt einige nützliche Aussagen über Faktorpreise, -einkommen und -allokation, die durch empirisches Material bestätigt werden. Das gilt für alle Faktorleistungen, auch für Arbeit. Oft wird übersehen, daß selbst in hochentwickelten Ländern der größere Teil der Arbeitnehmer keiner Gewerkschaft angehört und daß mit wirtschaftlichem Wohlergehen das Interesse der Arbeiter an gewerkschaftlichen Organisationen abzunehmen scheint; so sind in der Bundesrepublik die Mitgliederzahlen des gewerkschaftlichen Dachverbandes (Deutscher Gewerkschaftsbund) seit Jahren rückläufig. Andererseits läßt sich gerade auf den Arbeitsmärkten (Märkte für Arbeitsarten) eine Anzahl von Fällen aufzeigen, in denen die Aussagen der Theorie der vollständigen Konkurrenz problematisch sind. Monopolistische Elemente sind dafür vielfach der Grund.

Die **Marktformen**, in denen sich insbesondere die Löhne bilden, können recht vielgestaltig sein. Meist werden zur einführenden Analyse der komplexen Realität vier klassifikatorisch abgegrenzte Fälle unterschieden (Übers. 11–1).

Fälle	Zahl der Anbieter	Zahl der Nachfrager	Marktform
I.	viele	viele	Wettbewerb
II.	einer	viele	Monopol (Angebotsmonopol)
III.	viele	einer	Monopson (Nachfragemonopol)
IV.	einer	einer	Bilaterales Monopol

Übers. 11–1: Vier Arten von Faktormärkten

Eine kurze Analyse dieser Fälle führt zu folgenden **Gleichgewichten**, wobei im Hinblick auf die Vergleichbarkeit identische, normal verlaufende Angebots- (S) und Nachfragekurven (D) angenommen werden (Fig. 11–3).

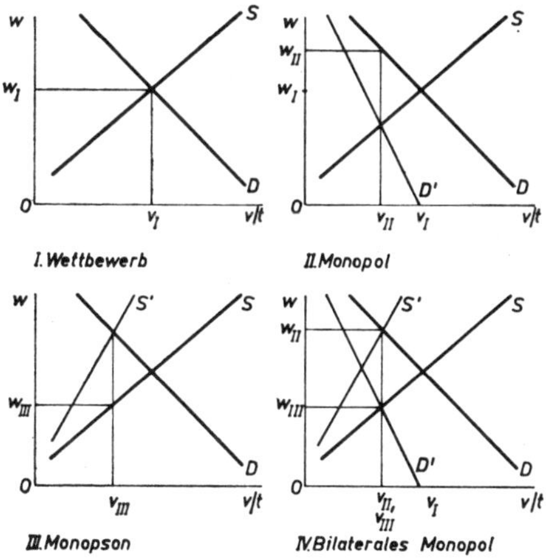

Fig. 11–3: Vier Arten von Faktormärkten

Wie man zu Angebots- und Nachfragekurven des Marktes gelangen kann, ist aus den beiden vorhergehenden Kapiteln bekannt. Im ersten Fall bildet sich der Lohn w einer Arbeitsart bei w_I, bei dem Angebot und Nachfrage zum Ausgleich kommen und gleich v_I sind (Fig. 11–3.I.). Im zweiten Fall ist das Angebot einer Arbeitsart monopolisiert, etwa durch eine Gewerkschaft. Die für den Anbieter günstigste Angebotsmenge wird durch den Schnittpunkt der Angebotskurve S mit der D'-Kurve bestimmt (Fig. 11–3.II.). Der Unterschied zur Konsumgutnachfrage besteht darin, daß D in Fig. 11–3 eine Aggregation der individuellen Grenzertrags- oder Nettogrenzertragswertkurven ist (vgl. 9. Kap.). Im Gleichgewicht wird die Menge v_{II} zum Lohnsatz w_{II} angeboten. Im dritten Fall gibt es nur einen Nachfrager nach Arbeitsleistungen (Monopson), wie es in kleineren Orten mit nur einem Unternehmer oder auf Märkten mit einer Arbeitgeberorganisation wohl vorkommen mag. Der Lohn w_{III}, der im Gleichgewicht für die Menge v_{III} gezahlt wird, ist durch den Schnittpunkt der Grenzausgabenkurve (S') mit der Nachfragekurve D bestimmt (Fig. 11–3.III.). Die Angebotskurve S zeigt dem Unternehmer, welche Durchschnittslöhne er bei alternativen Mengen zahlen muß. Fragt er eine Einheit mehr nach, ist sein Ausgabenzuwachs größer als der Preis dieser zusätzlichen Einheit. Waren 10 Einheiten zum Lohnsatz von 3 DM pro Stunde beschäftigt und steigt der Lohnsatz für alle Einheiten bei Mehrnachfrage um eine Einheit auf 3,10 DM, beträgt die Mehrausgabe des Unternehmers für die 11. Einheit $(10 \cdot 0{,}10 + 3{,}10)$ DM = 4,10 DM. Man könnte die Grenzausgabe auch als Grenzlohnsatz bezeichnen. Bei normal verlaufender Angebotskurve ist der Grenzlohnsatz stets größer als der Durchschnittslohnsatz. Im Monopson Fall liegt die günstigste Situation für den Monopsonisten dort, wo der Grenzlohnsatz (S') gleich dem Grenzertragswert (D) ist. Im vierten Fall handelt es sich um eine Kombination aus den Fällen zwei und drei. Ein Monopolist bietet einem Monopsonisten an. Der Monopsonist würde am liebsten w_{III} zahlen, der Monopolist w_{II} erzielen. Sind beide Seiten an einem „Umsatz“ interessiert, verhandeln sie miteinander. Zur Vereinfachung sei angenommen, man würde sich über die Menge $v_{II} = v_{III}$ einigen (Fig. 11–3.IV.). Dann bleibt nur noch die Frage, wie hoch der Lohn sein wird. Er kann sich zwischen w_{II} und w_{III} bewegen. Wo man sich trifft, läßt sich analytisch nicht angeben.

Ein Vergleich der Fälle zeigt, daß bei vollständiger Konkurrenz die größte Faktormenge eingesetzt wird. Der Preis im Angebotsmonopol ist höher, im Monopson niedriger als bei vollständiger Konkurrenz. Beim bilateralen Monopol bleibt der Preis unbestimmt. Es sei noch vor einer Verwechslungsgefahr gewarnt. Übers. 11–1 und Fig. 11–3 enthalten vier Angebots- und Nachfragefälle auf einem Faktormarkt (hier: Arbeitsmarkt), Übers. 9–5 und Fig. 9–2, 9–4 bis 9–6 vier Fälle der individuellen Faktornachfrage bei unterschiedlichen Formen des Produktmarktes (Absatzmarktes).

„Ausbeutung“ der Arbeit

Seit mehr als einem Jahrhundert wird die **Hypothese** aufrechterhalten, in der „kapitalistischen“ Wirtschaftsordnung werde die Arbeitskraft „ausgebeutet“. Die Einkommensverteilung zwischen Arbeit und Kapital sei deswegen „ungerecht“. Anders als für den Begriff Gerechtigkeit hat es für den der Ausbeutung wissenschaftlich erwägenswerte Definitionsversuche gegeben. Arthur Cecil Pigou schlug vor, nur dann von Ausbeutung zu sprechen, wenn der Lohnsatz unter dem Grenzertragswert der Arbeit liegt. In Industrien, in denen Wettbewerb um Arbeitsleistungen herrsche, sei keine Ausbeutung möglich. Lediglich beim Monopson und bilateralen Monopol könnte der Lohn niedriger als der Grenzertragswert sein. Da beim Monopson die Angebotssituation analytisch zu eindeutigen Lösungen führt, wird meist – wie auch im folgenden – dieser Fall (Fig. 11–3.III.) zugrunde gelegt.

Die **Analyse** der Ausbeutung ist ein gutes Beispiel für das Vorgehen des Wissenschaftlers, der sich in seinen Aussagen von Werturteilen frei halten möchte. Im Produktionsprozeß setzt man Kapital und Arbeit ein; Boden sei unter Kapital subsumiert. Kapital und Arbeit werden im Monopson gleichermaßen ausgebeutet, weil beide Faktoren einen Preis unterhalb des Grenzertragswerts erhalten. Da theoretisch nicht auszuschließen ist, daß der Kapitalanbieter (der „Kapitalist“) von den Nachfragern stärker ausgebeutet wird als der Anbieter von Arbeitskraft, versucht man, die Ausbeutungskonzeption mit einer Hilfskonstruktion zu retten. Ausbeutung liege vor, wenn das Verhältnis des Faktorpreises zum Grenzertragswert für die Arbeit kleiner sei als für das Kapital. Damit wird der Spielraum dessen, was unter Ausbeutung fällt, relativiert und reduziert. Es ist eine empirische Frage, was dann noch verbleibt, zumal wenn man bedenkt, daß ein „Ausbeuter" von Arbeitskraft auf dem Kapitalmarkt der „Ausgebeutete" sein kann. Die relative Ausbeutungskonzeption schließt nicht aus, daß der Lohn eines „Ausgebeuteten" absolut höher sein kann als der eines „Nichtausgebeuteten". Es ist eine terminologische Frage, ob jemand mit einem relativ hohen Lohn noch als „ausgebeutet" bezeichnet werden soll. Die Schwäche der Argumentation ist offenkundig. Der Unternehmer kann die Faktoren nicht mit ihren Grenzertrags-, sondern nur mit ihren Nettogrenzertragswerten entlohnen, wenn er keine Verluste machen will. Die Tatsache, daß die zusätzliche Faktoreinheit einen Beitrag in Höhe des Grenzertragswerts leistet, kommt im Faktorpreis nicht zum Ausdruck.

Angesichts solcher Schwierigkeiten hat sich die Ausbeutungskonzeption wirtschaftspolitisch vor allem in der Forderung nach **Mindestlöhnen** niedergeschlagen. Unter einem Mindestlohn pro Zeiteinheit versteht man ein Entgelt für die Arbeitsmenge, das nicht unterschritten werden darf. Die Durchsetzung und Garantie des Mindestlohnes – durch Eingreifen des Staates oder Vereinbarungen der Arbeitsmarktparteien – ist eine politische Frage. Angenommen, der Mindestlohn w_{MI} sei höher als der Lohnsatz im Monopson w_{M0}, jedoch niedriger als der Grenzertragswert. Die Gleichgewichtsmenge v_E ist dann größer als im Monopson v_{M0} ohne Mindestlohn (Fig. 11–4.I.); die Angebotskurve S_M hat die in Fig. 11–4.II. angegebene Lage.

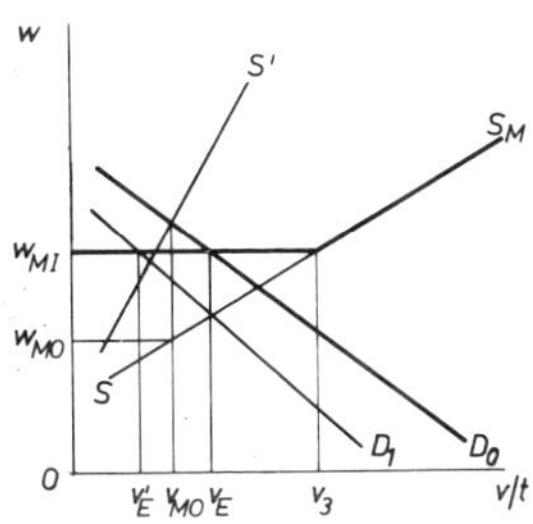

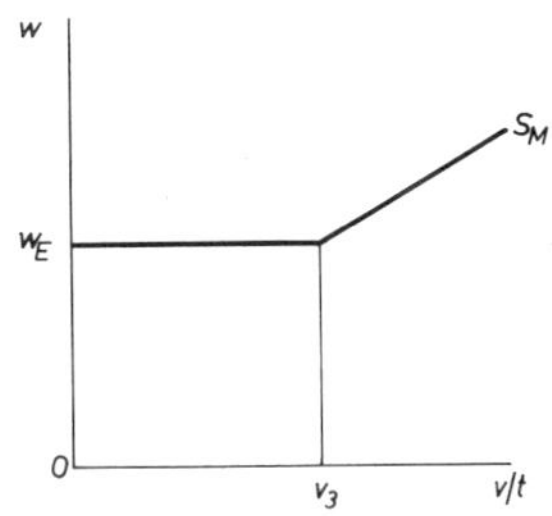

Fig. 11–4: Mindestlöhne im Monopson

Es bleibt die theoretische Frage nach der **Stabilität des Gleichgewichts** bei Mindestlöhnen. Durch den Anstieg der Durchschnittslohnsätze auf w_{MI} wird es für den Nachfrager interessant (Fig. 11–4.I.), statt Arbeit Kapital einzusetzen, die Arbeitsnachfrage geht zurück und die Nachfragekurve wird vielleicht die Lage D_1 einnehmen. Die Mindestlohnsatzkurve schneidet dann die Nachfragekurve bei der geringeren Menge v'_E. Es ist jedenfalls nicht auszuschließen, daß Mindestlohnsätze langfristig die Zahl der Beschäftigten einer Arbeitsart verringern. Das Ergebnis ist vom Verhalten der Produzenten, von der Substitutionsmöglichkeit zwischen den Arbeitsarten (z. B. zwischen gelernter und ungelernter Arbeit) und zwischen Arbeit und Kapital sowie von den Grenzertragswertfunktionen beider Faktoren abhängig. Ein tatsächlich zu beobachtender Effekt von Mindestlöhnen ist, daß weniger gute Arbeit durch höherwertige ersetzt wird.

Wie immer das Ergebnis aussehen mag, es sollte deutlich geworden sein, Konzeptionen wie die von der Ausbeutung haben in der ökonomischen Theorie keinen Platz. Man erhielte eher einen akzeptablen Begriff der „Ausbeutung", wenn man im Gegensatz zu den bisherigen Definitionen an Fälle dächte, in denen der Nachfrager von Arbeitsleistungen die Unkenntnis von Arbeitern ausnutzt und für gleiche Leistungen unterschiedliche Löhne zahlt oder die Entlohnung nach außerökonomischen Kriterien (wie Geschlecht, Hautfarbe, Religion) differenziert. Vielleicht ist der Erfolg des organisierten Angebots auf dem Gebiet der allgemeinen Arbeitsbedingungen größer gewesen als bei der Lohnfindung.

Gewerkschaften

Gewerkschaften sind Vereinigungen von Arbeitnehmern, die vor allem höhere Löhne und bessere Arbeitsbedingungen für die Mitglieder der Gruppe erreichen wollen. Weitere mögliche Zielsetzungen sind die Schulung von Mitgliedern und in der Bundesrepublik vor allem die Mitbestimmung, die eine nicht unwichtige Rolle in der gewerkschaftlichen Aktivität spielt. Eine weite **Definition** scheint im Hinblick auf die Realität zweckmäßig.

Die **allgemeine Bedeutung** der Gewerkschaften liegt darin, daß sie eine Vielzahl individueller Arbeitnehmerinteressen auf den Arbeitsmärkten geschlossen vertreten. In weiten Bereichen sind kollektive Lohnverhandlungen typisch. Wenn auch in den westlichen Ländern der größere Teil der Arbeiter nicht organisiert ist – in der Bundesrepublik gehört ungefähr jeder dritte Arbeitnehmer einer Gewerkschaft an –, darf nicht übersehen werden, daß kollektive Vereinbarungen oft auch für die Nichtorganisierten gelten (Allgemeinverbindlichkeit). Ausgesprochen arbeitnehmerfeindliche Regelungen lassen sich nicht (oder nur schwer) aufrechterhalten oder durchsetzen. Der Einfluß der Gewerkschaften auf die politischen Entscheidungsträger sollte nicht unterschätzt werden. Dominieren bei den Gewerkschaften politische Ziele, wäre der Terminus „politische Parteien" angebracht, unabhängig davon, wie sich die Gruppe selbst bezeichnet.

Die wichtigste ökonomische Frage ist die nach dem **Einfluß** der Gewerkschaften **auf die Lohnbildung.** Geht man von einem bilateralen Monopol auf dem Arbeitsmarkt aus, sind den Verhandlungszielen nach oben und unten Grenzen gesetzt, jenseits deren Nachfrage oder Angebot völlig ausfallen (Fig. 11–3.IV.). Innerhalb dieser Grenzen setzen beide Seiten zahlreiche strategische Möglichkeiten der Verhandlung und des Druckes ein, um die Gegenseite zu Zugeständnissen zu bewegen. Bekannte Mittel sind gegenseitige öffentliche Anprangerung, Drohung, Boykott, Streik und Aussperrung. Dabei ist die Härte der Auseinandersetzung in der Bundesrepublik im Vergleich zu der in angelsächsischen Ländern noch gering. Das

Interesse, welches Arbeitskämpfe in der Öffentlichkeit erwecken, läßt leicht vergessen, daß es gravierendere dynamische Einflüsse auf den Lohn gibt als Art und Dauer der Verhandlungen. Es sind jene bekannten Faktoren, die für die Elastizität des Angebots und der Nachfrage eines Arbeitsmarktes bestimmend sind.

Aus diesen Gründen muß man annehmen, daß langfristig die Elastizität der Nachfrage und des Angebots auf dem Arbeitsmarkt größer ist als bei kurzfristiger Betrachtung. Mit zunehmender Nachfrage- und (oder) Angebotselastizität schrumpft der Verhandlungsspielraum im bilateralen Monopol. Befinden sich die Nachfrager nach Arbeitsleistungen auf den Absatzmärkten in scharfem Wettbewerb oder geht die Nachfrage nach den Produkten zurück, können auch harte Verhandlungen den Lohn nicht über ein bestimmtes Niveau hinaus erhöhen. Das gilt entsprechend für das Arbeitsangebot. Es ist deshalb nicht erstaunlich, daß der Lohn in der Bundesrepublik auf einigen Arbeitsmärkten (z. B. im Kohlenbergbau) zeitweilig hinter anderen Löhnen zurückgeblieben ist, obwohl die Gewerkschaften einen starken Druck auszuüben versuchten und der Organisationsgrad (Anteil der organisierten an der Gesamtzahl der Arbeitnehmer) relativ hoch liegt, während auf anderen Arbeitsmärkten, auf denen das Angebot weniger organisiert ist (z. B. bei Hausangestellten), die Löhne besonders stark gestiegen sind. Generell ist festzuhalten: Die ökonomischen Bestimmungsfaktoren der Nachfrage und des Angebots auf dem Arbeitsmarkt können von größerem Gewicht sein als die Organisationsformen beider Marktseiten.

III. Besonderheiten der Zinsbildung

Kredittheorie des Zinses

Der Zins ist der Preis für die zeitliche Inanspruchnahme von Geldkapital (Kredit), ausgedrückt in Prozenten und bezogen auf eine Periode (meistens ein Jahr). Er bildet sich aus Angebot und Nachfrage, die als solche bereits analysiert worden sind. Bei der Zinsbildung ist auf einige **Besonderheiten** zu achten, auf die schon kurz hingewiesen wurde (10. Kap.). Das Geldangebot stammt einmal aus dem Sparen (S) der Haushalte und Unternehmen. Die Ersparnisse der Unternehmen lassen sich wieder vereinfachend als Vermögensbestände der Haushalte betrachten. Hierzu muß noch die Veränderung der Geldmenge (ΔM) gerechnet werden. Das Gesamtangebot ist also $S + \Delta M$. Die Nachfrage einer Unternehmung nach Geldkapital wird aus ihrem Produktangebot abgeleitet. Betrachtet man den Geldkapitalmarkt einer Volkswirtschaft als Einheit, muß zur Nachfrage der Privaten noch die des Staates addiert werden; soweit nämlich Staatsausgaben nicht durch Steuereinnahmen gedeckt sind, werden Kredite in Anspruch genommen. Da auch Kredite aus früheren Zeiten zurückgezahlt werden, findet nur der Überschuß der Kredite über die Rückzahlungen (Nettokredite) Berücksichtigung. Die Gesamtnachfrage der Unternehmen und des Staates erfolgt zum Zwecke der Beschäftigung von Produktionsfaktoren oder zur Auffüllung der Kassenbestände (Horten). Enthorten und Horten ergeben saldiert die Veränderung der Kassenbestände (ΔK), das Nettohorten. Der für die Faktoreinsätze nachgefragte Betrag wird als Investition (I) bezeichnet. Kredite werden nicht nur für Investitionen und Horten, sondern auch für Konsumzwecke nachgefragt (Konsumentenkredite). Zur Vereinfachung sei angenommen, dieser Betrag wäre beim Sparangebot der Haushalte schon berücksichtigt worden. Das Sparen der Haushalte umfaßt dann nur jenen Betrag, der den Unternehmen und dem Staat angeboten wird. Die Gesamtnachfrage ist dann $I+\Delta K$. Gesamtnachfrage und -angebot sind gleich, wenn gilt:

(11.1) $S+\Delta M = I+\Delta K$ (Gleichgewichts-Bedingung).

Der amerikanische Nationalökonom Abba P. Lerner (geb. 1903) hat die Zusammensetzung des Angebots und der Nachfrage sowie die Beziehungen zwischen Kapitalmenge (Geldeinheiten M pro Zeit) und dem Zinssatz i übersichtlich dargestellt; sie wird als **loanable funds-Theorie** bezeichnet (Fig. 11–5).

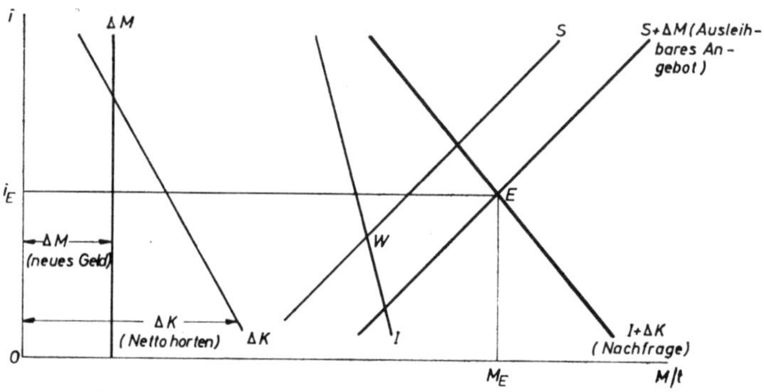

Fig. 11–5: Zinsbildung

In Fig. 11–5 sind die Angebotsgrößen S und ΔM separat und dann als Summe $S+\Delta M$ aufgetragen; ebenso ist mit den Nachfragegrößen I und ΔK verfahren worden. Der Zinssatz i_E ist der Preis, der die gesamtwirtschaftlich ausleihbaren und nachgefragten Fonds OM_E, kurz: das Angebot und die Nachfrage auf dem Geldkapitalmarkt, zum Ausgleich bringt. Sparen und Investieren determinieren nur dann den Zins, wenn keine Geldmengen- und Kassenbestandsänderungen stattfinden (Wicksellscher Punkt W bei $\Delta M = \Delta K = 0$).

Eine andere Erklärung der Zinsbildung stammt von John M. Keynes. Nach seiner Hypothese wäre allein das Nettohorten zinsabhängig. Mit fallendem Zinssatz werde die Neigung zu horten größer („Liquiditätspräferenz-Theorie"), und das Sparen habe nur indirekt mit dem Zinssatz zu tun; unmittelbar bestimmend sei dafür das Volkseinkommen. Auf die Ansichten von KEYNES wird in der Makroökonomik näher eingegangen. Ein wichtiger Punkt mag schon hier erwähnt sein. Angebot und Nachfrage nach Kapital sind empirisch gesehen nur bedingt zinsabhängig, was vor allem für das Geldmengenangebot gilt. Es ist eine offene Frage, ob das Sparangebot in der Wirklichkeit auf Zinsänderungen stark reagiert.

Einkommens- und Allokationsfunktion

Die Festsetzung, der Zinssatz sei der Preis für die Inanspruchnahme von Geldkapital auf ein Jahr, schließt keine Aussage über die Laufzeit des Kredits ein. Diese kann zwischen einem Tag und praktisch unendlich („ewige Rente") variieren. Ändert sich der Zinssatz, wirkt sich das zunächst nur auf das Einkommen der Anbieter neuer Kredite aus. Das Einkommen der Ausleiher früherer Kredite ändert sich nicht, es sei denn, bei der Ausleihung wurde eine Anpassung an Zinsänderungen vereinbart. Das gegenwärtige Einkommen der Ausleiher früherer Kredite wird zwar nicht beeinflußt, wohl aber der reale Wert ihres Vermögens. Eine festverzinsliche Schuldverschreibung über einen bestimmten Betrag (z. B. 100 DM) wird bei einer Zinserhöhung im Realwert fallen et vice versa. Steigt der Zins von 4 auf 5 %, müßte der Kurswert von beispielsweise 100 vielleicht auf 80 zurückgehen, denn dem Nominalzins von 4 % auf den Nennwert des Papiers von 100 entspricht ein Realzins von 5 % auf den Kaufpreis von 80. Der Zinssatz ist – wie wir wissen (10. Kap.) – eine Größe, die es gestattet, Gegenwarts- und Zukunftseinkommen zu verbinden. In der Zukunft erwartetes Einkommen soll als Vermögen bezeichnet werden. Man kann auch sagen: Der Zinssatz verbindet den gegenwärtigen **Einkommensstrom** (Y) mit dem gegenwärtigen **Vermögensstock** (W), aus dem künftige Einkommen fließen. Für den Fall einer dauernden Investition gilt die einfache Beziehung:

(11.2a) $W = Y/i$ oder (11.2b) $Y = i \cdot W$.

Wirft ein Grundstück ein jährliches Einkommen von 1000 DM ab und beträgt der Zinssatz auf dem Kapitalmarkt 5 %, wäre der Marktwert des Grundstücks nach (11.2a) 1000 · 100/5 = 20 000 DM. Fiele der Zins auf 4 %, würde sich der Wert auf 25 000 DM erhöhen, was keineswegs paradox ist, da ein Kapitalgut bei konstanten Gelderträgen und sinkendem Zinsniveau relativ im Wert steigt.

Bei der Vermögensbewertung vermengt man häufig wirtschaftliche und technische Betrachtungsweise. Eine Investition mit dem dauernden Zinsertrag von Null (Y = 0) besitzt nach (11.2a) keinen Wert, weil das Vermögen als zukünftiges Einkommen dann ebenfalls Null ist. Dabei ist es gleichgültig, ob die Investition technisch erfolgreich durchgeführt wurde oder nicht. Investiert jemand 100 000 DM in eine Fabrik und ist von dem produzierten Gut kein Stück absetzbar, existiert kein Vermögen im wirtschaftlichen Sinn, soweit nicht die Anlage einen Schrottwert besitzt oder für eine andere Produktion verwendet werden kann. Der Leser achte selbst einmal auf die nicht seltenen Fälle, in denen von „Kapitalvernichtung" oder „Vermögensverschleuderung" gesprochen wird, obwohl wirtschaftliches Vermögen nicht oder nicht mehr in dem behaupteten Umfang vorhanden, ein entsprechendes künftiges Einkommen also nicht zu erwarten ist.

Die Einkommen aus Geldkapital, die Zinserträge, werden von Kritikern des „Kapitalismus" als ein Stein des Anstoßes betrachtet. Die „Ausbeutung" der Arbeitskraft sei nur deswegen möglich, weil es Leute gebe, die ihre Arbeit keinem Fremden anzubieten brauchten. Das sind die Kapitalbesitzer, die von der „Rente" ihrer Investitionen leben. Wäre nicht eine Volkswirtschaft ohne Zinseinkommen besser? Wir wissen, daß Realkapital ein notwendiger Bestandteil einer arbeitsteiligen Produktion ist. Aus seinem Einsatz entstehen Erträge. Wer über Geldkapital verfügen will, wird wegen des dadurch möglichen ertragssteigernden Realkapitaleinsatzes bereit sein, Zinsen zu zahlen, was im allgemeinen auch erforderlich ist, um Einkommensbezieher zum Verzicht auf Gegenwartskonsum zu veranlassen.

Die **Entscheidung über die Allokation** des Kapitals kann im Extremfall entweder vollständig von den Privaten oder dem Staat getroffen werden. Für welches System man sich auch entscheidet: Die Existenz von Kapital und Kapitalerträgen ist kein Unterscheidungskriterium der Lenkungssysteme. In einer Zentralverwaltungswirtschaft wird das „sozialisierte" Kapital so dirigiert, wie es die Regierung für richtig hält. In einer Marktwirtschaft können die Privaten ihr Kapital im Rahmen bestehender Gesetze am Ort größtmöglicher Erträge einsetzen. Man verläßt sich in ihr weitgehend auf die Lenkungs- oder Allokationsfunktion der Gewinne und Verluste. Die kurz- und langfristige Analyse des Angebots hat zu zeigen versucht, welche Wirkungen auf die Verwendung der Produktionsfaktoren von den Gewinnen ausgehen können.

Die Zinserträge sind allerdings nur ein Teil dessen, was die Unternehmer als Gewinn bezeichnen, und von den Zinserträgen ist wiederum nicht alles Gewinn. Wenn man Gewinn als Differenz zwischen Erlösen und opportunity cost (Transfereinkommen) versteht, ist von den Zinserträgen nur der Teil Gewinn, der über den „Festhaltebetrag" hinausgeht. Da Geldkapital, wie jedes andere Gut, knapp ist, kann es vom Investor nur gehalten werden, wenn er zumindest die opportunity cost zahlt. Es ist also fraglich, ob der größere Teil der Unternehmergewinne aus Zinserträgen stammt. Unternehmergewinne entstehen vor allem auch als ökonomische Rente aus dem Einsatz anderer, dem Unternehmer gehörenden Faktoren und als dynamische Gewinne – ganz abgesehen von jenen Fällen, in denen der „Lohn" des Unternehmers dem Gewinn zugerechnet wird. Die gängige

Aufteilung des Volkseinkommens in Arbeitnehmereinkommen (Lohnquote), Unternehmer- und Vermögenseinkommen ist für die angedeuteten Probleme einer Gewinnabgrenzung ohne größere Aussagekraft.

Bibliographische Hinweise

1. Zur Faktorpreisbildung im allgemeinen und zur modernen Unterscheidung von Transfereinkommen und ökonomischer Rente sind zu empfehlen: W. J. L. RYAN, Price Theory, a. a. O., Chap. 7, und R. G. LIPSEY, An Introduction . . ., a. a. O., Chap. 33–35. LIPSEY geht ebenfalls ausführlich auf die Gewerkschaften ein, deren wissenschaftliche Analyse im angelsächsischen Bereich eine eigene Teildisziplin (labor economics) entstehen ließ. Ein gutes Werk, allerdings abgestellt auf die lehrreichen Verhältnisse in Großbritannien, ist: E. H. P. BROWN, The Economics of Labor, New Haven 1962.

2. Zur Analyse des Zinses, die in allgemeine monetäre Aspekte übergreift, und insbesondere zur loanable funds-Theorie siehe: F. A. LUTZ, Zinstheorie, a. a. O., 13. Kap., zur systematischen Vertiefung 20.–23. Kap. G. N. HALM, Geld, Außenhandel und Beschäftigung, 4. A., Berlin 1966, 11. Kap. Aus der englischen Literatur empfehlenswert: W. T. NEWLYN, Theory of Money, Oxford 1962, Chap. 8.

12. Einige Vorhersagen zur Faktorpreisbildung und empirische Tests

I. Vorhersagen

Aus der Analyse der **Nachfrage nach Produktionsfaktoren** läßt sich unter der Gewinnmaximierungsannahme unmittelbar folgende Vorhersage ableiten:

Die Produktionsfaktoren werden mit dem Grenzertragswert entlohnt, sofern sich der Produzent auf dem Faktor- und Absatzmarkt in Konkurrenz befindet.

Diese Vorhersage (vgl. Übers. 9–5) wird als Grenzproduktivitätsprinzip bezeichnet. Es sei noch einmal darauf aufmerksam gemacht, daß die Vorhersage nur etwas über die Nachfrage nach Produktionsfaktoren aussagt. Die absolute Höhe der Bezahlung der Faktoren bleibt unbestimmt.

Für das **langfristige Arbeitsangebot**, das vom Bevölkerungswachstum bestimmt wird, gibt es verschiedene Hypothesen, die einen Zusammenhang zwischen Reallöhnen und Arbeitsangebot herstellen. Hierfür bekannte Autoren sind MALTHUS und MARSHALL. Der ihnen gemeinsame Grundgedanke führt zu folgender Vorhersage:

Bei einem niedrigen Lohnniveau ist das langfristige Arbeitsangebot nahezu völlig elastisch (MALTHUS). **Steigt im Zuge der wirtschaftlichen Entwicklung das Lohnniveau, nimmt die langfristige Angebotselastizität ab** (MARSHALL). **Bei einem hohen Lohnniveau kann die Elastizität den Wert Null annehmen oder negativ werden.**

Die Vorhersagen seien graphisch erläutert. Das langfristige Arbeitsangebot pro Zeiteinheit sei v_w/t, der Reallohnsatz w_r (Fig. 12–1).

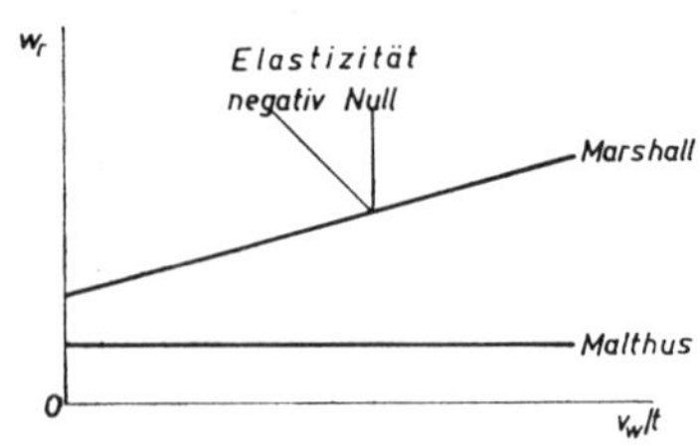

Fig. 12–1: Langfristiges Arbeitsangebot und Reallöhne

Die Vorhersage bezieht also den Zusammenhang zwischen langfristigem Arbeitsangebot und Lohnsätzen auf das jeweilige Lohnniveau.

Nach der Nettovorteilshypothese sind für die **Mobilität** der Arbeit neben dem Lohn auch nichtmonetäre Vor- und (oder) Nachteile von Bedeutung. Erst die Gesamtvorteilsüberlegung ist für das Angebot an Arbeitskraft ausschlaggebend. Diese Hypothese läßt sich auf alle Produktionsfaktoren ausdehnen. Unter Beschränkung auf den Faktor Arbeit ist anzunehmen, daß sich die nichtmonetären Vor- und Nachteile entweder überhaupt nicht oder nur langsamer ändern als die Löhne. Dann ist folgende Vorhersage möglich:

Ändert sich das Verhältnis der realen Löhne, die bei alternativem Arbeitskrafteinsatz gezahlt werden, wird mehr (weniger) Arbeit bei jener Beschäftigung angeboten, deren Lohn relativ gestiegen (gefallen) ist.

Auch diese Vorhersage sei für zwei Beschäftigungsmöglichkeiten A und B graphisch illustriert. Das Arbeitsangebot S wird in Stunden h ausgedrückt, der Reallohnsatz in w_r (Fig. 12–2).

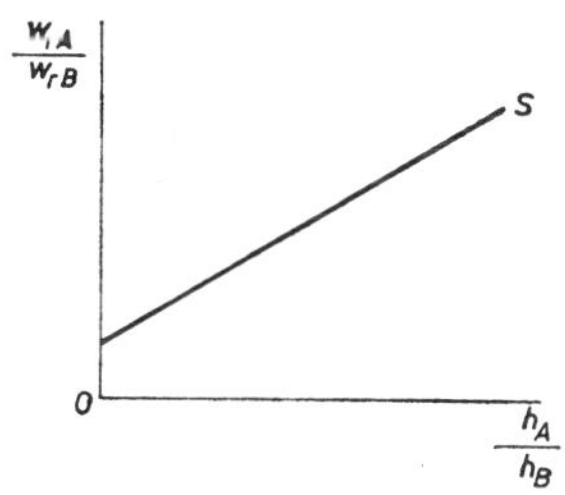

Fig. 12–2: Mobilität und relative Löhne

Steigt der relative Lohn w_{rA}/w_{rB}, wird sich auch das Verhältnis der in Beschäftigung A und B angebotenen Arbeitsstunden erhöhen. Diese Vorhersage ist insofern unvollständig, als auf das absolute Lohnniveau keine Rücksicht genommen wird. Bei sehr hohen absoluten Löhnen spricht manches für die Vermutung, daß sich die vorhergesagte Wirkung abschwächt.

Die **Lohnhöhe** ist kurzfristig von der **Marktform** abhängig. Ein Vergleich der verschiedenen Marktformen (Fig. 11–3) erlaubt folgende Vorhersagen:

Ist das Arbeitsangebot monopolisiert und die Nachfrage im Wettbewerb, läßt sich durch eine Angebotsbeschränkung ein höherer Lohn erzielen als bei unbeschränktem Arbeitsangebot.
Bei monopsonistischer Arbeitsnachfrage und Konkurrenzangebot ist der Lohn – bezogen auf dieselbe Menge – niedriger als bei monopolistischem Angebot und niedriger als bei Wettbewerb auf beiden Marktseiten.

In einem bilateralen Monopol liegt der Lohn zwischen dem im Monopol- und Monopsonfall.

Da Angebot und Nachfrage zeitlich schwanken – die Nachfrage unterliegt z. B. dem Wechsel der Verbraucherpräferenzen, das Angebot dem technischen Fortschritt –, muß langfristig die sich hierauf beziehende ceteris paribus-Klausel aufgegeben und davon ausgegangen werden, daß die Grenzen für die Lohnbildung durch die soeben angeführten Kräfte wesentlich stärker determiniert sind als durch die Marktform. Bezogen auf den **Zeithorizont des monopolistischen Arbeitsangebots** kann folgende Vorhersage abgeleitet werden:

Langfristig dürfte der Einfluß der Gewerkschaften auf die Höhe des Lohnes geringer sein als in kurzer Sicht. Die Position der Arbeiter ist langfristig nicht wesentlich anders als die unter Wettbewerbsbedingungen.

Diese Vorhersage läßt sich in folgender Weise veranschaulichen, wobei die Maßstäbe der Zeitperiode t in kurz- und langfristiger Betrachtungsweise verschieden sind (Fig. 12–3).

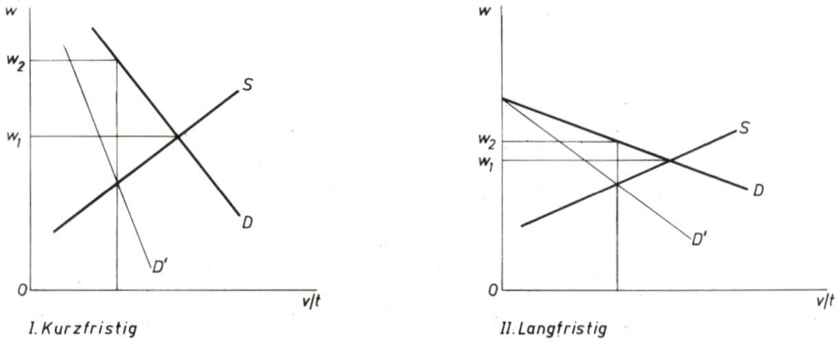

Fig. 12–3: Kurz- und langfristige Wirkungen des Angebotsmonopols

Kurzfristig gibt es einen größeren Lohnspielraum w_2–w_1 als langfristig. Je mehr die Gewerkschaften den kurzfristigen Spielraum ausschöpfen, um so stärker sind die langfristigen Wirkungen für den Ersatz von Arbeit durch Kapital, was zu einer Verflachung der Nachfragekurve führt. Wahrscheinlich wirken einige Ursachen der Verflachung der Nachfragekurve zugleich auf eine Erhöhung des Lohnniveaus. Bei gewerkschaftlicher Aktivität wird ein höheres Lohnniveau unter Umständen schneller erreicht. Andererseits kann sie dazu beitragen, den Lohnspielraum zu reduzieren. In makroökonomischer Sicht wären noch die Wirkungen der Nachfrageverschiebungen auf die Produktnachfrage zu berücksichtigen. Löhne sind Einkommen der Haushalte und deswegen auch für die Größe und Richtung der Nachfrage bestimmend.

II. Tests

Es soll mit einem vieldiskutierten Beobachtungsmaterial begonnen werden, das gelegentlich als Negativtest des **Grenzproduktivitätsprinzips** interpretiert wird. Teilt man das Volkseinkommen eines Landes in Arbeits- und Kapitaleinkommen auf, erweist sich im internationalen Vergleich über viele Jahrzehnte hinweg die Verteilung auf beide Einkommensarten (funktionelle Einkommensverteilung) als ziemlich konstant. Man erhält für die letzten 100 Jahre z. B. für Deutschland und die Bundesrepublik folgende prozentualen Anteile (Übers. 12–1).

Periode	Einkommen	
	Arbeit	Kapital
1860/64	75	25
1880/84	77	23
1900/04	73	27
1935/38	78	22
1955/59	73	27

Übers. 12–1: Funktionelle Einkommensverteilung in Deutschland

Quelle: W. G. Hoffmann, Das Wachstum der deutschen Wirtschaft seit der Mitte des 19. Jahrhunderts, Berlin-Heidelberg-New York 1965, 87; auf ganze Zahlen gerundet.

Bei der in der angeführten Quelle zugrunde gelegten Berechnungsmethode ist in der Arbeit auch die Tätigkeit der Selbständigen eingeschlossen. In der gleichen Zeit hat sich der Kapitalbestand in Deutschland – in konstanten Preisen gerechnet – etwa verfünffacht, während das mengenmäßige langfristige Arbeitsangebot ziemlich konstant geblieben ist. Aus diesen Beobachtungen hat man gefolgert, das Ertragsgesetz – Grundlage der Grenzproduktivitätstheorie – könne nicht gegolten haben, weil der Kapitalbestand absolut und relativ stark angestiegen, die Entlohnung des Faktors Kapital im Verhältnis zur Arbeit jedoch konstant geblieben ist. Der relativ knapper gewordene Faktor Arbeit hätte eine höhere Grenzproduktivität haben und deswegen einen größeren Teil des Volkseinkommens auf sich ziehen müssen.

Nun soll nicht bestritten werden, daß die Grenzproduktivitätstheorie nicht mehr wert ist als jedes andere Hypothesensystem. Die angeführte Beobachtung führt jedoch nicht zu ihrer Falsifikation. In der obigen Argumentation wird die Vorhersage über die Faktornachfrage – ein mikroökonomisches Problem – mit der gesamtwirtschaftlichen Einkommensverteilung – einer makroökonomischen Frage – vermengt. Bei gegebener Nachfrage nach einem Produktionsfaktor führt eine Vergrößerung des Angebots zu sinkenden Preisen. Das Ausmaß der Einkommensänderung eines Faktors ist von der Elastizität abhängig. Bleibt gesamtwirtschaftlich für „den" Faktor Kapital das Einkommen trotz gestiegener Menge relativ konstant, läßt das nur den Schluß zu, daß der Preis pro Kapitaleinheit relativ zu dem der Arbeitseinheit gefallen ist. Die Beobachtung einer bestimmten Gesamtverteilung kann nicht als Falsifikationsversuch der mikroökonomischen Grenzproduktivitätshypothese gewertet werden.

In der Vorhersage über die langfristigen Zusammenhänge zwischen **Lohnhöhe und Arbeitskräfteangebot** wird das Kriterium des Lohnniveaus eingeführt (Fig. 12–1). Das Angebot an Arbeit hängt vom Bevölkerungswachstum, dem Beschäftigungsgrad (Anteil der Beschäftigten an der Bevölkerung) und der Arbeitszeit ab. Die meisten Testverfahren stellen auf die Zusammenhänge zwischen der Lohn- und Bevölkerungsentwicklung ab. Bei einem sehr niedrigen Lohnniveau (nahe dem physischen Existenzminimum) ist nach MALTHUS das Arbeitsangebot – die Bevölkerungsentwicklung – völlig elastisch. Ein derartiger Zusammenhang konnte tatsächlich beobachtet werden. Schon MALTHUS stützte seine Aussage auf umfangreiches empirisches Material. In Deutschland hat WALTHER G. HOFFMANN (geb. 1903) für die Zeit von 1825–1865 nachgewiesen, daß mit einem leichten Preisanstieg für Nahrungsmittel der Geburtenüberschuß zurückgegangen ist. Das Lohnniveau war so niedrig und der Anteil an Nahrungsmittelausgaben am Haushaltsbudget so groß, daß gestiegene Nahrungsmittelpreise eine ausreichende Ernährung gefährdeten und zur Abnahme des Geburtenüberschusses führten. Auf den Philippinen und Puerto Rico hat sich über ein halbes Jahrhundert gezeigt: Beträchtliche Kapitalinvestitionen der Amerikaner gingen mit einer solchen Ausdehnung der Bevölkerung einher, daß das Reallohnniveau konstant geblieben ist. Zahlreiche Entwicklungsländer bieten ähnliches Anschauungsmaterial.

Nichts anderes hat MALTHUS behauptet. Er hat jedoch übersehen, daß im Zuge der wirtschaftlichen Entwicklung das Wachstum der Produktion infolge technischer Fortschritte größer sein kann als das Bevölkerungswachstum. Nachdem die industrielle Entwicklung in Deutschland nach 1870 zu einer Einkommensniveauerhöhung breiterer Schichten geführt hatte, ist der in der vorindustriellen Phase beobachtete Zusammenhang nicht mehr aufgetreten. Die Wirkungen steigender Löhne auf die Geburtenrate waren ambivalent, während eine Verringerung der Sterberate wegen besserer Ernährung, Hygiene und Krankenversorgung festgestellt werden konnte. In Deutschland blieb die Geburtenrate von 1870 bis 1900 konstant, ab 1900 sank sie. Die Sterberate ging ab 1870, 30 Jahre früher als die Geburtenrate, zurück. Ob die Bevölkerung insgesamt noch steigt, hängt von der Geburten- und Sterberate sowie der Wanderungsbewegung ab. In einigen Ländern ist sie absolut weiter gestiegen, in anderen gefallen. Obwohl die Zusammenhänge zwischen Bevölkerungsbewegung und Lohnentwicklung mit steigendem Lohnniveau lockerer werden, darf auch bei hohem Lohnniveau ein Zusammenhang nicht ausgeschlossen werden. RICHARD A. EASTERLIN hat die Behauptung, der „baby boom" in den Vereinigten

Staaten während des 2. Weltkriegs und danach sei die Reaktion auf einen davor zu beobachtenden Abwärtstrend in der Bevölkerungsentwicklung, zurückgewiesen. Er konnte zeigen, daß der Arbeitsmarkt für junge Leute im heiratsfähigen Alter in diesem Zeitraum so günstig war wie nie zuvor. Die Geburtenrate dieser Bevölkerungsgruppe stieg deswegen rapide an, was sich auf die Wachstumsrate der Bevölkerung erheblich auswirkte. Je höher das Lohnniveau ist, um so größer wird der Entscheidungsspielraum der Menschen in der Geburtenfrage. Das drückt sich dahingehend aus, daß das Arbeitsangebot steigen, stagnieren oder fallen kann. Die Vorhersage wird also unsicher und damit stark entwertet. Es gibt für die Entscheidung der arbeitenden Bevölkerung bei hohen Löhnen neuere Hypothesen, auf die nicht näher eingegangen werden kann. MILTON FRIEDMAN schlägt z. B. vor, die „Produktion von Menschen" als eine Wahlentscheidung zu betrachten, bei der ein Gleichgewicht zwischen „Kosten" und „Erträgen" angestrebt wird. Ob man sich mit diesem Ansatz, mit dem er eine Reihe plausibler Erklärungen liefert, oder einem anderen weiterhilft: eine Einbeziehung der langfristigen Arbeitsangebotsentwicklung in die ökonomische Theorie wäre jedenfalls zweckdienlich.

Die empirische Überprüfung der Nettovorteilshypothese, die für alle Produktionsfaktoren gilt, zeigt die Nützlichkeit der Unterscheidung nach menschlichen (Arbeit) und sachlichen Produktionsfaktoren (Boden, Kapital). Die **Mobilität** der sachlichen Produktionsfaktoren ist erheblich größer als die der Arbeitskräfte. Das gilt insbesondere für Geldkapital. Schon relativ geringe Zinssatzänderungen führen zu einer Angebotsumschichtung zugunsten höherer Erträge, wenn keine Unterschiede in der Sicherheit der Anlage und der Marktgängigkeit der Titel bestehen. Boden – wirtschaftlich mobil – wird einer anderen Verwendung zugeführt, wenn sie ertragreicher ist. Bei Arbeitskräften tauchen eine Reihe spezifischer Schwierigkeiten auf, die bereits angedeutet wurden. Die empirischen Untersuchungen zeigen vor allem für das langfristige Arbeitsangebot ökonomische und außerökonomische Einflußfaktoren. Ein gutes Beispiel dafür ist die Binnenwanderung in den Vereinigten Staaten zum Westen und Süden während und nach dem Zweiten Weltkrieg, die zu einer erheblichen Änderung der Bevölkerungs- und Arbeitskräfteverteilung geführt hat. So stieg die Bevölkerung in Kalifornien von 1950 bis 1960 um etwa 50 %, in Texas um 30 %, dagegen um 18 % im gesamten Land. Die Schlüsse aus diesem breiten Beobachtungsmaterial sind unterschiedlich. Eine Gruppe von Forschern sieht im regionalen Lohngefälle und den unterschiedlichen Beschäftigungsmöglichkeiten die Hauptursache der Mobilitat, eine andere in den nichtmonetaren Vorteilen, z. B. in den klimatischen Bedingungen („Sonnenscheindauer") und der Attraktivität der Industrien (Flugzeugbau, Werften, Chemie).

In der Kontroverse geht es um das Gewicht der monetären und nichtmonetären Vorteile. Untersuchungen und Beobachtungen in anderen Ländern legen den Schluß nahe, daß verschiedene Umstände für die Entscheidung des Arbeiters eine große Rolle spielen. Warum ist – wenn es monetäre und nichtmonetäre Vorteile gibt – die Mobilität der amerikanischen Arbeiter größer als die der englischen oder deutschen, bei denen sich im Kohlenbergbau gezeigt hat, daß höhere Löhne in anderen Branchen und landschaftliche Vorteile kaum zu einem Wechsel des Arbeitsplatzes führen? Die Vorhersage, relative Lohnbewegungen hätten Mobilität zur Folge (Fig. 12–1), gilt nur mit starken Einschränkungen. Sie müßte im Hinblick auf die Realität umformuliert werden.

Bei genaueren Untersuchungen dürften sich vermutlich folgende Einflüsse zeigen. Die Mobilität wird vor allem von der Altersstruktur der Arbeiter bestimmt. Ist das Durchschnittsalter der Beschäftigten relativ hoch, nimmt die Mobilität rapide ab (typisch für Landwirtschaft und Kohlenbergbau). Das Durchschnittsalter in einer Branche steigt oft schon dann, wenn sich Absatzschwierigkeiten über eine längere Zeit erstrecken. Jüngere Arbeitskräfte sehen dann keine zukunftsträchtige Entwicklung mehr und suchen anderswo Beschäftigung. Mit wirtschaftspolitischen Maßnahmen, die den Anpassungsprozeß verlängern, entsteht ein typisches Problem: Arbeitskräftemangel bei jüngeren Arbeitern und Überschuß bei älteren Kräften (Überalterungstendenz). Die Bedeutung nichtmonetärer Vorteile nimmt mit dem Erwerbsalter zu. Jüngere Arbeiter reagieren schon auf kleine Lohnunterschiede, wobei Mobilität zu einem Wert an sich, zum Selbstzweck werden kann („die Welt kennenlernen").

Gesamtwirtschaftlich wäre es zureichend, wenn es eine bewegliche Schicht von Beschäftigten gäbe, die das „Mobilitätsbedürfnis" befriedigt. Unverkennbar nimmt mit einer raschen wirtschaftlichen Entwicklung das Ausmaß an Mobilität, das für eine vom Markt gesteuerte Faktorallokation nötig wäre, zu. Viele Beschäftigte, die früher mit einer lebenslangen Tätigkeit an einem Arbeitsplatz oder in einem Beruf rechnen konnten, stehen heute vor der Notwendigkeit eines mehrmaligen Wechsels. Unabhängig von der Frage nach dem Gewicht monetärer und nichtmonetärer Einfluß-

Beschäftigungsart oder -stelle	**Jahr**	**Gewerkschaftseffekt**
Herstellung von Herrenbekleidung	1946–57	0
Bauarbeiten	1939	5
Kraftfahrer	1958	12
Gummireifenproduktion	1936–38	14
Seeleute	1950–60	20
Flugpiloten	1956	27
Bergleute	1956/57	53

Übers. 12–2: Gewerkschaftseffekt

Quelle: H. G. LEWIS, Unionism and Relative Wages in the United States: An Empirical Inquiry, Chicago 1963, Chap. 3 und 6.

größen stellt sich dem einzelnen wie der Wirtschaftspolitik die Aufgabe, diesem Erfordernis mehr und mehr gerecht zu werden.

Empirische Untersuchungen über den Einfluß der Gewerkschaften auf die Lohnhöhe sind nicht sehr zahlreich. H. Gregg Lewis hat in den Vereinigten Staaten für ausgewählte Beschäftigungsarten und -stellen geprüft, wieviel Prozent Lohn gewerkschaftlich organisierte Arbeiter mehr verdienen als unorganisierte. Die Differenz wird als **Gewerkschaftseffekt** bezeichnet (Übers. 12–2).

Die Wirkung einer gewerkschaftlichen Organisation kann sehr unterschiedlich sein. Auf der einen Seite gibt es Beobachtungen über Zusammenschlüsse von Arbeitern, die sogar zu niedrigeren Löhnen führten, als sie ohne Zusammenschluß zu erwarten gewesen wären. In solchen Fällen sind meistens nichtmonetäre Vorteile zumindest ein Äquivalent für die Lohnsenkung. Ein Beispiel dafür sind die Vereinbarungen der amerikanischen Professorengewerkschaft mit Universitäten, nach denen die lebenslängliche Anstellung eines Professors zu einer geringeren Bezahlung führen soll. Vermutlich würden auch anderswo Arbeiter bereit sein, für die Sicherheit des Arbeitsplatzes einen „Preis“ zu zahlen. Aus solchen Gründen meint man gelegentlich, Beamten eine schlechtere Bezahlung zumuten zu können als Angestellten bei vergleichbaren Tätigkeiten in der Privatwirtschaft. Auf der anderen Seite konnte festgestellt werden, daß manche Löhne auch ohne Gewerkschaften beachtlich anstiegen. Langfristig ließ sich ein exorbitanter Gewerkschaftseffekt für verbreitete Beschäftigungsarten nicht beobachten. Erzielt man bei einer Tätigkeit ohne gewerkschaftliche Organisation einen hohen, durch ein kollektives Angebot nicht mehr zu steigernden Preis, sind Arbeiter selten gewerkschaftlich organisiert. Das gilt generell für qualitativ hervorragende Beschäftigte innerhalb einer Arbeitsart.

Wahrscheinlich würden die meisten Kenner der Verhältnisse akzeptieren, was George Hildebrand, ein bekannter labor-economist, vor dem Joint Economic Committee des amerikanischen Kongresses zu den langfristigen Effekten der Gewerkschaften ausführte: 1. sei es den Gewerkschaften kaum möglich, die Löhne auf Kosten der Gewinne zu erhöhen, weil Lohnerhöhungen meist aus einer anderen Quelle (z. B. Produktivitätsfortschritt) stammen und den Gewerkschaften die Macht fehlt, gegen den Markt anzukämpfen; 2. werde die Unternehmungsleitung im Gefolge unvermeidbarer Lohnerhöhungen arbeitssparende Produktionsmethoden und neue Arbeitsorganisationen einführen, die zu Kostenreduktionen führen und Lohnerhöhungen bei konstanten Gewinnen ermöglichen. Gewerkschaftliche Aktivitäten mit dem Ziel, die Lohnsumme zu erhöhen und die Verteilung des Volkseinkommens auf Arbeit und Kapital zu ändern, haben – wenn man das empirische Material prüft – bisher keinen deutlich erkennbaren Erfolg gehabt. Die gewerkschaftliche Lohnpolitik scheint bisher mehr die Verteilung unter den Arbeitnehmern beeinflußt zu haben als die zwischen Arbeitern und „Kapitalisten“.

Bibliographische Hinweise

1. Zu den empirischen Problemen ist für Deutschland vor allem auf das umfangreiche Material zurückzugreifen, das W. G. HOFFMANN, Das Wachstum der deutschen Wirtschaft seit der Mitte des 19. Jahrhunderts, Berlin-Heidelberg-New York 1965, präsentiert. Zur Einkommensverteilung, besonders in den letzten Jahren, sind die Jahresgutachten des Sachverständigenrates zu empfehlen, sowie die Monographie: J. KROMPHARDT, Strukturwandel und Einkommensverteilung. Die Entwicklung in der Nachkriegszeit, Tübingen 1969.

2. Zum langfristigen Arbeitsangebot vgl.: G. J. STIGLER, The Theory of Price, a. a. O., Chap. 16 und die dort angegebene Literatur. M. FRIEDMAN, Price Theory, a. a. O., Chap. 11. R. A. EASTERLIN, The American Baby Boom in Historical Perspective, The American Economic Review, 51 (1961).

3. Zur Mobilität der Arbeitskräfte in den USA: F. BARTZ, Strukturwandlungen und Standortverlagerungen in der Industriewirtschaft der Vereinigten Staaten von Nordamerika in den letzten 15 Jahren, Geographisches Taschenbuch, Stuttgart 1953. L. E. GALLAWAY, Industry Variations in Geographic Labor Mobility Patterns, Journal of Human Resources, 2 (1967).

4. Über den Gewerkschaftseffekt: H. G. LEWIS, Unionism and Relative Wages in the United States: An Empirical Inquiry, Chicago 1963. H. H. LIEBHAFSKY, The Nature of Price Theory, a. a. O., Chap. 13 (mit Literatur). H. G. JOHNSON and P. MIESZKOWSKI, The Effects of Unionization on the Distribution of Income: A General Equilibrium Approach, The Quarterly Journal of Economics, 84 (1970), 539-61.

Dritter Teil:

Makroökonomik

13. Geld

I. Geldangebot

Geldfunktion und Geldmengendefinition

Wie aus der Analyse der Tauschwirtschaft bekannt ist, stellt Geld die notwendige Begleiterscheinung einer ausgeprägten Arbeitsteilung dar. Hochentwickelte Volkswirtschaften sind ohne ein funktionierendes Geldsystem nicht möglich. **Geld** hat die **Funktion**, Recheneinheit (Wertmaßstab), allgemeines Tauschgut und Wertaufbewahrungsmittel (Wertspeicher) zu sein. Die Rechenfunktion ist abstrakter, die Tausch- und Wertspeicherfunktion konkreter (dinglicher) Natur. Welche Form das Geld hat (z. B. Edelmetall, Papier), ist eine untergeordnete Frage, solange von ihr keine Beeinträchtigung der Geldfunktionen ausgeht. Mühlsteine wären als Tauschmittel, leicht rostendes Metall als Aufbewahrungsmittel problematisch. Alle drei Ausprägungen der Geldfunktion sind von großer makroökonomischer Relevanz, wenngleich die Tauschmittel- und Wertspeicherfunktion besonders betont wird. Es ist jedoch evident, daß ohne eine Rechenskala die Makroökonomik nicht existieren könnte. Durch Geld wird es möglich, ungleiche Dinge – wie Apfelsinen, Lehrbücher und Flugreisen – zu addieren. Alle Güter und Dienste lassen sich in Geld ausdrücken und damit auf einen Nenner bringen. Die Existenz eines Generalnenners ist Grundvoraussetzung der über bloße Mengenrechnung hinausgehenden Statistik, der Buchhaltung und des gesamtwirtschaftlichen Rechnungswesens. Deshalb soll – in bewußter Abweichung von manchen Darstellungen – die Behandlung des Geldes und der Geldprobleme an den Beginn der makroökonomischen Analyse gestellt werden.

Es war schon häufiger von Geld die Rede, ohne daß genauer gesagt wurde, was dieser Begriff umfaßt. Umlaufende Banknoten und Münzen (gesetzliche Zahlungsmittel) werden von jedermann als Geld betrachtet und ihrer Funktion gerecht, solange keine schweren „Geldkrankheiten" – wie einige Formen der Inflation oder Deflation – auftreten. Es bleiben zwei Fragen: 1. Gibt es auch anderes Geld als die gesetzlichen Zahlungsmittel? 2. Wie ist die Grenze zwischen Geld und Nichtgeld zu ziehen? Über die erste Frage besteht wissenschaftliche Einigkeit, über die zweite Streit. Es gibt außer den gesetzlichen Zahlungsmitteln, dem Bargeld (Münzen und Banknoten), noch anderes Geld, doch ist – mit einer Ausnahme – nicht klar, was im einzelnen dazu gehört. Die Ausnahme sind Sichteinlagen bei den Banken, über die Bankkunden durch Scheck oder Überweisung verfügen können. Addiert man Sichteinlagen – ein Teil dessen, was man als Giral-, Banken- oder Buchgeld bezeichnet – zum Bargeld, erhält man eine enge **Geldmengendefinition.** Neben den Sichteinlagen, über die der Kontoinhaber täglich verfügen kann, gibt es zeitlich festgelegte Gelder (Termin- und Spareinlagen; letztere, soweit sie bestimmte Beträge übersteigen). Man kann Geld nicht nur auf Termin- oder Sparkonten anlegen, sondern auch Wertpapiere kaufen.

Sind Termin- und Spareinlagen oder bestimmte Wertpapiere Geld? Die beste Antwort lautet: Es kommt auf die Umstände an. Wenn man an Geld als Tauschmittel denkt, sind sie es nicht. Termin- und Spargelder müssen für Zahlungszwecke erst gekündigt, Wertpapiere verkauft werden, damit man in den Besitz von Tauschmitteln (Bar- und Giralgeld) kommt, was auf zeitliche oder sachliche Schwierigkeiten stoßen kann. Denkt man dagegen an die Wertspeicherfunktion, gibt es keinen Grund für diese Trennung. Durch eine Sichteinlage wird der Wert ebenso aufbewahrt (oder auch nicht) wie bei einer Spareinlage. Wenn man sich für verschiedene Anlageformen entscheidet, so aus Gründen der Zahlungsbereitschaft (Liquidität), Sicherheit (Risikoverminderung) und Ertragsfähigkeit (Rentabilität). Deshalb ist die Geldmengenabgrenzung auf den Untersuchungszweck auszurichten. Bei einer Analyse der Kassenhaltung wird man einen weiter gefaßten Begriff zugrunde legen als bei der des Angebots an Tauschmitteln. Es ist unzweckmäßig, für jede Untersuchung von derselben Geldmengendefinition auszugehen.

Im geldtheoretischen Schrifttum gibt es eine leicht irreführende **Terminologie.** Der Anfänger kann Schwierigkeiten vermeiden, wenn er folgendes beachtet. Stellt man die Geld- und Güterströme eines bestimmten Zeitabschnitts ex post einander gegenüber, wie in der Verkehrsgleichung von Irving Fisher

(2.6) $$M \cdot V \equiv Q \cdot P,$$

wird M · V als monetäre Gesamtnachfrage, Q · P als güterwirtschaftliches Gesamtangebot bezeichnet. Gegenstand der Geldtheorie ist über weite Strecken die Analyse der monetären Gesamtnachfrage. Die Untersuchung der Geldmenge M und ihrer Veränderungen wird als Geldangebots-, die der Umlaufgeschwindigkeit V als Geldnachfragetheorie bezeichnet. Die Definitionen von Geldangebot und -nachfrage sind von denen der zusammengefaßten monetären und realen Größen (2.6) scharf zu unterscheiden. Sofern es aus dem Kontext nicht klar hervorgeht, soll ausdrücklich von Geldangebot M und Geldnachfrage V gesprochen werden.

Geldproduzenten

Wie jedes andere Gut ist **Geld** ein **Produkt,** das hergestellt werden muß. Im Unterschied zu anderen Gütern geht Geld beim Gebrauch nicht unter. Es gibt allerdings Vorgänge, bei denen Geld „vernichtet" wird. Doch dabei muß man genau auf die Fragestellung achten. Geld kann im physischen Sinn untergehen, wenn Banknoten verbrannt oder Metallgeld zu Schmuck verarbeitet werden.

Solche Fälle bleiben meist außerhalb der ökonomischen Betrachtung, bei der es um eine andere Form der Geldvernichtung geht. Die Geldmenge, über die jemand verfügt, kann zur Zahlung benutzt werden und wechselt damit den Besitzer. Im übertragenen Sinn könnte man davon sprechen, daß solche Geldbeträge beim Erstbesitzer „vernichtet", aufgezehrt werden. Ein jeder könnte dann Geld untergehen lassen, wenn er seine Schulden zurückzahlt. Ist das auch gesamtwirtschaftlich möglich? Die Menschen einer Volkswirtschaft sind gemeinsam in einer anderen Position als jeder für sich – ein Hinweis darauf, daß manche Frage mikroökonomisch anders zu lösen ist als makroökonomisch. Wenn jemand Geld ökonomisch vernichtet, indem er Schulden zurückzahlt, hat sich gesamtwirtschaftlich die Geldmenge nicht geändert. Die Schulden des einen sind Guthaben des anderen. Lediglich die Verfügungsgewalt über das Geld verteilt sich anders. Ist jemand Schuldner, kann er über ein Guthaben des Gläubigers verfügen, tilgt er die Schulden, verfügt der Gläubiger über den Betrag. Gesamtwirtschaftlich liegt eine Geldvernichtung nur dann vor, wenn Geld aus dem Kreislauf verschwindet. Sieht man von praktisch unwichtigen Fällen ab, sind diejenigen, die Geld auf Dauer aus dem Kreislauf ziehen, dieselben Institutionen, die Geld produzieren, nämlich die Banken.

Produzenten des Bargeldes sind die Zentralbank (Noten) und der Staat (Münzen), des Giralgeldes die Banken außerhalb des Zentralbanksystems (Geschäftsbanken). Die Zentralbank ist eine staatliche Währungsbehörde mit dem Produktionsmonopol für Zentralbankgeld, nämlich Banknoten in verschiedener Stückelung. Anderen Stellen oder Privatleuten ist die Banknotenproduktion bei Strafe verboten. Die ökonomische Begründung für dieses Verbot ist die beträchtliche Differenz zwischen Umlaufs-(Tausch-) und Produktions-(Stoff-)Wert der Banknote, die bei einer nichtmonopolisierten Geldproduktion zu einer Angebotsschwemme und damit zur Funktionsunfähigkeit des Bargeldes führen würde. Die Münzgeldausgabe wird in einigen Ländern – so auch in der Bundesrepublik Deutschland – als ein Überbleibsel des fürstlichen Münzregals von der Regierung ausgeübt. Die Zentralbank fungiert bei der Ausgabe nur als Agent. Produzenten des Giralgeldes sind eine einzelne Bank und die Banken in ihrer Gesamtheit. Wird der Begriff der Geldmenge weit gefaßt, kommen als Geldproduzenten auch Bausparkassen, Versicherungen, Hypothekenbanken und andere Einrichtungen in Betracht. Man bezeichnet sie als „intermediäre Geldinstitute". Sie produzieren Geld im weiteren Sinn (Geldsubstitute, near monies). Der Kreis der intermediären Institute ist weniger abgegrenzt als der der Banken. Zu ihnen können auch Firmen oder Einzelpersonen gehören, die ihre Hauptaufgabe nicht in Geldgeschäften sehen.

Als Zentralbank fungiert in der Bundesrepublik Deutschland die **Deutsche Bundesbank**, die Bank der Banken und des Staates. Ihr oberstes Organ ist der Zentralbankrat, der sich aus den Mitgliedern der Geschäftsleitung (Direktorium) und den Präsidenten der Landeszentralbanken zusammensetzt. Der Gesetzgeber hat der Bundesbank die Aufgabe erteilt, den Geldumlauf zu regeln. Von der Regierung ist sie unabhängig. Soweit es mit ihrer Pflicht, die Währung zu sichern, vereinbar ist, hat sie die Wirtschaftspolitik der Bundesregierung zu unterstützen. Die Höhe des Banknotenumlaufs unterliegt nur dieser Zielsetzung und keiner Deckungsvorschrift. Innerhalb dieser Grenzen ist die Notenbankleitung in ihrer Entscheidung bei der Geldproduktion frei. Sie schafft „originäres" (primäres) Geld, das – wie noch gezeigt wird – den Geschäftsbanken zur „derivativen" (sekundären) Geldproduktion dient. Wöchentlich veröffentlichte Notenbankausweise über die Entwicklung der Aktiva und Passiva, Monatsberichte und ein jährlicher Geschäftsbericht geben jedem Interessierten die Möglichkeit, sich über die Geschäftstätigkeit und die Notenbankpolitik ein Urteil zu bilden. Die autonome Position der Bundesbank bei der Währungssicherung und die allgemeine Verpflichtung zur Unterstützung der Regierungspolitik gilt international als vorbildlich. Mit weisungsgebundenen, regierungsabhängigen Zentralbanken hat man früher in Deutschland und heute noch in anderen Ländern schlechte Erfahrungen gemacht. Geldausgeben ist für einen Staat eine angenehmere Tätigkeit als Steuereintreibung. Deshalb besteht eine latente Versuchung, Etatdefizite durch die Produktion neuen Geldes zu decken. Zwar treten konjunkturelle Situationen auf, in denen eine zusätzliche Geldproduktion empfehlenswert ist. Nach aller Erfahrung gibt es jedoch keine Garantie dafür, daß eine Regierung, die Geld produzieren kann, dies nur in solchen Fällen tut, in denen es gesamtwirtschaftlich wünschenswert wäre. In der Verfassung der Deutschen Bundesbank sind beide, vielfach zu belegende Erfahrungen berücksichtigt. Der Gesetzgeber hat die Regelung des Geldumlaufs als eine zu wichtige Angelegenheit betrachtet, als daß man sie der um Wählerstimmen ringenden Regierung hätte überlassen können. Besteht keine Gefahr für die Währung, ist die Bundesbank ohnedies gehalten, die Regierung bei der Verwirklichung ihrer Ziele – wie Wachstum und Vollbeschäftigung – zu unterstützen.

Die **Geschäftsbanken** der Bundesrepublik Deutschland sind im Besitz von Gebietskörperschaften (Gemeinden, Ländern), Genossenschaften oder Privaten (Aktiengesellschaften, Einzelfirmen). Sie nehmen Gelder herein und leihen sie als Kredite wieder aus. Aus der Differenz der Zinsen für Einlagen und Kredite, der Zinsmarge, sowie aus sonstigen Einnahmen (Gebühren, Provisionen u. a.) bestreiten sie ihre Aufwendungen. Sieht man von ökonomisch unwesentlichen Besonderheiten ab, kann man Banken als Geldhändler bezeichnen, die von ihrer Handelsspanne, der Zinsmarge, leben. Aus noch zu erklärenden Gründen sind sie allerdings auch, wie die Zentralbank, Geldproduzenten. Die Bankengeldproduktion kann indessen nicht willkürlich erfolgen, weil sich die Banken jederzeit bereithalten müssen, Abhebungen der Kunden in Zentralbankgeld auszuzahlen. Sie müssen in Geld, das sie nicht selbst produzieren, liquide sein. Bei der Bankengeldproduktion handelt es sich in diesem Sinn um eine sekundäre Geldproduktion, im Gegensatz zur primären der Zentralbank.

An diesem Handels- und Produktionsgeschäft sind in der Bundesrepublik Deutschland etwa 12 000 Banken beteiligt. Für die Geldproduktion sind vor allem folgende Bankengruppen wichtig: 1. die Kreditbanken (über 300), bei denen vier Großbanken (Deutsche Bank, Dresdner Bank, Commerzbank, Bank für Gemeinwirtschaft) dominieren; 2. die Sparkassen (über 800), die in 13 Girozentralen zusammengefaßt sind; 3. die Genossenschaftsbanken (über 10 000), wie Spar- und Darlehenskassen, Raiffeisenkassen und Volksbanken, die ebenfalls einen überörtlichen Ring bilden (Zentralkassen). Wenn der Regierung aus guten Gründen die Geldproduktion entzogen wird, kann für die Geldschöpfung der Banken letztlich nichts anderes gelten. Deshalb verfügt die Zentralbank über Möglichkeiten (geldpolitische Instrumente), auf die Geldproduktion der Banken einzuwirken.

Geldproduktion

Wie entsteht primäres Geld (Münzen und Banknoten)? Es ist zweckmäßig, die **Geldproduktion der Zentralbank** anhand einer Bilanz der Bundesbank zu untersuchen (Übers. 13–1).

31. Dezember 1968

Aktiva	Zentralbank		Passiva
Staat:		Notenumlauf	32,5
– Ausgleichsforderungen	6,0	Einlagen der Kreditinstitute	21,5
– Kredite	10,0	Rücklagen	1,0
Privatе:			
– Wechselkredite	2,0		
– Lombardkredite	1,0		
Ausland:			
– Kredite an Ausländer (Devisen)	18,0		
– Gold	18,0		
	55,0		55,0

Übers. 13–1: Bilanz der Deutschen Bundesbank

Quelle: Geschäftsbericht der Deutschen Bundesbank für das Jahr 1968, 152–3; unwichtige Posten ausgelassen, auf halbe Mrd. DM gerundet.

Die Einlagen der Kreditinstitute auf der Passivseite der Bilanz werden nicht zu Transaktionszwecken benutzt. Sie sind kein aktuelles Geld, sondern festliegende Reserven, die die Geschäftsbanken bei der Notenbank halten müssen (Mindestreserven). Sieht man von Rücklagen der Bank und anderen nicht aufgeführten, ihrer Größe nach unwichtigen Posten ab, enthält die Passivseite den Notenumlauf. Den Passiva stehen Aktivbestände in Form von Sachbesitz und Krediten gegenüber, die sich nach den Empfängern des Geldes (Staat, Private, Ausland) unterteilen lassen.

1. Staat: Für die Erstausstattung der Wirtschaft mit Banknoten bei der Währungsreform 1948 gibt es als rechnerischen Gegenposten eine Ausgleichsforderung an den Staat. Als Hausbank des Bundes ist die Bundesbank berechtigt, dem Staat zur kurzfristigen Überbrückung Kassenkredite zu geben. Der Gesetzgeber hat diesen Betrag auf 6 Mrd. DM limitiert. Der größte Teil der ausgewiesenen Kredite ist dem Bund für internationale Zahlungsverpflichtungen (Beteiligungen an internationalen Einrichtungen wie EWG, Internationaler Währungsfonds und Weltbank) überlassen worden.

2. Private: Das traditionelle Mittel der Geschäftsbanken für die Beschaffung von Zentralbankgeld („Refinanzierung") sind Wechsel, die der Notenbank eingereicht werden. Die Notenbank räumt den Banken nur in einem begrenzten Umfang Wechselkredite ein. Zu höheren Zinsen und bei Hinterlegung von Wertpapieren können sie allerdings noch Lombardkredite (Kredite gegen Pfand) erhalten.

3. Ausland: Die Kredite an Ausländer umfassen Guthaben bei ausländischen Notenbanken, Geldmarktanlagen im Ausland, Auslandswechsel und -schecks sowie Sorten (ausländische Münzen und Banknoten für den Zahlungsverkehr). Aus dem Auslandsverkehr stammt auch das Gold, das zum Preis von 35 $ für eine Feinunze beim Federal Reserve Board (Zentralbank der USA) gekauft werden kann. Da man dazu Dollars benötigt, müssen entsprechende Auslandsguthaben vorhanden gewesen sein.

Es ist der Notenbankleitung im Rahmen ihrer Aufgaben grundsätzlich freigestellt, in welchem Umfang sie Kredite gewährt und damit Zentralbankgeld in Umlauf bringt. Ausnahmen betreffen die Ausgleichsforderungen und Kassenkredite an den Bund. Bei den Krediten an Ausländer ist sie aufgrund internationaler Verträge allgemein gehalten, jeden gewünschten DM-Betrag gegen Devisen hinzugeben (Konvertibilität der Währung). Devisenzuflüsse aus dem Ausland, die vor allem auf Exportüberschüsse zurückgehen, waren in den letzten Jahren die wichtigste Quelle für die Ausweitung des Notenumlaufs von 6–7 Mrd. DM bei der Währungsreform auf über 30 Mrd. DM zwanzig Jahre danach. Der Leser ziehe aus diesem Tatbestand keine voreiligen Schlüsse. Man müßte erst die Entwicklung der Sekundärgeldproduktion, der Geldnachfrage und des güterwirtschaftlichen Gesamtangebots kennen, bevor auf die Frage nach den Wirkungen dieser Geldmengenausweitung eine Antwort erteilt werden könnte.

Wie entsteht sekundäres Geld? Auch bei der Frage nach der **Geldproduktion der Geschäftsbanken** kann man sich eines einfachen Bilanzschemas bedienen. Es sei angenommen (fiktive Zahlen), die Zentralbank kontrolliere die Geldproduktion der Geschäftsbanken unter anderem in der Weise, daß sie ihnen wechselnde Beträge vorschreibt, die sie von ihren Kundeneinlagen abzweigen und bei der Zentralbank hinterlegen müssen (Mindestreserve). Da auf die Mindestreserve nicht zurückgegriffen werden kann, ist der Terminus leicht irreführend. Der Mindestreservesatz betrage 10% der Einlage. Erhält eine Bank A eine Einzahlung von 1250 DM – etwa durch Verkauf von Devisen eines Bankkunden an die Zentralbank –, muß sie 10% des Betrages (125 DM) auf ihrem Zentralbankkonto festlegen. Über 1125 DM kann sie frei verfügen. Die Bank muß damit rechnen, daß die Einlage eines Tages durch den Kunden ganz oder teilweise bar zurückverlangt wird. Doch hat sie viele Einleger, so daß eine ständige Substitution abgezogener durch neu eingelegte Beträge erfolgt. Die Bank weiß aus Erfahrung, daß sie nicht zahlungsunfähig wird, wenn sie nur einen Teil der Einlagen als Zentralbankgeld hält. Es sei angenommen, diese Zentralbankgeldreserve (Barreserve) sei 10% der Einlage (125 DM). Der Betrag, der sich aus der Differenz von Einlage und notwendiger Reserve (Mindestreserve und Barreserve) ergibt (1250 – 250 = 1000 DM), wird als Überschußreserve (besser wäre: Reserveüberschuß) bezeichnet, da er für eine Ausleihung zur Verfügung steht. Gelingt es der Bank A, diesen Betrag auszuleihen, erhält der Kreditnehmer eine Gutschrift (z. B. eine Sichteinlage auf dem Girokonto). Bezahlt der Kreditnehmer mit ihm Waren im Wert von 1000 DM durch Überweisung auf ein Konto, das bei einer Bank B gehalten wird, führt das dort zu einer Einlage. Damit wiederholt sich der Vorgang in der zweiten Bank. Verfolgt man unter diesen Annahmen die Ausleihung der Überschußreserve und ihren Verbleib im Banksystem über mehrere Stufen hinweg, ergibt sich für die Bilanzen der ersten drei Privatbanken folgendes Schema (Übers. 13–2).

Es bleibt die Frage, ob sich das Kreditgebäude bei einer Schuldenrückzahlung wieder völlig abbaut. Das wäre der Fall, wenn es sich nur um einen einzigen Schuldner handeln würde. Da es ständig Schuldner gibt, wird es bloß eine Tendenz zum Abbau geben. Zu einer Kontraktion kommt es vor allem im Fall einer Zentralbankgeldreduktion, weil dann die Banken zur Aufrechterhaltung ihres Reserveverhältnisses (Liquidität) die Kreditvergabe einschränken müßten. Die wichtigsten empirisch relevanten Konsequenzen dieser Analyse sind:

- Eine einzelne Bank, die von einer Einlage nur einen Teil als Reserve hält, produziert Geld in Höhe der Differenz zwischen Einlage und Reserve. Das gilt für jede einzelne Bank.
- Die Banken in ihrer Gesamtheit produzieren einen Betrag, der größer sein kann als der Betrag aus der Primärgeldproduktion oder die Überschußreserve. Im Beispiel beträgt die Primärgeldproduktion 1250 DM, die Überschußreserve 1000 DM und die Sekundärgeldproduktion 1000 + 800 + 640 = 2440 DM.

Aktiva	Bank A		Passiva
Reserve	250	Einzahlung	1250
Überschußreserve	1000		
Kredit	+ 1000	Einlage	+ 1000

Aktiva	Bank B		Passiva
Reserve	200	Einzahlung	1000
Überschußreserve	800		
Kredit	+ 800	Einlage	+ 800

Aktiva	Bank C		Passiva
Reserve	160	Einzahlung	800
Überschußreserve	640		
Kredit	+ 640	Einlage	+ 640

Übers. 13–2: Bankengeldproduktion

- Das Ausmaß der Sekundärgeldproduktion ist abhängig vom Reservesatz, der Höhe des von der Überschußreserve tatsächlich ausgeliehenen Geldes, dem Teil des ausgeliehenen Betrages, der im Bankensystem verbleibt und der Häufigkeit, mit der die Überschußreserven ausgeliehen werden.
- Die Ausweitung der Geldproduktion der Notenbank kann eine Erhöhung der Sekundärgeldausleihung zur Folge haben. Entscheidend ist dabei das Verhalten der Kreditnehmer. Bei einer Einschränkung der Produktion primären Geldes besteht im allgemeinen ein Zwang zur Einschränkung der Kreditgewährung.

Für den hypothetischen, empirisch nicht relevanten Fall, daß die jeweils enstehenden Überschußreserven wieder ausgeliehen werden, alles Geld im Bankenapparat verbleibt und die Häufigkeit der Ausleihungen (n) gleich unendlich ist, gibt der sogenannte Geldschöpfungsmultiplikator die maximal schöpfbare Bankengeldmenge an. Unter diesen restriktiven Annahmen gilt für die Menge des zusätzlich produzierbaren Sekundärgeldes (ΔS_M)

$$\Delta S_M = \frac{\Delta Ü}{m} \qquad (13.1)$$ (technische Gleichung),

wobei $\Delta Ü$ den Zuwachs zur Überschußreserve, m den Reservesatz (Mindest- und Barreserve) darstellen. Summiert man die jeweils ausgeliehenen Überschußreserven des Beispiels für $n = \infty$ auf $(1000+800+640+...)$, erhält man $\Delta S_M = 5000$. Auf die exakte Ableitung des Summenwertes der unendlichen Reihe (Summenformel) kann schon wegen der geringen empirischen Bedeutung von (13.1) verzichtet werden.

Der Trend in der neueren Geldangebotstheorie geht von der – in der Lehrbuchliteratur noch im Vordergrund stehenden – mechanistischen Analyse (Geldschöpfungsmultiplikator) dahin, die einzelnen Größen des Geldschöpfungsmultiplikators als variable Verhaltenskomponenten der Wirtschaftssubjekte zu erklären. Sie sind danach das Ergebnis der Wahl zwischen Geld und einer großen Zahl von Vermögensobjekten. Dabei wird der Einfluß der paramonetären Institute berücksichtigt. In den modernen Ansätzen der Geldproduktionstheorie verliert auch die Unterscheidung zwischen Primär- und Sekundärgeld an Bedeutung.

II. Geldnachfrage

Kassenhaltungsmotive

Das Geldangebot, kurz die Geldmenge, befindet sich in einem gegebenen Augenblick in der Verfügungsgewalt von Kassenhaltern (Haushalte, Unternehmen und Staat; der Staat soll im folgenden außer Betracht bleiben, weil seine Kassenhaltung als Ableitung der privaten Geldnachfrage formuliert werden kann). Die nominelle Kassenhaltung oder **Geldnachfrage** (M_d) ist also ex post stets **gleich** dem **Geldangebot** (M_s) und es gilt deswegen: $M_s \equiv M_d$. (Dies muß nicht ex ante gelten.) Durch bloße Änderungen der individuellen Kreditbeziehungen ist demnach eine Erhöhung oder Verringerung der aus der primären oder sekundären Geldproduktion stammenden nominalen Geldmenge nicht möglich. Für die Wirkungen des Geldes in der Zeit ist ausschlaggebend, wie lange eine gegebene Geldmenge im Durchschnitt von den Kassenhaltern festgehalten, also nicht zu Zahlungen verwendet wird. Diese Zeit wird als Kassenhaltungsdauer – ausgedrückt in Zeiteinheiten (Tagen, Wochen usw.) – bezeichnet. Ihre Reziproke ist die Umlaufgeschwindigkeit des Geldes pro Zeiteinheit (2. Kap.). Die meisten Autoren bevorzugen die Kassenhaltungsdauer als Ausgangspunkt ihrer Überlegungen, da sie für die Analyse der Verhaltensweise von Kassenhaltern plausibel ist. Die Privaten können zwar die Geldmenge nicht verändern, wohl aber die Kassenhaltungsdauer oder die Umlaufgeschwindigkeit. Da – wie (2.6) zeigt – Geldmenge und Umlaufgeschwindigkeit die Komponenten der monetären Gesamtnachfrage sind, wird diese ebenso durch die Verhaltensweise der Privaten (über V) wie der Geldproduzenten (über M) beeinflußt. Makroökonomisch dürfte es in der Regel gleichgültig sein, ob eine Verringerung der monetären Gesamtnachfrage auf Geldvernichtung oder Erhöhung der Kassenhaltungsdauer (et vice versa) zurückgeht.

Die traditionelle Geldtheorie war weitgehend Geldangebotsanalyse. Seit etwa 30 Jahren, besonders jedoch seit einem Jahrzehnt, beherrschen Untersuchungen der Geldnachfrage das Feld. Den bequemsten Zugang zum Studium der Geldnachfrage bietet eine Analyse der Kassenhaltungsmotive. Auf die Frage nach den Ursachen für Größe und Veränderungen der Kasse lautet eine gängige Antwort: Kasse wird gehalten für Zwecke des Umsatzes, aus Gründen der Vorsicht und zur Spekulation. Das Umsatzmotiv veranlaßt Haushalte und Unternehmer, Geld zur Überbrückung der Zeitdifferenz zwischen den Zahlungseingängen und -ausgängen, die **Umsatzkasse**, bereitzuhalten. Die Kassenhalter geben sich gleichsam selbst einen Überbrückungskredit. Liefen Einnahmen und Ausgaben völlig synchron, würden sie keine Umsatzkasse benötigen, da jeder Ausgabe zur selben Zeit eine Einnahme gegenüberstünde. Um die Zeitüberbrückungsfunktion der Umsatzkasse schärfer herauszuarbeiten, sei zunächst unterstellt, die Privaten hielten nur aus dem Umsatzmotiv Kasse. Fig. 13–1.I. und II. zeigen die Transformation des Einkommens, das Haushalte am Beginn einer einmonatigen Ausgabenperiode ausgezahlt bekommen, zu kontinuierlichen Einnahmen der Unternehmer im Verlauf der Periode.

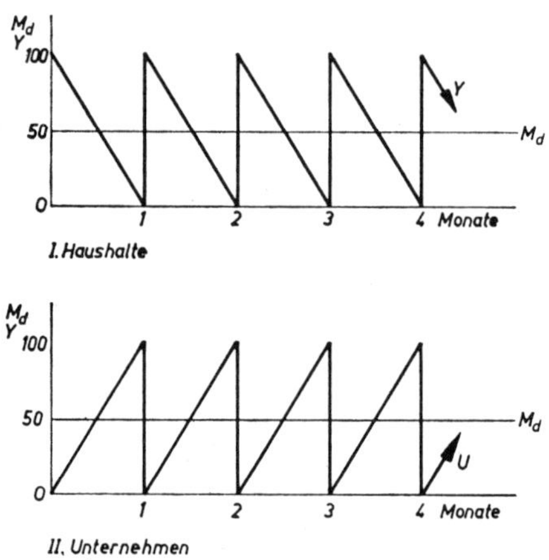

Fig. 13–1: Zahlungsperiode und Kassenhaltung

Die Zeichnung läßt sich mikro- oder makroökonomisch interpretieren. Die beiden Kassenhalter sollen jeweils die Gesamtheit der Haushalte (Fig. 13–1.I.) und Unternehmen (Fig.13–1.II.) darstellen. Zu Beginn der Zahlungsperiode erhalten die Haushalte ein Einkommen (Y) in Höhe von 100, das von den Unternehmen als Faktorentgelt gezahlt wurde. Gegen Ende der Periode ist das von den Haushalten wieder an die Unternehmen fließende Einkommen verausgabt. Im gleichen Zeitpunkt erfolgt eine neue Zahlung an die Haushalte durch die Unternehmen. Im Durchschnitt eines Monats verfügen dann die Haushalte über eine Kasse $M_d = 1/2 \cdot 100 = 50$ DM. Bezogen auf das Monatseinkommen ist sie $1/2$, bezogen auf das Jahreseinkommen $1/24$ des Monats- bzw. Jahreseinkommens. Ähnliches gilt für die Unternehmen, deren Kasse im Durchschnitt ebenfalls 50 beträgt. Da die Einkommen in den Haushaltszahlungen erfaßt sind (Zahlungen der Unternehmen an die Faktoren), beläuft sich die totale Nachfrage (Haushalte und Unternehmen) nach Kasse auf ein ganzes Monats- oder $1/12$ Jahreseinkommen. Wird nicht auf Einkommen, sondern auf Zahlungen (Umsätze) abgestellt, ist die totale Geldnachfrage der Haushalte und Unternehmen $1/2$ der monatlichen oder $1/24$ der jährlichen Umsätze. Die auf das Einkommen bezogene Kassenhaltungsdauer (k) läßt sich demnach als Quotient aus der Geldnachfrage M_d (oder dem durchschnittlichen Kassenbetrag M) und dem Einkommen Y definieren:

(13.2) $$k = \frac{M_d}{Y}$$ (Definitions-Gleichung).

Kann man k als eine über die Zeit konstante Größe, als Parameter, betrachten, läßt sich aus (13.2) eine Hypothese ableiten, die als Gleichung lautet:

(13.3) $$M_d = k \cdot Y$$ (Verhaltens-Gleichung).

Mit (13.3) wird im Gegensatz zu (13.2) behauptet, daß sich die Geldnachfrage proportional zum Volkseinkommen verhält. Sie ist demnach ein konstanter Teil des Einkommens. Die auf sämtliche Transaktionen bezogene Kassenhaltungsdauer (k^*) kann als Reziproke der Umlaufgeschwindigkeit definiert werden, was aus (2.6) unmittelbar einsichtig wird. Aus

(2.6a) $$V = \frac{Q \cdot P}{M}$$ und

(13.4a) $$k^* = \frac{1}{V}$$ (Definitions-Gleichung) folgt

(13.4b) $$k^* = \frac{M}{Q \cdot P}.$$

Auch die Größe k^* kann als Parameter behandelt werden, indem man sie – ebenso wie k – als strukturelle Konstante einführt. Das Ergebnis ist

(13.5) $$M_d = k^* \cdot Q \cdot P$$ (Verhaltens-Gleichung).

(13.5) besagt, daß sich die Geldnachfrage proportional zum gesamtwirtschaftlichen Angebot verhält. (13.3) und (13.5) stellen als Verhaltenshypothesen Behauptungen über die Abhängigkeit der Geldnachfrage dar. Für die Größe der beiden Kassenhaltungszeiten gilt $k^* < k$, weil nicht alle Umsätze zu Einkommen führen ($Y < Q \cdot P$).

Aus Fig. 13–1 wird evident, daß diskontinuierliche Einkommensverausgabungen auf die Höhe der Kassenhaltung einwirken. Von einer Analyse solcher Feinheiten sei abgesehen. Von empirischer Bedeutung ist, daß sich die Kassenhaltung auch mit Variationen der Periode ändert. Es sei angenommen, die Zahlungsperiode des Einkommens wird auf eine Woche verkürzt; ein Monat soll aus vier Wochen bestehen (Fig. 13–2).

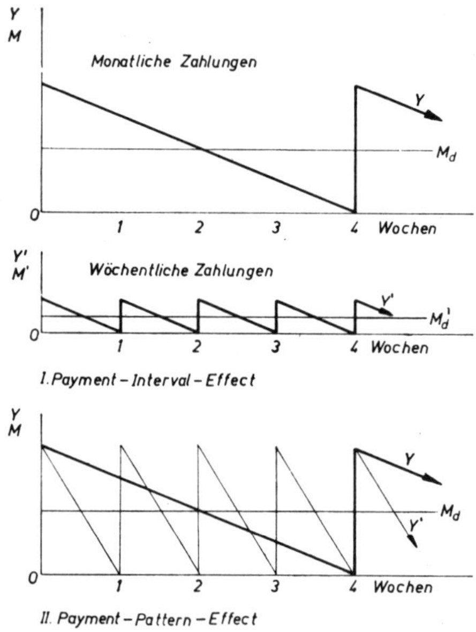

Fig. 13–2: Änderungen der Zahlungsperioden und Kassenhaltung

Die obere Zeichnung von Fig. 13–2.I. zeigt den Einkommensverlauf der Haushalte bei monatlichen, die untere Zeichnung den bei wöchentlichen Zahlungsperioden. Die Verkürzung der Zahlungsperiode ist von einer entsprechenden Reduzierung der Zahlungen von Y auf Y' begleitet. Das auf den Monat oder das Jahr bezogene Einkommen hat sich dagegen nicht verändert. Die totale Durchschnittskasse ist von M_d auf M_d' gesunken (payment-interval-effect). In Fig. 13–2.II. ist die Zahlungsperiode ebenfalls verkürzt, jedoch keine entsprechende Verringerung der Höhe der Zahlungen vorgenommen worden. Das auf den Monat oder das Jahr bezogene Einkommen muß sich dann vervierfacht haben, die Durchschnittskasse M_d ist unverändert geblieben (payment-pattern-effect). Mit Verkürzung der Zahlungsperiode verringert sich demnach die für die Verausgabung eines bestimmten Einkommens benötigte Geldmenge. Wird die Geldmenge nicht reduziert, kann ein höheres Einkommen bewältigt werden und umgekehrt. Größere gesamtwirtschaftliche Änderungen der Zahlungsperioden dürften in der Realität kurzfristig kaum auftreten. Sie können in einer kurzfristigen Analyse außer Betracht bleiben, nicht dagegen in einer langfristigen.

Eine Kassenhaltung ist nicht nur nötig für Umsatzzwecke. Jeder weiß, daß in der Wirklichkeit Ereignisse eintreten, die nicht vorherzusehen sind. Das Automobil kann plötzlich defekt, das Haus baufällig werden. Dann sind unerwartete Ausgaben fällig. Aus Gründen der Vorsicht wird man eine Kassenreserve bilden, die **Vorsichtskasse**. Wovon hängt ihre Größe ab? Wer wenig Einkommen hat, wird keine oder nur eine kleine Reserve bilden können. Bezieher hoher Einkommen dürften einen größeren Teil ihres Einkommens abzweigen. Nach dieser Hypothese ist die Vorsichtskasse vom Einkommen abhängig. Für ein gegebenes Einkommen gilt im einfachsten Fall folgender Zusammenhang (Fig. 13–3).

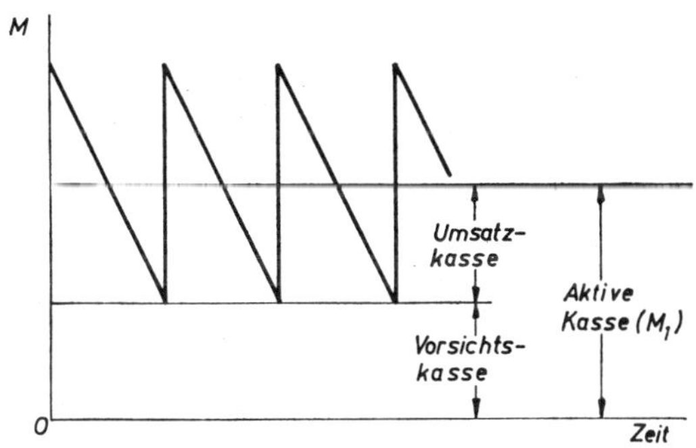

Fig. 13–3: Umsatz- und Vorsichtskasse

Beide Kassen (Umsatz- und Vorsichtskasse) werden unter dem Begriff aktive Kasse (M_{d1}; oft einfach: M_1) zusammengefaßt. Es ist jener Teil des Einkommens, der als Durchschnittsbetrag für vorgesehene und unvorhergesehene Zahlungen bereitgehalten wird.

JOHN MAYNARD KEYNES hat als drittes Motiv für die Kassenhaltung die Spekulationsabsicht hervorgehoben. Es ist möglich, durch die Wahl der Zeitperiode spekulative Ausgaben einmal zum Bestandteil der erwarteten, zum anderen der unerwarteten Transaktionen werden zu lassen. Will man das Spekulationsmotiv explizit berücksichtigen, darf die Zeitperiode nicht zu lang gewählt werden, was für die Analyse von KEYNES generell gilt. Seine Begründung für die **Spekulationskasse** (M_{d2}; oft einfach: M_2), die passive Kasse, basiert auf folgender Hypothese: Es gibt einen „normalen" Zinssatz, bei dem in bestimmtem Umfang Geld für Spekulationszwecke, aber auch Wertpapiere (festverzinslich, nicht rückzahlbar) als alternative Anlageform gehalten werden. Marktpreis (Kurs) und effektiver Zins der Wertpapiere verhalten sich umgekehrt proportional (effektiver Zins = Nominalzins · 100/Kurs), so daß an Stelle der Wertpapierpreise der Zinssatz i gesetzt werden kann (Fig. 13–4).

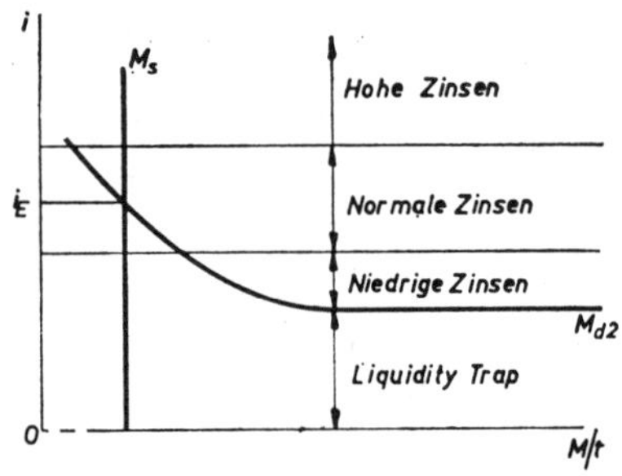

Fig. 13–4: Spekulationskasse und Zinssatz

Steigt der Zinssatz (niedriger Kurs) über eine als normal empfundene Höhe, wird durch den Kauf von Wertpapieren die Spekulationskasse pro Zeiteinheit reduziert, da man in Zukunft mit einer Zinssenkung auf das als normal betrachtete Niveau (also mit einer Kurssteigerung) rechnet. Fällt der Zins unter die normale Rate (hoher Kurs), werden zunehmend Wertpapiere verkauft und die Spekulationskasse wird aufgestockt, da man eine Zinssteigerung (Kurssenkung) befürchtet, bei der die möglichen Kursverluste – bei Wertpapierhaltung – größer als der entgangene Zinsertrag – bei Kassenhaltung – sein könnten. Von einem bestimmten niedrigen Zinssatz an wird die Geldnachfrage unendlich groß; jede Geldmenge, die nicht für Transaktionszwecke nötig ist, wandert in die Spekulationskasse (liquidity trap). Die Keynessche Kassenhaltungshypothese führt unmittelbar zu einer Zinstheorie, weil bei einem gegebenen Geldangebot (M_s) die Höhe des Zinses (i_E in Fig. 13–4, wenn M_s um die Transaktionskasse vermindert ist) determiniert ist (Liquiditätspräferenztheorie des Zinses). Zum Unterschied von der loanable funds-Theorie, bei der sich der Zinssatz auf das Geldkapitalangebot pro Zeiteinheit bezieht (Kapitalstrom), beruht die Liquiditätspräferenztheorie auf einem gegebenen Geldkapitalbestand.

Alternative Hypothesen

Die Hypothesen zur Kassenhaltung (Geldnachfrage) sind kontrovers. Nach KEYNES ist die totale **Geldnachfrage** M_d pro Zeiteinheit aus den Teilkassen M_{d1} und M_{d2} zusammengesetzt:

(13.6) $M_d = M_{d1} + M_{d2}$ (Definitions-Gleichung).

M_{d1} ist eine Funktion des Volkseinkommens Y, M_{d2} eine des Zinssatzes i. Dementsprechend gilt kurzfristig:

(13.7a) $M_{d1} = L_1(Y)$,
(13.7b) $M_{d2} = L_2(i)$ und
(13.7c) $M_d = L_1(Y) + L_2(i)$ (Verhaltens-Gleichungen),

und bei gegebenem Geldangebot M_s im Gleichgewicht ($M_s = M_d$; M_s und M_d sind hier ex ante Größen):

(13.8) $M_s = L_1 (Y) + L_2 (i)$ (Verhaltens-Gleichung).

L_1 und L_2 stellen die Liquiditätsfunktionen (aktive und passive Kasse) dar. M_{d1} variiert proportional mit dem Volkseinkommen, M_{d2} invers mit dem Zins. Ein Teil der Geldnachfrage (M_{d1}) ist zinsunabhängig (oder völlig zinsunelastisch), jedoch einkommensabhängig (einkommenselastisch); für den anderen Teil (M_{d2}) gilt das Gegenteil (Fig. 13–5, $Y' < Y'' < Y'''$).

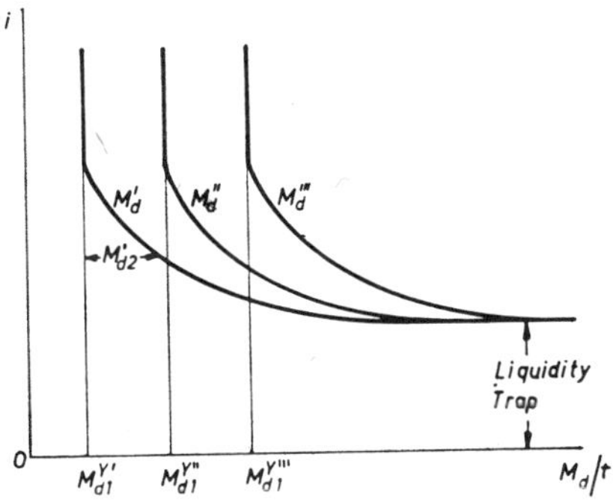

Fig. 13–5: Geldnachfrage bei KEYNES

Bei einem Einkommen Y' wird für den striktesten Fall ein konstanter Teil des Einkommens als aktive Kasse $M_{d_1}^{Y'}$ und eine vom Zinssatz abhängige Spekulationskasse M'_{d2} gehalten. Bei höheren Einkommen (Y'', Y''') gelten die gleichen Beziehungen.

Demgegenüber wird von Nationalökonomen, die eine revidierte Quantitätstheorie vertreten (**Neoquantitätstheoretiker**), die Existenz oder Relevanz der Spekulationskasse in Abrede gestellt. Nach ihrer Meinung sind Ausmaß und Änderung der Kassenhaltung durch Umsatz- und Vorsichtsmotive hinreichend zu begründen. Die schärfste Fassung hat die Ansicht in der Hypothese vom ausschließlichen Gelten von (13.3) gefunden. Bei einer weniger strikten Fassung der Hypothese braucht der Zusammenhang zwischen M_d und Y nicht linear zu sein. Statt (13.3) würde generell $M_d = f (Y)$ gelten. Darüberhinaus wird eine Zinsabhängigkeit der aktiven Kasse nicht ausgeschlossen, so daß von den Neoquantitätstheoretikern folgende Geldnachfragefunktion akzeptiert wird:

(13.9) $M_d = f (Y, i)$ (Verhaltens-Gleichung).

Der Unterschied zu (13.8) reduziert sich auf die Existenz der Spekulationskasse und den liquidity trap (Fig. 13–4). Weitere Verfeinerungen der Hypothesensysteme können hier nicht erörtert werden.

Wie immer, wenn sich alternative Hypothesen gegenüberstehen, empfiehlt es sich, die Kontroverse im Testverfahren zu entscheiden. Tatsächlich findet die Diskussion der Hypothesen zunehmend auf empirischem Feld statt; darauf wird im Kapitel über Vorhersagen und Tests noch eingegangen. Einige grundsätzliche **Testschwierigkeiten** können durch die Hypothesenformulierung bedingt sein, was kurz erläutert sei. KEYNES und seine Nachfolger („Post-Keynesianer") unterscheiden zwei Teilkassen. Die Unterteilung, so plausibel sie hypothetisch sein mag, ist empirisch problematisch. Wie soll getestet werden, welcher Teil der Kasse sich geändert hat, wenn es nur Zahlen über die Geldmenge insgesamt gibt? Man hat versucht, das Problem durch eine weitere Hypothese zu lösen, nachdem sich gezeigt hat, daß die Kassenhaltungsdauer konjunkturell schwankt. Für ein bestimmtes Jahr maximaler wirtschaftlicher Aktivität wird angenommen, die Kassenhaltungsdauer k erreiche für die Gesamtkasse ein Minimum. Die Umlaufgeschwindigkeit der Gesamtkasse dieses Basisjahres wird als die normale Umlaufgeschwindigkeit der aktiven Kasse angesehen. Aus (13.8) läßt sich dann eine partielle Nachfragefunktion für die Spekulationskasse ableiten (speculative balance-Hypothese von JAMES TOBIN):

$$M_{d_2} = L(i) = M_d - k_{Min} \cdot Y. \quad (13.10)$$

Ein Streit um Hypothesen läßt sich jedoch nicht durch eine neue Hypothese lösen. Genau das ist versucht worden. Ein solches Verfahren ist nur akzeptabel, wenn Hypothesen dem empirischen Test nicht standgehalten haben. Doch die Hypothese von TOBIN ist genauso schwierig zu testen wie die der Existenz von Teilkassen. In empirischen Untersuchungen sind deswegen die Versuche bald aufgegeben worden, Teilkassen nachzuweisen. Sie haben sich auf die Frage nach der Zins- und Einkommensabhängigkeit (Elastizität) der totalen Geldnachfrage konzentriert. Dann allerdings schwinden wesentliche Unterschiede zwischen (13.8) und (13.9) – ein gutes Beispiel dafür, daß Testverfahren zu Modifizierungen von Hypothesen führen können.

III. Geldwert

Unter einem Preisniveau kann man das einfache arithmetische Mittel aller Preise einer Volkswirtschaft verstehen. Die empirische Ermittlung des Preisniveaus steht in Volkswirtschaften mit Millionen von Einzelpreisen vor einer praktisch unlösbaren Aufgabe. Meistens behilft man sich mit ausgewählten, mit den Mengen der Güter gewichteten Preisen aus bestimmten Bereichen (Verbraucherpreise, Großhandelspreise u. a.). Sie dienen als Indikatoren der Entwicklung des umfassenden (allgemeinen) Preisniveaus. Methodische Probleme der Statistik sollen im folgenden außer Betracht bleiben.

Die **Bestimmung des Preisniveaus** war früher das zentrale Thema der monetären Analyse. Das Preisniveau (P) und der Geldwert (G) verhalten sich zueinander umgekehrt proportional:

$$P = \frac{1}{G} \quad (13.11)$$

(Definitions-Gleichung).

Unter Geldwert wird die Kaufkraft der Geldeinheit – gemessen an einem Warenbündel – verstanden. Steigen die Preise des Warenbündels im Durchschnitt bei unveränderter Güterqualität, fällt der Geldwert (Kaufkraft) der Währungseinheit et vice versa. Daraus erklärt sich, warum der Preisniveaustabilisierung so große Bedeutung beigemessen wird. Es geht um die Erhaltung des Geldwertes und damit um die Funktionsfähigkeit des Geldes als Wertmaßstab, Tauschmittel und Wertspeicher. Der Ansatzpunkt einer Analyse der Preisniveaubestimmung läßt sich am leichtesten an der Verkehrsgleichung (2.6) erläutern, nach der die monetäre Gesamtnachfrage gleich dem güterwirtschaftlichen Gesamtangebot ist. Nach der modernen Formulierung der Quantitätstheorie, der traditionell vorherrschenden Geldlehre, ist das Preisniveau eine Funktion der Geldmenge, der Umlaufgeschwindigkeit und des Handelsvolumens:

(13.12) $P = f(M, V, Q)$ (Verhaltens-Gleichung).

Auf speziellere Fassungen von (13.12), die einige Quantitätstheoretiker vertreten und das Augenmerk der Kritiker auf sich gelenkt haben, kann nicht eingegangen werden. Die Quantitätstheorie behauptet, daß die Preise im Durchschnitt mit einer Vergrößerung der Geldmenge und (oder) der Umlaufgeschwindigkeit sowie mit einer Verringerung der gesamtwirtschaftlichen Produktion steigen et vice versa. Eine Erhöhung des Preisniveaus soll als Inflation, eine Senkung als Deflation bezeichnet werden. Es gibt andere Definitionen, doch diese sind die vorherrschenden.

Die Hypothesen der **Quantitätstheorie** seien für den Fall einer **Inflation** erläutert. Zu diesem Zweck wird auf die Cambridge-Version der Quantitätstheorie ($M \cdot V = Y_r \cdot P$) zurückgegriffen, die nicht auf alle Transaktionen (Q) abstellt, sondern nur auf die für Fertigprodukte, die gleich dem realen Volkseinkommen (Y_r) sind; dementsprechend symbolisiert P nur das Preisniveau der Fertigprodukte und V die Einkommenskreislaufgeschwindigkeit. Angebot und Nachfrage einer Volkswirtschaft lassen sich dann wie auf einem partiellen Markt in einem Preis-Mengen-Diagramm darstellen, wobei die Interdependenzen zur Vereinfachung negiert werden. Bei der gesamtwirtschaftlichen Nachfrage (D-Kurve) sind Bewegungen auf der Kurve als Änderungen der Einkommenskreislaufgeschwindigkeit bei gegebener nomineller Geldmenge, Verschiebungen der Kurve als Variationen der nominellen Geldmenge zu interpretieren. Das gesamtwirtschaftliche Angebot (S-Kurve) ist eine Aggregation der bekannten mikroökonomischen Kostenfunktionen (Fig. 13–6). Für den Fall (Fig. 13–6.I.), daß sich die gesamtwirtschaftliche Nachfrage erhöht (von D_0 auf D_1), weil die Geldmenge gestiegen ist, kommt es zu einer entsprechenden Preisniveauerhöhung (von P_0 auf P_1). Diese Preisniveausteigerung setzt aber ein relativ oder völlig unelastisches Angebot S an Gütern voraus. Tatsächlich impliziert die Quantitätstheorie in den meisten Versionen, daß kurzfristig keine größeren Reserven an Produktionsfaktoren mehr bereitstehen, die es erlauben würden, das Angebot der gestiegenen Nachfrage anzupassen. Die obige Aussage gilt dann kurzfristig nur unter den Bedingungen der Vollbeschäftigung oder langfristig, wenn mit der Eingliederung tem-

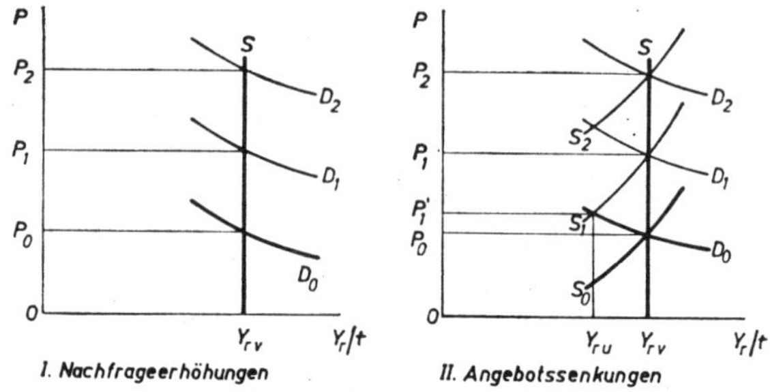

Fig. 13–6: Preisniveauerhöhungen nach der Quantitätstheorie

porär freigesetzter Produktionsfaktoren nicht gerechnet werden kann. Geht der Preisanstieg auf eine Erhöhung der Nachfrage zurück, spricht man von einer nachfrageinduzierten Inflation (demand pull inflation). Fällt bei gegebener monetärer Gesamtnachfrage D_0 das Angebot von S_0 auf S_1 (Fig. 13–6.II.), weil beispielsweise die Produktionskosten wegen einer Verschlechterung der Produktionsbedingungen oder Erhöhung der Lohnkosten gestiegen sind, wird das reale Volkseinkommen sinken. Herrschte bisher Vollbeschäftigung (Y_{rv}), so tritt nun Unterbeschäftigung (Y_{ru}) ein. Inwieweit sich das Preisniveau ändert, hängt von der Lage der D-Kurve ab. Würde sich die Kurve der monetären Gesamtnachfrage von D_0 nach D_1 verschieben (z. B. als Folge von Geldmengenausweitungen), bestünde eine Tendenz zur Vergrößerung des Angebots (von Y_{ru} auf Y_{rv}) bei gleichzeitig steigendem Preisniveau. Soweit Y_{rv} nicht wieder erreicht wird, sind wirtschaftspolitische Maßnahmen nötig, um die Nachfrage aufzustocken. Der „Preis" für die Vollbeschäftigung bei einer Angebotsverschiebung von S_0 nach S_1 ist die Differenz $P_1 - P_0$. Entsprechendes gilt für die Verschiebung von S_1 nach S_2. Preissteigerungen als Folge einer Angebotsverschiebung werden als kosteninduzierte Inflation (cost push inflation) bezeichnet.

Vor allem KEYNES hat die **Prämisse** der **Vollbeschäftigung** in der Quantitätstheorie **kritisiert**. Bei der Bestimmung des Preisniveaus müsse auf die jeweilige Beschäftigungslage Rücksicht genommen werden. Steige die Nachfrage bei allseitig noch verfügbaren Produktionsfaktoren, würden nicht die Preise, sondern die verkäufliche Produktion und damit die Beschäftigung steigen. Produktionserhöhungen ohne Preissteigerungen wären jedoch in einer solchen Situation genau das, was die meisten Menschen wünschten. Erst wenn die Produktionsfaktoren zunehmend eingegliedert wären, vergrößerte sich mit steigender Nachfrage die Gefahr allgemeiner Preiserhöhungen. Die Kritik von KEYNES richtet sich gegen strikte quantitätstheoretische Hypothesen bei Nachfrageänderungen (Fig. 13–6.I.) und ist somit eine Variante der nachfrageinduzierten Inflationsanalyse (Fig. 13–7). Solange die gesamte Nachfrage nicht mehr als das Angebot Y_{ru} aufnimmt, steigt

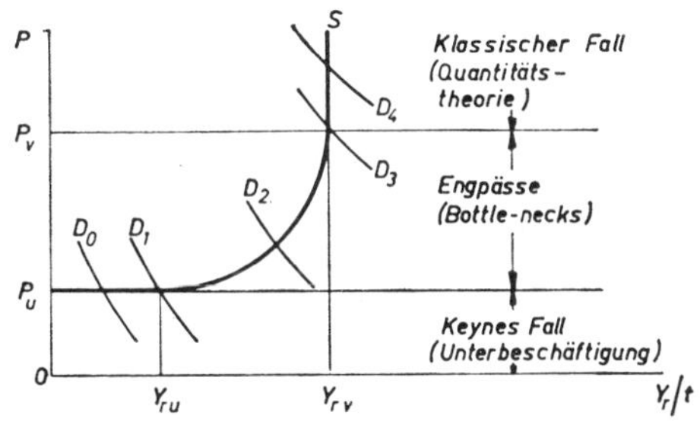

Fig. 13–7: Preisniveau bei unterschiedlicher Produktion

das Preisniveau nicht über P_u. Werden bei weiter steigender Nachfrage einige Produktionsfaktoren knapp und wird damit die Produktionselastizität zunehmend geringer (Engpässe, bottle-necks), ziehen die Preise etwas an, doch nicht in dem Maße wie bei Vollbeschäftigung aller Faktoren (Y_{rv}). Erhöhungen der monetären Gesamtnachfrage haben bei allgemeiner Unterbeschäftigung ausschließlich Produktionseffekte, in Engpässen Produktions- und Preiseffekte, bei Vollbeschäftigung ausschließlich Preiseffekte zur Folge.

Bibliographische Hinweise

A. Literatur zur Makroökonomik

1. Geschlossene makroökonomische Darstellungen gibt es nur im angelsächsischen Schrifttum. Von deutschen Beiträgen sind die entsprechenden Kapitel aus den bereits genannten Gesamtdarstellungen (Kompendium der Volkswirtschaftslehre u. a.) zu empfehlen.

2. Aus der angelsächsischen Literatur seien genannt:
T. F. Dernburg–D. M. McDougall, Macroeconomics, 3. e., New York 1968; für den Studenten das wohl beste makroökonomische Lehrbuch.
G. Ackley, Macroeconomic Theory, New York 1961, ebenfalls ein hervorragendes Buch, breiter geraten als der vorangehende Titel.
E. Shapiro, Macroeconomic Analysis, New York 1966; so ausführlich wie das Buch von Ackley, dem es ähnelt, doch etwas moderner.
W. C. Peterson, Income, Employment, and Economic Growth, New York 1962; gut lesbarer, wortreicher Text mit einer – auch im angelsächsischen Schrifttum nicht zahlreichen – Darstellung von Wachstumstheorien.
D. C. Rowan, Output, Inflation and Growth. An Introduction to Macro-Economics, London 1968; modernste Abhandlung mit empirischem Material.
K. E. Boulding, Economic Analysis, Vol. II: Macroeconomics, New York 1966; originelle, vielleicht etwas knappe Arbeit.
M. J. Bailey, National Income and the Price Level. A Study in Macrotheory, New York 1962; ausgezeichnete Lektüre für Fortgeschrittene.
M. H. Ross, Income: Analysis and Policy, 2. e., New York 1968; leicht verständliche Darstellung, gute Berücksichtigung wesentlicher Arbeiten.
M. K. Evans, Macroeconomic Activity, Theory, Forecasting, and Controll. An Economic Approach, New York, Evanston, London 1969; vorbildlich durch die Verbindung von theoretischer Analyse und empirischen Tests.

B. Literatur zum 13. Kapitel

1. Die Zahl der Bücher zum Thema Geld ist Legion; theoretisch kurze Darstellungen sind dagegen selten. Exzellent: J. R. HICKS, Critical Essays in Monetary Theory, Oxford 1967. H. G. JOHNSON, Beiträge zur Geldtheorie und Geldpolitik, Berlin 1969. R. F. HARROD, Money, London 1969. M. FRIEDMAN, The Optimum Quantity of Money and Other Essays, London 1969, dt. Ausg. München 1970. Ferner: E. M. CLAASSEN, Probleme der Geldtheorie, Berlin-Heidelberg-New York 1970. C. KÖHLER, Geldwirtschaft, 1. Bd.: Geldversorgung und Kreditpolitik, Berlin 1970. Gute Aufsatzsammlungen: W. L. SMITH–W. L. TEIGEN, Readings in Money, National Income and Stabilization Policy, Homewood 1965. R. S. THORN, Monetary Theory and Policy. Major Contribution to Contemporary Thought, New York 1966. R. J. BALL–P. DOYLE, Inflation, Harmondsworth 1969. R. W. CLOWER, Monetary Theory, Harmondsworth 1969.

2. Zum Geldangebot: E. SCHNEIDER, Einführung in die Wirtschaftstheorie, Bd. III, a. a. O., und G. N. HALM, Geld, Außenhandel und Beschäftigung, a. a. O. Zur Geldnachfrage: A. WOLL, Die Theorie der Geldnachfrage, Zeitschrift für die gesamte Staatswissenschaft, 125 (1969), mit zahlreichen Literaturbelegen. H. MÜLLER, Die Geldnachfragefunktion: Theorie und Test, Diss. Gießen 1969. D. E. W. LAIDLER, The Demand for Money: Theories and Evidence, Scranton 1969. Zur Geldwertbestimmung: M. BRONFENBRENNER – F. D. HOLZMAN, Inflation Theory, Surveys of Economic Theory I, a. a. O.

14. Konjunktur

I. Sachverhalt der Konjunktur

Begriffe

Konjunkturschwankungen sind zeitliche **Änderungen** der **wirtschaftlichen Aktivität.** Diese Definition soll Fälle partieller wirtschaftlicher Aktivitätsänderungen einschließen, sofern sie gesamtwirtschaftlich durchschlagen. Die Aktivität kann an verschiedenen Größen gemessen werden, wie Volkseinkommen, Beschäftigung, Produktion und Preisniveau. Die Wirtschaftswissenschaft bemüht sich, die Erfahrungstatsache der Konjunkturschwankungen zu beschreiben und zu erklären.

Ein breiteres Interesse an der Beschreibung und Analyse des Konjunkturverlaufs ist erst festzustellen, nachdem im 19. Jahrhundert der französische Amateurökonom CLEMENT JUGLAR (1819–1905) die Allgegenwärtigkeit der Aktivitätsschwankungen aufgezeigt hatte. Noch vor wenigen Jahrzehnten galt die Konjunkturtheorie als eines der schwierigsten Kapitel, wenn nicht als der krönende Abschluß des volkswirtschaftlichen Lehrgebäudes. Diese Stellung hat sie nach dem Zweiten Weltkrieg vor allem aus zwei Gründen eingebüßt. Erstens schien das Zeitalter ständiger Aufwärtsentwicklung, ewiger Prosperität, angebrochen zu sein, was man in den zwanziger Jahren schon einmal geglaubt hatte. Scharfe Einbrüche, die früher beobachtet wurden, traten nicht mehr auf. Zweitens hat die Analyse der Weltwirtschaftskrise durch KEYNES und die damit einsetzende Entwicklung der Beschäftigungstheorie (15. Kap.) die Hoffnung geweckt, man könne stärkere Ausschläge verhindern. Erfahrungen der jüngsten Vergangenheit mahnen jedoch zur Vorsicht. Auch wenn die meisten glauben, die Prosperitätsphase nach dem Zweiten Weltkrieg werde nicht in einem ähnlichen Desaster wie nach 1929 enden, so sind in verschiedenen Ländern die Aktivitätsschwankungen doch erheblich größer gewesen als es wirtschaftspolitisch erwünscht und gesamtwirtschaftlich notwendig war. Bei einer zunehmenden Zahl von Nationalökonomen sind Zweifel aufgekommen, ob die Keynessche Analyse so umfassend („allgemeingültig") ist, daß sie auf jede Konjunktursituation angewendet werden kann.

Man kann nur wiederholen, was auch professionelle Ökonomen leicht vergessen: Methodisch muß scharf zwischen logischer Wahrheit und empirischer Geltung von Aussagen unterschieden werden. Aussagensysteme, wie die von KEYNES oder anderen Autoren, sind zunächst nur logisch wahr. In welchem Maße sie empirisch relevant sind, ist eine ganz andere Frage. Der Keynessche Erklärungstyp eines starken konjunkturellen Einbruchs war in den frühen dreißiger Jahren in einigen Ländern vermutlich empirisch bedeutsam, wenngleich es auch daran neuerdings begründete Zweifel gibt. Was für die Jahre nach dem Zweiten Weltkrieg gilt, ist selbst dann eine ganz andere Frage, wenn die ursprünglich zur Analyse einer Massenarbeitslosigkeit formulierten Hypothesen jene Fälle decken, in denen – gemessen an der Zahl der verfügbaren Arbeitsplätze – zu wenig Arbeitskräfte vorhanden sind (Überbeschäftigung).

Einigkeit besteht darüber, daß einige von KEYNES verwendete Begriffe zur Beschreibung und Analyse des Konjunkturphänomens zweckmäßig sind. Im Vordergrund steht der Begriff **Volkseinkommen**, für den es verschiedene Definitionen gibt. Ausgangspunkt der Berechnung des Volkseinkommens ist der Bruttoproduktionswert einer Volkswirtschaft, der sich aus den inländischen Verkaufserlösen der Waren und Dienste, dem Eigenverbrauch erzeugter Produkte und den Bestandsänderungen zusammensetzt. Zieht man – um Doppelzählungen zu vermeiden – vom Bruttoproduktionswert die Faktor- und sonstigen Kosten für nicht selbsterstellte Güter ab (Vorleistungen), erhält man das Bruttosozialprodukt. Wird dieses um die Kosten dauerhafter Güter (Abschreibungen auf Gebäude und Produktionsanlagen) vermindert, kommt man zum Nettosozialprodukt zu Marktpreisen, das den erwirtschafteten Wertzuwachs einer Zeitperiode darstellt. Die so ermittelte Größe kann noch um die Höhe der vom Staat vereinnahmten indirekten Steuern und der durch ihn gewährten Subventionen korrigiert werden. Das Ergebnis ist das den Faktoren zurechenbare Nettosozialprodukt zu Faktorkosten (Wertschöpfung). Diese Größe nennt man Volkseinkommen oder – im Unterschied zum Bruttosozialprodukt – Nettovolkseinkommen. Zieht man von ihm noch die direkten Steuern ab, kommt man zum verfügbaren oder disponiblen Volkseinkommen (Übers. 14–1).

	Bruttoproduktionswert (Inland)
./.	Vorleistungen
=	Bruttosozialprodukt = Bruttovolkseinkommen
./.	Abschreibungen
=	Nettosozialprodukt zu Marktpreisen
./.	Indirekte Steuern
+	Subventionen
=	Nettosozialprodukt zu Faktorkosten = (Netto-) Volkseinkommen
./.	Direkte Steuern
=	Disponibles (verfügbares) Volkseinkommen

Übers. 14–1: Systematik verschiedener Einkommensbegriffe

Statistisch gesehen kann das Volkseinkommen an verschiedenen Stellen des Kreislaufs ermittelt werden. Meist unterscheidet man nach Entstehungs-, Verwendungs- und Verteilungsrechnung. Im ersten Fall wird die Wertschöpfung an den Orten der Entstehung gemessen – Urproduktion (z. B. Bergbau), Verarbeitung, Dienstleistung, Staat –, im zweiten an der Ausgabenart – Konsum, (Netto-)Investition, Staatsverbrauch –, im dritten nach der Zurechnung auf die Faktoren – Einkommen aus unselbständiger Arbeit, Einkommen aus Unternehmertätigkeit und Vermögen –. Den Beitrag des Außenhandels zum Volkseinkommen erfaßt man meist separat (z. B. als Außenbeitrag in der Entstehungsrechnung). Nicht ausgegebenes Einkommen bezeichnet man als Sparen. In einem gegebenen Zeitraum ist das auf die genannten drei Arten gemessene Volkseinkommen identisch, da ein gegebenes Einkommen nur an verschiedenen Stellen ermittelt wird (Fig. 14–1).

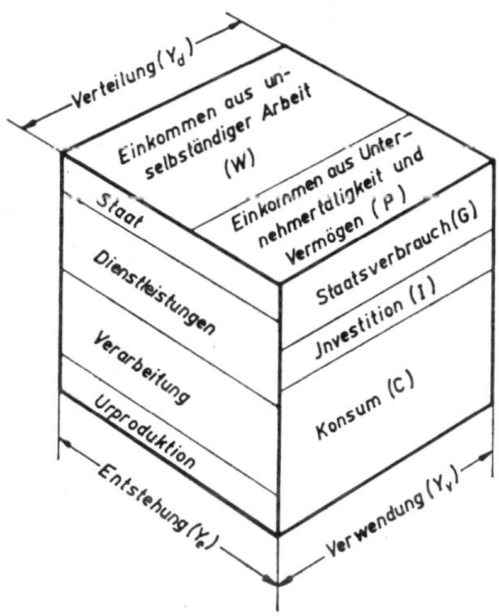

Fig. 14–1: Arten der Volkseinkommensermittlung

Man kann deshalb auch schreiben: Entstehung = Verwendung = Verteilung oder in den Symbolen von Fig. 14–1:

(14.1a) $Y_v = C + I + G$,

(14.1b) $Y_d = W + P$ (Definitions Gleichungen) sowie

(14.2a) $Y_e = Y_v = Y_d$ und (14.2b) $C + I + G = W + P$.

Voraussetzung der Volkseinkommensrechnung ist Geld in seiner Rechenfunktion. Alle Waren und Dienste werden mit Preisen bewertet und dadurch erst addierbar. Da Preise schwanken, ist es erforderlich, zwischen nominellem und realem Volkseinkommen zu unterscheiden – eine Unterscheidung, die aus der Nachfrageanalyse des Haushalts bekannt ist. Bei konstanten Preisen sind nominelle und reale Einkommensänderungen identisch; bei steigenden (fallenden) Preisen fällt (steigt) ein gegebenes Nominaleinkommen real.

Ebenfalls wichtig ist der von KEYNES benutzte Begriff **Beschäftigungsniveau** (L). Die komplementäre Größe bildet die **Arbeitslosenquote** (U). Bezeichnet man die absolute Zahl der Beschäftigten eines Landes mit l, die der Arbeitslosen mit u, kann man definieren:

(14.3a) $L = \frac{l}{l+u} \cdot 100$ und

(14.3b) $U = \frac{u}{l+u} \cdot 100$ (Definitions-Gleichungen),

woraus folgt, daß sich L und U zu 100 % addieren (L = 100–U). Die Summe der Beschäftigten und Arbeitslosen (l + u) stellt die Erwerbsbevölkerung dar. Sie ist definiert als die Zahl derjenigen, die zu den bestehenden Faktoreinkommen arbeiten möchten, unabhängig davon, ob sie Arbeit finden oder nicht. Als arbeitslos werden in einer engeren Definition jene Arbeitnehmer bezeichnet, die zu den bestehenden Löhnen arbeiten würden, jedoch keinen Arbeitsplatz finden. Diejenigen, die bei den bestehenden Löhnen nicht arbeiten wollen, die „freiwillig Arbeitslosen“, werden nicht als arbeitslos geführt. Statistisch kann es schwierig sein, die freiwilligen („unechten“) von den unfreiwilligen („echten“) Arbeitslosen zu trennen. Mit Hilfe der bereits bekannten und eben näher erläuterten Begriffe lassen sich die Konjunkturschwankungen in einfacher Weise beschreiben (Übers. 14–2). Die laufenden Konjunkturschwankungen werden insbesondere an der industriellen Produktion gemessen; Auftragseingänge sind Früh-, Konsumgüterpreise Spätindikatoren der Konjunktur. Die Änderungen können absolut und relativ sein.

Kriterien / *Phasen*	1 Auftrags-eingang	2 Bank-kredit	3 Beschäfti-gungs-niveau	4 Volksein-kommen u. Produktion	5 Konsum-güter-preise
Rezession	schnell fallend	schnell fallend	fallend	fallend	fallend
Depression	langsam fallend	langsam fallend	langsam fallend	langsam fallend	langsam fallend
Erholung	steigend	steigend	steigend	langsam steigend	konstant oder langsam steigend
Boom	schnell steigend	schnell steigend	schnell steigend	schnell steigend	schnell steigend

Übers. 14–2: Konjunkturphasen

Erscheinungsformen

Ein bestimmter Konjunkturablauf weist eine Reihe von Gegebenheiten auf, die in dieser Kombination und in ihrem jeweiligen Zusammenspiel einmalig sind. Kein Konjunkturgeschehen wiederholt sich genau in derselben Weise. Andererseits gibt es **wiederkehrende Merkmale**, die allgemeine Aussagen gestatten. Trotz der historischen Einmaligkeit jedes Konjunkturablaufs neigen die meisten Forscher deshalb zu der Auffassung, der Versuch zur Entwicklung einer allgemeinen Konjunkturtheorie sei nicht ganz ohne Erfolgsaussichten. Gegenteiliger Ansicht sind vor allem WALTER EUCKEN und FRIEDRICH AUGUST LUTZ (geb. 1901).

Der Konjunkturablauf wird im allgemeinen in vier Phasen unterteilt, in denen sich die einzelnen Aktivitätskriterien wie folgt entwickeln (Übers. 14–2). Dieser stark vereinfachte, gewissermaßen stilisierte Konjunkturablauf ergäbe, nimmt man als Aktivitätskriterium das Volkseinkommen Y, graphisch folgendes Bild (Fig. 14–2).

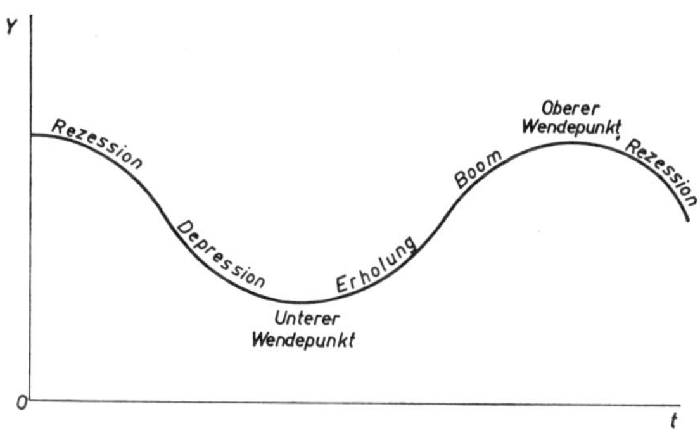

Fig. 14–2: Stilisierter Konjunkturablauf

Eine scharfe Trennung zwischen den einzelnen Phasen läßt sich in empirisch relevanter Weise nicht ziehen. Auch bei vereinfachter Darstellung von Konjunkturabläufen geht man heute generell von unterschiedlichen Phasenlängen (aperiodischen Zyklen) aus. Die Zeitspanne zwischen zwei Wendepunkten ist unbestimmt. Meist sind es Zeiträume von mehr als einem Jahr (oft 3–5 Jahre). Von den so charakterisierten Konjunkturschwankungen muß man zwei andere Sachverhalte unterscheiden: den Saisonzyklus und den Trend.

Saisonzyklen (saisonale Schwankungen) sind jahreszeitlich bedingte Vorgänge, die in der Regel nur einige Wochen oder Monate dauern. Die Ursachen dieser Schwankungen können ganz verschieden sein (Wetter, natürliche Reifeprozesse, Urlaubszeiten, Feiertage, gesellschaftliche Gewohnheiten

u. a.). Sie sind meist gut voraussehbar. Die Unternehmen richten sich auf solche Fluktuationen der Geschäftstätigkeit ein. Die über die konjunkturellen und saisonalen Änderungen hinausgehende Entwicklung nennt man **langfristigen Trend.** In den meisten Volkswirtschaften zeigt sich langfristig eine Aufwärtsentwicklung des Volkseinkommens (Wachstumstrend), die mit Verschiebungen der ökonomischen Bedeutung einzelner Wirtschaftszweige (Strukturwandlungen) einhergeht. Den stilisierten Zusammenhang zwischen Saisonzyklen, Konjunkturschwankungen und Trend veranschaulicht Fig. 14–3.

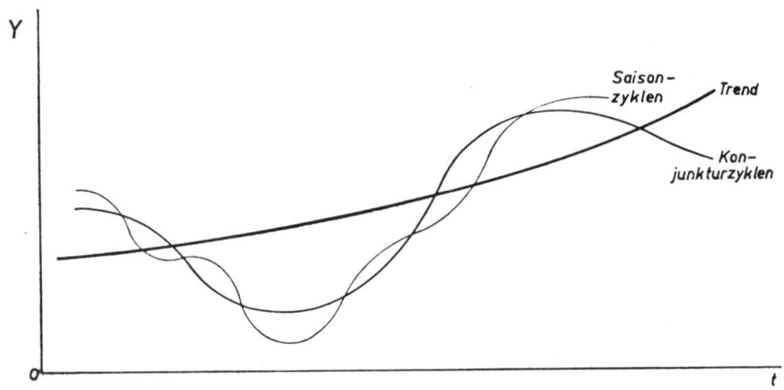

Fig. 14–3: Trend, Konjunkturschwankungen und Saisonzyklen

Das statistische Material enthält neben den Komponenten der Saison- und Konjunkturschwankungen und des Trends noch unsystematische Zufallsgrößen. Selbst für die systematischen Werte läßt sich oft erst nach längerer Beobachtungszeit bestimmen, welche Art von Schwankung vorliegt, wodurch die Konjunkturprognose erschwert wird.

Das **empirische Bild** zeigt wenig glattere Konjunkturverläufe als das stilisierte. Es ist jedoch meist deutlich genug, um Wendepunkte, Konjunkturphasen und zeitliche Korrelationen verschiedener Konjunkturindikatoren (Auftragseingang, Produktion, Preise u. a.) hervortreten zu lassen. Fig. 14–4 zeigt in der Bundesrepublik Deutschland zwischen 1950 und 1967 vier Konjunkturzyklen, deren Phasen- oder Wellenlängen ungefähr 4 bis 5 Jahre betragen haben. Die Auftragseingänge schwankten stärker als die Preise; die Konjunkturbeobachtung besitzt in den Auftragseingängen einen besseren Indikator als in den Preisen. Es ist zu beachten, daß die angegebenen Schwankungen Abweichungen eines langfristigen Trends sind. Da in derselben Zeit ein starkes Wachstum stattfand – das Bruttosozialprodukt in jeweiligen Preisen hat sich etwa verfünffacht, in konstanten Preisen verdreifacht –, kann man anstelle von Konjunkturschwankungen auch von Wachstumszyklen sprechen.

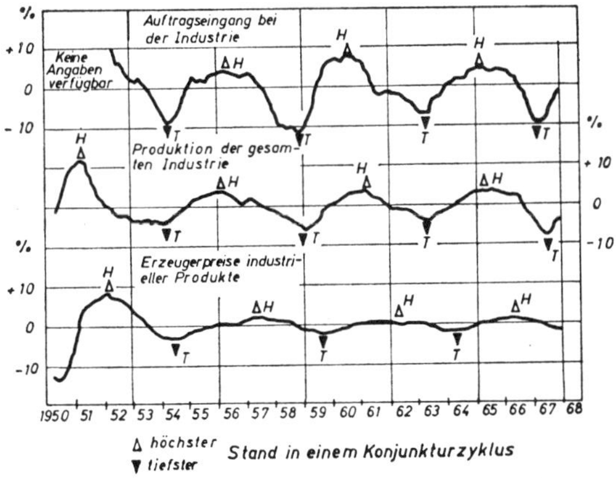

Fig. 14–4: Konjunkturschwankungen 1950 bis 1967 in der Bundesrepublik Deutschland. Prozentuale Abweichungen vom Trend bei Auftragseingang, Produktion und Preisen.

Quelle: Geschäftsbericht der Deutschen Bundesbank für das Jahr 1967, 22.

II. Einige Hypothesen

Allgemeiner Überblick

Als konjunkturtheoretisch entscheidend ist stets die Frage betrachtet worden, worauf Konjunkturschwankungen zurückgehen. Wird eine einzige Ursache als bestimmend angesehen, spricht man von „monokausalen", andernfalls von „multikausalen" **Ursachenerklärungen**. An Hypothesen besteht kaum Mangel. Die amerikanischen Nationalökonomen W. T. Foster und W. Catchings kamen schon in den zwanziger Jahren auf mehr als 200 Ursachenhypothesen. Man hat versucht, sie zu systematisieren und in Gruppen zusammenzufassen:

- Eine Einteilung ist die nach exogenen (außerwirtschaftlichen; nichtökonomischen) und endogenen (innerwirtschaftlichen; ökonomischen) Theorien.
- Eine zweite Klassifizierung fußt auf der Unterscheidung von güterwirtschaftlichen (realen) und geldwirtschaftlichen (monetären) Ursachen.
- Nach einer dritten Ansicht besteht eine Tendenz zu übermäßigen Investitionen, die einen Rückschlag unvermeidlich mache („Überinvestitionstheorien"). Demgegenüber wird von anderen Autoren ein „Unterkonsum" als entscheidend betrachtet („Unterkonsumtionstheorie").
- Schließlich hat man nach „psychologischen" und „mechanistischen" Theorien zu differenzieren versucht.

Will man die **vorherrschenden Ansichten** auf einen Nenner bringen, kann mit einigen Vorbehalten folgendes gesagt werden:

1. Monokausale Erklärungen werden überwiegend abgelehnt.
2. Die Analyse der Investitionen und der von ihnen ausgehenden Wirkungen steht im Zentrum der meisten Konjunkturtheorien.
3. Fast alle Erklärungen sind primär endogen. Exogene Einflüsse – wie das Wetter und die Politik – werden in unterschiedlichem Maße berücksichtigt.
4. Monetäre und psychologische Einflüsse bilden in der Regel einen festen, gelegentlich vorherrschenden Bestandteil der Theorien.
5. Zwischen Konjunktur und Wachstum besteht ein enger Zusammenhang. Es kann empirisch schwierig sein, konjunkturelle Schwankungen und Wachstumszyklen voneinander abzuheben.
6. Eine allgemeine Konjunkturtheorie, die nicht im Widerspruch zu den vorherrschenden Theorien stände, müßte angesichts stark divergierender Erklärungen so abstrakt sein, daß sie kaum empirischen Wert besäße. Aus diesem Grund ist es zweifelhaft, ob es je „die" Konjunkturtheorie geben wird.

Aus einigen der genannten Gruppen (reale und monetäre Ursachenerklärungen, Überinvestitions- und Unterkonsumtionstheorien) seien die herrschenden Ansichten kurz angeführt. Eine detaillierte Kenntnis erhält man nur durch ein Studium des Schrifttums.

Reale oder monetäre Ursachen

Als traditionelle Hypothese einer realen Konjunkturverursachung gilt das **Saysche Theorem**. Der französische Nationalökonom Jean Baptiste Say (1767–1832) hat sich gegen die auch heute noch populäre These gewandt, die Ursache wirtschaftlicher Krisen sei in einer allgemeinen Überproduktion oder Übersättigung zu suchen. Seine ursprüngliche Aussage hat durch Kritik und Antikritik eine derartige Umgestaltung erfahren, daß spätere Autoren nur noch selten auf sie zurückgriffen. Dabei ist der Kern seiner Argumentation einfach. Es ist nach Say unsinnig, von einer allgemeinen Überproduktion zu sprechen. Warum arbeiten die Menschen überhaupt, warum bieten sie Güter und Dienste an? Wer nicht nachfragen möchte, wird sich nicht den Mühen der Produktion unterziehen. Also wird nur produziert, um eigene oder fremde Produkte nachfragen zu können. Das Angebot erzeugt gleichsam seine eigene Nachfrage. Das gilt für eine Naturaltausch-, jedoch auch für eine Geldwirtschaft, in der Geld allein für Zwecke des Tauschverkehrs benötigt wird. Es kann keine Nachfrage ausfallen. Das gesamtwirtschaftliche Gleichgewicht zwischen Angebot und Nachfrage ist unzerstörbar, denn es ist eine Identität. Wenn es dennoch Absatzkrisen gibt, die Say nicht leugnen wollte, handelt es sich um partielle Störungen. In einer arbeitsteiligen Produktion muß in einem gewissen Umfang „auf Verdacht hin" produziert werden. Stimmt das tatsächliche Angebot mit den Marktwünschen nicht überein, sorgt der Marktmechanismus dafür, daß das Angebot der Nachfrage angepaßt wird.

Das Saysche Theorem ist für eine Geldwirtschaft unhaltbar. Aus einer richtigen Erkenntnis (keine allgemeine Übersättigung) wird ein falscher Schluß gezogen. Geld ist nämlich nicht nur Tausch-, sondern auch Wertaufbewahrungsmittel. Mit steigender Kassenhaltungsdauer verliert Geld seine „Neutralität“ für den Warentausch. Es ist dann nicht nur „Schmiermittel des Tausches“, was Voraussetzung des Theorems ist. In einer steigenden Kassenhaltung zeigt sich bei konstantem Geldangebot, daß die aus Faktorleistungen und Produktverkauf erzielten Einkommen nicht völlig wieder verausgabt werden. Monetäre Gesamtnachfrage fällt aus. Das wirtschaftliche Gleichgewicht zwischen Gesamtangebot an Waren und Diensten und monetärer Gesamtnachfrage wird gestört, wie jede allgemeine Depression, die auf schrumpfende Ausgaben zurückgeht, deutlich genug zeigt. Unter Benutzung der Geldfunktionsbegriffe kann man auch sagen: Die Depression kommt durch einen Funktionswechsel des Geldes zustande. Ein Teil der Tauschmittel hat die Aufgabe einer Wertspeicherung übernommen. Die Geldneutralität kann ebenso durch das Geldangebot gestört werden. Geldproduktion ist in den meisten Geldsystemen ohne eine entsprechende Vorleistung möglich, so daß eine güterangebotsunabhängige Zusatznachfrage auftreten kann. Aus einer langen Diskussion des Sayschen Theorems haben die meisten Forscher die Konsequenz gezogen, Geld bilde in seinen verschiedenen Funktionen ein unverzichtbares Erklärungselement der Konjunkturtheorie.

Wenn sich allgemeine Schwankungen nicht aus der Natur des tauschwirtschaftlichen Prozesses erklären lassen, ist dann die Konjunktursache in den Eigenheiten der Geldwirtschaft zu suchen? Diese Frage wird von den Vertretern einer rein **monetären Konjunkturerklärung** eindeutig bejaht. Unter ihnen ragt Ralph George Hawtrey (geb. 1879), Wissenschaftler von Rang und erfahrener Praktiker – er war 4 Jahrzehnte leitender Beamter des britischen Schatzamtes –, eindeutig hervor. Er formulierte folgende Hypothesen: 1. Gewisse Geld- oder Kreditbewegungen sind notwendige und hinreichende Bedingungen für den Konjunkturzyklus. 2. Die Wiederkehr des Zyklus kann durch rein monetäre Ursachen erklärt werden, die bewirken, daß ständig Bewegungen erfolgen, deren Dauer sich über Jahre erstreckt. Die erste Hypothese impliziert eine straffe Korrelation von Geld- und Güterbewegungen. Fällt die Geldmenge, dann sinkt die Nachfrage. Die Produzenten sehen sich in ihren Erwartungen getäuscht. Sie produzieren zunächst auf Lager, die Preise fallen. Schließlich müssen die Produktion gedrosselt und Produktionsfaktoren freigesetzt werden. Erst nach einem Anpassungsprozeß entsteht ein neues Gleichgewicht von Angebot und Nachfrage. Steigt die Geldmenge, sind die Wirkungen entgegengesetzt. Die Nachfrage ist größer als erwartet, die Lager werden abgebaut, die Preise steigen, und die Produktion nimmt zu, bis die Produktionsfaktoren vollbeschäftigt sind. Die Konjunkturphasen, Prosperität und Depression, werden mit den Wirkungen von Geldumlaufschwankungen, Inflation und Deflation, gleichgeschaltet. Mit einer Stabilisierung des Geldumlaufs, einer Beseitigung der Geldwertschwankungen, würde sich der Konjunkturzyklus beseitigen lassen. Die zweite These HAWTREYS besagt jedoch, der Geldumlauf kann in modernen Volkswirtschaften nicht konstant gehalten werden. Insbesondere das Kreditsystem zeigt eine inhärente Instabilität, weil der Optimismus im Aufschwung zu einer Kreditnachfrage führt, deren Wirkungen sich verstärken. Solange die Banken über Reserven verfügen, können sie die Nachfrage befriedigen. Doch mit wachsender Kreditnachfrage, steigenden Preisen und erhöhter Produktion verschlechtert sich die Bankenliquidität. Nur durch scharfes Anziehen der Kreditbremse läßt sich die Expansion stoppen, so daß immer die Gefahr eines Umschlags besteht. Gäbe es unbeschränkt Kredit, könnte die Expansion weitergehen; nur würden dann die Preise ständig steigen.

HAWTREY hat auf Eigentümlichkeiten des modernen Kreditsystems aufmerksam gemacht, die keine Konjunkturerklärung vernachlässigen kann. Doch seine Hypothesen sind unvollständig. Wahrscheinlich würden die meisten Nationalökonomen die Behauptung, der Grund für den Zusammenbruch liege in monetären Restriktionen, wohl akzeptieren, jedoch seine These, dies müsse stets der Fall sein, aus empirischen Gründen ablehnen. Auf Skepsis ist vor allem die Ansicht gestoßen, mit einer unbeschränkten Kreditexpansion lasse sich die Prosperität ad infinitum fortsetzen. Beobachtungen in Ländern mit praktisch unbeschränkter Kreditexpansion (wie in einigen Staaten Lateinamerikas) zeigen: Inflation und Prosperität brauchen nicht zusammenzufallen. Rein „monetäre" Ursachenerklärungen sind, sosehr sie den rein „realen" Theorien überlegen zu sein scheinen, unbefriedigend oder zumindest unvollständig. Deshalb wird meist ein gemischter Theorietyp bevorzugt. Bei der folgenden Unterscheidung nach Überinvestitions- und Unterkonsumtionstheorien bleibt also zu beachten, daß zwar die realen oder monetären Einflüsse verschieden betont, meist jedoch zusammenwirkend gesehen werden.

Überinvestition oder Unterkonsumtion

Die **Theorie**, nach der der konjunkturelle Zusammenbruch auf **Überinvestitionen** zurückgehe, findet breite Zustimmung. Innerhalb der „Überinvestitionsschule" gibt es verschiedene Richtungen, die sich meist auf den schwedischen Nationalökonomen KNUT WICKSELL (1851–1926) berufen. WICKSELLS Absicht war, eine Erklärung für die Bewegungen des allgemeinen Preisniveaus zu liefern. Doch gaben seine Untersuchungen den Anstoß sowohl zur Überinvestitionstheorie als auch zur monetären Zinserklärung. Die Ursache von Änderungen des allgemeinen Preisniveaus sieht WICKSELL in der Zinsspanne, definiert als die Differenz zwischen dem „natürlichen" und „monetären" Zins. Beide Zinssätze versteht WICKSELL geldwirtschaftlich. Der natürliche Zins ist der Gleichgewichtspreis des Geldkapitalmarktes, zu dem das Angebot an Sparbeträgen und die Nachfrage für Investitionsmittel (Kredite) ausgeglichen sind. Änderungen der Kassenbestände und des Geldangebots finden nicht statt (Fig. 11–5). Da in der Realität weder die Kassenbestände noch das Geldangebot konstant bleiben, weicht der tatsächliche Zinssatz, der für die Nachfrager wichtiger Kostenbestandteil ist, vom natürlichen Zins ab. Diesen Ungleichgewichtszins nennt WICKSELL Marktzins (auch: Geldzins). Ist der Marktzins niedriger als der natürliche, besteht ein Angebotsüberschuß, umgekehrt ein Nachfrageüberschuß an Geldkapital. Im ersten Fall steigt die Nachfrage der Unternehmen nach Krediten und daraus folgend auch die Nachfrage nach Vorprodukten und Produktionsfaktoren. Die Preise ziehen auf diesen Märkten an. Die aus erhöhter Faktorentlohnung gestiegenen Einkommen führen zu Preiserhöhungen bei Konsumgütern. Dieser „Wicksellsche Prozeß" läuft so lange, wie eine positive Zinsspanne existiert. Die steigende Geldkapitalnachfrage drückt den Geldzins in die Höhe. Die positive Zinsspanne verringert sich deshalb im Aufschwung, bis sie schließlich negativ wird. Bei negativer Zinsspanne sind die Wirkungen auf die Preise gegenteilig.

Was geschieht in einem Prozeß, in dem der Marktzins unter dem natürlichen Zins liegt, mit den Gütermengen, dem input und output? Diese Frage, die bei WICKSELL offen bleibt, stellt FRIEDRICH AUGUST VON HAYEK (geb. 1899). Ihm kommt es darauf an zu zeigen, daß sich im Aufschwung eine Disproportionalität zwischen dem Angebot an Investitions- und Konsumgütern auf der einen und der Nachfrage nach ihnen auf der anderen Seite herausbildet, die zum Konjunkturumschlag im oberen Wendepunkt führt. Sein Gedankengang läßt sich grob wie folgt skizzieren: Mit den Investitionen der Unternehmer, die bei einer „positiven" Zinsspanne ihre Gewinne erhöhen können, gelangt zusätzliches Geld in Umlauf. Steigt die Kreditnachfrage der Unternehmer, werden sich in dem dann einsetzenden Konkurrenzprozeß die Preise der Rohmaterialien und Produktionsfaktoren erhöhen. Die Ausdehnung der Investitionsgüterproduktion ist bei Vollbeschäftigung nur zu Lasten der Konsumgüterproduktion möglich. Die davon ausgehenden Preissteigerungen im Konsumgütersektor zwingen die Verbraucher, auf einen Teil des Konsums zu verzichten (erzwungenes Sparen). Wenn nach einiger Zeit auch die Einkommen der Konsumenten steigen, versuchen diese, ihr altes Konsumniveau wiederherzustellen. Mit fortschreitendem Aufschwung wird deshalb die Konsumgüter- im Vergleich zur Kapitalgüternachfrage wieder zunehmen. In der Produktion werden Faktoren aus dem Investitions- in den Konsumgüterbereich umgelenkt. Soweit Investitionen nicht fertiggestellt werden konnten, führt das zur Freisetzung auch anderer Faktoren und zu Verlusten. Hinzu kommt meist, daß im Boom die Kredite knapper und damit der Marktzins höher werden. Bei Krediteinschränkungen kann das bisherige Ausmaß der Investitionen nicht durchgehalten werden, weil das Geldangebot, das aus freiwillig Erspartem besteht, nicht entsprechend gewachsen ist. Die Situation vor dem Tendenzumschwung ist also durch Überinvestition (Investitionsgüterüberproduktion), Untersparen (Kapitalknappheit) und Überkonsum (Konsumgüterdefizit) gekennzeichnet: eine paradoxe, doch plausible Situation – Mangel und

Überfluß zur gleichen Zeit. Wenn die Haushalte mehr freiwillig sparen und weniger konsumieren würden, ließe sich der Zusammenbruch vermeiden. Der Keim des Zusammenbruchs liegt im kreditfinanzierten Aufschwung, der notwendig zur Überinvestition führt.

Ein schwacher Punkt der Überinvestitionstheorien ist, daß der Zusammenbruch nicht zwingend endogen erklärt wird. Die disproportionale Entwicklung vor dem oberen Wendepunkt erfordert eine Drosselung der Kapital- und eine Ausdehnung der Konsumgüterproduktion. Diese Umstellung kann, muß aber nicht durch eine Depression erzwungen werden. Es ist durchaus möglich, daß sich beide Bereiche ohne Depression an die veränderte Situation anpassen. Offen bleibt auch die Frage, ob nicht eine Kreditexpansion den Abschwung verhindern könnte. Das einzige Hindernis für solche permanente Kreditspritzen ist die Gefahr progressiver Preissteigerungen und letztlich die eines Zusammenbruchs des Kreditsystems.

Die **Unterkonsumtionstheorie** ist eher eine Depressions- als eine voll entwickelte Konjunkturtheorie. Ihr wissenschaftliches Niveau liegt – wie eine der größten Autoritäten auf dem Gebiet der Konjunkturtheorie, Gottfried von Haberler (geb. 1900), meint – niedriger als das der anderen Theorien. Ein bekannter Vertreter dieser Theorie ist der Nationalökonom Emil Lederer (1882–1939). Zentraler Bestandteil der Theorie ist die Hypothese, daß Kaufkraft in irgendeiner Form fehle, um die Vollbeschäftigung zu sichern. Dieses Kaufkraftdefizit kann seine Ursache in einer Vergrößerung der Kassenhaltungsdauer haben. Finden die Spargelder keine Anlage in der Investition, entstehen Hortbeträge, die einen Kaufkraftausfall darstellen. Der Rückgang im Konsum – Kehrseite der Horte – führt zu einem Preisverfall. Unterkonsumtion wäre dann eine andere Bezeichnung für Deflation. Ein Kaufkraftdefizit kann sich auch aus einem Anwachsen des Güterangebots ergeben. Wird in diesem Fall die Geldmenge nicht ausgedehnt, müssen die Preise tendenziell sinken, weil die vorhandene Kaufkraft nicht ausreicht, um die Produkte zum bisherigen Preis vom Markt zu nehmen. Generell läßt sich sagen: Eine Kaufkraftausweitung – durch Vergrößerung des Geldangebots oder Verringerung der Kassenhaltungsdauer – kann eine Krise verhindern, sofern deren Ursache eine zu geringe monetäre Nachfrage ist. Verschiedene Unterkonsumtionstheoretiker heben besonders hervor, daß die Löhne im Aufschwung hinter den Profiten zurückbleiben. Da aus Profiten mehr als aus Löhnen gespart werde, sei die Wurzel des Übels eine Disparität der Einkommensverteilung im Aufschwung – eine These, die unter Gewerkschaften verständlicherweise beliebt ist.

Diese Konjunkturerklärung ähnelt stark der von Keynes. Die Keynessche Theorie läßt sich am besten als ein Spezialfall der Unterkonsumtionstheorie einordnen. Auch für sie ist charakteristisch, daß sie keine geschlossene Konjunkturtheorie bildet, was Keynes auch gar nicht beabsichtigt hat. Wenn seine Argumentation über die Konjunkturerklärung hinaus so große Bedeutung gewonnen hat, daß häufig von einer „Keynesschen Revolution" gesprochen wird, so deswegen, weil er Begriffe und Denkmethoden zu entwickeln vermochte, die sich für die Untersuchung zahlreicher Probleme als recht nützlich erwiesen haben. Das rechtfertigt, sein Hypothesensystem genauer darzustellen (15. Kap.). Mit seinen Aussagen zur Depression hat er einige wertvolle Aspekte zur Interpretation bestimmter Konjunkturphasen beigetragen, die jedoch schwerwiegenden Einwänden ausgesetzt sind.

In der monetären Überinvestitionstheorie wird betont, daß Ursache des Zusammenbruchs ein Überkonsum sei. Wenn diese Erklärung des Zusammenbruchs auch problematisch erscheint, so läßt sich empirisch zeigen, daß die in der Überinvestitionstheorie herausgearbeiteten Merkmale vor dem Umschwung typischer sind als die der Unterkonsumtionstheorie, mit der man den Zusammenbruch in der Regel nicht erklären kann. Zeichnet sich der Umschwung ab oder ist er bereits eingetreten, stellt eine Ausdehnung der Konsumgüternachfrage mitunter ein geeignetes Mittel dar, eine Depression zu vermeiden. Doch diese Feststellung gilt nicht in allen Fällen. Es ist beobachtet worden, daß ein beträchtliches Maß an Arbeitslosigkeit herrschte, während Volkseinkommen und Produktion nicht fielen, manchmal sogar stiegen, wenn auch nicht in einem Maß, wie es bei Vollbeschäftigung der Fall gewesen wäre. Ursachen solcher Krisen sind Strukturänderungen, die auf das Angebot (z. B. Automation) oder die Nachfrage (z. B. Wechsel von Kohle nach Öl) zurückgehen können. Der rasche Strukturwandel setzt Arbeitskräfte frei, die jedoch wegen zu geringer Mobilität nicht so schnell wieder in den Produktionsprozeß eingegliedert werden können, daß sich nennenswerte Unterbeschäftigung vermeiden ließe (strukturelle Arbeitslosigkeit). Eine in einem solchen Fall vorgenommene Erhöhung der Kaufkraft würde die Preise in die Höhe treiben oder die vorhandenen Preissteigerungstendenzen verstärken, ohne den betroffenen Industrien zu nützen oder die rasche Eingliederung der Arbeitskräfte zu gewährleisten. Viele „Postkeynesianer“ haben, sofern sie Unterkonsumtionsanhänger waren, in einem langwierigen Lernprozeß einsehen müssen, daß der „KEYNES-Fall“ für Krisen in der Zeit nach dem Zweiten Weltkrieg ohne empirische Bedeutung war und die – wenn auch gegensätzlichen – Ansichten der Überinvestitions- oder Überkonsumtionsschule größere Beachtung verdienen. Diese Feststellung gilt um so mehr, als die Trendentwicklung, das Wachstum, stärker als früher die Aufmerksamkeit auf sich lenkt. Bemerkenswert bleibt, daß man sich bei der Untersuchung dieser Fragen weitgehend der Sprache von KEYNES bedient.

III. Zyklenmerkmale

Verstärker

In der modernen Konjunkturerklärung lassen sich einige Gemeinsamkeiten feststellen. Nur wenige bestreiten, daß es Verstärker der Konjunkturbewegungen gibt. Außerdem wird ein Zusammenhang zwischen Konjunktur und Wachstum gesehen. Unter den Verstärkern kann man subjektive – vom Verhalten abhängige – und objektive – durch Produktionseigentümlichkeiten vorgegebene – unterscheiden. Gelegentlich spricht man auch von „psychologischen" und „mechanistischen" Verstärkern oder Konjunkturtheorien, sofern angenommen wird, daß psychologische und mechanistische Zusammenhänge den Konjunkturablauf hinreichend erklären. In den meisten Analysen werden **psychologische Verstärkereffekte** berücksichtigt. Besonders ARTHUR CECIL PIGOU (1877–1959) hat die Basis psychologischer Einflüsse herausgearbeitet: die Ungewißheit. Zukünftige Ereignisse ließen sich niemals mit absoluter Sicherheit prognostizieren. Die Unsicherheit nehme mit der Entfernung von der Gegenwart zu. Jede wirtschaftliche Entscheidung sei eine Gegenwartsentscheidung, die in die Zukunft wirke. Die Investitionsentscheidungen reichten weiter in die Zukunft und seien deshalb unsicherer als Konsumentscheidungen. Ihre Unsicherheit variiere je nach der Dauer der Investitionsvorgänge bis zur Produktionsreife („Ausreifungszeit"). In einer Prosperität herrsche Optimismus, in einer Depression Pessimismus über die künftige Entwicklung. Prosperität und Depression seien Wellen des Optimismus und Pessimismus.

Die meisten Konjunkturtheoretiker würden diese Wellen vermutlich als Verstärkungselemente des Auf- oder Abschwungs akzeptieren und nicht wenige unter ihnen haben psychologische Einflüsse betont. Berücksichtigt man Verhaltenswellen, sind einige Zusammenhänge – etwa die Reaktion der Unternehmer auf Zinsänderungen oder die der Kassenhalter auf Geldangebotsvariationen – nicht so strikt wie sie gemeinhin unterstellt werden. Die Geister scheiden sich an der Frage, ob Optimismus und Pessimismus einzige Ursachen der Aktivitätsschwankungen sind. Ein gutes Beispiel für die unterschiedlichen Ansichten ist die letzte Rezession in der Bundesrepublik Deutschland, die mit der Bildung der großen Koalition Ende 1966 einsetzte. Eine rein „mechanistische" Interpretation leugnet den Einfluß psychologischer Faktoren, eine rein „psychologische" Erklärung macht den Stimmungsumschwung, der durch den Regierungswechsel und öffentliche Erklärungen zur tatsächlichen oder vermeintlichen „Krise" ausgelöst wurde, für die „Talfahrt" des Jahres 1967 verantwortlich. Die Wahrheit dürfte vermutlich in der Mitte zu suchen sein. Daß man sich mit Vermutungen behelfen muß, zeigt, wie wenig wir letztlich über die entscheidenden Triebkräfte und ihr Gewicht im konjunkturellen Ablauf wissen.

Neben psychologischen gibt es produktionstechnische Beschleunigungseffekte, die man als **Akzeleratorwirkungen** bezeichnet. Sie wurden von dem französischen Sozialökonomen ALBERT AFTALION (1874–1956) entdeckt. Zahlreiche Konjunkturtheoretiker sind ihm gefolgt. Die zentrale Hypothese ist folgende: Veränderungen in der Nachfrage nach und der Produktion von Konsumgütern tendieren dahin, viel größere („akzelerierte") Veränderungen in der Nachfrage nach und der Produktion von Kapitalgütern hervorzurufen, als zu ihrer Produktion benötigt werden. Was für Konsum- und Kapitalgüter gilt, kann mutatis mutandis sowohl auf ein beliebiges Gut und seine Kapitalgüter übertragen werden als auch auf jene Fälle, in denen im Verhältnis zur Produktion ein bestimmtes Lager gehalten wird. Die Hypothese lautet dann: Die Schwankungen der Kapitalgüterproduktion und der Lagerhaltung sind größer als die mengenmäßigen Schwankungen der mit ihrer Hilfe erzeugten oder zu ihnen in Beziehung stehenden Produkte.

Der Akzelerator b (Beschleuniger) läßt sich definieren als Quotient aus der Nettoinvestition I und einer (marginalen) Zunahme der Konsumgüternachfrage C, also:

(14.4) $$b = \frac{I}{dC}$$ (Definitions-Gleichung).

Der Ausdruck b gibt an, wieviel monetär bewertete Kapitalgütereinheiten zusätzlich für die Produktion einer weiteren Konsumgütereinheit nötig sind. Wird b als im Zeitablauf konstant betrachtet, kann I als Funktion von dC aufgefaßt werden:

(14.5) $$I = b \cdot dC$$ (technische Gleichung).

Mit (14.5), die sich auch als Verhaltens-Gleichung interpretieren läßt, wird behauptet, die Nettoinvestitionen (Gesamt- oder Bruttoinvestitionen minus Ersatzinvestitionen) seien von Änderungen der Konsumgüternachfrage proportional abhängig. Die Schwankungen im Investitionsgüterbereich sind nach (14.5) um so stärker, je größer b ist. Eine Akzeleratorwirkung im etymologischen Wortsinne auf die Nettoinvestitionen tritt offenbar nur ein, wenn b > 1 ist (Fig. 14–5).

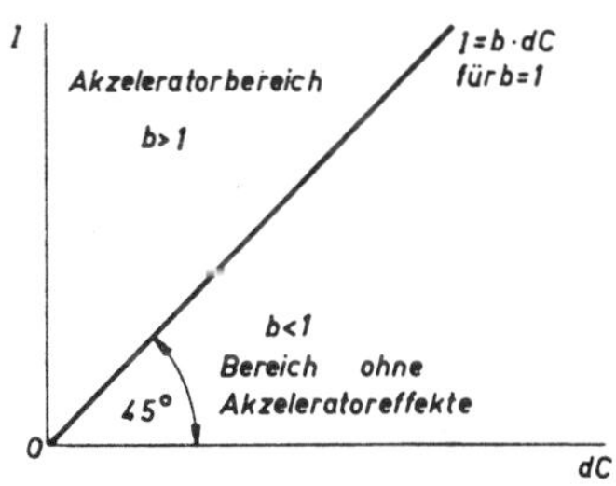

Fig. 14–5: Akzeleratorwirkungen

Für die Beurteilung der Wirkungen des Akzelerators kommt es nicht allein auf die Nettoinvestitionen, sondern auch auf die Schwankungen der Gesamtinvestitionen an, die sich aus Ersatz- und Nettoinvestitionen zusammensetzen. Das Akzeleratorprinzip – vorsichtig verwendet – ist eine Erklärung für die Beschleunigungswirkungen im Auf- und Abschwung. Zur Erklärung von Wendepunkten scheidet es – isoliert betrachtet – aus.

Konjunktur und Wachstum

Konjunkturschwankungen und Wachstumstrend sind theoretisch leichter zu trennen als faktisch. Es ist überhaupt die Frage, ob konjunkturelle und langfristige Entwicklungen nicht die gleichen Ursachen haben. JOSEPH ALOIS SCHUMPETER (1883–1950) sieht die wirtschaftliche Entwicklung als einen Vorgang an, der sich in Stößen vollzieht. Die Bewegung zum Aufschwung ist nicht so sehr eine Konsequenz der vorhergehenden Depression, sondern das Ergebnis selbständiger Kräfte. Dynamische Unternehmer nutzen neues technisches Wissen (inventions) zur Einführung von Neuerungen (innovations) und verschaffen sich damit einen zeitweiligen Vorsprung vor den Konkurrenten. Monetäre Voraussetzung der innovations sind Finanzierungsmöglichkeiten, in der Regel Bankkredite, da es an freiwilligen Ersparnissen mangelt. Andere Unternehmer ahmen die Neuerungen der Innovatoren mit einem zeitlichen Abstand (lag) t nach (imitations), so daß sich ein Anpassungsprozeß in Richtung auf ein neues Gleichgewicht auf höherem Niveau einstellt, das schließlich durch erneute innovations gestört wird (Fig. 14–6).

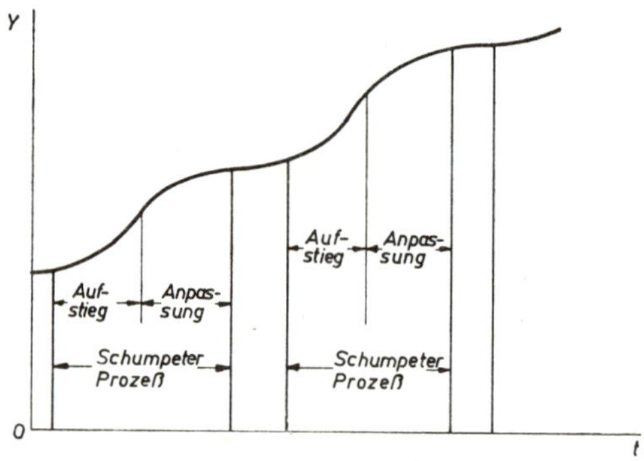

Fig. 14–6: Schumpeter-Prozeß

Ob die Schumpetersche Analyse eine Konjunktur- oder Wachstumserklärung (Erklärung von Wachstumszyklen) ist, kann unterschiedlich beantwortet werden. Sie ist jedenfalls so angelegt, daß die Unterschiede zwischen Konjunktur und Wachstum an Bedeutung verlieren.

Das gilt auch für die Theorie von JOHN RICHARD HICKS (geb. 1904), der – wie zunehmend andere Autoren – Konjunktur und Wachstum als einen integrierten Prozeß ansieht. Ausgangspunkt seiner Überlegungen ist ein Modell, in dem der Akzelerator mit einem Einkommensmultiplikator kombiniert wird. Daraus lassen sich Schwankungen des Volkseinkommens und der Beschäftigung im Zeitablauf ableiten. Der Einkommensmultiplikator des Hicksschen Modells (im 15. Kap. wird eine allgemeinere Multiplikatorformel dargestellt) gestattet die Berechnung der Erhöhung des Volkseinkommens, die eintritt, wenn die Nettoinvestitionen um einen bestimmten Betrag steigen. Der zugrunde liegende Gedanke ist: Investitionsausgaben werden zu Einkommen, die – soweit sie wieder ausgegeben werden – erneut Einkommen schaffen. Das gilt um so mehr, je größer der aus den entstandenen Einkommen wieder verausgabte Betrag ist. Eine zusätzlich vorgenommene Investition von 1000 DM wird nach einer mehr oder weniger langen Zeit zu Einkommen der an der Produktion des Investitionsgutes beteiligten Arbeiter, Kapital- und Bodeneigentümer. Werden $^4/_5$ dieser 1000 DM wieder ausgegeben – z. B. für Konsumgüter –, entsteht erneut Einkommen in Höhe von 800 DM. Gibt man diese Einkommen wieder zu $^4/_5$ aus, entsteht ein neues Einkommen von 640 DM. Summiert man die nacheinander entstehenden Einkommen auf, ergibt sich als Folge der Investitionszunahme $\Delta I = 1000$ DM bei einer (marginalen) Konsumquote $c = {^4/_5}$ ein zusätzliches Einkommen $\Delta Y = 5000$ DM. Das läßt sich nach folgender Formel berechnen

(14.6a) $$\Delta Y = \frac{1}{1-c} \cdot \Delta I$$ oder (14.6b) $$\Delta Y = \frac{1}{s} \cdot \Delta I,$$

für infinitesimale Änderungen:

(14.6c) $$dY = \frac{1}{s} \cdot dI.$$

Gleichung (14.6c) kann aus $Y = C(Y) + I$ durch Differenzierung nach I gewonnen werden. Die Größe $c = 1 - s$ ist die (marginale) Konsumquote, die Größe $1/s = 1/1-c$ der Multiplikator.

Paul A. Samuelson (geb. 1915) hat das kombinierte **Multiplikator-Akzelerator-Modell** entwickelt. Da es in verschiedenen Konjunkturtheorien auftaucht, sei es kurz erläutert; dabei ist hier auf Änderungsgrößen (Differenzen) abgestellt worden. Gefragt wird nach Schwankungen des Volkseinkommens als Folge von zusätzlichen Ausgaben, die man als „autonom" bezeichnet, weil ihr Entstehen nicht – wie die „induzierten" Ausgaben – aus dem wirtschaftlichen Kreislauf heraus erklärt werden. Die autonomen Ausgaben sollen Investitionen (I_a) sein, die bei den Produktionsfaktoren in der Periode t-1 ein Einkommen in gleicher Höhe entstehen lassen (ΔY_{t-1}). Von diesem Einkommen wird in der nächsten Periode, also in t, nur der der marginalen Konsumneigung c entsprechende Teil ausgegeben:

(14.7) $$\Delta C_t = c \cdot \Delta Y_{t-1}$$ (Verhaltens Gleichung).

Die Zunahme der Konsumausgaben (ΔC_t) wird nach dem Akzeleratorprinzip (14.5) eine Investition „induzieren", die wiederum Einkommen entstehen läßt, für das (14.7) gilt. Der beschriebene Vorgang wiederholt sich ständig. Hinsichtlich der zeitlichen Abfolge sei angenommen, die induzierten Investitionen werden in der gleichen Periode getätigt, in der die Konsumgüternachfrage steigt, so daß (14.5) wie folgt lautet:

(14.8) $\quad I_t = b \cdot \Delta C_t$.

Die Änderung einer Nettoinvestition (ΔI_t) hängt dementsprechend von der Änderung der Konsumausgabenänderung ($\Delta C_t - \Delta C_{t-1}$) ab:

(14.9) $\quad \Delta I_t = b\,(\Delta C_t - \Delta C_{t-1}) = b \cdot \Delta C_t - b \cdot \Delta C_{t-1}$.

Da nun

(14.10) $\quad \Delta Y_t = \Delta I_a + \Delta C_t + \Delta I_t$ (Definitions-Gleichung)

ist, kann man unter Berücksichtigung von (14.7) und (14.9) schreiben:

(14.11) $$\Delta Y_t = \Delta I_a + c \cdot \Delta Y_{t-1} + c \cdot b \cdot \Delta Y_{t-1} - c \cdot b \cdot \Delta Y_{t-2}$$
$$= \Delta Ia + c\,(1 + b)\,\Delta Y_{t-1} - c \cdot b \cdot \Delta Y_{t-2}.$$

Der Parameter c ist eine Verhaltenskonstante (marginale Konsumquote), der Parameter b sei als eine technische Relation (Akzelerator) gedeutet. SAMUELSON wies nach, daß die Volkseinkommensänderungen (14.11) einen schwingenden Verlauf zeigen, also Wendepunkte besitzen können. Die Schwingungstendenz wird von der Wahl des Verhältnisses von c zu b bestimmt. Von vier möglichen Fällen sind zwei hervorzuheben: Ist $c < 1/b$, sind die Schwingungen gedämpft, ist $1/b < c < 4b/(1 + b)^2$, sind sie explosiv. Das absolute Volkseinkommen schwankt dann um den Wert $I_a/(1-c)$ (Fig. 14–7).

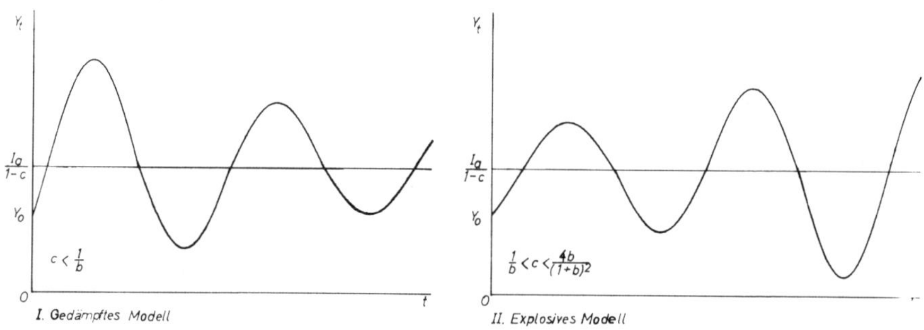

Fig. 14–7: Multiplikator- und Akzeleratormodelle

Der Zusammenhang sei an einem numerischen Beispiel erläutert. Die autonome Investition betrage 100, c = 0,9 und b = 1. Nach den Werten von c und b ist ein gedämpftes Modell zu erwarten. Die Werte für 30 Perioden sind tabellarisch (Übers. 14–3) und graphisch (Fig. 14–8) wiedergegeben. Die Erwartung, daß durch die Wahl von c und b (0,9 < 1/1) ein gedämpftes Modell entsteht, wird bestätigt. In kleiner werdenden Amplituden nähert sich ΔY dem Wert Null. Das Modell ist zugleich ein Beispiel

Periode	Änderung der autonomen Investitionen	Änderung der Konsum-ausgaben	Änderung der induzierten Investitionen	Änderung des periodischen Volksein-kommens
t	ΔI_a	$\Delta C_t = c \cdot \Delta Y_{t-1}$	$\Delta I_t = b \cdot \Delta C_t - b \cdot \Delta C_{t-1}$	$\Delta Y_t = \Delta I_a + \Delta C_t + \Delta I_t$
0	100	—	—	100
1	—	90	90	180
2	—	162	72	234
3	—	211	49	260
4	—	234	23	257
5	—	231	— 3	228
6	—	205	— 26	179
7	—	161	— 44	117
8	—	105	— 56	49
9	—	44	— 61	— 17
10	—	— 15	— 59	— 74
11	—	— 67	— 52	— 119
12	—	— 107	— 40	— 147
13	—	— 132	— 25	— 157
14	—	— 141	— 9	— 150
15	—	— 135	6	— 129
16	—	— 116	19	— 97
17	—	— 87	29	— 58
18	—	— 52	35	— 17
19	—	— 15	37	22
20	—	20	35	55
21	—	50	30	80
22	—	72	22	94
23	—	85	13	98
24	—	88	3	91
25	—	82	— 6	76
26	—	68	— 14	54
27	—	49	— 19	30
28	—	27	— 22	5
29	—	5	— 22	— 17
30	—	15	— 20	— 35

Übers. 14–3: Gedämpftes Multiplikator-Akzelerator-Modell

für eine endogene Theorie. Mit Ausnahme der endogen nicht erklärten autonomen Investition können die Änderungen des periodischen Volkseinkommens, der Konsumausgaben und induzierten Investitionen aus dem Prozeß erklärt werden.

Hicks wählt nun ein explosives Modell mit der Besonderheit, daß die Investitionen erst in der Periode nach der Erhöhung der Konsumgüterausgaben durchgeführt werden. Das Volkseinkommen schwingt darin um

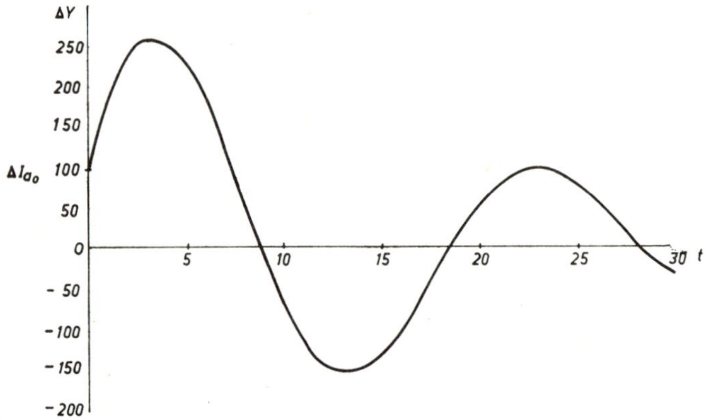

Fig. 14–8: Gedämpftes Multiplikator-Akzelerator-Modell

einen ansteigenden Trend, den Hicks durch die Annahme dauernd steigender autonomer Nettoinvestitionen I_a in das Modell einführt, die damit zu einer Funktion der Zeit werden. Da das Anwachsen von I_a im Zeitablauf nicht erklärt wird, handelt es sich um kein vollständig endogenes Konjunktur-Modell. Schranken der explosiven Schwankungen sind Decke (ceiling) und Fußboden (floor). Reale Kapazitätsbeschränkungen gestatten keine Ausschläge über eine obere Grenze (full employment), Desinvestitionen keine über eine untere Grenze, sofern das Realeinkommen Y_r als Bezugsgröße gewählt wird. Die untere Grenze liegt über den autonomen Investitionen (Fig. 14–9).

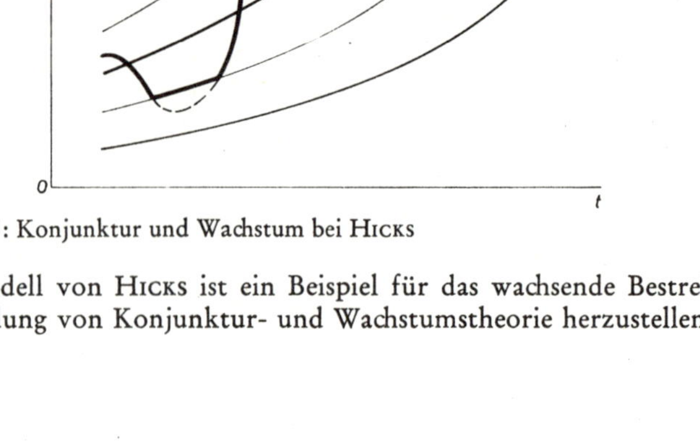

Fig. 14–9: Konjunktur und Wachstum bei Hicks

Das Modell von Hicks ist ein Beispiel für das wachsende Bestreben, eine Verbindung von Konjunktur- und Wachstumstheorie herzustellen. Es kam

HICKS in erster Linie darauf an, die Grenzen konjunktureller Abläufe und die destabilisierende, verstärkende Wirkung des Akzelerators aufzuzeigen. An eine umfassende, empirisch relevante Konjunkturerklärung konnte schon deshalb nicht gedacht sein, weil wichtige Einflußgrößen (wie Zinsen, Preise) außer Betracht bleiben.

Bibliographische Hinweise

1. Zur volkswirtschaftlichen Gesamtrechnung seien empfohlen: A. STOBBE, Volkswirtschaftliches Rechnungswesen, 2. A., Berlin-Heidelberg-New York 1969; E. SHAPIRO, Macroeconomic Analysis, a. a. O., Part I. Zur Beschreibung und Analyse der Konjunkturschwankungen sollten Konjunkturberichte herangezogen werden, etwa die jährlich erscheinenden Gutachten des Sachverständigenrates, die Geschäftsberichte und Monatsberichte der Deutschen Bundesbank und die monatlichen Berichte des Bundeswirtschaftsministeriums.

2. Den besten und zuverlässigsten Überblick über Konjunkturerklärungen gibt nach wie vor: G. v. HABERLER, Prosperität und Depression, 2. A., Tübingen-Zürich 1955. Aus dem angelsächsischen Schrifttum sei empfohlen: R. A. GORDON, Business Fluctuations, 2. e., New York 1961. Wichtige Aufsätze in leicht greifbarer Form: Konjunktur- und Beschäftigungstheorie, Hg. W. WEBER, Köln-Berlin 1967. Readings in Business Cycle Theory, London 1950 (mit Bibliographie) und Readings in Business Cycles, London 1966, beide Bde. hg. von einem Committee der American Economic Association.

3. Zu den Verstärkern und Kombinationsmodellen ist auf die Arbeiten der jeweils genannten Autoren zurückzugreifen, die in den Werken unter 2. leicht aufzufinden sind.

15. Beschäftigung

I. Einflußgrößen und Gleichgewicht

System und Begriffe

Erklärungsziel der von KEYNES entwickelten Beschäftigungstheorie (Einkommenstheorie) ist die Deutung der Höhe und Schwankungen von Volkseinkommen und Beschäftigung. Was bestimmt die Produktion eines Landes? Darauf sind folgende Antworten möglich: Versorgung mit Bodenschätzen, Größe und Qualität der Bevölkerung, Art des Wirtschaftssystems, Unternehmensorganisation, technisches Wissen und Nachfrage nach Gütern. Demgegenüber ist das System von KEYNES einfach, weil es die Zahl der Antworten bis auf eine reduziert: Volkseinkommen und Beschäftigung hängen von der Gesamtnachfrage nach Gütern ab. Diese zentrale Hypothese hat sich nur für kurze Perioden bewährt. Für langfristige Probleme ist sie empirisch unbefriedigend oder zumindest ergänzungsbedürftig.

Die folgende Analyse, die den Gedankengängen von KEYNES folgt, gilt dementsprechend nur kurzfristig. Ein Teil der langfristigen Aspekte wird im nächsten Kapitel erörtert. Volkseinkommen und Beschäftigung sind gleichlaufende, substitutiv verwendbare und von der Gesamtnachfrage abhängige Größen, allerdings nur so lange, wie das Volkseinkommen real definiert wird. Ist Vollbeschäftigung erreicht, kann das nominelle Volkseinkommen bei inflationären Preiserhöhungen weiter steigen, das reale dagegen nicht; nominelles Volkseinkommen und Beschäftigung entwickeln sich in diesem Fall unterschiedlich. Am zweckmäßigsten ist es deshalb, von einer Unterbeschäftigung auszugehen, in der sich Volkseinkommen, Produktion und Beschäftigung parallel entwickeln und die Vollbeschäftigung einen Grenzfall darstellt.

Die Keynessche Analyse der Gesamtnachfrage hat sich im wesentlichen auf inländische Haushalte und Unternehmen beschränkt („geschlossene" Wirtschaft ohne „staatliche Aktivität"). Es bereitet jedoch keine Schwierigkeiten, den Staat und das Ausland einzubeziehen. Die (gesamtwirtschaftliche) Nachfrage sämtlicher Haushalte wird in der Konsumfunktion, die der Unternehmen in der Investitionsfunktion ausgedrückt, so daß sich folgende **Systematik** ergibt (Übers. 15–1).

Es ist gerade im Keynesschen System von größter Wichtigkeit, Definitions- von Verhaltensgleichungen zu unterscheiden. Eine Konfusion beider Glei-

Volkseinkommen

Produktion

Beschäftigung

Gesamtnachfrage

Nachfrage nach Konsumgütern (Konsumfunktion)	Nachfrage nach Investitionsgütern (Investitions-funktion)	Nachfrage des Staates	Nachfrage des Auslands

Übers. 15–1: System der Beschäftigungstheorie

chungsarten hat in der Vergangenheit große Verwirrung gestiftet. Die Nachfragekomponenten in der Beschäftigungstheorie lassen sich in **Definitions-Gleichungen** zusammenfassen (1. Kap.). Diese Größen, die Variablen der Gleichungen, können nun ganz unterschiedlich interpretiert werden. Entweder man versteht sie als faktisch vorhandene und statistisch ermittelte Werte – dann spricht man von einer ex post-Betrachtung. Oder man sieht in ihnen Werte, die von den Entscheidungen der Wirtschaftssubjekte, ihren Wirtschaftsplänen, abhängen – dann spricht man von einer ex ante-Betrachtung und die Größen der Definitionsgleichungen werden zu Ausdrücken von Verhaltensfunktionen.

Einige Definitionsgleichungen sind aus dem letzten Kapitel bekannt, in dem die Ermittlung des Volkseinkommens nach Entstehung, Verwendung und Verteilung behandelt wurde. Die Komponenten der Verwendungsrechnung (C, I, G) werden wiederholt und durch weitere Größen ergänzt:

Y = Volkseinkommen (oder Produktion);
C = Konsum (Ausgaben für inländische Konsumgüter oder deren Produktion);
I = (Netto-)Investition (Ausgaben für inländische Investitionsgüter oder deren Produktion);
G = Staatsausgaben (Ausgaben für kollektive Güter oder die „Produktion" des Staates; G = government);
X = Export (Auslandsausgaben für inländische Güter oder Wert der inländischen Produktion, die exportiert wird);
A = Summe der Ausgaben (Gesamtausgaben; $C+I+G+X$);
E = Summe der Ausgaben ohne Konsum ($I+G+X$; E = expansion);
S = Sparen (nicht verausgabtes Einkommen);
T = Steuern (nicht verfügbares Einkommen; T = taxes);
M = Import (nicht im Inland verausgabtes Einkommen);

R = Summe der nicht ausgegebenen bzw. nicht für inländische Güter ausgegebenen Einkommen (S+T+M; R = restriction).

Geht man davon aus, daß Volkseinkommen nur insoweit entsteht, wie Ausgaben für im Inland produzierte Güter und Dienste getätigt werden, sind Y_v und A identische Größen ($Y_v \equiv A$). Wegen

(15.1a) $A = C+I+G+X$ und

(15.1b) $E = I+G+X$ (Definitions-Gleichungen)

gilt:

(15.2) $Y_v \equiv C+I+G+X = C+E.$

(15.2) unterscheidet sich vom Verwendungseinkommen Y_v in (14.1a) durch die Zwischenschaltung der Identität $Y \equiv A$ und die explizite Berücksichtigung des Exports. Man kann aber auch von der Frage ausgehen, wie über ein entstandenes Einkommen disponiert wird. Definiert man unter diesem Aspekt ein Volkseinkommen Y_a (a = Aufteilung)

(15.3a) $Y_a = C+S+T+M$ und ist

(15.3b) $R = S+T+M$ (Definitions-Gleichungen),

kann man schreiben:

(15.4) $Y_a = C + S + T + M = C+R$ (Definitions-Gleichung).

Aus (15.2) und (15.4) folgt wegen der Identität $Y \equiv Y_v \equiv Y_a$ unmittelbar

(15.5a) $C+I+G+X \equiv C+S+T+M,$

(15.5b) $I+G+X \equiv S+T+M$ und (15.5c) $E \equiv R.$

(15.1) bis (15.5) sind keine Hypothesen, sondern stets erfüllte Definitions-Gleichungen oder Identitäten. Statistisch (ex post) ermittelte Werte für die einzelnen Größen können sie also nicht falsifizieren. Teilweise unterschiedlich ist die „Meßstelle" im Einkommenskreislauf (14. Kap.). Zu beachten bleibt, daß Ausgaben für ausländische Güter (M) das Inlandseinkommen nicht erhöhen, sondern wie Sparen (S) wirken. In Gleichung (15.5b), bei der die Konsumausgaben eliminiert sind, stehen auf der linken Seite die inlandswirksamen Ausgaben, die das Einkommen zu erhöhen in der Lage sind, auf der rechten Seite die einkommensmindernden Ausgaben und nicht verausgabten Einkommen. Die Größen S, T und M lassen sich bei konstanter Geldmenge als notwendige Finanzierungsquellen von Ausgaben interpretieren; das wird noch verdeutlicht. Man bezeichnet I, G und X als Expansions- (E), S, T und M als Restriktions- oder Kontraktionsgrößen (R). Zwischen den einzelnen Komponenten (z. B. S und I) bestehen im Keynesschen Ansatz keine Beziehungen. In die Gleichungen können statistisch ermittelte (ex post) Werte eingesetzt werden.

Gleichgewicht

Der Übergang zur ex ante-Analyse erfolgt durch Einführung von Verhaltensgleichungen. Es soll ein einfaches **Hypothesensystem** entwickelt werden, das sich der Sprachregelungen in (15.1) bis (15.4) bedient:

- Gesamtwirtschaftlich gibt es keine monetären Beschränkungen bei der Finanzierung zusätzlicher Ausgaben („elastisches" Geldsystem). Finanzierungsquellen können neben S, T und M Geldschöpfung sein.
- Produktionsfaktoren aller Art stehen zur Verfügung (Unterbeschäftigung), so daß mit steigenden Ausgaben das Preisniveau, das Verhältnis der Läger zur Produktion und die Arbeitszeit konstant bleiben können. Einkommen und Produktion entwickeln sich also parallel.
- Betriebsgrößen und Produktionstechnik ändern sich nicht (kurzfristige Betrachtungsweise).
- C und R seien Funktionen des Volkseinkommens („induzierte" Variable). E sei einkommensunabhängig („autonome" Variable), wobei angenommen wird, daß die Einkommen in derselben Periode entstehen, in der die Ausgaben (A = C+E) getätigt werden. Geht man von linearen Beziehungen und konkreten Werten (Übers. 15–2) aus, gelten folgende Funktionsgleichungen:

(15.6a) $C_t = f(Y_t)$ oder

(15.6b) $C_t = C_0 + c \cdot Y_t = 60 + {}^2/_3 \cdot Y_t$,

(15.7a) $R_t = g(Y_t)$ oder

(15.7b) $R_t = R_0 + a \cdot Y_t = -60 + {}^1/_3 \cdot Y_t$,

(15.8) $E_t = \text{const.} = 80$ (Verhaltens-Gleichungen).

C_0 in (15.6b) und R_0 in (15.7b) stellen den einkommensunabhängigen (autonomen) Teil des Konsums bzw. der Restriktion dar. Da einige Hypothesen – wie die Einkommensunabhängigkeit der Expansionsgrößen (15.8) – zu falsifizieren sind, werden sie später durch andere ersetzt. Sie sollen bis dahin als vereinfachte Annahmen gelten. Ein **Zahlenbeispiel** (Übers. 15–2) und eine graphische Darstellung (Fig. 15–1) mögen das System illustrieren.

Die Werte von Übers. 15–2 sind in Fig. 15–1.I. als Teil- und Gesamtausgaben-, in Fig. 15–1.II. als Expansions- und Kontraktionsgrößen aufgetragen. Die Steigung der Konsumfunktion $\text{tg}\,\alpha = c = \Delta C/\Delta Y$ (für die Differentialrechnung: dC/dY) wird als marginale Konsumquote bezeichnet (Fig. 15–1.I.). Dementsprechend wäre $\text{tg}\,\beta = a = \Delta R/\Delta Y$ (bzw. dR/dY) die marginale Kontraktions-, und $\Delta E/\Delta Y$ (bzw. dE/dY) die marginale Expansionsquote (hier: 0). Marginalausdrücke lassen sich auch für einzelne Expansions- oder Kontraktionsgrößen bilden (z. B. marginale Sparquote s und Importquote m). Es hängt vom Verhalten der wirtschaftlichen Entscheidungsträger ab, ob die von ihnen am Anfang der Periode (ex ante) geplanten Ausgaben so groß sind, daß $Y = A_p$ und $E_p = R_p$ (p = geplant) werden. Diese unter dem Verhaltens-Gesichtspunkt zu Gleichgewichtsbedingungen gewordenen

Einkommen	Konsumausgaben	Expansionsgrößen					Kontraktionsgrößen
Y	C = $C_0 + c \cdot Y_t$	I	G	X	A = C+I+G+X = $C_0 + c \cdot Y_t$ +I+G+X	E = I+G+X = const.	R = S+T+M = $R_0 + a \cdot Y_t$
0	60 (C_0)	30	30	20	140	80	— 60
60	100	30	30	20	180	80	— 40
120	140	30	30	20	220	80	— 20
180	180	30	30	20	260	80	0
240	220	30	30	20	300	80	20
300	260	30	30	20	340	80	40
360	300	30	30	20	380	80	60
420	340	30	30	20	420	80	80
480	380	30	30	20	460	80	100
540	420	30	30	20	500	80	120
600	460	30	30	20	540	80	140

Übers. 15–2: Einkommen, Konsumausgaben, Expansions- und Kontraktionsgrößen pro geplanter Zeitperiode in Mrd. DM

Gleichungen können ex ante erfüllt sein, müssen es aber nicht. Nur bei einem bestimmten Einkommen, nämlich bei Y = 420, gilt $Y = A_p$ und $E_p = R_p$ (Übers. 15–2 und Fig. 15–1). In diesem Fall entsprechen auch die ex ante-Werte den ex post-Werten, was in allen anderen Fällen nicht gilt. Man bezeichnet diesen Abszissenwert als Gleichgewichts-Volkseinkommen Y_E oder als Gleichgewichtsniveau. Ein **Gleichgewicht** liegt dann vor, wenn keine Veranlassung besteht, einen einmal erreichten Stand aufzugeben, wenn also die von den Einzelwirtschaften (Haushalten, Unternehmen, Staat) erwarteten Größen mit den faktischen übereinstimmen. Ein solcher Zustand läßt sich im vorliegenden Fall auf dreifache Art **bestimmen**:

1. Ein Gleichgewicht liegt vor, wenn die geplanten Expansions- und Kontraktionsgrößen gleich sind (Fig. 15–1.II.):

(15.9a) $I_p + G_p + X_p = S_p + T_p + M_p$ oder

(15.9b) $E_p = R_p$ (Verhaltens-Gleichungen).

(15.9) ist die Bedingung des gesamtwirtschaftlichen Gleichgewichts. Da aus dem Text hervorgeht, wann es sich um geplante Größen handelt, wird der Index p zur Vereinfachung weggelassen. Ist ex ante $E \neq R$, ergeben sich Expansions- oder Kontraktionswirkungen. Bei $E > R$ sind die geplanten Ausgaben I, G oder X größer als aus dem laufenden Einkommen finan-

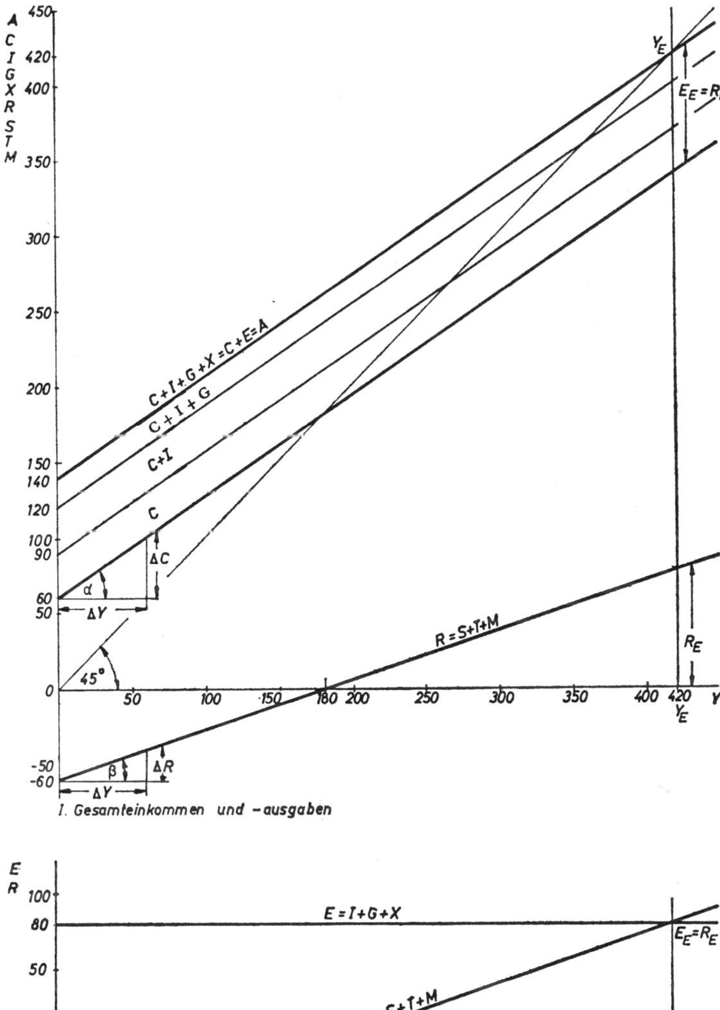

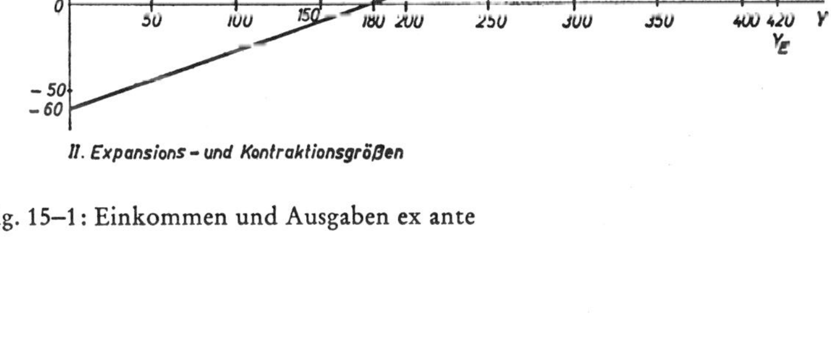

Fig. 15–1: Einkommen und Ausgaben ex ante

ziert werden kann. Da das Geldsystem elastisch ist, kommt zusätzlich Geld in den Umlauf, das eine Ausweitung der Nachfrage über S+T+M gestattet. Die geplanten Zusatzausgaben sind also größer als die aus dem laufenden Einkommen bereitstehenden Mittel. Durch die erhöhte Gesamtnachfrage werden Beschäftigung und Produktion steigen. Umgekehrtes gilt für den Fall $E < R$, da ein Teil des laufenden Einkommens nicht zu Ausgaben, sondern aus dem Kreislauf gezogen („stillgelegt") wird. Im obigen Beispiel gilt für das Gleichgewicht: $E_E = R_E = 80$.

2. Denselben Punkt erhält man, wenn die aus einem Volkseinkommen (Y) geplanten Ausgaben (A) ein Volkseinkommen ergeben, das dem tatsächlichen gleich ist. Der geometrische Ort für die Identität von A und Y ist die 45°-Linie (Fig. 15–1.I.). Punkte oberhalb der Linie zeigen Ausgaben, die größer, unterhalb der Linie, die kleiner sind als das Einkommen. Entsprechend den Annahmen bestimmt die in Ausgaben ausgedrückte Gesamtnachfrage $A = C+I+G+X$ die Beschäftigung und Produktion. Die aus der Produktion gezahlten Einkommen bestimmen wiederum die Gesamtnachfrage. Ist sie gleich dem laufenden Einkommen, sind mit anderen Worten die geplanten Ausgaben mit dem laufenden Volkseinkommen größengleich, besteht kein Grund, daß sich Beschäftigung, Produktion und Gesamtnachfrage ändern ($Y_E = 420$). Entsprechend lautet die Gleichgewichtsbedingung:

$$(15.10) \qquad Y = C + E = A.$$

In (15.10) besteht nicht mehr die Identität von (15.2), weil es sich bei A um geplante Größen handelt. Auf der rechten Seite stehen die geplanten Ausgaben, auf der linken das Volkseinkommen, von dem man bei der Planung ausgeht und das in (15.6) und (15.7) als unabhängige Variable erscheint. Übersteigt die Ausgabensumme (Gesamtnachfrage) das Güterangebot, wird die Produktion und das daraus gezahlte Volkseinkommen steigen et vice versa, bis das Gleichgewicht erreicht ist.

3. Das Gleichgewicht läßt sich schließlich durch eine dritte Bedingung ausdrücken:

$$(15.11) \qquad Y_E = Y_t = Y_{t+1}.$$

Diese Bedingung wird unmittelbar verständlich, wenn die zeitliche Abfolge von Kreislaufvorgängen beachtet wird. Die aus dem Einkommen der ersten Periode (Y_t) stammenden Ausgaben (A_t) werden zu Einkommen der nächsten Periode (Y_{t+1}), die in derselben Periode wieder ausgegeben (A_{t+1}) und zu Einkommen der nächsten Periode (Y_{t+2}) werden. Da im Gleichgewicht keine Dispositionsänderungen mehr stattfinden, ist $Y_t = A_t = Y_{t+1} = A_{t+1}$. Solange also die Einkommen der einzelnen Perioden gleich sind, besteht ceteris paribus kein Anlaß zu einer Niveauänderung, weil aus dem Einkommen jeder Periode genau die Ausgaben getätigt werden, die dasselbe Einkommen in der jeweils nächsten Periode wieder entstehen lassen. Faktische und geplante Größen entsprechen sich in jeder Periode.

Ein Ungleichgewicht existiert, wenn die geplanten Ausgaben und damit das Einkommen der folgenden Periode größer oder kleiner als das laufende Einkommen sind. Ist A_t kleiner als das laufende Einkommen Y_t, schrumpft das Einkommen der folgenden Perioden so lange, bis aus dem verringerten Einkommen genausoviel ausgegeben wird, wie dem Gleichgewichtseinkommen entspricht. Gleiches gilt für den umgekehrten Fall (Fig. 15–2).

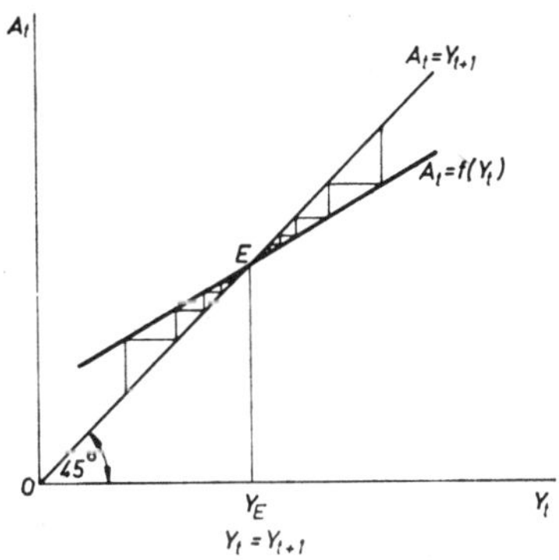

Fig. 15–2: Gleichgewichtseinkommen

Sollte das Gleichgewichtseinkommen (Y_E) gerade jenes sein, bei dem alle Produktionsfaktoren beschäftigt werden, bestünde Gleichgewicht bei Vollbeschäftigung. Da kurzfristig die Produktion entsprechend den Annahmen (Ausschluß von Betriebsgrößenänderungen und technischen Fortschritten) nicht weiter steigen kann, handelt es sich um einen Grenzfall. Jedes Gleichgewicht unterhalb dieses Niveaus ist mit Unterbeschäftigung verbunden. Die Bestimmung des Gleichgewichtsniveaus (Y_E) von Volkseinkommen und Beschäftigung und der Nachweis eines Unterbeschäftigungsgleichgewichts ist der Kern der Keynesschen Analyse. Bevor auf die Einflußgrößen der Konsum- und Investitionsgüternachfrage eingegangen wird, seien einige Aspekte des bisher entwickelten Systems erörtert.

Was geschieht bei autonomen **Ausgabenänderungen**? Die Wirkungen werden am besten anhand von Änderungen der Größen E und R analysiert. Die Verfahrensweise ist komparativ-statisch; altes und neues Gleichgewicht werden miteinander verglichen. Als erstes sei angenommen, daß ceteris paribus die autonome Größe E steigt, etwa weil die Neigung, mehr zu investieren, zu exportieren und (oder) staatlicherseits auszugeben, zunimmt. Alle drei Fälle lassen sich als Verschiebung der E-Kurve nach oben darstellen (Fig. 15–3).

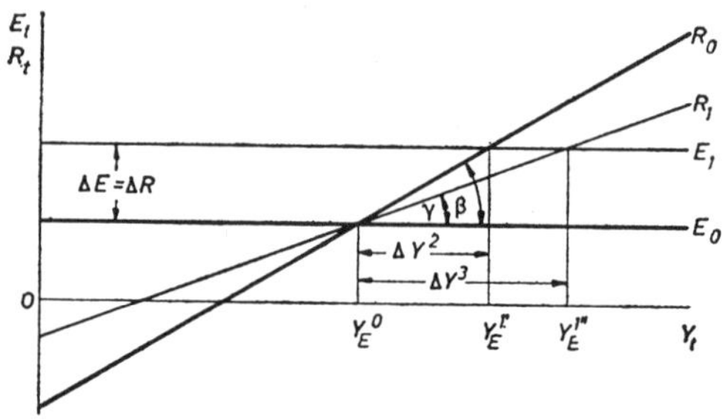

Fig. 15–3: Expansionswirkungen

Das ursprüngliche Gleichgewichtseinkommen ist Y_E^0. Steigt E von E_0 auf E_1, erhält man das neue Gleichgewichtseinkommen $Y_E^{1'}$, das größer ist als Y_E^0. Gegenteiliges würde gelten, wenn E fiele, etwa von E_1 auf E_0. Bei einer gegebenen (hier: autonomen) Ausgabenänderung hängt die Volkseinkommensänderung offenbar von der Steigung der R-Kurve ab. Bei einem flacheren Verlauf als R_0, z. B. R_1, wäre das neue Gleichgewichtseinkommen $Y_E^{1''}$ größer als $Y_E^{1'}$. Will man wissen, um wieviel das Volkseinkommen bei einer gegebenen Erhöhung der Ausgaben (I, G, X) und gegebenem R (R_1) steigt, muß man die Relation tg $\gamma = \Delta E/\Delta Y$ bilden, die im vorliegenden Fall gleich der Steigung der R_1-Kurve ist (tg $\gamma = dR/dY$). Somit ergibt sich aus

(15.12a) $$\text{tg}\,\gamma = \frac{\Delta E}{\Delta Y} = \frac{dR}{dY}$$

durch Auflösung nach ΔY:

(15.12b) $$\Delta Y = \frac{1}{\frac{dR}{dY}} \cdot \Delta E.$$

Als erste Ableitung von (15.7) ist $dR/dY = a$, die marginale Kontraktionsquote, so daß sich (15.12b) wie folgt schreiben läßt:

(15.12c) $$\Delta Y = \frac{1}{a} \cdot \Delta E$$

oder für $1/a = k$ (Definitions-Gleichung):

(15.12d) $$\Delta Y = k \cdot \Delta E.$$

Die Größe k wird als Multiplikator bezeichnet – ein aus dem letzten Kapitel bereits bekannter Begriff –, der die Rate der Änderung des Gleichgewichtseinkommens für marginale Ausgabenänderungen angibt. Nicht selten wird (15.12d) nur auf bestimmte Komponenten von E oder R – z. B. auf Änderungen der Investitionen oder des Sparens – bezogen. (15.12d) ist jedoch der allgemeinere Ausdruck. Sind die Ausgaben E um 100 gestiegen, erhöht sich für $a = 0{,}5$ das neue Einkommen gegenüber der Ausgangslage um $2 \cdot 100 = 200$.

Nimmt man nun an, ceteris paribus änderte sich die Größe R, erhält man folgendes Bild (Fig. 15–4).

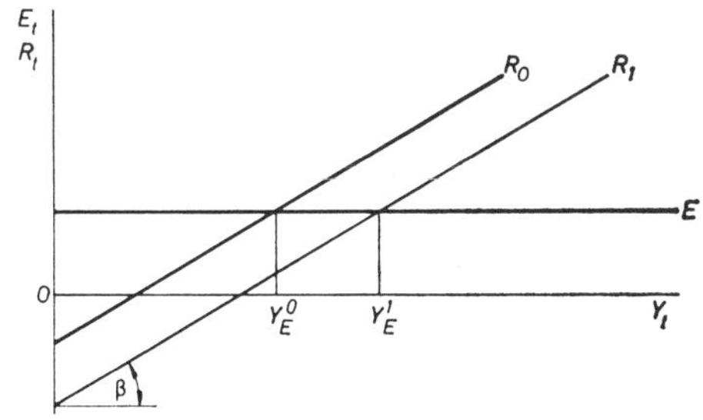

Fig. 15–4: Kontraktionswirkungen

Das ursprüngliche Gleichgewichtseinkommen ist Y_E^0. Verschiebt sich R_0 nach R_1 – weil sich bei alternativen Einkommen die nicht verausgabten Beträge für S, T und (oder) M reduzieren –, steigt das Volkseinkommen auf Y_E^1. Für eine Verschiebung von R_1 auf R_0 – S, T und (oder) M erhöhen sich bei alternativen Y –, hätte sich das Volkseinkommen ceteris paribus von Y_E^1 auf Y_E^0 reduziert.

In diesen Zusammenhang gehört das **Sparparadoxon**. Eine Verschiebung von R_1 auf R_0 könnte auf verstärktes Sparen aus einem gegebenen Einkommen zurückgehen (erhöhte „Sparneigung"). Die Folge wäre ein Sinken des Volkseinkommens, der Produktion und der Beschäftigung. Mißt man den Reichtum an diesen Größen – wie es oft geschieht –, kann man sagen: Durch Sparen wird ein Land ärmer, was offenbar verbreiteter Ansicht widerspricht. Wie immer muß auf die Bedingungen geachtet werden, unter denen die Aussage gemacht wird. Es wurde vorausgesetzt, daß Produktionsfaktoren aller Art bei einem konstanten Preisniveau zur Verfügung stehen. Steigt dann die Summe der nicht ausgegebenen Einkommen durch verstärktes Sparen bei unveränderten Nichtkonsumausgaben ($I + G + X =$ const.), bedeutet der Einkommensrückgang zugleich einen Produktionsverlust und weitere Arbeitslosigkeit. Diese Aussage gilt nur ceteris paribus. Wird der nichtkonsumierte (gesparte) Betrag ausgegeben ($\Delta I + \Delta G + \Delta X = \Delta E$), tritt das Sparparadoxon nicht auf. Ist die Gesamtnachfrage groß genug, um nicht nur alle Produktionsfaktoren voll zu beschäftigen, sondern auch das Preisniveau gegenüber der Vorperiode steigen zu lassen, würde verstärktes Sparen ceteris paribus die Inflation dämpfen. Ein Produktions- und Beschäftigungseffekt träte erst auf, wenn durch das Sparen die Gesamtnachfrage soweit zurückginge, daß sie zur Vollbeschäftigung nicht mehr reicht. Verstärktes Sparen ohne kompensierende Ausgaben macht ein Land nur bei Unterbeschäftigung ärmer. In einer Inflation ist es erwünscht, sofern Preisniveaustabilität ein Ziel der Wirtschaftspolitik darstellt. Auf die beliebte Frage: „Ist Sparen gesamtwirtschaftlich vorteilhaft oder nicht?" wäre deshalb die richtige Antwort: „Es kommt darauf an, was mit gespartem Geld geschieht und ob Arbeitslosigkeit oder Inflation herrscht". Die obigen Überlegungen gelten überdies nur gesamtwirtschaftlich.

Es ist nicht schwierig, **Expansions- und Kontraktionswirkungen** zu kombinieren, zumal sowohl E als auch R aus je drei Komponenten bestehen, die sich verstärken (Fig. 15–5.I.) oder – ganz oder teilweise – kompensieren (Fig. 15–5.II.) können.

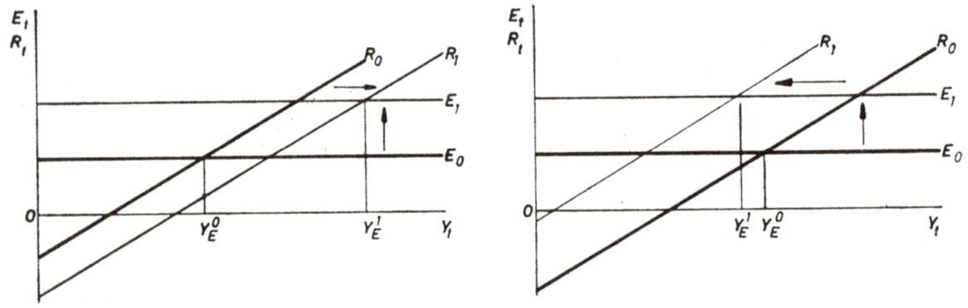

Fig. 15–5: Expansions- und Kontraktionswirkungen

Das ursprüngliche Gleichgewicht ist jeweils Y_E^0, das neue Y_E^1. Wirken expansive und kontraktive Größen zugleich auf das Volkseinkommen, hängt es von der Richtung der jeweiligen Wirkungen ab, ob und in welchem Umfang sie sich verstärken oder teilweise (Grenzfall: genau) kompensieren.

Symbolisiert man Vergrößerungen einer Expansions- oder Kontraktionskomponente mit +, Reduzierungen mit –, lassen sich die analysierten Wirkungen in einer Übersicht leicht darstellen. In ihr ist auch der Konsum als Bestandteil der aggregierten Gesamtnachfrage berücksichtigt (Übers. 15–3).

Darstellung in	**Ausgaben**				**Kontraktionsgrößen**			**Volkseinkommen, Beschäftigung, Produktion**
	C	I	G	X	S	M	T	Y
Fig. 15–3	+	+	+	+	ceteris paribus			+
Fig. 15–3	—	—	—	—	ceteris paribus			—
Fig. 15–4	ceteris paribus				—	—	—	+
Fig. 15–4	ceteris paribus				+	+	+	—
Fig. 15–5.I.	+	+	+	+	—	—	—	+
Fig. 15–5.I.	—	—	—	—	+	+	+	—
Fig. 15–5.II.	+	+	+	+	+	+	+	+, — oder 0
Fig. 15–5.II.	—	—	—	—	—	—	—	+, — oder 0

Übers. 15–3: Richtung der Ausgaben- und Kontraktionswirkungen

Das Keynessche System (vgl. Übers. 15–1) basiert auf bestimmten Verhaltensfunktionen (15.6 bis 15.8). Die Konsumfunktion (15.6), die zu ihr komplementäre Sparfunktion und die Investitionsfunktion – Teil der bisher konstanten Funktion der Nichtkonsumausgaben – seien noch etwas genauer analysiert. Die Bestimmungsgründe der Außenhandelskomponenten (X und M) werden später untersucht (18. und 19. Kap.). Auf eine weitere Analyse der Komponenten staatlicher Aktivität (G und T) sei verzichtet, weil sie im hier gegebenen Rahmen nicht möglich und wichtiger Teil der Finanztheorie ist.

II. Konsum

Verlauf der Konsum- und Sparfunktion

Die **kurzfristige Konsumfunktion** ist von zentraler Bedeutung für die Beschäftigungstheorie. Die Ausgangsfrage lautet: Worauf gehen Veränderungen der von den Haushalten getätigten Konsumausgaben zurück? Aus früheren Überlegungen ist bekannt, daß bei Veränderungen zwei Fälle genau zu trennen sind: 1. Was bestimmt die Gestalt der Konsumkurve? Dabei geht es – graphisch gesehen – um Veränderungen der Konsumausgaben längs einer Kurve. 2. Was bestimmt die Lage der Konsumkurve? Gefragt wird insbesondere nach den Gründen von Kurvenverschiebungen. In der Beschäftigungstheorie steht die erste Frage im Vordergrund. Auf die zweite Frage soll ebenfalls kurz eingegangen werden, weil dabei die Implikationen der kurzfristigen Betrachtungsweise deutlicher zutage treten.

Die allgemein akzeptierte Antwort auf die erste Frage läßt sich in einer makroökonomischen Verhaltensfunktion von der Form

$$C = f(Y) \tag{15.13}$$

ausdrücken. Alle anderen Einflußfaktoren auf die Höhe des Konsums werden konstant gehalten. Ihre Änderung würde zu Kurvenverschiebungen führen. Offen bleiben auch dann noch drei Teilfragen: 1. Welche Funktionsgleichung läßt sich für (15.13) angeben? 2. In welcher Beziehung stehen Konsum- und Sparfunktion? 3. Wie ist Y definiert? Die dritte Frage wird im Testkapitel aufgegriffen.

Die Zahl der empirisch relevanten Konsumfunktionen ist – in Abhängigkeit von Zeit und Raum – ziemlich groß. „Die" Konsumfunktion scheint es nicht zu geben. Es seien deshalb bloß einige typische Verläufe dargestellt. Die mathematisch einfachste Form einer Konsumfunktion lautet:

$$C = c \cdot Y. \tag{15.14}$$

(15.14) ist eine durch den Nullpunkt laufende Gerade mit der Steigung c (im Grenzfall c = 1 würde sie zur 45°-Linie). Der bisherigen Darstellung wurde die Konsumfunktion

(15.6) $C = C_0 + c \cdot Y$

zugrunde gelegt, die eine nicht durch den Nullpunkt laufende Gerade darstellt. Die Größe C_0 wird als „autonomer" Konsum bezeichnet, weil sie vom Einkommen unabhängig ist. Kompliziertere Formen sind

(15.15a) $C = C_0 + a \cdot Y - b \cdot Y^2$ oder

(15.15b) $C = C_0 + a \cdot \sqrt{Y}$ für $Y > a$.

Die Gleichungen ergeben folgendes Bild (Fig. 15–6), wobei die Gestalt von (15.15a) innerhalb des dargestellten Bereichs von der Wahl der Parameter a und b abhängt.

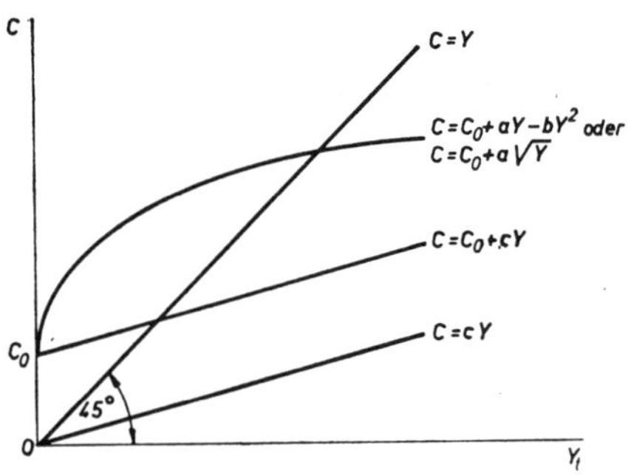

Fig. 15–6: Konsumkurven

Man kann die unterschiedlichen Konsumfunktionen mit den Begriffen der **marginalen** und **durchschnittlichen Konsumquote** oder -neigung beschreiben. Die marginale Konsumquote (MC) ist das Steigungsmaß der Kurve ($\text{tg}\ \alpha = MC = c = \Delta C/\Delta Y$ bzw. dC/dY), die durchschnittliche Konsumquote (DC) der Quotient aus gesamtem Konsum und Einkommen ($\text{tg}\ \beta = DC = C/Y$). In (15.14) ist $DC = MC$. (15.6) läßt sich durch die Eigenschaften $DC > MC$ (wegen C_0) und $MC = \text{const.}$ charakterisieren. Welche Kombination von C und Y in der Funktion (15.6) auch gewählt wird, stets ist $DC > MC$ (Fig. 15–7.I.).

Für (15.15) wird MC durch den Tangens des mit der Tangente an C und der Abszisse gebildeten Winkels α angegeben; tg α fällt mit zunehmendem Y, bleibt aber (wegen C_0) stets hinter DC zurück: $DC > MC$; MC ist fallend (Fig. 15–7.II.).

Das Sparen S kann als Differenz zwischen dem disponiblen Einkommen Y_D und den Konsumausgaben C definiert werden:

(15.16a) $S = Y_D - C$ (Definitions-Gleichung).

Dann gilt aber auch

(15.16b) $dS = dY_D - dC$

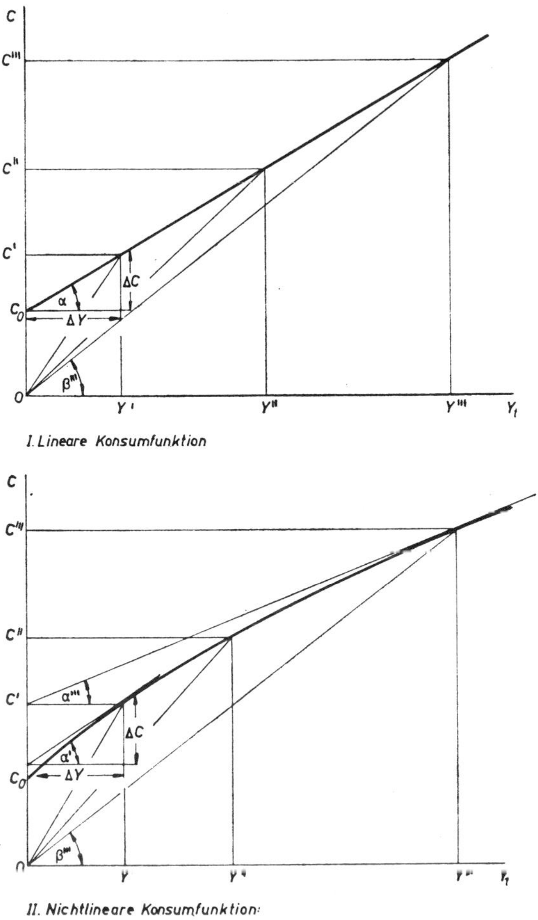

Fig. 15—7: Marginale und durchschnittliche Konsumquote

und – bei Division durch das Differential dY_D und unter Berücksichtigung der Definitions-Gleichungen $s = dS/dY_D$ und $c = dC/dY_D$ –

(15.16c) $$\frac{dS}{dY_D} = \frac{dY_D}{dY_D} - \frac{dC}{dY_D} \quad \text{oder}$$

(15.16d) $$s = 1 - c.$$

Die Größe s wird als marginale Sparquote bezeichnet. Sie ist zur marginalen Konsumquote c komplementär. Das disponible Einkommen wurde gewählt, weil sich die Konsumenten in ihren Entscheidungen an dieser

Größe orientieren. Man erhält es, indem man vom Volkseinkommen Y die direkten Steuern T abzieht (14. Kap.). Die Importe werden als Teil des Konsums aufgefaßt. Graphisch gesehen ist das Sparen die senkrechte Differenz zwischen 45°-Linie, die sich hier auf Y_D bezieht, und Konsum. Die **Sparfunktion** ist das Komplement der Konsumfunktion (Fig. 15–8).

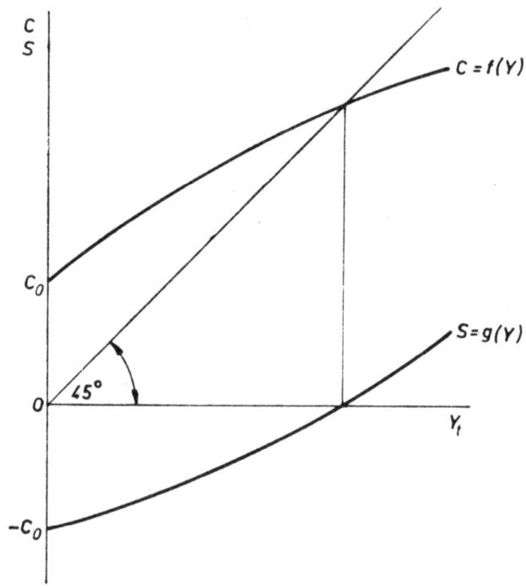

Fig. 15–8: Konsum- und Sparkurve

Ist z. B. C = c · Y (15.14), wird – wegen (15.16) – S = (1–c) · Y. Die Sparfunktion ist in diesem Fall eine Gerade. KEYNES nahm hingegen an, daß das Sparen mit steigendem Einkommen relativ zunehme; die Sparfunktion hätte den in Fig. 15–8 dargestellten Verlauf. In diesem Sparverhalten sieht er ein „fundamentales psychologisches Gesetz". Methodisch gesehen ist das „Gesetz" eine Hypothese, die im Testkapitel empirisch geprüft wird.

Lage der Konsumkurve

Neben dem Einkommen gibt es eine Reihe von kurz- und langfristigen **Einflußfaktoren** des Konsums, die nicht den Verlauf, sondern die Lage der Konsumkurve beeinflussen. Bekanntlich muß man zwischen Bewegungen auf einer Kurve und Kurvenverschiebungen scharf trennen. Für Bewegungen auf einer Konsumkurve wird das Einkommen als die einzige Einflußgröße betrachtet; andere Einflüsse sind durch die ceteris paribus-Klausel eliminiert. Die folgende Übersicht enthält einige empirisch plausible, teilweise schon bei der Haushaltsnachfrage (4. Kap.) erörterte Hypothesen über die Bestimmungsgründe für die Lage der Konsumkurve und damit für ihre Änderung (Übers. 15–4).

Unter den wirtschaftspolitischen Folgerungen, die KEYNES aus seiner Analyse der Massenarbeitslosigkeit zog, hat die Änderung der **Einkommensverteilung** großes **Gewicht**, weil eine Einkommensnivellierung – etwa durch Besteuerung relativ hoher zugunsten niedriger Einkommen (redistributive Steuer) – wie eine Einkommenserhöhung wirkt. Das gilt, wie die Übersicht zeigt, auch in anderen Fällen. Insbesondere die Vernachlässigung des Vermögens als Bestimmungsfaktor der Nachfrage sowie die Wirkungen des Preisniveaus, das in einer Krise fällt, sind häufig kritisierte Defekte der Keynesschen Überlegungen, die von seinen Nachfolgern behoben worden sind.

Wirkungen auf die Lage der Konsumkurve Die Konsumausgaben steigen bei alternativen Einkommen, wenn . . . . , et vice versa.		**Begründung der Hypothese**
die Einkommensverteilung gleichmäßiger	wird	Bezieher relativ niedriger Einkommen haben größere Konsumneigung
das liquide Vermögen (Geldvermögen)	steigt	Sparneigung fällt mit steigendem Geldvermögen
das nichtliquide Vermögen (dauerhafte Konsumgüter)	sinkt	„Dienste“ dauerhafter Güter müssen gekauft werden
das Preisniveau	sinkt	Realeinkommen steigt
die Zinsen	sinken	Kredite werden billiger
die relativen Preise (nachfrageunelastische Güter)	steigen	Gleiches Konsumniveau erfordert höhere Ausgaben
die „Fixkosten“ des Konsumenten (Ratenverpflichtungen, Versicherungsbeiträge, Miete u. ä.)	sinken	Restliches Einkommen steigt
das Produktsortiment	steigt	Neue Produkte erhöhen Konsum
die Kaufmotive (Werbung)	steigen	Kaufanreize und -nachahmung sind soziales Phänomen
die Bevölkerung	steigt	Bevölkerung im konsumfähigen Alter nimmt zu

Übers. 15–4: Bestimmungsgründe des Konsums

III. Investition

Bedeutung und Fragestellung

Die zweite in der gesamtwirtschaftlichen Betrachtung zentrale **Nachfragekomponente** sind die von den Unternehmen getätigten Investitionen (I). Es ist zu beachten, daß Investitionen in der Beschäftigungstheorie Käufe von Gütern (wie Anlagen, Maschinen, Lagergüter) sind und nicht mit Käufen von Wertpapieren („Finanzinvestitionen") konfundiert werden dürfen. Wie beim Konsum handelt es sich um geplante Ausgaben (I_p). Der Index sei zur Vereinfachung weggelassen.

Die Investitionen, deren Anteil an der Gesamtnachfrage (durchschnittliche Investitionsquote) in allen Volkswirtschaften gegenüber der durchschnittlichen Konsumquote nur einen relativ kleinen Teil ausmacht – er liegt oft bei 15 bis 20 % des Bruttosozialprodukts –, haben starkes Interesse auf sich gezogen, weil sie erfahrungsgemäß stärker als die Konsumausgaben schwanken und deswegen **beschäftigungstheoretisch** von großer **Bedeutung** sind. Das wurde bereits bei der Erörterung des Akzeleratoreffekts (14. Kap.) deutlich. Wegen des Multiplikatoreffekts können die durch diese Schwankungen ausgelösten gesamtwirtschaftlichen Volkseinkommens- und Beschäftigungswirkungen beachtlich sein. Fallen die Investitionen wegen der Akzeleratorwirkung (14.9) nach einer Verlangsamung der Konsumausgaben um 15 % – was selbst in normalen Zeiten vorkommen kann –, sinkt bei einer durchschnittlichen Investitionsquote von $^1/_5$ das Volkseinkommen unmittelbar um 3 % ($^1/_5$ von 15 %). Bei einem Multiplikator von 2,5 würde sich ceteris paribus eine Einkommensreduktion von 7,5 % (3 · 2,5 %) ergeben (15.12b).

Investitionen – in diesem Kapitel bisher als autonome, vorgegebene Größe behandelt – werden von einer Anzahl ökonomischer Faktoren **induziert**. Hängen die Investitionen nicht einfach von den Finanzierungsmöglichkeiten, der Mittelbeschaffung, ab? Es ist zweckmäßig, die Frage der Investitionsfinanzierung, die betriebswirtschaftlich oft im Vordergrund steht, als ein einzelwirtschaftliches Problem eigener Art zu betrachten. Gesamtwirtschaftlich gilt dagegen die empirisch bestätigte Hypothese, daß das Geldsystem ausreichend elastisch ist, um Investitionsvorhaben innerhalb weiter Grenzen zu finanzieren.

Was bestimmt die Gestalt der gesamtwirtschaftlichen Investitionskurve? Das ist – wie beim Konsum – eine erste Ausgangsfrage. Eine zweite könnte lauten: Wie kommt es zu Verschiebungen der Kurve? Auf beide Fragen sei kurz eingegangen. Eine subtile Analyse der Investitionen ist um einiges schwieriger als die des Konsums, ihre Ergebnisse sind umstrittener und größtenteils noch Gegenstand der Forschung.

Verlauf der Investitionsfunktion

Die erste Frage versucht man meist betriebswirtschaftlich (mikroökonomisch) zu beantworten. Die dabei gewonnenen Funktionen für einzelne Unternehmen werden dann aggregiert. Geht man von der Gewinnmaximierungshypothese aus, scheint es plausibel anzunehmen, daß die Investitionsentscheidung des Unternehmers von **drei Elementen** bestimmt wird: 1. dem erwarteten Einkommensstrom aus der Investition; 2. dem Beschaffungs- oder Herstellungspreis der Investition; 3. dem Marktzinssatz. Diese drei Größen sind entscheidend für die Frage, ob eine Investition einen Gewinn abwirft oder nicht. Einflußfaktoren, die zu einer Verschiebung der Investitionskurve führen (Gegenstand der zweiten Ausgangsfrage), seien ausgeschlossen (ceteris paribus-Klausel).

Die unsicherste Größe ist der erwartete Einkommensstrom, weil Irrtümer über die Vorausschätzungen von Zukunftsereignissen unvermeidlich sind. Nicht nur die Einkommen der Zukunft, auch die ökonomische Lebensdauer der Kapitalgüter läßt sich nicht mit Sicherheit vorhersehen. Der Unternehmer soll in einem konkreten Fall, z. B. bei der Anschaffung einer Maschine, davon ausgehen, daß ihre Lebensdauer fünf Jahre beträgt. Er wird den physischen Beitrag der Maschine zur Produktionserhöhung abschätzen. Multipliziert er jede physische Einheit, die mit der Maschine zusätzlich erstellt werden kann, mit dem erwarteten Preis – exakt: dem Grenzerlös –, erhält er einen Bruttoeinkommensbetrag (Grenzertragswert). Von ihm zieht er die Entgelte für Rohmaterial, Energie u. a. ab. Der verbleibende Betrag ist das Nettoeinkommen E. In ihm sind noch zwei Kostenbestandteile enthalten, die gesondert berücksichtigt werden: die Abschreibungen, deren Gesamthöhe im allgemeinen dem Beschaffungspreis der Maschine entspricht, und die Zinsen. Die jährlichen Nettoeinkommen seien E_1, E_2, E_3, E_4 und E_5.

Angenommen, die Summe der Einkommen übersteigt die Beschaffungs- oder Herstellungskosten. Ist dieser **Überschuß** ein **Gewinn**? Würde der Überschuß den Unternehmer zur Investition veranlassen? Die Antwort auf beide Fragen lautet nein, weil vom Standpunkt der Gegenwart aus gesehen zukünftige Einkommen meist einen geringeren Wert haben als gegenwärtige. Ihr Wert ist um so geringer, je später sie anfallen werden. Der Grund dafür liegt in der Existenz des Zinses. Statt zur Investition hätte der Unternehmer den Geldbetrag auch zum Kauf von Wertpapieren verwenden können, die einen jährlichen Zins i erbringen. Eine Geldanlage zu Beginn des Jahres (P_0) hat am Ende eines Jahres (P_1) den Wert der Anlage zuzüglich der Zinsen:

(15.17) $$P_1 = P_0 + P_0 \cdot i = P_0 \cdot (1+i).$$

Bei einem Betrag von 100 DM und einem Zins von 5 % wäre $P_1 = 105$. Wird der Betrag P ein zweites Jahr ausgeliehen, erhält man durch Einsetzen in (15.17)

(15.18) $$P_2 = P_1 \cdot (1+i) = P_0 \cdot (1+i) \cdot (1+i) = P_0 \cdot (1+i)^2$$

oder allgemein:

$$(15.19) \qquad P_t = P_0\,(1+i)^t.$$

Fragt man dagegen, wieviel ein zukünftiger Betrag in der Gegenwart wert ist, kann man – wenn der Gegenwartswert mit W und das künftige Einkommen mit E bezeichnet werden – nach (15.19) schreiben:

$$(15.20) \qquad W = \frac{E_t}{(1+i)^t}.$$

Bei einer Lebensdauer der Maschine von fünf Jahren, einem jährlichen Nettoeinkommen von 100 DM und einem Zinssatz von 5 % erhält man gemäß (15.20) für die einzelnen Jahre

$$(15.21) \qquad W = \frac{E_1}{(1+i)^1} + \frac{E_2}{(1+i)^2} + \frac{E_3}{(1+i)^3} + \frac{E_4}{(1+i)^4} + \frac{E_5}{(1+i)^5} = \frac{100}{(1+0{,}05)^1} + \frac{100}{(1+0{,}05)^2} + \frac{100}{(1+0{,}05)^3} + \frac{100}{(1+0{,}05)^4} + \frac{100}{(1+0{,}05)^5}$$
$$= 95{,}24 + 90{,}70 + 86{,}38 + 82{,}27 + 78{,}35 = 432{,}94 \text{ DM}.$$

Der Gegenwartswert der Investition ist bei einem gegebenen Einkommensstrom um so niedriger (höher), je höher (niedriger) der Zinssatz ist, mit dem künftige Beträge diskontiert werden. Bei $i = 4\,\%$ erhält man $W = 445{,}18$ DM, bei 6 % $W = 421{,}24$ DM. Demnach gehört zu jeder Kombination von Gegenwarts- und Zukunftswerten ein bestimmter Zinssatz. Der Zinssatz, der die erwarteten und auf die Gegenwart diskontierten Nettoeinkommen (W_r) den Beschaffungs- oder Herstellungskosten K der Investition gleichmacht, wird von Keynes als Grenzleistungsfähigkeit des Kapitals i_r (marginal efficiency of capital) bezeichnet, so daß gilt:

$$(15.22) \qquad i_r = i \quad \text{für} \quad W = W_r = K.$$

Der Unternehmer wird einen Geldbetrag dann investieren, wenn die auf die Gegenwart diskontierten Zukunftseinkommen mindestens gleich oder größer sind als die Beschaffungs- oder Herstellungskosten oder – auf Zinssätze bezogen – wenn die **Grenzleistungsfähigkeit des Kapitals** größer ist als der Marktzinssatz:

$$(15.23) \qquad i_r \geq i.$$

Ist die Grenzleistungsfähigkeit des Kapitals 5 % und der Marktzins 4 %, wird der Unternehmer investieren, weil das investierte Geld mehr erbrächte als bei einer Anlage auf dem Kapitalmarkt oder weil es profitabel wäre, zu einem Marktzins von 4 % Geld zu leihen, das 5 % Zins erbringt. Der Unternehmer könnte im obigen Beispiel mit einer Investition von 432,94 DM das gleiche Nettoeinkommen erzielen wie mit 445,18 DM bei einer Anlage auf dem Kapitalmarkt, die für ihn, wenn er sich das Geld für die Investition leiht, die opportunity cost der Investition darstellen. Wie KEYNES ausgeführt hat, fällt die Grenzleistungsfähigkeit des Kapitals, weil mit zunehmender Nachfrage einerseits die Preise der Investitionsgüter steigen, die Verkaufspreise des Produkts fallen und sich der Grenzertrag ceteris paribus reduziert (Ertragsgesetz). Also gilt

(15.24) $i_r = f(I)$ (Verhaltens-Gleichung).

Weil die Unternehmer nach (15.22) handeln, werden sie entsprechend (15.24) bei steigendem i die Investitionen einschränken und umgekehrt. Demnach läßt sich die Investition I als Funktion des Marktzinssatzes i auffassen:

(15.25) $I = f(i)$ (Verhaltens-Gleichung).

Sowohl i als auch i_r verhalten sich zu I invers.

Die Überlegungen gelten einzelwirtschaftlich, lassen sich aber auf die Volkswirtschaft als ganzes übertragen. Angebots- und Nachfragekurve für Investitionsgüter haben also folgenden Verlauf (Fig. 15–9).

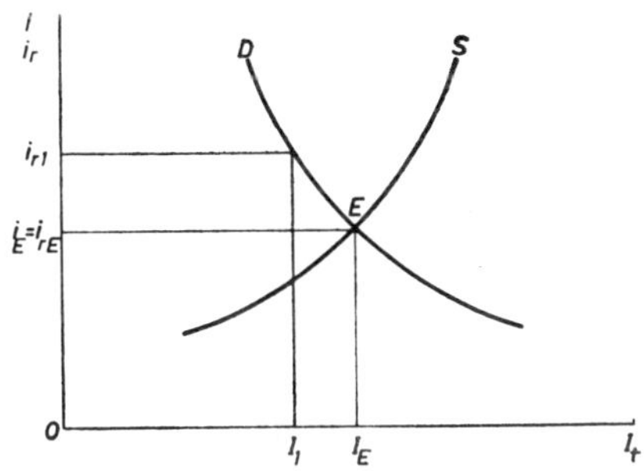

Fig. 15–9: Investitionsgütermarkt

Auf der Abszisse sind die Investitionsbeträge, auf der Ordinate der Marktzins und die Grenzleistungsfähigkeit des Kapitals abgetragen. Das Angebot an Investitionsgütern S soll – bei steigenden Grenzkosten – um so größer sein, je höher i ist. Die Nachfrage D ist eine fallende Funktion von i und i_r. Beim **Gleichgewicht** wird die Investitionssumme I_E zu i_E und i_{rE} investiert. Zu dieser – und nur zu dieser – Summe gilt: $i_E = i_{rE}$. Bei kleineren Beträgen von I, z. B. I_1, wäre $i_{r1} > i_E$ (15.23), was die Investoren zu einer zusatzlichen Nachfrage veranlaßt; bei $i_r < i_E$ werden die Investitionen eingeschränkt, da sie Verluste bringen. KEYNES war der Ansicht, in entwickelten Volkswirtschaften bestehe eine Tendenz zu fallendem i_r; es gäbe immer weniger profitable Investitionen. Da der Marktzinssatz i nicht unter einen bestimmten Satz sinke (Liquiditätspräferenztheorie), könne I_E leicht bei einer Investitionssumme liegen, die bei geringer Konsumneigung nicht zur Vollbeschäftigung ausreiche.

Lage der Investitionskurve

Die zweite Ausgangsfrage wird im Keynesschen System nur zum Teil beantwortet. Empirische Studien haben gezeigt, daß die Lage der Investitionskurve (Investitionsniveau) von den **Gewinnen** abhängt, insbesondere von jenen, die der Unternehmer nicht auszuschütten braucht. Je höher der Anteil eigener Mittel bei der Investitionsfinanzierung ist (Selbstfinanzierungsquote), um so eher neigen die Unternehmer zur Investition, was oft auch gilt, wenn geeignete Mittel von außen (Fremdfinanzierung) leicht zu beschaffen sind. Die Selbstfinanzierungsquote wiederum korreliert stark mit den Änderungen des **Volkseinkommens.** Bei steigendem Volkseinkommen (Prosperität) nimmt die Quote zu, bei fallendem (Depression) ab, meist sogar überproportional. In der Funktionsschreibweise kann man das wie folgt ausdrücken:

(15.26) $I = f(i, Y)$

und graphisch darstellen (Fig. 15–10).

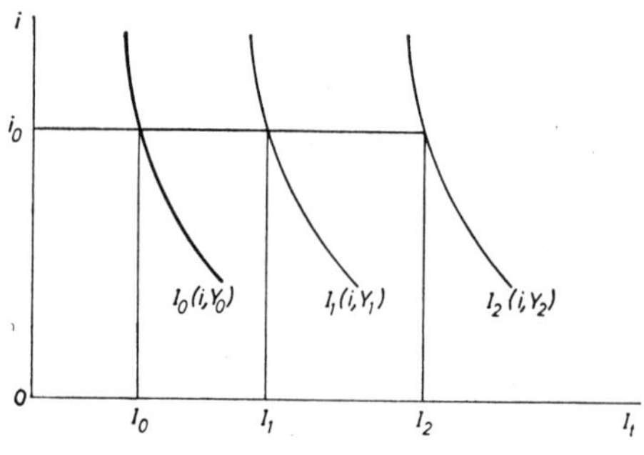

Fig. 15—10: Investitionen als Funktion des Zinses und Volkseinkommens

Betrachtet man in (15.26) Y als Parameter, läßt sich eine ganze **Schar von Investitionskurven** denken, weil mit steigendem Volkseinkommen ($Y_2 > Y_1 > Y_0$) zu jeweils alternativen Zinssätzen mehr investiert wird (für i_0 ergibt sich: $I_2 > I_1 > I_0$). Die Bestimmungsgründe für die Investition, wie sie in (15.26) eingehen, sollen – da sie ein zentrales Stück der Keynesschen Theorie bilden – in einer Übersicht noch einmal verdeutlicht werden (Übers. 15–5).

Es herrscht weitgehendes Einvernehmen darüber, daß das Einkommen nur eine Größe ist, die auf die Lage der Investitionskurve einwirkt. Von **weiteren Einflußfaktoren** seien einige mit ihrer Wirkungsrichtung genannt:

– Der gesamtwirtschaftliche Kapitalbestand: Je größer der Kapitalbestand ist, um so geringer ist die Grenzleistungsfähigkeit des Kapitals, um so niedriger liegt die Investitionskurve.

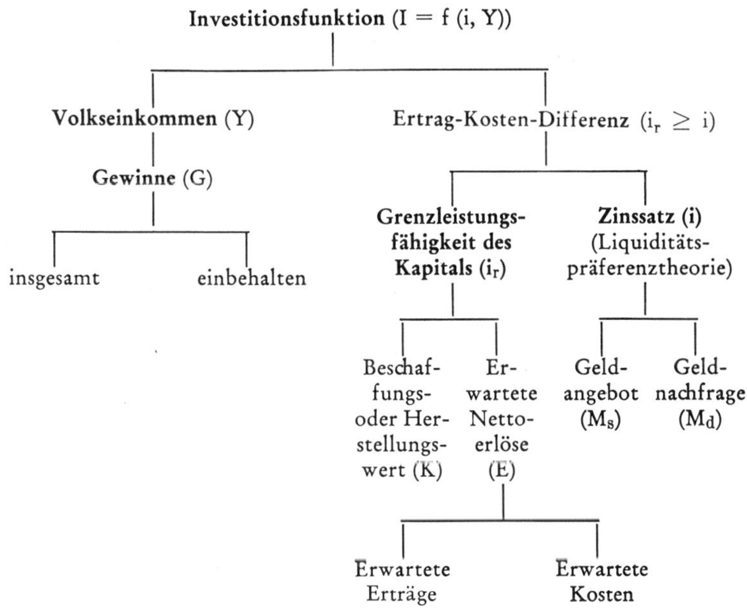

Übers. 15—5: Bestimmungsgründe der Investitionsfunktion

- Der Stand der Technik: Technischer Fortschritt verschiebt die Nachfragekurve für Investitionsgüter nach rechts.
- Die wirtschaftlichen Erwartungen: Bei pessimistischen Ertragserwartungen, die wirtschaftlich und politisch bedingt sein können, verläuft die Nachfragekurve unterhalb einer Kurve, die bei optimistischen Zukunftsaussichten relevant ist.
- Das Ausmaß der Unsicherheit: Bei großer Unsicherheit wird die Ertragserwartung größer sein müssen als bei geringer, um eine bestimmte Investition zu veranlassen, so daß die Nachfragekurve im ersten Fall höher verläuft. Die Unsicherheit kann bereits im Zinssatz i (Marktzinssatz plus Risikoprämie des Kreditgebers) und i_r (Kapitalertrag minus Risikoprämie des Kreditnehmers) berücksichtigt werden.

Dieser Katalog von Hypothesen ist nicht vollständig. Es sei daran erinnert: Das Geldangebot wurde gesamtwirtschaftlich als hinreichend elastisch unterstellt, was volkswirtschaftlich plausibler ist als betriebswirtschaftlich, aber nicht in allen konkreten Fällen die tatsächliche Situation umschreibt. Beschränkungen in den Finanzierungsmöglichkeiten führen zu Verschiebungen der Investitionsfunktion nach links et vice versa.

Bibliographische Hinweise

1. Das klassische Werk zur Beschäftigungstheorie ist das Buch von J. M. KEYNES, The General Theory of Employment, Interest and Money, New York 1936; dt. Ü.: Allgemeine Theorie der Beschäftigung, des Zinses und des Geldes, Berlin 1955. Da die Lektüre des Originals für den Anfänger nicht ganz einfach ist, seien als Begleit- oder Einführungstexte empfohlen: J. ROBINSON, Introduction to the Theory of Employment, 2. e., London 1969. D. DILLARD, The Economics of JOHN MAYNARD KEYNES, New York 1948. A. H. HANSEN, KEYNES' ökonomische Lehren. Ein Führer durch sein Hauptwerk, Stuttgart-Düsseldorf 1959. A. PAULSEN, Neue Wirtschaftslehre, 4. A., Berlin und Frankfurt 1958. L. R. KLEIN, The Keynesian Revolution, 2. e., London 1968. H. HAZLITT, The Critics of Keynesian Economics, Princeton 1960. R. LECKACHMAN, The Age of KEYNES, New York 1967. M. STEWART, KEYNES and After, London 1967. In jüngster Zeit wurde die Keynessche Theorie einer gründlichen Revision unterzogen von: A. LEIJONHUFVUD, On Keynesian Economics and the Economics of KEYNES. A Study in Monetary Theory, New York 1968; ders., KEYNES and the Classics, London 1969. M. K. EVANS, Macroeconomic Activity . . ., a. a. O., Chap. 12–14. Gedrängt, aber empfehlenswert: K. ROSE, Einkommens- und Beschäftigungstheorie, in: Kompendium der Volkswirtschaftslehre, a. a. O., Bd. 1. R. G. LIPSEY, An Introduction . . ., a. a. O., Part 7. Wichtige Aufsätze: Konjunktur- und Beschäftigungstheorie, Hg. W. WEBER a. a. O.

2. Speziell zu Konsum- bzw. Investitionsfunktionen: M. FRIEDMAN, A Theory of the Consumption Function, Princeton 1957, theoretisch und empirisch das beste Werk der Konsumtheorie. Vgl. ferner: D. C. ROWAN, Output, Inflation and Growth, a. a. O., Chap. 9 und 10. W. C. PETERSON, Income, Employment, and Economic Growth, a. a. O., Chap. 6 und 7. Für Kenner der mathematischen Technik: R. G. D. ALLEN, Macro-Economic Theory. A Mathematical Treatment, London 1968, Chap. 2 und 4. Aufsätze zur Konsumfunktion in E. und M. STREISSLER, Konsum und Nachfrage, a. a. O., 2. Teil.

16. Wachstum

I. Grundlagen und methodische Ansätze

Grundlagen

Unter Wachstum soll ein Anstieg des realen Volkseinkommens (Yr_t) pro Kopf der Bevölkerung (N) zwischen aufeinanderfolgenden Zeitperioden t (meistens ein Jahr) verstanden werden. Das ist eine von mehreren **Definitionen.** Die Wachstumsrate (G_r; G = growth) als prozentualer Anstieg des Pro-Kopf-Realeinkommens wird dann wie folgt berechnet:

$$G_r = \frac{\frac{Yr_{t+1}}{N_{t+1}} - \frac{Yr_t}{N_t}}{\frac{Yr_t}{N_t}} \cdot 100 \qquad \text{(16.1)} \quad \text{(Definitions-Gleichung).}$$

So betrug in der Bundesrepublik das reale Bruttovolkseinkommen – in Preisen von 1954 – im Jahre 1965 325,7 (Yr_t) im Jahre 1966 333,3 (Yr_{t+1}) Mrd. DM. Die entsprechenden Bevölkerungszahlen sind 59,012 (N_t) bzw. 59,638 (N_{t+1}) Millionen. Setzt man diese Werte in (16.1) ein, erhält man für 1966 gegenüber 1965 eine reale Wachstumsrate pro Kopf von 1,3 % (absolut von 5502 auf 5588 DM pro Kopf).

Die Definition (16.1) berücksichtigt einmal die Veränderung der Bevölkerung. Erhöhen sich reales Volkseinkommen und Bevölkerung um denselben Prozentsatz, ist das Wachstum pro Kopf gleich Null. Demnach liegt kein Wachstum vor, wenn die Produktion nicht stärker als die Bevölkerung steigt. Zum zweiten werden Schwankungen des Preisniveaus ausgeschlossen, also nur reale Produktions- oder Volkseinkommensänderungen erfaßt. Drittens ist bei dieser Definition die Gefahr, daß aus Vergleichen der Wachstumsraten verschiedener Länder irrige Schlußfolgerungen gezogen werden, nicht so groß wie bei anderen Definitionen. Der absolute reale Bruttovolkseinkommensanstieg pro Kopf der Bevölkerung betrug von 1963 auf 1964 in Japan 263 DM, in der Bundesrepublik 301 DM, jeweils in Preisen von 1958. In Prozenten ausgedrückt ist das japanische Pro-Kopf-Einkommen um 12,6 % gestiegen, das westdeutsche um 5,3 %, weil das Einkommensniveau in Japan um weit mehr als die Hälfte niedriger lag als in der Bundesrepublik. Dieses Beispiel zeigt, daß Prozentdefinitionen leicht Unterschiede in den Niveaus überdecken.

Auch in anderer Hinsicht ist (16.1) problematisch. Unter konjunkturellem Aspekt kann nämlich gefragt werden: Ist es zweckmäßig, von Wachstum zu sprechen, wenn sich eine zu 20 % unterbeschäftigte Wirtschaft mit „Wachstumsraten“ von 4 % über einige Jahre hinweg der Vollbeschäftigung annähert? Wäre es nicht zweckmäßig, diesen Fall als Wachstum auszuschließen und statt dessen von einer steigenden Auslastung der Produktionskapazitäten zu sprechen? Tatsächlich wird zunehmend die Erweiterung der Produktionskapazität als Maß des Wachstums angesehen, wenngleich ihre statistische Ermittlung schwieriger sein dürfte. Im folgenden seien die konjunktur- und beschäftigungstheoretischen Probleme durch die Annahme einer vollbeschäftigten Wirtschaft eliminiert, sofern nicht ausdrücklich etwas anderes gesagt wird.

Eine völlig andere Definition würde sich vom Verbraucherstandpunkt aus anbieten: Ist das Wachstum nicht eher daran zu messen, welchen Nutzen die Konsumenten aus der Mehrproduktion von Gütern und der Verlängerung der Freizeit ziehen? Wachstum würde dann in der Wohlfahrtssteigerung der einzelnen oder einer Gesamtheit ausgedrückt (Gegenstand der welfare economics). Solche Überlegungen dürften einmal mehr verdeutlichen: „die“ Definition für Wachstum gibt es nicht. Wenn sich die Definition (16.1) in Theorie und Praxis durchgesetzt hat, so deswegen, weil sie eine für verschiedene Untersuchungsziele adäquate und empirisch brauchbare Sprachregelung darstellt.

Die **Quellen** des Wirtschaftswachstums (output) lassen sich unterteilen nach (1.) Erhöhungen des input und (2.) Erhöhungen des output pro input-Einheit. Im ersten Fall handelt es sich um Mengenausweitungen bei Arbeit, Boden und Realkapital, im zweiten um „Qualitätsverbesserungen“ der Faktoren (technischer und organisatorischer Fortschritt, verbesserte Allokation der Faktoren, Aufhebung von Restriktionen einer effizienten Faktornutzung u. a.). Die Wachstumsquellen haben schon frühzeitig das Interesse der Ökonomen, vor allem der Klassiker, gefunden. Die klassischen Ansichten zur Vermehrung der Faktoren waren – grob skizziert – folgende: Das Angebot von Produktionsfaktoren hängt von wirtschaftlichen Größen ab. Das Kapitalangebot ist – ebenso wie die Kapitalnachfrage – eine Funktion des Zinses. Die Neigung zum Sparen nimmt mit wachsendem Zins zu. Dahinter stehen die Entscheidungen der Einkommensbezieher zwischen Gegenwarts- und Zukunftskonsum. Je mehr gespart wird, um so größer ist der beabsichtigte Zukunftskonsum, um so größer aber auch die ermöglichte Kapitalbildung („Erweiterungsinvestitionen“). Die Vermehrung der Bevölkerung, des Faktors Arbeit, hängt entscheidend von den Lohnsätzen ab. Liegen diese über dem Existenzminimum, dehnt sich die Bevölkerung aus. Bei einem Lohn unterhalb des Minimums geht die Bevölkerung – wenigstens relativ – zurück. Bodennutzung wird als freies Gut angesehen.

Die berechtigte, bereits erwähnte Kritik an der traditionellen Bevölkerungslehre und gewisse Schwächen der Kapital- und Bodentheorie haben vergessen lassen, daß sich einige klassische Nationalökonomen nicht nur Gedanken über die Verbesserung der Produktionsfaktoren gemacht haben, sondern daß diese Probleme im Zentrum ihrer Überlegungen standen. Es ging ihnen – ausgesprochen und unausgesprochen – immer wieder um zwei Fragen: 1. Wie kann man ein Maximum an Faktorverbesserungen, an Ausbildung und Erfindungen erreichen? 2. Auf welchem Weg können Verbesserungen wirtschaftlich am besten durchgesetzt und ausgebreitet werden? Auf beide Fragen gaben sie im Grunde eine einheitliche Antwort, die sie in ihren theoretischen Systemen im Detail ausführten: Im Rahmen bestehender Gesetze komme es entscheidend auf die freie Entfaltung der persönlichen Initiative an. Die wirkungsvollste Methode, um Erfindungen und anderen Faktorverbesserungen allgemeine Verbreitung zu sichern, bilde das Wettbewerbssystem, der eigentliche Motor des Wirtschaftswachstums. Es wird verständlich, daß die Beurteilung der Wachstumskräfte von der Einschätzung der Wettbewerbswirkungen abhängt. Wer auf die Effektivität der Konkurrenz vertraut, sieht in der Konstituierung des marktwirtschaftlichen Systems, im Schutz des Wettbewerbs und in der Beseitigung von Wettbewerbsbeschränkungen die beste Wachstumspolitik, soweit es um die Verbesserung der Produktionsfaktoren – insbesondere des Faktors Kapital – geht. Skeptiker des Wettbewerbs neigen dazu, nach Ersatzlösungen Ausschau zu halten. Unstreitig ist: Verbesserungen der Produktionsfaktoren erfordern in der Regel Investitionen („Rationalisierungsinvestitionen").

Weil Wachstum den Einsatz von Faktoren verlangt, verursacht es volkswirtschaftliche **Kosten**. Die Kosten bestehen im Konsumverzicht in der Gegenwart. Das läßt sich schon daraus ersehen, daß Investitionen eine notwendige, wenngleich nicht hinreichende Bedingung wirtschaftlichen Wachstums sind, Investitionen aber mit gegenwärtigem Konsumverzicht gleichgesetzt werden können, sofern nicht Produktionsfaktoren brachliegen. Diese Feststellung gilt unabhängig von den Finanzierungsmethoden der Investitionen (Geldschöpfung oder freiwilliges Sparen). Führt man die Hypothese ein, mit steigender Investitionsquote oder steigendem Konsumverzicht steige die Wachstumsrate, lassen sich die volkswirtschaftlichen Kosten leicht veranschaulichen (Fig. 16–1); der Viertelkreis ist eine Produktionsmöglichkeitenkurve.

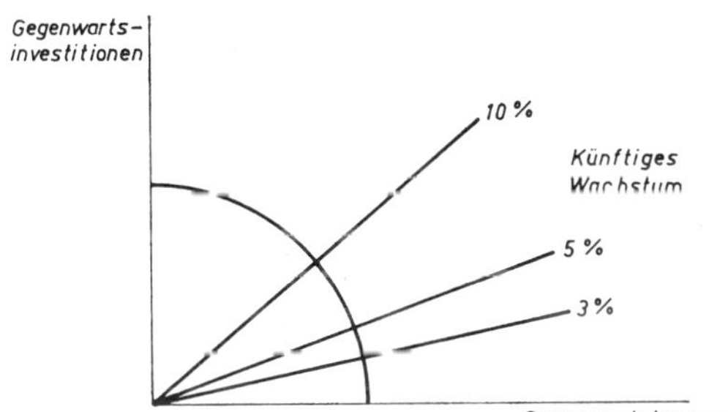

Fig. 16—1: Kosten des Wachstums

Je größer der gegenwärtige Konsumverzicht und damit die Investitionen sind, um so höher kann nach dieser Hypothese das künftige Wachstum sein, wobei offen bleibt, ob sich die Hypothese empirisch bestätigt und in welchem zeitlichen Abstand das Wachstum eintreten wird. Die Antwort auf die letzte Frage hängt vor allem von der Art der Investitionen und ihrer Ausreifungszeit ab. Die Entscheidung über das Wachstum impliziert also eine Entscheidung über die zeitliche Verteilung des Konsums (Zeitpräferenzfunktion) und damit über die gewünschten Kosten des Wachstums. Außerhalb des staatlichen Bereichs basiert die gesamtwirtschaftliche Zeitpräferenzfunktion – die theoretisch denkbare, empirisch inhaltsleere Aggregation von individuellen Zeitpräferenzfunktionen – auf den Dispositionen Millionen privater Entscheidungsträger. Eine zentrale ex ante-Entscheidung für eine bestimmte Wachstumsrate stellt deshalb in einer Marktwirtschaft eine contradictio in adjecto dar.

Aus einer Reihe von Gründen ist in den letzten Jahren Wachstum in der theoretischen Analyse und praktischen Wirtschaftspolitik ein Thema von großer **Bedeutung** geworden. Erstens herrscht in hochentwickelten Ländern, die bemerkenswerterweise fast alle in der gemäßigten Zone der nördlichen Erdhalbkugel liegen, die Befürchtung vor, das Wachstum könne sich zunehmend verlangsamen. Auf einige Gründe für solche Befürchtungen wird noch eingegangen. Zweitens hat ein ökonomischer Wettlauf zwischen autoritären und demokratischen Gesellschaftsordnungen begonnen, dessen wichtigstes Kriterium Wachstumsraten sind. Da die Investitionen als eine notwendige Voraussetzung des Wachstums angesehen werden, die in marktwirtschaftlichen Ordnungen im wesentlichen aufgrund privater Entscheidungen, in zentralverwaltungswirtschaftlichen Lenkungssystemen gemäß zentraler Anordnung zustande kommen, scheinen nicht wenige der Auffassung zu sein, Investitionen müßten auch in einer Marktwirtschaft zentral gesteuert werden, wenn man mit östlichen Wirtschaftssystemen mithalten wolle. Die Frage, ob zentrale Investitionslenkung und Marktwirtschaft überhaupt kompatibel sind, bleibt meist offen. Drittens scheint das Bewußtsein über die internationale Einkommensungleichheit und die Teilung der Welt in reiche und arme Länder zu keiner Zeit so ausgeprägt gewesen zu sein wie in der Gegenwart. Zwar waren auch in der Vergangenheit die relativen Unterschiede zwischen reichen und armen Ländern keineswegs gering; doch erst in jüngster Zeit wird es allgemein als Aufgabe empfunden, diejenigen Wachstumskräfte ausfindig zu machen, die eine rasche Entwicklung zurückgebliebener Gebiete und damit die Nivellierung internationaler Einkommensdivergenzen ermöglichen. Viertens hat das Vordringen der von Keynes konzipierten Beschäftigungstheorie einen ganzen Katalog von Fragen zum Wachstum aufgeworfen: Ist langfristig zu erwarten, daß die Gesamtnachfrage zur Erhaltung dauernder Vollbeschäftigung ausreicht? Diese Frage basiert auf ähnlichen Überlegungen wie die kritische Beurteilung der Zukunft des „kapitalistischen“ Wirtschaftssystems durch Marx und seine Epigonen. Oder: Werden nicht langfristig gesehen Wirkungen auftreten, die das kurzfristige Keynessche Gleichgewicht stören? Diese Frage stellt sich, weil es auch bei einer Unterbeschäftigung zumindest in einigen Branchen immer Nettoinvestitionen gibt, die nach ihrer Ausreifungszeit den output vergrößern (Kapazitätseffekt). Die langfristige Produktion ist also größer als die kurzfristige, die der Keynesschen Analyse zugrunde liegt.

Methodische Ansätze

In der Analyse des Wachstums werden gegenwärtig zwei Wege beschritten. Eine erste Gruppe von Ansätzen läßt sich auf die allgemeine Frage reduzieren: Wohin entwickelt sich ein Wirtschaftssystem? Darauf hat es – früher wie heute – positive, negative und neutrale Antworten gegeben. Sie sollen als **Wachstumsprognosen** bezeichnet werden. Bemerkenswert ist, daß bezüglich der Entwicklungsmöglichkeiten des dezentral gelenkten, „kapitalistischen" Wirtschaftssystems negative oder pessimistische Ansichten überwiegen. Der amerikanische Nationalökonom ALVIN H. HANSEN (geb. 1887), der viel für die Ausbreitung Keynesscher Ansichten in den USA getan hat, vertritt die Auffassung, der Kapitalismus münde in eine säkulare Stagnation ein. Die interessanten Einzelheiten und der historische Hintergrund seiner Argumentation werden noch diskutiert. Andere Autoren glauben, Wachstum vollziehe sich in bestimmten, historisch immer wieder beobachtbaren Stufen. Zu dieser Gruppe gehören eine Anzahl deutscher Gelehrter des 19. Jahrhunderts, wie z. B. BRUNO HILDEBRAND (1812–1878) und KARL BÜCHER (1847–1930). Sie haben moderne Nachfolger gefunden, so den Amerikaner WALT W. ROSTOW, der Berater der Präsidenten KENNEDY und JOHNSON war. Was so verschiedene Autoren wie HANSEN und ROSTOW eint: Sie versuchen eine Antwort auf die eingangs gestellte Frage nach der gesamtwirtschaftlichen Entwicklung zu finden. Darüberhinaus gibt es auch in anderer Hinsicht Gemeinsamkeiten. Die Antworten dieser und zahlreicher anderer Autoren sind methodisch gesehen entweder bloße Prophezeiungen oder Projektionen von Entwicklungen, die für einige Länder beobachtet wurden, in die Zukunft anderer Länder. Dabei mag – wie bei alt- und neomarxistischen Gegnern der Marktwirtschaft – oft der Wunsch Vater des Gedankens sein.

Die Dogmengeschichte der Volkswirtschaftslehre liefert reiches Anschauungsmaterial für ein solches Vorgehen. Bei zahlreichen klassischen und marxistischen Autoren des 19. Jahrhunderts war die erwähnte pessimistische Ansicht über die Zukunft des „Kapitalismus" so ausgeprägt, daß THOMAS CARLYLE die Nationalökonomie eine triste Wissenschaft nannte. Die Gründe für den vorausgesagten Untergang des marktwirtschaftlichen Systems wechselten, das traurige Ergebnis blieb stets dasselbe. Bemerkenswert an fast allen Prophezeiungen ist die Monokausalität ihrer „Begründung". KARL MARX sieht die letzte Ursache für den Untergang des „Kapitalismus" im Entstehen des sogenannten Mehrwerts – einer analytischen

Fiktion, die auf der unhaltbaren Arbeitswertlehre beruht. Die Aneignung des Mehrwerts durch die „Kapitalisten" führe zur Kapitalakkumulation und Massenarbeitslosigkeit, bis schließlich die „ausgebeuteten", verarmten Massen, die „Expropriierten", die Gesellschaftsordnung umstürzten. JOSEPH ALOIS SCHUMPETER, von MARX stark beeinflußt, bezeichnet das Aussterben des freien dynamischen Unternehmers als entscheidend für den Niedergang des „Kapitalismus". Dieser Typ von Unternehmer stehe zunehmend wirtschaftlichen, sozialen und politischen Gruppierungen gegenüber (einer neuen Intelligenzschicht, Gewerkschaftsführern u. a.), die seine Funktion nicht verstünden und ihm mit Argwohn begegneten.

Das geradezu einförmige Schicksal aller dieser Prophezeiungen war bisher, daß sie nicht eingetroffen sind, mag es auch stets einige Leute geben, die ihrem Erfüllungsglauben lebhaften sprachlichen Ausdruck verleihen („Phase des Spätkapitalismus"). Kein Zweifel besteht freilich darüber, daß sich die marktwirtschaftliche Ordnung im Laufe der Zeit aus mancherlei Gründen gewandelt hat. Das Schicksal der Untergangsprophezeiungen teilt auch HANSENS vieldiskutierte Stagnationsprognose, obwohl sie weniger radikal ist und auf einer historisch konsistenten Analyse basiert. Soviel sollte klar geworden sein: Es gibt eine Kategorie von „Wachstumstheorien", die keine Theorien im strikten Sinne, sondern Vermutungen über langfristige Entwicklungen darstellen.

Der Hauptbestandteil dessen, was gegenwärtig in einer zweiten Gruppe von Ansätzen unter die Sammelbezeichnung „Wachstumstheorie" subsumiert wird, sind **Wachstumsmodelle**. Sie verdanken ihr Entstehen hauptsächlich der Ergänzungsbedürftigkeit des Keynesschen Systems. So wurde schon bald nach KEYNES die Frage gestellt, unter welchen Bedingungen das von ihm dargestellte Gleichgewicht langfristig stabil sein würde. Allein diese Frage verdeutlicht, daß die Wachstumsmodelle etwas anderes sind als Aussagen über die realen Wachstumsprozesse und ihre Ursachen. Weder die Wachstumsprozesse noch deren Einflußgrößen werden durch die Wachstumsmodelle erklärt. Statt dessen zeigen sie, unter welchen Bedingungen ein irgendwie definiertes Wachstumsgleichgewicht existiert. Man könnte auch sagen, Wachstumsmodelle dienen der Explikation der Definition langfristiger Gleichgewichte.

Gelegentlich hat man solche analytischen Modelle als „normative Theorien" bezeichnet, weil das Ziel (die Norm) Gleichgewicht oder gleichgewichtige Wachstumsrate gegeben sei und nur analysiert werde, wie man zu diesem Ziel gelangen könne. Der Ausdruck „normative Theorie" kann jedoch unter Zugrundelegung des hier verwendeten Wissenschaftsbegriffs (1. Kap.) nicht als besonders gelungen bezeichnet werden. Warum eine Wirtschaft gleichgewichtig oder mit bestimmten Raten wachsen soll, stellt eine wissenschaftlich nicht zu beantwortende Frage dar. Wird die Realisierbarkeit einer Norm ökonomisch untersucht – wie bei den Bedingungen gleichgewichtigen Wachstums –, handelt es sich lediglich um eine Umkehrung des Erklärungszusammenhangs. Das Gleichgewicht ist Datum, die bestimmenden Größen werden gesucht. Wachstumsmodelle unterscheiden sich methodisch nicht grundlegend von anderen Modellen. Wenn der modernen Wachstumstheorie, soweit sie mehr ist als ein System von Definitionen, mit Recht Wirklichkeitsferne nachgesagt wird, beruht das auf der Simplizität ihrer Aussagen, die empirisch gesehen weitgehend „Leerformeln" sind und deswegen weder empirisch bestätigt noch widerlegt werden können. Wenn in Übereinstimmung mit der Literatur von Wachstumstheorien gesprochen wird, so sollte kein Zweifel daran bestehen, daß ihr Abstand zu den „echten" Theorien sehr groß ist.

II. Wachstumsprognosen

Stagnationsprognose

Die **theoretische Fundierung** der Stagnationsprognose bei HANSEN ist einfach. Unterstellt man, daß Staatshaushalt und Außenhandel ausgeglichen sind (G = T und X = M), hängen im Keynesschen System die Expansions- und Kontraktionswirkungen ausschließlich von I und S ab. Wenn langfristig bei gegebener Investitionsneigung so viel gespart wird, daß das Gleichgewichtseinkommen geringer als das Vollbeschäftigungseinkommen ist, ergibt sich daraus eine säkulare Stagnation (Fig. 16–2).

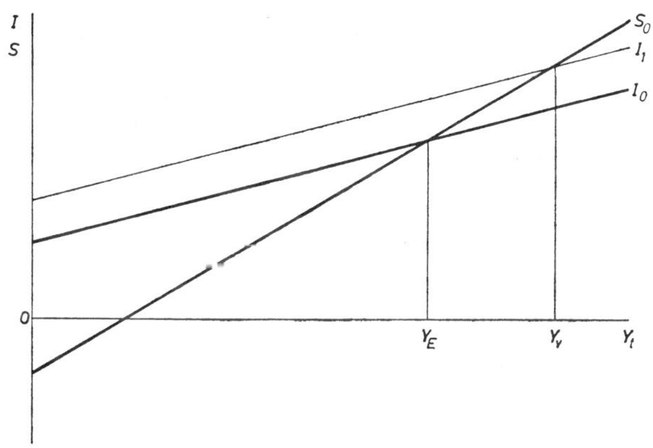

Fig. 16—2: Säkulare Stagnation

Eine dauerhafte Vollbeschäftigung (Y_v) ist nicht erreichbar, weil die Investitionen (I_0), gemessen am langfristigen Sparen (S_0), zu gering sind. Im langfristigen Gleichgewicht (Y_E) wird zwar ebensoviel gespart wie investiert, aber die Investitionen sind zu gering, um das Vollbeschäftigungsniveau sichern zu können. Eine ständige Unterauslastung (Arbeitslosigkeit) wäre unvermeidlich, würde nicht der Staat die fehlende Nachfrage entfalten

(Verschiebung von I_0 nach I_1). Da beim Aufkommen dieser Prognose (1938) der Staat vor allem Rüstungsgüter kaufte, verbindet sich mit ihr häufig die Behauptung, eine Abrüstung ziehe Krise und Stagnation nach sich oder – anders formuliert – der „Kapitalismus" brauche Rüstungsausgaben zu seiner wirtschaftlichen Existenzerhaltung – ein unumstößlicher Glaubenssatz vor allem von Marxisten aller Schattierungen.

Hansen, der seine Prognose ausschließlich für die hochindustrialisierten Vereinigten Staaten gab, führt für die **Stagnation vier Gründe** an: 1. eine fallende Wachstumsrate der Bevölkerung; 2. das Aufhören geographischer Erschließungen; 3. das Anwachsen der absoluten Sparsumme; 4. die Tendenz zu kapitalsparenden technischen Entwicklungen. Alle Gründe bewirken entweder ein Übersparen oder eine Unterinvestition. Wie andere Prognostiker, kam auch er zu seinen Aussagen nach historischen Vergleichen. Im 19. Jahrhundert war die amerikanische Volkswirtschaft sprunghaft gewachsen. In einem starken Anstieg der Bevölkerung – vor allem durch Einwanderungen –, der von der Erschließung neuer Gebiete angeregt und begleitet wurde, sah Hansen die Triebfeder des Wachstums. Eine expandierende Bevölkerung und die Besiedlung des Mittelwestens, Westens und Südens der Vereinigten Staaten hatten den Bedarf nach Investitions- und Konsumgütern enorm erhöht. Für gesparte Mittel und ausländische Kapitalimporte gab es stets ausreichende Investitionsmöglichkeiten. Verglichen mit dieser Zeit vollzog sich in den dreißiger Jahren dieses Jahrhunderts ein grundlegender Wandel, der nach Hansen zu der Annahme Anlaß gebe, die Weltwirtschaftskrise sei nicht in erster Linie die tief ausgeprägte Depression eines Zyklus, sondern der Beginn einer dauerhaften Unterbeschäftigung. Mit fallender Wachstumsrate der Bevölkerung und dem Abschluß der Gebietserschließungen entstehe ein Überschuß der Ersparnisse über die Investitionen, weil eine im Durchschnitt ältere Bevölkerung sowohl mehr spare (junge Leute haben größeren Bedarf als alte) als auch weniger Investitionsmöglichkeiten biete (mit zunehmendem Alter werden relativ mehr Dienstleistungen nachgefragt als materielle Konsumgüter, womit der Investitionsbedarf sinkt). Hinzu komme der technische Trend zu kapitalsparenden Neuerungen und die – im Vergleich zum 19. und frühen 20. Jahrhundert – geringe Zahl großer Investitionswellen (wie Eisenbahnbau, Fahrzeugbau, Elektrifizierung).

Die **Prognose** von Hansen hat sich bisher **nicht erfüllt**. Während des Zweiten Weltkriegs war in den angelsächsischen Ländern die Ansicht verbreitet, die säkulare Stagnation werde durch den Kriegsbedarf überdeckt und trete deswegen nach dem Krieg in Erscheinung. Für die USA und Europa wurde folgerichtig andauernde Massenarbeitslosigkeit in Friedenszeiten vorhergesagt. Da bis in die Gegenwart hinein die Verhältnisse noch nicht denen früherer Friedenszeiten entsprechen und der Staat überall einen hohen Anteil des Sozialprodukts nachfragt, ist es bis auf eine wichtige Ausnahme nicht ganz einfach, Hansens Hypothesensystem – Grundlage seiner Prognose – zu widerlegen. Mag er einerseits die künftige Entwicklung falsch eingeschätzt haben, so sind andererseits die meisten seiner Hypothesen empirisch plausibel, wenn die Bevölkerungszuwachsrate fällt. In diesem Punkt hat sich die Lage in den USA freilich völlig verändert. Nach dem Zweiten Weltkrieg stieg die Bevölkerung stark an. In den letzten Jahren bestand eine permanente Schwierigkeit, das Arbeitsangebot in den Produktionsprozeß einzugliedern. Wenn HANSENS Prognose viel von ihrer Furcht eingebüßt hat, so vor allem deshalb, weil sie auf einer zeitbedingten, heute überholten Bevölkerungsentwicklung basiert. Die Erfahrung daraus könnte lauten, daß man mit säkularen Prognosen vorsichtig sein sollte, wenn nicht einigermaßen feststeht, daß die analytischen Grundlagen für den gesamten Zeitraum gelten.

Stufenprognose

Die **„Theorie“** von WALT W. ROSTOW, der eine Alternative zur marxistischen Entwicklungstheorie für notwendig hält, ist eine die historischen, geistigen und sozialen Charakteristiken berücksichtigende Antwort auf die „rigiden und mechanistischen“ Wachstumsmodelle. Während sich die Stagnationstheoretiker mit den langfristigen Tendenzen reifer Volkswirtschaften befassen, wollen die Stufentheoretiker typische Prozeßabläufe vom Urzustand bis zur Reife aufweisen. ROSTOW versucht, dem Anstieg des Realeinkommens pro Kopf insgesamt fünf Phasen (Stufen) gesellschaftlicher, sozialer, technischer und wirtschaftlicher Entwicklung zuzuordnen. Die Phasen ließen sich immer wieder beobachten, sogar unabhängig davon, ob es sich um eine „sozialistische“ oder „kapitalistische“ Wirtschaft handele:

- Die erste Stufe ist die traditionelle oder statische Gesellschaft. Die Arbeitsteilung ist wenig entwickelt, ein kontinuierlicher Strom technischer Neuerungen fehlt. Mehr als 75 % der Erwerbstätigen sind in der Lebensmittelproduktion tätig. Mit guten Ernten fallen, mit schlechten steigen die Sterberaten. Die Gesellschaftsstruktur ändert sich kaum. Die soziale, berufliche und räumliche Mobilität ist gering. Die Zeit des Mittelalters in Europa dürfte ein gutes Beispiel für die erste Stufe sein.
- In einer zweiten Stufe bilden sich die Vorbedingungen für den Aufstieg heraus. Sie ist gekennzeichnet durch die allmähliche Entwicklung einer wissenschaftlichen Betrachtungsweise und insbesondere der modernen Naturwissenschaft. Damit geht die Entdeckung neuer Gebiete und Produktionsstätten einher. Drei Änderungen seien für diese Phase allgemeine Voraussetzung: Erstens müßten soziale Einrichtungen geschaffen werden – z. B. ein leistungsfähiges Transportwesen –, um die Märkte zu erweitern und wirtschaftlich zu integrieren. Zweitens müsse die Produktivität der Landwirtschaft stark ansteigen, wodurch erst ein rascher Anstieg der Stadt-Bevölkerung möglich werde. Drittens müsse sich der Außenhandel ausweiten (Zunahme vor allem der Agrarexporte), um Kapitaleinfuhren für Investitionen zu ermöglichen. Großbritannien im

18. und Deutschland in der ersten Hälfte des 19. Jahrhunderts können als Beispiele der zweiten Stufe gelten.

- Früher oder später erwächst aus der zweiten die dritte Stufe der wirtschaftlichen Entwicklung (take-off = Abheben eines Flugzeuges). Langsam aber sicher wird Wachstum als ein Normalzustand akzeptiert. Die Spar- und Investitionsquote steigt von 5 auf 10 % des Volkseinkommens. Der Aufstieg „produziert" eine Klasse von Unternehmern, die den Wachstumsprozeß vorantreiben. Die Mentalität, schnell Geld zu verdienen, breitet sich aus. Die take-off-Phase dauert im Schnitt etwa 20 Jahre. Für einzelne Länder gibt ROSTOW folgende Daten: Großbritannien 1783–1802, Frankreich 1830–1860, USA 1843–1860, Deutschland 1850–1873, Japan 1878–1900, Rußland 1890–1910, Indien und China 1952 bis heute.
- Als vierte Stufe wird die Entwicklung zur Reife angesehen. Die moderne Technik findet allgemein Anwendung. 10 bis 20 % des Volkseinkommens werden investiert, so daß die Realeinkommen schneller als die Bevölkerung steigen. Die Arbeitskräfte in der Landwirtschaft fallen von 40 auf 20 % der Erwerbstätigen. Neben den Pionierunternehmern der Frühentwicklung bildet sich eine Managerklasse heraus. Die Reifephase dauert im Schnitt etwa 40 Jahre und wurde nach ROSTOW in Großbritannien um 1850, in den USA um 1900, in Deutschland um 1910 und in der Sowjetunion um 1950 erreicht.
- Die fünfte und letzte Phase ist die der „Gesellschaft im Überfluß" oder des „Massenkonsums". Die meisten Menschen verfügen über Einkommensteile, die sie auch für einen gehobenen Lebensstandard nicht auszugeben brauchen. Die Produktionsfaktoren werden zunehmend für die Produktion dauerhafter Konsumgüter (Häuser, Automobile, Haushaltsmaschinen u. a.) und zur Deckung des Kollektivbedarfs (Zug zum Wohlfahrtsstaat) eingesetzt. Beides führt dazu, daß Wachstumsraten, die mehr und mehr fallen, individuell nicht mehr um jeden Preis als Ziel verfolgt werden, weswegen Wachstum eines der Ziele der Wirtschaftspolitik wird.

ROSTOW sieht bemerkenswerte Parallelen zwischen der Entwicklung in den USA und der UdSSR. Die USA habe einen zeitlichen Vorsprung von 35 Jahren in der Industrieproduktion und von 50 Jahren bei den Pro-Kopf-Einkommen.

Die Einteilung der Entwicklung einer Wirtschaft in mehr oder weniger eindeutig abgegrenzte Entwicklungsstufen und ihre prognostische Verwendung bei ROSTOW sind ein neueres Beispiel für die in der Geschichte der Volkswirtschaftslehre immer wieder auftauchenden Versuche, **historische Entwicklungen** auf wenige elementare Merkmale zu **reduzieren**, um sie auf solche Länder zu übertragen, die die letzte Stufe noch nicht erreicht haben. Die Analyse von ROSTOW ist gewiß dem schon logisch fehlerhaften System von MARX vorzuziehen und auch in mancher Hinsicht der auf dem Keynesschen System beruhenden Stagnationsthese überlegen, wenngleich die

Stetigkeit des Ablaufs und die Charakterisierung der fünften Stufe gewisse Bezüge zu MARX und HANSEN erkennen lassen. Der eigentliche Wert der Untersuchung ROSTOWS liegt eher in der Beschreibung wirtschaftshistorischer Fakten, mit der er jedoch bei Fachhistorikern auf Widerspruch gestoßen ist. Eine zureichende Grundlage der Prognose künftigen Wachstums bildet seine Analyse wohl kaum. Die Anklänge an die individuellen Lebensvorgänge der Jugend, der Reife und des Alterns sind deutlich. Zwischen individuellen Abläufen und gesellschaftlichen Entwicklungen sollte jedoch scharf getrennt werden. Eine Gesellschaft braucht nicht zu altern und wenn sie gealtert ist, kann sie sich – anders als Individuen – verjüngen. Deterministischen Geschichtsphilosophien, wie die von KARL MARX, OSWALD SPENGLER (1880–1936) und ARNOLD TOYNBEE (geb. 1889), ist gemeinsam, daß sie individuell-biologische Gesetzmäßigkeiten „sozialisieren", wofür es zwar einige Belege, aber weit mehr Gegenbeispiele gibt. Als Grundlage allgemeiner Prognosen können sie nicht akzeptiert werden. Außerdem bestehen Zweifel, ob die unterentwickelten Länder tatsächlich alle Entwicklungsstufen durchlaufen müssen, zumal sie es gar nicht wollen. Entscheidend für den Wert einer Theorie ist – wie stets – die Überprüfung ihrer Hypothesen an der Realität. Sie müßte zeigen, ob die Analyse ROSTOWS jene Allgemeinverbindlichkeit für das Wachstum besitzt, die ihr beigemessen wird. Dabei bleiben gewisse Besonderheiten einzelner Länder, die den gekennzeichneten Entwicklungstrend variieren können, zu berücksichtigen. Diese Variationen dürfen jedoch keine generelle und zudem unspezifizierte Ausnahmeklausel sein, wenn ROSTOWS Fünfstufenschema nicht zu einer empirisch unverbindlichen Aussage werden soll.

III. Ein Wachstumsmodell

Die beschäftigungstheoretische Analyse hat ergeben, daß Vollbeschäftigung nur dann aufrechterhalten werden kann, wenn die beim Vollbeschäftigungsniveau produzierten Einkommen auch wieder ausgegeben werden. Ein Unterbeschäftigungsgleichgewicht kann zustande kommen, wenn C, I, G und X geringer sind, als zur Erreichung des Vollbeschäftigungseinkommens nötig ist. Diese Analyse gilt jedoch nur kurzfristig. Der Betrachtungszeitraum wurde so kurz gewählt, wie es nötig ist, damit die aus den Nettoinvestitionen (I) in der Zukunft resultierenden Kapazitätserweiterungen nicht berücksichtigt zu werden brauchen.

Um das deutlich zu machen, wird von einem einfachen **Modell ausgegangen**, in dem es keine Staatstätigkeit ($G=T=0$) und keinen Außenhandel ($X-M-0$) gibt. Das Volkseinkommen ist dann gleich der Summe aus Konsum- und Investitionsausgaben (15. Kap.):

(16.2) $$Y \equiv C + I.$$

Diese vereinfachte Identität liegt sowohl der Analyse von KEYNES als auch den Ansätzen jener Autoren zugrunde, die von der Frage ausgehen, ob das Keynessche Gleichgewicht auch langfristig stabil ist. Vor allem zwei Forscher haben sich unabhängig voneinander mit der Frage nach der langfristigen Stabilität beschäftigt, der Engländer ROY F. HARROD und der Amerikaner EVSEY D. DOMAR. Ihre Antworten ähneln sich zwar stark, sind aber nicht identisch. Wenn von einem „HARROD-DOMAR-Modelltyp" gesprochen wird, so deswegen, weil beide Autoren von folgenden Sachverhalten ausgehen:

- Investitionen haben Einkommenseffekte, die KEYNES berücksichtigt, und Kapazitätseffekte, die er vernachlässigt hat. Durch Investitionen werden nicht nur einkommensbildende Ausgaben getätigt, sondern auch Produktionseinrichtungen (Realkapitalzuwächse) geschaffen, mit denen zusätzlich Güter produziert werden können.
- Die Bevölkerung wächst mit gleicher Rate wie das Kapital.
- Das technische Wissen bleibt konstant.

In anderer Hinsicht gibt es zwischen beiden Autoren beträchtliche Unterschiede. Einige Annahmen haben zu Modellvarianten geführt, auf die unten kurz eingegangen wird. Als Beispiel für die postkeynessianische Gleichgewichtsanalyse sei das Modell von DOMAR dargestellt.

DOMAR (geb. 1914) will mit seiner Analyse die **Frage** beantworten, unter welchen Bedingungen bei positiven Nettoinvestitionen die Produktionsanlagen stets voll genutzt sind. Diese Frage ist deshalb von Interesse, weil Investitionen nicht nur Einkommen, sondern auch zusätzliche Kapazitäten schaffen, so daß stets das Problem der Beschäftigung dieser Kapazitäten aktuell ist. Die Frage DOMARS läßt sich in zwei Teilfragen zerlegen: 1. Welches sind die Wirkungen der Investitionen auf die Kapazität des volkswirtschaftlichen Produktionsapparates? 2. Welches sind ihre Wirkungen auf die gesamtwirtschaftliche Nachfrage bzw. auf das Einkommen? Auf beide Teilfragen soll eine **Antwort** gegeben werden.

Wird in einer Zeitperiode eine Nettoinvestition (I) getätigt, erhöht sich das volkswirtschaftliche Produktionspotential bzw. das vorhandene Realkapital (K) um den Betrag dieser Investition:

(16.3) $I = +\Delta K$ (Definitions-Gleichung).

Die Erhöhung des Produktionspotentials ermöglicht eine Realeinkommenserhöhung ΔY_s (s = supply), weil mit mehr Kapital auch mehr Güter produziert und angeboten werden können. Unterstellt man eine lineare Abhängigkeit zwischen ΔY_s und ΔK, kann man schreiben:

(16.4a) $\Delta Y_s = \sigma \cdot \Delta K$ oder

(16.4b) $\Delta Y_s = \sigma \cdot I$ (technische Gleichungen).

Die Gleichungen (16.4) sind technische Gleichungen, weil es von der annahmegemäß konstanten Produktionstechnik abhängt, welche Mehrproduktion ein gegebener Zuwachs der Kapitalausstattung ermöglicht. Sie sind eine besondere Form des Akzelerators (14.5). Die Größe σ wird als marginale Kapitalproduktivität bezeichnet. Sie gibt an, welcher Zuwachs an realem Volkseinkommen pro zusätzlicher Kapitaleinheit in einer Zeitperiode möglich ist ($\sigma = \Delta Y_s/\Delta K = \Delta Y_s/I$). Die durchschnittliche Kapitalproduktivität σ_d ist dagegen gleich dem Verhältnis aus realem Volkseinkommen und Kapitalbestand pro Zeitperiode ($\sigma_d = Y_s/K$).

Um die Konsequenzen von (16.4) verdeutlichen zu können, sei angenommen, daß im Ausgangszustand Vollbeschäftigung besteht und die Sparfunktion von der Form

(16.5) $S = s \cdot Y$ (Verhaltens-Gleichung)

ist. Betragen nun in t_0 das reale Volkseinkommen $Y_{r0} = 100$ Mrd. DM, die marginale Sparquote $s = 0{,}2$ und die marginale Kapitalproduktivität $\sigma = 0{,}25$ (Übers. 16–1; Beispiel 1), würden nach (16.5) genau 20 Mrd. DM gespart. Unter der Annahme, daß die freiwilligen (ex ante-) Ersparnisse gleich den beabsichtigten (ex ante-) Investitionen sind, daß also

(16.6) $I = S$ (Gleichgewichts-Bedingung)

ist, werden 20 Mrd. DM netto investiert, die in t_1 gemäß (16.4) das reale Volkseinkommen um $0{,}25 \cdot 20 = 5$ Mrd. DM erhöhen könnten. Die Einkommenserhöhung wäre möglich, weil in t_1 neue Kapazitäten zur Verfügung stehen. Wächst die monetäre Nachfrage in derselben Zeit ebenfalls um 5 Mrd. DM, würde tatsächlich eine Mehrproduktion erfolgen und die Vollbeschäftigung beibehalten werden können. Die zusätzlich produzierbaren Güter fänden Abnehmer und das Volkseinkommen stiege tatsächlich um 5 Mrd. DM. Was passiert aber, wenn sich die Gesamtnachfrage in t_1 nicht erhöht, sondern bei 100 Mrd. DM stagniert?

Domar erwähnt drei Möglichkeiten: 1. Die neuen Kapazitäten bleiben ungenutzt, was die Frage aufwirft, warum sie überhaupt getätigt wurden. 2. Die neuen Investitionen ersetzen altes Kapital, so daß es zu Kapitalfreisetzungen kommt. (Der Leser sei noch einmal vor dem volkswirtschaftlich irreführenden Terminus „Kapitalverlust“ (= Vermögensverlust) gewarnt). 3. Arbeitskräfte werden durch Kapital ersetzt; es entsteht Arbeitslosigkeit. Zusammengefaßt gelte: Kapital und (oder) Arbeit seien in diesen Fällen nicht vollbeschäftigt.

Domar hat nun gezeigt, unter welchen Bedingungen es trotz des Kapazitätseffekts der Investitionen nicht zur Unterbeschäftigung zu kommen braucht. Die relativ einfache, aus dem Keynesschen Ansatz bereits bekannte Lösung lautet: Die monetäre Gesamtnachfrage Y_d (d = demand) müßte so stark steigen, daß das aus den zusätzlichen Kapazitäten resultierende Angebot an Gütern pro Zeitperiode (ΔY_s) gerade absorbiert wird. Folglich lautet die Gleichgewichtsbedingung:

(16.7a) $Y_s = Y_d$ bzw.
(16.7b) $\Delta Y_s = \Delta Y_d$ (Gleichgewichts-Bedingung).

Da eine Erhöhung der Gesamtausgaben um ΔI unter der Gleichgewichts-Bedingung (16.6) gemäß der Multiplikatorformel zu einer Einkommenssteigerung um das Mehrfache dieses Betrages führt, gilt für eine Zwei-Sektoren-Wirtschaft (16.2) pro Zeitperiode

$$(16.8) \qquad \Delta Y_d = \frac{1}{s} \cdot \Delta I.$$

Dabei sind s die marginale Sparquote und 1/s der Einkommensmultiplikator. Setzt man nun (16.4b) und (16.8) in (16.7b) ein, entsteht daraus

$$(16.9a) \qquad \sigma \cdot I = \frac{\Delta I}{s} \quad \text{bzw.} \quad (16.9b) \qquad \frac{\Delta I}{I} = \sigma \cdot s.$$

Es wird ersichtlich, daß nur dann ein gleichgewichtiges Wachstum bestehen kann, wenn die Investitionen mit einer Rate zunehmen, die gleich dem Produkt aus marginaler Sparquote und Kapitalproduktivität ist. Führt man die Zeit als Variable explizit in (16.9) ein, muß die Änderung von I (ΔI bzw. dI) auf eine Änderung der Zeit (dt) bezogen werden; (16.9) geht über in

$$(16.10a) \qquad \sigma \cdot I = \frac{dI}{dt} \cdot \frac{1}{s} \quad \text{und} \quad (16.10b) \qquad \frac{dI}{dt} \cdot \frac{1}{I} = \sigma \cdot s.$$

Diese Gleichungen sind homogene Differentialgleichungen erster Ordnung, die durch Integration gelöst werden können. Das Ergebnis der Integration ist eine Exponentialfunktion von der Form

$$(16.11) \qquad I_t = I_0 \cdot e^{\sigma \cdot s \cdot t},$$

wobei die Zeit t als Variable im Exponenten steht, der darüber hinaus noch die gleichgewichtige Wachstumsrate enthält. Als Basis tritt die Eulersche Zahl e auf, und I_0 steht für die Ausgangsinvestitionen zum Zeitpunkt t_0. Bleibt die gleichgewichtige Wachstumsrate $\sigma \cdot s$ in der Zeit konstant, müssen zum Zweck der Vollbeschäftigung im langfristigen Gleichgewicht die (Netto-) Investitionen mit einer konstanten Zinseszinsrate wachsen. Es ist zu betonen: Dieses Ergebnis ist eine Konsequenz der Annahme, daß im Ausgangszustand Vollbeschäftigung herrscht. Denkbar wäre auch, von einer Unterbeschäftigung auszugehen, die sich im Gleichgewichtswachstum erhält. Daher gilt (16.11) immer dann, wenn eine bestimmte Beschäftigungssituation im gleichgewichtigen Wachstum aufrechterhalten werden soll.

Zahlenbeispiele sollen die Analyse DOMARS illustrieren. Die Investitionen werden als autonom, d. h. als einkommensunabhängig betrachtet. Die marginale Konsum- und Sparquote sind ebenso wie die marginale Kapitalproduktivität konstant (Übers. 16–1).

Die Beispiele zeigen: Unter den Bedingungen des Systems herrscht Gleichgewicht, wenn tatsächliche und mögliche Produktion ständig übereinstimmen, was voraussetzt, daß Konsum und Investition in dem Maße wachsen

Zeit-periode t	Kapital-bestand K	Mögliche Produktion $Y_s = \sigma \cdot K$	Realisierte Produktion $Y_d \equiv C+I$	Konsum $C = (1-s) \cdot Y_d$	Investi-tion I	Investitions-änderung ΔI
Beispiel 1: $s = 0{,}2$; $\sigma = 0{,}25$; $\Delta I/I = \sigma \cdot s = 0{,}05$ (Wachstumsrate)						
0	400,00	100,00	100,00	80,00	20,00	1,00
1	420,00	105,00	105,00	84,00	21,00	1,05
2	441,00	110,25	110,25	88,20	22,05	1,10
3	463,05	115,76	115,76	92,61	23,15	
Beispiel 2: $s = 0{,}1$; $\sigma = 0{,}25$; $\Delta I/I = \sigma \cdot s = 0{,}025$ (Wachstumsrate)						
0	400,00	100,00	100,00	90,00	10,00	0,25
1	410,00	102,50	102,50	92,95	10,25	0,25
2	420,25	105,06	105,06	94,56	10,50	0,27
3	430,75	107,69	107,69	96,92	10,77	
Beispiel 3: $s = 0{,}2$; $\sigma = 0{,}5$; $\Delta I/I = \sigma \cdot s = 0{,}10$ (Wachstumsrate)						
0	200,00	100,00	100,00	80,00	20,00	2,00
1	220,00	110,00	110,00	88,00	22,00	2,20
2	242,00	121,00	121,00	96,80	24,20	2,42
3	266,20	133,10	133,10	106,48	26,62	

Übers. 16–1: Wachstumsgleichgewichte

Zeit-periode t	Kapital-bestand K	Mögliche Produktion $Y_s = \sigma \cdot K$	Realisierte Produktion $Y_d \equiv C+I$	Konsum $C = (1-s) \cdot Y_d$	Investi-tion I	Investitions-änderung ΔI
Beispiel 1: $s = 0{,}2$; $\sigma = 0{,}25$; $\Delta I/I = \sigma \cdot s = 0{,}05$ (Wachstumsrate)						
0	400,00	100,00	100,00	80,00	20,00	1,00
1	420,00	105,00	105,00	84,00	21,00	1,05
2	441,00	110,25	110,25	88,20	22,05	1,10
3	463,05	115,76	115,76	92,61	23,15	
Beispiel 1A: KEYNES-Fall $Y_d \equiv C+I =$ const.						
0	400,00	100,00	100,00	80,00	20,00	–
1	420,00	105,00	100,00	80,00	20,00	–
2	440,00	110,00	100,00	80,00	20,00	–
3	460,00	115,00	100,00	80,00	20,00	
Beispiel 1B: Wachstum, jedoch $Y_s > Y_d$ ($\Delta I/I < \sigma \cdot s$)						
0	400,00	100,00	100,00	80,00	20,00	0,60
1	420,00	105,00	103,00	82,40	20,60	0,62
2	440,60	110,15	106,09	84,87	21,22	0,64
3	461,82	115,45	109,28	87,42	21,86	

Übers. 16—2: Wachstumsungleichgewichte

wie sich der Kapitalstock vergrößert. Es ist auch deutlich, daß die Ausgangsgrößen (Zeitperiode t_0) bei konstanter Wachstumsrate (in den Beispielen: 5; 2,5 und 10 %) nach der Zinseszinsformel wachsen. Das ist auch einleuchtend, wenn man bedenkt, daß die erhöhte monetäre Nachfrage, die für die Ausnutzung der durch die Investitionen geschaffenen Kapazitäten erforderlich ist, vor allem durch erhöhte Investitionen entsteht, die ihrerseits wieder eine erneut steigende Kapazität schaffen.

Das erste Zahlenbeispiel aus Übers. 16–1 soll noch einmal aufgegriffen werden, um zwei Ungleichgewichtsfälle zu demonstrieren (Übers. 16–2). Aus Beispiel 1A läßt sich ersehen, warum das Keynessche Gleichgewicht, obwohl Sparen gleich Investieren ist, langfristig nicht stabil sein kann. Die Gesamtnachfrage Y_d reicht zur Auslastung der Anlagen nicht aus. Beispiel 1B zeigt, daß die Gesamtnachfrage genau so stark wachsen muß wie das Angebot (16.7b). Steigt die Gesamtnachfrage weniger, wird auch die Angebotssteigerung kleiner sein als bei einer Vollauslastung der Anlagen. Die Theorie DOMARS graphisch zu veranschaulichen, sollte der Leser anhand der Zahlenbeispiele selbst in der Lage sein.

Einige **kritische Bemerkungen** scheinen angebracht, zumal im Testkapitel auf diese Frage nicht mehr eingegangen wird. Es war die Absicht von DOMAR und HARROD, die Wachstumsrate als ein nützliches Instrument der ökonomischen Analyse zu konzipieren. Im formalen Aufbau ähneln ihre Modelle sehr stark denen, die einige Jahrzehnte zuvor der schwedische Nationalökonom GUSTAV CASSEL (1866–1945) entwickelt hat. Da die Investitionen sowohl Volkseinkommen und Beschäftigung als auch die Kapazitäten beeinflussen, liegt es nahe, sie als entscheidende wirtschaftspolitische Operationsvariable zur Erreichung wachstumspolitischer Ziele anzusehen. Dieser Schluß ist hier und da tatsächlich gezogen worden. Überwogen hat jedoch die Skepsis, die aufgrund der rigorosen Modell-Vereinfachungen angebracht war. Weder die Kapitalproduktivität noch die Konsum- und Sparquoten sind unbedingt konstant. Doch sei zugegeben, daß sich solche Vereinfachungen ebenso beseitigen lassen wie die Beschränkung auf die Zwei-Sektoren-Wirtschaft oder das konstante technische Wissen. Die letzte Einschränkung ist deshalb so gravierend, weil sich zeigen läßt: Eine Vergrößerung des technischen Wissens (technischer Fortschritt) ist notwendige Voraussetzung für ein Wachstum des realen Pro-Kopf-Einkommens, so daß in den Modellen ohne technischen Fortschritt kein Wachstum im oben definierten Sinn vorliegt. In späteren Wachstumsmodellen, insbesondere bei der vor allem auf den Amerikaner ROBERT M. SOLOW (geb. 1924) zurückgehenden „neoklassischen“ Wachstumstheorie, werden variable Kapitalkoeffizienten eingeführt.

Trotzdem ist zu konstatieren: Die überaus stürmische Hausse in Wachstumsmodellen in den letzten Jahren hat keine Bedeutung für die Wirtschaftspolitik gehabt, weil die in den Modellen enthaltenen Hypothesen entweder überhaupt nicht testbar sind oder sich im Test nicht behaupten konnten. Empirische Überprüfungen auch komplizierterer Systeme als der von DOMAR und HARROD haben ergeben, daß der größere Teil des Wachstums durch ihre Hypothesen nicht erklärt werden kann (unerklärte „Restgröße"). Eine realitätsbezogene Wachstumstheorie müßte in Abkehr von der Gleichgewichtsanalyse zu der klassischen Fragestellung zurückfinden, was die Quellen des Wachstums sind, wie die Wachstumskräfte gefördert, freigesetzt und in ihrer Effizienz gesteigert werden können. Nicht überflüssig scheint der Hinweis, daß Wachstum nicht ein letztes, absolutes Ziel der Gesellschaft darstellt und nicht um jeden Preis anzustreben ist. Ob und inwieweit die künftige Forschung Fortschritte gegenüber dem unbefriedigenden gegenwärtigen Stand bringt, bleibt abzuwarten. Der Kern der analytischen Schwierigkeiten kann darin gesehen werden, daß Wachstum das Ergebnis von Vorgängen ist, die sich weder leicht erschließen noch auf eine kleine Zahl von Beziehungen reduzieren lassen. Dies scheint auch einer der Gründe zu sein, warum sich Wachstumsprognosen und -prophezeiungen einer gewissen Beliebtheit erfreuen – auch unter professionellen Nationalökonomen.

Bibliographische Hinweise

1. Von den makroökonomischen Textbüchern mit Darstellungen des Wachstums sind zu empfehlen: E. SHAPIRO, Macroeconomic Analysis, a. a. O., Chap. 22–24. W. C. PETERSON, Income, Employment, and Economic Growth, a. a. O., Part III. M. H. Ross, Income ..., a. a. O., Chap. 12. D. C. ROWAN, Output, Inflation and Growth, a. a. O., Chap. 19. Daß die Analyse des Wachstums schon immer eine große Rolle gespielt hat, zeigt als hervorragender Kenner des Schrifttums: L. ROBBINS, The Theory of Economic Development in the History of Economic Thought, London 1968. Dazu ferner: H. BARKAI, A Formal Outline of a Smithian Growth Model, The Quarterly Journal of Economics, 83 (1969).

2. Zu den langfristigen Wachstumsprognosen: F. A. LUTZ, Wirtschaftliche Entwicklung in der Sicht ökonomischer Denker, in: Das Problem des Fortschritts – heute, Hg. R. W. Meyer, Darmstadt 1969. Das grundlegende Werk zur Stagnationstheorie: A. H. HANSEN, Full Recovery or Stagnation, New York 1938. Die nach wie vor beste Kritik dazu: G. TERBORGH, The Bogy of Economic Maturity, Chicago 1945. Zur Stufenthese: W. W. ROSTOW, Stadien wirtschaftlichen Wachstums. Eine Alternative zur marxistischen Entwicklungstheorie, Göttingen 1960.

3. Deutschsprachige Darstellungen zu Wachstumsmodellen: G. BOMBACH, Wirtschaftswachstum, Handwörterbuch der Sozialwissenschaften, a. a. O., Bd. 12. K. H. OPPENLÄNDER, Die moderne Wachstumstheorie. Eine kritische Untersuchung der Bausteine der Gleichgewichtskonzeption und der Wirklichkeitsnähe, Berlin-München 1963. W. VOGT, Theorie des wirtschaftlichen Wachstums, Berlin und Frankfurt/M. 1968. K. ELSNER, Wachstums- und Konjunkturtheorie, in: Kompendium der Volkswirtschaftslehre, Bd. 1, a. a. O. K. ROSE, Gleichgewichtswachstum und Stabilität, Tübingen 1970. Bester Überblick im Englischen: F. H. HAHN – R. C. O. MATTHEWS, The Theory of Economic Growth: A Survey, The Economic Journal, 74 (1964). Eine Sammlung wichtiger Aufsätze zu Wachstumsmodellen: H. KÖNIG (Hg.), Wachstum und Entwicklung der Wirtschaft, Köln-Berlin 1968, mit einer empfehlenswerten Einleitung des Herausgebers.

17. Einige Vorhersagen zur Makrotheorie und empirische Tests

I. Vorhersagen

Geldnachfrage

In der Analyse der Geldnachfrage geht es um die Bestimmungsfaktoren der Kassenhaltungsdauer. Zwei Systeme stehen sich gegenüber: die **neoklassischen und Keynesschen Hypothesen**. Nach neoklassischer Auffassung wird lediglich eine aktive Kasse gehalten. Der Wunsch, Kasse zu halten, ist vor allem durch die Umsatz- oder Einkommensentwicklung bestimmt. Andere Einflußgrößen sind von untergeordneter Bedeutung. Die Vorhersage lautet:

> **Das Verhältnis von Einkommen und nachgefragter Geldmenge ist stabil. Erhöhen sich die Geldeinkommen, steigt im gleichen Verhältnis die nachgefragte Geldmenge et vice versa.**

KEYNES hält diese Hypothese nicht für falsch, sondern für unvollständig. Geld werde auch aus Spekulationsabsichten gehalten. Die Spekulationskasse sei zinsempfindlich:

> **Die nachgefragte Geldmenge ist sowohl eine Funktion des Einkommens als auch des Zinses. Steigen oder fallen die Geldeinkommen, ändert sich das Verhältnis von Einkommen und nachgefragter Geldmenge.**

Die unterschiedlichen Vorhersagen sollen an einem **Zahlenbeispiel** illustriert werden. Es sei angenommen, daß sich die Geldmenge verdoppele. Wie reagieren die Kassenhalter nach neoklassischer und Keynesscher Vorhersage? Beide Fälle sind mit konkreten Zahlen verdeutlicht, wobei es nur auf die generelle Tendenz, nicht auf die Größenordnung ankommt (Übers. 17–1). Die neoklassische Version impliziert, daß zwischen den Zeitreihen der Einkommens- (800, 1600) und Geldmengenänderungen (160, 320) eine hohe Korrelation besteht, die sich in einer konstanten Kassenhaltungsdauer k ausdrückt. Das ist nach der Keynesschen Hypothese nicht der Fall. Eine Vergrößerung der Geldmenge führt nach KEYNES zu einer Senkung des Zinssatzes, der die Kassenhalter zur Aufstockung der Spekulationskasse veranlaßt, womit eine Vergrößerung der durchschnittlichen Kassenhaltungsdauer einhergeht. Die Kassenhaltungsdauer ist dann auch eine Funktion des Zins-

Größen	Ausgangsfall	Wirkungen einer Verdoppelung der Geldmenge	
		Neoklassiker	KEYNES
Angebotene Geldmenge (M_s)	160	320	320
Volkseinkommen pro Zeiteinheit (Y)	800	1600	1250
Kassenhaltungsdauer ($k = \frac{M}{Y}$)	1/5	1/5	$\approx$ 1/4
Geldnachfrage (M_d; $M_d = M_s$) davon:	160	320	320
Aktive Kasse (M_{d1})	160	320	250
Spekulationskasse (M_{d2})	0	0	70

Übers. 17—1: Kassenhaltung in der Neoklassik und bei KEYNES

satzes. In Übers. 17–1 wurde angenommen, daß von 160 zusätzlichen Geldeinheiten 90 in die aktive Kasse und 70 in die Spekulationskasse wandern. Bleibt das Verhältnis der aktiven Kasse zum Volkseinkommen konstant (250/1250 = 1/5), fällt wegen der gestiegenen Spekulationskasse die totale Kassenhaltungsdauer k auf ungefähr 1/4 in der Zeitperiode (320/1250 $\approx$ 1/4). Die neoklassische und Keynessche Vorhersage wird empirisch geprüft. Zuvor seien noch die Hypothesen der makroökonomischen Konsumgüternachfrage für den Test formuliert.

Konsumgüternachfrage

Wie bei der Geldnachfrage liegen zwei Ansichten im Wettstreit: die **Proportionalhypothese** und das **fundamentalpsychologische Gesetz** von KEYNES. Nach der Proportionalhypothese wird gesamtwirtschaftlich – von Extremfällen abgesehen – entweder ein relativ konstanter Teil des Einkommens oder der Einkommenszuwächse für Konsumgüter ausgegeben. Schaltet man den Fall aus, daß das gesamte Einkommen konsumiert wird ($Y \equiv C$), lassen sich folgende alternative Hypothesen formulieren:

Steigt das Volkseinkommen, erhöht sich der Konsum mit konstanter Rate. Dementsprechend wird ein gleichbleibender Teil des zusätzlichen Einkommens gespart.

Nach der Proportionalhypothese verläuft die Konsumfunktion linear. Es werden zwei Varianten erfaßt. Einmal ist es möglich, daß bei einem Volkseinkommen von Null in einem gewissen Umfang Konsumgüter (C_0) gekauft werden (die C-Kurve schneidet den positiven Ordinatenast). Dann sind durchschnittliche und marginale Konsumquote verschieden. Zum zweiten können durchschnittliche und marginale Konsumquote identisch und konstant sein (C-Kurve durch den Nullpunkt), ohne daß die Konsumquote gleich 1 sein muß (wie bei Y≡C). Im Schrifttum wird unter Proportionalhypothese mitunter nur die zweite Variante verstanden.

Das fundamentalpsychologische Gesetz von KEYNES besagt, daß mit steigendem Einkommen zwar absolut mehr, doch relativ weniger konsumiert wird:

Steigt das Volkseinkommen, werden sich die Konsumausgaben relativ verringern. Ein zunehmend größerer Teil des Einkommenszuwachses wird gespart.

Nach der KEYNES-Hypothese ist die Konsumfunktion nichtlinear und weist mit steigendem Einkommen sinkende Zuwächse auf. Die meisten Konsequenzen des Keynesschen Systems sind aber nicht an dieses fundamentalpsychologische Gesetz gebunden und auch mit der ersten Variante der Proportionalhypothese vereinbar. Die folgende **Übersicht** faßt die einzelnen Hypothesen über den Verlauf der Konsumkurve zusammen (Übers. 17–2).

Hypothesen	**Proportionalhypothese**		**Hypothese**
	1. Variante	2. Variante	von KEYNES
Kurvenverlauf	linear	linear	nichtlinear
Durchschnittliche Konsumquote	fallend	konstant	fallend
Marginale Konsumquote	konstant	konstant	fallend

Übers. 17—2: Konsumhypothesen

II. Tests

Geldnachfrage

Als Ergebnis empirischer Tests der Hypothesen zur Geldnachfrage sind die Versuche, bestimmte Teilkassen (aktive und passive Kasse) zu unterscheiden, aufgegeben worden, weil nur die Kasse statistisch feststellbar ist, die insgesamt gehalten wird. Im allgemeinen wird deswegen nur die **totale Kassenhaltung** untersucht. Dabei versucht man, einmal die Einkommenselastizität (relative Änderung der Geldnachfrage in Abhängigkeit von relativen Volkseinkommensänderungen), zum zweiten die Zinselastizität (relative Änderung der Geldnachfrage in Abhängigkeit von relativen Zinsänderungen) zu messen. Da es bisher nur möglich war, die totale Kassenhaltung empirisch zu analysieren, ist die Geldtheorie, soweit sie auf der Hypothese der Existenz von Teilkassen beruht, problematisch. Sollte sich nämlich die Gesamtkasse als zinselastisch erweisen, ließe sich diese Tatsache sowohl auf die Existenz einer Spekulationskasse als auch auf eine zinsempfindliche aktive Kasse zurückführen. Die Unterscheidung von Keynes kann nur gedanklich durchgehalten werden und dürfte für eine empirisch prüfbare Geldtheorie ohne Bedeutung sein. Im Test wird die scharfe Trennung nach neoklassischer und Keynesscher Theorie fragwürdig, soweit sie am Kriterium Zins orientiert ist.

Ein bekannter **Test** der totalen Geldnachfragefunktion stammt von dem amerikanischen Nationalökonomen Henry Latané (geb. 1907), der für die Zinsabhängigkeit der Kassenhaltungsdauer (k = f(i)) die Gleichung

(17.1a) $$k = \frac{M}{Y} = a + \frac{b}{i}$$ (Verhaltens-Gleichung)

untersucht hat. Die Geldmenge M besteht in diesem Test aus zirkulierendem Bargeld und Sichteinlagen, Y ist das Bruttosozialprodukt zu laufenden Preisen und i der Zinssatz für langfristige Obligationen; a und b sind die gesuchten Parameter. Latané kommt für die Vereinigten Staaten (Zeit von 1919 bis 1952) zu folgendem Ergebnis:

(17.1b) $$k = 0{,}1 + \frac{0{,}008}{i}.$$

Den Korrelationskoeffizienten hat er mit – 0,87, die Zinselastizität (dM/M : di/i) mit – 0,75 ermittelt. Steigende Zinssätze gehen mit einer Verringerung der Kassenhaltungsdauer einher. Das Geld läuft also schneller um. Es wird bei steigendem Zins weniger Geld nachgefragt (negative Zinselastizität), also mehr Geld ausgegeben (Einkommenserhöhung). Auf eine Zinssteigerung von 10 % kommt eine Einkommenserhöhung von 7,5 %. Für eine Zinssenkung gilt das Gegenteil.

Als Fazit dieses Tests ist festzuhalten: Die Geldnachfrage reagiert auf Zinsänderungen stark. So hätte eine Geldmengenvergrößerung, die zu sinkenden Zinssätzen führt, nur geringe Wirkung auf die Ausgaben der Wirtschaftseinheiten, da das Geld zum größten Teil in der Kasse verschwände. Denn sinkende Zinssätze gehen mit einer steigenden Kassenhaltung einher – ein Ergebnis, das die Keynessche Hypothese im Ergebnis stützt. Der Latané-Test ist jedoch auf Widerspruch gestoßen. Schon die Wahl der Zinsen (für Obligationen mit einer Laufzeit von 20 Jahren) ist problematisch, weil langfristige Zinssätze weniger variieren als kurzfristige, so daß aus statistischen Gründen die Korrelation relativ hoch liegt. Auch die Definitionen von M und Y sind wegen Unzweckmäßigkeit angegriffen worden. Rechnen Haushalte und Unternehmen außer Barmitteln und Sichteinlagen nicht auch Termin- und Spareinlagen zu ihrer Kasse? Gehen sie bei ihren

Überlegungen zur Kassenhaltung vom gegenwärtigen oder zukünftigen Einkommen aus? Fragen wie diese zeigen, daß auch Testverfahren Ermessensspielräume belassen, die so lange durch neue Hypothesen ausgefüllt werden können, wie keine detaillierte Zahlen zur Verfügung stehen. Es ist deswegen nicht erstaunlich, wenn andere Autoren, die dasselbe Material wie LATANÉ benutzten, zu stark abweichenden Ergebnissen kamen, weil sie i, M und Y anders definierten und insofern von anderen Hypothesen ausgingen.

Bekannter noch als die Studie von LATANÉ ist der **Test** seines Landsmannes MILTON FRIEDMAN (geb. 1912). FRIEDMAN, der einen Zeitraum von fast 100 Jahren untersucht hat, kommt zu einer relativ geringen Zinselastizität (– 0,15), jedoch zu einer ziemlich strammen Korrelation der Zeitreihen „reale Geldmenge pro Kopf“ und „reales Volkseinkommen pro Kopf“:

$$(17.2) \qquad \frac{M}{N \cdot P_p} = f\left(\frac{Y_p}{N \cdot P_p}\right) \qquad \text{(Verhaltens-Gleichung).}$$

N ist die Bevölkerungszahl, Y_p das sogenannte permanente Einkommen und P_p das permanente Preisniveau. Auf eine Diskussion der komplizierten Funktionsgleichung soll verzichtet werden. Die Geldnachfrage als Funktion des permanenten Einkommens ist eine für den FRIEDMAN-Test abweichend zu anderen Einkommensdefinitionen konzipierte Größe. Nach FRIEDMAN gehen die Kassenhalter – ähnlich wie die Konsumenten – bei ihren Entscheidungen nicht vom laufenden oder gemessenen, sondern vom langfristig erwarteten Realeinkommen aus, das sie aufgrund ihrer Erfahrungen schätzen. Die Kassenhaltungsdauer – hier definiert als Quotient aus Geldmenge und permanentem Einkommen – ist relativ stabil. Es zeigt sich lediglich ein langfristiger Trend zur Erhöhung der Kassenhaltung im Verhältnis zum realen Einkommen. Die Geldnachfrage ähnelt in ihrem Verlauf der „Luxusgüter“-Nachfrage. Auch bei der Geldmengenabgrenzung weicht FRIEDMAN von LATANÉ ab, weil er Termineinlagen in die Gelddefinition einschließt, also einen weitergefaßten Geldbegriff verwendet. Die angedeuteten Ergebnisse FRIEDMANS haben zu einer heftigen Kontroverse geführt, die seit Jahren andauert und Untersuchungen in anderen Ländern veranlaßt hat.

Ein **Test** für die **Bundesrepublik Deutschland**, der sowohl von der Hypothese LATANÉS als auch von derjenigen FRIEDMANS ausgeht, ist für die Zeit von 1949–1966 durchgeführt worden. Die zentrale Frage nach der Zins- und Einkommenselastizität der Geldnachfrage läßt sich danach so beantworten: Zur Zinselastizität sind bei engen Geldmengenabgrenzungen (M_s = Bargeld und Sichteinlagen) keine sicheren Aussagen möglich, da eine Autokorrelation besteht. Erst bei weiten Geldmengenbegriffen, die auch Termin- und Spareinlagen einschließen, variiert die Kassenhaltung in erkennbarem Umfang mit dem Zins. Die Abhängigkeit ist um so größer, je weiter der Geldmengenbegriff ist. Aber selbst bei einer weiten Geldmengendefinition bleibt die Zinselastizität relativ gering. Die Korrelationskoeffizienten liegen meist unter –0,5. Es könnte sein, daß durch zeitliche

Verschiebungen (distributed lags) von Bezugsgrößenzinssatz und Kassenhaltung bessere Ergebnisse zustande kommen. Die bisherigen Ergebnisse lassen für die Bundesrepublik hinsichtlich der Hypothese, die Kassenhalter reagierten auf Zinsänderungen nennenswert, große Vorsicht ratsam sein – ein Testergebnis, das für die praktische Geldpolitik von Gewicht ist. Bei der Einkommenselastizität der Geldnachfrage ist zunächst deutlich geworden: Weder die Abgrenzung der Geldmenge (enge oder weite Fassung) noch die des Einkommens (permanentes oder laufendes Einkommen) ist von größerem Einfluß auf das Ergebnis. Das Volkseinkommen (Nettosozialprodukt zu Marktpreisen) erklärt als unabhängige Variable beinahe die gesamte Variation des Geldumfangs, so daß die Einkommenselastizität der Kassenhaltung praktisch 1 ist. Unter der Hypothese, daß die langfristige Realeinkommensentwicklung nicht von Geldmengenänderungen abhängt, würde der Test die Aussage der naiven „Quantitätstheorie" bestätigen, nach der im Ausmaß der Geldmengenänderungen das Preisniveau schwankt. Das empirische Material in der Bundesrepublik führt – als grobe Tendenz – eher zur Bestätigung quantitätstheoretischer als Keynesscher Hypothesen der Geldnachfrage. Es bleibt zu bedenken, daß die Quantitätstheorie auf längere Zeiträume abhebt als die Aussagen von KEYNES. Die Untersuchung für die Bundesrepublik basiert aber auf Vierteljahreszahlen – für kürzere Zeiträume gibt es kein entsprechendes Material –, bei denen sich die Keynesschen Geldnachfragehypothesen hätten bestätigen können.

Konsumgüternachfrage

Bei der empirischen Überprüfung der makroökonomischen Konsumfunktion sind zwei Fälle scharf zu unterscheiden. Erstens kann man eine

Einkommensklasse (in $)	Disponibles Einkommen	Konsum-Ausgaben	Durchschnittliche Konsumquote	Marginale Konsumquote
unter 1000	614	1278	2,1	
				0,5
1000– 2000	1532	1768	1,2	
				0,9
2000– 3000	2534	2718	1,1	
				0,9
3000– 4000	3487	3570	1,0	
				0,9
4000– 5000	4462	4450	1,0	
				0,8
5000– 6000	5449	5257	1,0	
				0,7
6000– 7000	6618	6043	0,9	
				0,6
7500–10000	8434	7108	0,8	
				0,5
10000 und mehr	15914	10773	0,7	

Übers. 17–3: Durchschnittliche Familieneinkommen und Konsumausgaben (1950)

Quelle: Study of Consumer Expenditures, Incomes, and Savings, Vol. 18, Wharton School of Finance and Commerce, Pennsylvania 1957.

Konsumfunktion für eine gegebene Zeitperiode ermitteln und fragen, welche Konsumgüterausgaben in unterschiedlichen Einkommensklassen getätigt werden (Querschnitt-Test; kurzfristige Konsumfunktion). Zweitens kann man die Konsumgüterausgaben in Abhängigkeit von der Höhe des Volkseinkommens und seiner Änderung für verschiedene Zeitperioden (Zeitreihen) ermitteln (Längsschnitt-Test; langfristige Konsumfunktion).

Relativ gutes Zahlenmaterial für beide Testverfahren gibt es für die USA. Die folgende Tabelle ist ein Beispiel für den ersten Fall, also für die **kurzfristige Konsumfunktion** einer Zeitperiode (Übers. 17–3). Stellt man die Ergebnisse graphisch dar, ergibt sich – etwas stilisiert – folgendes Bild (Fig. 17–1).

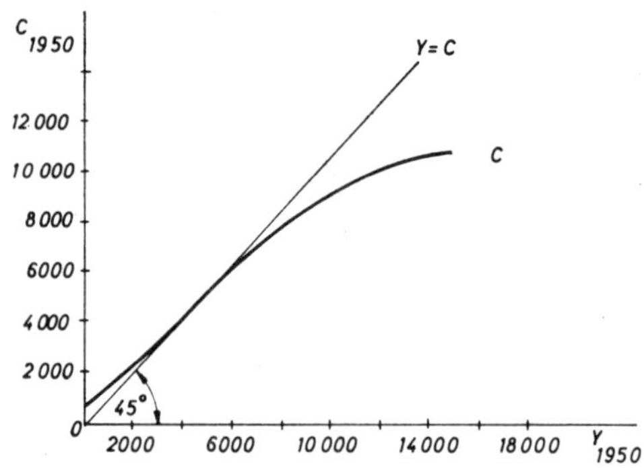

Fig. 17–1: Empirische Konsumfunktion einer Zeitperiode

Bei niedrigen Einkommen ist die durchschnittliche Konsumquote größer, von einer gewissen Grenze an (Basiseinkommen $\approx$ 6000) kleiner als 1. Es fällt nicht nur die durchschnittliche, sondern auch die marginale Konsumquote. Dieses Ergebnis wurde durch andere Untersuchungen von Zeitperioden bestätigt. Innerhalb eines weiten Bereichs liegt die durchschnittliche Konsumquote um 1. Von breiten Bevölkerungsschichten wird demnach nicht gespart. Das fundamentalpsychologische Gesetz von KEYNES kann also für eine kurzfristige Zeitperiode bei ungleichmäßiger Volkseinkommensverteilung als empirisch bestätigt gelten:

Kurzfristig geben Haushalte mit einem relativ hohen Einkommen vergleichsweise weniger für den Konsum aus als solche mit niedrigen Einkommen.

Man mag einen theoretischen Satz wie diesen für selbstverständlich halten und sich fragen, ob für seine Formulierung die mühselige Prozedur wissenschaftlicher Arbeit notwendig war. Doch einmal sind eine ganze Anzahl einfacher, wenn auch plausibler Aussagen nichts anderes als zunächst unbestätigte Hypothesen. Zweitens werden nach derselben Methode auch Hypothesen getestet, die weniger evident sind.

Eine Untersuchung der **langfristigen Konsumfunktion** – Konsum in Abhängigkeit vom disponiblen Einkommen – hat für die Vereinigten Staaten für die Zeit von 1929–1964 (die Kriegsjahre 1941–1946 wurden wegen einiger Anomalien ausgeklammert) zu der Verhaltens-Gleichung

$$(17.3) \qquad C = 8{,}02 + 0{,}89 \cdot Y$$

geführt, die graphisch folgendes Bild ergibt (Fig. 17–2).

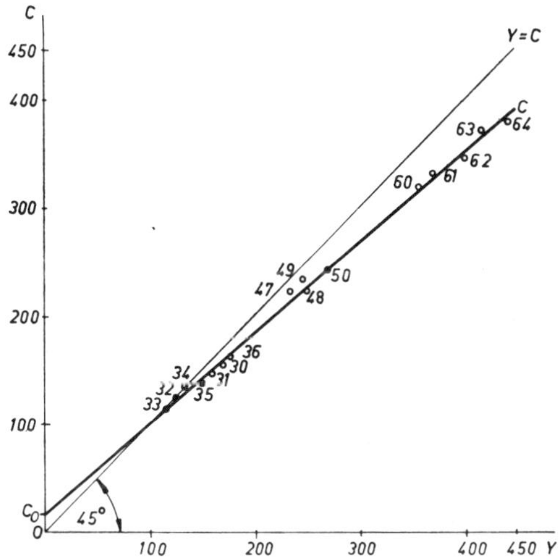

Fig. 17–2: Empirische Konsumfunktion für 1929–1964 in Mrd. Dollar

Im unteren, mittleren und oberen Bereich wurden einige Jahreswerte aufgetragen, die in dem genannten Zeitraum einen ständigen Einkommensanstieg (gerechnet in konstanten Preisen) bei relativ geringfügiger Streuung erkennen lassen. C_0 (= 8,02) ist – anders als beim Querschnitt-Test – nicht weit vom Nullpunkt entfernt; durchschnittliche (DC) und marginale (MC) Konsumquote sind im Mittel annähernd gleich (DC≈MC≈0,9). In anderen Untersuchungen, so auch für die Bundesrepublik, hat sich – von anomalen Situationen (Krieg, schwere Krisen) abgesehen – ebenfalls gezeigt, daß ein ziemlich konstanter Teil des disponiblen Einkommens konsumiert (meist: ≈0,9) und freiwillig gespart wird. Folgende Hypothese kann als empirisch bestätigt angesehen werden:

Langfristig werden relativ konstante Teile des Einkommens konsumiert und gespart.

Es zeigt sich, daß beide Hypothesen zur Konsumgüternachfrage eine Aussage über faktisch existierende Sachverhalte sind. Die eine (Keynes-Hypothese) gilt kurz-, die andere (Proportionalhypothese für den Fall einer konstanten durchschnittlichen Konsumquote) langfristig. Andere Faktoren, die Einfluß auf die Höhe des Konsums haben können, scheinen vor allem langfristig von untergeordneter Bedeutung zu sein.

Zwischen kurz- und langfristiger Konsumfunktion bestehen also bemerkenswerte Differenzen. Die kurzfristige Konsumfunktion folgt aus einer Querschnitts-, die langfristige aus einer Zeitreihenanalyse. Vergleiche zwischen den Ergebnissen müssen behutsam erfolgen, wenn Irrtümer vermieden werden sollen. Die Konsumfunktion einer gegebenen Zeitperiode zeigt insbesondere, welche Bedeutung der Einkommensverteilung für Konsum und Sparen zukommt. Zeitreihen geben dagegen Auskunft über die Konsum- und Sparquoten in verschiedenen Zeitperioden. Die **Beziehungen zwischen kurz- und langfristigen Konsumfunktionen** sind Gegenstand einer ausführlichen wissenschaftlichen Diskussion, auf die im einzelnen nicht eingegangen werden kann. Nur eine Interdependenz sei aufgezeigt. Die Einkommensverteilung beeinflußt, wie die kurzfristige empirische Konsumfunktion zeigt, die durchschnittliche Konsumquote. Gäbe es keine Haushalte mit hohen Einkommen, läge die Konsumquote höher, weil Empfänger kleiner und mittlerer Einkommen wenig oder überhaupt nicht sparen. Bleibt die durchschnittliche Konsumquote langfristig konstant, spricht prima facie manches für die Vermutung, daß sich die Einkommensverteilung nicht geändert hat. Diese Vermutung kann jedoch widerlegt werden, wenn nachzuweisen ist, daß sich mit steigenden Pro-Kopf-Einkommen die marginalen Konsum- und Sparquoten in bestimmter Richtung ändern, wofür es soziale und psychologische Gründe geben mag.

Bibliographische Hinweise

1. Zu den Tests der Geldnachfrage sei hingewiesen auf: H. A. Latané, Cash Balances and the Interest Rate – A Pragmatic Approach, The Review of Economics and Statistics, 36 (1954). M. Friedman, The Demand for Money: Some Theoretical and Empirical Results, The Journal of Political Economy, 67 (1959). A. Woll, Die Theorie der Geldnachfrage: Analytische Ansätze und statistische Ergebnisse für die Bundesrepublik Deutschland, a. a. O. H. Müller, Die Geldnachfragefunktion: Theorie und Test, a. a. O. L. Harris, Regularities and Irregularities in Monetary Economics, Essays in Money and Banking in Honour of R. S. Sayers, Hg. C. R. Whittlesey und J. S. G. Wilson, Oxford 1968, 85–112.

2. Zu den empirischen Konsumfunktionen bietet eine gute Übersicht amerikanischer Untersuchungen: E. Shapiro, Macroeconomic Analysis, a. a. O., Chap. 10. Für Großbritannien siehe: F. S. Brooman, Macroeconomics, 2. e., London 1963, Chap. 5. Einige „classics": H. Schultz, The Theory and Measurement of Demand, Chicago 1938. S. Kuznets, National Income: A Summary of Findings, Princeton 1946. J. S. Duesenberry, Income, Saving, and the Theory of Consumer Behaviour, Cambridge (Mass.) 1949. M. Friedman, A Theory of the Consumption Function, a. a. O. H. S. Houthakker – S. J. Prais, The Analysis of Family Budgets, Cambridge 1955. R. W. Goldsmith, A Study of Saving in the United States, Princeton 1955. J. R. Stone u. a., The Measurement of Consumers' Expenditure and Behaviour in the United Kingdom, 1920–1938, a. a. O. Zur Ökonometrie von Konsumfunktionen: A. A. Walters, An Introduction to Econometrics, London 1968, Chap. 9. M. K. Evans, Macroeconomic Activity . . ., a. a. O.

Vierter Teil

Außenwirtschaftstheorie

18. Monetäre Theorie

I. Zahlungsbilanz

Begriff und Gliederung

Die Außenwirtschaftstheorie ist Teil der allgemeinen Wirtschaftstheorie. Mikro- und makroökonomische Aussagen können sich ebenso auf außenwirtschaftliche Transaktionen beziehen wie auf binnenwirtschaftliche. Zwei Gründe lassen besondere außenwirtschaftliche Probleme entstehen: 1. Internationale Transaktionen finden zwischen verschiedenen Währungsgebieten oder Zentralbankbereichen statt. Es genügt nicht mehr, wenn Käufer liquide sind; sie müssen auch über die jeweiligen nationalen Währungseinheiten verfügen (Devisenprobleme). 2. Soll es zu Transaktionen über die Landesgrenzen hinaus kommen, muß unter marktwirtschaftlichem Aspekt der Absatz von Gütern im Ausland einen Vorteil, einen „Gewinn“ bringen. Dieser Vorteil muß so groß sein, daß er nicht nur die gegenüber dem Inland meist höheren Transportkosten deckt, sondern auch noch spezifische Zoll- und Steuerbelastungen. Hinzu kommt, daß die internationale Mobilität der Faktoren erheblich geringer ist als die nationale. Statt der Faktoren wandern die Produkte (Probleme des Zustandekommens und Ausmaßes des Außenhandels sowie des aus ihm zu ziehenden Vorteils). Die Probleme der ersten Gruppe werden in der monetären (18. Kap.), die der zweiten Gruppe in der güterwirtschaftlichen („reinen“) Theorie (19. Kap.) der Außenwirtschaft oder des internationalen Handels behandelt.

Eine methodische Bemerkung scheint vorab nützlich. Spezifische Außenhandelstheorien sollten nicht vergessen lassen, daß zwischen binnen- und außenwirtschaftlichen Transaktionen, zwischen Preisen und Einkommen, ein enger Zusammenhang besteht, der mit dem Anteil der Außenhandelsgeschäfte am Gesamtumsatz einer Volkswirtschaft an Bedeutung gewinnt. Die herkömmliche außenhandelstheoretische Analyse bedient sich noch zahlreicher heroischer Vereinfachungen, vor allem auch der ceteris paribus Klausel, und eliminiert damit häufig die Wirkungen ökonomischer Einflußfaktoren. Für die praktische Wirtschaftspolitik hätte eine solche gedankliche Ausschaltung von Interdependenzen vermutlich verheerende Folgen. Es ist deshalb nicht verwunderlich, wenn die Außenwirtschaftspolitik – wie kaum ein anderer Zweig der praktischen Wirtschaftspolitik – vielfach mehr vom Glauben lebt als von fundierten Kenntnissen der Zusammenhänge.

Die statistische Erfassung und Gegenüberstellung der internationalen Transaktionen, der Geschäfte zwischen In- und Ausländern, wird als Zahlungsbilanz bezeichnet (**Definition**). Sie bezieht sich meist auf ein Jahr. An der Zahlungsbilanz knüpfen die Überlegungen zu monetären Problemen an. In ihrer Struktur und deren Veränderungen zeigt sich, inwieweit das Devisenproblem gelöst wurde. Auf Dauer können nämlich Zahlungen von Inländern an Ausländer (für Importe, Kapitalausfuhr u. a.) nur geleistet werden, wenn den Inländern die dazu benötigten ausländischen Währungseinheiten (aus Exporten, Kapitaleinfuhren) zufließen. Die naheliegende Frage ist: Gibt es ökonomische Mechanismen, die auf einen Ausgleich der ein- und ausgehenden Zahlungen (Zahlungsbilanzausgleich) hinwirken? Antworten auf diese Frage sind der Hauptgegenstand der monetären Analyse. Zur Einführung wird ein Gliederungsschema und eine kurze Erläuterung der wichtigsten Posten der Zahlungsbilanz vorangestellt.

Die **Gliederung** der Zahlungsbilanz läßt sich in verschiedener Hinsicht vornehmen. International üblich ist die Dreiteilung in „Bilanz der laufen-

Posten	1962	1963	1964	1965	1966	1967	1968
I. Bilanz der laufenden Posten							
1. Warenhandel (Handelsbilanz)							
Export	+52985	+58401	+64914	+71633	+80557	+86950	+99426
Import	—46445	—49200	—55091	—66585	—68932	—66303	—76606
Transithandel (Saldo)	— 19	— 20	— 212	+ 152	+ 200	+ 362	+ 82
Saldo des Warenhandels	+ 6521	+ 9181	+ 9611	+ 5200	+11825	+21009	+22902
2. Dienstleistungen	— 3065	— 3155	— 4101	— 5285	— 5093	— 4850	— 4352
3. Übertragungen	— 5196	— 5056	— 5308	— 6390	— 6256	— 6305	— 7045
Saldo der laufenden Posten (1 + 2 + 3)	— 1740	+ 970	+ 202	— 6475	+ 476	+ 9854	+11505
II. Kapitalverkehrsbilanz							
1. Langfristiger Kapitalverkehr	— 353	+ 1546	— 1034	+ 957	+ 271	— 3177	—11348
2. Kurzfristiger Kapitalverkehr	+ 410	+ 546	— 1154	+ 1183	— 311	— 6264	+ 4923
Saldo der Kapitalverkehrsbilanz (1 + 2)	+ 57	+ 2092	— 2188	+ 2140	— 40	— 9441	— 6425
Saldo der laufenden Posten und des Kapitalverkehrs (I+II)	— 1683	+ 3062	— 1986	— 4335	+ 436	+ 413	+ 5080
III. Saldo der Devisenbilanz (Währungsreserven)	— 553 (27733)	+ 2572 (30305)	+ 12 (30317)	— 1505 (28812)	+ 1030 (29842)	+ 414 (30256)	+ 7113 (37369)
IV. Restposten (Differenz (I+II)—III)	+ 1130	— 490	+ 1998	+ 2830	+ 594	+ 1	+ 2033

Übers. 18–1: Zahlungsbilanz der BRD 1962–1968 in Mio. DM

Quelle: Geschäftsbericht der Deutschen Bundesbank für das Jahr 1968, 92. Statistische Beihefte zu den Monatsberichten der Deutschen Bundesbank, Reihe 3: Zahlungsbilanzstatistik, April 1969, 18.

den Posten" (current account), „Kapitalverkehrsbilanz" (capital account) und „Devisenbilanz" (foreign exchange account). Ihr soll hier gefolgt werden. Andere Gliederungen sind möglich und je nach dem Untersuchungszweck angezeigt. Eine für alle Fälle „richtige" Systematik existiert nicht. Innerhalb der ersten beiden Gruppen gibt es weitere Unterteilungen (Posten), die in Übers. 18–1 enthalten sind.

Die Posten der Zahlungsbilanz für jedes Jahr sind – bis auf den Warenhandel – bereits saldiert, Aktiv- und Passivseite für jeden Posten also bereits gegeneinander aufgerechnet. Die Zahlungsbilanz wird nämlich formal wie eine doppelte Buchhaltung geführt. Entsprechend der Zweiseitigkeit eines Geschäfts wird jede Transaktion zweimal verbucht. Einer Leistung steht eine Zahlung gegenüber. Leistungen, die zu Zahlungseingängen führen, erhalten ein positives Vorzeichen (Aktivposten), Leistungen, die zu Zahlungsausgängen führen, ein negatives (Passivposten). Bei den Aktiv-(Passiv-) Posten handelt es sich um Leistungen von Inländern an Ausländer (von Ausländern an Inländer). Bei den Zahlungen ist es umgekehrt. Unter Inländern und Ausländern werden natürliche Personen, juristische Personen (Firmen) und Regierungsstellen des In- oder Auslands ohne Rücksicht auf ihre Staatsangehörigkeit verstanden. Mitglieder diplomatischer, konsularischer Vertretungen, offizielle Missionen, Stationierungsstreitkräfte bleiben Inländer des Heimatlandes. Zweigwerke ausländischer Unternehmen (Auslandstöchter) zählen zu den Inländern des Gastlandes.

Leistungen sind in der Bilanz der laufenden Posten und in der Kapitalverkehrsbilanz (oft: Zahlungsbilanz im engeren Sinn), Zahlungen in der Devisenbilanz erfaßt. Der Saldo I+II (Bilanz der Leistungen) entspricht deshalb dem Saldo der Devisenbilanz III (Bilanz der Zahlungen). In diesem Sinn muß eine Zahlungsbilanz rechnerisch immer ausgeglichen sein, da jede Buchung eine Gegenbuchung nach sich zieht. Tatsächlich ist das nicht der Fall, wie der rechnerisch ermittelte Restposten IV zeigt, und zwar deshalb nicht, weil es eine statistisch unaufgeklärte Differenz (Ungenauigkeit der Erfassung) zwischen beiden Bilanzen gibt bzw. Leistung und Zahlung zeitlich auseinanderfallen können. Wenn von einer „unausgeglichenen" Zahlungsbilanz gesprochen wird, kann sich das folglich nicht auf die gesamte Zahlungsbilanz, sondern nur auf Teilbilanzen (I–III) beziehen. In Übereinstimmung mit einem verbreiteten Sprachgebrauch soll eine Zahlungsbilanz als günstig, aktiv oder überschüssig (ungünstig, passiv oder defizitär) bezeichnet werden, wenn der Saldo der Devisenbilanz positiv (negativ) ist. Dementsprechend ist von einer Verbesserung der Zahlungsbilanz die Rede, wenn sich ein positiver (negativer) Saldo erhöht (vermindert) und von einer Verschlechterung, wenn sich ein positiver (negativer) Saldo vermindert (erhöht). Eine Zahlungsbilanz wäre bei einem Saldo der Devisenbilanz von Null im Gleichgewicht (Definition). Diese Festlegung ist anderen Gleichgewichtsdefinitionen – wie etwa der, die an die Unterscheidung von autonomen und induzierten internationalen Transaktionen anknüpft – theoretisch unterlegen, empirisch jedoch überlegen; problematisch ist sie vor allem, wenn größere Devisentransaktionen mit dem ausschließlichen Zweck, Zahlungsbilanzungleichgewichte abzubauen, vorgenommen werden.

Entstehungsgründe und Problemstellungen

Die hinter den Positionen oder **Einzelposten** (Salden) in Übers. 18–1 stehenden Transaktionen seien kurz erläutert. Wie Salden entstehen, ist aus den Zahlen für den Warenhandel zu ersehen. Der Saldo des Warenhandels oder der Handelsbilanz war in allen Jahren positiv. Es sind fortlaufend mehr Leistungen von Inländern an Ausländer und dementsprechend mehr Zahlungen von Ausländern an Inländer getätigt worden als umgekehrt. Darin ist auch die wichtigste Ursache dafür zu sehen, daß die „Zahlungsbilanz", das heißt der Saldo der Devisenbilanz, seit Anfang der fünfziger Jahre – von Ausnahmen (wie 1962 und 1965) abgesehen – Überschüsse aufweist. In ähnlicher Weise wären auch die übrigen Salden zu interpretieren. Bei den Dienstleistungen werden insbesondere die Erträge aus Kapitalanlagen, die Fracht- und Versicherungskosten im Seeverkehr, der Reiseverkehr und die Einnahmen von fremden Truppen erfaßt. Die ersten drei Posten sind seit Jahren passiv, der letzte ist aktiv; per Saldo überwiegen die Defizite. Um die Interpretationsregel der Zahlungsbilanz am Beispiel des defizitären Reiseverkehrs zu wiederholen: Es wird mehr von Ausländern an Inländer geleistet und dementsprechend mehr von Inländern an Ausländer gezahlt als umgekehrt. Das bedeutet, daß die Bewohner der Bundesrepublik Deutschland die Dienste des Fremdenverkehrs im Ausland mehr in Anspruch nehmen und deswegen mehr an Ausländer zahlen müssen als es Ausländer in der Bundesrepublik tun. Bei den Übertragungen handelt es sich um „einseitige" (unentgeltliche) Leistungen von Privaten (Fremdarbeiterüberweisungen) und öffentlichen Stellen (wie Subventionen an den EWG-Fonds). Es ist ein Leistungsgegenposten für Zahlungen, die nicht in den Posten der laufenden Bilanz oder der Kapitalverkehrsbilanz gegengebucht werden können, oder ein Zahlungsgegenposten für Leistungen, die nicht zu Zahlungen führen. In der langfristigen Kapitalverkehrsbilanz werden die privaten und öffentlichen deutschen Nettokapitalanlagen im Ausland – Direktinvestitionen, Kredite und Darlehen, Wertpapierkäufe (Portfolioinvestitionen) und Sonstiges – sowie umgekehrt die ausländischen Nettokapitalanlagen im Inland erfaßt. Beim kurzfristigen Kapitalverkehr handelt es sich um die Transaktionen entsprechend terminierter Mittel im Verkehr zwischen Kreditinstituten, Unternehmen und öffentlicher Hand. Erfahrungsgemäß bereitet die Vorzeichengebung beim Kapitalverkehr Schwierigkeiten. Die Posten der Kapitalverkehrsbilanz sind Leistungen im oben definierten Sinn. Geldkapitalanlagen im Ausland („Kapitalexporte") führen zu Zahlungsausgängen, erhalten also das Minusvorzeichen und werden auf der Passivseite verbucht. Die Leistung besteht in der Kapitalnutzung, die gleichsam eingeführt wird. Umgekehrt sind ausländische Kapitalanlagen im Inland

(„Kapitalimporte") Zahlungseingänge, demnach positiv. Bedient man sich bei den laufenden Posten und dem Kapitalverkehr der Begriffe Export und Import, ist zu beachten, daß die Richtung der oben definierten Zahlungen und Leistungen das Vorzeichen bestimmt. Zahlungen oder Leistungen können exportiert oder importiert werden. Die Begriffe Export und Import sind zahlungsbilanztechnisch nicht so eindeutig wie Zahlung und Leistung. Die Devisenbilanz schließlich zeigt die Änderungen der Währungsreserven an (in Übers. 18–1 in Klammern mit angeführt). Die Währungsreserven bestehen in Gold, fremden Währungseinheiten (Devisen) und Guthaben bei ausländischen Banken.

Erläuterungen zu einzelnen Posten können nur zeigen, welche Transaktionen hinter den Bilanzzahlen stehen. Die ökonomisch wichtigste Frage bleibt offen: Aus welchen Gründen entstehen internationale Transaktionen und was bestimmt ihre Änderungen? Versucht man diese Frage zu beantworten, wird bald deutlich, daß einfache und zugleich empirisch relevante Lösungen ausscheiden. So sind die Ursachen für die Geldüberweisungen von ausländischen Arbeitskräften an ihre Familien andere als die für Zahlungen an den EWG-Agrarfonds. Die entscheidenden Motive für diese Transaktionen wiederum dürften im Vergleich zu denen, die Unternehmer zu Investitionen in einem anderen Land oder Käufer zum Erwerb ausländischer Automobile veranlassen, schwer auf einen Nenner zu bringen sein. So ziemlich alle Hypothesen, die sich für eine binnenländische Mikro- und Makroanalyse bewährt haben, sind auch bei der Untersuchung des Außenhandels möglich.

Tatsächlich ist das **Fehlen** einer **geschlossenen Analyse** zur Erklärung der Entstehung und des Umfangs aller internationalen Transaktionen bemerkenswert. Für die Waren- und Dienstleistungsbilanz wird das von der reinen Theorie zu leisten versucht. Die finanziellen Transaktionen erscheinen dann nur als Kehrseite des Güterverkehrs. Das Interesse hat sich meist auf die schon eingangs gestellte engere Frage konzentriert: Wie kann ein Ungleichgewicht in der Zahlungsbilanz beseitigt, reduziert oder vermieden werden? Die Antwort kann theoretischer oder wirtschaftspolitischer Art sein. Für die theoretische Analyse ließe sich die Frage so formulieren: Werden durch ein Ungleichgewicht ökonomische Tendenzen („Mechanismen") ausgelöst, die zum Gleichgewicht führen? Wirtschaftspolitisch kann gefragt werden: Welche Instrumente sind zum Abbau eines Ungleichgewichts geeignet?

In diesem Kapitel soll nur der theoretische Aspekt näher geprüft werden. Zur theoretischen Frage gibt es eine Reihe positiver Antworten, die sich dahingehend zusammenfassen lassen, daß es Ausgleichsmechanismen zur völligen oder teilweisen Beseitigung des entstandenen Ungleichgewichts gibt. Sehr viel mehr an Gemeinsamkeit weisen die Antworten jedoch nicht auf. Selbst bei der engeren Fragestellung hat sich bis heute keine systematisch abgerundete monetäre Zahlungsbilanztheorie entwickelt.

Eine bequeme Systematik für die analytischen Probleme läßt sich gewinnen, wenn man den **Zahlungsbilanzsaldo** (Z = X – M) als eine **Funktion** der **Preise** p, des **Wechselkurses** r und des **Einkommens** Y betrachtet:

$$(18.1) \qquad Z = f(p, r, Y).$$

Die Wirkungen der Preise auf die Zahlungsbilanz sollen als Preiseffekte im engeren Sinn, die des Wechselkurses als Wechselkurseffekte oder Preiseffekte im weiteren Sinn und die des Einkommens als Einkommenseffekte bezeichnet werden. Die Reduzierung der Einflußfaktoren auf eine kleine Anzahl läßt sich vertreten, wenn man sich auf die Erklärung der Veränderungen in der Handels- und Dienstleistungsbilanz beschränkt, weil gerade der Güteraustausch (Angebot an und Nachfrage nach Gütern im internationalen Verkehr) von den Preisen und Einkommen abhängig ist. Die Beschränkung, die im folgenden beibehalten wird, ist zudem angesichts des Anteils der beiden Posten an der Zahlungsbilanz gar nicht so restriktiv. In der Theorie muß man, um gedanklich die Einflüsse einer unabhängigen auf eine abhängige Größe feststellen zu können, zunächst die Einwirkungen anderer Faktoren eliminieren. Dementsprechend werden die Preis-, Wechselkurs- und Einkommenseffekte meist isoliert untersucht. Es bleibt zu beachten: Zwischen allen drei Einflußfaktoren bestehen Interdependenzen, die in der Realität nicht vernachlässigt werden können. Eine empirisch bestätigte Erfassung aller Einflüsse ist bisher noch nicht gelungen. Zum anderen gibt es nicht nur Interdependenzen zwischen den Größen auf der rechten Seite in (18.1), sondern auch Rückwirkungen von Zahlungsbilanzänderungen auf diese Größen. Das wird besonders deutlich beim Volkseinkommen, in das die Importe und Exporte von Gütern eingehen, wie aus der Beschäftigungstheorie noch erinnerlich ist. Änderungen der unabhängigen Variablen wirken auf die Zahlungsbilanz ein (Primäreffekt), die wiederum auf die unabhängigen Variablen zurückwirkt (Sekundäreffekt). Eine dynamische Betrachtungsweise ist insofern angezeigt. Große Teile der derzeitigen Außenhandels-„Theorie“ besitzen jedoch statischen Charakter. Die Bedeutung der Analyse für die Erklärung der empirischen Sachverhalte darf man von vornherein nicht zu hoch veranschlagen.

II. Preis- und Wechselkurseffekte

Preisniveaumechanismus

Um Preise international vergleichbar machen zu können, braucht man einen **Generalnenner**, da Inlands- und Auslandspreise in verschiedenen Währungseinheiten ausgedrückt werden. Diese Rechenfunktion übt der **Wechselkurs** (r) aus. Darunter soll der Preis für eine ausländische Währungseinheit, ausgedrückt in Inlandswährung, verstanden werden. Der Wechselkurs des Dollars ist gleich 4, wenn 4 DM für einen Dollar gezahlt werden. Es gibt für ein Land ebenso viele Wechselkurse wie ausländische Währungseinheiten. Mit dem Wechselkurs werden Inlands- und Auslandspreisniveau verknüpft. Steigt der Wechselkurs aus irgendeinem Grund, spricht man von Abwertung (hier immer auf die Inlandswährung bezogen), weil mehr inländische Währungseinheiten für eine Einheit der Auslandswährung zu zahlen sind (die Einheit der Inlandswährung wird weniger wert), im umgekehrten Fall von Aufwertung. Eine Abwertung (Aufwertung) der Inlandswährung bedeutet eine Aufwertung (Abwertung) der Auslandswährung.

Die Ableitung des Preisniveaumechanismus basiert auf der **Hypothese**, daß für die Entwicklung der Zahlungsbilanz das Verhältnis der in- und ausländischen Preisniveaus entscheidend sei. Angenommen, die Leistungen in der Zahlungsbilanz bestünden ausschließlich in Gütern (Waren und Dienstleistungen) und der Austausch fände zwischen zwei Ländern (Inland und Ausland) statt, in denen Vollbeschäftigung herrsche. Mögliche Einkommenswirkungen werden vernachlässigt. Bezeichnet man das Preisniveau des Inlands mit P_i und das des Auslands mit P_a, läßt sich die Wirkung der Preisniveaus auf die Zahlungsbilanz durch folgende Funktion darstellen:

$$Z = F\left(\frac{P_a \cdot r}{P_i}\right) \qquad \text{(18.2)} \qquad \text{(Verhaltens-Gleichung).}$$

Z sei eine zunehmende Funktion des Ausdrucks $P_a \cdot r/P_i$. Dann besagt (18.2), daß mit steigendem Auslandspreisniveau, steigendem Wechselkurs (Abwertung) und (oder) fallendem Inlandspreisniveau die inländische Zahlungsbilanz, ausgedrückt in Inlandswährung, tendenziell zur Aktivierung neigen wird, was die Reduzierung von Defiziten einschließt. Man kann den Wechselkurs konstant halten und die Wirkungen von Preisniveauänderungen untersuchen oder umgekehrt verfahren. Dabei soll als zusätzliche Hypothese gelten, daß sich das allgemeine Preisniveau und das Preisniveau der international gehandelten Güter parallel entwickeln. Der Zusammenhang läßt sich graphisch wie folgt veranschaulichen (Fig. 18–1).

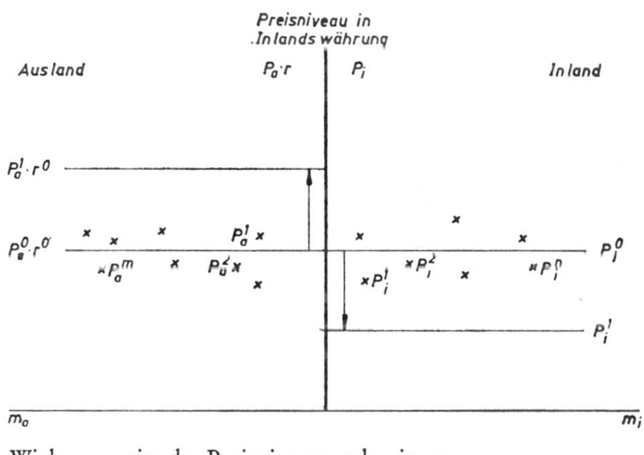

Fig. 18–1: Wirkungsweise des Preisniveaumechanismus

Im Ausgangszustand sollen die Preisniveaus P_i^0 und $P_a^0 \cdot r^0$ auf gleicher Höhe stehen. Die Preisniveaus sind der Durchschnitt aus den Einzelpreisen (für das Inland P_i^1, P_i^2, . . ., P_i^n; entsprechendes gilt für das Ausland), wobei offen bleiben kann, ob bei der Berechnung die Mengen (m_i^1 etc.) zu berücksichtigen sind. Ein Preisniveaugefälle vom Ausland zum Inland kann entstehen, wenn

– das Auslandspreisniveau steigt,
– das Inlandspreisniveau fällt oder
– der Wechselkurs steigt (Abwertung).

War die Zahlungsbilanz in der Ausgangssituation im Gleichgewicht – was nicht bedeutet, daß Preisniveaugleichheit bestanden haben muß –, würde sie bei den in Fig. 18–1 dargestellten Fällen zu Überschüssen des Inlands (und Defiziten des Auslands) führen. Umgekehrt würde sich eine aktive Zahlungsbilanz im Inland durch Preissteigerungen im Inland, durch Preissenkungen des Auslands oder eine Aufwertung der Inlandswährung beseitigen lassen. Preisniveauänderungen bei gegebenem Wechselkurs und Wechselkursänderungen bei gegebenen Preisniveaus sind also Alternativen.

Die möglichen **Beziehungen** zwischen **Preisniveau- und Wechselkursänderungen** (18.2) lassen sich zusammenfassen, wobei von Preisniveaugleichheit (wie in Fig. 18–1) ausgegangen wird (Übers. 18–2).

Aus den Beziehungen zwischen Preisniveaus und Wechselkursen können folgende Schlüsse gezogen werden:

	I	II	III	IV
Die jeweiligen **Preisniveaus . . .**	bleiben im In- und Ausland stabil	bewegen sich in die gleiche Richtung und mit denselben Änderungsraten	bleiben in einem Land stabil, im zweiten Land nicht	bewegen sich in beiden Ländern mit unterschiedlichen Änderungsraten und (oder) Richtungen
Die zu verschiedenen Preisniveaurelationen gehörenden **Wechselkursbedingungen** sind . . .	gleichbleibende Wechselkurse	gleichbleibende Wechselkurse	proportional schwankende Wechselkurse	proportional schwankende Wechselkurse

Übers. 18—2: Beziehungen zwischen Preisniveaus und Wechselkursen

- Sollen die Wechselkurse konstant (stabil, „fest“) bleiben, ist ein Ausgleich der Zahlungsbilanz nicht zu erwarten, wenn sich die Preisniveaus entsprechend den Fällen III und IV ändern.
- Beliebige Zahlungsbilanzungleichgewichte lassen sich durch entsprechende Preisniveau- oder Wechselkursänderungen beseitigen.
- Die Richtungen von Preisniveau- und Wechselkursänderungen zur Beseitigung eines Zahlungsbilanzungleichgewichts sind bekannt ((18.2) und Fig. 18–1).

Die letzte Aussage ist nicht allgemeingültig. Es sind Preisniveaueffekte denkbar, die den in (18.2) angezeigten entgegengesetzt wirken (siehe unter Wechselkursmechanismus). Verlaufen die Effekte in der in (18.2) angegebenen Richtung, spricht man von einer normalen Reaktion, im umgekehrten Fall von einer anomalen Reaktion der Zahlungsbilanz auf Preisniveau- oder Wechselkursänderungen. Die vom Preisniveaumechanismus ausgehenden Wirkungen sind – mit Einschränkungen und trotz der stringenten Annahmen – als empirisch relevant anzusehen. Seine theoretisch größte Schwäche liegt in der Vernachlässigung der von ihm induzierten Volkseinkommenseffekte und im statischen Charakter der Analyse.

Wechselkursmechanismus

Der Wechselkursmechanismus ist eine **Unterform des Preisniveaumechanismus.** Er wirkt dahin, daß Zahlungsbilanzungleichgewichte durch Wechselkursvariationen bei konstanten Preisniveaus beseitigt werden. Die Analyse der Preisniveauänderungen bei gegebenem Wechselkurs setzt mit der Annahme ein, daß sich die Preisniveaus aus „irgendwelchen Gründen“ ändern. Die Wechselkursanalyse geht dagegen einen Schritt weiter und fragt, wieso ein Kurs in einer bestimmten Höhe entsteht und was Ursachen seiner Schwankung sein können. Sie steht aus noch deutlich werdenden Gründen im Zentrum der Untersuchungen über den Zahlungsbilanzausgleich. Bemerkenswert für ihren heutigen Stand ist ein Nebeneinander traditioneller und moderner Erklärungen, die sich jedoch weitgehend ergänzen. In der modernen Wechselkurstheorie hat der Elastizitätsbegriff eine beherrschende Stellung („elasticity approach“). Gleichwohl wird im folgenden vor allem aus zwei Gründen eine mehr traditionelle Darstellungsform bevorzugt: 1. Die im elasticity approach herausgearbeitete Unterscheidung nach normaler und anomaler Reaktion der Zahlungsbilanz läßt sich in der traditionellen Analyse leicht berücksichtigen. 2. Die in ihm zur Erklärung der Zahlungsbilanzreaktion benutzten Größen (vor allem Angebots- und Nachfrageelastizitäten) sind empirisch kaum testbar.

Bei der Darstellung des Wechselkursmechanismus bedient man sich des aus der Mikroökonomik bekannten Preis-Mengen-Diagramms. Der einfachste Fall eines Devisenmarktes liegt vor, wenn Angebot und Nachfrage weder hinsichtlich der Mengen noch in der Preisbildung irgendwelchen Beschränkungen unterliegen. Ein derartiger Markt wird als (interventions-) freier Devisenmarkt, der sich auf ihm bildende Preis als frei schwankender oder **flexibler Wechselkurs** bezeichnet. Das Angebot auf dem inländischen Devisenmarkt stammt aus Exporten von Gütern und Diensten, die Nachfrage aus Importen. Die Währungseinheit des Inlands sei DM, die des Auslands Dollar (Zwei-Länder-Welt). Bei normal verlaufenden Angebots- und Nachfragekurven erhält man das folgende Bild (Fig. 18–2).

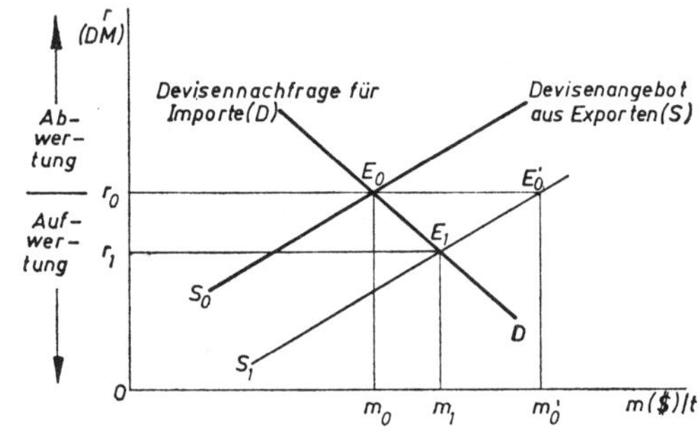

Fig. 18–2: Inlandsmarkt für Devisen (normale Reaktion)

Zum Wechselkurs r_0 kommen Devisenangebot aus Exporten und Devisennachfrage für Importe zum Ausgleich. Dann werden gerade m_0 Dollareinheiten umgesetzt. Da nach der Definition die Zahlungsbilanz im Gleichgewicht ist, wenn in einer bestimmten Zeit weder Devisenzuflüsse noch -abflüsse stattfinden, ist r_0 zugleich der Wechselkurs, der die Zahlungsbilanz zum Ausgleich bringt (Gleichgewichtskurs). Die Werte des Exports und Imports in Inlandswährung, die im Gleichgewicht größengleich sein müssen, sind durch das Rechteck $Om_0E_0r_0$ bestimmt, weil das rechnerische Produkt aus Wechselkurs r und Devisenmenge $m_\$$ gleich dem in heimischer Währung ausgedrückten Wert der Devisenmenge m_{DM} ist: $m_{DM} = r \cdot m_\$$. Aus der S-Kurve als geometrischem Ort alternativer Devisenmengen- und Wechselkurskombinationen erhält man also das in Inlandswährung ausgedrückte Devisenangebot, wenn Kurs und dazugehörige Devisenmenge multipliziert werden. Diese Werte des Devisenangebots sind nichts anderes als das monetäre Gegenstück (Zahlungen) für Exportleistungen des Inlands an das Ausland (X = Exportwerte in Inlandswährung). Entsprechend sind die Produkte aus Kurs und dazugehöriger Devisenmenge entlang der D-Kurve gleich der in Inlandswährung ausgedrückten Importwerte (M).

Es sei nun angenommen, die Nachfrage des Auslands nach Inlandsgütern steige, etwa weil bestimmte Güter im Ausland teurer geworden sind. Das wird zu einem vergrößerten Angebot an Devisen aus Exporten führen. Die Angebotskurve wird sich nach rechts verschieben (S_1) und der Wechselkurs müßte sinken. Würde der Wechselkurs – etwa durch staatliches Eingreifen – daran gehindert, entstünde ein Zahlungsbilanzüberschuß, weil das

Exportangebot die unveränderte Importnachfrage überstiege und ein Devisenüberschuß in Höhe von $m'_0 - m_0$ zustande käme. Ein flexibler Wechselkurs fällt jedoch von r_0 auf r_1. Zum neuen Wechselkurs herrscht wieder Gleichgewicht (E_1). Das Fallen des Wechselkurses bremst das Exportangebot im Vergleich zu E'_0 und vergrößert die Importnachfrage gegenüber E_0. Mit der Ermäßigung des Preises für Devisen wird die Inlandswährung aufgewertet, die Auslandswährung abgewertet. Gemäß (18.2) läßt sich der Vorgang kurz so beschreiben: Eine autonome Preisniveausteigerung ΔP_a, die eine Zahlungsbilanz aktiviert, ist durch eine entgegengerichtete Änderung von r korrigiert worden. Generell kann man sagen, daß Preisniveauänderungen durch Wechselkursänderungen ausgeglichen werden. Inflationiert das Ausland ständig stärker als das Inland, würde der Wechselkurs dauernd fallen (laufende Aufwertungen). Der theoretisch evidente Vorteil eines frei schwankenden Wechselkurses ist die gleichsam automatische Beseitigung von Zahlungsbilanzungleichgewichten.

Diese Feststellung gilt nicht bei anomaler Reaktion. Sie tritt ein, wenn die S-Kurve flacher verläuft als die D-Kurve (Fig. 18–3.I.).

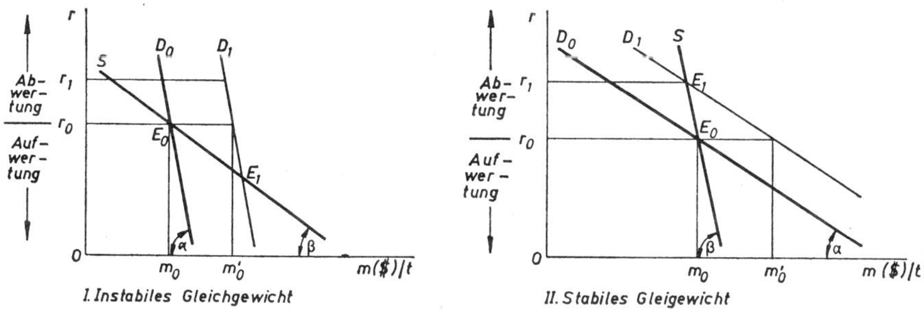

Fig. 18–3: Inlandsmarkt für Devisen (anomale Reaktion)

Verschiebt sich die Importnachfrage wegen eines Preisniveaugefälles vom Inland zum Ausland von D_0 nach D_1 (Fig. 18–3.I.), steigt der Wechselkurs von r_0 auf r_1 (Abwertung der Inlands- und Aufwertung der Auslandswährung). Bei normalem Verlauf der Devisenangebotsfunktion würde eine Wechselkurserhöhung das Exportangebot vergrößern und die Importnachfrage (entlang der D_1-Kurve) vermindern, bis schließlich ein neues Gleichgewicht zustande kommt. Im obigen Beispiel entsteht jedoch ein anhaltendes Ungleichgewicht. Nach der Verschiebung der Devisennachfragekurve von D_0 nach D_1 entsteht beim alten Wechselkurs r_0 ein Nachfrageüberhang in Höhe von $m'_0 - m_0$. Die Nachfrager werden sich nun, um in den Besitz größerer Devisenmengen zu gelangen, überbieten und bereit sein, einen höheren Wechselkurs zu zahlen. Dadurch drängen sie aber das Angebot noch weiter zurück; der Nachfrageüberhang wird immer größer. Ein neues Gleichgewicht kommt also nicht zustande. Sowohl E_0 als auch E_1 sind als Ausgangsgleichgewichte labil. In Fig. 18–3.II. verläuft die S-Kurve anomal, aber nicht flacher als die D-Kurve. Verschiebt sich auch hier die Devisennachfrage nach rechts (von D_0 nach D_1), entsteht beim alten Wechselkurs r_0 ein Nachfrageüberhang ($m_0' - m_0$), der aber im Gegensatz zum ersten Beispiel durch Überbietung der Nachfrage, d. h. durch Heraufsetzung des Wechselkurses auf r_1, beseitigt wird. E_0 und E_1 sind stabile Gleichgewichte. Auf einem freien Devisenmarkt ist demnach unter bestimmten Verhältnissen (tg $\alpha >$ tg β) ein automatischer Ausgleich der Zahlungsbilanz nicht zu erwarten. Die meisten Ökonomen vertreten heute im Hinblick auf die Wirkungen von Auf- und Abwertungen fester Wechselkurse die Ansicht, daß der anomale Fall – weil empirisch kaum relevant – vernachlässigt werden kann.

Praktisch kommt jedoch dem gänzlich frei schwankenden Wechselkurs weniger Bedeutung zu als einem Devisenpreis, der sich nur innerhalb gewisser Grenzen frei einspielen kann. Dieser soll als **Wechselkurs mit Bandbreiten** bezeichnet werden. Ober- und unterhalb eines bestimmten Wechselkurses werden Angebot bzw. Nachfrage völlig elastisch (Fig. 18–4).

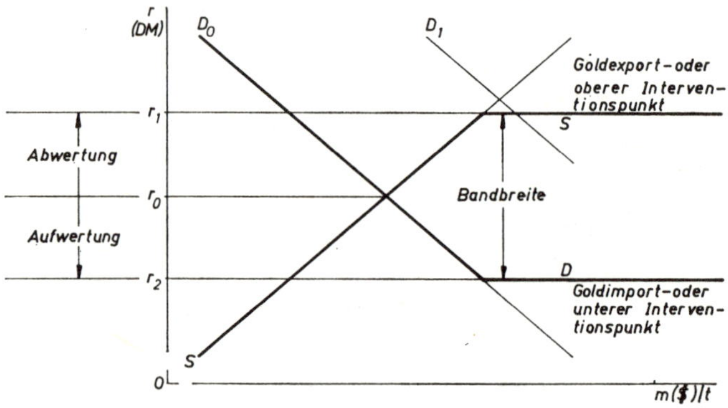

Fig. 18–4: Devisenmarkt mit Bandbreiten

Ein auf Bandbreiten begrenzter Wechselkurs ist ohne institutionelle Vorkehrungen (Interventionen) nicht möglich. Der historisch wichtigste Fall war das Goldwährungssystem, das auf der Goldan- und Goldverkaufspflicht der Zentralbanken zu einem bestimmten Goldpreis beruhte. Wird in jedem Land ein Goldpreis in heimischer Währung festgesetzt, zu dem die Notenbanken Gold verkaufen oder ankaufen müssen, ist über die Goldpreise auch das Verhältnis, in dem sich die Währungen tauschen, festgelegt. Beträgt der Preis für eine Unze Feingold in den USA 35 \$ und in der BRD 140 DM, steht das Verhältnis der Währungen zueinander wie 1:4. Man bezeichnet diesen durch feste Goldpreise fixierten Wechselkurs auch als Goldparität. Daß der tatsächliche Wechselkurs nur in bestimmten Grenzen um die Goldparität schwanken kann, zeigt folgende Überlegung. Steigt die Importnachfrage infolge eines inländischen Preisauftriebs (Verschiebung von

D_0 nach D_1 in Fig. 18–4), wird sich der Wechselkurs erhöhen und von der Goldparität r_0 entfernen. Über r_1 kann der Wechselkurs jedoch nicht steigen, weil es bei einem höheren Wechselkurs günstiger sein würde, die gestiegenen Importe mit Gold statt mit ausländischer Währung zu bezahlen. Das Gold beschaffen sich die Importeure zum festgesetzten Preis bei der Notenbank. Der Grund, warum ein solcher Kauf von Gold erst bei r_1 einsetzt, liegt darin, daß die Übersendung des Goldes – anstelle von Devisen – ins Ausland Kosten verursacht (sogenannte Transferkosten wie Transport-, Versicherungskosten und Zölle), die durch den steigenden Wechselkurs und den damit verbundenen Abwertungs-„Gewinn" gedeckt sein müssen. Den Wechselkurs r_1, bei dem der Goldexport einsetzt, nennt man deshalb den Goldexportpunkt. Verschieben sich Angebot oder Nachfrage in den völlig elastischen Bereich, wird Gold exportiert. Ähnliches gilt für den Goldimportpunkt r_2.

Das Bandbreitensystem funktioniert jedoch auch ohne Goldwährung, wenn die Zentralbank von bestimmten Kursen an interveniert. Im oberen Interventionspunkt (r_1; Devisenknappheit) bietet sie Devisen an, im unteren (r_2; Devisenüberschuß) fragt sie nach. Da der Zahlungsbilanzausgleich nur innerhalb der Bandbreite durch den Wechselkurs zustande kommen kann, bleibt die Frage, wie er außerhalb der Bandbreite erfolgt. Die Antwort lautet: Der andere Teil des Ausgleichs wird vom Preisniveaumechanismus bei gegebenen Wechselkursen, also von Änderungen von P_i und (oder) P_a übernommen. Im Goldwährungssystem läßt sich dieses Ergebnis durch die Verpflichtung der Zentralbank erreichen, zwischen umlaufender Geldmenge und Goldbeständen eine feste Relation zu halten (Golddeckungspflicht). Wird Gold exportiert, hat sie die umlaufende Geldmenge zu reduzieren; auf das Preisniveau wird ein Druck ausgeübt. Ein absolut oder relativ zum Ausland fallendes Preisniveau des Inlands wirkt bei konstanten Wechselkursen in die gleiche Richtung wie ein steigender Wechselkurs bei konstanten Preisen (Abwertung). Der Geldentzug hält so lange an, bis der Goldexport aufhört. Wegen der festen Geld-Gold-Relation wirkt die Geldmengenkontraktion multiplikativ, sofern vom umlaufenden Geld nur ein Teil in Gold „gedeckt" sein muß. Gegenteiliges gilt für einen Goldzustrom. Im Interventionssystem ist der Vorgang prinzipiell ähnlich, allerdings ohne multiplikative Geldmengenwirkung, da mit dem Verkauf oder Ankauf von Devisen inländisches Geld im gleichen Wert dem Kreislauf entzogen oder zugesetzt wird. Das Bandbreitensystem besteht also aus einer Kombination der beiden Formen des Preisniveaumechanismus: der Wechselkursänderung und der Preisniveauverschiebung bei konstanten Wechselkursen. Je größer die Bandbreite ist, um so mehr trägt der Wechselkursmechanismus den Zahlungsbilanzausgleich et vice versa. Wird eine große Bandbreite gewählt, erhält man ein Ergebnis, das sich von einem voll flexiblen Wechselkurs nicht unterscheidet. Bei sehr kleiner Bandbreite müßte sich die Zahlungsbilanz fast ausschließlich über Preisniveauänderungen ausgleichen.

Ein wichtiger Punkt bleibt nachzutragen. Die bisherige Analyse impliziert, daß Expansionen oder Kontraktionen der Geldmenge zu gleichgerichteten Preisniveauänderungen führen. Das ist die bereits bekannte Hypothese der Quantitätstheorie des Geldes. Man faßt die Wirkungen des Bandbreitensystems deswegen oft unter der Bezeichnung „Geldmengen-Preis-Mechanismus" zusammen, wobei jedoch innerhalb der Bandbreite der Wechselkursmechanismus (Preismechanismus i.w.S.) wirkt. Gegenüber der Quantitätstheorie besteht eine verbreitete theoretische Skepsis. Tatsächlich kann sie nur für bestimmte Zeitperioden und für Zustände hohen Beschäftigungsgrades empirisch bestätigt werden, wie Untersuchungen der letzten Jahre gezeigt haben (17. Kap.). Eine ganz andere Frage ist jedoch, ob man wirtschaftspolitisch die Wirkungen von Geldmengenkontraktionen oder -expansionen, die mit bestimmten Wechselkurssystemen verbunden sind, in Kauf nehmen muß. Die herrschende Ansicht lautet: Bei der engen Verzahnung von Inflation und Deflation mit Prosperität und Depression sind frei schwankende Wechselkurse dem Bandbreitensystem ökonomisch überlegen. Der Zahlungsbilanzausgleich wird dann ohne allgemeine Preisänderungen möglich. Er ist zudem mit Preisniveaustabilität eines Landes vereinbar.

III. Einkommenseffekte

Einkommen-Preis-Mechanismus

Der Einkommen-Preis-Mechanismus, auch „Einzelpreismechanismus" genannt, ist eine der ältesten Erklärungen zum Zahlungsbilanzausgleich. Seine Wirkungsweise beruht auf der **Hypothese**, die Funktion der Preise werde nur von den Einzelpreisen und nicht von einem irgendwie errechneten Durchschnittspreis geleistet. Das gelte auch für die internationale Nachfrage (internationaler Preiszusammenhang). Die Terminologie sollte aber nicht davon ablenken, daß primär nicht Einzelpreis-, sondern die von ihnen induzierten Einkommenseffekte für die Wirkungen entscheidend sind. Der Anpassungsprozeß besteht darin, daß Einzelpreisänderungen die internationale Nachfrage nach dem entsprechenden Gut verschieben. Vorausgesetzt werden Vollbeschäftigung im In- und Ausland, ein unveränderter Wechselkurs und Konstanz des nominellen Welteinkommens. Angenommen, im Inland tritt eine Mißernte auf: Das inländische Angebot an Brotgetreide verringert sich als Folge der schlechten Ernte. Der Getreidepreis im Inland steigt. Es wird verstärkt billigeres ausländisches Getreide nachgefragt, dessen Preis dadurch ebenfalls anzieht. Mit steigender Nachfrage nach ausländischem Getreide erhalten die Auslandsproduzenten ein erhöhtes, die Inlandsproduzenten insgesamt unter gleichbleibenden Umständen notwendigerweise ein sinkendes Einkommen. Somit führt unter den angegebenen Bedingungen eine partielle Nachfrageverschiebung zu einem Defizit der inländischen Zahlungsbilanz und zu einer Kaufkraftübertragung vom Inland auf das Ausland (primärer Einkommenseffekt). Die gestiegenen (gesunkenen) Auslands- (Inlands-) Einkommen bewirken tendenziell eine allgemeine Preissteigerung (-senkung) im Ausland (Inland); die Neigung der Ausländer wächst, ihre zusätzlichen Einkommen im Inland zu verausgaben. Soweit das der Fall ist, wird Kaufkraft zurückübertragen (sekundärer Einkommenseffekt) und das Defizit der Zahlungsbilanz reduziert sich wieder. Im Grenzfall geben die Ausländer ihr gesamtes Zusatzeinkommen im Inland aus; beide Einkommenseffekte sind dann gleich groß und die Zahlungsbilanzen wären wieder ausgeglichen. In diesem Fall wird die zusätzliche Inlandsnachfrage nach Auslandsgütern (Importe) von einer größengleichen Auslandsnachfrage nach Inlandsgütern (Exporte) „finanziert".

Ein **Zahlenbeispiel** – bei dem zur Vereinfachung von einer ursprünglich ausgeglichenen Zahlungsbilanz ausgegangen wird – soll den Einkommen-Preis-Mechanismus illustrieren (Übers. 18–3).

Der Mechanismus, der auf den internationalen Preis- und Einkommenszusammenhang abstellt, funktioniert auf eine für den Wechselkurs unmerkliche Weise. Er wird in der Analyse oft – zu Unrecht – negiert. Seine Schwächen liegen darin, daß die in der Regel eintretenden multiplikativen Einkommenswirkungen und der Einfluß der Preisniveauverschiebungen auf die internationale Nachfrage außer Betracht bleiben.

Periode	**Periodenendstand**	**Inlandseinkommen**	**Einkommensänderung**	**Zahlungsbilanz (X_I–M_I)**	**Auslandseinkommen**	**Einkommensänderung**	**Zahlungsbilanz (X_A–M_A)**	**Inlands- und Auslandseinkommen**
1	Ausgangssituation	100	—	0	600	—	0	700
2	Primärer Einkommenseffekt	80	— 20	— 20	620	+ 20	+ 20	700
3	Sekundärer Einkommenseffekt							
	a) Regelfall	95	+ 15	— 5	605	— 15	+ 5	700
	b) Grenzfall	100	+ 20	0	600	— 20	0	700

Übers. 18–3: Wirkungsweise des Einkommen-Preis-Mechanismus

Zahlungsbilanzmultiplikator-Mechanismus

Der Zahlungsbilanzmultiplikator-Mechanismus – auf dem Boden Keynesscher Analyse erwachsen – stellt eigentlich keine neue Erklärung dar. Der Grundgedanke ist der gleiche wie beim klassischen Einkommen-Preis-Mechanismus. Er basiert auf der **Hypothese**, daß eine zahlungsbilanzwirksame Einkommensumverteilung zwischen In- und Ausland im begünstigten Land eine Nachfrageerhöhung nach Auslandsgütern induziere, die das ursprüngliche Zahlungsbilanzungleichgewicht reduziere und im Grenzfall völlig beseitige. Das Entstehen des ursprünglichen, beim Einkommen-Preis-Mechanismus aus dem internationalen Preiszusammenhang abgeleiteten Ungleichgewichts wird in der Regel nicht erklärt. Preisänderungen werden ausgeschlossen. Man geht – im Gegensatz zu den oben behandelten Fällen – von Unterbeschäftigung aus. Schon hieraus läßt sich ersehen, daß der Zahlungsbilanzmultiplikator-Mechanismus das Zustandekommen des Zahlungsbilanzausgleichs nicht über den internationalen Preiszusammenhang und seine Einkommenswirkung, sondern über die Einkommenswirkung von Beschäftigungsschwankungen erklärt.

Der Mechanismus läßt sich mit den Instrumenten der Beschäftigungstheorie darstellen. Die Ausgangsfrage lautet: Kann ein positiver Saldo Z der Zahlungsbilanz, der durch eine autonome Exporterhöhung entstanden sein soll, über das Wirksamwerden des Einkommensmultiplikators beseitigt werden, so daß die Zahlungsbilanz wieder ins Gleichgewicht kommt? Da der Saldo der Zahlungsbilanz als Differenz zwischen Exporten und Importen definiert ist, also:

(18.3a) $Z = X - M$ (Definitions-Gleichung),

ergibt sich für die Änderung des Zahlungsbilanzsaldos:

(18.3b) $\Delta Z = \Delta X - \Delta M.$

Unterstellt man, aus einem gegebenen Volkseinkommen (Y) werde ein Teil gespart (marginale Sparquote: s) und ein weiterer für Einfuhren ausgegeben (marginale Importquote: m), erhält man eine Spar- und eine Importfunktion:

(18.4a) $S = s \cdot Y$ und (18.5a) $M = m \cdot Y$ (Verhaltens-Gleichungen).

Für eine Einkommensänderung (ΔY) lassen sich diese Funktionen überführen in

(18.4b) $\Delta S = s \cdot \Delta Y$ und (18.5b) $\Delta M = m \cdot \Delta Y.$

Ein gesamtwirtschaftliches Gleichgewicht ohne staatliche Aktivität liegt vor – wie aus der Beschäftigungstheorie bekannt ist –, wenn gilt:

(18.6) $S + M = I + X$ (Gleichgewichts-Bedingung).

Bei einer angenommenen autonomen Erhöhung des Exports um ΔX wird (18.6) bei konstanter Nettoinvestition I zu

(18.7a) $\Delta S + \Delta M = \Delta X$

und – wegen (18.4b) und (18.5b) – zu

(18.7b) $\Delta X = s \cdot \Delta Y + m \cdot \Delta Y = \Delta Y \cdot (s + m)$ bzw.

(18.7c) $\Delta Y = \frac{1}{s+m} \cdot \Delta X.$

Substituiert man in (18.5b) ΔY durch den Ausdruck in (18.7c), erhält man für (18.3b)

(18.8a) $\Delta Z = \Delta X - \frac{m}{s+m} \cdot \Delta X = \Delta X \left(1 - \frac{m}{s+m}\right)$

oder, da $1 - \frac{m}{s+m} = \frac{s}{s+m}$ ist:

(18.8b) $\Delta Z = \frac{s}{s+m} \cdot \Delta X.$

(18.7) und (18.8) sind Verhaltens-Gleichungen. In (18.8b) ist s/(s+m) der Zahlungsbilanzmultiplikator, ΔX die autonome Exportsteigerung. Die Frage ist nun, wie sich der Saldo der Zahlungsbilanz, der im Ausgangszustand gleich Null war, verändert (ΔZ), wenn es zu einer autonomen Exportsteigerung kommt. Würde trotz steigenden Exports $\Delta Z = 0$, bliebe die Zahlungsbilanz ausgeglichen ($Z = 0$). Würde ΔZ positiv, käme es zu einem Zahlungsbilanzüberschuß, der der Exportsteigerung gleich ist, wenn $\Delta Z = \Delta X$ wird, der aber kleiner ist, wenn $\Delta Z < \Delta X$ gilt. Unter welchen Bedingungen diese Fälle eintreten, hängt von den Größen s und m ab. Haben s und m einen von Null verschiedenen Wert, kann die Zahlungsbilanz nicht vollständig durch die Einkommenswirkungen ausgeglichen werden ($\Delta Z < \Delta X$). Als Grenzfälle können gelten: 1. Die marginale Importquote ist Null ($m = 0$). Dann bliebe der durch die Exporterhöhung entstandene Zahlungsbilanzüberschuß bestehen ($\Delta Z = \Delta X$). 2. Ist die marginale Sparquote gleich Null ($s = 0$), würde die Zahlungsbilanz ausgeglichen ($\Delta Z = 0$).

Die bisherige Analyse war komparativ-statisch. Ein Ausgangsgleichgewicht wurde einem neuen Gleichgewicht gegenübergestellt. Den zeitlichen Anpassungsprozeß, die dynamische Betrachtungsweise, mag ein **Zahlenbeispiel** (ohne staatliche Aktivität) verdeutlichen, wobei für Konsum und Import folgende dynamische Verhaltens-Gleichungen gelten sollen:

(18.9a) $\Delta C_t = c \cdot \Delta Y_{t-1}$ (18.9b) $\Delta M_t = m \cdot \Delta Y_{t-1}.$

Bei $m = 0{,}3$ und $c = 0{,}8$ ($s = 0{,}2$) – m ist ein Teil von c – erhält man unter der Annahme einer autonomen Exportsteigerung von 100 und einer im Ausgangszustand ausgeglichenen Zahlungsbilanz folgenden Verlauf (Übers. 18–4). Das mit der autonomen Exportsteigerung eingetretene Zahlungsbilanzungleichgewicht fällt von 100 auf 40: $\Delta Z = [0{,}2/(0{,}2+0{,}3)] \cdot 100$

Periode	ΔX (autonom)	$\Delta S =$ $(0{,}2 \cdot \Delta Y_{t-1})$	$\Delta C =$ $(0{,}8 \cdot \Delta Y_{t-1})$	$\Delta M =$ $(0{,}3 \cdot \Delta Y_{t-1})$	$\Delta Z =$ $\Delta X - \Delta M$	$\Delta Y =$ $\Delta X + \Delta C - \Delta M$
1	100	–	–	–	100	100
2	100	20	80	30	70	150
3	100	30	120	45	55	175
4	100	35	140	52,5	47,5	187,5
5	100	37,5	150	56,25	43,75	193,75
.	.	.	.	.	.	.
.	.	.	.	.	.	.
∞	100	40	160	60	40	200

Übers. 18–4: Zahlungsbilanzmultiplikator

= 40. Den Zahlen kommt nur eine beispielhafte Bedeutung für die Wirkungsweise des Mechanismus zu. Der Zahlungsbilanzmultiplikator darf nicht mit dem Volkseinkommensmultiplikator verwechselt werden, der im vorliegenden Fall $1/(0{,}2+0{,}3) = 2$ beträgt.

Eine verfeinerte Analyse könnte die Rückwirkungen einbeziehen, die durch die Entwicklung der Zahlungsbilanz vom Ausland her zu erwarten sind. Exportsteigerungen eines Landes bedeuten Importerhöhungen des Auslandes. Der inländischen Einkommensexpansion steht eine Kontraktion im Ausland gegenüber, die auf die Inlandsexporte dämpfend wirkt. Des weiteren ist der Mechanismus nicht an konstante Spar- und Importquoten gebunden. Seine Schwäche liegt darin, daß er – von einem empirisch irrelevanten Grenzfall abgesehen – kein Mittel zum Zahlungsbilanzausgleich darstellt. Einkommenseffekte haben generell nur eine komplementäre Ausgleichsfunktion zu den Preiseffekten. Die Voraussetzung konstanter Preise – die Ausschaltung der Preiswirkungen – muß als ein noch größerer Mangel angesehen werden. Die Identifikation von Nominal- und Realeinkommenserhöhungen, die nur bei konstanten Preisen gleich sind, ist lediglich bei allgemeiner Unterbeschäftigung realistisch. Unter dieser Voraussetzung wird eine Exporterhöhung Volkseinkommen und Beschäftigung steigen lassen. Für Importsteigerungen gilt das Gegenteil. Man würde jedoch zu unhaltbaren Schlüssen gelangen, wenn man diese Einsicht auf eine vollbeschäftigte Wirtschaft übertrüge.

Um das Verständnis für das Ineinandergreifen der einzelnen Mechanismen bei der Herbeiführung des Zahlungsbilanzausgleichs zu erleichtern, sind nachfolgend die verschiedenen theoretischen Ansätze in einer Übersicht dargestellt (Übers. 18–5). Darin wird noch einmal hervorgehoben, daß der Einzelpreismechanismus (I) dem Wechselkursmechanismus (II) und dem Zahlungsbilanzmultiplikator-Mechanismus (III) vorgelagert ist; er wirkt in jedem Fall beim Ausgleich der Zahlungsbilanz mit.

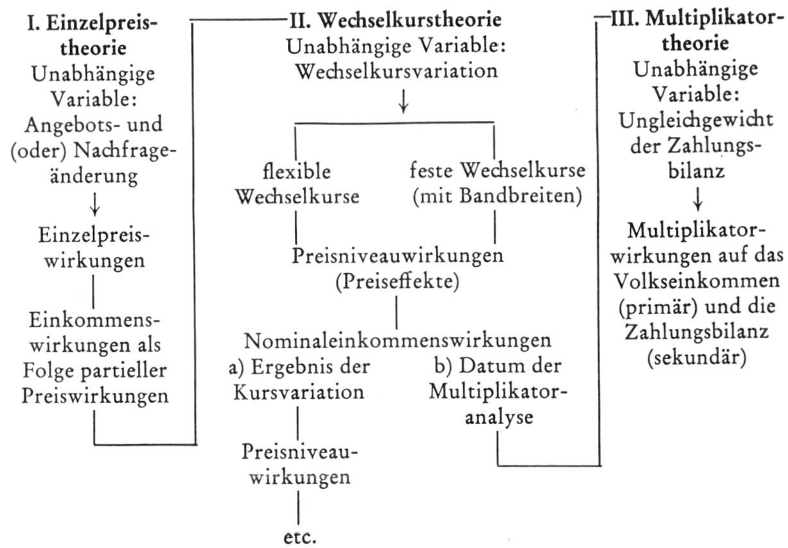

Übers. 18–5: Preis- und Einkommenswirkungen beim Ausgleich der Zahlungsbilanz

Bibliographische Hinweise

A. Literatur zur Außenwirtschaftstheorie

1. Für die deutsche Literatur sei auf vier Monographien und einen kürzeren Beitrag aufmerksam gemacht:

G. v. Haberler, Der internationale Handel. Theorie der weltwirtschaftlichen Zusammenhänge sowie Darstellung und Analyse der Außenhandelspolitik, Berlin 1933; ein klassisches Werk, unbedingt auch heute noch lesenswert.

R. F. Harrod, Die internationalen Wirtschaftsbeziehungen, Bern 1945; in seiner Knappheit mustergültiger Text (verbale Darstellung) eines hervorragenden Keynesianers.

A. Kruse, Außenwirtschaft, 2. A., Berlin 1965; für Anfänger empfehlenswert, mit empirischem Material und Darstellung internationaler Institutionen.

K. Rose, Theorie der Außenwirtschaft, 3. A., Berlin und Frankfurt/M. 1970; vorzüglicher Überblick zur heutigen Außenwirtschaftstheorie.

R. Funck, Außenwirtschaft, in: Kompendium der Volkswirtschaftslehre, Bd. 2, a. a. O.; eine kompakte, moderne Darstellung der zentralen Themen in Theorie und Politik.

2. Von den angelsächsischen Textbüchern werden empfohlen:

C. P. Kindleberger, International Economics, 4. e., Homewood 1968; wohl das beste amerikanische Lehrbuch, ausgewogene Darstellung von Theorie und Politik.

P. T. Ellsworth, The International Economy, 4. e., New York 1969; bewährtes Textbook, etwas weniger theoretisch als der „Kindleberger“.

J. VANEK, International Trade: Theory and Economic Policy, Homewood 1962; nur für Fortgeschrittene.
R. A. MUNDELL, International Economics, New York 1968; exzellente Darstellung, die einige Ansprüche stellt.
Knapper, zuverlässiger Überblick:
G. v. HABERLER, A Survey of International Trade Theory, Princeton 1961.
P. EINZIG, A Textbook of Foreigne Exchange, 2. e., New York 1969.

3. Sammlungen wichtiger Aufsätze mit einigen, sprachlich bedingten Überschneidungen:
Theorie der internationalen Wirtschaftsbeziehungen, Hg. K. ROSE, Köln-Berlin 1965; mit konziser Einleitung des Herausgebers.
Readings in the Theory of International Trade, Hg. H. S. ELLIS und L. A. METZLER, London 1950.
Readings in International Economics, Hg. R. E. CAVES und H. G. JOHNSON, London 1968.

B. Literatur zum 18. Kapitel

1. Zur Zahlungsbilanz siehe die beiden Artikel von: H. BESTERS, Zahlungsbilanz, in: Staatslexikon, 6. A., Bd. 8, a. a. O., und G. KEPPER, Zahlungsbilanz, in: Enzyklopädisches Lexikon für das Geld-, Bank- und Börsenwesen, Bd. 2, Frankfurt/M. 1957. Grundlegend: J. E. MEADE, The Theory of International Economic Policy, Vol. I: The Balance of Payments, London 1951.

2. Zu den Preis- und Wechselkurseffekten: G. N. HALM, Geld, Außenhandel und Beschäftigung, a. a. O., Teil III. A. MAHR, Die Tendenz zum Ausgleich der Zahlungsbilanz, Zeitschrift für Nationalökonomie, 17 (1957). E. SCHNEIDER, Zahlungsbilanz und Wechselkurs, Tübingen 1968.

3. Zu den Einkommenseffekten: F. W. MEYER, Der Ausgleich der Zahlungsbilanz, Jena 1938; gute Darstellung des klassischen „Einkommen-Preis-Mechanismus". W. WALTER, Entwicklung, Stand und ungelöste Probleme der Theorie des Außenhandelsmultiplikators, Berlin 1961.

19. Güterwirtschaftliche Theorie

I. opportunity cost-Hypothese

Erklärungsansatz

Die güterwirtschaftliche oder reine Theorie des Außenhandels geht auf die Klassiker zurück. Das erklärt bis zu einem gewissen Grade, warum monetäre und reine Außenwirtschaftstheorie bisher ein ziemlich isoliertes Dasein führten. Sahen doch die Klassiker Geld als einen Schleier über den letztlich entscheidenden güterwirtschaftlichen Tauschvorgängen an. Die monetäre Analyse ist nach ihrer Ansicht jedenfalls außerstande zu erklären, warum und in welchem Ausmaß ein internationaler Tausch stattfindet. Die traditionelle reine Außenhandelstheorie fußt auf der Hypothese, die **Produktionsfaktoren** Arbeit und Kapital seien innerhalb eines Landes mobil, **international** dagegen relativ **immobil**. Die internationale Arbeitsteilung unterscheide sich in einem wichtigen Punkt von der innerhalb eines Landes. Statt der Faktoren wanderten die Produkte, die meist noch spezifische Hindernisse (Zölle, lange Transportwege) zu überwinden hätten.

Die grundlegende Ausgangsfrage der güterwirtschaftlichen Theorie läßt sich so formulieren: Welches sind die entscheidenden Bestimmungsgrößen für Richtung und Ausmaß des internationalen Handels? Bei einer so allgemeinen Fragestellung ist eine Vielzahl von Antworten zu erwarten. Denn alle Faktoren, die auf Angebot und Nachfrage im Inland einwirken, sind auch für den Handel über die Grenzen bedeutsam. Vorausgesetzt wird meist, daß bestimmte Größen, wie die Zahl und Qualität der Güter oder die Einkommen, konstant sind. Dann könnte eine erste Antwort auf die Ausgangsfrage lauten: Wenn eine Ware im Ausland billiger ist als im Inland, wird sie importiert, und zwar um so mehr, je stärker die Preise differieren. Diese Antwort ist richtig, jedoch oberflächlich, weil die empirisch feststellbare Höhe der Faktorpreise und die eingesetzten Faktormengen eines Landes teilweise erst das Ergebnis des internationalen Handels sind. Was erklärt werden soll, wird vorausgesetzt. Der gleiche Einwand gilt gegenüber einer zweiten möglichen Antwort: Sind die in Geld ausgedrückten Kosten eines Gutes in einem Land niedriger als in einem anderen, wird exportiert.

Man braucht eine fundamentalere Erklärung für Richtung und Ausmaß des internationalen Handels. Sie wird von der opportunity cost-Hypothese geliefert, die bloß auf die besonderen Verhältnisse des internationalen Handels zu übertragen werden braucht. Die Theorie der komparativen Kosten, die vor allem auf David Ricardo zurückgeht, ist ein wichtiger Spezialfall. Ihr wesentlicher Inhalt läßt sich verdeutlichen, wenn von folgendem, keineswegs vollständigen Katalog von **Annahmen** ausgegangen wird:

- Internationaler Handel wird getrieben, wenn ein Land durch Außenhandel eine größere Güterversorgung erreichen kann als ohne Handel (Maximierungshypothese).
- Die Produktionsfaktoren sind international immobil (Immobilitätshypothese).
- Alle Faktoren lassen sich auf Arbeit zurückführen. Die Kosten der Güter sind in Arbeitseinheiten ausdrückbar (Arbeitswerthypothese).
- Arbeitsleistungen sind national homogen (Homogenitätshypothese).
- Die Produktion eines Gutes kann mit konstanten Grenzkosten ausgedehnt werden (lineare Transformationskurve).
- Es herrscht vollständige Konkurrenz (Grenzkosten = Preis).
- Das Ausland wird als ein Land aufgefaßt (Zwei-Länder-Welt).
- Im In- und Ausland können jeweils zwei homogene Güter erzeugt werden (Zwei-Güter-Welt).
- Der Handel wird als Naturaltausch abgewickelt (Naturaltauschwirtschaft; der Preis eines Gutes wird durch Mengen des anderen Gutes ausgedrückt).
- Von Zöllen und Transportkosten wird abstrahiert (die internationalen Transferkosten sind Null).

Obgleich die Annahmen mit der Realität wenig zu tun haben, stellen die aus dem Modell abgeleiteten Schlußfolgerungen keine weltfernen Hypothesen dar, weil sich zeigen läßt, daß bei Aufgabe der strengen Annahmen der Aussagekern kaum berührt wird.

Was bleibt innerhalb eines solchen Modells an ökonomisch relevanten Unterschieden zwischen In- und Ausland übrig? Dazu läßt sich sagen, daß vor allem die **Faktorausstattung** der Länder nach Menge und Qualität unterschiedlich sein kann. Das Ausland kann im Vergleich zum Inland z. B. übervölkert sein, so daß der Preis für den Faktor Arbeit im Ausland relativ niedriger liegt als im Inland. Das Heckscher-Ohlin-Theorem nennt Bedingungen, unter denen sich Güter- und Faktorpreise des In- und Auslandes angleichen. Ebenso können die Arbeitsqualitäten divergieren. Möglich bleiben auch abweichende Produktionsbedingungen (Besonderheiten der geographischen Lage, des Klimas u. a.). Daraus folgt, daß die Kostenfunktion im internationalen Vergleich einen unterschiedlichen Verlauf haben können, aber nicht müssen.

Unterstellt man, daß die (Arbeits-) Kosten der Güter pro Produkteinheit im In- und Ausland nicht gleich sind, kann man sich vor Aufnahme des Außenhandels **vier Fälle** denken, die mit einem Zahlenbeispiel erläutert werden sollen (Übers. 19–1).

Fall	Land	Absolute Arbeitskosten (in Arbeitstagen) für eine Einheit		Internationales Verhältnis der absoluten Kosten (Inland/Ausland)		opportunity cost in einem Land		Internationales Verhältnis der opportunity cost (Inland/Ausland)	
		Weizen	Tuch	Weizen	Tuch	Tuchkosten des Weizens	Weizenkosten des Tuchs	Tuchkosten des Weizens	Weizenkosten des Tuchs
I	Inland	1	2	1	1	$1/2$	2	1	1
	Ausland	1	2			$1/2$	2		
II	Inland	4	8	4	4	$1/2$	2	1	1
	Ausland	1	2			$1/2$	2		
III	Inland	4	6	4	$3/4$	$2/3$	$3/2$	$16/3$	$3/16$
	Ausland	1	8			$1/8$	8		
IV	Inland	4	8	4	$4/3$	$1/2$	2	3	$1/3$
	Ausland	1	6			$1/6$	6		

Übers. 19–1: Absolute und komparative Kosten

1. Im ersten Fall differieren die in Arbeitseinheiten ausgedrückten Kosten der Produktion von Weizen und Tuch in jedem der beiden Länder. Die Kosten eines Gutes sind dagegen im In- und Ausland die gleichen. Unter diesen Umständen würde kein Außenhandel zustande kommen, weil für kein Land ein Vorteil, ein „Handelsgewinn", entstünde. Soll Weizen importiert werden, müßte an die Ausländer mehr als $1/2$ Einheit Tuch für eine Einheit Weizen hergegeben werden, um die Ausländer zu veranlassen, Weizen gegen Tuch zu tauschen. Einen solchen Weizenpreis werden aber die Inländer nicht zahlen wollen, denn sie können sich durch Minderproduktion von $1/2$ Einheit Tuch die Mehrproduktion von einer Einheit Weizen verschaffen. Das Tauschverhältnis von Weizen und Tuch vor Beginn des Außenhandels ist $1/2$. Außenhandel kommt also dann nicht zustande, wenn das Austauschverhältnis (opportunity cost) vor Außenhandel in beiden Ländern gleich ist, denn der Handel bringt in diesem Fall weder für das Inland noch für das Ausland einen Gewinn.

2. Fall II unterscheidet sich von Fall I durch eine absolute Kostenüberlegenheit des Auslands bei der Produktion beider Güter. Die Überlegenheit bei Weizen und Tuch ist relativ gleich groß. Das Inland muß bei der Produktion jedes Gutes viermal so viel Arbeitseinheiten aufwenden wie das Ausland. Es wäre deshalb naheliegend anzunehmen, daß in einem solchen Fall beide Güter importiert würden. Das aber ist nicht möglich, weil das

Inland die Importe nicht mit einem entsprechenden Export bezahlen könnte. Würden die Inländer andererseits nur Weizen einführen, müßten sie die Weizeneinheit im internationalen Handel mit mehr als $^1/_2$ Tucheinheit bezahlen, ein Preis, den sie jedoch noch nicht einmal im Inland zu bezahlen brauchten. Dort ist das Tauschverhältnis $^1/_2$. Da wie im Fall I kein Handelsgewinn entsteht, findet auch kein Handel statt.

3. Im Fall III ist das Inland bei der Weizenproduktion kostenmäßig unterlegen, bei der Tuchproduktion überlegen. Es leuchtet unmittelbar ein, daß beide Seiten gewinnen können, wenn die Güter jeweils in dem Land erzeugt werden, in dem sie absolut am billigsten zu erzeugen sind und dann zum Tausch kommen. Das Ausland wird vor allem Weizen, das Inland Tuch produzieren. Wird Weizen importiert, sind die Inländer bereit, bis zu $^2/_3$ Tucheinheiten hinzugeben (opportunity cost des Weizens im Inland), die Ausländer würden etwas gewinnen, wenn sie mehr als $^1/_8$ Tucheinheiten (opportunity cost des Weizens im Ausland) erlösten. Bei einem Weizenpreis zwischen $^1/_8$ und $^2/_3$ Tucheinheiten gewinnen beide Seiten.

4. Im Fall IV ist das Ausland wie im Fall II bei beiden Gütern absolut überlegen. Doch die Austauschverhältnisse der beiden Güter (opportunity cost) sind in beiden Ländern unterschiedlich. Die traditionelle Theorie der komparativen Kosten (David Ricardo) vermochte zu zeigen, daß auch in einem solchen Fall beide Länder den Handel mit Gewinn aufnehmen können. Das Ausland wird sich auf die Produktion jenes Gutes konzentrieren, das es relativ am günstigsten produzieren kann. Relativ ist das Inland bei der Tuchproduktion überlegen (komparativer Vorteil, obwohl absolut unterlegen), denn es kann eine Tucheinheit mehr produzieren, wenn es auf zwei Weizeneinheiten verzichtet, während das Ausland auf sechs Weizeneinheiten verzichten müßte. Die Weizenkosten des Tuchs sind also im Inland doppelt, im Ausland sechsmal so hoch wie die Tuchkosten des Weizens.

Da die Faktoren nicht wandern können, ist international nur der relative Anteil der Faktoren bei der Güterproduktion in einem Land im Vergleich zum anderen bedeutsam. In einem Land ist bei zwei Gütern der relative Anteil durch die opportunity cost, international durch das Verhältnis der opportunity cost erfaßbar. Außenhandel ist vorteilhaft und findet folglich statt, wenn das internationale Verhältnis der opportunity cost von 1 verschieden ist (Fälle III und IV in Übers. 19–1). Das Land mit den relativ niedrigsten opportunity cost wird sich auf die Erzeugung der kostengünstigsten Produkte spezialisieren. Im Beispiel ist $^3/_{16} < {}^{16}/_3$ und $^1/_3 < 3$, so daß das Inland bei der Tuchproduktion sowohl im Fall III (absoluter Vorteil des Inlands beim Gut Tuch) als auch im Fall IV (komparativer Vorteil des Inlands beim Gut Tuch) überlegen ist. Das Ausland hat in beiden Fällen Vorteile bei der Weizenerzeugung.

Folgende **Schlußfolgerungen**, die anhand der Beispiele deutlich werden, sind wichtig:

1. Es ist eine notwendige Bedingung des Zustandekommens internationalen Handels, daß die opportunity cost vor Aufnahme des Handels in den Partnerländern unterschiedlich sind (internationales Verhältnis der opportunity cost $\neq 1$; komparative opportunity cost-Hypothese).
2. Die Theorie der komparativen Kosten (Fall IV) ist ein Unterfall der komparativen opportunity cost-Hypothese.
3. Die Güter werden nicht unbedingt dort erzeugt, wo ihre Produktion international die absolut geringsten Kosten erfordert.
4. Absolute Kostenunterschiede (Fälle II und IV für beide Güter, Fall III für jeweils ein Gut) sind eine zwar notwendige, aber nicht hinreichende Bedingung für das Zustandekommen des internationalen Handels auf der Basis der Gewinnmaximierungshypothese.
5. Die opportunity cost-Hypothese gibt eine Antwort auf die Frage, ob der internationale Handel ökonomisch vorteilhaft ist. Wie der Handelsgewinn international aufgeteilt wird, bleibt offen.
6. Der insgesamt entstehende Gewinn aus dem internationalen Handel hängt von der opportunity cost-Relation ab. Je größer die relativen Kostendifferenzen vor Aufnahme des Handels sind, um so größer wird der Handelsgewinn.
7. Der Handelsgewinn nimmt mit der Zahl der getauschten Einheiten (Handelsvolumen) zu.

Handelsgewinn

Die **Größe** des möglichen Handelsgewinns läßt sich ebenfalls unter den getroffenen Annahmen ermitteln, wenn beide Länder ausschließlich jene Güter produzieren, bei denen sie einen komparativen Kostenvorteil haben. Ob dieser Handelsgewinn ausgeschöpft wird, hängt vor allem von der Nachfrage ab. Die Arbeitsteilung auf der Angebotsseite kann nur so weit gehen, wie die Nachfrage die Mehrproduktion aufnimmt. Es wird zur Vereinfachung unterstellt, in jedem der vier Fälle (Übers. 19–1) sei die Nachfrage beider Länder nach Weizen zusammengenommen konstant und gleich zwei Einheiten. Die Nachfrage nach Tuch soll vollkommen elastisch sein, so daß die Nachfrage jede produzierte Menge aufnimmt. Weiterhin wird angenommen, in jedem der vier Fälle seien die in beiden Ländern vor und nach der Eröffnung des Handels vorhandenen Arbeitseinheiten gleich. Wie verändern sich dann Weizen- und Tuchproduktion im In- und Ausland, wenn eine internationale Arbeitsteilung gemäß der opportunity cost-Hypothese eintritt und wie groß ist der daraus entstehende Handelsgewinn (Übers. 19–2)?

Der Handelsgewinn läßt sich an der Veränderung der Tuchproduktion messen. In den Fällen I und II entsteht kein Handelsgewinn, so daß es unter der Gewinnmaximierungshypothese keinen Grund für eine Aufnahme des Handels gibt. In beiden Fällen ist das internationale Verhältnis der opportunity cost gleich 1. In den Fällen III und IV beläuft sich der Ge-

Fall	Land	Erzeugte Einheiten vor Handelsaufnahme Weizen	Tuch	Gesamtkosten (in Arbeitstagen)	Erzeugte Einheiten nach Handelsaufnahme Weizen	Tuch	Handelsgewinn in Tucheinheiten
I	Inland	1	1	1 + 2 = 3	–	3/2	
	Ausland	1	1	1 + 2 = 3	2	1/2	
		2	2		2	2	0
II	Inland	1	1	4 + 8 = 12	–	12/8	
	Ausland	1	1	1 + 2 = 3	2	1/2	
		2	2		2	2	0
III	Inland	1	1	4 + 6 = 10	–	10/6	
	Ausland	1	1	1 + 8 = 9	2	7/8	
		2	2		2	$2^{13}/_{24}$	13/24
IV	Inland	1	1	4 + 8 = 12	–	12/8	
	Ausland	1	1	1 + 6 = 7	2	5/6	
		2	2		2	$2^{8}/_{24}$	8/24

Übers. 19–2: Handelsgewinn

samtgewinn auf 13/24 bzw. 8/24 Tucheinheiten. Wegen der völlig unelastischen Weizennachfrage erzeugt das Ausland noch Tuch, obwohl es bei dieser Produktion unterlegen ist. Der Handelsvorteil oder -gewinn ist geringer als er bei größerer Nachfrage nach Weizen sein könnte. Sein Maximum erreicht er, wenn das Inland nur Tuch, das Ausland nur Weizen erzeugen würde (vollkommene Spezialisierung). Zu beachten ist, daß Bezugsbasis die für Gütereinheiten erforderlichen Gesamtkosten (in Arbeitstagen) sind, die mit dem Gesamtangebot an Arbeit nicht verwechselt werden dürfen. Es bereitet jedoch keine Schwierigkeit, wenn statt dessen vom Arbeitspotential der Länder ausgegangen wird.

Die **Verteilung** des Handelsgewinns zwischen In- und Ausland hängt vom Verhältnis ab, in dem die Güter international getauscht werden (Tauschverhältnis). Die opportunity cost-Hypothese gibt die Grenzen an, in denen sich das Tauschverhältnis bilden kann, wenn es zur Aufnahme des Handels kommt. Im Fall IV (Übers. 19–1 und 19–2) macht das Inland (Ausland) einen Gewinn, wenn es für eine Weizeneinheit weniger (mehr) als 1/2 (1/6) Tucheinheit hingibt (erhält). Bei einer Tauschrelation von 1/2 (1/6) ist der Gewinn für das Inland (Ausland) gleich Null. Liegt sie zwischen 1/2 und 1/6, gewinnen beide Länder. Ist das Tauschverhältnis 2/6, fällt der Gewinn pro Einheit Weizen dem In- und Ausland zu gleichen Teilen zu. Jedes Land macht einen Gewinn von 1/6 Einheit Tuch pro international gehandelter Einheit Weizen. Folglich läßt sich sagen, daß für ein Land der Gewinn aus dem Außenhandel um so größer wird, je höher die Differenz zwischen dem internationalen Tauschverhältnis und seinem Tauschverhältnis vor Eröffnung des Außenhandels ist. Fallen internationales und inländisches Tauschverhältnis vor Eröffnung des Außenhandels zusammen, ist der Gewinn dieses Landes gleich Null; der gesamte Vorteil fällt dem anderen Land zu.

Die internationale, natural ausgedrückte Tauschrelation nennt man **terms of trade.** Sie ist der in Einheiten anderer Güter ausgedrückte Preis eines international gehandelten Gutes auf dem Weltmarkt. Es gibt verschiedene Fassungen des terms of trade-Begriffs. In allen Fällen bildet die Frage nach den Handelsvorteilen den Ausgangspunkt. Der Außenhandelsgewinn für das Inland vergrößert sich ceteris paribus, wenn die Kosten des Imports (Exports) fallen (steigen) – etwa als Folge von Produktivitätsverbesserungen (-verschlechterungen) – et vice versa (terms of trade-Effekt). Für eine exportierte Einheit erhält dann das Inland mehr importierte Einheiten und umgekehrt.

Auf die terms of trade wirken alle Faktoren ein, die Angebot und Nachfrage im In- und Ausland bestimmen. Die aus dem Zusammenspiel der Einflußfaktoren resultierenden Einflüsse lassen sich durch Elastizitäten beschreiben. In Fortgeschrittenenbüchern zur Außenhandelslehre wird der terms of trade-Effekt durch Elastizitäten des Angebots und der Nachfrage im In- und Ausland dargestellt. Nennenswerte empirische Bedeutung haben solche Ausdrücke meist nicht, weil die erforderlichen statistischen Daten nicht bekannt und nur schwer – wenn überhaupt – faßbar sind.

Der terms of trade-Begriff der Praxis (T_r) ist definiert als das prozentuale Verhältnis aus Export- (P_x) und Importgüterpreisniveau (P_m):

$$(19.1) \qquad T_r = \frac{P_x}{P_m} \cdot 100 \qquad \text{(Definitions-Gleichung).}$$

Die Entwicklung des Ausdrucks T_r zeigt, in welchem Verhältnis sich die Exportgüterpreise eines Landes zu den Importgüterpreisen verändern. Steigt (fällt) T_r, spricht man von einer Verbesserung (Verschlechterung) der terms of trade, weil dann die Exporterlöse relativ zu den Aufwendungen für Importe steigen (fallen). Die Änderungsursachen können monetärer und (oder) güterwirtschaftlicher Art sein. T_r gibt nicht die Verteilung des Handelsgewinns an, sondern – bei vorsichtiger Zahleninterpretation – lediglich, ob sich die unbekannten Handelsgewinnanteile zwischen In- und Ausland verändert haben. In einer Übersicht sind Zahlen für die Bundesrepublik Deutschland aufgeführt (Übers. 19–3).

Die terms of trade für die Bundesrepublik Deutschland haben sich von 1952–1963 verbessert; seitdem sind sie ziemlich konstant geblieben. Der Importgüterpreisindex ist vor allem wegen fallender Preise für Ernährungsgüter, Rohstoffe und Halbfertigwaren zurückgegangen, von Waren also, deren Anteil an der Einfuhr hoch ist. Demgegenüber sind die Preise für Fertigwaren, wichtigster Teil der Exportgüter, gestiegen.

Jahr	Importgüter-preisindex (P_m)	Exportgüter-preisindex (P_x)	terms of trade ($T_r = \frac{P_x}{P_m} \cdot 100$)
	Basis 1962 = 100		
1952	127	96	76
1953	114	94	83
1954	111	93	84
1955	113	93	83
1956	116	97	84
1957	118	99	84
1958	107	97	91
1959	104	97	94
1960	106	99	94
1961	102	99	97
1962	100	100	100
1963	99	100	101
1964	99	100	101
1965	102	102	100
1966	103	103	100
1967	102	102	100
1968	100	100	100

Übers. 19–3: Terms of Trade in der BRD 1952–1968

Quelle: Jahresgutachten 1968 des Sachverständigenrates . . ., Bundestagsdrucksache V/3550, 156; Zahlen gerundet.

II. Einige Erweiterungen der Analyse

Geldausdruck der Kosten

Der Übergang zu einer praktisch verwendbaren Außenhandelstheorie erfordert die empirische Prüfung des Hypothesensystems und eine daran anschließende Auslese nach bestätigten und nicht bestätigten Hypothesen. Wegen der Begrenztheit des Raums zur Darstellung können nicht alle Beschränkungen aufgehoben werden, die sich aus empirisch nicht zu bestätigenden Hypothesen ergeben. An einigen Beispielen sei jedoch gezeigt, welche Konsequenzen sich aus der Ersetzung einiger solcher Hypothesen ergeben. Als erstes sollen die Bedingungen der Naturaltauschwirtschaft aufgegeben und die Kosten als monetäre Größe ausgedrückt werden.

Die Zusammenhänge vor Aufnahme des internationalen Handels seien an einem **Zahlenbeispiel** verdeutlicht, das vom Fall IV (Übers. 19–1 und 19–2) ausgeht. In 10 Arbeitstagen können im Inland 5/2 Einheiten Weizen oder 5/4 Einheiten Tuch, im Ausland 10 Einheiten Weizen oder 5/3 Einheiten Tuch erzeugt werden. Die Kosten für einen Tageslohn seien für das Inland mit 10 DM, für das Ausland mit 20 DM angenommen (Übers. 19–4).

Land	Tageslohn in DM	10-Tageslohn in DM	10-Tagesertrag in Mengeneinheiten	Stückkosten in DM
Inland:				
Weizen	10	100	5/2	40
Tuch	10	100	5/4	80
Ausland:				
Weizen	20	200	10	20
Tuch	20	200	5/3	120

Übers. 19–4: Geldkosten vor Aufnahme des internationalen Handels

Das Ausland ist in monetär ausgedrückten Kosten absolut bei Weizen, das Inland absolut bei Tuch überlegen, so daß die Tuchausfuhr ins Ausland und die Weizeneinfuhr vom Ausland Vorteile bringen. Am Ergebnis hat sich gegenüber der Naturalrechnung nichts geändert. Naturalwirtschaftlich war das Ausland bei beiden Gütern absolut überlegen, bei Weizen relativ stärker als bei Tuch. Durch die monetäre Ausdrucksweise werden komparative Vorteile zu absoluten Preisunterschieden. Es läßt sich leicht zeigen, daß absolute Unterschiede (Fall III) zum gleichen Ergebnis führen. Die absoluten Preisunterschiede vor Aufnahme des Handels sind güterwirtschaftlich erklärt und nicht einfach vorausgesetzt worden.

Es ließe sich einwenden, dieses Ergebnis sei durch die Wahl der Lohnsätze im In- und Ausland, deren **Bedeutung** bisher negiert wurde, zustande gekommen. Wäre bei unveränderten Inlandslöhnen und Erträgen der Auslandslohnsatz pro Tag 50 DM (Auslandslöhne/Inlandslöhne = 5/1), kostete im Ausland eine Weizeneinheit 50 DM und eine Tucheinheit 300 DM. Das Inland würde Weizen und Tuch exportieren, das Ausland könnte kein Produkt anbieten, dessen Einfuhr vorteilhaft ist. Nimmt man den Handel auf, entsteht im Inland ein Zahlungsbilanzüberschuß, im Ausland ein -defizit. Ein solcher Zustand ist auf die Dauer unvorstellbar. Entweder wird der Handel nach einiger Zeit wieder aufgegeben oder eine Tendenz zum Ausgleich der Zahlungsbilanz ausgelöst. Aus dem letzten Kapitel ist bekannt, daß die Art des Zahlungsbilanzausgleichs vom Wechselkurssystem abhängt. Bei festen Wechselkursen werden im Inland (Ausland) Einkommen und Preise steigen (fallen), bei flexiblen Wechselkursen wird der Kurs sinken

(Aufwertung der Inlandswährung). Das Ergebnis ist für beide Wechselkurssysteme gleich. Die Auslandslöhne werden fallen und (oder) die des Inlands steigen, bis die Zahlungsbilanz ausgeglichen ist. Bei einem Auslandslohnsatz von 40 DM (Lohnverhältnis Ausland/Inland = 4/1) wären die Stückkosten des Weizens im Ausland gerade so hoch wie im Inland. Bei einem Lohnverhältnis unter 4/1 ist Weizen im Ausland billiger. Ebenso läßt sich zeigen, daß bei einem Lohnverhältnis unter 1,33/1 nur importiert würde, so daß das umgekehrte Ergebnis einträte. Daraus können zwei wichtige Schlüsse gezogen werden:

- Das Verhältnis der Löhne zwischen In- und Ausland ist nur innerhalb bestimmter Grenzen variabel, wenn langfristig internationaler Handel bestehen soll. Die Grenzen sind durch das internationale Verhältnis der absoluten Geldkosten bestimmt (im Beispiel: 4/1 und 1,33/1).
- Hat ein Land bessere Produktionsbedingungen (absolute Kostenüberlegenheit), ist auch das Lohn- und Einkommensniveau höher als im anderen Land (im Fall IV das Ausland).

Arbeitswerthypothese und Kostenverlauf

Bisher wurden die Kosten in naturalen oder Geld-Einheiten des Universalproduktionsfaktors Arbeit gerechnet. Die Arbeitswerthypothese hält jedoch empirischen Kriterien nicht stand. Einmal ist das Zurechnungsproblem – die Zuordnung des Produktionsertrags auf die einzelnen Faktoren – wegen des engen Verbunds der Produktionsmittel bei der Gütererzeugung praktisch unlösbar. Zum zweiten lassen sich die heterogenen Faktorqualitäten von Arbeit und Kapital nicht auf eine Arbeitsart reduzieren. Die aus der Arbeitswertlehre abgeleiteten Konsequenzen sind daher empirisch bedeutungslos, weil inhaltsleer. Sie können weder bewiesen noch widerlegt werden, was sie auf eine Stufe mit Werturteilen oder Glaubenssätzen stellt. Die güterwirtschaftliche Analyse wäre wissenschaftlich wertlos, wenn sie von der Arbeitswerthypothese abhinge. Tatsächlich kann, wie GOTTFRIED VON HABERLER gezeigt hat, die Annahme eines Universalproduktionsfaktors aufgegeben, die **Arbeitswerthypothese** also **eliminiert** werden, ohne daß sich am aufgezeigten Ergebnis etwas ändert. Der Leser verdeutliche sich noch einmal den Inhalt der opportunity cost-Hypothese. Die Kosten einer Gutseinheit werden am Verzicht auf Mengeneinheiten eines anderen Gutes gemessen. Im Fall IV muß man im Inland für eine Einheit Weizen 1/2 Einheit Tuch aufgeben (Übers. 19–1); 1/2 Tucheinheit sind die Kosten einer Einheit Weizen. Nicht erforderlich ist, daß die absoluten Faktorkosten nur aus Arbeitskosten oder Kosten einer einzigen Arbeitsart oder -qualität bestehen. Die Arbeitswerthypothese kann ebenso wie die Homogenitätsannahme fallengelassen werden. Eine ganz andere Frage ist, inwieweit die Faktormengenproportionen (Faktorausstattung) auf die Höhe der absoluten Kosten einwirken, worauf jedoch nicht eingegangen werden soll.

Der bisherigen Analyse liegt die Annahme zugrunde, daß die Produktion eines Gutes mit konstanten Grenzkosten ausgedehnt werden kann, ein Fall, der empirisch jedoch nicht relevant ist. Realistischer sind **steigende Grenzkosten**. Der Unterschied zwischen konstanten und steigenden Grenzkosten läßt sich anhand von Transformationskurven verdeutlichen, die aus dem 1. Kap. bekannt sind. Statt zu sagen, pro Arbeitstag können im Inland 1/4 Einheit Weizen oder 1/8 Einheit Tuch erzeugt werden (Übers. 19–1; Fall IV), läßt sich derselbe Sachverhalt bei konstanten Grenzkosten wie folgt beschreiben: Im Inland können bei voller Ausnutzung der Faktoren Weizen und Tuch immer nur im Verhältnis 2/1 produziert werden, wobei jedoch die absoluten Mengen ganz unterschiedlich sein können (Fig. 19–1.I.).

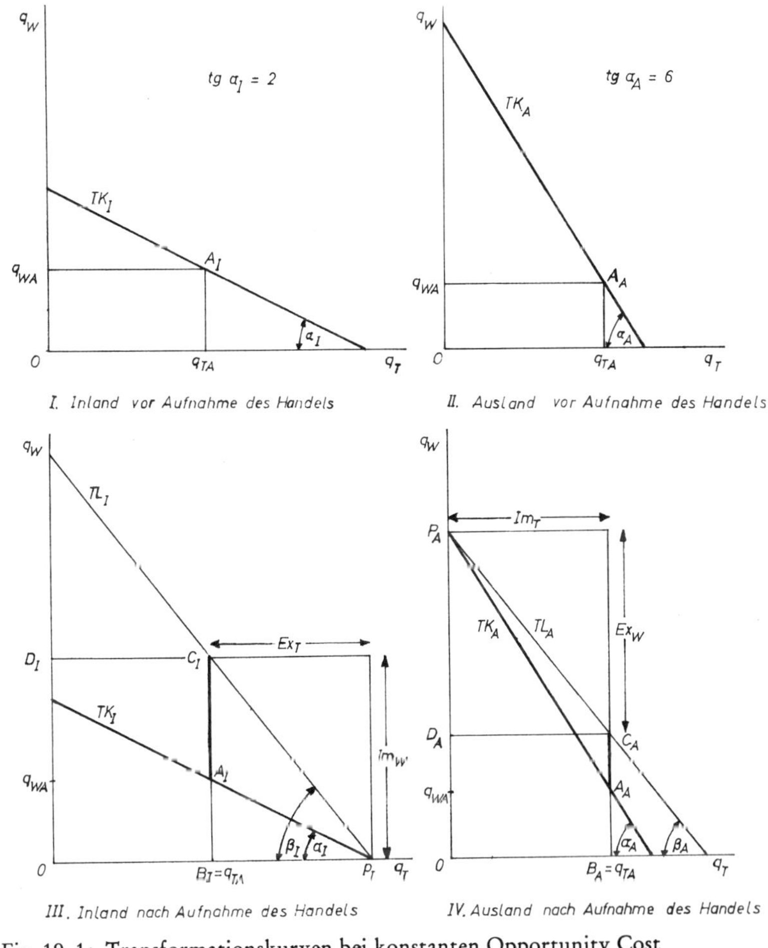

Fig. 19–1: Transformationskurven bei konstanten Opportunity Cost

Die Fig. 19–1.I. und II. stellen eine graphische Illustration der bisherigen Analyse dar. Die Transformationskurven vor Beginn des Außenhandels (TK_I; TK_A) sind Geraden, weil sich die opportunity cost bei unterschiedlichen Mengen der produzierten Güter annahmegemäß nicht ändern. Das bedeutet, daß für jede Einheit Tuch, die mehr produziert werden soll, auf dieselbe Menge Weizen verzichtet werden muß – unabhängig davon, wieviel Tuch bereits produziert wird. Diese Beziehung gilt jedoch nur auf der Transformationskurve. Die opportunity cost bzw. die inländischen Austauschverhältnisse vor Aufnahme des Außenhandels werden durch den Tangens der Winkel α_I und α_A ($tg\alpha_I$; $tg\alpha_A$) angegeben; deshalb wird eine lineare Transformationskurve auch als Preislinie bezeichnet. Die Steigung der Preislinie ist demnach durch die opportunity cost bestimmt. Die auf ihr realisierten Konsumpunkte A_I und A_A hängen von der Nachfrage in beiden Ländern ab. Sie sind zugleich die Produktionspunkte ohne Außenhandel. Aus den vorangegangenen Ausführungen dürfte deutlich geworden sein, daß nach der Eröffnung des Außenhandels ein Austauschverhältnis zustande kommen muß, das zwischen $tg\alpha_I = 2$ und $tg\alpha_A = 6$ liegt. In Fig. 19–1.III. und IV. werden die terms of trade als der für beide Länder gleiche Tangens des Winkels β angegeben ($tg\beta = tg\beta_I = tg\beta_A$). Nimmt man an, die terms of trade seien mengenunabhängig, wird β aus der Abszisse und einer Geraden gebildet, die man als terms of trade-Linie (TL_I; TL_A) bezeichnet. Sie zeigt an, welche Versorgungslage ein Land bei gegebenem internationalen Austauschverhältnis und völliger Spezialisierung auf das komparativ kostengünstiger herzustellende Gut (Produktion in P_I und P_A) erreichen kann. Man könnte sie unter diesen Annahmen auch als eine durch den internationalen Handel nach außen gedrehte Transformationskurve interpretieren, die bis auf die Drehpunkte (P_I; P_A) eine höhere Versorgungsmöglichkeit anzeigt. Die Nachfrage bestimmt auch nach Aufnahme des Außenhandels die Konsumpunkte. Aus Vereinfachungsgründen wurden die neuen Konsumpunkte (C_I; C_A) senkrecht über den alten (A_I; A_A) eingezeichnet (Fig. 19–1.III. und IV.). Diese Punkte müssen der Bedingung genügen, daß für jedes Gut der mengenmäßige Export eines Landes gleich dem mengenmäßigen Import des anderen Landes ist ($Ex_T = Im_T$; $Ex_w = Im_w$). In Fig. 19–1.III. spezialisiert sich das Inland vollständig auf Tuch und produziert davon OP_I Einheiten, wovon B_IP_I Einheiten in den Export gehen und OB_I Einheiten für den Eigenverbrauch verbleiben. Für das exportierte Tuch erhält das Inland bei gegebenen terms of trade OD_I Einheiten Weizen, die zugleich die gesamte Konsummenge darstellen. Für das Ausland gilt mutatis mutandis dasselbe. Vergleicht man nun den alten und den neuen Konsumpunkt, so zeigt sich, daß in beiden Ländern bei gleichbleibender Versorgung mit Tuch eine Besserversorgung mit Weizen möglich wäre. Dieser Gewinn aus dem Außenhandel könnte für das Inland noch größer sein, wenn die terms of trade-Linie steiler verliefe und (oder) die exportierte Menge größer wäre. Bei steigenden Grenzkosten haben die Transformationskurven einen konkaven Verlauf – vom Ursprung gesehen –, da für die Erzeugung einer weiteren Einheit eines Gutes zunehmend mehr Einheiten des anderen Gutes aufgegeben werden müssen (Fig. 19–2). In Fig. 19–2 wird entgegen den bisherigen Beispielen einmal angenommen, daß das Inland Weizen statt Tuch exportiert, den komparativen Kostenvorteil also bei Weizen hat ($tg\alpha_I > tg\alpha_A$).

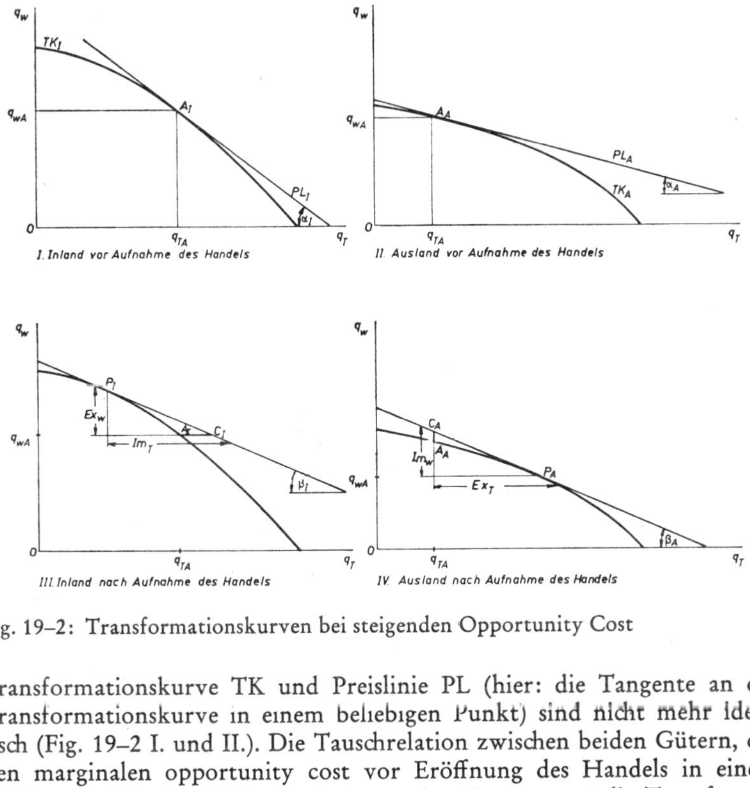

Fig. 19–2: Transformationskurven bei steigenden Opportunity Cost

Transformationskurve TK und Preislinie PL (hier: die Tangente an die Transformationskurve in einem beliebigen Punkt) sind nicht mehr identisch (Fig. 19–2 I. und II.). Die Tauschrelation zwischen beiden Gütern, die den marginalen opportunity cost vor Eröffnung des Handels in einem Land entspricht, ist gleich der Steigung der Tangente an die Transformationskurve ($tg\alpha_I$; $tg\alpha_A$). Die Tangentialpunkte A_I und A_A geben die realisierte Produktion und Konsumtion ohne Außenhandel an. Nach der Eröffnung des Außenhandels, dessen Richtung von den komparativen Kostenvorteilen abhängt, stellen sich terms of trade ein, die wiederum gleich den inländischen Austauschverhältnissen sind. Da $tg\alpha_I$ und $tg\alpha_A$ die Grenzen der terms of trade angeben, liegt das sich bildende Austauschverhältnis dazwischen. Das Inland wird sich auf die Weizenproduktion, das Ausland auf die Tuchproduktion spezialisieren (Fig. 19–2.III. und IV.). Die Spezialisierung geht so weit, bis die Steigungen der beiden Transformationskurven gleich und gleich der der terms of trade-Linie werden ($tg\beta = tg\beta_I = tg\beta_A$

in P_I bzw. P_A). Die terms of trade sind dann gleich den Austauschverhältnissen in beiden Ländern. Die Konsequenz steigender Grenzkosten ist, daß die Spezialisierung eines Landes nicht mehr vollständig sein muß, wenn der Gewinn aus dem Außenhandel maximal sein soll (unvollkommene Spezialisierung). Da in einem Land mit zunehmender Spezialisierung auf ein Gut die Grenzkosten steigen, im anderen Land durch Produktionsdrosselung dagegen sinken, ist eine Situation denkbar, bei der die vor Handelsbeginn bestehende Überlegenheit verschwindet und sich in eine Unterlegenheit umkehrt ($tg\beta_I < tg\beta_A$). Dies erklärt, warum Länder auch Güter erzeugen, die sie größtenteils einführen. Wie Fig. 19–2.III. und IV. weiterhin erkennen lassen, liegen die Konsumpunkte C_I und C_A außerhalb der Transformationskurve, was ein größeres Versorgungsniveau gegenüber der Situation vor Außenhandel anzeigt. Bezüglich der Gewinnhöhe und ihrer Abhängigkeit bestehen dieselben Beziehungen wie bei linearen Transformationskurven.

III. Zölle

Zollbegründungen

Die bisherigen Überlegungen haben gezeigt: Wenn die opportunity cost verschieden sind, bringt ein internationaler Austausch für beide Länder Vorteile. Daraus läßt sich das Argument ableiten, daß ein ungehinderter internationaler Handel, der **Freihandel**, für alle Länder **Vorteile** bringt. Die realen Volkseinkommen sind größer als ohne Außenhandel (Autarkie). Die ungleiche Verteilung der international ziemlich immobilen Produktionsfaktoren und ihrer „Begabungen" wird durch Außenhandel in einem gewissen Maße ausgeglichen. Demgegenüber mag es überraschen, daß so gut wie kein Land Freihandel zuläßt. Beschränkungen des Handels gibt es in verschiedener Form. Devisenkontrollen, Verwaltungsvorschriften (oft als „Gesundheits-" oder „Hygiene-"Bestimmungen deklariert), Einfuhrquoten und Zölle sind die wichtigsten. Das Instrumentarium ist so reichhaltig, daß es bis heute keine befriedigende Systematisierung gibt. Von den handelsbeschränkenden Mitteln soll lediglich auf die Zölle näher eingegangen werden, wobei die wichtigsten Argumente auch für andere Handelsbeschränkungen gelten. Die naheliegende Ausgangsfrage ist: Warum werden Zölle erhoben? Es gibt eine Reihe von Zollbegründungen, ökonomische und nichtökonomische. Unter den ökonomischen Gründen wiederum kann man drei Gruppen unterscheiden: Zölle sollen 1. der Einnahmenbeschaffung dienen (Finanzzollargument); 2. ein Mittel der Wirtschafts-, vor allem der Konjunkturpolitik sein (Instrumentalargument) und 3. Industrien schützen (Schutzzollargument).

Zuvor sei auf nichtökonomische, **politische Zollargumente** eingegangen. Die bisherige Analyse basierte auf der Gewinnmaximierungshypothese.

Ob ein Land oder die gesamte Welt Produktion und Einkommen durch den Freihandel erhöhen sollen, ist keine wissenschaftliche Frage. Freihandel wird oft aus politisch-nationalen Gründen abgelehnt, ohne daß die für Produktion und Einkommen vorteilhaften Wirkungen in Zweifel gezogen werden. Man solle sich nicht „dem Ausland überantworten". Das ist der Kern des traditionellen Autarkie-Arguments. Es ist nicht zu bestreiten, daß auch eine internationale Arbeitsteilung ihren „Preis" fordert. Er besteht in einer Verstärkung der gegenseitigen wirtschaftlichen Verflechtung. Ihre vollständige Ersetzung durch die Autarkie würde jedoch vermutlich den Tod für einige hundert Millionen Menschen in der Welt bringen. An eine völlige Autarkie ist freilich selten gedacht, vielmehr wird meist nur eine sektorale Autarkie angestrebt (Rohstoffe, Energie). Der Ökonom kann aber auch hier auf die Verluste hinweisen, die eine Abweichung vom Freihandel mit sich bringt, und muß die Entscheidung darüber den Politikern und Wählern überlassen. Die nichtökonomische (politische) Zollbegründung wird freilich nicht immer offen ausgesprochen. So dürften sich für das Ausmaß des gegenwärtigen Schutzes der westdeutschen Landwirtschaft oder des Kohlenbergbaus kaum ökonomische Gründe finden lassen. Aber nur selten stößt man auf eindeutig politische Argumente, wie etwa: „Die Regierungsparteien schützen Landwirtschaft und Kohlenbergbau vor internationalem Wettbewerb, um keine Wähler zu verlieren." Oder: „Die Beseitigung von Handelsbeschränkungen ist wegen der Zusammensetzung des Parlaments nicht realisierbar." Diese politischen Argumente erscheinen – begreiflicherweise – oft in einem anderen Gewand.

Das **Finanzzollargument** entstammt fiskalischem Denken. Die Wareneinfuhr – neuerdings sogar die Ausfuhr – gilt als ergiebige Steuerquelle. Von einem „echten" Finanzzoll kann man sprechen, wenn Einnahmenerzielung einziger Zweck des Zolls ist. Das gilt einmal für Produkte, die im Inland nicht hergestellt und auch nicht substituiert werden können, zum anderen für solche im Inland hergestellten und teilweise importierten Güter, die im Ausland einer geringeren Steuerbelastung unterliegen als im Inland. Soweit Finanzzölle die Steuern übersteigen, die auf den im Inland erzeugten Waren ruhen, oder solche Produkte treffen, die leicht substituierbar sind, gehen von ihnen Schutzwirkungen aus („unechte" Finanzzölle). Wird Mineralöl nur an der Grenze besteuert, werden sowohl die Mineralölindustrie als auch der Kohlenbergbau des Inlands begünstigt. Je mehr Produkte durch Zölle an der Grenze besteuert werden, um so größer wird die Wahrscheinlichkeit, daß Finanzzölle zu Schutzzöllen werden. Man könnte sogar daran denken, den staatlichen Finanzbedarf ausschließlich durch Finanzzölle zu decken. Vor dem ersten Weltkrieg gab es in den Vereinigten Staaten Bestrebungen, die Steuern durch Zollerhöhungen zu ersetzen. Damit mochte sich die Vorstellung verbinden, das Ausland zur Staatsfinanzierung heranziehen zu können. In den meisten Ländern käme jedoch der internationale Handel zum Erliegen, wollte man die Staatsausgaben aus Zolleinnahmen decken. Langfristig kann ein Land nicht nennenswert mehr ausführen als einführen. Zölle reduzieren in der Regel die Einfuhr und damit auch die Ausfuhr. Der Zollerhebung sind also Grenzen gesetzt. Tatsächlich ist auch der Anteil der Zölle an den Staatseinnahmen in den meisten Ländern relativ gering.

Zölle dienen als **Instrument der Wirtschaftspolitik**. In Zeiten der Hochkonjunktur hat man Zölle auf Importe gesenkt oder beseitigt, in Depressionen erhöht oder eingeführt. Die damit verfolgten Ziele sind Vollbeschäftigung, Preisniveaustabilität und gelegentlich Zahlungsbilanzausgleich. Das anschaulichste Beispiel bieten die Jahre der Weltwirtschaftskrise, in denen zahlreiche Länder ihre Währungen abwerteten (Abwertungskonkurrenz) und die (Import-) Zollmauern erhöhten (Hochzollsystem), um das Beschäftigungsniveau im Inland anzuheben. Isoliert, d. h. von einem Land aus gesehen, sind Zölle tatsächlich ein geeignetes Mittel der Konjunkturpolitik. Die Schwierigkeiten des Inlands werden jedoch auf das Ausland übertragen (beggar-my-neighbour policy). Angenommen, eine im Inland herrschende Arbeitslosigkeit soll durch Importzollerhöhungen beseitigt werden: Da die Importe des Inlands Exporte des Auslands sind, wird zwar die durch die Zollerhöhung bewirkte Importdrosselung das inländische Beschäftigungsniveau anheben, aber gleichzeitig im Ausland Unterbeschäftigung verursachen. Das Inland exportiert gleichsam Arbeitslosigkeit, wogegen sich das Ausland wehren wird. Kompensatorische Maßnahmen des Auslands (Abwehrzölle [Retorsionszölle], Abwertung u. a.) sind ziemlich sicher, es sei denn, im Ausland herrscht zu gleicher Zeit Hochkonjunktur. Es ist deshalb eine verbreitete Ansicht, daß (Import-) Zollerhöhungen aus beschäftigungspolitischen Gründen kurzsichtig sind, weil sie wegen der Rückwirkungen eine Depression eher verschärfen. Andererseits ist eine Hochkonjunktur die geeignetste Zeit, Zölle abzubauen, zumal dann auch die politischen Widerstände relativ gering sind.

Schutzzölle

Die Schutzzollargumente bilden die wichtigste Gruppe unter den ökonomischen Zollbegründungen. Wenn von der Vorteilhaftigkeit eines Schutzzolls gesprochen wird, sollte man sich zuvor Klarheit darüber verschaffen, wessen Vorteile gemeint sind. Es ist nicht schwierig zu zeigen, daß Schutzzölle oft einzelnen Unternehmen, Industrien oder Regionen nützen, dem Land und der Weltwirtschaft als ganzes jedoch schaden. In Übereinstimmung mit dem Vorgehen in der Literatur soll nur auf Schutzzollargumente eingegangen werden, die gesamtwirtschaftlich vertretbar sind. Die Gewinnmaximierungshypothese der bisherigen Analyse beinhaltet, daß ein Land den Handel aufnimmt, wenn damit Produktion und Einkommen erhöht werden. Da diese Hypothese für beide Länder gilt, kann man sagen: Die güterwirtschaftliche Analyse zeigt die Maximierung des Welteinkommens bei Freihandel. Damit ist noch nicht gesagt, daß der Anteil eines Landes am Welteinkommen durch völlig freien Außenhandel so groß wie möglich wird. Wie bereits gezeigt, kann sich der Gewinn aus dem Außenhandel recht unterschiedlich auf die Länder verteilen. Somit wäre denkbar, daß durch Zölle dieser Anteil auf Kosten anderer Länder erhöht werden kann, womit zwar dem eigenen Land genutzt, der Weltwirtschaft aber geschadet würde. Tatsächlich ist es möglich nachzuweisen, wie unter bestimmten Bedingungen auch dann, wenn die sonstigen Voraussetzungen des güterwirtschaftlichen Modells gegeben sind, das Einkommen eines Landes durch die Einführung eines Zolls noch gesteigert werden kann. Die neuerdings viel diskutierte Hypothese knüpft an einer möglichen **Verbesserung** der **terms of trade** durch die Einführung oder Erhöhung eines Zolls (terms of trade-Argument) an. Ist ein Land bedeutender Käufer eines Produkts, kann der ausländische Verkäufer durch den Importzoll zu einer Reduktion des Preises veranlaßt werden, so daß sich die terms of trade für das Inland verbessern und der Zoll zum Teil vom Ausland getragen wird. Was für ein einzelnes Land gilt, trifft freilich nicht für die ganze Welt zu. Der Gewinn des Inlands wird notwendig vom Ausland getragen, wobei noch zu bedenken ist, daß die durch die Zollerhöhung verursachte Verringerung des Handelsvolumens eine Reduzierung des Welteinkommens zur Folge hat. Der terms of trade-Effekt bewirkt vor allem eine internationale Einkommensumverteilung. Unter sehr restriktiven Annahmen kann man sich vorstellen, daß das Welteinkommen nicht sinkt. Weil die Importe und damit langfristig auch die Exporte zurückgehen, dürfte das allerdings nicht die Regel sein. In jedem Fall bleibt fraglich, ob das Ausland die neue Verteilung hinnimmt. Wahrscheinlich wird es mit Retorsionszöllen oder ähnlich wirkenden Mitteln antworten. Es ist deshalb problematisch, darauf zu vertrauen, ein Land könnte isoliert über eine entsprechende Zollpolitik sein Einkommen verbessern. Das terms of trade-Argument verdient so gesehen eher theoretisches als wirtschaftspolitisches Interesse.

Eine zweite gesamtwirtschaftliche Schutzzollkonzeption ist der **Erziehungszollgedanke**. Durch Zoll geschützt, soll einem gegenwärtig unterlegenen Land die Möglichkeit geboten werden, eine Produktion aufzubauen, die in einem zukünftigen Zeitpunkt auch ohne Zollmauern international wettbewerbsfähig ist. Freihandel in der Gegenwart würde die Entwicklung (Erziehung) einer Produktion verhindern, die sich später nach der opportunity cost-Hypothese als überlegen erweisen könnte. Das Erziehungsargument (infant industry-Argument) steht nicht im Widerspruch zu den Ergebnissen der bisherigen Analyse, sondern legt die Betonung auf die langfristigen Änderungsprozesse in der Wirtschaft, die von der statischen Theorie nicht erfaßt werden. Das Erziehungsargument stellt auf den Wandel der opportunity cost ab, ohne ihre Bedeutung für die Lenkung des Außenhandels zu negieren. Es warnt vor der Annahme, daß die gegenwärtigen opportunity cost bestehen bleiben, insbesondere wenn die handeltreibenden Länder sehr unterschiedlich entwickelt sind. Die vom Erziehungsargument aufgewiesene Möglichkeit ist nicht zu leugnen. Es versteht sich, daß der Gedanke insbesondere in unterentwickelten Ländern beliebt ist. Seine Problematik liegt allerdings in der Unvorhersehbarkeit zukünftiger Umstände. Niemand ist in der Lage, mit einiger Sicherheit anzugeben, ob die Automobilindustrie in Ägypten eines Tages international konkurrenzfähig sein wird. Fast überall in der Welt hat man seit Generationen Industrien aufgebaut, die ohne Schutzzölle kaum lebensfähig wären. Dabei sind die Nationalökonomen, die das Problem genauer studiert haben, skeptisch, ob die wirtschaftliche Entwicklung durch Zollschutz überhaupt erleichtert wird. Die meisten schlagen die offene Subventionierung vor, wenn eine gewisse Wahrscheinlichkeit für den Aufbau einer leistungsfähigen Industrie besteht. Dadurch würden die volkswirtschaftlichen Belastungen für jeden erkennbar sein. Der Druck auf die Industrie, die Konkurrenzfähigkeit herzustellen, wäre größer als hinter Zollmauern, die abzubauen aus verschiedenen Gründen nach aller Erfahrung größere Schwierigkeiten bereitet. So zeigt sich auch in der Diskussion des Erziehungsarguments: Existenz und Höhe der Schutzzölle können meist nicht mit wissenschaftlichen Einsichten erklärt werden. Sie sind in der Regel das Ergebnis politisch motivierter Entscheidungen.

Bibliographische Hinweise

1. Für die güterwirtschaftliche oder reine Theorie des internationalen Handels sei Anfängern empfohlen, die entsprechenden Partien in den im letzten Kapitel genannten Gesamtdarstellungen zu studieren, u. a.: G. v. Haberler, Der internationale Handel . . ., a. a. O., Teil I. C und Teil II. B. K. Rose, Theorie der Außenwirtschaft, a. a. O., III. und IV. Teil. C. P. Kindleberger, International Economics, a. a. O., Part I.

2. Die umfangreichste moderne Darstellung zur reinen Theorie: M. C. Kemp, The Pure Theory of International Trade, Englewood Cliffs 1964; nur für Fortgeschrittene mit guten Mathematikkenntnissen. Wichtige Lektüre zur Vertiefung: J. E. Meade, The Theory of International Economic Policy, Vol. II: Trade and Welfare, London 1955. Zur Zollbegründung: J. Black, Arguments for Tariffs, Oxford Economic Papers, 11 (1959); wiederabgedruckt und übersetzt in: Theorie der internationalen Wirtschaftsbeziehungen, Hg. K. Rose, a. a. O.

20. Einige Vorhersagen zur Außenwirtschaftstheorie und empirische Tests

I. Vorhersagen

Es sollen anhand eines Modells **einige** Vorhersagen über die **Wirkungen** der **Zahlungsbilanz** auf das inländische Beschäftigungs- und Preisniveau gemacht und danach empirisch überprüft werden. Da sich die güterwirtschaftlichen Bewegungen in der Zahlungsbilanz niederschlagen, sind in einem gewissen Umfang Aussagen der reinen Theorie des Außenhandels in diesen Vorhersagen impliziert. Die gesamtwirtschaftliche Nachfrage (D) einer offenen Volkswirtschaft sei wie folgt definiert:

(20.1a) $D = C+I+G+X-M$ oder

(20.1b) $D = A_J+(X-M)$ (Definitions-Gleichungen).

A_J symbolisiert die Inlandsausgaben für Konsum- (C), Investitions- (I) und öffentliche Güter (G), die Differenz X−M den Zahlungsbilanzsaldo („Nettoexport"). Die gesamtwirtschaftliche Nachfrage (D) soll als Nettoinlandseinkommen bezeichnet werden, das durch Subtraktion von M auf beiden Seiten von (15.2) entsteht. Es gilt demnach $Y-M \equiv D$. Das gesamtwirtschaftliche Angebot (S) einer offenen Volkswirtschaft sei durch die Inlandsproduktion (O) und den güterwirtschaftlichen Beitrag des Auslands (Ex−Im) definiert:

(20.2) $S = O-(Ex-Im)$ (Definitions-Gleichung).

Der güterwirtschaftliche Auslandsbeitrag zum Angebot ist positiv (negativ), wenn mehr importiert (exportiert) als exportiert (importiert) wird; die Vorzeichen sind – entsprechend der verschiedenen Richtungen von Geld- und Güterbewegungen – umgekehrt wie bei der Volkseinkommensrechnung. Ist in einer bestimmten Periode die gesamtwirtschaftliche Nachfrage (D) gleich dem güterwirtschaftlichen Angebot (S) und sind darüberhinaus die Ausgaben (A_J) für Inlandskonsum und -investition sowie für öffentliche Güter gleich der inländischen Güterproduktion, folgt aus (20.1b) und (20.2)

(20.3) $-(Ex-Im) = X-M.$

Diese Gleichgewichts-Bedingung impliziert die Konstanz des Preisniveaus. Ferner sollen folgende Annahmen gelten:

Die Analyse ist komparativ-statisch. Verglichen werden S und D zu Beginn und am Ende einer Periode.

Fälle	Zahlungsbilanz am Periodenende	Gesamtwirtschaftliche Nachfrage (D)			Gesamtwirtschaftliches Angebot (S)			Zahlungsbilanz-Effekte			
		Inlandsausgaben	Auslandsverkäufe	Auslandseinkäufe	Angebot aus Inlandsproduktion	Angebot im Ausland	Käufe im Ausland	Beschäftigungsniveau		Preisniveau	
		$A_{Jt} + X_{t+1} - M_{t+1} = D_{t+1}$			$O_t - Ex_{t+1} + Im_{t+1} = S_{t+1}$			U	V	U	V
I	ZB-Ausgleich	100 + 20 — 20 = 100			100 — 20 + 20 = 100		D=S	0	0	0	0
II	ZB-Defizit	100 + 20 — 30 = 90			100 — 20 + 30 = 110		D<S	–	–	–	–
III	ZB-Überschuß	100 + 20 — 10 = 110			100 — 20 + 10 = 90		D>S	+	0	0	+

Übers. 20–1: Wirkungen der Zahlungsbilanz auf Beschäftigung und Preisniveau

- Die Kassenhaltungsdauer ist konstant.
- Aus Exportüberschüssen stammende Einkommen vergrößern den inländischen Geldumlauf (volle Konvertibilität).
- Das Preisniveau bleibt während der Periode konstant, so daß (20.3) gilt. Nach Ablauf des Prozesses ändert es sich in Abhängigkeit von Gesamtangebot und -nachfrage.
- Der Wechselkurs ist konstant.

Die Zahlungsbilanz kann ausgeglichen, defizitär oder überschüssig sein. Diese drei Fälle und die Richtung der Beschäftigungs- und Preiseffekte lassen sich unter diesen Voraussetzungen wie in Übers. 20–1 darstellen.

Die zu Beginn der Periode gegebenen Inlandsausgaben (A_{Jt}) und das Angebot aus Inlandsproduktion (O_t) verändern sich durch den internationalen Handel annahmegemäß nicht, wobei zur Vereinfachung angenommen wird, daß die Transaktionen (–(Ex–Im) = X–M) zum Periodenende getätigt werden. Im Fall I, in dem X = M ist (Zahlungsbilanzgleichgewicht), gilt

(20.4) $$A_{Jt} = D_{t+1} = O_t = S_{t+1}.$$

Geändert haben sich weder die Nachfrage (Einkommen) noch das mengenmäßige Angebot, wohl dagegen die Zusammensetzung des Angebots. Eine konjunkturelle Wirkung auf Beschäftigungs- und Preisniveau tritt – unabhängig davon, ob Unter- oder Vollbeschäftigung herrscht – im Fall I nicht ein, wenn man von den Wirkungen des Einkommen-Preis-Mechanismus und den Effekten absieht, die durch die Änderungen in der Nachfrage- und Angebotsstruktur auftreten können. Im Fall II ist $X<M$ (Zahlungsbilanz-Defizit):

(20.5a) $A_{Jt}>D_{t+1}$, (20.5b) $O_t<S_{t+1}$ und (20.5c) $D_{t+1}<S_{t+1}$.

Im Fall III ist $X>M$ (Zahlungsbilanz-Überschuß):

(20.6a) $A_{Jt}<D_{t+1}$, (20.6b) $O_t>S_{t+1}$ und (20.6c) $D_{t+1}>S_{t+1}$.

Bei den bisherigen Überlegungen ist der Anfangs- und Endzustand einer Periode verglichen worden. Bei einer Periodenfolge wird vor allem das Angebot nicht nur vom Außenhandel, sondern auch von solchen Faktoren beeinflußt, die in der Wachstumsanalyse erörtert wurden. Die folgenden Überlegungen beschränken sich auf Fall III, lassen sich jedoch leicht auf Fall II übertragen. Aus diesem Modell können folgende **Vorhersagen** abgeleitet werden:

Eine aktive Zahlungsbilanz bewirkt bei unveränderter Kassenhaltungsdauer, festen Wechselkursen und voller Konvertibilität
- **eine steigende Beschäftigung, wenn Arbeitskräfte und Kapital ausreichend zur Verfügung stehen;**
- **ein steigendes Preisniveau, wenn keine Faktoren mehr verfügbar sind;**

- **ein steigendes Beschäftigungs- und Preisniveau, wenn die Einkommens- oder Nachfrageerhöhungen die Ausweitungsmöglichkeiten des Angebots (gesamtwirtschaftliche Angebotselastizität größer als Null, kleiner als unendlich) übersteigen.**

In der Realität kommt der dritten Möglichkeit die größte Bedeutung zu. Der Fall eines unendlich elastischen Angebots ist konjunkturell ebenso atypisch wie der eines völlig unelastischen Angebots. Ist der Zahlungsbilanzüberschuß bei konstanten Wechselkursen und steigenden Inlandspreisen entstanden, weil die Auslandspreise relativ stärker gestiegen sind, kann man vorhersagen:

Das internationale Preisniveaugefälle bestimmt bei festen Wechselkursen die Zahlungsbilanzentwicklung. Ein Zahlungsbilanzüberschuß entsteht selbst bei Inflation im Inland, wenn die Inflationsraten der wichtigsten Partnerländer größer sind.

Dieser Hypothese entsprechen die Aussagen der reinen Theorie über die Richtung des Außenhandels. Zusammen mit der ersten Hypothese läßt sich aus ihr die Aussage ableiten, daß die Versuche eines Landes, die Preisstabilität zu sichern, ohne Erfolg bleiben, wenn bei festen Wechselkursen das Ausland weiterhin eine inflationäre Politik betreibt. Das gilt auch dann, wenn es gelingt, die binnenländischen Inflationsquellen zu stopfen.

II. Tests

Die obigen Vorhersagen sollen anhand der Zahlungsbilanz, des Beschäftigungs- und Preisniveaus in der BRD für die Jahre 1950–1968 empirisch geprüft werden. Um die erste Vorhersage über **Preis- und Beschäftigungseffekte** zu testen, werden die für diesen Zweck wichtigsten Kennziffern der Zahlungsbilanz, die Devisenbilanzsalden und die Salden des Waren- und Dienstleistungsverkehrs, herangezogen (Übers. 20–2). Das „Medium" für die Ausweitung der Nachfrage, die sich durch das nominelle Bruttosozialprodukt ausdrücken läßt, bildet das Geldvolumen, dessen Expansion zum wesentlichen Teil aus dem Devisenerlös getragen wird. Das volkswirtschaftliche Angebot wird durch das reale Bruttosozialprodukt erfaßt.

Soweit Angebot und Nachfrage divergieren, sind Preisniveau- und (oder) Beschäftigungswirkungen zu erwarten, die am Lebenshaltungsindex und an der Arbeitslosenquote gemessen werden. Spricht man von Vollbeschäftigung, wenn die Arbeitslosenquote nicht mehr als 3 % ausmacht, so bestand bis 1956 Unterbeschäftigung; seitdem herrscht Vollbeschäftigung. Die Reihen sind entsprechend abgesetzt und mit Durchschnittszahlen D versehen. Die Daten lassen sich wie folgt interpretieren:

- Ab 1951 fallen mit Ausnahme von einigen Jahren (1959, 1961/62, 1965) ständig Devisenerlöse an, die beim Umtausch durch die Notenbank das

Zeitraum	Zahlungsbilanz: Saldo der Devisenbilanz (in Mio. DM)	Zahlungsbilanz: Saldo des Waren- u. Dienstleistungsverkehrs (in Mio. DM)	Geldvolumen[1] Änderung in v. H. gegenüber Vorjahr	Bruttosozialprodukt Änderung in v. H. gegenüber Vorjahr[2]: nominell	Bruttosozialprodukt: real[3]	Inflationsrate[4] Änderung in v. H. gegenüber Vorjahr	Arbeitslose in v. H. der unselbst. Erwerbspers.[5] (Arbeitslosenquote)
1950	— 564	— 2472					
1951	+ 2038	+ 812	19	22	11	8	9
1952	+ 2761	+ 2368	11	14	9	2	9
1953	+ 3614	+ 4244	13	8	8	— 2	7
1954	+ 2782	+ 4083	16	7	7	0	7
1955	+ 1851	+ 3039	11	14	12	2	5
1956	+ 5014	+ 5600	8 D:13	10 D:13	7 D:9	2 D:2	4 D:7
1957	+ 5122	+ 7643	3	9	6	2	3
1958	+ 3188	+ 7874	11	7	3	2	3
1959	— 2204	+ 7549	6	8	7	1	2
1960	+ 8007	+ 8253	10	11	9	1	1
1961	— 1928	+ 7387	16	10	5	2	1
1962	— 552	+ 3413	7	9	4	3	1
1963	+ 2572	+ 5968	6	6	4	3	1
1964	+ 12	+ 5370	6	10	7	2	1
1965	— 1506	— 175	6	9	5	3	1
1966	+ 1030	+ 6545	1	6	3	4	1
1967	+ 413	+ 15968	10	1	0	1	2
1968	+ 4030[6]	+ 11637[6]	8 D:8	9 D:8	7 D:5	2 D:2	1 D:2

Übers. 20–2: Konjunkturelle Indikatoren für die BRD 1950–1968

Quellen: Monatsberichte und Statistische Beihefte der Deutschen Bundesbank, Nov./Dez. 1968; Statistisches Jahrbuch 1967. Zahlen für 1968 z. T. geschätzt nach bisher vorliegenden Angaben; Prozentangaben gerundet, z. T. aus absoluten Zahlen errechnet.
[1]) Geldvolumen = Bargeld und Sichteinlagen. [2]) Zahlen für 1960 gemittelt aus alter und neuer Gebietsabgrenzung. [3]) In Preisen von 1954. [4]) Änderung des Preisindex für die Lebenshaltung. [5]) Jahresmittel. [6]) Für die ersten 3 Quartale.

Geldangebot vergrößern. In den Ausnahmen spiegeln sich zum Teil Kredittransaktionen der öffentlichen Hand wider (Zahlungen an internationale Organisationen u. a.), die zwar den Devisenzufluß reduzierten, jedoch die internationale Liquidität nicht in jedem Fall erhöht haben (Zahlung zur Schaffung von Ziehungsrechten beim Internationalen Währungsfonds). Die Zahlungsbilanztendenz läßt sich deswegen deutlicher an den Salden des Waren- und Dienstleistungsverkehrs ablesen. An ihnen wird die ständige Zunahme des Exportüberschusses erkennbar. Ausnahmen bilden das Jahr 1962, in dem sich die Wirkungen der DM-Aufwertung vom März 1961 zeigen – die Zahlungsbilanz reagierte normal –, und das Jahr 1965, in dem die Bilanz wegen einer konjunkturellen Dämpfung in wichtigen Handelsländern sowie des Preisanstiegs im Inland praktisch ausgeglichen war. In den letzten beiden Jahren sind die Überschüsse besonders hoch, weil der Konjunkturrückschlag im Jahr 1967 (Wachstumsrate ≈ 0) zu relativer Preisdämpfung und besonderen Exportanstrengungen führte; darauf wird noch eingegangen.

- Entsprechend groß war die Ausweitung des Geldvolumens. Im ersten Abschnitt (1950–1956) ist die Geldmengenexpansion relativ groß. Doch ist zu beachten, daß sich die Zahlen auf ein geringeres Niveau beziehen. Die Ausweitung des Geldvolumens um 19 % von 1950 bis 1951 ist absolut kleiner (3,8 Mrd. DM) als die Ausweitung um 6 % von 1962 bis 1963 (4,2 Mrd. DM). Insofern wäre es besser, die Zahlungsbilanzentwicklung in relativen Zahlen zu erfassen. Doch gibt es eine Reihe von methodischen Bedenken, Saldenänderungen in Prozentsätzen auszudrükken. Es ist hier nicht nötig, ein statistisch errechnetes Korrelationsmaß zwischen Zahlungsbilanz- und Geldvolumenentwicklung nachzuweisen. Die empirischen Fakten bestätigen jedenfalls die Hypothese, daß Exportüberschüsse sowohl das Güterangebot verringern als auch die Geldnachfrage erhöhen. Die Zentralbank hat also das Geldangebot nicht unter Kontrolle. Zu beachten ist bei einem Vergleich der Reihen, daß in der Regel zeitliche Verschiebungen (lags) auftreten. Eine Untersuchung dieses Problems soll nicht erfolgen; dazu wären Zahlen für kürzere Zeiträume nötig.
- Aus der Entwicklung des nominellen und realen Bruttosozialprodukts ist zweierlei zu ersehen. Erstens gibt es zwischen Geldvolumen und nominellem Bruttosozialprodukt in der Tendenz eine bemerkenswerte Übereinstimmung – ein Ergebnis, das aus Kassenhaltungstests bereits bekannt ist und das die Hypothese über die Stabilität der Kassenhaltungsdauer bestätigt. Zweitens ist das reale Bruttosozialprodukt gestiegen, jedoch weniger als das nominelle. Die gesamtwirtschaftliche Nachfrage war fast ständig größer als das Angebot, was sich in der Differenz zwischen nominellem und realem Bruttosozialprodukt zeigt.
- Ein Teil des Nachfrageüberhangs führte zu Preiserhöhungen, ein anderer zu Beschäftigungseffekten. Doch gibt es in beiden Abschnitten bemerkenswerte Unterschiede. 1950 bis 1956 überwog der Beschäftigungs-, 1957 bis 1968 – besonders 1960 bis 1966 – der Preiseffekt. Im ersten Zeitraum

bestand nennenswerte Arbeitslosigkeit – Folge der Kriegszerstörungen, Demontagen und des Flüchtlingsstroms –, so daß die Inflationsrate relativ gering blieb, obwohl der Nachfrageüberhang durchschnittlich größer war als im zweiten Abschnitt. Die Tendenz wird durch den starken Preisanstieg im Jahre 1951 etwas entstellt. Im zweiten Abschnitt sank die Arbeitslosenquote auf 1 %. In diesem Zeitraum traten die Preiseffekte um so deutlicher in Erscheinung, je länger die geringe Arbeitslosenquote anhielt.

Die Vorhersage, daß Zahlungsbilanzüberschüsse unter den genannten Bedingungen Preis- und Beschäftigungseffekte hervorrufen, konnte – wie auch andere Tests zeigen – nicht widerlegt werden. Sie erhält damit den Rang einer empirisch bestätigten Aussage. Das gilt ebenso für die Hypothese über die Wirkungen von Zahlungsbilanzdefiziten.

Nach der zweiten Vorhersage über das internationale Preisgefälle, der **Preisniveauhypothese**, bestimmt das Preisniveau die Zahlungsbilanzentwicklung. Diese Vorhersage schließt nicht aus, daß andere Faktoren (wie die Kapitalflucht) ebenfalls von Bedeutung sind. In einigen Fällen stehen diese Faktoren in direkter Abhängigkeit von den durch das Preisniveaugefälle induzierten Zahlungsbilanzsalden. In der Bundesrepublik sind seit 1950 die Preise, gemessen an verschiedenen Indices, gestiegen. Hierzu gehören auch die Preise für Kostengüter. Nach der Vorhersage müßten die Inflationsraten im Ausland größer gewesen sein. Übers. 20–3 enthält für wichtige Handelspartner der Bundesrepublik (zusammengefaßt macht ihr Anteil mehr als 60 % am Außenhandel der Bundesrepublik aus) Preis- und Kostenindices der letzten Jahre. Die Tendenzen der Entwicklung treten graphisch deutlich zutage, wobei das Ausland dem Inland gegenübergestellt wird (Fig. 20–1; Ausgangsjahr, Kostenpreisdefinition und erfaßte Länder stimmen mit Übers. 20–3 nicht überein).

Bei der Interpretation von Preisindices ist größte Vorsicht geboten. Das gilt besonders für internationale Preisvergleiche, weil es keine voll vergleichbaren Indices gibt. Andererseits sollte die methodische Skepsis nicht übertrieben werden. Die Tendenzen treten so klar hervor, daß sie wahrscheinlich bei besser vergleichbaren Zahlen kaum ins Gegenteil verkehrt würden. Sowohl bei den durchschnittlichen Ausfuhrwerten, in denen sich nicht nur Preisänderungen, sondern auch Warenstruktur- und Qualitätsänderungen niederschlagen, als auch bei den Verbraucherpreisen hat sich trotz steigender Inlandspreise vor allem ab 1965 das Preisgefälle zum Ausland vergrößert. Die ausländische Inflation war stärker als die inländische. Die Kostenpreisentwicklung verlief zunächst entgegengesetzt. Vor allem als Folge des Konjunkturrückgangs in der Bundesrepublik trat beim inländischen Lohnkostenindex eine Tendenzumkehr ein. Seit 1967 liegt er unter dem des Auslands. Damit wird klar, aus welchen Gründen 1967 und 1968 die Zahlungsbilanzüberschüsse Rekordwerte erreichten. Die zweite Vorhersage hält also ebenso einem empirischen Test stand wie die erste. Die Feststellung, mit der Entstehung und Vergrößerung eines im Vergleich

Zeitraum	BRD	Belgien	Frankreich	Italien	Niederlande	Großbritannien	Schweden	Schweiz	USA	Kanada	Japan
	Anteil am Warenhandel (Ein- und Ausfuhr) der BRD										
1963–1967	100	7,5	11,3	8,0	9,8	4,2	4,2	4,9	10,6	1,2	1,3
	Preisentwicklung (1963 = 100): Verbraucherpreise										
1966	110	113	110	114	117	113	116	113	106	108	117
1967	111	117	112	118	121	116	120	117	109	112	121
1968 1. Hj.	112	119	116	120	123	120	122	119	113	116	127
	Durchschnittswerte der Ausfuhr										
1966	103	105	108	99	104	108	108	110	107	107	98
1967	102	104	107	99	104	110	109	114	109	109	101
1968 1. Hj.	101	104	106	98	104	118	110	119	109	112	100
	Bruttostundenverdienste in der Industrie										
1966	127	131	120	128	141	118	127	118	111	115	134
1967	132	139	127	134	150	123	139	124	115	123	152
1968 1. Hj.	135	–	132	140	159	132	147	128	121	130	145

Übers. 20–3: Preisentwicklung in wichtigen Industrieländern

Quelle: Jahresgutachten 1968 des Sachverständigenrates . . ., Bundestagsdrucksache V/3550, 172–3.

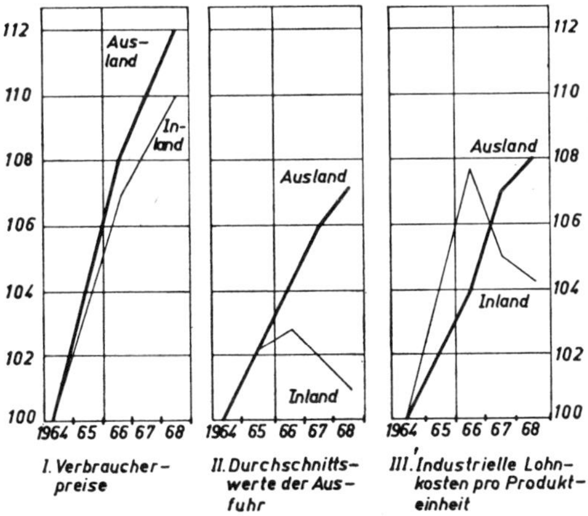

Fig. 20–1: Preisentwicklung im In- und Ausland (1964 = 100) in US-$
Quelle: Jahresgutachten 1968 des Sachverständigenrates . . ., a. a. O., 31.

zum Inland hohen Preisniveaus des Auslands seien Zahlungsbilanzüberschüsse zu erwarten, auch wenn im Inland Inflation herrsche, kann als bestätigt gelten. Die Testverfahren sollten noch einmal verdeutlichen, auf welchem Wege wissenschaftlich gesicherte Aussagen zu gewinnen sind.

Bibliographische Hinweise

1. Empirische Untersuchungen zur Außenwirtschaftstheorie finden sich in: Readings in International Economics, a. a. O., Part VII.

2. Das beste Material zur Außenwirtschaftslage in der Bundesrepublik bieten fortlaufend die Berichte der Deutschen Bundesbank und die Gutachten des Sachverständigenrates.

Personenregister

Sachregister